ATHANASII ꝃ
SOC·꞉ I.

OE D I
AEGYPTIACI
Tomus Secundus.

GYMNASIVM
SIVE

**Phrontisterion Hieroglyphicum in Duodecim,
Classes distributum,**

IN QVIBVS

Encyclopædia Ægyptiorum, id est, Veterum Hebræorum, Chaldæorum, Ægyptiorum, Græcorum, cœterorumque Orientalium
recondita Sapientia, hucusque temporum iniuria perdita, primo
artificiosum sacrarum Sculpturarum contextum demonstrata, instauratur,

Felicibus Auspicys

FERDINANDI III,
CAESARIS,

PARS PRIMA
Complectens Sex priores Classes.

ROMÆ.

Ex Typographia Vitalis Mascardi, Anno M DC LIII.

SVPERIORVM PERMISSV.

Z

Z 1450
2

A33

SYNOPSIS PARTIS I.
TOMI SECVNDI.

CLASSIS I. *Symbolica.* Vniuersam symbolicæ institutionis rationem in genere & specie explicat.

CLASSIS II. *Grammatica.* Primæuam characterum literarumque institutionem, vti & artium, scientiarumque prima fundamenta pertractat, vbi & de primæua omnium linguarum, nominumque prima impositione ab Adamo facta: item de libris, monumentis, titulis tùm ante, tùm post diluuium à Seth & Enoch posteritati relictis; de varijs quoque post diluuium inscriptionibus in deserto Sin superstitibus, vti & de Numismatis à Regibus Israël cusis agitur; vbi & multa noua, & curiosa de prima Hebraicorum characterum forma deteguntur.

CLASSIS III. *Sphynx mystagoga.* Mystica Zoroastris, Orphei, Trismegisti, Pythagoræ, Phœnicum, ac hoc vsu Chaldæorum, Græcorumque Philosophorum & Poëtarum abstrusa pronunciata, ad mentem Ægyptiorum explicat; atque adeo omnia ex hieroglyphicis adytis profluxisse luculenter demonstrat.

CLASSIS IV. *Cabalica.* Vniuersam Hebræorum Cabalam ex professo pertractat; mysticos, astrologicos, tropologicos, atq; anagogicos sensus eruit; Cabalam superstitiosam à vera & legitima distinguit; vbi multa hucusque forsan ab alijs non intellecta Lector exposita reperiet, & aperte summa cum hieroglyphicorum doctrina affinitas demonstratur.

CLASSIS V. *Cabala Saracenica*, eiusque ad Kabalam Hebræorum affinitas, vnà cum superstitionum passim obuiarum confutatione, noua & hucusque à nemine, quod sciam, tradita doctrina exponitur

CLASSIS VI. *Systematica Mundorum.* Quadruplicis Mundi, Archetypi, Angelici, Siderei, & Elementaris originem, ordinem, dispositionem, ex mente Chaldæorum, Syrorum, Arabum, Ægyptiorumque variè, curiose, & παραλλήλως exponit.

OEDIPI AEGYPTIACI
GYMNASIVM
SIVE
Phrontifterion Hieroglyphicon.

PROOEMIVM
AD SAPIENTISSIMVM
FERDINANDVM III.
CAESAREM SEMPER AVGVSTVM.

EBRÆORVM Sapientes, cùm de ijs rebus, quas aut inac-
ceſſus naturæ ſinus, aut ἀρχαιότης temporum vetuſtas longè
ab hominum intellectu ſemotas tenet, inueſtigandis ancipites,
perplexiq́; nimiâ difficultate vrgerentur, hoc eos epiphonemate
vti ſolere nouimus:

יהי מונח עד שיבוא אליהו

Hæc autem, inquiunt, ſinamus, vſque dum illuminator tenebrarum
Elias venerit Scripturis ego, Cæſar ſacratiſſime, de ſublimibus Ægyptiorum
ſub ſacris notis, veluti ſub inuolucris quibuſdam reconditis artibus, ac ſcientijs, ita à omnium penè Philoſophorum mentes in ijs peruidendis hebetes & obtuſas
video, ijs autem comperio Hiſtoricorum penè omnium monumentis de eorum
verò ſignificatione ſilentium, vt conſultius forſan fuiſſet, materiem hanc vti ab-
ſtruſam, ita inuiam, & hucuſq; intentatam, ad Eliæ relegare tempora, quàm quicquam timere in negotio adeò arduo ac difficili audere. Vt Demoſthenes in quadam oratione dicit: Ἐν τούτοις γὰρ ἀνιστασθαι πρὸς βίαν τὴν τῶν ... Omnia, inquam, reliquenda fuiſſet, niſi me ſublimis huiuſmodi hieroglyphicæ literaturæ
quædam veluti ex vetuſtatis naufragio collecta fragmenta in deſidendarum rerum
moliminé, & ad reconditiora quæuis eruenda inditus mihi à natura ſtimulus, niſi
Tua, ò Cæſar, aliorumq́; Magnatum voluntas & beneplacitum, niſi officioſa de-

A 2 nique

nique amicorum importunitas, & amica quædam vis ad opus profequendum tu-
tiorem feciſſent, audaciorem̨.

    Quàm verò feliciter id à nobis tentatum ſit, aliorum iudicium erit. labo-
res certè incredibiles ſuſtinuimus, ſudores inexbauſtos, ſaxa, & præcipitia innumera, labyrinthos denique inextricabiles; vt vel hinc mihi innotuerit, quàm difficile ſit, magnà moliri, incognita reperire; quàm plenum laboris opus, quàm̨
ingenti & copioſi ingenij ſuppelleĉtile opus ſit homini, dum earum rerum explicationem ad erre ſtudet, quæ naturæ obſcuritate varietateq̨ inuolutæ, multiſq̨ ob-
ſtruĉtæ difficultaĵib9 præſtantorum vel inſigniter eruditorum hominum ingenia
exercere, ac detinere potuerunt: dum eam ſcientiam prodit, quæ non ſuperbit vnius
artis freta molimine, ſtriĉtiſq̨ paucarum marginibus exporreĉta; ſed naturalem
facultatem occupans, rationalem, & metaphyſicam cum arte quauis atque ſcientia
totius philoſophiæ coniugium meditatur, artificio prorſus admirabili, per doĉtrinam
ſcilicet ſymbolicam, imagineſq̨ ad naturæ exemplar fabricatas, quarum admini-
culo comparetur non totius ſapientiæ Ægyptiacæ tantùm methodus, ſed & artes
quælibet, ſiue ſcientiæ, omneſq̨ abditiſſimarum rerum laterali à natura ſumptis
exordijs, per varios aſcenſus deſcenſuſq̨ tradi poſſint & veſtigari; vt vel hinc
æquiorem mihi Leĉtorem ſperem, vbi viderit me primùm, tantâ rerum varietate,
magnitudine, ac difficultate maximo ſtudio, maximâq̨ animi contentione in hoc
argumento elaborare voluiſſe, & honeſto exemplo multorum ſtudia excitare.

    Verùm vt Leĉtor omnia luculentius peruideat, rerum in hoc tomo traĉtan-
darum ideam ſubijcio. Deteĉtis itaque in primo tomo, primæuæ ſuperſtitionis
fontibus, idololatriæ Ægyptiacæ origine demonſtrata, modò ad Gymnaſium proce-
dimus Ægyptiacum; in quo nobis propoſitum eſt, artium & ſcientiarum, atque
adeo primæuæ Chaldæorum, Ægyptiorumque, atque à quibus ſua Greci hauſerunt
doĉtrinæ prima rudimenta iacere: quod vt quàm optimè faciam, iuxta temporum ſucceſſum & primordialis ſapientiæ propagationem, rem deducendam duxi.
Et cùm, quæcunque in hoc opere continentur, ſymbolicam doĉtrinam oleant, ſtatim in prima huius Tomi Claſſe, de ſymbolicæ doĉtrinæ varia diuiſione, & ſpeciebus traĉtamus. Cum verò ſymbolica doĉtrina non niſi ex ſcripturâ conſtet, in
ſecunda Claſſe huius operis de primæua literarum origine fuſe agimus, vt vnde
& prima literarum elementa, ſcriptoriæq̨ artis tùm inuentio, tùm prima nominum impoſitio primùm emerſerit, Leĉtori curioſo conſtet. Quoniam verò ex lite-
Diſtributio
Operis.
ris noſtrina, ex nominum conſtruĉtione pronunciata naſcentur; viſum fuit in
tertia huius Tomi Claſſe, quam Sphyngam myſtagogam appello, primæuæ ſapientiæ
veluti ſignacula quædam exhibere, quæ nihil aliud ſunt, quàm effata ſeu Enuncia-
taĵa, aut pronunciata quædam obſcuris verborum inuolucris implicata, quibus
ſuam de Deo, de Angelis, de Mundo atque anima veteres tùm Theologi, tùm Philoſophi & Poëtæ philoſophiam ſignabant; quæ omnia, è Chaldæorum, Phœnicum,
Ægyptiorum, Græcorum, Hebræorumque monumentis extraĉtaq̨ ab obſcuritate
ſub qua hucuſque latuerunt, per ſinceram interpretationem vindicamus, vtpote
ſub quibus non immeritò totius hieroglyphicæ diſciplinæ nucleus contineatur.
Porrò cum, Clemente Alexandrino teſte, Hebræorum myſteria, myſterijs Ægyptiorum haud abſimilia ſint, Hebræorum, Saracenorumque Symbolicam ſcientiam,
quam communi nomine Cabalam vocamus, ſub oculos ponimus curioſi Leĉtoris. vt
                                        eiuſ-

eiusdem cum hieroglyphica doctrina comparatione facta, reconditarum artium re-
sponsis vndequaque sibi consentiat; quam quidem quarta & quinta Classis copio-
se depictam exhibent. Cùm praetereà Ægyptiaca philosophia robur maximè in
caelestium corporum constitutione, Geniorumq́, praesidum distributione positum vi-
deremus, Classem sextam condidimus, quam Systematicam appellamus, in qua de
numero, ordine, & dispositione coelorum, eorumq́, mysterijs, & arcanis Geniorum
officijs amplo ratiocinio discurrimus. Huic veluti iure quodam, ordinis ratione
se postulante, disciplina mathematicae succenturiantur, quarum primi inuentores
vti Ægyptij exstiterunt, ita eas innumeris quoque sacramentis obuelatas, non
tàm in vsum practicum, quàm ad rerum altissimarum theoriam adhibuerunt; suntque Arithmetica, Geometria, Musica, Astrologia, Statica, Architectonica, ac Me-
chanica denique prodigiosorum operum effectrix; quas omnes sub septima Classe,
in vicidem, distincta pro argumentorum varietate capita comprehendimus. Cùm
verò maximam ad Astrologiam affinitatem Medicina habeat, octauam Classem
Medicinae Ægyptiorum hieroglyphicae d stinauimus; vbi de herbis, lapidibus,
animalibus, amuletis medicatrixis, ensalmorumq́, exorcismis multa curiosa ex
hieroglyphica doctrina eruuntur; cui Classis nona succedit, Alchimia hieroglyphica
Medicinae affinis. Quam sequitur Classis decima, Magia hieroglyphica, quae cum
occultae Philosophia promus condus sit, & totius hieroglyphicae doctrinae complementum, eam varijs pro varia materia amplissima diuisione, capitibus complexi
sumus. Quoniam verò praedicta non rectè sine Metaphysica, & Theologia intelligi
posse videbamus, hinc vndecimam Classem disposuimus, in qua veterum Zoroastris,
Orphei, Pythagorae, Platonis Theologia cum Ægyptiaca comparata fontes hieroglyphicae eruditionis aperit, vbi & SS. Triad s mysterium iam tùm ab Ægyptijs à primis Mundi Patriarchis successiua traditione acceptum, vario hieroglyphicorum ornatu exponitur; Angelorum, & Daemonum natura, atque αντιπαχεια, vti & in
singularum mundanarum rerum conseruatione praesidium, eorundemque descensus attractusq́, varijs caerimonijs peragi solitis describitur.

Atque hac est, sapientissime Caesar, praesentis Tomi Idea, in qua tametsi multa orthodoxa doctrinae contraria, vti in omnibus passim veterum, monimentis fieri
assolet, reperiuntur; protestor tamen, nihil me dictum, factum, expositum, in hoc
Opere velle Catholicis dogmatibus non vndequaque consonum; imò in tantum ea
me allegaturum nouerit Lector, in quantum hieroglyphicae doctrinae conformia, &
ad assumptum opus veterum dogmatum eruditionibus, authoritatibusque ritè sta-
biliendum idonea sunt; sine quibus nec Oedipus suum valorem, nec aestimationem
tueri posset. Et nae ab inferis priscae sapientiae dogmata resuscitasse videar, operam
dabo, vt si quid heterodoxum, aut diuersi placitis contaminatum fuerit, quod teneris mentibus offendiculo esse possit, id acriter confutatum, ad rectam fidei normam reducatur. In hoc verè SS. Patrum methodum sectaturus, qui Gentilium
errores, illicitisque opinionibus, conuulsa dogmata non tantum fusè allegant, sed &
pari zelo, & acrimonia singulari calami argutia perstringunt.

Certè S. Irenaeus vetustissimus, & primitiuae Ecclesiae praeclarus Doctor, vt
sui temporis maleferiatos insanae doctrinae Architectos, Gnosticos, solidâ confutatione confunderet, quid non studij ad insulsos eorum errores mundo propalandos con-
fecit? quàm profundè magica huiusmodi Nebulonum non Sacramenta, sed nefan-

da fcelera, penetrat? quàm argutè fuam ijs vanitatem exprobrat? quod quidem, nifi magiæ iftiufmodi, quâ miferandum in modum dementabantur, infignem notitiam habuiffet, fieri nullâ ratione potuiffet. Quod idem reliqui SS. Patres, & Eccleſiæ Doctores, Iuſtinus Martyr in Apologetico, Clemens Alexandrinus in Stromatis, Origenes contra Celſum, Auguſtinus de ciuitate Dei, Arnobius, Athanaſius, Lactantius contra gentes, egregiè preſtiterunt; quorum vnicum ſtudium, ſcopuſque in hoc poſitus fuiſſe videtur, vt ſuperſtitioſa Hæretico-magorum placita, & abominandam doctrinam,quæ in primitiuam Eccleſiâ Satanicâ machinatione introducta magno fidelium damno irrepſerat, omnium oculis expoſitam, Anatomicorum more per partes examinarent, examinatam firmâ rationum ſolidiſſimarum euidentiâ, acceptandum haudquaquàm eſſe, quod callido Dæmonis aſtu introductum fuerat, demonſtrarent; atque adeò ſummâ doctrinę abſurditate detecta, Chriſti fideles eandem veluti malorum omnium Lernam, atque vltimum animarum precipitium remis veliſque deuitarent. Verbo, vnica SS. Patrum regula fuit, nullum hæreſis cuiuſpiam, aut artium ſuperſtitioſarum, quibus vtplurimum iſti Protohæretici, contra Chriſti Eccleſiam armabantur, confutandarum aptum antagoniſtam eſſe poſſe, qui argumenti, quod conuellendum aſſumpſiſſet, rationes priùs, quibus illud innitebatur, non noſſet, intimoſque eiuſdem receſſus penetraſſet. Quæ ideo diductiùs hoc loco exponenda ratus ſum, vt quorundam ſcrupuloſioris conſcientię hominum faceſſat exprobatio, quâ hæreſis, aut Magiæ addiſcenda occaſionem hiſce præberi poſſe, ſollicitiùs oſtendunt. Quæ cùm ita ſint; nihil aliud reſtat, niſi vt vniuerſi Tomi huius argumentum eo ordine, quo ſuas in Claſſes diſtributum eſt, cum bono Deo ordiamur.

OEDIPI AEGYPTIACI
Gymnasium Hieroglyphicon.
CLASSIS I. SYMBOLICA.
CAPVT I.

De Symbolis in genere.

DE Symbolis, rerumque reconditis notis nonnulla plerosque tradidisse non ignoro; quia tamen nemo, quod sciam, adhuc prodijt, qui eam rationem & argumentum accuratâ sui scriptione prosecutus, mearum partium esse ratus sum, in altero huius Oedipi nostri vestibulo, de eorum institutione, diuisione, compositione, significatione, quantum fieri potest, exactè tractare, vt hieroglyphicorum vis & natura ex huiusmodi symbolicæ disciplinæ pertractatione, veluti adumbratione quadam, ϗ ϛιγμάσι luculentius innotescat. Ad institutum igitur procedamus.

Varia significatio vocis Symboli.

Symbolum ἀπὸ τȣ συμβάλλειν dicta vox est, variarum rerum suscipiens, teste Stephano, significationes; quibusdam enim idem notat, ac collationem quandam, contributionem, seu signum κολλυβιϛικὸν, quod homines olim, teste Athenæo, dùm simul conuiuarentur, contribuebant, ex quota, quam quisque ad parandas epulas tribuebat: Ἔραν℺ ἀπὸ δ᾽ κοινῆς συμβαλῆς. Vnde Terentius in Andr. 2. alludens, *Symbolum dedit*, inquit, *& cœnauit.* ita theatralia quoque Symbola, teste Lypsio, quibus ad spectandum admittebantur, olim ordinabantur. Plautus quoque apud forum piscarium collatorum meminit Symbolorum. Asymboli etiam dicebantur ij, qui sine quotæ contributione ad conuiuium aliquod gratis admittebantur, teste Giraldo, Nonnulli quoque Græcorum Symbolum vocant δάκτυλον, Annulum, seu signum quod vasis, ac literis imprimere solebant, ad indicandum rem alienam non aperiendam; vnde & originem sigilla duxisse videntur antiquorum, ad nostra vsque tempora deductâ consuetudine; hinc Symbolum quoque pro omni illo quod signatum, inscriptum, notatum, inustum esset, accipiebant; ita supellectilia, cellas, arbores, promptuaria, quin & armenta gregesque suis insignitos characteribus legimus, iuxta illud Anacreonticum:

Equi solent inustum coxis habere signum.

Et Virgilius 1. Georg.

Continuòque notas, & nomina gentis inurunt.

Man-

Mancipia denique non notis tantùm certis, quibus fugitiui cognosci possent; sed & subinde causam notæ inustæ integro verborum contextu can-
denti stylo inurere solebant. ita Zonaras scribit quosdam, quòd Theo-
phylum Imperatorem liberiùs monuissent, ita inscriptos esse, vt in patula
illa vultus tabula, duodecim versuum epigramma exciperent. Præterea
inter symbolum & coniecturam hæc est differentia, quòd hæc earum rerum, quæ naturaliter occurrunt, vt lac in fœmina quæ peperit, fumus in
igne, sit coniectura. Porro Symbolum, vt est apud Waltrinum de re mi-
litari, pro tessera seu signo certorum verborum militibus dato; quo amici ab inimicis, veri à non genuinis ab exploratoribus faciliùs dignoscerentur, accipere solebant. Hoc modo Plutarchus in vita Romuli, quod
Romanis contulit Romulus, dixit Symbolum, τὸ σημεῖον δι' ὅ ὑ μ ό ρ φ ω ν τοῖς Ῥωμαίοις
ὀνόμαζε. Erat autem signum rei aggrediendæ opportunitatem esse, τὸ καιρὸ
ὁ ἐπιχειρήσεως σύμβολον, cùm assurgens purpuram in sinus contraheret, ac rursus contractam explicaret. Meminerunt huius quoque Symboli polemi-
ci Hebræi, & Arabes : Isti appellant

הרמז שנותנים בעלי מלחמות להכיר איש לרעהו:

Signum quod Duces belli dabant, vt cognosceret vir proximum suum. De
quibus plura videas in Commentarijs in libros Machabæorum: Hi, videlicet Arabes, vocant huiusmodi Symbolum,

شعر القوم في الحرب والعلامة ليعرف بعضهم بعضاً

Signum institutum in bello, & nota vt dignosceretur vnus ab altero. Accipieba-
tur præterea olim Symbolum pro omni eo inditio, coniectura, atq; argumento, cuius subsidio in alicuius rei nobis incognitæ peruenitur notitiam;
ita annulus olim erat nuptiarum indiciu & σύνθημα: Sponsa enim, vt nunc,
ita olim annulo quodammodo subarrhabatur. Denique ab alijs quoque
acceptum legimus pro augurio & vaticinio, eò quod ex signis & coniecturis colligerentur; vnde Plutarchus in Pericl: Τὰ τεχνικὰ ἢ συμβόλων ἀδήλως, τὲς
Et Zenephon: Ἀπομπμ. α΄. Οἰωνοῖς, καὶ χρῶντες, καὶ φήμαις, καὶ συμβόλοις, καὶ θυσίαις.
Verùm omissis huiusmodi latè sumptis Symboli etymis, quid Symbolum
strictè sumptum sibi velit, videamus. Græci σύμβολον strictè sumptum vocant, Σημεῖον φανερὸν τῷ πραγμάτων ἀφανῶν· quod Latini explicant his verbis :
Symbolum est nota alicuius arcanioris mysterij significatiua. id est, natura Symboli est, conducere animum nostrum mediante certa aliqua similitudine
ad intelligentiam alicuius rei multùm à rebus, quæ sensibus offeruntur
exterioribus, differentis; cuius proprietas est esse cœlatum & absconditum sub velo obscuri dicti. De quo ita Simeonides in Pentateuchum :

המשל חיא מרח המקרא הומים בה פלסופים ובעלי
פסוקרמים הגרולים ממשלים משלים וכנוי כנויים נשת
במים כסכך בחילופי חלפים שונים משתנים ובמלה
בולים ספר ספר ספור:

Hoc est : *Symbolum est certa quædam scripturæ proprietas, qua Philosophi*
& sapientes interdum magna & illustria quædam mysteria subobscurè significant

parabolis atque ænigmatibus gloriosius superbientes ; neque verò semper planè lo-
*quuntur, sed dissimulant quædam, obscurique sunt admodum, vnâ & eâdem voce_*
multa subinde complectentes. Cui consentit Mor Isaac Syrus in Opere suo
Theologico-philosophico.

ܡܕܟܦܐ ܡܕܐܕܐ ܐܣܐܕܘܣ ܡܚܕܐ ܘܕܗ ܡܚܡܘܕܚܣܝ ܐܕܐ ܟܡܠܠ ܦܢܟܐ

ܡܟܠܐܐ. ܐܣܙܐܠܐ ܗܣ ܐܘܕ ܡܚܣܠܕܦܐ ܘܡܝ ܟܚܡܢܣܗܗ ܘܣܩܙܚܣܐ

ܡܕܦܚܕܐ. ܐܣܙܐܠ ܗܣ ܪܚܡܠܐ ܚܣܠܚܐ : ܐܣܙܐܠ ܗܣ ܪܚܡܠܐ ܘܚܢܙܐܠ ܐܣܙܐܠ

ܗܣ ܠܚܚܕܐ. ܡܚܠܐ ܘܝܦ ܟܚܡܘܣ ܗܘܡܪ ܐܣܢܣ ܐܠܠ ܚܣܥܠ ܘܪܚܣܐܠ

ܗܘܦܚܡܐ ܘܡܣܕܐ ܦܚܡܠܐ ܗܝܬܐܠ *

Hoc est : *Symbolica doctrina est scientia, quâ breuibus & compendiosis
verbis insignia quædam mysteria significamus ; estque varia, alia ex dictis sapientum sumitur, alia ex rebus naturalibus, alia ex moralibus, alia ex historijs. Est
autem Symbolum nihil aliud, nisi signum rei arcanæ, variasque habet diuisiones.* Est
itáque Symbolum generica vox, varias diuisionum species sub se compre-
hendens, veluti sunt, Emblema, Impresia, Nobilium insignia, Ænigma,
Gryphus, Logogryphus, Anagramma, Parabola, Apologus, Fabula seu
Mythos, Prouerbia, seu Adagia ; quorum singula iterum varios suos
ramos possident. Verùm vt singula rectiùs tùm ab hieroglyphicis, tùm à
se inuicem distinguantur, de singulis ordine & breuiter dicendum est.

CAPVT II.

De Emblemate, & Impresia, siue Phrenoschemate.

NOn desunt ex Authoribus, qui Emblema cum Symbolo, Ænigmate, Sententias, Diuerbio, similibusque passim confundant ; sat im-
peritè. Etsi enim Emblematis vis in Symbolo consistat, neutiquam tamen eadem dicenda existimem, cùm se habeant vt species ad genus.
Emblema enim etsi obscurum sit, non tamen erudito id ingenio imper-
uium est, vt id penetrare nesciat. Ænigma contra adeò est sæpè abstru-
sum, vt non alio nisi Oedipo ad soluendum indigeat. Clarior igitur aliquantùm & apertior Symbolorum atque Emblematum ratio esse debet,
quàm ænigmatum, vt quemadmodum ab ijs rudes & imperiti arcentur,
ita docti, quo ingenium suum exerceant, inueniant. Nonnulli alij cum
Sententia Emblema confundunt ; perperam : notum enim est, Gnomam
seu Sententiam verbis proferri, secus Emblema, nisi metanymixῶς forsan
sumatur, in quantum nimirum sententiæ seu hemistycha commixta Emblemati illud explicant. Cœterùm Emblema passim ἄφωνον se ad Sententiam seu Gnomen habet, vt res ad verba, siue vt significatum ad significans, aut vt res signata ad ipsa rerum signa. Falluntur quoque omnes ij,
qui quascunque sententias, adagia, apophtegmata, historias ad Emblemata reuocari posse censent ; rationém huius erroris in sequentibus manife-
stabimus. Quid igitur propriè Emblema sit, iam videamus.

Emblema quid?

Est igitur Emblema ingeniosa quædam pictura, aliud oculis, & aliud animo exhibens; quicquid enim ornatus causa interseritur non modò parietibus, & pauimentis, sed & rebus alijs permultis, vt vasis, pateris, vestibus, ἔμβλημα dicitur: vnde & Eustatio ζωὸν vel δαίταλμα, nempe ornamentum exemptile dicitur; vnde & etymon eius ἀπὸ τῶ ἐμβάλλεϛ, aut ἐπεμβλῆϛ, quod est inserere, interponere, vel inijcere, promanat. Antiqui cum lapillis quibusdam quadratis, & minutim sectis, politisque, in quibus ἄκανϛ quædam intertextæ essent, ædes Magnatum, & Principum Regias vt plurimùm ornare solebant, quemadmodum recitat Pausanias, Plutarchus, Apuleius, Philostratus, alijque; cuius etiam rei vsum aliquem hâc ætate nostrâ antiquitatis æmula in musiuo diuersarum Ecclesiarum opere, contemplamur. Iterum aliter Emblema dici quoque potest Symbolum aliquod ingeniosum, suaue, morale, ex pictura & lemmate constans, quo animi conceptus & nutus, grauiori aliqua sententia, aut lemmate figuræ similitudine quâdam conueniente, indicari solet; vt si patientiam rebus aduersis illustratam significare velis, cerauniam gemmam depinges, quam in locis duntaxat fulmine ictis inter fulgura, cœlique tumultus suauiter emicantem inueniri aiunt, si hanc addideris epigraphen, *Fulmine creuit*, Emblema effeceris. Iterum Delphinus Anchoræ implicitus cum hac epigraphe, *Maturandum*; Chamæleon verò cum hoc lemmate, *Omnium colorum*, Emblemata sunt: quorum hoc adulatorem, illud maturam rerum considerationem significat. Verùm de hisce vide Andream Alciatum, & Ioachimum Camerarium, aliosque, qui integris voluminibus huiusmodi pertractarunt.

Quomodo patientia emblematicè exprimatur.

De Impresia siue Phrenoschemate.

Quid Phronoschema siue Impresia.

SYmbola illa, quæ Itali vulgò *L'imprese*, Græci συλλαμβάνοντε phrenoschemata, nos Impresias, voce in Latinarum vocum album cooptata, vt à cœteris symbolorum generibus tantò meliùs distinguerentur, appellamus; nihil aliud latè sumpta sunt, quàm *Emblemata quædam Academica*, seu φρενοσχήμαϛ; aut vt non ita pridem insignis quidam Philologus: *Sunt Impresiæ arguta quædam literatorum hominum insignia ex figurâ & lemmatis composita, domibus, libris, hortis, Bibliothecis, Academijs, alijsq; doctorum hominum phrontisterijs, ad occultum animi conceptum, vel passionem, aut insignem aliquam actionem, virtutemq́; moralem in seipso, vel in alijs demonstrandam, inscribi solita.* Vocantur autem Impresiæ, non à verbo Anglico *Empreis*, vt nonnulli perperam sentiunt; neque ab impressione; sed ab Italico etymo *Imprendere*, quod idem sonat ac *Mettersi à fare, & incominciare qualche operatione, ouero pigliar qualche cosa sopra di se*, agitare rem aliquam seriâ animo, moliri in expeditionem rem aliquam; quod & Gallicæ voci, *entreprendre*, hoc est, *auoir quelque dessein*, designare aliquid animo, pulchrè consonat; vnde denique *Impresa* Italicè, Gallicè verò *Entreprise*, rei magni momenti expeditionem denotat. Impresia igitur inde, quòd non nisi profundâ quâdam & seriâ mentis applicatione conficiatur, etymon rectè inuenit. Dixi

Em-

Emblemata Academica, quòd Academici Itali eorum rectè componendorum rationes & regulas primùm præscribentes, alijs seruandas reliquerint. Quod vt intelligatur, notandum, præ omnibus alijs Nationibus hoc Italos peculiare sibi habere, in plerisque celebrioribus vrbibus, communi doctorum conspiratione, certa quædam conuenticula, quas Academias vulgò vocant, instituere, in quibus statutis temporibus, de ijs maximè studijs, quæ vel ad ingenij, vel ad morum, aut humaniorum literarum culturam conferunt, laudabili sanè instituto tractare solent. Quæ quidem Academiæ, vti variæ sunt & quamplurimæ, ita varijs quoque Impresijs, seu argutis quibusdam insignibus, quibus & inter se, & à plebæa hominum colluuie veluti ἐκ τῶ τύπω distinguerentur, insignitæ sunt. Academici itaque ab huiusmodi Impresiarum vel materia, vel formâ, & proprietate, vel actione, aut passione aliquâ insignip quam Symbolum innuit, se denominant.

Hoc pacto Academici Romani ab humore, quæ est materia Impresiæ, dicuntur Humoristæ; pro insigni enim seu Impresia nubem habent supra mare eleuatam, ac ibidem in pluuiam resolutam, cum hoc lemmate: *Redit agmine dulci*: quo argutè indicant, quòd sicut vi Solis nubes plena vaporibus ex amaritudine maris eleuata, atque in dulcedinem versa, per pluuiam terræ denuò confertur: ita Academia hæc suos, etsi passionibus affectos, à communi tamen hominum, mundique vita, virtute doctrinæ eleuatos, non dulces tantùm reddit & tractabiles; sed & alijs quoque frugifero doctrinæ imbre, ingentia animi emolumenta confert.

Pari ratione Academici Neapolitani ab igne Impresiæ materia dicuntur *Ardentes*; pro Impresia enim altare habent, cuius lignorum strues Tauro in partes secto adornata, cœlitùs accenditur, hoc lemmate Græco, ἀλλαχόθεν, *Non aliunde*: quâ significant ignem de cœlo, seu dona diuina in animas, non nisi voluntariâ quâdam immolatione sui, seu animi cultu primò ritè dispositas descendere.

Porrò Academici Senenses *Intronati* dicuntur, à cucurbita intronata, id est, fissi vasis sonum habente, scilicet malè materiata, defectuosa, rimosa, cuiusmodi pro salis reconditorio passim varijs in locis vti solent, quam & pro Impresia sibi elegerunt cum hac epigraphe, *Meliora latent*: quâ argutè innuunt, prudentiam, discretionem, siue salem sapientiæ in fragilibus vasis contentum dictam Academiam docere.

Academici Florentini *Cruscanti* dicti, à voce Italica *crusca*, quod farinam impuram, seu furfur significat; habent enim illi pro Impresia sua, instrumentum illud mechanicum dictum Cerniculum, Italicè *Furlone*, quo farinam crassam à subtili, ab impura puram secernere solent, cum hoc lemmate, *Il più bel fior ne cogle*: quo indicant, etiam ex vilissimis rebus animæ nutrimentum deduci posse.

Bononienses Academici *Sonnachiosi*, siue Somnolenti dicti, pro Impresia habent Vrsum dormientem cum hoc lemmate, *Spero auanzar la vigilia con il sonno*; quo indicant, quòd etsi pro tempore videantur ab alijs somnolenti, & dormiturientes, excitati tamen semel, facilè perditum tempus

Margin notes:

Humoristæ Academici Romani vnde dicti.

Ardentes Neapolitani Academici vnde dicti.

Academici Senenses vulgò dicti Intronati.

Academici Florentini dicti Cruscanti.

Academici Bononienses dicti Sonnachiosi, id est, Somnolenti.

B 2 pus

pus, vigiliis ingenij viuacitate, assiduoque virtutis exercitio reficiscerecó-
nenttus, ...

Academici Veneti. . . . . . . Veneti Academici pro Impresia habent Leonem in actu
indignationis cum rupto collari ita se posito, lemma verò ita sonat, Et
colla iuuencis, quo libertatis denotant amorem. . . . .

Ferrarienses. . . . . Etiam Ferrarienses Academici pro Impresia sua habent fulmantium
laboratorium cum duabus scutellis & lignum serrâ secandum; in vna
verò scutellarum spongia cum rubrica, in altera chorda ad extrahendas lineas, accommodata, cum hac epigraphe, Rectum signat, quo indicant a-
ctiones humanas, vt rectitudinem suam obtineant, continuo studio & labore fulciendas: . . . . . .

Mediolanen-ses. . . . . . Mediolanenses Transformati plafanum habent cum hac inscriptione, Obumbrat & Recreat, quo virtutis studium tropicè denotant. . . . .

Papienses. Academici Papienses, dicti Affidati, pro Impresia Ardeam habent cum
stellâ, & hac epigraphe, Vtraque felicius, quo vtriusque vitæ, actiuæ,
& contemplatiuæ, felicitatem notant . . . .

Ex quibus luculenter patet, materiam, vel formam, vel actionem,
seu passionem metaphoricam, quam Symbola denotant, variæ huiusmodi
Academicorum appellationis primordia fuisse. Verùm vt tam ingeniosum institutum clariùs innotescat, quid huiusmodi Impresia propriè sit,
in quo propriè consistat, aut quomodò componi debeat, iam declarandum
restat. . . . .

Quid propriè Impresia. . . . Impresiam igitur ita communiter Academici definiunt; L'Impresa
è vna significatione del animo sotto nodo di motti, & di pittura, dal ingegno del
huomo inuentata, accioche particolarmente le passioni cosi de sensi, come della
mente vengano spiegate. Vel breuiùs: L'Impresa è vna espressione di concetto,
sotto simbolo di cose naturali, ouero artificiali, eleuate ad esprimere il più occulto
pensiero della superiore portione; quam explicare videtur his verbis Hora-

Montaldus. tius Montaldus: Impresia, inquit, figura extranea, siue naturalis, siue artificia-
lis, est singulare consilium mentis, idoneo similitudinis nexu; figurâ videlicet &
lemmate expressum, quo vim obtinet ad exprimendum, quicquid materia esse potest Impresię voluntaria inscriptionis accessione. Sed inter cœteras hæc maximè approbatur: L'Impresa è Simbolo composto di figure, come naturali, cosi
artificiali, e parole significanti per via di metafora, & di similitudine, fondata
sopra la proprietà della figura accennata dal motto, che il pensiero, ò lo stato nostro,
a d'altrui dinota, id est, Impresia est Symbolu seu Emblema Academicu, compositum
ex varijs figuris, tam naturalibus, quàm artificialibus, & verbis significantibus
metaphoram aliquam, seu similitudinem supra figuram, quam verba indicant,
fundatam, quâ nostrâ, vel alterius cuiuslibet mentem, statum, moresq; argutè indi-
Tres species Impresiarum. camus. Diuiduntur autem Impresiæ à nonnullis in tres species, ita vt aliæ
constent solis literis, aliæ solis figuris, aliæ vtrisque, diuisione factâ iuxta
triplicem Idealis, cœlestis, & terreni hominis conditionem. Idealem hominem accipiunt pro Angelo, qui est homo quidam veluti cœlestis sine
corpore: & hunc assimilant verbis. Cœlestem hominem accipiunt pro
mundo hoc visibili, seu sensibili & corporeo; atque huic attribuunt figuram.

rant. Tertiò hominem terrenum pro vero accipiunt, qui vti constat corpore & anima, ita & voces & figuras propriè ei in Emblematis tribuunt. Verùm duæ priores acceptiones Impresiæ nostræ nulla ratione conuenire possunt ; vnde sola tertia Impresiæ constituendæ apta est. Porrò quatuor comprimis causæ ad Impresias videntur concurrere, duæ essentiales & intrinsecæ, & totidem extrinsecæ. Impresiearum vna est figura, quæ tanquam causa materialis concurrit ; altera est forma, estque dictum seu sententia significans per modum metaphoræ ; causa efficiens est intellectus hominis ; finis denique est affectus, passio, intentio siue conceptus, quem Author significare intendit. Quæ omnia Emblemati quoq; conueniunt, excepto quod materia & forma Emblematis sit indeterminata ; & ad quaslibet res naturales, artificiales, physicas, morales, entia quoque, vt Scholæ loquuntur, rationis sese extendentia, quam indeterminatam rationem Impresiarum Authores plerique respuunt. Nam vti neque animalia, aut herbæ incognitæ, numeriue, aut mythicæ allegoriæ, ænigmaticæque locutiones Impresiarum materia sunt ; ita neque res particulares, vti instrumenta, cærimoniæ, vsus, & consuetudines (nisi forsan eo in loco, vbi vigent) materia esse possunt ; in quo ita quidam scrupulosi sunt, vt non desint, qui etiam colores ipsos, atque adeò ipsam humanam figuram ab Impresiarum excludant materia.

Quæ ad Impresiam concurrant.

Præterea sicuti ad manifestanda animi sensa, locutione, scriptione, nutu, gestuumque expressione opus est, ita Impresiarum lingua gnomæ sunt & sententiæ, quarum ope totius Impresiæ significatum enuncietur ; harum enim officium est, corpus, siue materiale illud, ex se cœteroquin ad quamcumque rem significandam, siue ad quamcumque formam recipiendam indifferens, determinare ; v. g. Sol materia alicuius Impresiæ ex se & sua natura ἄλογος est ; potest enim nunc vitam, modò diuinitatem diffusam, iam splendorem animi, iam alia atque alia significare ; sed mox ivbi verba accesserint, ad certam significationem determinatur, atque nomen obtinet Impresiæ. His igitur ita obiter indicatis, nunc operæpretium me facturum existimaui, si regulas quasdam hoc loco in gratiam eorum, qui huiusmodi laudabilissimis studijs delectantur, ad perfectam & solidam Impresiarum compositionem necessarias præscriberem.

Regulæ ad phrenoschemata, seu Impresias rectè componendas requisitæ, ab Academicis institutæ.

Prima. Impresia necessariò componi debet ex figura & lemmate, cùm vno sine altero Authoris intentio nulla ratione rectè exprimi possit, vt in præcedentibus fusè declaratum est.

Regulæ sex ad Impresias rectè componendas requisitæ.

Secunda. Vt sit figuræ & lemmatis vna cum intentione Authoris apta connexio, & arcta proportio ; quod fit per similitudinem aptam, fundatam in Impresia, & applicatam Authori per translationem quandam, quam dicimus metaphoram.

Tertia. Impresiæ, vti non conueniunt lemmata, allegoriæ, fabulæ, aut

aut aliquid honeftati morum contrarium; ita nihil quoque affumatur
extraneum, incognitum legentibus, Chimæricum, colores quoque in hoc
negotio vitentur.

Quarta. Imprefia vti debet effe ingeniofa, arguta, fubtilis, vtpote
cuius acumen fit, vel in natura fundatum, vel in Ethica feu moribus, aut
grauioris Authoris fententia, & apophtegmate fundatum; ita non debet effe adeò obfcura & ænigmatica, vt Oedipo ad interpretationem fui
indigeat; neque ita clara, vt indoctis etiam prima fronte innotefcat, fed
arguria fua conftet, ita vt non nifi cum profunda quadam mentis refle-
xione, eaque folis eruditis innotefcere poffit.

Quinta. Imprefia debet effe modefta, directa ad mores vel Authoris, aut Academicæ alicuius congregationis: vnde omnes iftiufmodi Imprefiæ vitandæ funt, quæ alicuius finiftrioris conceptus materiam præbe-
re poffunt, vel etiam fuperbiæ, præfumptionis, vitiofi amoris, fimilium-
que paffionum argumentum præbent.

Sexta. Imprefiarum lemmata nullâ ratione exprimere debent vitium hominis, aut virtutem, nifi per metaphoram; figura quoque fiue
materiale non exprimatur, falfa enim v. g. Imprefia foret, fiquis flam-
mam pingeret furfum vergentem, cum hac infcriptione, *Flammæ diuini
amoris*; cùm hîc nulla metaphora fit, fed integri conceptus explicatio;
Si verò eam hoc lemmate, *Nunquam deorfum*, infigniat; iam vim Imprefi-
æ obtinebit. Atque hifce regulis ad perfectam Imprefiarum compofi-
tionem peruenire poteris. Verùm vt hæc luculentiùs patefiant, aliquas
è nobilioribus Imprefiis, veluti exemplaria quædam ad fimiles conden-
das, adducendas duxi.

Imprefia Vr-
bani VIII.

ALIVS ET IDEM

Primo S. D. N. Vrbanus VIII. dum adhuc in
minoribus effet, Solem orientem elegit pro Imprefia, cum hoc lemmate: *Alius, & idem*; quo fignificare voluit, quod ficut Sol oriens alius quafi
eft ab eo qui fuit præcedenti die; idem tamen re-
vera eft; ita is, etfi ad maiorem dignitatis gradum
fuerit affumptus, nihil tamen de priftina huma-
nitate, beneuolentia, & omnibus feruiendi prom-
ptitudine remiferit; quin femper *Alius* fit & *idem*.
Sed enim hoc Emblema non quidem Imprefiæ per-
fectionem debitam obtinere videtur, cùm Sol non proprie *Alius & idem*
ex Solis ortu dici poffit. Deficit igitur hîc debita & apta proportio figuræ ad lemma.

Imprefia Par-
theniæ Con-
gregationis
Romanæ.

ARCANIS NODIS

Melior aliquantùm eft, quam Parthenia &
Academica Congregatio in hoc Romano Collegio
S. I. fibi elegit. Magnes eft contrahens in catenam
annulos, cum hac epigraphe, *Arcanis nodis*; quo
argutè indicant, incrementum huius dictæ Parthe-
niæ Congregationis primò non nifi occulto, quodam diuinæ infpirationis tractu perfici; deinde boni

ni exempli, sanctæ conuersationis, ac mutuæ ædificationis attractu propagari debere.

His omnia svbsvnt

Sacra Imperatoria Maiestas Ferd. III. Dominus noster clementissimus, vt iustitiam suam, & religionis amorem, duo instrumenta videlicet, quibus Imperij moles vnicè conseruari, & propagari possit, ostenderet, hanc sibi Impresiam elegit, bilancem, cuius stater crux est, cum hoc lemmate : *His omnia subsunt*; quo non argutè minùs, quàm sanctè, quid Christianissimum Imperatorem deceat, indicauit.

Impresa Imperatoris Ferdin. III.

Innumeras alias hoc loco à diuersis Principibus assumptas Impresias adducere possem; sed quia alij iam ante me, vti Ruscellus, Ferrus, Tipotius, integris id præstiterunt voluminibus, superuacaneum esse ratus sum, ijsdem diutiùs inhærere; solùm hoc loco sex alias à diuersis, ijsque doctissimis viris, ingenio summo elaboratas proferam, quæ cùm perfectam Impresiarum rationem habeant, cæ exemplaris loco esse possunt

INDECLINABILITER.

Prima est, Acus Magnetica in annulo librata, conuersiua vi sua perpetuò polum respiciens, cum hoc lemmate : *Indeclinabiliter*; quâ pulchrè sanè indicatur mentis rectæ, & in Deum intentæ vis indeclinabilis.

Virtus in infirmitate perficitur.

SE QVITVR PERSEQVEN- TEM PROSE- QVOR.

Altera desumitur ex Æliano, estq; Rana Ægyptia contra Aspidem inimicum pugnatura, transuersam stipulam ore gestans, cum hoc sacro D. Pauli lemmate : *Virtus in infirmitate perficitur* ; quo ingeniosè sanè indicatur, humanam naturam fragilem & debilem contra inuisibiles hostes aptiùs muniri non potuisse, quàm Dominicæ passionis instrumento, cruce, inquam, quam stipula designat ; qua potentissimi etiam hostes facile à quouis rectâ fide instructo Christiano peruincuntur, superanturque.

Tertia est ex historia naturali animalium desumpta, In qua Physa, seu Orbis piscis suspensus ventum spirantem indicat, cum hoc lemmate : *Persequentem prosequor* ; quo argutè sanè indicatur, tria maximè Christiani hominis perfectionem arguere : primum est, conformatio voluntatis nostræ cum diuina, vt in prosperis, ita in aduersis : alterum est dilectio inimicorum, id est, persequentes se prosequi, iuxta illud, *Diligite eos, qui oderunt vos* : tertium est, diuinas inspirationes ardenter insequi ; quæ omnia nos docet Orbis piscis, qui ad ventum quemcunque spirantem se indeclinabiliter

ter conuertit, nullâ habitâ ratione qualitatis venti, vtrum calidus, frigi-
dus, num ficcus, aut humidus fit.

ALTER-
VTRVM

Quarta magni cuiufdam belli Ducis eft, & continet duas arbores, quarum vna Cypreffus, altera Palma, cum hoc lemmate: *Alterutrum*; quâ indicatur; belli Ducem ita gloriæ & honori deditum effe debere, vt recordetur mortis, nulli hominum generi magis præfentaneæ, quàm militibus; quæ duo pulchrè fanè indicantur per Cypreffum, arborem feralem & mortis Symbolum; & per Palmam, victoriæ & felicitatis perfectum hieroglyphicum. Magnanimus igitur hic belli Dux pro iuftitia pugnaturus, aut vincendum, aut moriendum effe, hoc fe Symbolo animare voluit.

QVANTV MVIS AGITATVS PROSVM

Alzeit in forgen.

Quinta eft Molendinum Æolium, feu ventorum vi agitatum, cum hac infcriptione: *Quantum-uis agitatus, profum*; quâ aptè & congruè fanè indicatur conftantia & fortitudo mentis vincentis in bono malum, & ex aduerfis malifque educentis bona, iuxta illud; *Diligentibus Deum omnia cooperantur in bonum*. Quidam Hifpanus eleganter fanè hoc eodem molendino vtitur pro Imprefia, fed cum hac infcriptione: *En trabachos mia hazienda*.

Sexta. Eft Leo manducans ex lintre, quem Virgo nuda loro tenet conftrictum, cum hoc dicto Germanico: *Allzeit in forgen*, hoc eft, femper in curis; cuius vis argutè fanè explicatur hoc difticho:

Nuda à præfidijs ego Virgo miniftro Leoni,
Danda opera eft magnis, fed comitante metu.

De Imprefijs ac Symbolis aliarum Gentium.

NOn defunt, qui fcrupulofiùs Imprefiarum negotium tractantes, velint Imprefias melius fieri in vna quàm in altera lingua; ita quidem, vt proportionem quandam tenendam putent figuræ ad linguam, à qua lemma ponitur. ita Hifpanica dicta, amorofis; feftiuis & iucundis Italica; feueris & grauibus Germanica; beneuolis & amicis Gallica; fubdolis blandifque Græca, accommodari debere iudicant. Exempli gratia in illo Symbolo, vbi trunco arido virgultum infertum vides, cum hoc lemmate: *Quando Deus voluerit*; lemma hoc conuenientius vni quàm alteri linguæ quadrare arbitrantur. Sed vt, quod res eft, fatear, videntur hi nullâ ratione linguarum cognofcere vim ac valorem; fiue enim lemma hoc infcribatur Germanicè, *Wann Gott Will*; fiue Hifpanicè; *Quando quicre*

quiere Dios ; ſiue Italicè, *Quando Dio vorrà* ; ſiue Græcè, Ἐι Θέλͅ Θεὸ. ; ſiue
Gallicè, *Quand voudrà Dieu* ; ſiue Arabicè, اللّه جِش انا ; ſiue Hebraicè , אם ירצה יחוח; ſiue denique quocunque alio idiomate inſcribatur ; Impreſia ſemper eundem valorem obtinebit, vti omnis is, qui varia idioma-
tum notitia inſtructus fuerit, fateri debet. Hoc quidem non facilè negauero, in vna lingua alluſiones quaſdam Grammaticas melius fieri, quàm
in altera. ita vexillum implantatum coronæ Regiæ cum hoc Gallico lemmate : *Grandeur par grand'heur* ; hoc eſt, *Celſitudo, fortuna Duce* ; melius in
Gallico ſonat , quàm alia in lingua , ſi ὁμόφωνας antitheſes conſideremus.
Non ſequitur tamen alia in lingua hoc lemma poſitum non habere ſuum
valorem : ſiue enim inſcribatur Impreſiæ Gallicum lemma : *Grandeur par
grand'heur* ; ſiue Latinè : *Hàc duce exaltor* ; ſiue aliâ quâcunque linguâ ,
ſemper idem ſonabit. Sed vt luculentius pateſiant omnia, de variarum
Gentium Impreſijs ſiue Emblematis modò agendum eſt particulatius.

De Impreſijs Hebræorum.

HEbræorum Impreſiæ ſiue Emblemata, in quibuſdam cum noſtris conueniunt, in quibuſdam diſcrepant. Nam figuram cum lemmate
habent quidem, at non figuram quamlibet Impreſijs conceſſam : præter
enim humanam, nec animalium quidem vllam admittunt figuram : putant enim Hebræi, imagines pingere, aut aliquid ijſdem ſignificare, eſſe
veluti quandam Idololatriæ ſpeciem. Solis igitur vegetabilium , inani-
matarumque, vti & artificialium rerum Symbolis ad ſignificandum vti
videntur. Præterea lemmata plerumque ex Cabaliſticis conſtant compo-
poſitionibus , vti in ſequentibus exemplis apparet. Ac primò quidem
apud Gamaëlidem in manuſcripto Commentario in Pircke auoth hanc in

principio libri Impreſiam reperio : Mundus ſiue
globus terreſtris eſt, tribus fulcitus manibus, cum
hac epigraphe acroſtychica ארש. Quæ verba extenſa idem ſignificant ac אמת דין שלום, hoc eſt,
veritas, iudicium, & pax ; quæ verba paulò poſt fu-
ſius explicans dicit :

עַל שְׁלשָׁה דְבָרִים עוֹמֵד הָעוֹלָם עַל
הָאֱמֶת וְעַל הַדִּין וְעַל הַשָׁלוֹם שֶׁנֶאֱמַר
אֱמֶת וּמִשְׁפַּט שָׁלוֹם שִׁפְטוּ בְּשַׁעֲרֵיכֶם:

Hoc eſt, *Super tria Mundus ſubſiſtit, ſupra veritatem, ſupra iudicium, & pacem, iuxta quod dicitur,
veritas, & iudicium, & pax iudicant in portis veſtris.*
Alterum inuenio apud Simeonidem Commen-
tatorem legis, qui initio libri ſui hanc præfigit Impreſiam. Librum apertum , notatum verbo תורה,
& infrà, aratrum, exercitij corporalis Symbolum ,
cum hoc lemmate : וזה וזה, id eſt, *Et hoc, & hoc.*

C quæ

quæ verba paulò poſt explicat in ſua præfatione his verbis :

יפה תלמוד תורה עם דרך ארץ שיגיעת שניהם משבת
עון :

Optimè conueniunt inter ſe labor manuum externus, & ſtudium legis, vtrum-
que enim auertit hominem à peccatis .

וויבא

בודימנחל

Reperi quoque inter alia Kabaliſtarum monumenta, hanc Impreſiam Cabaliſticam . Nauis eſt
inter duas columnas, igneam, & nubeam , de quibus 14. Exodi, ſecundo vento procedens, cum hoc
lemmate : בזה מנחל, *Hâc duce* ; cui lemmati im-
minent alia verba : ויסע ויבא ויט, quibus verbis
Author indicare voluit in hac Impreſia 72. Angelorum nomina, ex tribus verſibus 14. Exodi, qui
incipiunt . ויסע ויבא ויט, Cabaliſticâ quâdam re-
ſolutione deductorum ; de quibus nos in Kabala
Hebræorum ex profeſſo tractabimus ; argutè igitur indicat, ope horum
Angelorum, qui per columnas dictas indicantur, ſe fretum, nihil non difficile & arduum, cum optimo ſucceſſu peracturum.

מירבה מששש מרבה
מכאוב

Aliam Impreſiam comperi præfixam libro, cui
titulus אבקת רוכל. Pomum eſt ſignatum morſu, &
quatuor fluminibus, hortum rigantibus , cum hoc
lemmate : מרבה משש מרבה מכאוב, *Multiplicans vo-*
luptatem, multiplicat dolores ; quâ Impreſia Author
videtur innuere, ſenſualitatem ſeu peccatum primorum parentum, qui cùm ſemper felices eſſent,
vel vnico morſu concidederunt . *Cùm enim*, vt Scriptura dicit, *vidiſſent .*

כי טוב העץ למאכל וכי תאוה הוא לעינים ונחמד העץ
להשכיל :

quoniam lignum eſſet bonum ad comedendum, pulchrum viſu, atque, deſiderabile
ad intelligendum ; voluptate ſuperati, inobedientiæ peccatum incurrerunt,
quo totum humanum genus in innumeras vnà ſecum calamitates præci-
pitarunt . Pomum igitur morſu ſignatum vnà cum quatuor fluminibus,
paradiſum ſeu hortum voluptatis ſignificat ; ſententia verò oſtendit, nullam voluptatem in hoc mundo ſolidam, & omnia gaudia homini in hac vita debere eſſe ſuſpecta . Nam vt rectè ſapiens ait :

יש דרך ישר לפני איש ואחריתה דרכי מות : גם בשחוק
יכאב לב ואחריתה שמחה תונה :

Eſt via, quæ videtur homini recta, at poſteriora eius viæ mortis . ita &, *In*
riſu dolebit cor ; & extrema gaudij luctus occupat . Author igitur huius Impreſiæ Lectorem libri ſui hâc Symbolicâ notâ monere videtur, ne ita voluptatibus mundanis, gaudijſque cor diſſipet, vt non memor ſit malorum
gaudijs paſsim annexorum, id eſt, conditionis humanæ, quæ eodem in ſta-

tu

tu diu permanere nequit, fragilitatemque ob oculos semper habeat . Plurimas alias Impresias Hebræorum hîc adducere possem ; sed quia ea alijs
in locis passim adducemus, de his consultò siluimus.

De Impresijs Arabum, cœterorumque Orientalium .

A Rabes haud inargutè hanc philologiam tractare consueuerunt ; etsi
à nobis discrepent ; omissa enim figura humana , & animalium
quorundam, artificialibus ferè, atque partibus animalium vtuntur; lemmata verò eorum & sententiæ vtplurimùm respiciuut Apologos summo
ingenio excogitatos. Sed vt ad rem veniamus; inter alias Impresias illam

Selimi Turcarum Imperatoris maximè solennem reperio. Quatuor candelabra sunt,
vt in schemate apparet, quorum vnius can-
delâ accensâ fulget, reliquis lumine destitutis, cum hoc lemmate ا الله ورا, *Alla varà*, hoc
est, *Deus dabit*; quo quidem nihil aliud innuere videtur, nisi voluntatem & desiderium, quo omnes Mundi partes suo Imperio
& religioni vnire exoptat: nam per quatuor
candelabra, quatuor Mundi partes, quarum
ipse vnam, videlicet Asiam obtinere credit ,

Impresia So-
limi Turca-
rum Impe-
ratoris.

quæ & per candelam lumine accensam notatur, argutè significat; cùm in
Imperio suo solo veram fidem & religionem accensæ candelæ Symbolo
denotatam, vti dictum est, vigere opinetur, reliquis tribus fidei lumine
destitutis. Quâ quidem Impresiâ, non tam quid in perfida sua religione
fieri velit, quàm quid in orthodoxa Ecclesia aliquando futurum sit, non
sine instinctu prophetico, innuisse videtur .

Exemplum
Impresiarum
Arabicarum.

Aliam Impresiam non minùs elegantem ,
quàm argutè reperio apud Alhari ebnessed,
in principio libri sententiarum. Alueare est ,
in cuius ostiolo loco apis araneus mellificatu-
rus conspicitur, cum hac inscriptione Arabica, بين غايتك, hoc est, *Intra terminos tuos* ;
quo apposite notatur , vnumquemque suâ
sorte contentum, altiora se attentare non debere ; videturq; hoc ipso ad celebrem illum
Arabum Apologum alludere, quem nobis se-
stiuè satè describit dictator ille Arabum Loc-
manus his verbis:

Locman.

حنفتغد مرة قالت لنحلة العسل لو اخذتيني معك لعملت عسلا متلكي
واكثر فاحابتها النحله الى ذلك فلما لم تقدر على متل ذلك اضرتها النحله
لها وفيما في تمون في ذفسهالقد استوجبت ماناتلني من الاسوا ولايتكون لي
عمل الزفت لماذا النمس عمل العسـ ـــــل ✿

Hoc eſt: *Aranea aliquando dixit Api : ſi me tecum acciperes, facerem ego mel ſicuti tu, & amplius : Reſpondit autem Apis ſuper hoc ; & cùm non poſſet ſimile quid facere, percuſſit eam Apis aculeo ſuo, & moribunda dixit intra ſe ; digna ſanè ſum ego malo hoc, quod me invenit, cùm enim non poſſim facere picem, cur volui facere mel ?* Verùm id genus Impreſiæ potiùs allegoricum, quàm Emblematicum eſt.

Huic non abſimilem reperio in alio manuſcripto, quod de philoſophia tractat. Impreſia librum continet cum hac inſcriptione, هذه واحدٍ معي *Hæc ſola mecum*, circa librum verò in cordis figuram hoc epiphonema ſcriptum ſpectatur :

لا علم الا ما كان مكتوم في صدرحتى شيت اظهر

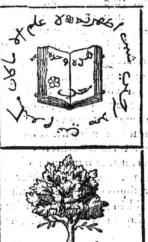

Exemplum Syriacarum Impreſiarum.

Non eſt ſcientia, quæ non reconditur in pectore, hanc enim cùm volueris, manifeſtare poteris ; quo occultè ſignificatur, doctrinam non in libris, ſed in corde circumferri debere, cùm librorum multitudo, niſi ſtudium frequens, & aſſidua exercitatio accedat, ad ſapientiam parum conferat.

Syros Impreſijs quoque vſos, oſtendit manuſcriptus quidam Collegij noſtri Maronitici de philoſophia morali, in cuius principio Cedrus pingitur, cum hac inſcriptione, حلكي محلا *Incorruptibilis,* intra verò legitur hæc epigraphe Syriaca, quæ conceptus fuſiùs explicatur :

احمدا اذا حلحيب سحلال ههلا حلحيمر يسد لاهوا هيحخي رحسه لا اسه سحلال

Sicut Cedrum Libani corruptionis expertem nihil offendit, ita, quod animum voluntati Dei conformatum offendere poterit, nihil eſt.

Æthiopica quoque, Armenica, Perſicaque hoc loco producere poſſem, verum cùm illa plus æquo à vera Emblematum, Impreſiarumque ratione diſcrepent, ne opus inutilibus refarciatur, omittenda duximus. Sufficit nobis, omnem linguam Impreſijs faciendis aptam, ac nullo non tempore ab omnibus Gentibus huiuſmodi ſtudium cultum fuiſſe, obiter demonſtraſſe. Quandocunque igitur in regulis præſcribitur materia Impreſiarum nota paſſim, intelligendum id eſſe ſciant de Natione aliqua particulari : poſſunt enim multa in vna Natione eſſe materia Impreſiarum, quæ, eò quòd in altera incognita ſint, inepta habentur. Certè cucurbita Seneſium Hieronatorum, à Germanis, aut Gallis non agnoſcetur ita Cabaliſticæ Impreſiæ vis & energia, quam ſuprà certo loco poſuimus à ſolis iſtius artis peritis, non autem ab alijs, capietur. Atque hæc de Emblematis, & Impreſijs dicta ſufficiant.

CAPVT III.

De Infignibus, Armis, Criftis, Tutulis, Lophis Gentilitijs,
eorumque origine, & fignificatione.

ARma, fiue Infignia, aut vt alij ea vocant, Tefferæ, feu Scuta gentilitia, nihil aliud funt, quàm vnius, aut plurium figurarum in fcuto,
aut vexillo collocatarum repræfentatio, cum aptitudine, colore, & campo
determinato, vel ad præclarè geftorum memoriam, vel ad familiæ diftin-
ctionem inftituta. Dicuntur infignia, quia in armis infculpi, & antiquis,
& noftris temporibus folebant, vt his armati opertâ facie dignofcerentur. *Tiraquellus.*
Vide Tiraquellum lib. de nobilitate c. 6.

Hæc igitur, cùm myfticis quibufdam & fymbolicis rationibus conftent, de eorum origine paulò altiùs ordiri vifum eft, vt vnde ad nos huiufmodi fcutorum vfus dimanârit, luculentiùs innotefcat.

Vetuftiffimum Symbolorum armis infcribendorum vfum effe, ipfa Vfus Symbo-
la armis in-
fcribendi ve-
tuftiffimus
eft.
facra Scriptura nos docet.

איש על דגלו באותות לבית אבותם יחנו בני ישראל

Num. 2. 2.
Infignia He-
bræorum.

Singuli per turmas, atque vexilla, & domus cognationum fuarum caftra-
metabuntur filij Ifraël. quafi diceret; vnufquifque fuper vexillum fuum,
in fignis domus patrum fuorum. In ordinatione autem caftrorum præcepit Deus, ad confufionem tribuum vitandam, vexilla, quod verbum Hebræum דגל clarè oftendit, erigi, vt iuxta ea familiæ caftrametarentur; cui
congruit textus Syriacus: Explicatur
locus Scri-
pturæ.

ܓܒܪܐ ܥܠ ܛܘܠܩܗ ܚܝܠܐ ܕܚܝܠܐ ܘܐܝܟ ܒܝܬ ܐܒܗܝܗܘܢ

Vir iuxta vexillum & fignum fuum, & fecundùm domum patrum fuo-
rum caftrametabuntur filij Ifraël. Vexilla igitur præcepit Dominus. Verùm
cùm vexilla ex fe & natura fua diftinctiua effe non poffint, nifi per certa
quædam Symbola feu figna ijs infcripta; hinc facer textus luculentiffi-
mè indicat hâc voce באותות in fignis, Symbolis, feu literis; quâ eâdem
voce Syrus, & Chaldæus Meturgaman vtitur. & 70. Interpretes:

70 Interpret.

ἄνθρωπος ἐχόμενος κατὰ τάγμα αὐτοῦ, καὶ κατὰ συμασίας. *Homo coniunctus iuxta or-*
dinem fuum, & figna fua.

Fuiffe igitur vexilla illa Symbolis quibufdam infcripta, fingulis fa-
milijs propria, non facer tantùm textus iuxta diuerfas tranflationes habet,
fed & ipfi commentatores id expreffè indicant; imò figuras, colores, aliafque circumftantias ijs annexas producunt. ita Rabbi Abenezra, hoc
loco: R. Abenezra.

יהני בני ישראל כשיחנו בני א איש על מחנהו הטעם
כל שבט וטעם איש על דגלו שלא יתערב שבט רגל עם
שבט רגל:

Caftrametabuntur filij Ifraël eâ ratione, quâ folent, fcilicet finguli iuxta ca-
ftra fua, hoc eft, tribus fuas, vel finguli iuxta fua vexilla, vt non confundatur
tribus

tribus cum tribu, vexillum cum vexillo. Et paulò poſt ◯

אותות סימנים היו בכל דגל ודגל וקדמונינו אמרו שהיה בדגל ראובן אדם
מכה דש דודאים ובדגל יהודה צורת ארי כי בו המשילו יעקב ובדגל אפרים צורת
שור מטעם בכור שגרו ובדגל דן צורת נשר עד שרמז לכרובים שראה יחזקאל
הנביא :

Vexillum Ruben gerebat depictam figuram hominis.
Figura Leonis in vexillo Iudæ.
Figura Bouis in vexillo Ephraim.
In vexillo Dan Aquila.

*Id eſt : Fuerunt autem ſigna & Symbola in ſingulis vexillis, dicuntque
maiores noſtri, quod in vexillo Reuben erat depicta figura hominis, ex occaſione
quod quæſiſſet Mandragoras in agro* (habent autem radices Mandragoræ figuram humanam.) *Vexillum verò Iudæ habebat figuram Leonis, quia is dominabatur Iacob ; Et vexillum Ephraim figuram habebat Bouis, id eſt, primogenitus
bos eius ; Et vexillum Dan figurâ Aquilæ inſigniebatur ; ita vt quarduplex ve-
xillum huiuſmodi perfectè aſſimilaretur Cherubim, quos vidit Ezechiel Propheta.*
Raſſi verò hoc eodem loco ita de ijs loquitur ;

כמו שהדגלים סדורים בספר זה שלשה שבטים לכל דגל ודגל ולא יהיה קצף
אם תעשו במצותי לא יהיה קצף ואם לאו שיכנסו זרים בעבודתם וכו' איש על
דגלו באותות כל ודגל יחיה לו אות מפה צבועה תלויה בו צבעו של זה לא כצבעו
של זה צבע כל אחד בגוון אבני חקבועה בחושן ומתוך כך יכיר כל אחד את
דגלו דבר אחר באחרונ לבית אבותם באית שמסר לחם יעקב אביהם כשנשאוהו
ממצרים שנאמר ויעשר בניו לו כן כאשר צום :

*Quemadmodum vexilla diſpoſita in libro hoc, tres Tribus vnicuiq́; vexillo,
& non erit ira, ſi feceris iuxta præcepta mea, non erit ira, niſi ſeruituti alienæ ad-
hæſerint, &c. Vir iuxta vexillum in ſignis, id eſt, vnicuique vexilla ſit ſignum
coloratum, ita vt color vnus diſtinctus ſit à colore alterius, iuxta colores lapidum
in Ephod ſeu rationali ; ita cognoſcet vnuſquiſque vexillum ſuum. Res alia eſt
inſignis iuxta domum patrum ſuorum, cum diſceſſiſſet, duxerunt eum ex Ægypto,
iuxta quod dicitur, & fecerunt filij eius, quemadmodum præceperat eis.*

Patet igitur vexilla fuiſſe tunc temporis ad diſcretionem familiarum
inſtituta per ſigna ſeu Symbola diuerſis coloribus imbuta ; cùm enim exercitus eſſet innumerabilis ferè , neceſſaria prorſus erat totius exercitus in-
certas legiones diuiſi diſtinctio, quæ per ſigna cognoſcebatur ; ſecus infinitam confuſionem eos incurrere neceſſe erat.

Sed & inter omnia vexilla, illa potiſſimùm eminebant, quæ in quæ-
tuor caſtrorum angulis, à qnatuor primis Principibus, quos enumeraui,
erigebantur. Ad Orientem ſuper tabernaculum Naaſſon primogeniti

Ad Orientem vexillum Iudæ viride.

Iudæ vexillum fulgebat viridis coloris ; in viridi namque lapillo, qui
Smaragdus appellatur, parentis ſui nomen deſcriptum erat in rationali iudicij, quod ſummus ſacerdos geſtabat in pectore, in quo quaſi in Pontifi-
cia bulla Iſraëliticæ nobilitatis antiqua iura continebantur. In vexillo
autem Iudæ, inſigne nobilitatis erat Leo ; Leoni enim comparauerat eum
Iſraël ſeu Iacob pater eius, quando nimirum tanquam omnium parens &

Ad Meridiem vexillum Ruben rubrum.

princeps ſingulis propria ſtemmata diſtribuit. Ad Meridiem deinde emi-
nebat ſupra tentorium Eliſur filij Ruben rubrum colore vexillum, quod
referebat Sardium rationalis lapillum, quod illi obtigerat ; eius autem
inſigne fuit humana figura, vtpote qui primogenitus eſſet, & quaſi caput
totius domus Iſraël.

Ad

Ad Occidentem fupra tentorium Elifama, filij Ephraim vexillum radiabat aureum, Chryfolitum referens Rationalis, in quo defcriptus erat; habebat autem pro infigni nobilitatis Vitulum, cui comparauerat eum Iacob, Deuter. 33. v. 17. Ad Occiden-
tem vexillum
Ephraim
aureum.

-Denique ad Aquilonem fuper tentorium Ahiezer filij Dan, diuerfi coloris vexillum erat, ex albo nimirum & rubro colore permixtum, Afpidem in Iafpide referebat eiufdem Rationalis; iuxta illud : *Fiat Dan coluber in via, ceraftes in femita* ; quæ ad ingenij acumen, & bellicam fortitudinem, atqj induftriam fingularem referenda effe, merito putarunt Doctores; hæc enim duo cùm maximè in Aquila fint confpicua, ideo creditum eft, Dan, quod Ceraften in vexillo pingere recufaret, Aquilam pro ferpente pinxiffe. In medio denique caftrorum Regium illud Dei Ifraël, ac Domini exercituum fixum tentorium, fupra quo quafi vexillum Regium, quod omnis exercitus fequeretur, ignea noctu fplendefcens columna, interdiu verò obumbrans nebula confpiciebatur, quam nec tenebræ noctis occultarent, nec radij Solis videntium oculos ita perftringerent, vt impedimento effent, quominùs in illam intendi perpetuò poffent, quafi iuffa fingulis quibufque horis atque momentis exfpectantes. Ad Aquilo-
neu vexillū
Dan verfico-
loratum.

Vexillum Re-
gium Dei
Ifraël Colum-
nn ignea, &
nebula obum
brans.

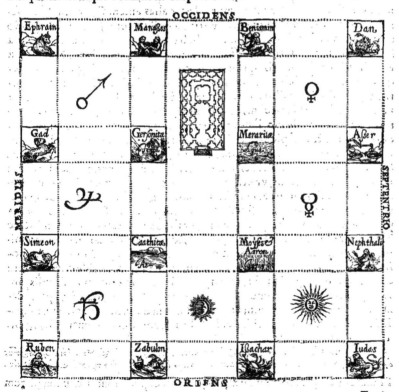

Erat itaque ordinatiſſima caſtrorum diſpoſitio, & planè myſtica, Vniuerſi diſpoſitionem apprimè exhibens; vtpote quæ ipſam Mundi fabricam infinita Dei ſapientia in principio conditam ipſa prima facie repræſentabat. In ea enim videmus ſublunarem hunc Mundum, ſectum in quatuor ſimplicia corpora aut elementa, à cœleſtibus orbibus contineri, ac cingi duodecim domibus Zodiaci, haud ſecùs quàm in caſtris deuota Deo, Deique cultui perpetuò dedicata ſacerdotalis Tribus in quatuor, vt diximus, veluti phalanges diſtributa, à duodenis reliquis tribubus cingebatur, quarum duces etiam ipſorum ſignorum nomina & inſignia geſtaſſe videntur, figuras animalium in vexillis ſuis depingentes: nam Iudas figuram Leonis, Ruben Aquarij, Ephraim Tauri, Dan Scorpij; & ſic cœteræ tribus ſua ſibi appropriata ſigna appicta habebant, vt in figura antecedenti patet. Præterea 4. elementa, 4. ſtationibus Gerſonitarum, Meraritarum, Caathitarum, & Moyſis cum Aaron pulchrè reſpondebant; ſeptem verò Intermediæ caſtrorum areæ, appoſitè ſeptem planetis competebant. Quæ
Clem. Alex. Villalpandus.
cùm omnia amplè Clem. Alex. l. 5. ſtromatum, & Villalpandus tom. II. templi Hieroſolym. deſcripſerint, ad eos Lectorem remitto.

Vidimus Inſignia primæua Iſraëlitarum, iam aliarum Gentium coæ-
Inſignia Ægyptiorum
uarum inſignia quoque intueamur. Inter alias autem Gentes non immeritò primum locum occupant Ægyptij, à quibus tota Inſigniorum ratio ad poſteros deſcendiſſe videtur. Habebant ipſi in more, quemadmodum ſuprà quoque vidimus in diuiſione Nomorum, ad confuſionem vitandam ſingula tribunalia certis quibuſdam characteribus diſtinguere; Reges quoque ſuis inſigniebantur Symbolis, vt à ſacerdotibus; ſacerdotes ècontra alijs & alijs inſignibus ornabantur, vt à reliqua plebe diſcernerentur; vt pulchrè docet Plutarchus, & Diodorus, & nos fuſè in primo Syntagmate Tomi I. capite de moribus & inſtitutis Ægyptiorum tradidimus. Ex quo factum eſt, vt ſapientes quique poſteri inuentioni huic tam ingenio-
Apud Ægyptios origo Gentilitiorũ ſtemmatum.
ſæ multum ornamenti adiecerint, ſuis tùm libris, tùm diſputationibus. Sic etiam permulti nobiles & generoſi, virique Principes, qui bellicis olim negotijs præfecti erant, vt etiam hodie qui eundem dignitatis gradum obtinent, quò ſui nominis & familiæ ſplendorem quàm latiſſimè propagarent, ſchemata quædam & Symbola ſibi vſurparunt. Et certè omnibus penè Gentibus in more poſitum fuit, vt ſpeciale aliquod ſignum militare haberent, quo faciliùs cognoſci poſſent, & in vnum conuocari locum milites, qui vel fuſi, vel ſparſi extra caſtra eſſent. Sed vt ad inſtitutum no-
Diodorus. In Oſiridis clypeo animalium figura inciſa.
ſtrum reuertar, initium eiuſmodi ſchematum Diodorus videtur repetere ab ipſis temporibus Oſiridis, quem nos primis poſt diluuium ſæculis in Ægypto regnaſſe in primo Syntagmate capite de Regibus Ægypti, demonſtrauimus; ait enim eum contra hoſtes iturum criſtæ, aut clypeo, animalium ferocium figuras inciſas, ad hoſtibus formidinem incutiendam, portaſſe. Verba eius ſunt:

Τὸ δὲ οὖν Ὀσίειδί σ υνιςερατῶδς δύο λέγυσι φὺς, Ἀνυβὶν δὲ καὶ Μακεδόνα δ̓αφέρεντο ἀμφοτέρυς χρήσαδς τοῖς ὑπισημοδιοῖς ὅπλοις ἀπὸ τινῶν ζώων ἐκ ἀσικείων τῇ πε ἄ ἀυτός δ̓ Τορία

Pindarus.
Pindarus quoque teſtis eſt, Amphiaraum in expeditione Thebana pictum
Dra-

Draconem in clypeo circumtulisse. Polinicem sphyngis imagine vsum, in scutis fuisse. In bello Troiano Agamemnon pictum habebat in scuto Leonem, vnà cum epigrammate; ᵓᵗᵗ μῷ φόβ@ ὃᵗ βϵϑῖ, alij alia porta- bant in armis schemata, vt inferiùs ex tabula insignium patebit. Sunt *Insignium* nonnulli, qui insignium inuentionem Hispanis attribuant; alij Anglis qui- *inuentores* busdam equitibus vulgò Errantibus; quidam Hunnis; nonnulli Carolo *qui?* Magno, & Friderico Barbarossæ Imperatoribus. Quod si hoc pacto in- telligatur inuentio, vt symbolicæ doctrinæ nonnihil, siue ad cultum, siue ad ingenium accesserit, non facilè id negauero; sic Hispanis vti simpli- cium insignium siue colorum inuentionem, ita Carolo Magno, & Equiti- bus Errantibus Symbolorum vnà cum coloribus inuentionem adscribi- mus; quæ succedentibus temporibus aucta in artem regulis suis artificio- sè directis digestam euaserunt. Sed de origine hæc sufficiunt.

Porrò constant omnia insignia, materiâ & formâ; materia insignium *Insignium* seu scutorum gentilitiorum, rerum vel existentium, vel apparentium est; *materia.* existentes res quidlibet in rerum natura complectitur, quidlibet enim scuti gentilitij, quicquid dicat Philibertus Campanilis, materia esse po- test. Apparentes res colores sunt.

Diuisio Armorum.

DIuiduntur autem Arma siue Insignia gentilitia multifariam, in Do- *Quæ sint* nata, Acquisita. Hæreditaria, Præscripta, Simplicia, Composita. *Gentilitia* *stemmata* Donata sunt, quæ ab Imperatoribus, Regibus, alijsque Principibus, *donata.* in beneuolentiæ signum bene meritis dantur.

Acquisita sunt, quæ virtute bellicâ, aut aliâ quâpiam occasione ac- *Quæ Acqui-* quiruntur. ita Arma Regni Lusitaniæ quinque scuta portant, quinque *sita.* Maurorum capitibus insignita, ob quinque Mauros Reges vno prælio de- uictos.

Hæreditaria, vel etiam Præscripta sunt, quæ à Principe ob merita *Quæ Hære-* concessa in hæreditarium ius transeunt. *ditaria,*

Simplicia sunt, quæ campo tantùm colorato constant, sine figura, aut Symbolo aliquo.

Composita sunt, quæ ex Symbolis & coloribus, id est, materia & *Quæ Simpli-* forma complentur. *cia.*

Præterea diuidunt quidam Insignia in purè Materialia, Symbolica, *Quæ Com-* & Logogrïphica. *posita.*

Purè Materialia sunt, quæ referunt id, quod demonstrant, ita tres *Quæ purè* Rosæ viridi ligatæ funiculo à Regina Angliæ alicui datæ, in Symbolum *Materialia.* cessere istius Familiæ.

Symbolica sunt, quæ præter materiale, reconditiorem aliquem sen- *Quæ Symbo-* sum habent, ita Alexander Magnus serpentis imagine vsus est, quâ se à *lica.* Ioue Ammone patre sub forma serpentis esse natum credi vellet. Augu- *Stemmata* *Alexandri.* stus Cæsar magnam sui animi moderationem, alienumque ab omni teme- *Cæsaris Au-* ritate iudicium, id est, maturitatem in rebus agendis ostensurus, in Armis *gusti.*

vti & in Numismate, papilionem vnà cum fluuiatili Cancro cælari voluit, altero quidem tarditatem; altero celeritatem intelligebat. Vespasianus Delphinum Anchora alligatum, quo subobscurè maturandum esse innuebat. Ita Aquila Imperialis, potentiam, celsitudinem, & dignitatis Imperialis fastigium, quo omnes alios Principatûs superat; denotat. Sic Leo magnanimitatem, Serpens prudentiam, fidelitatem Canis, Gryphus dominium, Color albus sinceritatem & innocentiam, niger dolorem & luctum, ruber amorem & vindictam, cœruleus cogitationes cœlestes; ita Canis albus in campo nigro significat fidelitatem sinceram, firmam, stabilem & perpetuam.

Logographica sunt, quæ id referunt, quod verba sonant. ita familia quædam Leonardorum in armis suis Leonem ponit & Nardum; & familia Soldatorum, seu Soldato, in insignibus ponit Solem & Datum (ita enim tesseram Itali vocant.) Innumera huius farinæ hic adducere possem; verùm cùm alij de hisce & similibus fusè tractârint, superuacaneum esse ratus sum, ijs diutiùs inhærere.

Forma Armorum Gentilitiorum sunt figuræ varijs coloribus depictæ, quales sunt, circuli, metæ, figuræ trigonæ, quadratæ, reflexæ, lineæ longæ, breues, rectæ, transuersæ, obliquæ.

Atque ex his patet, Insignia ex omnibus alijs Symbolis aliquid in se deriuare. Quidam enim pro insignibus familiæ habent puras Impresias; alij pura Emblemata; nonnulli Allegoricum quid; multi Ænigmata, & Logographos, aut Sententias etiam; plerique figuras ponunt nihil mysticum continentes, sed vel casu, vel occasione alicuius facti, dicti, pro Symbolo assumptas; atque hoc vltimo modo accepta, inter Symbola computari non possunt: quantò autem plùs allegoricum & mysticum habent, tantò ad hieroglyphicorum naturam propiùs accedunt. atque huiusmodi veteres Heroës vsos historiæ nos docent, Ægyptiorum exemplo ductos. ita pro Armis

Alcibiades habebat Serpentem.	
Adrastus Cupidinem fulmen amplexantem.	*Iudas Machabæus*
Agamemnon Caput Leonis.	
Alexander Victoriæ statuam.	
Amphiaraus Scutum album.	*Persiæ Rex.*
Augustus Sphyngem.	
Cadmus Draconem.	
Clearchus Aquilam volantem.	

Cleopatra Cygnum.	
Demosthenes Τлὺ ἀγα-θὼ τύχλω.	*Mogorum Rex.*
Lycurgus Gruem.	
Mecænas Ranam.	*Synarum Rex.*
Neoptolemus Mineru-am.	
Perseus Caput Me-dusæ.	
Pompeius Leonem ensiferum.	*Abassinorum Rex.*
Seleucus Taurum.	
Theseus Bouem.	
Theodosius Vexillum salutis.	*Armeniæ Rex.*
Turnus Argum cu-stodem.	
Vespasianus Capri-cornum.	*Georgiæ Rex.*
Vlysses Delphinum.	

Tabula Insignium diuersis Populis & Nationibus vsitatorum, vna cum significatione eorundem, ex suprà citatis Authoribus collecta.

Populi.	Insignia.	Significatio.	Populi.	Insignia.	Significatio.
Ætoli		Fortitudo & foecunditas terræ.	*Locrenses.*		Ab euentu Eunomij pulsantis Cytharam.
Arcades		Foecunditas terræ.	*Lacedæmo-nij.*		A principio nominis.
Ægyptij		Tres Aspides si-gnificant tri-partitam custo-diam Geniorū.	*Macedones*		Herculeas vir-tutes Alexandri Ammonis filij.

Populi.	Insignia.	Significatio.	Populi.	Insignia.	Significatio.
Argiui		Quibus Principatum inter Greciæ populos innuebant.	Parthi		Cultum Solis.
Armeni		Cornutus Leo nil significat; sed ex occaf. Regis venat. assumitur	Peloponesij		A pugna serpentis cum testudine.
Asiatici		Ex cultu Adergatis Deæ :	Phryges		Ab Apolline in Lupum transmutato.
Babylonij		Columba notant transformationem Semiramidis in Colūbā	Scythæ		Fulmen à Prometheo in monte Caucaso.
Athenienses		Reconditam sapientiam.	Sicionij	Σ	A principio nominis.
Cappadoces		Politicam sine scientia stare non posse.	Romani		Potentia & Imperium.
Chaldei		Latet significatum.	Afri		Vigilantia.
Hebræi	T	Salus & prosperitas.	Græci		Imperium tripartitum.
Lybies		Vide significatum apud Apollodorum.	Iberi		Fortitudo.

De Cristis, Lophis, Tutulis.

Crista militaris, siue Lophus, aut Tutulus ornamentum galeæ est ex pennis volucrum, aut aliâ quâuis figurâ concinnatum; de quibus Vegetius : *Centuriones galeas habebant ferreas, sed transuersis & argenteis cristis, vt facilius dignoscerentur*. Silius :

Vegetius.

Silius.

Ære caput tecti surgunt super agmina cristæ.

Cristæ in Galeis inuentū Ægyptiorum. Inuentum Ægyptiorum est, quorum Reges in expeditiones ituri, galea nunc Cristis, iam Leonis, modò Draconis capite insigniebant, quò hostibus formidabiliores essent & longitudine staturæ, & inusitatæ transfo-

matio-

mationis specie; quam consuetudinem postmodum & Cares secuti sunt, teste Herodoto : *Cares*, inquit, *in Græcia primi fuerunt usu cristarum conspicui*. Cornua quoque addita. Virgilius de Turno pulchrè sanè :

Herodotus.

Virgilius.

> *Ipse inter primos præstanti corpore Turnus*
> *Vertitur arma tenens, & toto vertice supra est.*
> *Cui triplici crinita iuba galea alta chimæram*
> *Sustinet, Æthnæos efflantem faucibus ignes.*
> *At Læuem clypeum sublatis cornibus Io*
> *Auro insignibat, iam setis obsita, iam bos.*
> *Argumentum ingens, & custos virginis Argus.*
> *Cœlataque amnem fundens pater Inachus urnâ.*

Romanis quoque in more positum, olim postes spolijs hostium exornare . ita Polybius : Ἐν ᾗ εἰκάσι κỳ τῶν ὑπαρχόντων ἵρους τιθέασι ῷ σκύλα. Virgilius quoque lib. 2.

Polybius.

Virgilius.

> *Barbarico postes auro, spolijsq́; superbi,*
> *Multáq́; præterea sacris in postibus arma*
> *Captiui pendent currús, curuæq́; secures ,*
> *Et cristæ capitum, & portarum ingentia claustra,*
> *Spiculáque, clypeíque, ereptaque rostra carinis.*

Atque hic mos ad hæc nostra tempora vsque peruenit; etsi ferinæ cristarū figuræ iam desiêrint, & loco earum cristarū pennas, nunc albas, nunc rubras, nunc nigras, tùm vt altiores & generosiores appareant, tùm ad varias virtutes animi indicandas, imponunt; Tyronibus quidem ceu inexpertis albæ, prouectioribus rubræ, nigræ denique singulis competunt. Sed qui plura de huiusmodi desiderabit, legat Ferrum, Palazzum, Rußellum, Tipotium, Campanilem, Critiam, Bergagliam, Petram sanctam, aliosque innumeros, qui de hac materia ingentes edidére tomos.

C A P V T   IV.

De Aenigmate, Scirpo, Gripho, Logogripho.

REctè & sapienter Ægyptiorum Reges quondam ex sacerdotibus creatos legimus, siquidem Principe bono, & ad Remp. gerendam bene informato nihil præstantius, aut generi humano vtilius contingere potuit. Hinc ex bellatoribus designati confestim in sacerdotem allegabantur, & in consortium philosophiæ simul veniebant, vt hoc modo cùm ex virtute, tùm ex sapientia dignationem & authoritatem suam haberent, quæ sunt decora quædam & ornamenta dignitatis regalis. Nouimus autem, in sacerdotum Collegio occultam quandam, & quibusdam veluti fabularum, aut ænigmatum inuolucris opertam de rebus diuinis & naturali-

Ægyptiorum Reges ex Sacerdotibus creabantur.

rali-

ralibus , & ad omnem bene beatèque viuendi rationem pertinentibus; semper ferè vsurpatam fuisse inftitutionem ; cùm Deo, naturæque inimicam esse quodammodo opinarentur nimis apertam & nudam rerum illarum præftantissimarum expofitionem; quam confuetudinem Ægyptiorum difcipulus Pythagoras fecutus, nefas esse arbitratus eft., de rebus diuinis abfque lumine loqui, aut facra Symbola in vulgus transferri; adeo amat diuina natura & maieftas celari , & abdita eius fubftantia non patitur nudis verbis in aures introire pollutas: quare eandem ob caufam diuinitatis arcana myfteria Hebræos quoque, vt in Cabala eorum dicemus,fub obfcuris Symbolorum & fimilitudinum vmbris, quafi per ænigmata quædam reprefentasse legimus. Quæritur igitur,quid fit illud Ænigma , & quomodo ab hieroglyphicis difcrepet.

Pythagoras.

Grammatici Diomedes & Donatus Ænigma definiunt obfcuram fententiam ; fed cùm hæc ab allegoria non difcrepet, alia quærenda eft,quæ id à reliquis diftinguat. Addunt aliqui esse obfcuram fententiam per occultam rerum fimilitudinem enunciatam ; fed nec ita ab Emblemate differet. Dicimus igitur, Ænigma esse propofitionem iocofam obfcuram, vel fcripto, vel voce alicui per occultam rerum fimilitudinem de aliqua re factam. vel aliter fic : Ænigma eft verifimilis imitatio cum fingulari quadam occultatione, vt neque res, neque rei fignificatum intelligatur, priufquam nodus inuolucri refectus fuerit. Neque differt à Gripho, nifi quòd Ænigma lufum tantùm habeat & iocum, Griphus etiam ftudium & curam; quem Clearchus Solenfis peripateticus ita definit : Griphus eft quæftio ludicra,quæ imperat,vt per inquifitionem in fententia inueniatur, quod quæfitum eft honoris aut vituperij caufa : quæ quidem ab Ænigmatis definitione non difcrepat. Phauorinus : Αἴνιγμά ἐςι ζήτησις ἀρρητ@., καὶ ἀρρήτ῾ος περὶ τῦ τινός· Diftinguitur igitur Ænigma & Griphus ab Emblemate, quòd illi propofitiones, aut quæftiones quædam fint obfcuræ & iocofæ, alijs propofitæ ; Emblema autem fit pictura, quæ ferium aliquid ad mores pertinens exhibeat. Hinc à M. Tullio,alijfque Oratoribus præceptum eft, non admodum licere in orationibus frequenter vti Ænigmatibus, quòd maximum fit vitium, orationes obfcuras esse ; ideòq; non fatis laudatus Apuleius, eiufque fectatores . In iocofis tamen narrationibus, atque imprimis in fympofijs atque conuiuiorum fermonibus, aulifque Principum, fuus eft locus ; quòd & ingenium acuere fimul,& fufpenfum & dubium Auditorum animum facete possunt ad præfentium & adftantium hilaritatem & lætitiam. Ænigmata tamen Ægyptiorum nihil iocofum aut ludicrum, fed ferium omninò , & plenum omni fapientiâ, & reconditissimâ eruditione quippiam, vt in ferie huius libri videbitur, continebant. Λογογεῖφ@. autem eft Ænigma quoddam,quod in verbo,aut nomine quopiam varias fignificationes obfcurè per additionem, aut fubtractionem alteri proponit, vt in ferie huius libri videbitur.

Quid fit Ænigma?

Definitio Griphi per Clearchum.

Phauorinus.

Præceptum Tullij circa Ænigmata in orationibus

Ænigmata Ægyptiorum feria.

Logographus quid?

Diuisio Ænigmatum, Griphorum, & Logogriphorum.

Ænigmata, vti & Griphi, & Logogriphi, variè omninò sumuntur. Quædam verbis tantùm constant; quædam sententiam quandam expendunt; quædam in vtroque obscura; nonnulla in literis & syllabis vim suam habent. Præterea eorum quædam vim prouerbij obtinere videntur; aliqua quæstionis & problematis. ita quidem, vt septem eorum differentias Clearchus attulerit. Alij sumunt Ænigmatum diuisionem à simili, à contrario, per accidens, ab historia, per æquiuocationem, & secundùm linguarum proprietates. Nos præter hæc consultiùs Ænigmata diuidemus quoque in Grammatica, Ludicra, Rhetorica, Poëtica, Logica, Arithmetica, Geometrica, Musica, Astronomica, Naturalia seu Physica, Medica, Moralia, Theologica, quorum singulorum exempla damus. *Clearchus.*

Ænigma Grammaticum.

Ænigmata Grammatica vocantur, quæ versantur in propositione seu descriptione characterum & literarum, in ordine ad aliquid obscurè insinuandum. ita Agathon Tragicus in Telepho sub persona literarum ignari picturam nominis Thesei, declarat. *Agathon.*

Θ *Est circulus pictus prior μωρμφαλΟ,*
Η *Duæ iugata quem sequuntur lineæ,*
Σ *Arcus Scytharum vti figura tertia est,*
E *Obliquus adiacet tridens quarto loco.*
Υ *Iunguntur inde binæ in vna linea,*
Σ *Extrema forma est hinc quæ fuit tertia.*

Vide de hoc eodem Ænigmate Euripidem in Theseo; vbi Theodectes Phaselites rusticum quendam inducit literarum imperitum, Thesei nomen significantem. Vide similem descriptionem elegantissimam sanè ænigmaticam sanctissimi nominis ΙΗΣΟΥΣ apud Franciscum Bencium nostræ Societatis. *Euripides. Theodectes. Franciscus Bencius.*

Huic simillimum est illud Sophoclis in Satyrico Amphiarao literas inducentis saltantes. Neoptolemus Darianus in libro Epigramm. hoc epigramma inscriptum fuisse narrat in Chalcedone in Thrasymachi Sophistæ sepulchro. *Sophocles. Neoptolemus Darianus.*

Nomen Θ. Ρ. Α. Σ. Υ. Μ. Α. Χ. Ο. Σ.
Χαλκηδὼν ἡ πατρίς ἐστὶν, ἡ τέχνη ἐστὶν ἡ σοφία.

Versus non allegamus, sed ad citatum locum Lectorem remittimus.

Ænigma Poëticum.

Huiusmodi est Casterionis Solensis poëma, vt testatur Clearchus, quod in Pana composuit, in quo ex pedibus, singuli integris nominibus comprehensi, omnes similiter præcedentes ac sequentes habent *Casterio.*

pe-

pedes. veluti: *Te iactibus niuis fonoris difficilem inuenemq́; via feras nutriens Pan terra Arcadum celebrato fcripturâ hâc fapiente, puichraq́; carmina componens Rex difficilia cognitu, non fapientibus, vt audiantur.* Poëtarum obfervator, habens terream veftem, fuauitatem emittens, & cœtera eodem modo. Vnus quifque horum pedum, quoque modo ponatur in ordine, idem habebit metrum. vt, *Te iactibus niuis fonoris, te iactibus difficilem,* & quod quilibet pes habet decem literas. Alius Poëticus Griphus de cane terreftri, cœlefti, aquatico.

Terr	⎫	prima latra	⎰
Tres res in Cœl	⎬ is funt notæ, altera mica	⎨ bat.
Lymph	⎭	tertia nata	⎱

Huc pertinent Ludicri Griphi diverforum Authorum, vt

Alpi pen ca ba tot habet ninas, quot habet gras.

Id eft,

Alba pica pennas tot habet, quot habet nigras.

Verfus
ΣΤίχοι
κεφικαί.
Παμμηςής.
Παγγεόμματοι. Huc pertinent ΣΤίχοι κεφικαί Ioannis Tzezis finguli 33. Græcorum literas continentes. Et verfus Παμμηςής omnes partes orationis in Grammatica complectens. Item verfus Παγγεόμματοι omnes Alphabeti literas continentes.

Aenigma Logicum

Ariftidet,
Plato. Logicum Ænigma defumitur à materia in Logicis tractari folita: ita Ariftidi definienti hominem animal bipes implume, Plato proiecit in medium pullum implumem, quo ænigmaticè innuebat, fi homo fit animal bipes implume, pullum igitur deplumatum fecundùm Ariftidem, hominem fore.

Huc pertinent nomina illa barbara, quibus in Dialecticis modos fyllogifmorum explicant. Huc quoque pertinent certi quidam verfus, forma fyllogiftica propofiti, vt:

Puluis & vmbra fumus, puluis nihil eft nifi fumus: At nihil eft fumus, nos nihil ergo fumus.

Aenigma Arithmeticum

Ænigmata Arithmetica funt varia: vel enim fimpliciter confiderant numerum in aliqua voce, vel κὺ τὴν ἀναλυσιν, vel funt Ænigmata Algebraica, id eft perplexiffimæ numerorum quæftiones, de quibus confule Arithmeticos.

Prioris Exemplum de Mure, hoc est:

V. Apologis

M 40   *Exiguâ contenta domo, semperque patente,*
         Non metuo fures, alijs sed juxta timori
V 400   *Sunt mea, tota mihi nam furto degitur ætas.*
         Nomen scire cupis, numeri tres dant mihi nomen.
S 100   *Quadraginta horum est, centum bis, summa, quaterq;*

Huc pertinet illud quoque de voce D V X.

         Qui de quingentis, de quinque, decemque sit vnus,
         Ille meis precibus dignum poterit dare munus;

De Isopsiphis verò Ænigmatis ex professo tractamus in Syntagmate de Cabala.

Aenigma Musicum.

AEnigmata Musica deducuntur ex vocibus Musicalibus in Scala expressis, cuiusmodi est illud:

Virtus   *cat.*
       vt Sol mi

Huc pertinet quoque vulgatus ille Griphus ex valore notarum compositus.

    Maxima   *longa*   *breuis*
    lætitia,   *& vina, &*   *ira,*

    Crede mihi, ista tria benè sunt Cantoribus apta.

Sed hæc cùm non sint ingenij, à quolibet Musico facilè solui possunt.

Aenigma Geometricum.

AEnigma Geometricum est, quod desumitur à similitudine figurarum; cuiusmodi est illud Trismegisti de DEO. *Sphæra immobilis est, cuius centrum vbique, circumferentia nusquam.* Huc pertinent abstrusæ illæ quæstiones Geometricæ, per solam Algebram enodandæ, de quibus consule Authores Ioannem Butconem, Adrianum Romanum, Faulhaberum, Clauium, Vietam, Geraldum, aliosque innumeros.

Aenigma Astronomicum.

AStronomicum Ænigma est, quod proponit aliquid circa effectus cœlorum; cuiusmodi est illud Cleobulinæ de Anno, duodecim mensibus, & 30. diebus.

Cleobulina.

E   Est

Est vnus genitor, cuius sunt pignora bis sex;
His quoque triginta natæ, sed dispare forma ,
Aspectu hinc niuea, nigris sunt vultibus inde ,
Sunt immortales omnes, moriuntur & omnes.

Athenæus.

Huc & illud quod Æsopo à Sophista, in Ægypto propositum Athenæus refert . *Templum est Mundus, columna annus, vrbes signa Zodiaci vel Menses, triginta gradus cuiusuis signi sunt dies, duæ sorores sunt nox & dies.* Huc pertinet alius quidam Griphus Musico-Astronomicus.

longa

In ♂ tis ♀ risq́ acie ▤ *esse voluptas*

maior maxima

Fertur . Crux ▥ ▥ *luxuries.*

Aenigma Naturale .

Natualia Aenigmata sunt, quæ ex natura rerum desumuntur , vt illud de Papauere .

Grande mihi caput est, intus sunt membra minuta,
Pes vnus solùm, sed pes longissimus idem ,
Et me somnus amat, proprio nec dormio somno .

Et illud de Tinea .

Littera me pauit, nec quid sit littera noui ,
In libris vixi, nec sum studiosior inde ,
Exedi Musas , nec adhuc tamen ipse profeci .

Diomedes & Donatus.

Idem illud Diomedis & Donati de Glacie & Aqua .

Mater me genuit, eadem mox gignitur ex me .

Somnus .

Sponte mea veniens varias ostendo figuras ,
Fingo metus vanos nullo discrimine veri ,
Sed me nemo videt, nisi qui sua lumina claudit .

Infinita huiusmodi apud Authores hinc inde inuenies.

Ænigma

Aenigma Medicum.

AEnigmata Medica fumuntur ex materia Medica, quale eſt illud Antidotum Philonis, quod vide apud Ioachimum Camerarium, vbi compoſitionem medicamenti, eiuſque vires ænigmaticè eleganter ſanè deſcribit.

Aenigma Morale.

MOralia Aenigmata ſumuntur à moribus, ſeu materia Ethica, vt illa Aeſopi.

Quid vetuſtiſſimum?		Tempus.
Quid maximum?		Mundus.
Quid pulcherrimum?		Lux.
Quid ſapientiſſimum?		Veritas.
Quid communiſſimum?	&.	Mors.
Quid optimum?		DEVS.
Quid peſſimum?		Mala ſors.
Quid validiſſimum?		Fortuna.
Quid facillimum?		Voluptas.

Aenigma Theologicum.

AEnigmata Theologica dicuntur, quæ deſumuntur vel ex obiecto Theologico, aut ſacræ Scripturæ, quales ſunt ſequentes Griphi de DEO.

Principium cunctis, cunctis do denique finem,
Ipſe ego ſine ſimul principioque carens.

: יהוה

Quinque ſimul iunctis conſtat vocalibus vna
Dictio; nil maius magnus hic Orbis habet.

CHRISTVS.

Sum quod eram; nec eram, quod ſum; nunc dicor vtrumque:
Mater homo, pater eſt m? ſine fine DEVS.

Cui reſpondet illud Græcum.

Ἧος ἐγὼ πέλομαι ἀπάτως δὲ, καὶ υἱὸς ἀμήτως,
Μόρσιμος αἰθέρας, ὡς βροτὸς ἀλλος ἐὼν.

Item illud ex ſacra Scriptura de Iona.

Sum nondum dirâ confectus morte, ſepultus;
Haud vrna, haud ſaxum, non humus vlla tegit;
Et loquor, & ſapio, & vitalibus abditor auris,
Meáque capit viuus, meáque vehit tumulus.

His adiungimus varia antiquorum de varijs rebus & euentibus Ænigmata.

Magorum Aenigma de mente.

MAgorum hoc Ænigma esse Platonici quidam affirmant. Est res vndique lucida, partim obscura. quam quidam ad solam mentem detorquent; alij ad Mundum Sublunarem, Æthereum, & Mundum Intellectualem; quidam ad mentem diuinam, animam irrationalem, & rationalem.

Aenigma Platonis.

Athenæus.

Crinitus.

ADscribitur sequens Ænigma passim Platoni, etsi in libro 5. de Rep. neget suum id esse, sed puerorum, & Athenæus l. 1 ὡ ex sententia Clearchi, ὡ τὸ παραφκὺς ὅχι πᾶυτον, ait: huiusmodi autem triplici senario lo complexum esse ait Crinitus.

> Homo non homo, videns non videns, alitem non alitem,
> Lapide non lapide, perculit non perculit,
> Cùm super arbore non super arbore degeret.

His significatur Eunuchum, qui Luscus erat, Vespertilionem supra ferulam fruticem alligatam, ita vt se mouere non posset, pumice perculisse, & non perculisse, cùm eam alitis partem, quam destinabat, non feriret.

Item illud:

> ―― Ἀντερον εἰς διάερον ποτ᾽ ἄφυλλον ἐσέλθη,
> Καὶ θοὰ ἱεἴξωτον καὶ ἀς ἀκομοι αὐτὸ πᾶυτωνς,
> Ἀξομῷ ἰξυπείσωαῷ, ἐρυθεογίτιῷ αἰδωᶿῷ.

Significatur hisce versibus Sole consumpta nix, quæ in arborem decidisset; tum autem, cùm nix cadit, arbores folijs carent. quæ elegantissimè sanè Germanicè quoque proponuntur.

Es flog ein vogel federlosz,	Volabat auis sine plumis,
Auff einen Baumb blattlosz,	In arborem sine folijs,
Da kam die Fraw mundtlosz,	Venit virgo sine ore,
Vnd frasz den vogel federlosz.	Et comedit auem implumem.

Id est, Nix cadens in arborem sine folijs, Radius Solis liquefaciens niuem.

Aenigma Homero propositum.

Plutarchus.

PLutarchus refert, Homerum cùm Arcades piscatores vidisset, an aliquid piscis haberent, eos hisce verbis alloquutum: Ἄνδρες, ἀπ᾽ ἀρκαδίης ἀλιήτορες, ἤ ῥ᾽ ἔχομέν τις; at illos obscuro admodum sermone respondisse: Quæ cepimus, reliquimus; quæ non cepimus, portamus. Quam quæstionem cùm

non

non aſſequeretur, indignatione contabuiſſe ferunt.

Sphyngis verò Aenigma de homine illud erat: Τίς ὁ τετράπους, δίπους, ϗ πάλιν τρίπους. *Quis eſt quadrupes, bipes, & iterum tripes?* de homine intelligebat, qui in infantia quadrupes, manibus pedibuſque repit, poſt in reliqua ætate bipes, in ſenectute tandem baculo innixus, tripes. Sed qui plura huiuſmodi deſiderat, conſulat Diomedem Grammaticum, Varronem, Petrum Crinitum, Athenæum, Sophoclem, & ex modernis Lilium Gyraldum, Calcagninum, Eraſmum, alioſque innumeros.

De Logogriphis.

Logogriphus differt ab Aenigmate, quòd is plures ſignificationes in vna aliqua voce obſcurè indicet, idq; vel per additionem, vel ſubtractionem. Eſtque varius; vel enim ſimpliciter res conſiderat; vt hoc de Capro.

> *Cornua mî, ſed ſi caput aufers, dente nocebo.*

Caper, Aper.

Id eſt, Si in voce *Caper*, primam literam auferas, remanet *Aper*, animal dentibus probè inſtructum.

Muſicus quidam Romanus cum ſuis Auditoribus gratias acturus eſſet, ita poſt prolixa verba concluſit.

> *Nihil igitur reſtat, niſi vt vobis gratias agamus* CLAMORE. Quæ vox cùm Logogriphum referat, & multa complexa teneat, tandem apertè dixit. *Gratias agimus:* CLAMORE, AMORE, MORE, ORE, RE; viſaque fuit res valde pro data occaſione appoſitè dicta, & cum plauſu omnium excepta.

Clamore, Amore, More, Ore, Re.

Huius generis eſt Logogriphus de Cornice:

> *Res volat in ſyluis, nigro veſtita colore,*
> *Si caput abſtuleris, res erit alba nimis.*

Cor Nix.

Aliud de Muſcato.

> *Si caput eſt, currit; ventrem coniunge, volabit;*
> *Adde pedes, comedes, & ſine ventre, bibes.*

1 Mus
2 Muſca
3 Muſcatum
4 Muſtum.

Idem de Sole.

> *Anguis, & Annulus, & ſuperaddita norma, quod vſquam*
> *Eſt rerum, his vitam tribuunt, augentá, tributam.*

SOL.

Aliud de Corde.

> *Redde Deo mediam Lunam, Solem, Canis rabiem.*

☾ ☼ R.

Huiuſmodi quoque ſunt, quæ ex voce *Taurus*, *Tau*, *rus*; *Muſicá*, mus, muſa, muſca, mica, ſica; *Aurora*, aura, ara, rora exeunt. Quæ omnia quamuis ludicra ſunt, longior tamen in ijs eſſe volui; vt curioſis ingenijs

genijs, & ludibundis magnum inuentionum campum aperirem, simulque oftenderem, Aegyptiós quoque inter sua hieroglyphica, similes Logogriphos adhibuisse, vt in serie operis dicetur.

Ex quibus omnibus claré patet, Aenigmatum solertem inuentionem, Griphorumque lusûs aculeatos magnam habere antiquitatis commendationem, vt qui pené cum ipsis antiquae sapientiae incunabulis cœperint; & quidem in eo genere celebris fuit Cleobulina, siue Eumethis Cleobuli filia, cuius etiam Scirpi flexuosis ambagibus intorti, ad Aegyptiorum Regem, & sapientes deferebantur.

Cleobulina in Ænigmatibus ingeniosa.

C A P V T V.

De Parabola, Paraemia, Apologo, Aeno.

Quid sit Parabola. Arist. Rhet. lib. 3.

PArabola est similitudo quaedam ducta à forma ad formam, vt vult Aristoteles Rhet. lib. 3. hoc est rerum alioquin diuersarum in vna aut pluribus affectionibus collatio. atque vox grauida est, quae multas & dissimiles ex se parit significationes. Hebraeis dicitur משל, Syris ܡܰܬܠܐ, Arabis مثل, quae nunc Parabolam, nunc similitudinem, modò prouerbium, aut simile quippiam indicant. Aliqui hoc loco sumunt parabolam pro omni similitudine; falsum; siquidem multae res, obscurae, & difficiles similitudinibus prolatis innotescunt, quae per parabolam obscuriores fierent; non igitur hic accipienda est similitudo, tanquam enodatio obscurae rei per similitudinem notam alterius rei.

Sumitur igitur primò Parabola pro omni oratione aenigmatica, quae aliquid quidem significat, sed id non est apertum statim ex ipsis verbis, sed habet sensum latentem, cuiusmodi illud Samsonis: *De comedente exiuit cibus, & à forti egressa est dulcedo.* Et cuiusmodi sunt Symbola Pythagorae.

Sumitur secundò pro figura, aut imagine, seu metaphora, aut oratione, sub se continentibus argutum quid & arcanum. Atque ita sumuntur Parabolae Salomonis, aliorumque Philosophorum: vsusque huiusmodi Parabolarum vti est antiquissimus, ita haud dubie ab ipsis Aegyptijs originem traxit; quorum proprium erat, sermones omnes mysticis & arcanis dicendi rationibus inuoluere, cùm ad maiestatem Regibus, sacerdotibusque, tum ad authoritatem, existimationemque sapientiae apud plebem conciliandam. Dicta huiusmodi maximam vim habebant, adeo vt non incongruè, dum haec משלים vocant Hebraei, à dominatu originem traxisse velint, tanquam Symbola Regum Principumque sapientiâ nata; sunt enim quaedam sententiae ita plenae maiestate, atque ob veritatem certissimam in ijs elucescentem ita imperant, dominanturque mentibus, vt ijs contraire nemo ausit. Est autem duplex genus parabolarum, vnum δημῶδες, quod tritas & vulgares similitudines complectitur; alterum, ἱερὸν sacrum, hoc est, è sanctiori quadam arcaniorique doctrina depromptum:

Duplex genus Parabolarum.

Parae-

Paræmia, fiue Adagium diftinguitur à Parabola, ficuti vulgare & plebeium à reconditiori. Eft enim paræmia nihil aliud, nifi dictum quod-dam de re quapiam, omnium confenfu receptum ; id eft, adagiorum no-men de eo, quod vulgari loquendi vfu apud externos percrebuit, com-pofitum eft, & de ijs plerumque, quæ in triuijs dicuntur ; vnde non fine caufa dicitur παροιμιω, id eft, iuxta viam. Alij potiùs ad fermonem refe-runt, quòd vulgari fermone teratur ; alij ad cantum, quòd vulgó in Can-tilenis vfurpetur. Si igitur quædam Paræmia fuerit arguta & fymbolica, iam non tàm Paræmiæ, quàm Parabolæ rationem habebit.

Apologus, fiue Fabula nihil aliud eft, quàm figmentum quoddam, quo ex proprietatibus & moribus animalium, vel eorum natura, naturalibufq; operationibus, vel bonum quod amplexandum, vel malum quod fugien-dum eft, docemus, ad vitam hominis benè beatèque tranfigendam ordi-natū. Sunt maximè vtilitatis fabulæ, aliæ enim naturæ opera fub allegorijs continent ; aliæ ex humanarum calamitatum euentu confolationem for-tiuntur ; aliæ terrores, animorumque perturbationes à nobis depellunt , opinionefque parum honeftas profligant & deftruunt ; aliæ alterius cu-iufpiam vtilitatis caufa fuerunt inuentæ. Quæ naturæ opera continent, funt illæ, quòd Venus à fpuma fit genita, quòd Phœbus Cyclopas occide- rit, quòdque illi Ioui fulmina fabricarint. Aliæ Fortunæ inconftantiam. declarant, nofque ad eam forti animo ferendam inftruunt. Aliæ ab im-puris actionibus, atque ab omni crudelitate & perfidia nos retrahunt, vt Lycaonis fabula. Aliæ ad deterrendos homines à peccatis funt inuentæ, vt Ixionis fupplicium apud inferos. Aliæ cohortantur ad ftrenuitatem , vt eæ, quæ funt traditæ de Hercule. Aliæ ex auaritiæ fordibus nos eri-gunt, vt fitis Tantali. Aliæ ad deprimendam temeritatem confinguntur, vt calamitas Bellerophontis, & cœcitas Marfyæ. Aliæ ad virtutes, ad in-tegritatem vitæ, ad fidem, æquitatem, religionemque nos alliciunt , vt Camporum Elyfiorum mira iucunditas. Aliæ denique ab omnibus flagi-tijs reuocant, vt feueriffimi Triumuiri apud inferos , fingulorum animas defunctorum iudicantes. Sunt igitur plura fabularum genera, quæ nunc à locis, in quibus inuentæ funt, nunc ab inuentoribus, nunc ab argumen-torum natura, nomen obtinuerunt. A loco quidem, vt Cypriæ, Ciliffæ, Sybarithicæ ; quæ tamen omnes ab Æfopo, Aefopicæ fuerunt dictæ. Quæ iterum variæ funt, aliæ enim politicæ ; quibus vfi fapientes ad demul- cendos animos potentiorum, atque ad deducendam multitudinem ad hu-maniorem vitæ rationem ; Morales aliæ ; aliæ ex hifce duabus compofi- tæ. Quidam Apologos diftinguunt à fabulis & ænigmatis, aliudque effe λόγον, aliud μῦθο. Apologos aiunt de folis brutis fieri, vt dum cum. his homines colloquentes faciunt, aut homines mores animalium affume-re fingunt. ita Apologorum munus eft, vt pro exemplis fint in concioni- bus, tefte Ariftotele in Rhetoricis , alijfque qui hanc materiam pertra-ctant. Mῦθοι verò dicuntur, cùm argumenta Tragœdiarum, & Comœdia- rum complectuntur, & omnem vim denique Poëfeos, quæ fit per imita-tationem, communi nomine, mython feu fabulam appellant. Sicuti igi-tur

tur Apologi vel agendarum rerum, vel omittendarum funt concionibus exempla, ita fabulæ in Scœnis agitantur ad mores hominum vel corrigendos, vel informandos ; quod etiam teſtantur muſicæ formæ fingulis generibus poëmatum attributæ, vt Comico generi Lydia, Tragico Doria, Satyrico Satyrica.

Cùm igitur fabulas tractare Poëtarum fit, Poëtæ omnes in hoc conueniunt, vt huiufmodi fymbolicis figmentis animos irretiant, irretitos ad *Homeri eru-* meliorem frugem reducant. Ideò Homerus, vt prudentem atque omni-*ditę fabulę.* bus virtutibus cumulatum Vlyffem effingeret, illi Phæacum delicias, & blanditias Circes iniungit, Cyclopum pericula proponit, & monftrorum marinorum terrores, à quibus eius focij perdantur, cùm tamen ipfum admirabili quâdam prudentiâ, ac diuino conſilio hæc omnia fuperantem faciat. Ita ad Agamemnonis fortitudinem, conftantiamque oftendendam, infinita pericula, terrores Deorum, fimiliaque deferibit.

Quid fit Aenus differt ab Apologo, quòd in hoc nuda tantùm brutorum fen-*Ænus.* tentia fit, nec accedat admonitum fine ἐπιμύθιον; in eo verò vna cum fententia admifta eft commonitio feu documentum. Ita Ariftophanes :

Ariftophanes. Ἀλλ' ὃ μῦϑο ἐχρ{...} τῷ τὸν ἄδον μὴ ποιεῖν αὐξῆσαι, ἀλλὰ ποιεῖν αὐδρως ἀνθρωπὸς, καὶ μὴ πρὸς ψυχαγωγίαν μόνον. ἀλλὰ καὶ παραίνεσιν ἐχῇν τινα. Βέλτ{...} γὸ Θπιαρπῇ ὁ μῦνζ{...}, παρωσι καὶ διδάσκῃν.

Verùm vt hæc omnia clariùs elucefcant, fingulorum hucufque dictorum paradigmata quædam proponemus, vt, quomodo Parabolæ, Adagia, Gnomi, Apologi, Fabulæ, Aeni, inter fe diftinguantur, vnicuique ex fola horum Synopfi innotefcat.

De ratione Parabolarum, Adagiorum, Apologorum, Orientalibus vſitatorum.

Parabolæ **P**Arabola eft dictum quoddam Aenigmaticum, quo diuerfæ res inter fe *Salomonis.* conferuntur ; cuiufmodi funt illæ Salomonis : *Sicut diuiſiones aquarum, ita cor Regis in manu Domini. Tria funt difficilia mihi, & quartum penitùs ignoro, viam Aquilæ in cœlo, viam Colubri fuper terram, viam Nauis in medio maris, & viam viri in adolefcentia.* Huiufmodi Parabolis pleni funt libri Hebræorum, Syrorum, Arabum, Aethiopum, quas libenter hìc citarem, nifi molem libri rebus non ita neceffarijs auctum iri crederem. *Symbola Py-* Pythagoræ Symbola certè nihil aliud funt, quàm Parabolæ quædam, cu-*thagoræ funt* iufmodi funt ; *A Gallo candido abſtineas ;* Ἐπ' ψακτύλω Θὖ κάϑα μὴ πειτίϑεϊ. *Parabolæ.* de quibus alibi fufior dicendi dabitur occaſio.

Adagium, vt diximus, eft dictum communi alicuius nationis confenfu vfurpatum. Sic Græci, quoties innuere volebant hominem, qui cùm quod dicat, non habeat, aliud quaſi agens diffimulat, hâc paræmiâ vtebantur. Ἀπουσία ψάλτευ τῷ. *Hæfitantia Cantoris tuffis.* Et quoties hominem exteriùs virtutem præfeferentem, intùs ea vacuum notare vellent, hâc vtebantur : Πολλοὶ ὦ ναρϑηκοφόροι παῦροί δὲ βακχοι. *Multi Thyrfigeri, pauci verò Bacchi.* Quæ quidem Adagia ita vfu inualuerunt, vt vix fit vlla natio tàm barba-

barbara, quæ non ijs vtatur; præ cœteris verò Orientales, insignem operam dederunt, vt huiusmodi Paradigmatis Adagiorum filios suos à teneris vnguiculis assuefacerent.

Hebræis quidem familiare erat, vsurpare Adagia, vti videre est in pircke auoth, qui liber nihil aliud est, quàm epitome quædam adagiorum. aliquas hic cito.

Adagiorum Hebræorum exempla.

מרבה נשים מרבה כשפים :	Qui multiplicat mulieres, multiplicat magiam; multæ mulieres, multa fascinatio.
מרבה שפחות מרבה זמה :	Multæ ancillæ, multa fraus & dolus.
מרבה עבדים מרבה גזל :	Multi serui, multa rapina.
מרבה ישיבה מרבה חכמה :	Multæ Academiæ, multa sapientia.
מרבה עצה מרבה תבונה :	Multum consilium, multa prudentia.
מרבה צדקה מרבה שלום :	Multa iustitia, multa pax.
קנה שם טב קנה לעצמו :	Possidens bonum nomen, seipsum possidet.

(Hoc est)

Syri quoque frequentissimè vtuntur Parabolis & Paræmijs, vti ex Cantico patet de amore sapientiæ à S. Ephrem composito. præ cœteris autem Arabes Adagijs non minùs argutis quàm doctis, cuiusmodi iuueniuntur apud Locman, vtuntur.

S. Ephræm.

Arabicorum Adagiorum exempla ex Locman

فكن ممن لا تغر فه على حذر	Caue ab eo quem non nosti.
من كان الطمع له مركبا كان الفقر له صحبا	Qui vehitur curru spei, sociam habet paupertatem.
لو كان الناس كلهم عقال خربت الدنيا	Si omnes homines saperent, desereretur Mundus.
من لا يفرق الخير من الشر البهائم	Qui non discernit bonum à malo, adiunge eum bestijs.
من يجرب يزد علما ومن جو من يزد غلطا	Qui experitur, auget scientiam; qui verò credit, auget errorem.
خير المتندامة قلة الخطاء	Optimum pœnitentiæ paucitas delicti.
الدنيا جيفة والطلوفا كلاب	Mundus cadauer est, & petentes eum canes sunt.
سلطان بلا من كنهر بلا ما	Princeps sine iustitia, sicut fluuius sine aqua.

Frequenter Apologis vtuntur inter cœteros Orientales Hebræi & Arabes, ad mores hominum fingendos efformandosque; cuiusmodi opus illud R. Barachiæ Nikdan est, quod vocat משלי שועלים, id est, parabolas Vulpium; vbi ingeniosissimè ex moribus animalium mores hominum increpat, arguit, emendat; ponit autem primò significatum fabulæ, deinde historiam mythicam, tertiò comparationem siue ἐπιμύθιον. Alter Arabum Author, qui elegantissimum fabularum opusculum condidit, est Locman sapiens, cuius in Alcorano suo meminit Mahumed; patriâ, vt aiunt, Persâ, gente verò & religione Iudæus, qui vti corporis deformitate, animique

R. Barachiæ Nikdan, Parabolæ Vulpium.

Locman sapiens alter Æsopus Arabiæ.

F mique

mique, & ingenij pulchritudine atque amœnitate Æfopo fuit fimillimus, ita eodem quoque ferè tempore videtur vixiffe, regnante fcilicet Cofroa feptimo ante Darium Perfarum Imperatorem, tantamque apud fuos fapientiæ famam eft confecutus, vt indicaturi aliquem alterius inftitutione & confilio non indigere, dicere foleant: non neceffe eft, docere Locmanũ; hic itaque ingens volumen, quod hodiè adhuc in Bibliotheca Vaticana continetur, confcripfit, in quo mirâ eruditione per ingeniofas animalium actiones, mores hominum, Regum gefta, corruptos Reip. mores, aliaque ad ciuilem viuendi rationem neceffaria non minùs doctè, quàm eleganter & iucundè defcribit. Ex quo multi in eam deuenerunt fententiam, Locmanum eundem cum Æfopo effe, cùm ferè coëtanei effe deprehendantur. Quicquid fit, Author elegantiffimus eft, & ad mouendum aptiffimus, imò Æfopo in nullo cedens; & certè nifi Locmanum Perfam ex Hebræorum gente dicerent Arabes, eum cum Æfopo, ob fabularum fimilitudinem, eundem effe facilè inducerer, vt crederem.

Porrò fabularum partes, earum fcilicet, quæ ἐπίλογοι vocantur, præcipuè duæ funt; rei explicatio, & id cuius caufâ; fiquidem Æni & Poëmatum argumenta eam vim habent, vt infitas partes has intra fe contineant, quas nemo propè eft, qui fuoptè ingenio non poffit elicere; At quoniam Apologi fimplices funt plerumque, omnefque fabulæ probitatis & prudentiæ caufâ fiunt; neceffe fuit fingulis fuos fines addidiffe. Vbi igitur priorem Orationis partem ad informandos mores accommodamus, præcedit προμύθιον appellatum, quafi præcedens fabulæ admonitio; vbi extremam partem ad mores regendos deduxeris, fiet ἐπιμύθιον, fequens fcilicet fabulæ admonitio. Quæ fabulæ alteram harum partium non habuerint, fed intra fe inclufam; collocandæ funt in priore claffe. Quæ fabulæ funt Deorum Genealogicæ fimpliciter; illæ, quoniam his maximè vfi funt Poëtæ fuis Poëmatis exornandis, Poëticæ vocantur, quæ vel ad elementorum generationem attinent, vel ad res arcanas naturæ fpectant, aliafque phyficas rerum proprietates explicandas, vel etiam ad motus & vim planetarum, quemadmodum toto paffim hoc Opere demonftrauimus; omnes fiquidem hæ haud fimplicem habent rerum enarrationem. cùm itaq; fabulas has ad veram interpretationê deducimus, effet interpretationi proprium nomen attribuendũ, quod tamen adhuc fine illo perfiftit, nifi appellemus ἀλληγορίαν, aut hieroglyphicum. Siquidem Ægyptij primi fuerunt mortalium, qui res geftas Deorum fub fabularum velut innolueris quibufdam abdiderunt; vt aufim dicere, hieroglyphicam Aegyptiorum fapientiam nihil aliud fuiffe, quàm fcientiam diuinitatis & naturæ fub varijs fabulis, figmentifque allegoricis animalium, cœterarumque rerum naturalium, repræfentatam; vfque adeò, vt nihil ferè ad hieroglyphica propiùs accedat, quàm fabularum, Apologorumque conditio; iuuentuſque prifcorum Aegyptiorum proprium eft. Verùm cùm hæc omnia partim in Myftagogia Aegyptia tradita fint, vbi & de primis Deorum incunabulis, atque Aegyptiacæ fuperftitionis fundamentis, eorumque myfticâ fignificatione toto opere fusè tractauimus; partim in fequen-

Fabularum artificium quale fit?

Προμύθιον quid?

Ἐπιμύθιον quid?

Fabulæ Poëticæ.

Ægyptiæ fabulæ innoluunt fcientiam diuinitatis & naturæ.

sequentibus ex professo simus tractaturi ; eò Lectorem remittimus.
   Præmissis itaque de varijs Symbolorum generibus, veluti præambu_
lis quibusdam, nunc tandem ipsa hieroglyphicæ disciplinæ phrontiste-
ria propius accedamus ; vt quid tandem ipsa fuerint, aut quid
per ea voluerint Aegyptij, per varios riuos
ad fontem deductos innotescat.

CLASSIS II. GRAMMATICA.

SEV

De Philologia Aegyptiorum, & de primæua artium ac scientiarum inftitutione.

CAPVT I.

De origine Literarum, & scriptionis.

DISQVISITIO PRIMA.

Vtrum ante diluuium literarum, scriptionisque vsus fuerit?

VOD fi vnquam, rectè fanè in hanc præfentem noftram materiam, commune illud Hebræorum quadrare videtur, מרבה מאמרות מרבה בבל *Multæ opiniones, multa confufio*; non enim alia res eft, in qua plures, magifque repugnantes fententiæ reperiantur, ac in hoc de primæua literarum, & fcriptionis origine, argumento. Videas Penthei diffipatum corpus, imò quod peiùs eft, vnde lucem aliquam fperare debeas, inde confufionem incurras inextricabilem, vt vel ipfa Authorum cùm multitudo, tùm eorundem inconfulta in rebus decidendis præcipitantia plùs tenebrarum, quàm lucis, dubijs perplexifque traditionibus fuis adferre foleant. Cuius quidem tantæ confufionis rationem aliam non reperio, nifi varias Regnorum, Imperiorumque mutationes; idiomatum adhæc, linguarumque, vti & characterum varias deformationes, corruptionefque; vnde confequenter alia atque alia nominum impofitio, admodum à primæua illa ὀνοματοθεσία difcrepans, & remota, varias caufauit æquiuocationes, quibus idiomatum accedente imperitia, mirum non eft, inextricabiles errores exortos, omnes penè Scholas & Cathedras occupaffe. Vult enim Philo, literas ab Abrahamo primùm adinuentas: Iofephus, Irænæus, Annius, aliique horum fequaces, ab Henoch diù ante Abrahamum, imò ante cataclyfmum excogitatas effe: Bibliander ante diluuium ab Adamo; Eupolemús, Eufebius, Clemens Alexandrinus, Cornelius Agrippa, alijque à Mofe: Mela, Herodianus, Ruffus, Feftus, Zopyrion, Phornutus, Plinius, Lucanus, à Phœnicibus: D. Cyprianus à Saturno: Tacitus ab Aegyptijs; nonnulli ab Aethiopibus, certis quibufdam argumentis è Bibliotheca Diodori petitis perfuafi. Ne igitur deinceps in huiufmodi cimmerijs tenebris errabundi vagemur, atque aliquid tandem certi circa hoc negotium ita intricatum ftatuatur, ego neglectis Neotericorum friuolis coniecturis, ipfa Hebræorum, Chaldæorum, Samaritanorum, Aegyptiorum, Arabum, Aethiopum, aliorumque Orientalium Gentium monumenta, ceu veriora, confulenda duxi; quibus, & diuini Numinis ductu, vfque eò

Varietas opinionum circa Inuentores Literarum.

Philo.
Iofephus.
Irænæus.
Annius.
Bibliander.
Eupolemus.
Eufebius.
Clem. Alex.
Cornelius Agrippa.
Mela.
Herodianus.
Ruffus.
Feftus.
Zopyrion.
Phornutus.
Plinius.
Lucanus.
D. Cyprian.
Tacitus.

eò me profeciſſe, credo, vt fontibus huiuſmodi quemadmodum propiùs,ita ſecuriùs quoque veritatem ipſam impoſterum tangere, ac veluti digito quodam demonſtrare me poſſe confidam, Ab ouo igitur rem ordiamur.

Plerorumque Doctorum ſententia eſt, primum humani generis parentem Adamum, in ſumma perfectione à Deo conditum, ea rerum quà diuinarum, quà humanarum notitia excelluiſſe, vt ſicuti nullus ex humano genere, cuius princeps erat, & è puris hominibus à Deo. Opt. Max. maiori perfectione ſuit conditus, ita nullum quoque maioribus animi, corporiſque donis imbutum fuiſſe, credendum ſit. Nec rationes ad id oſtendendum deſunt: cùm enim Deus omnia animalia Mundi, quæque in ſuo genere creârit perfecta, ſecundùm corporis magnitudinem, robur, membrorum proportionem atque ſymmetriam, denique ſecundùm potentias quoque exequendi & perficiendi omnes actiones ſuas. naturales ; certè incongruum videbatur ſolum hominem, qui tantâ perfectione conditorum animalium rector princepſque futurus erat, in imperfectione relictum fuiſſe. Quemadmodum igitur Deus Adamum præ omnibus alijs puris hominibus, qui vnquam futuri erant, excellentibus corporis donis, vtpotè immediatum ſuum opificium, exornauit: ita certè non defuit diuina prouidentia in exornando eum raris quibuſdam, & mirificis animæ donis, & talentis, & perfectionibus ; ſunt enim immediata Dei opera perfectiſſima. Cùm autem hæ perfectiones animæ naturales nihil aliud ſint, quàm ſcientiæ, Philoſopho teſte ; conſequens eſt, eum omnium mortalium ſcientiſſimum fuiſſe. Cùm etiam Adamus totius humani generis Doctor erat futurus, certè congruum erat, vt in ipſo productionis ſuæ exordio, præter infuſos ſcientiarum habitus, etiam mirificâ quâdam docendi alios homines facultate imbueretur. Cùm iterum hæc inſtructio fieri non poſſit ſine lingua, certum eſt eum linguâ quâdam diuinitùs eidem infuſâ vſum eſſe. Cùm autem præterea omnia idiomata ex vocibus, verbis, nominibus, & hæc ex ſyllabis conſtant, certum quoque eſt, vt paulò poſt videbitur, Adam primo ſuo exordio Grammaticum egiſſe, & Lexicon animalium condidiſſe, & Authorem omnis literaturæ extitiſſe. Quænam verò hæc lingua primæua fuerit, quæ voces, qui characteres, qui libri ijs conſcripti, tunc in ſequentibus diſquiremus, vbi priùs ſcientiam Adami paulò fuſiùs excuſſerimus.

Adamus igitur ſupernaturalibus habitibus illuſtratus, Primò Deum & eſſe, & virtute ſuâ omnia condidiſſe, remuneratorem quoque bonorum eſſe, abſque vlla controuerſia credidit, eandemque fidem liberis ſuis tradidit. Sacroſanctæ Trinitatis myſterium, æterniſque Verbi, humani generis Meſſiæ & Redemptoris futuri incarnationem diuinâ reuelatione accepiſſe, plerique SS. Patres credunt. Vnde primæua illa Theologia primordia duxit, & per Cabalam ad poſteros tranſlata, vt ſuo loco videbitur, magnum nullo non tempore incrementum ſuſcepit.

Secundò Adamum omnem rerum naturalium ſcientiam calluiſſe, ipſa ſacra Scripturâ docet ; vbi animalibus nomina, naturis cuiuſque apta impoſuiſſe memoratur ; quod quidem ſine abſoluta totius naturæ ſcientia

Marginalia:
- Adam mortalium ſapientiſſimus.
- Adam Author omnis Litteraturæ.
- Adamus προφήτης Θεοῦ, fuit Theologus.
- Adam Philoſophus ſapientiſſimus.

tia fieri non potuit : præter abditas enim animalium, plantarum, lapidum, metallorum, mineraliumque virtutes, fupernorum quoque corporum influxus perfectè nouit; vnde & confummatus Philofophus, Medicus, Aftronomus fuiffe perhibetur . Atque hoc ita effe, poft SS. PP. plerofque, profani omnium nationum Authores teftantur . Suidas præ alijs graphicè Adami excellentiam defcribit his verbis :

Medicus & Aftrologus,

Suidas.

Ο Ἀδὰμ, ὁ πρῶτ Ⓖ ἄνθρωπ Ⓖ, ὁ χειρὶ Θεῦ πλασθεὶς, καὶ κτ' τὴν εἰκόνα, καὶ ὁμοίωσιν μορφωθὲν τῶ δημιεργῶ δὲ, καὶ κτίς Ⓖ, ἅτ Ⓖ δικαίως ἂν πρῶτ Ⓖ καλοῖτο σοφὸς· ὡς πρωτόκτιστον ἄγαλμα, καὶ εἰκὼν ὃ[α Θ]ύγραφ Ⓖ, ὡς τῶ χαρίτων ὅλων ὑπάρχων ἀνακλεώς, καὶ πάντα κάθαρα, καὶ ἀκήβδηλα δεχόμενον ὁ τ' ψυχῆς δὲ, καὶ σώματ Ⓖ αἰσθητήρια· Μαρτυροῦσι γὰ τίνες, ὡς ἅπαντ ὃ κ' ἐκείνε ψυχῆς ἅπας ἐφήλ ησαν, καὶ θείων ἐνιῶν δὲ, καὶ ἐνεργιῶν λήθυσαι, &c. Οἳ δὲ πρὸ αὐθρώπων ἐδοκιμάσθη τὴν ὡς κρίσες πολλάκις ἐπισφαλῶς ποιημήσων, ἀλλὰ πρὸς τὸ τῶ ἕλων Θεῦ τε πάς γνῶσιν, καὶ κέλευ ὀρθῶς ποιημήνε, καὶ πρὸ τὸ ὡς ἐνίας κινηθῶσι πρὸ τ' οὐδ' ἰνώσης ὁ ταῦτα ψυχῆς, καὶ ἀποτικτέσης νοημάτα .

Adamus primus homo, Dei manu effectus, & ad imaginem & fimilitudinem Opificis & Conditoris formatus, iure primus fapiens appellari poteft , vt primò conditum fimulachrum, & imago diuinitùs picta exiftens, vt omnium gratiarum plenus, & omnes animi corporifq; fenfus puros & incorruptos circumferens. Radij enim quidam, vt ità loquar, ex illius animo effulgentes, & diuinarum cogitationum, actionumq; pleni, per omnem naturam penetrantes currebant, fagaciter & fine errore proprium, & cuiufque naturæ præcipuam commodum anteuertentes, & quicquid in vnaquaque rerum natura præftantiffimum erat , anticipantes. Qui non ab hominibus probatus fuit, qui iudicia fæpe cum lapfu, & cum errore , temerè q; faciunt; fed à Deo Vniuerfitatis Authore, qui de rebus omnibus rectè cognofcit, & iudicat, vel priufquàm notiones moueantur ab anima quafi parturiente & pariente tales cogitationes. Quibus fanè verbis nihil meliùs ad inftitutum noftrum dici poteft . Huic aftipulantur plerique Rabbinorum . loco omnium fit R. Abarbanel, qui de Adamo in hæc verba erumpit.

R. Abarbanel

בְּרָא אֱלֹהִים אָדָם בִּשְׁלֵמוּת הַגְּדוֹלָה מְאֹד מְאֹד וְהָגוּף הָאָדָם בְּעוֹלָם קָטָן שֵׂכֶל
בּוֹ וְנַפְשׁוּ כְּמֵר אוֹת הָאֱלֹהִיּוֹת מְלֵאָה בְּמַרַע וְלֹרוּת חָכְמָתוּ לֹא סוּף וְלֹא מִנְן :

Creauit autem Deus hominem in perfectione maxima , eratq; Adami corpus inftar Mundi cuiufdam parui, in quo omnia maioris Mundi naturæ miracula expreffit ; anima verò eius erat tanquam fpeculum diuinitatis, plenum fapientiæ & fcientiæ, ita vt fapientiæ eius non numerus, nec finis effet . Et R. Gerfon in hunc locum vocat Adamum.

R. Gerfon.

חָכָם הַגָּדוֹל רֹאשׁ הַפִילוּסוֹפִים תַּלְמִיד הָאֱלֹהִים יוֹדֵעַכָל כּוֹחוֹת הַעְשַׂבִים וְחַיּוֹת
וְהָעֵצִים וְהוּא רוֹפֵא וּבַעַל הַכּוֹכָבִים וּמֵמֶנּוּ יוֹצְאוֹת כָּל אָמוֹנוֹת וּמַדְעוֹת :

Adm fapientiffimus, & Princeps Philofophorum, immediatus Dei difcipulus, gnarus virium animalium, herbarum, lignorumq;, Medicus quoque fuit , & Aftrologus, & ab ipfo omnes artes & fcientiæ profluxerunt. Quæ eadem afferit Paraphraftes in Pentateuchum Samaritanum his verbis:

Paraphraftes.

ⵝⵀⵝⵟⵣ ⵟⵣⵕⵄⵟ ⵣⵟⵏⵄⵉⵟⵣ ⵝⵟⵏ ⵟ ⵉⵏⵟⵣⵟⵏ ⵟⵏⵣⵟⵣⵟⵟ
ⵝⵀⵝⵟⵣ ⵄⵄⵟ ⵣⵟⵏⵟⵉⵟⵏ ⵄⵄⵟ ⵝⵀⵟⵟ ⵟⵉⵟⵄⵟ ⵝⵟⵏⵟⵉⵟⵝⵉ
: ⵏⵟⵣⵟⵉⵟⵄ ⵄⵄⵟ

Et plafmauit Deus Adamum, repleuitq; ipfum fpiritu fapientiæ , & fcientiæ,

tiæ, vt inde ad posteros omnes artes & scientiæ, tanquam ex primo fonte promanarent. Quibus astipulans Suidas ait:

Οὗτος γίνεται ἐστὶν ὁ δοκιμάσας ἕκαστα, καὶ πᾶσιν κανόνας, καὶ στάθμας ἀκριβεῖς, καὶ ὅρους ἀπαραβάτους ἐναρμοσάμενος. Τούτου τέχναι, καὶ γράμματα. Τούτου ἐπιστῆμαι λογικαί τε καὶ ἄλογοι. Τούτου θεσπιστικαὶ ἱερουργίαι, καὶ καθαρμοί, καὶ νόμοι γραπτοί τε, καὶ ἄγραφοι. Τούτου πάντα εὑρήματα, διδάγματα καὶ ὅσα κατὰ τὸν βίον ἀναγκαῖα χρείαν δὴ καὶ διαίτη. Suidas.

Hic enim est, qui inuenit singula, & omnibus canones & regulas, finesq; præscribens, vltra quos non transirent, adaptauit. Huius sunt artes & literæ; huius scientiæ rationales & non rationales; Huius prophetiæ & oracula; huius leges scriptæ, & non scriptæ; huius omnes inuentiones; & quæcunquè ad vitam necessaria sunt, omnium eorum is inuentor est. Mathematicas quoque calluisse, nepotesque suos eas docuisse, pulchrè demonstrat Genebrardus in Chronico, vnde & illud Ecclesiastici de ipso dictum videtur: *Ipse enim Deus dedit mihi horum, quæ sunt, scientiam veram, vt sciam dispositionem Orbis terrarum, & virtutes elementorum, initium, & consummationem, & medietatem temporum, vicissitudinum permutationes, & consummationes temporum, morum mutationes, & diuisiones temporum, anni cursus, & stellarum dispositiones, animalium naturas, & iras bestiarum, vim ventorum, & cogitationes hominum, differentias virgultorum, virtutes radicum, & quæcunq; sunt absconsa & improuisa didici, omnium enim artifex docuit me sapientia.* Adam Mathematicus. Genebrardus. Ecclesiasticus.

Præterea cùm nihil adeo humano generi necessarium sit, ac elementorum, metallorumque vsus, nemini dubium esse debet, Adamum, qui reliquum humanum genus de omnibus & singulis naturæ secretis instruere debebat, absolutissimam omnium horum habuisse scientiam diuinitùs infusam; ita vt vim & naturam vniuscuiusque elementi, omniumque eorundem inter se combinationem, aliorumque ex his orientium mixtorum complexionem, κρᾶσιν καὶ διοικησίαν perfectè nosset. Metallicorum quoque corporum naturas & vires, eorundemque generationes, coagulationesque in terræ visceribus peractas, quemadmodum & eorundem depurationes, fusiones, fixationes, calcinationes, amalgamationes, filtrationes, aliosque Chimicarum actionum vsus humano generi pernecessarios intimè penetrauit; cùm sine his humana vita consistere non possit. Sed de his alibi fusiùs. Adam Chimicus.

Præterea Adamum particularis Angeli assistentia instructum, multa circa particulares rerum essentias & proprietates comperisse, quæ ad humani generis conseruationem, propagationemq; comprimis vtilia forent, plerique Rabbinorum volunt. ita R. Abraham in Iezsira. Angelo Magistro didicit Adam multa.

אומרים רז"ל שהאבות רבותיהם היו מלאכים רבו של אדם רזיאל : רבו של
שם יופיאל : רבו של אברהם צדקיאל : רבו של יצחק רפאל : רבו של יעקב פליאל : R. Abraham.
רבו של משה מטטרון :

Dixerunt Rabbini nostri, benedictæ memoriæ, quòd Patribus nostris fuerunt Præceptores ipsi Angeli. Præceptor Adami fuit Raziël, Semi filij Noë Iophiel, Abrahami Zadkiël; Isaaci Raphaël, Iacobi Piliël, Mosis denique Mitatron. Quicquid sit, Adamum, siue Angelorum assistentia, siue immediato concursu diuino, certè mortalium omnium sapientissimum, scientissimumque fuisse,

fuiffe, quilibet, qui admirabile illud, immediatumque Dei opificium rectiùs contemplatus fuerit, facilè affentietur. Cùm' igitur talis ac tantus
fuerit Adam, conftitutufque fit totius veluti quidam naturæ Secretarius,
diuini ingenij fui, defœcatiffimiq; iudicij radio cuncta penetrans; certè
tantas ingenij dotes minimè ab Authore naturæ in folum proprium vfum
conceffas credemus, fed & vt participatis ijs, & ceu ex fonte quodam
longè vberrimo in alios deriuatis, totum ijs fœcundaretur genus humanum. Quâ ratione igitur infufæ huiufmodi diuinitùs Adamo fcientiæ ad
pofteros fuerint propagatæ, iam tempus eft, vt aperiamus.

DISQVISITIO II.

De primæua Nominum impofitione.

Plato.

Duæ fenten-
tiæ de recta
ratione no-
minum.

DVæ de recta & vera ὀνοματθεσία, fiue recta nominum ratione fententiæ ab Authoribus, præfertim à Platone in Cratylo proponuntur
nobis. Prima eft, omnibus hominibus naturâ ingenitam effe, infitam-
que nominum rationem, id eft, talia reuera effe nomina, qualis fuerit ipfarum rerum natura, non verò ex hominum conftitutione. Secunda, ex
hominum pactis atque conuentis nomina imponi, nec alia effe, quàm quæ
fuerint hominum arbitrio atque voluntate conftituta. Primigenia autem
nomina quædam exftare, quæ à prifcis illis Authoribus inftituta, & poten-
tiâ quidem maiore humanâ, cœterorum vocabulorum fundamentum fint.
Inde tamen vocabulorum tantam ἀταξίαν perturbationemque extitiffe, vt
longis annorum fpacijs obfufcata, vix ac ne vix quidem agnofcantur primorum illorum vocabuloru veftigia; quæ in barbaris quibufdam linguis
meliùs, quàm in Græca perfpiciantur. Quænam autem illæ barbaræ linguæ fint, fuo loco dicetur.

Porrò in conciliandis duabus iftis fententijs, duo fubfternemus ἀξιώ-
ματα ex Platonis doctrina defumpta; certam nimirum effe ac definitam
rerum naturam, ita vt verè res fubfiftant, licèt variè commutari videantur; & orationem homini tributam effe intellectus & rationis comitem
fiue miniftram, ac proinde earum rerum omnium, quæ à fenfibus perce-
ptæ ad intellectum deferuntur, verba effe imagines atque fimulachra.
Hinc φύσεως & θέσεως, id eft, naturæ & inftituti difcrimen perfpici poteft:
alia fiquidem verba naturæ decreto, alia hominum inftitutis atque legibus dicuntur conftare. quod tamen prudenter à Lectore intelligi velim:
rebus enim ita vt funt conftitutis, in hac linguarum perturbatione, fcio

Initio Mundi
fuere verba
inftituta na-
turæ decreto.

non rectè dici, verba φύσει imponi; alioquin eadem omnibus hominibus
effent verba, idemque ac communis fermo. Dico tamen, primo illo rerum creatarum initio planè fuiffe confentaneum rationi, atque neceffarium, vt verba certo quodam naturæ decreto imponerentur: ficuti enim
νοήματα rerum extra mentem pofitarum, funt rerum ipfarum minimè falla-
ces imagines atque ὁμοιώματα, id eft, affimilationes; ita quoque & voces,
& fcripturæ debent effe νοημάτων illorum in mente noftra hærentium effigies

gies & simulachra; siquidem rerum ipsarum veræ sunt atque naturales apprehensiones, quibus res ipsæ vt sunt, cognoscuntur: eademque ratione consentaneum est ἀρχῆ formas easdem in omnium hominum sensibus imprimi atque adumbrari; ita vt phantasiæ ministerio rerum illarum sensibilium imagines, veluti in cera, in animo impressæ relinquantur, vt pulchrè Plato in Theæteto & Sophista deducit. Concepta igitur, atque mentis vi atque efficaciâ rerum cognitio rectè & verè, non sucatè & imaginariè efformata, in omnibus hominibus omninò eadem est, atque adeò naturalis; quemadmodum res quoq; ipsæ, quarum verba sunt simulachra, locis & temporibus speciem suam minimè mutant, cùm ignis & apud nos, & apud omnes homines peræquè vrat. ita & de reliquis sensibus constituendum est. Vt ergo illa dicuntur esse φύσει, quæ semper sui similia, nec ex hominum qualibet opinione alia & alia sunt, sed eandem vim & proprietatem retinent; ita omninò videtur fuisse necesse, vt primigenia quædam vocabula primordio rerum creatarum ita fuerint instituta, vt rerum ipsarum naturam verè exprimerent atque repræsentarent. Cùm prætereà Deus naturæ Architectus atque Princeps naturam voluerit esse rerum creatarum firmamentum, ac stabile quoddam seu sempiternum principium, non incongruè Plato Deo veram ὀνοματοθεσίας causam assignat, quippè qui vti & res condidit, & virtute sua conseruat, ita & vocabulorum; quibus illarum natura insigniretur, aptè instituendorum rationem hominibus tribuerit. Cùm enim νοήματα rerum cognitarum, Platone teste, sint εἰκότες atque ἀντυπώματα, efficitur, omnes homines ijsdem notitiarum ideis, id est, certa & vera causarum in animo conformatione atque cognitione, non temeraria & incerta indicatione fuisse imbutos (ita enim hoc loco ideæ vocabulum intelligimus,) cùm natura in omnibus hominibus αἰχμαίας vim atque efficaciam inserat ad res percipiendas atque intelligendas, eademque sit νοημάτων illorum effectrix; rerum autem per intellectum perceptarum symbola & tesseræ sunt verba naturæ vi constituta, ex quibus oratio postmodum componitur. Iam verò ἀρχηγὸν primigeniamque illam nominum constitutionem, certè ex nullo, nisi ex primo homine originem suam habuisse credimus; quem quidem, certissimum est, habuisse efficacissimam αἰχμαίας vim, sensuum omnium, ipsiusque maximè rationis liberrimum atque expeditissimum vsum, id est, verè fuisse Philosophum, vt in præcedente scrutinio ostendimus.

Primum igitur hominem, id est, Adamum, diuinâ quâdam facultate atque virtute ingenij præditum, primum fuisse ὀνομαθέτην, minimè dubium, atque adeò de fide est, vt paulò post videbitur. Quòd cùm ignorauerit Plato (aut certè si quid ex libris Moysis rescire potuit, nec purè satis cognouit, nec satis liberè protulit) ex ipso videlicet Moyse, verarum originum siue antiquitatum Authore, illud solidè & germanè percipiendum est: ille enim testatur Adamum primum hominem omnibus animalibus vera & propria nomina imposuisse, eamque facultatem â Deo accepisse. verba eius cito.

Plato.

Platonis sententia circa nominum impositionem

Adamus imponit prima nomina rebus.

G ויצר

ויצר יי אלהים מן האדמה כל חית השדח ואת עוף
השמים ויבא אל האדם לראות מה יקרא לו ובל אשר יקרא
לו האדם נפש חיה הוא שמו ויקרא האדם שמות לכל
הבהמה ולעוף השמים ולכל חית השדח:

Et formauit Dominus Deus ex terra omne animal agri, & omne volatile
cœli, & adduxit ea ad Adam, vt videret, quid vocaret eas; & omne, quod vo-
cauit Adam anima viuentis, ipsum est nomen eius, appellauítq́ Adam nomini-
bus suis omnia animantia & volatilia cœli, & omnem bestiam agri. Effecit igitur Deus, vt omnium animalium naturæ quasi præsentes oculis Adami
ob errentur, vt illi essent perspectæ atque cognitæ; aut certè miraculo quâdam ratione omnés animantes illius oculis reuera subiecit, ita vt
expedito sensuum ministerio rerum naturas perspiceret. Ex qua solida
atque explorata cognitione, oportuna extitit in Adamo ονομοθεσίας facul-
Adam nomi-
na imposuit
animalibus
secundùm es-
sentialem
quandam ra-
tionem.
tas: sic enim intelligo illa verba; *Et quodcunque nomen indidit illi*
Adam, illi inquam animæ viuenti, *fuit nomen eius,* id est, fuerunt illis
vera & germana nomina, & rerum naturis propriè accommodata, non secundùm extrinsecam denominationem, sed essentialem quandam rationem, ita vt proprietates singulorum animalium singulis nominibus perfectè responderent; atque adeò ex ipsis nominibus solis in intrinsecam
cuiusque rei naturam facilè peruenire quispiam posset. quibus consentit
R. Abram Balmis in מכלל his verbis:

R. Abram
Balmis.
הפרש להלשון העברי משאר הלשונות כי בהיות מניח
חלשון העברי הבורא ית שמו הסכמת הנחתו היא נאותה
למבעי הדברים בלם כי לפי הטבעם הסכים לבנותם
ולקרות כמו שכתיב בבראשית:

Est autem differentia magna inter linguam sanctam, & alias linguas; cùm
enim Deus benedictus sit Author linguæ sanctæ, necessariò nominum impositio de-
bet ipsis rerum naturis respondere, quia secundùm eorum naturas conueniebat eas
appellare. Quæ confirmantur à R. Abenezra, Ralbag, Rambam, Becchai,
RR. Abenezra,
Ralbag,
Rambam,
Becchai,
Rabboth.
Rabboth, alijsque in Genesin Commentatoribus, quos hoc loco consule.
Meminit quoque huius impositionis nominum in principio Alfurcani sui
Mahumed impostor, vbi dicitur, Deum dictasse Adæ nomina rebus aptè
imponenda.

فخلق الله جميع وحش فجا بهم ادم عليه السلام واتعلم بقية الاسما
بكل واحد فسمى ادم لكلهم على صفاتهم

Creatísque animantibus omnibus, venire fecit illa Deus ad Adam benedictæ
memoriæ, & docuit ipsum oretenus nomina vniuscuiusque, & vocauit Adam
omnia nominibus respondentibus proprietatibus eorum. Moses Barcepha Syrus
Moses Bar-
cepha Syrus.
in libro de paradiso, dicit Adamum editiore paradisi loco insidentem,
augustaque auctoritate & Maiestate, ac tali vultus splendore, qualem emi-
cuisse ex facie Mosis Scriptura testatur, voce quæ sensu excipi posset
pronunciata, singulis animantium generibus nomina indidisse, vnum-
quod-

quodque nominatim appellando ; illa verò submissis capitibus prona, nec
præ nimio decore, quo ille resplendebat, intueri ipsum audentia, singu-
latim præteribant, & suis ab illo appellabantur ex ordine nominibus : v. g.
cùm Taurum ille nomine appellaret, continuò is audito nomine suo trans-
ibat coram illo, capite submisso ; similiter nominatim citatus equus ,
præteribat dejectâ ceruice, neque Adami aspectum sustinens ; idemque
cœteris contigit. Quæ non ita intelligenda sunt, vt nomina, quæ animalibus imposuit Adamus, ea tum primùm à Deo ipsum accepisse putetur ;
sic enim non Adamus, sed Deus ipse imposuisse eis nomina diceretur ; sed
Adamum accepisse linguam à Deo, quantum ad alia omnia perfectam ,
præter eam partem, quæ animalium nomina continet, quam scilicet integram reliquit Deus solertiæ & sapientiæ Adami, videlicet, vt ipse per
scientiam , quam habebat, animalium , & per notitiam plurimarum vocum, quam acceperat , nomina conderet, atque imponeret animalibus,
singulorum naturis ritè congruentia ; nec ea quidem vno modo formata,
sed diuersis è causis petita, vel ex propria differentia specifica , vel ex naturali proprietate, vel ex motu, vel ex figura, vel ex peculiari aliqua operatione, vel ex aliquo singulari ac proprio accidente . Atque hæc prima
fuit nominum ἰμθέτης à Deo naturæ Authore instituta, ministerio Adami .
Licet autem & vni rei plura vocabula imponerentur, & contrà , vnum vocabulum rebus multis significandis aptaretur ; id tamen eatenus factum
est , vt rei naturæ ratio postulabat. Atque etiam nomina ex variarum
χίσεων circumstantijs ita sunt imposita , vt conuenirent ipsarum naturæ :
Naturæ enim appellatione non tantùm rei substantia significatur , sed accidentium etiam ὕπαξϊς, quæ suo quidem modo dicitur πεφυκίτης, quatenus
videlicet accidentia rem χηματίζον), id est, notant atque designant . Prima igitur nomina ab Adamo rectè fuerunt hunc in modum constituta, &
veram rei naturam repræsentarunt, vt minimè dubium esse debeat, nomina illa veras fuisse rerum definitiones ; ac proindè hucusque dici posse ,
nomina ὀρθὰ suisse imposita, videlicet à sapientissimo ὀρθοτπλάστῃ. Nam vt
sapienter Plato in Cratylo ;

Quomodo
intelligendū
quod Adam
imposuerit
nomina ani-
malibus.

Nomina ab
Adamo ani-
malibus im-
posita fuere
verè ania-
lium defini-
tio.

Plato.

Οὐκ ἄρα παντὸς ἀνδρός ἐςιν ὄνομα θέσθαι, ἀλλά τινὸς ὀνοματουργῦ, οὗτος δ' ἐςὶν, ὡς ἔοικεν
ὀνομαθέτης. ὃς ἄρα τὴν δημιεργῶν σπανιώτατ۰ ἐν ἀνθρώποις γίνε).

*Non cuiuslibet hominis esse nomina rebus imponere, sed cuiusdam artificis ,
qui peculiari quâdam nominum imponendorum valeat facultate, hic autem nimirum est Legislator, qui profectò omnium Artificum rarissimus est, & maximè singularis inter homines .*

Κινδ'υνε᷅ι άρα, ἦ δ' φαῦλον, ἦ τῦ ὀνόματ۰ θέσις, ἠδ' φαῦλων ἀνδ'ρῶν, ἠδ' τῶ ἐπιτυχόν-
των, ᾗ Κεάτυλ۰ ἀληθῆ λέγῃ λέγων φύσει τὰ ὀνόμα᷅α ᾗ τῦς πράγμασι, καὶ ἅ παῖᾶ δημιεργ-
γὸν ὀνομάτων ᾗ ἀλλά μόνον ἐκεῖνον τὸ ὑποβλέπον᷅α εἰς τὸ τῇ φύσει ὄνομα ὂν ἑκάςῳ, καὶ δ'υνά-
μϊον αὐτῦ τὸ γείδῶ۰ τιθέναι ἐς τὰ τὰ γεάμμα᷅α, ᾗ τὰς συλλαβάς.

*Nominum igitur impositio haud quaquam leuis & exigua res esse videtur ,
neque hominum vulgarium humiliumque opus, ac proindè verum dicit Cratylus
dicens, Natura rebus nomina existere, nec quemlibet hominem nominum esse arti-
ficem, sed illum demùm, qui ad illud nomen respicit, quod rerum naturæ exprimen-
dæ atque repræsentandæ peculiariter quadrat, & qui illius nominis formam lite-*

ri, & syllabis imponere atque accommodare potest. Porrò cùm orationis ministerio humanæ societatis ratio atque commercium constet, certè humanarum conceptionum θηλώματα και σύμβολα quædam sunt, quibus hominum
commercium conseruetur. Itaque vtentium consuetudo atque institutum maximi momenti est, in societate generis humani; hincque duæ existunt nominis definitiones apud Platonem, sc: Nomen est όργανον διδασκαλι-
κόν, η διακριτικόν ό ούσίας, id est, instrumentum rebus docendis aptum atque
accommodatum, & rerum naturæ distinctè repræsentandæ: & μίμημα φωνῆ
εκείνυ η μιμεῖ,) η ονόμαζει ο μιμούμεν@ τῇ φύσει αυ μιμεῖ, id est, imitatio quæ vocis
fit ministerio, illius rei, quam qui imitandam instituit, voce imitatur. Sunt
autem hoc loco consideranda duplicia nomina; quædam prima, quædam
secunda ex primis nata (quibus tamen omnibus commune est, vt rei naturam suo modo exprimant) in quorum qiudem etymo exquirendo delira-
mus, si primorum illorum nominum fontes ignoremus; quos tamen adire, vera est nominum ἰρότης. Prima quidem illa, η ἀρχικὰ illa nomina, à
potentia, vt cum Platone loquar, quadam quàm sit humana maiore imposita, temporis longo vsu absoleta, in barbaris linguis, hoc est, Hebraica,
Chaldaica, Ægyptiaca, vt Plato vult, conseruantur; quarum ignoratio-
nem cùm fateatur ipse Plato, veram quoque nominum rationem se ignorare fatetur; ad illas tamen recurrendum esse ait, cùm vocabulorum origines ignorantur. Huius igitur consilio ducti, iam tandem videamus, quænam fuerit illa primigenia lingua, quæ matrix, ex qua cœteræ omnes originem traxerunt.

DISQVISITIO III.

Quænam, & qualis fuerit prima omnium Linguarum.

Dua defini-
tiones Nomi-
nu.n apud
Platonem,

Linguam He-
bræam cum
mundo na.
tam probetur

Ratio prima
ducta ab an-
tiquitate &
fanct.tate,

Augustinus,

Linguam Hebræam ipsi Orbi condito coæuam, à Deo Optimo Maximo institutam, primoque traditam parenti, nemo est, cui non satis
compertum sit. Verùm cùm non desint, qui id impugnare audeant, nostram hanc sententiam varijs rationibus stabiliendam duxi. Harum prima desumitur ab antiquitate, & sanctitate; siquidem eam vnà cum natura
Vniuersi Author indidit, nec ab impietate ortum cum alijs habuit communem; hac enim Adam omnium creaturarum naturas expressit, &
omnibus eis nomina vocauit; in hac Deus ipse sæpiùs per se, vel per in-
terlocutorem cum suis amicis colloquium instituit; hanc Patriarcharum
& Prophetarum, vt verbis Augustini loquar, non solùm in sermonibus
suis, verùm etiam in sacris scripturis custodiuit Authoritas. Porrò cùm
Chaldæis omnibus superstitionum peste contaminatis, in vna Thare domo, de qua natus est Abraham, veri Dei cultum Dominus seruârit, in ea
etiam simul cum sui obseruantia linguam hanc sanctam tueri voluit. Hæc
est, ad quam verus & genuinus sacræ Scripturæ textus veluti ad lydium
lapidem comprobaretur, omnium aliarum matrix; quæ omnia compro-
bantur ab Authoribus probis & sensatis. ita sentiunt SS. PP. Hieronymus,

mus, Auguſtinus, Cyprianus, Euſebius, Athanaſius, Origenes, Tertullianus, Irænæus, cœteríque horum aſtipulatores. Ita poſt Rabbi Iudam, omnes Rabbini, Eliezer, Raſſi, Ralbag, Radak, Reccanati, Abarbanel, Ramban, Akiba, innumeríque alij, quos libenter hoc loco allegarem, niſi veritatem vel ipſis ſacræ huius linguæ Tyronibus iam innotuiſſe cognoſce-
rem. Altera ratio ad rei huius veritatem comprobandã, eſt ipſa ſimplicitas
linguæ; ſiquidem omnes vocum huius linguæ radices triliteræ ſunt; quod
in nulla alia lingua accidit. Quemadmodum igitur compoſita & mixta,
poſteriora ſunt, communi Philoſophorum coſnenſũ, ipſis, ex quibus ſunt
& conſtant, videlicet ſimplicibus elementis; ita cùm cœteræ omnium
linguarum voces ſint compoſitæ, ſolius autem linguæ Hebrææ voces ſint
ſimplices, vt paulò poſt videbimus, certum eſt, primam omnium aliarum
linguarum ipſam eſſe Hebræam. Verùm ex nullo clariori ſigno hæc veritas luculentiùs quoque patet, quàm vel ex ipſa primæua nominum inſtitutione à protoplaſto ſacta, quæ non Græca, Ægyptia, Chaldaica, aut
Syriaca, ſed purè Hebræa eſſe, non alio, niſi illius linguæ peritorum in-
digemus teſtimonio. Nam, vt rectè Abenezra in 6. Geneſis.

Patres & Rab-
bini, aſſerentes linguam Hebræam eſſe omnium antiquiſſimã.

2. Ratio ducta à ſimplicitate linguæ.

Abenezra.

וטעם שפה אחת לשון אחת והיה לשון הקרש לפיכך
היא ראשונה מכל לשונות ושם אדם וחוה וקין הם שת
פלג וכו׃

*Senſus labij vnius eſt, lingua vna, quæ eſt Hebræa, ideo ipſa linguarum om-
nium prima, vt teſtantur nomina Adam, Eua, Kain, Cham, Seth, Phaleg, aliaque quotquot in ſacro textu leguntur.* Tertia ratio, ſumitur ab arcana & plena innumeris myſterijs, inſtitutione huius linguæ, in qua quot literæ &
apices, tot myſteria; quot ſyllabæ & voces, tot ſacramenta eſſe etiam
ipſi SS. PP. teſtantur; vt non ſine cauſa Hebræi dicant

3. Ratio ducta ab arcanis myſterijs quæ continet.

אין בתורה בתובה בלשון הקרש אפילו אות אחת שאין
ההרים גרולים תלויים בה׃

*In lege, Hebræo, videlicet ſermone conſcripta, non eſſe vel vnam literam,
ex qua non magni montes dependeant.* Quæ vel ipſe Chryſoſtomus ſuo veluti calculo approbare videtur his verbis : *Quemadmodum longè gratiùs eſt
pomum, quod tuis manibus ex ipſa arbore decerpſeris, vinum iucundius, quod ex
eo deprompſeris dolio, in quo, primum conditum fuit ; ita diuinæ literæ neſcio quid
habent natiuæ fragrantiæ, neſcio quid ſpirant ſuum & genuinum, ſi eo ſermone
legantur, quo ſcripſerunt ij, qui partim ex ſacro hauſerunt ore, partim eiuſdem
afflati ſpiritu nobis tradiderunt. linguæ autem, quibus diuina eloquia Deus nobis
concredidit, tres ſunt, Hebræa, Chaldæa, & Græca.* Sed præ cœteris contrariæ
ſententiæ fauere reperio Georgium Amiram in ſua Grammatica Chaldaica, olim Alumnum Collegij Maronitarum, poſteà Patriarcham Antioche-
num, & Primatem montis Libani. digniſſimum, qui ſiue patriæ linguæ pa-
trocinio, ſiue aliquo alio motiuo impulſus, neſcio, certè nihil intentatum
relinquit, quo linguam ſuam Syriacam linguarum omnium, Principem,
conſtituat; cuius tamen omnia argumenta eò collimant, vt oſtendat,
linguam Syram, quam ille omninò cum Chaldaica confundit, ideò eſſe

Chryſoſt.
hom. 79.

Georgius Amira putat linguam Syriacam fuiſſe primaui.

pri-

primam omnium aliarum, quia à primis hominibus, hoc est, Chaldæis procesfit. Verùm ex eius argumentis sequitur Chaldæam linguam ferè fuisse Hebræam, quod ita ostendo : Noë, & filij eius Sem, Cham, & Iaphet, primi post diluuium humani generis Duces fuerunt Chaldæi; illam enim regionem incoluerunt, quæ iam Armeniam, Syriam, Assyriam, & partem Arabiæ comprehendit, olim sub Chaldææ nomine comprehensam, vt præter Ariam Montanum, Adarchomium, Beroaldum, plerique alij assentiuntur sacrarum literarum Commentatores: sed hi recensiti Duces non vtebantur aliâ linguâ, nisi illâ, quam à primis Mundi Patriarchis Adamo, Seth, Henoch hauserant; at illa alia non fuit, quàm Hebræa; ergo Chaldæi isti vsi sunt linguâ Hebræâ; id est, illâ linguâ, quæ post confusionem cœterarum linguarum singulari Dei prouidentiâ sola permansit in domo Heber, à quo & nomen inuenit. Siue igitur illa lingua primogenia vocetur Chaldaica à natione, siue Hebræa à transitu Abrahæ, aut ab Hebro, vt dixi, siue à Syria, Syriaca, siue à Mesopotamia, Mesopotamica; certè vna & eadem lingua fuit à principio ante confusionem linguarum, diuersis solùmodò nominibus, à diuersis populis qui eâ vtebantur, desumptis differens. Atq; ita intelligenda sunt verba textus Arabici, quæ in fauorem suum citat ex Maronitico sacræ Scripturæ Codice deprompta.

ومن مولاي جميع الشعوب على الارض بعد الطوفان وشققت الالسن واختلاف لغتهم السريا ...

Id est, *Et ab his diuisi sunt omnes populi super terram post diluuium, & diuisæ sunt linguæ; & varietas linguæ eorum Syriaca.* Præterquam enim quòd non omni translatori, nisi approbato, fides adhibenda sit; certè ipsa verba intelligenda esse vt dixi, sumendo sc: Syriam pro Assyria, quæ cum Chaldæa passim confunditur, sicut continens cum contento, luculenter patet. Quod verò Sanctus Ephrem vocet linguam Syriacam

ܠܡܠ ܡܚܡܚܐ ܘܩܠܐ ܠܗܩܬܐ ܡܘܗ...

primam linguarum, & fontem idiomatum, hoc ideò censendus est facere, quòd patria ipsi esset, & Hebrææ maximè vicina, propinquaque. Verùm vt hæ duæ sententiæ tandem concilientur,

Suppono primò, Linguam duplicem esse sacris literis à principio vsurpatam: Vnam originalem, quam & doctrinalem appellare licet, quòd in ea primæua scientiarum tàm sacrarum, quàm profanarum institutio facta sit; atque talem fuisse Hebræam assero, vt posteà pluribus probabimus: Alteram idiomaticam, siue vsualem, vtpotè toti alicui nationi communem; atque hanc aio fuisse à principio Chaldaicam, vel Assyriam, Hebrææ vicinam.

Suppono secundò, Omnes idiomaticas ab originali seu doctrinali aliqua descendentes, eâ quoque posteriores esse; vt patet ex linguis Chaldaica, Syriaca, Arabica, Æthiopica, quæ cùm omnes filiæ sint Hebrææ originalis, tantò maiorem quoque corruptionem vnaquæque passa est, quantò ab origine sua plùs recesserit; quemadmodum & in Græcæ linguæ dialectis, & in filiabus Latinæ linguæ, Italica, Gallica, Hispanica, Lusita-

CHOROGRAPHIA ORIGINIS NILI
iuxta obseruationem Odoardi Lopez Fol. 55

CHOROGRAPHIA ORIGINIS NILI
SEV FONTIVM IPSIVS
Ex Arabum Geographia deprompta Fol. 57

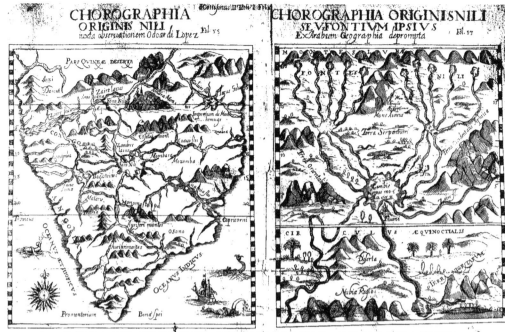

VERA ET GENVINA FONTIVM NILI TOPOGRAPHIA
facta a P. PETRO PAIS: Societ IESU Anno 1618: die 21. Aprilis in praesentia Imperatoris. Fol. 56

ftanicæ videre eft. His igitur fuppofitis, Dico Hebræam linguam, quam doctores fanctam vocant, primam omnium linguarum fuiffe, eandemque quam Deus protoplaftis primùm infuderat; quæ etfi ab impia ftirpe Cain aliquam corruptionem paffa fuerit, femper tamen ceu facrum & divinum munus in domo Adæ, verorumque eius filiorum fecundùm traditionem fuccefsiuam permanfit incorruptè; ita vt hæc ab Adamo ad Sethum, ab hoc ad Henoch, ab Henoch ad Noëmum, & ab hoc ad Hebrum (à quo nomen inuenit) & Abrahamum, ab his ad Mofen, & deindè ad alios fuccefsiuè fuerit propagata. Si igitur Chaldaicam, fiue Affyriam Aduerfarij ita accipiant, vt eandem velint effe cum illa, quâ primi Chaldæa habitatores vfi funt; dico ita acceptam eandem effe cum Hebræa, cùm primi habitatores Chaldææ alia, vt dictum eft, lingua non fint vfi, quàm Hebræa, primæua illa & originali. Si verò Chaldæam diuerfam effe velint ab Hebræa, eandemque cum Idiomatica poft linguarum confufionem in Chaldæa currentem; dico eandem ita acceptam minimè primam linguarum dici debere, cùm ex corruptione linguæ Hebrææ promanârit, & ab origine fua iam defecerit, variaque populorum commixtione ac commercio tantò femper maiorem corruptelam paffa fit, quantò à fonte fuerit remotior riuus. Dico tamen, linguam Chaldaicam fecundum poft Hebræam inter linguas vetuftatis locum obtinere. Qui hæc penitiùs introfpexerit, facilè famofam hanc Hebrææ & Chaldææ linguarum de primatu contendentium litem exortam dirimet. Syriacam autem nequaquam eandem cum Chaldaica effe, fed & literis, & phrafi diftinctam, pofteris temporibus ortam, non aliâ authoritate opus eft, quàm illâ Leuitæ Eliæ Afcenazi, vtriufque Magiftri peritifsimi, quam in præfatione in fuum Meturgeman fiue Lexicon Chaldaicum hifce verbis aftruit.

אמר רבי שמואל בן נחמני אל תהי לשון ארמית קלה בעיניך שמצאנו בתורה
ובנביאים ובכתובים שהקב״ה חולק לו כבוד בתורה יגר שהדותא בנביאים כדנא
תאמרון להום בכתובים וידברו הכשדים למלך ארמית וזה לפי שהוא קרוב ללשון
הקדש מכל שאר הלשוניות וכן כתב אליעזר לשון ארמית הוא לשון הקדש
שנשחבש משמע שקודם שנשחבש היו מדברים בארם לשון הקדש ממש:

Dixit Rabbi Samuel filius Nahhmani; nè fit vilis in oculis tuis lingua Chaldaica, fiquidem inuenimus in lege, in Prophetis, & hagiographis, quòd Deus benedictus, cui fit gloria, in lege teftimonium præbet in Prophetis, ficut vifum fuit eis in hagiographis, & locuti funt Regi linguâ Chaldaicâ, & hoc ideo, eò quòd hæc vicina fit linguæ fanctæ præ omnibus alys linguis; atque ita fcribit Eliezar; Lingua Chaldaica ipfa eft lingua fancta corrupta; fama quoque eft, quòd olim antequam corrumperetur, loquebantur in Syria vel Chaldæa linguâ fanctâ fimpliciter. ita R. Elias citato loco. Quando verò illa corrupta fuerit, difficilis quæftio eft apud Authores; varij varia allegant tempora; ego cum paulò ante citato Authore, vti linguæ vtriufque, ita temporum & hiftoriarum peritifsimo, fentio, qui in citato loco ita differit:

ואם כן יש לשאל מתי נשתבש והלא בזמן האבות היה עוד הלשון המשבש
והראיה יגר שהדותא לכן נראה לי לומר שנשתבש חפף אחר שיצא אברהם משם
כי בלי ספק היה הוא ואבותיו מדברים בלשון הקדש כאשר קבלו מאדם ועד נח
איש

איש מפי איש וחעיקר היה שם בן נח שחוא חיה בעבר הנהר כמו שפרש רמ"ב"ן וכשטמח
חוא ורוב בניו ויצא משם אברהם וחיו כלם עובדי עבודה זרה אז נסחבש חלשן
ונקרא לשון ארמי על שם אדם. שחוא חיה חיח. חבן האחרין של שם שנאמר ובני
שם: עילם: ואשור: וארפכשד ולוד. וארם ומסחמא האדוך ימים יותר מכלם לכן
נקרא חלשון על שמו לשון ארמי וכשבא אברהם לארץ כנען חיה חוא וזרעו
מדברים שפת כנען שחיא לשון חקרש ממש ואף כשחיו ישראל במצרים לא אזבוחו
כמו שאמרו רז"ל שלשה דברים לא שנ" ישראל במצרים שמוחם ומלבישם ולשונם :

Id eſt, *Quæri igitur poſſet, quando lingua Hebræa, & an temporibus Patrum hæc lingua fuerit uſitata; & rationem dubitandi ſuppeditant hæ voces*
יגר שחרותא. *Ideo videtur mihi conueniens dicere,quòd adulterata ſit,poſtquam
egreſſus eſt Abraham inde; quoniam abſq; dubio Patres noſtri primi locuti fuêre,
quemadmodum eam acceperunt ab Adam vſq; ad Noë oretenus ; & primum eius
fundamentum fuit Sem filius Noë, cùm is eſſet transflumen, quemadmodum explicatur à Ramban: & cùm eſſent ibi is & filij eius, egreſſus eſt Abraham inde, erant
enim omnes idololatræ, tunc corrupta eſt lingua, & vocata fuit lingua Aramæa,
iuxta nomen Aram, qui fuit filius vltimus Sem, iuxta quod dicitur, filij Sem,
Elam, & Aſſur, & Arphaxad, & Lud, & Aram, & longiùs is cæteris prolon-
gauit dies vitæ ſuæ: ideo vocata fuit lingua à nomine ſuo Aramæa. Et ingre-
diente Abraham in terram Cánaam, ſequebatur is, & omnes filij eius ſermonem Ca-
nanæum, quæ fuit lingua ſancta ſimpliciter ; & etiam cùm noſtri Patres mora-
rentur in Ægypto, non reliquerunt eam, ſicuti dicunt Rabbini noſtri; Tria non
mutauunt Iſraëlitæ in Ægypto. Nomina ſua, veſtimenta ſua, & linguam ſuam.*

Patet igitur linguam Hebræam omnium linguarum ſine controuerſia
antiquiſſimam, imò primam. Syriacam autem, & Chaldaicam, ſiue Baby-
lonicam eiuſdem filias eſſe, omnemque inter Authores controuerſiam de
primatu linguarum motam, ſolummodò ex æquiuocatione quadam nominum ortam eſſe, vt proindè facilè omnium obiectiones ſoluturus ſit, qui
noſtras rationes hoc loco allatas probè intellexerit. Indagatâ igitur primâ Mundi linguâ,nil iam ampliùs reſtat, niſi vt eiuſdem formam characterum, ſcribendique rationem pari paſſu diſcutiamus.

DISQVISITIO IV.

De linguæ Hebræa mira vi in rerum ſignificationibus eluceſcente,

Mirum ſanè id in lingua Hebræa videri debet, quòd nomina rebus
perfectè conueniant, eundemque quomodocunque tranſpoſita,
ſemper ſenſum efficiant. Quòd cùm nulla in alia lingua locum habere
comperiamus, meritò ei inter cœteras linguas principatus debetur. Verùm ne quicquam ſine ratione aſſeruiſſe videamur, huius rei largiſſima
ſpecimina dabimus, vt Lector immenſas diuinæ ſapientiæ huius primùm
inſtitutricis diuitias ſub illa latentes aſpiciat, & miretur. Antequam tamen vlteriùs progrediamur, hìc quædam preſupponenda ſunt, veluti regulæ & Canones,quibus fulti & directi licitè in ſimili veritatis indagatio-
ne vti poſſimus.

Sup-

Suppono igitur primò, non vnicæ tantùm vocis conſtructionem in Hebraicis nomenclaturis, ſed & multiplicem etiam repetitionem per eoſdem diuerſoſq; ſenſus & conſtructiones vſurpari poſſe.

Secundò, literas ו י ע ח א ה veluti vocales ſubinde intelligi, & conſonantibus ſubeſſe, etiamſi non exprimantur; & quòd conſonantium ſimilis ſoni ſubinde inter ſe fiat tranſmutatio.

Tertiò, quòd plenæ dictionum determinationes ſub verbo etymologicè diſpoſito non requirantur.

Quartò, quòd vis verborum primigeniorum innoteſcat variè, ſc: in varia literarum metatheſi ſiue tranſpoſitione, per variam verborum acceptionem, vel aliam lectionis diſtinctionem,& ſeparationem ſyllabicam, aut vocum repetitionem directam, & hâc ratione ſenſus myſtici & arcani alicuius ſeries ſub ipſis verborum penetralibus recondita, aliaque ſcriptura interna expreſſa eſſe demonſtratur. His igitur ita ritè diſpoſitis, iam videamus, quomodo nomina à primæuo eorundem Inſtitutore rebus ſingulis impoſita, vim, quam quoduis poſſidet, denotent, initium ducentes ab animalium nominibus, deindè à proprijs quorundam eximiorum hominum appellationibus; tertiò denique ænigmaticas quorundam in ſacra Scriptura locorum ſignificationes Cabalico analyticæ artis ſubſidio enodare conabimur.

Nomina ab Adamo impoſita anima tibus eſſentiā animantium exprimebant.

Formatis igitur Dominus Deus de humo cunctis animantibus terræ, יצר *volatilibus cœli, adduxit ea ad Adam, vt videret, quid vocaret ea; omne eni m,* *quod vocauit Adam animæ viuentis, hoc eſt nomen eius.* Ecce prima ὀνοματοθεσίας origo, nomina igitur rebus non caſu, ſed ſummâ ratione impoſita patet, vt quod ſonarent verba, res ipſæ exprimerent. Adduxit enim Deus animalia ad Adam ſapientiâ ſummâ præditum לראות *vt videret,* id eſt, conſiderata cuiuſque natura, inclinatione & indole, diſpiceret, מה יקרא לו, *quid vocaret ea.*

וכל אשר יקרא לו האדם נפש חיה הוא שמו :

& quodcunque appellauit id Adam, id eſt nomen eius; vel vt pulchrè Onkelos Metargem, Chaldæus hoc loco explicat, adductis enim animalibus iubet,

למחזיה מה יקרא ליה: *vt ſpecularetur qnomodo vocaret ea.*

Nomina aliqua adhuc ſuperſunt in lingua Hebraica, quæ exprimunt animantium indolem.

Nunc igitur videamus, vtrum aliqua adhuc nomina ſuperſint in lingua Hebræa, quæ animantium indolem, quam indicant, verè adhuc exprimant. Certè Rabbini plerique innuunt aliqua, veritatem huius ὀνοματοθεσίας indicantia; & inter cœteros R. Becchai, qui de hac nominum impoſitione, ſua in Geneſin commentarijs ita diſſerit.

אמרו במדרש הביא הקב״ה לפניו כל חכמות וחחיות יקרא להן שמות ואמר לוה
נאה לקרוחו אריה ולוה נאה לקראחו חמור ולוה סוס וכן כל ובר ודבר דחנה בוה
נחפרסמה הכמחו הגדולה כמו שהיה בצלם אלהים ומעשה ידי השם יחעלה ונראה
לי באור המדרש חזה כי אדם הבין בחכמתי ושכלו טבע כל באחמה וחיה וקרא
לכל אחת ואחת שם מעין הטבע ומדה שהבור בה וחאוחיוח שצרף בסמוחיהן הכל
לפי טבעיחן ומדוחיהן:

Dicitur in Midras, fecit Deus tranſire ante Adam omnia animalia, &

H   *voca-*

vocauit ea nominibus suis, & dixit ; nunc huic convenit, vt vocetur אריה *, id est, Leo ; & ad illud, convenit vt hoc vocetur* חמור *, id est, Asinus ; & ad aliud, convenit, vt hoc vocetur* סוס *, id est, Equus ; & sic faciebat de singulis animantibus ; & ecce in hoc manifestauit maximam suam sapientiam, sicut is, qui esset simulachrum Dei, & opus manuum Domini Dei excelsi ; & videtur mihi explicare Midras, quod Adam intellexit in sapientia sua naturam cuiusuis animantis, & vocauit vnumquodque nomine significante naturam & proprietatem memoratam in eo ; literas quoque nominum singulorum nunc coniungendo, nunc separando, nunc permutando ea, varie cum naturis, & proprietatibus animantium combinauit.* Pergit deindè Becchai :

R. Becchai.

נ חהנה חיו שמות מושכלות באמרך חכיר בחכמתו שבע האריח שהוא גבור
דגול ומלך ומלך שבחיות עד שהנביא חמשיל בו את חשם ית' באומרו ח' כאריח ישאג
וחעלה שמו אריה ספני שאותיות אריח ראיות כי חא'לף וחח'י וחח'י אותיות
חש'ז וחשי"ש פרושו רוח ואם כן עצם חשם של אריח מבאר ענינו וכן נשר חכיר
בחכמתו שחתכשר מלך שבעתיפות ועפיפתו גברח מכל עוף וכמו שידוע מעניניר כי
כשישלמו לו עשר שנים יגביה עפיפתו עד מאד עד שחוא מתקרב לגלגל חאש
ולרוב החחמימות מחבט ומפיל עצמו וחנה חוא נמרט ואחרי כן יחחדש ויעלח אבר
כבחחלה וכן מנחגו כל עשר ועשר שנים עד מאח שנח ובשנח חמאח מתקרב
ביותר לגלגל חאש ומגביח חעפיפח כמנחגו וניפל בים ומת ועל כן ידע חאדם
זעניין חוח בחכמתוולקרא שמו נשר כי חש'ן אש וחרי"ש רוח וחב'ן לשון נפילה
וחכח שמו מבאר על מנחגו ושבעו ומח אחריתו וזה חוא וכן כתב רבינו סעדיא
גאון ז'ל שאמר לזח ראוי לקרותו נשר :

Et ecce fuerunt nomina notionalia iuxta verba tua. Cognoscens Adam in sapientia sua naturam Leonis, quòd nimirum esset fortis, magnus, & Rex animalium, adeo vt etiam Propheta eum Deo comparauerit, cum dicat, Deus sicut Leo rugiet ; imposuit ipsi nomen אריה *, eò quòd literæ huius vocis* אז'י *sunt respirationis vehementioris. Et sic ipsa dictio* אריה *, Leo, explicat significationem eius ; & sic Adam cognouit* נשר *Aquilam in sapientia sua, quòd ipsa esset Regina omnium auium, volatusq́; eius fortior omnibus alijs volucribus, sicuti ex operationibus eius patet, cùm illi fuerit ætas 10. annorum, volatu sese extollit vsque ad ipsam sphæram ignis ; & præ multitudine caloris se inde demittens præcipitat in mare, vbi d.cidentibus plumis veteribus, acquirit nouas in primam iuuentutem restituta, & ita singulis 10. annis consueuit facere, vsque ad centesimum annum, quo more suo sphæram ignis repetit, vnde tandem seipsam deijciens in mare, ibi finem vitæ suæ ponit. ita scribit R. Saadia Gaun. & hâc ratione Adam cognoscendo naturam Aquilæ, ipsi nomen congruum inuenit, vocando eam* נשר *, quoniam prima litera* נ *,* נפילח *, id est, casum significat, secunda* ש *,* אש *, id est, ignem, tertia* ר *,* רוח *, id est, spiritum ; & sequitur* נ'נפילח ש' אש ר' רוח *id est, casus, ignis, spiritus ; & sic nomen eius declarat mores, & naturam eius.* Pergit vlterius :

Cur Leoni
imposuit Adã
hoc nomen
Arjeh.

Cur Aquilæ
Adam hoc
nomen Nesra
indiderit.

נ , נפילח
ש , אש
ר , רוח

R. Saadia
Gaun.

וכן בשם חחמור חכיר בחכמתו שחוא פתי וסבל מכל חבחמות ונמשך אחר
חאואות ועוד שדרך חחמור לטעון משא חחבואות על מרות מלשון חחומר
שעורים ועל כן קרא שמו חמור מלשון חומר וכן בשם חסוס חכיר בחכמתו
שחסום קל חתנועה ושמח לקראת חמלחמה וחעלה שמו סוס מלשון ששח כי
חסמ"כין מתחלפין בשינין וכתיב בוי שופר יאמר חאח ומרחוק ירית מלחמה וכן
קרא

קרא שמות לכל דבר ודבר וכשקרא לכולן שמות אמר לו תאני מה שמי אמר לו
ח׳ למה שאתה אדון לכל הבריות הוא שכתוב אני ח׳ הוא שמי שקרא שמו שקרא
לו אדם הראשון עד כאן :

Et sic in nomine חמור *hamor, id est, Asinus, cognouit per sapientiam suam, quod is esset fatuus, & baiulus præ omnibus cœteris animantibus, & quòd aptus esset ad portanda onera prouentuum, iuxta proprietatem nominis Hamor, & ideo vocauit nomen eius Hamor. Non aliter cognouit in sapientia sua naturam Equi, quod is nimirum esset leuis, & mobilis, & hilaris, promptusq; ad bellum, vocauitq; eum nomine* סוס, *à voce* סוס, *vel* שש, *gaudere, quòd se sua alacritate exhilaret; scriptum quoque est, quòd à longè olfaciat bellum. Et sic vnamquamque rem vocauit nomine conuenienti naturæ suæ. Et peracta* ὀνομαϑεσία *omnium, dixit ei sibi : & ego, quo nomine appellabor? dixit ei Deus, Adon, eo quòd Dominus omnium creaturarum sis, iuxta quod scriptum est, Ego Dominus, hoc nomen meum ; & vocatus est hoc nomine vsque in hunc diem. Alij alia in Commentarijs suis referunt, nos excepto Thalmud, quæcunq; in Rabbinorū Commentarijs circa hoc negotium reperire potuimus, hìc collecta proponemus, vt ex illis proposito suo magis apta Lector excerpere possit ; inueniet enim multa, quæ admirandam Hebraicæ linguæ proprietatem deprædicare poterunt.*

Nomen Leonis in lingua sancta est אריה *Arieh. quod resolutum Cabalicâ methodo, quam Themuram vocant, semper aliquid Leoni congruum profert ; continentur enim in hac proposita voce sequentes sensus :* חראה בראי יראה, *id est, monstrans, seu incutiens aspectu suo formidinem intuentibus :* מאיר בראיו, *id est, illuminans aspectu suo, quia ignes suo vultu quasi lucem iaculatur :* ראיו בראי, *visus eius sicuti speculum :* מרחח מראיו ראי *, ,* יראה, *id est, proijciens ex oculis suis fulgorem timoris. quæ omnia hâc para-raphrasi continentur, vt sequitur.*

אריה Leo.

חראי בראי יראה	Incutiens visu suo formidinem.
חאיר בראיו	Luce oculorum suorum illustrat
id est,	videntes se
ראיו בראי	Visus eius sicut speculum
מרחח מראיו ראי יראה	Proijciens ex eo aspectum horroris.

כלב Canis.

מכל חיות לב לך	Præ omnibus animantibus cor tibi, vel etiam tibi animus.
כל כלב כלב	Canis idem ac cor & animus, id est, natura illius est esse robustum, generosum, mobilem, viuacem, & cordialem.

כל בלך

Legitur recto & retrogrado ordine,
& figni fitvat idem, ac fi dixiffet, qui
Adamo: eft quafi intellectus
tibi לב *enim nunc cor, nunc*
animum, modò intellectum fo-
nat.

שור Bos.

שור שרה בראשר
אשר שר הואש (בעל קרנים)

Bos dominatur capite fuo.
Qui eft princeps capitis, cornibus
enim & capite præ ceteris ani-
malibus eminet.

אדם Homo.

6   5   4   3   2   1
אדם אי אדם דם אי מד אי מד א' ומאדמה :

Id eft:

5   4   3   2   1
Adam primus homo, fimilitudo Dei, & menfura rerum omnium, ex vapore
6
Dei, & terra concretus.

איש Homo vir.

6   5   4   3   2   1
איש אש י' שיאש ישא ר' אשה :

1   2   3   4   5   6
Homo ignis, fiue virtus Dei, cùm ceciderit, eleuabitur, & Deus virtus &
fortitudo eius.

Atque vt ad nomen Adami reuertamur, fecundùm alios fignificat
id quoque rationalem æftimationem, vel affimilationem rerum, quæ habentur per difcurfum: eft enim ratio, vel rationalis, vel æftimatio,
vel affimilatio; omnis enim actus iudicij humani, vel eft de aliqua quiddi-
tate rei, vel fimilitudine eius: nam, vt recte Alabaftrus oftendit, eft in
Græco quoque ἀναθεώρησις, quafi ἀναθεώρησις, id eft, confiderans cum ratione,
vel quomodo fe res habeat; nam fub ratione tam caufa rei, quàm fimilitudo eius comprehenditur. Sic ergo omnia animalia adduxit Deus ad hominem, id eft, rationabiliter iudicantem, & quicquid hic prædicauit de
re qualibet, hoc eft nomen eius, vel definitio. nam enim fignificat & nomen, & pofitionem, & definitionem.

ויקרא אדם שם אשתו חוה כי היא היתה אם כל חי :

Et quæ

Et vocauit Adam nomen vxoris fuæ חוה, *Heua, quia ipfa eft mater omnium viuentium.* Sicut אדם *Adam*, vocem idem fignificare diximus, ac generalem æftimationem rei per difcurfum, ita חוה *Heua*, nihil aliud eft, quàm fignificatio, enunciatio, propofitio : חו enim eft idem ac indeterminata, ה verò prædicatio & indicatio rei. Hinc Heua mater omnium viuentium dicitur, quia quicquid ab intellectu per affenfum producitur, fit neceffariò per propofitionem aliquam ; nihil enim perfectum ab intellectu generatur, nifi per affenfum vel tacitum, vel expreffum enuncietur. Quiequid autem verifimile videtur effe intellectui, & per affenfum enunciatur, dicitur myfticè viuere. Itaque ficuti propofitio indefinitè fumpta continet in fe omnes propofitionum modos determinabiles, fic Heua fuit mater omnium viuentium. Vides igitur, quomodo nomina Hebraica non tantùm varios fenfus fecundùm literam acceptos, fed & parabolicos, allegoricofque includat. Infinita huius generis hic adducere poffem; verùm vt & Lectori inueniendi materiam relinquamus, hic plerorumque animalium nomina varia metathefeos combinatione refoluta proponere voluimus vt & methodum refolutionis difcat curiofus Lector, & fimul ex nominibus varios fenfus, dictorum animalium naturis congruos, elicere poffit.

Combinationes fenfuum qui fub nominibus animalium latent.

שור *Bos*	תיש *Hircus*	פיל *Elephas*	נשר *Aquila*	איל *Ceruus*	נמר *Pardus*
חשו	פלי	גרש	אלי	ארם	
וש	ישת	שרן	ילא	מרן	
וש	יחש	שנר	יאל	מזר	
וש	שית	רשן	לאי	רום	
דשו	שתי	ליף	רנש	ליא	רמז

חגב *Locufta*	עגל *Vitulus*	ראם *Monoceros*	דוב *Vrfa*	גמל *Camelus*
חבג	עלג	דמא	דגו	גלם
גחא	עלג	אמר	ובד	מלג
גבח	געל	ארם	ודב	מגל
בחג	לעג	מרא	בזו	לגם
בגח	לגע	מאר	בוד	למג

אריה *Leo*	חמור *Afinus*	חזיר *Sus*	חסידה *Ciconia*	עקרב *Scorpius*
ארחי	חמרו	חריו		עקבר
אירה	חרם	חריום		ערבק
איהר	חמרו	חרסוא		ערקב
אהרי	חרמו	חירם		עבקר
יראה	חורם	חיזר	חיסרה	עברק

ישא

Combinationes nominis אריה, id est, Leonis.	Combinationes nominis חמור, id est, Asini.	Combinationes nominis חזיר, id est, Porci.	Combinationes nominis חסידה, id est, Ciconiæ.	Combinationes nominis עקרב, id est, Scorpionis.
ראיה	מורא	זריח	סדיחח	קברע
ראחי	מוחר	זרחי	סדיחח	קבער
ריאה	מחרו	זרוח	סידחח	קרעב
ריחא	מחור	זיתר	סידחח	קרבע
רחיא	מרוח	זוחיר	סחידח	קעבר
רחאי	מרחו	זוחרי	סחחית	קעהרב
יראח	וחמר	יזרח	יסחוחה	ברקע
ירחא	וחרם	יתזר	יסרוחח	ברעק
יארח	ומחר	יחרז	יחזסה	בעדק
יאחר	ומרה	יחזר	יחסדה	בעקר
יחאר	ודחם	ירחז	ידחחם	בקרע
יחרא	ורםח	ירזח	ידסחח	בקער
חריא	רחחמו	רחאז	דסחוה	רבקע
חראי	רחחם	דיחז	דוחסה	רבעק
חארי	רטוח	רזיח	דחיסח	עקרב
חאיר	רמחו	רוחזי	דסיחח	עקבר
חירא	רוחם	ריחז	דיחסה	רקבע
חיאר	רוחה	ריזח	ויסחח	רקעב

Atque hæc sunt paradigmata metatheseos nominum quorundam
animalium, quæ curioso Lectori proponenda duximus, vt artificium Cabalicum videret; & cùm literæ nominis alicuius quomodocunque transf-
positæ significationem suam sortiantur, quàm multa & magna cùm circa
nomina, tùm circa integros sensus erui possint, ex hoc veluti ex vngue
leonem intelligeret. Significationem singulorum nominum data opera
non posuimus, vt Lectori aliquid ad inueniendum relinqueremus. Vt
Lector quoque videret, quanta sub Hebraicis nominibus vis lateat, &
quàm varia & multiplex significatio, hìc quoque quædam nomina propria, vnà cum mystica significatione eorundem explicamus. In Genesi
ita legitur de nomine Seth. *Et Adam cognouit vxorem suam, & peperit filium, & vocauit nomen eius* שת *, quia posuit mihi Deus aliud semen pro Abel,
quem occidit Kain.* Nomen שת deriuatur à verbo שאו, id est, descendit.
Significat quoque שת plantam, & ponere, & (pro) & שת retrograde re-
uellere, dissoluere, & שוח *schauat* æquale significat, ita vt combinatio metatheseos huius nominis totam hanc sub se reducat sententiam.

Mysticæ si-
gnificationes
huius nomi-
nis Seth.

$$\underset{8}{\text{שתי}}\ \underset{7}{\text{יח}}\ \underset{6}{\text{שית}}\ \underset{5}{\text{שת}}\ \underset{4}{\text{תש}}\ \underset{3}{\text{ש}}\ \underset{2}{\text{תשה}}\ \underset{1}{\text{שות}}:$$

Posuit mihi Deus aliam plantationem pro Abel, quem euulsit Kain.

Hoc loco accipimus שת pro Abel, est enim *Tosch* idem quod euul-
sor, cuiusmodi Abelem fuisse nomen eius ostendit, siquidem Deo intentus nouit omnium rerum, præter Deum, vanitatem. *Schat* autem pro

Kain

Kain fumimus, quia hic vmbris & fimilitudinibus rerum caducarum, dum venatus eft, verum bonum perdidit ; cuius loco Seth fubftitutus eft. Vides igitur, quàm in nomine Seth pulchrè totus contextus citatus contineatur. Porrò Genef. 18. v. 6. de nomine Abraham ita legitur.

Myfticæ fignificationes nominis Abraham.

ולא יקרא עוד את שמך אברם והיה שמך אברהם
כי אב המון גוים נתתיך : ומלכים ממך יצאו ושרי אשתך
לא תקרא את שמה שרי כי שרה שמה :

Nec vltra vocabitur nomen tuum Abram, fed diceris Abraham, quia patrem multitudinis gentium dedi te, & Reges exient ex te; Sarai quoq́, vxor tua non vocabitur Sarai, fed Sara erit nomen eius. Nomen Abram fignificat patrem excelfum, patrem credentium, cuius nomen variè combinatum, ac Cabalico artificio refolutum, præter innumeros alios fenfus, hunc fequentem reddit.

אברהם אברם :

ראה הבורא	*Respexit Deus*	ברו רב ורם	*fcilicet filius eius magnus & excelfus,*
באברהם	*in Abraham,*	בר הבורא	*filius creatoris, fcilicet Chriftus.*
הוראה בו	*& oftendit in eo*	וחוא יברהם	*& ipfe liberauit eos, fcil: filios hominum,*
אב רב ורם	*Patre magno & alto*	ממרא	*ab amaritudine (peccati)*
כבמראה	*ficuti in fpeculo,*	מארב	*ab infidijs (fcil: diaboli)*
במהרה	*quòd breui (citò)*	מחרמה	*à maledicto,*
יבוא מאור רב	*veniet lux magna*	באמת	*in fide*
מרום בארם	*de excelfo in Syriam,*	אברהם	*Abraham.*

Anagogicâ quoque tranflatione ita exponi poteft ex Alabaftro. Quia ficuti אב fignificat centrum, & principium omnis expanfionis, fiue corporeæ, fiue intellectualis; fic Abraham centrum eft multitudinis nationum, vel Catholicarum gentium, quia המון id valet. eft enim חם multorum hominum conferta, & totalis denotatio, vnde חמון, quafi אמון, id eft fidelis multitudo Catholica fub vno complexu apprehenfa, quia fuit Abraham pater omnium. Et dignum eft obferuatu, quòd Abraham Patriarcha figura fuit non folùm Chrifti; verùm etiam Petri Apoftolorum Principis : ficut enim Abraham iuffus eft à Deo patriam & cognationem relinquere, fic imperauit Chriftus Petro, vt relictis omnibus fequeretur fe; & quemadmodum diu fterilis fuerat Sara vxor Abrahami, fic etiam Ecclefia gentium, quæ Petro in coniugium deftinabatur, nondum filios pepererat; & veluti nomen Abrami mutatum eft in Abraham, id eft Centrum multitudinis Catholicæ gentium, fic Simoni indita eft appellatio Cephas, id eft, cardo expanfionis, fiue centrum vniuerfæ diffufionibus. Significat quoque Abraham אב רום, fcil: Patrem Romanum : ficuti enim ei promiffum, quòd in femine eius benedicerentur omnes nationes terræ; ita in Petro, quòd fuper illum, & fedem fuam ædificaretur domus omnium,

Anagogica tranflatio huius nominis Abraham. Alabaft.

Abraham fuit figura D. Petri.

omnium, qui benedictionem in Christo consequentur. Et quemadmodum Saræ ablatum est opprobrium sterilitatis, per nominis mutationem, & interpositionem literæ ה ; ita Ecclesiæ dempta est immunditiæ ignominia per crucis interpositæ contactum,quando omnes nationes sub vnius lintei velamine ad Petrum demissæ sunt,& à Deo sanctificatæ, & pro Ecclesia Gentilium appellata est Ecclesia Catholica. Qui Cabalicum artificium propositum penitius rimatus fuerit, percipiet quoque in nominibus אשמעל, יצחק, Ismaël & Isaac, rationem vtriusque testamenti, veteris, & noui ; sub nominibus autem duorum fratrum Iacob & Esau clarè repræsentatum videbit statum Ecclesiæ Catholicæ in hoc mundo,& initium triumphantis. Nam quemadmodum Synagoga se habuit ad Ecclesiam,vt Ismaël ad Isaac ; ita Ecclesia præsens ad futuram in consummatione huius Mundi,se habet vt Esau ad Iacob.ita Alab:Itaq;Synagoga dicitur habuisse vmbram rerũ futurarum,non ipsam imaginem : Ecclesia habet imaginem, non autem ipsam speciem veritatis,sed sub Christianæ religionis cœrimonijs, & totius Catholicæ doctrinæ velamento, adhuc reconditur; donec veniat Iacob, qui appellatur תם , simplex & perfectus, qui dicitur apud Esdram finis huius sæculi, & initium sequentis immortalitatis, vt sequitur.

In nominibus Ismaël & Isaac nouum & vetus testamentum Cabalistæ agnoscũt.

In Iacob & Esau repræsentatur Ecclesia militans & triumphans, iuxta Alabast.

אשמעל *Lex vetus*　　　　　יצחק *Lex noua*

אשר שמע אל *Qui non audiuit Deum*　יצחק יה *Fecit mihi risum Deus*, id est,
　　　　　　　　　　　　　　　　　　　lege gratiæ lætificauit.

במשל אלא *nisi per vmbras & simi-*　יצחקי *corridebit mecum*, id est, con-
litudines　　　　　　　　　　　　uersabitur Deus incarnatus.

　　　　　　　　　　　　　　　　　　　אחקת *pura veritas hæc est*.

　　Pari ratione deprehendemus in ipsis nominibus duodecim filiorum Iacob, Cabalico resolutis artificio,rationes ipsas, ob quas nomina ipsis imposita, vt sequitur.

Nomina 12. filiorum Iacob cur ipsis imposita. iuxta Alabast.

רְאוּבֵן Reuben		שִׁמְעוֹן Simeon		לֵוִי Leui		יְהוּדָה Iuda	
ראה ח בעניי	*Vidit Deus humilitatẽ meam,*	שמע ה	*audiuit Deus*	ילו	*copulabitur*	יה	*Deum*
		שׂנאה אני	*quod exosa ego,*	וי אלוי	*vir meus ad me,*	הודה	*laudo,*
ורא	*& vir*		*& posuit mihi*		*quia produxi ei filios.*	יה	*Domino*
אהבני	*diliget me.*	רשם ל זה	*etiam hunc.*	לבי		אודה	*confitebor.*
דן Dan		נפתלי Nephtali		גד Gad		אשר Aser	
דני	*iudicauit*	ית	*luctata sum*	בגד בא	*feliciter venit*	אשרי	*Beata ego.*
יה							

		נפתלתי	contendi.	גדו	opera	שאשריני	quia
יהי	me Deus,		que		eius		beatam
		בנפתלי	cum				me di-
ויענה בעני	& exau-		amula,	גדי	victrix		cent
	diuit in		& præ-		ego		
	afflictio-	ונפתלתי	ualui.			אשרות	mulie-
	ne mea,			בגדי	in forore		res.
ויתן לי	& dedit				mea.		
	mihi						
בן	filium.						

ישכר	זבלון	יוסף	בנימין
Issachar	Zabulon	Ioseph	Beniamin

יששכר	dedit	בז בולון	in hac	אסף	abstulit	בן	filius
	mihi		lite		mihi	ימין	dexterae,
יה	Deus	זבלני	manebit	יה	Deus		
שכרי	mercee-		mecum			בני	filius
	dem mea	פליכי	vir meus	סם	defectum		meus
	quia dedi			יסם	addat	מייה	à Domi-
	ego	יכלתי	quia pro-		mihi		no.
שכרי	ancillam		duxi	יח	Deus		
	meam	לו ו	ei fex	פוסף	addens		
אישי	viro				alium		
	meo	בנים	filios.	יוסף	Ioseph		

Hæc ferè ex Alabaftro. Multa hoc loco fimilia adducere poffemus, verùm quia illa tractatui de Cabala Hebræorum paulò poft fecuturo referuauimus, hic ijs diutiùs inhærere noluimus. Sufficiat hoc loco, quod nobis propofitum erat demonftraffe, in nulla aliarum linguarum, præterquam in Hebræa, nomina rebus perfectè conuenire, & literis eorum quomodolibet tranfpofitis accepta, fenfus fuos rei, quam denotant, conuenientes, aperire; quod fanè fi vllum aliud, ingens tùm antiquitatis, tùm præftantiæ dictæ linguæ argumentum eft.

CAPVT II.

De libris primæuis Mundi, de forma Characterum, & de propagatione linguarum.

DISQVISITIO I.

Vtrum ante diluuium libri fuerint fcripti; & vtrum poft diluuim ante Moyfen?

CVm in præcedentibus Hebræam linguam vti primam, ita linguarum.
omnium

I

omnium antiquiſſimam demonſtrauerimus, iam ordinis ratio poſtulare videtur vt examinemus quoque, vtrum ante & poſt diluuium vſque ad
Moſen libri fuerint eâ linguâ conſcripti; quod tamen antequam diſcutiamus, de inſtrumentis ſcriptorijs primò tractandum eſt; vt ſic dilucidior
fiat, & ϗμϑίᴣ⑥ noſtri inſtituti demonſtratio.

§. I.

De ſcriptorijs Inſtrumentis primæui ſæculi.

OMnis ſcriptio duplici ratione perfici poteſt, vel incidendo, vel pin-
gendo. In priori duo ſpectantur; Inſtrumentum, quo literæ inciduntur; & materies, cui inciduntur: de vtroque hoc loco fuſe à nobis
agendum eſt.

　　Inſtrumentum vel eſt naturale, vel externum. Naturale eſt manus,
quæ & ipſa vicem ſtyli ſubinde præſtat, vt cùm Angelus manu depinxit
ſcripturam in cœnaculo Regis Balthaſaris; & Chriſtus Saluator noſter,
de adultera rogatus ſententiam, eam in terra digitis exarauit. De capti-
uo quoque narratur, qui cùm pennâ careret, & atramento, vnguibus ad ſe-
rinum modum ſuccreſcentibus pro pennâ, carbone autem ſaliuâ, aut
vrinâ temperato epiſtolam ad amicos ſcripſerit. Externum Inſtrumentum ſtylus eſt; qui primò ferreus fuit, aut ex alia quadam prædura materia metallica; & hoc inſtrumento ſaxis ſeu laminis metallicis ſua Antiqui
inſculpere ſolebant, vt eſt apud Iobum cap. 19. qui liber cùm omnium
vetuſtiſſimus ſit, meritò ei circa ~~narrationem~~ de ratione ſcribendi veterum, vtpotè primæuo ſæculo viciniſſimo, fides habenda eſt; ita autem
loquitur: *Quis mihi tribuat, vt ſcribantur ſermones mei? Quis mihi det, vt
exarentur in libro ſtylo ferreo, & plumbi lamina, vel celte ſculpantur in ſilice?*
vbi omnes ferè ſcribendi rationes, quæ vnquam in vſu fuerunt mortalibus, indicare videtur. Nam quatuor omnino indicat: Primò, communem aliquam, eandémque priuatam, cùm ait: *Quis mihi tribuat vt ſcribantur ſermones mei?* vel vt in Hebræo eſt:

מן יתן אפו ויכתבם מלי

Secundò firmiorem aliam & diuturniorem ad publica monumenta; in-
nuiturque iſtis: *Quis mihi det, vt exarentur* בספר, id eſt, *in libro*. ad eam
pertinet, quæ tanquam firma & rata perſcribuntur ad publicam memoriam; cuiuſmodi ſunt ſtatuta, iura, leges, quæ vel impreſſis characteribus,
vel diuturnioribus notis conſeruata volumus; quod & vox Hebræa יחקו
id eſt, *decernantur*, ſatis ſuperque inſinuat; vel vt melius in Chaldaica
paraphraſi apud Vzielidem:

מן יהב בפתקא וירשמן:

Quis mihi det codicillum, vt in eo deſignentur, videlicet ſermones mei. Tertiò, *in plumbi lamina*, aut ærea quacunque materia, *ſtylo ferreo*; ita enim
habetur; id eſt, ſtylo ferreo in plumbo, in teſtimonium, vel vt alij, in perpetuum

Dan. 5.

Iob 19.
Omnia An-
tiquorum
ſcribendi
genera inſi-
nuantur.

petuum צור חרטים ובעט בּרזֶל־עֹפֶרֶת, vel vt Vzielides, בְּקַלְמוֹס בַּרְזֶל *calamo fer-*
reo. Quartò, in filice, aut aliâ quâuis prædurâ materia. in quibus omnibus ad antiquam fcribendi rationem alluſiſſe videtur. Ad primam quidem & fecundam reducuntur vulgares illæ & communes ſcribendi rationes, in folijs arborum, aut codicibus, vt apud Plinium legitur, in palmarum folijs primò ſcriptitatum; cuiuſmodi libros peregrino Malabarum
charaĉere ſtylo ferreo acutiſſimo conſcriptos Bibliotheca Vaticana exhibet. Ad tertiam & quartam rationem lapideæ & metallicæ laminæ, &
ſaxeæ moles, cuiuſmodi pyramides erant, aliaque monumenta veterum,
reducuntur.

§. II.

Varia materia, cui Veteres & primæui homines inſcribere ſolebant.

Certum eſt, præter ſaxa & laminas metallicas, quibus non niſi res
æterna memoria dignas incidere ſolebant, alias quoque materias
adhibuiſſe, quibus res ordinarias & priuatas calamo, aut ſtylo ferreo con-
ſignabant. Multa quoque primos iſtos homines partim neceſſitate vrgen-
te, partim vigore quo pollebant ingenij, ac diuturna rerum experientia,
tùm alia, tùm potiſſimum Scripturæ rationem concernentia reperiſſe, is
videbit, qui hæc noſtra paulò attentiùs fuerit contemplatus. Habitis enim
charaĉteribus nihil facilius fuit, quàm reperire materiam, in quam ſenſa
mentis inſcriberent. Primò enim læuibus tabulis, aut ſchiſtis, ſiue fiſſili-
bus iſtis lapidibus (quibus primæua illa mortalium incunabula, Aſſyriam,
inquam, abundare, quotquot eas partes luſtrarunt, teſtantur) prius ritè
dolatis conſcripſiſſe veriſimile eſt. Cùm verò moles huiuſmodi ſaxoſo-
rum códicum, aut tabularum dolatarum plùs æquo augeretur; vt pauci-
oribus folijs plura comprehenderent, folijs palmarum vſos Iſidorus author
eſt l. 6. c 12. *Textilibus*, inquit, *maluarum folijs, & palmarum*, vbi pro malua
aliqui ponunt palmam, cùm malua herba molliſſima, ſcriptioni prorſus inepta ſit, neque mucronem ſtyli tolerare poſſit. Folia arborum ſeque-
bantur libri. eſt autem liber, Iſidoro teſte, corticis pars interior, videlicet medium illud, inter corticem & lignum, quod nos cutem interiorem
arboris appellamus. Plinius teſtatur primò in folijs ſcriptitatum, deinde
in quarundam arborum libris. Arbores autem erant, tilia ſeu philyra, papy-
rus, betula, vlmus. De tilia ita voce φιλύρα Suidas Author antiquus loquitur: Φιλύρα εἶδ Θ. δ᾽ ἐνδ εἰς ἕ χον φλοιὸν βύβλῳ παπύρῳ ὅμοιον. Et Herodianus lib. 1. Λαβὼν
γεαμματεῖον τέτων δ᾽ ἢ ἐκ φιλύρας εἰς λεπ Θ τμα ἠσκημέων ἐπαλλήλων δὲ ἀιακλάσφ ἀμφοτέ-
ρω ς ἐπ᾽ ἀπ᾽ διμέρων γεφ δεl ὅσως χρη δ᾽ νυκ Θς φαιδ θᾶ ως. Quorum verborum ſenſus hic eſt.

Sumpto in manus libello, *quales ex tilia tenuiſſimi, & vtrinque plicatiles
fiunt, conſcribit in eo, quoſcunque eâ nĉte interficere ſtatuiſſet.* cui con-
ſentiunt Xiphilinus in Domitiano; Martianus Capella lib. 2. Vlpianus
lib. 3. ff. de legatis, l. 52. Porrò libris arborum ſucceſſère tabellæ ligneæ, quæ ſchedæ erant, vel tabellæ ceratæ. Plinius lib. 13. c. 11. Pri-

I 2 uata

Primæui ho-
mines in ta-
bulis & fiſſi-
libus lapidi-
bus ſcribe-
bant.

Poſtea in fo-
lijs palmarû.
Iſidorus.

Poſtea in cor-
ticibus arbo-
rum.

Plin. l. 13. c 11.

Suidas.
Herodianus.

Xiphilinus.
Martianus
Capella.
Vlpianus.
Poſtea ſcri-
pſere in tabel
lis ceratis.

Isdorus.

Codex vnde
dictus.

Cur Germa-
ni librum
vocent Buech

Et in linteis
plicatilibus.
Liuius.
Martianus
Capella.
Sybillæ vsæ
sunt linteis.
Symmachus.
Vopiscus.

Adamo &
Posteris mem
brana pelli-
ceæ erant
pro charta.

R. Meir.

uata monumenta linteis confici, aut schedis. Isidorus dicta confirmat his verbis: *Ante vsum chartæ & membranarum, in dolatis ex ligno codicillis epi-stolarum colloquia scribebantur.* Vnde codex, quasi diceres caudex, nomen inuenit, eò quòd e caudice vt plurimùm conficerentur tabellæ ligneæ, quibus sensa mentis suæ inscribebant. In Septentrionalibus plagis in fa-gineis tabulis sua exarare solebant, vnde & in hunc diem librum vocant 'Buech', libros *Bûcher*, & eodem nomine fagum appellant, *Buechbaumb*. Quidam cùm ligneas tabellas non ita commodas vastæ scriptioni vide-rent, linteis plicatilibus vsi sunt. ita Liuius l. 31. Martianus Capella l. 2. Hoc chartæ genere Sybillas ad oracula sua inscribenda vsas Author est Symmachus l. 4. cap. 34. *Monitùs Cumanos linteatexta sumpserunt.* & Fla-uius Vopiscus in Aureliano: *Inueni nuper in Vlpia Bibliotheca inter linteos libros epistolam D. Valeriani.* perperam hoc loco Turnebus luteos (pro lin-teos) legit. Persas quoque serico res gestas inscripsisse, apud citatum Sym-machum reperio. Primæuos verò homines verisimile est, loco linteorum voluminum, membranis pelliceis vsos esse; hisce enim vestiebantur, hisce lectos sternebant, hisce tuguria contra aëris temporisque iniurias intege-bant, hisce præterea tapetum loco vtebantur, & denique illæ chartæ loco, ad in ijs sensa mentis posteritati consignanda seruiebant; quæ omnia con-firmantur ex diuersis Authorum monumentis. R. Meir in Iobum c. 19. ita tradit:

אמרו רבותינו ז"ל כי אבות הראשונים כתבו זכרונם
בספרי גלדים בעץ ובאבנים:

Dicunt Rabbini nostri benedictæ memoriæ, quòd primi homines scribebant monumenta sua in libris pellium, & in ligno, & in saxis. Ad quod alludere velle videtur Martianus Capella, cùm dixisset, librorum alios esse ex pa-pyro, alios ex carbaso, addit, *ex ouillis multi quoque tergoribus.* & Mar-tial. lib. 14. *Pellibus exiguis arctatur Liuius ingens.* Idem ibidem epigr. 164.

Martialis.

Ilias, & Priami regnis inimicus Vlysses
Multiplici pariter condita pelle latent.

Diodorus
Siculus.

Iosephus
Flauius.

Pergameni
vsus vnde.

Diodorus Siculus lib. 2. Etesiam Authorem commendat, qui sua se hau-sisse dicit, Ἐκ τῶν βασιλικῶν διφθερῶν, ἐν αἷς οἱ Πέρσαι τὰς παλαιὰς πράξεις κ᾽ τινα νόμον ἔχον συντετάχθαι. *Ex membranis regijs, in quibus Persæ quadam lege gesta veterum digesserunt.* Membranacei quoque fuere libri, quos Eleazar Pontifex He-bræus misit Ptolomæo Philadelpho, vt est apud Iosephum l. 12. antiquit. Iudaic. Hinc Pergameni vsus apud Græcos frequentissimus, qui & ad vl-tima hæc tempora durat. Vide quæ de harum membranarum vsu in se-quentibus fusiùs tradimus. Etiam nomina eorum, qui Athenis Senatu mouebantur, folijs inscribi solebant; vti in ὄστρακοις siue testiculis eorum nomina populus signabat, quos vellet vrbe excedere; sicuti igitur posteriùs hoc ὀστρακισμὸς dicebatur, qui populi erat; ita priùs vocabatur ἐκφυλλοφόρησις, quæ erat Senatus. Vide Pollucem l. 8. c. 5. & Harpocra-tio-

tionem. Multa hoc loco de papyro & charta dicenda forent, sed quoniam ea particulari tractatui reseruauimus, ad eum Lectorem remittimus. Sufficit igitur hîc aliquo modo demonstrasse, primæuos mortales partim in tabulis & laminis, partim in pellibus res communiores, laxis verò maioris momenti inscripsisse. Verùm vt Lector varias quoque tabularum, codicillorum, librorum, foliorumque figuras videat, hîc eadem ex varijs Romanis Musæis, & Bibliotheca Vaticana deprompta, proponere visum est.

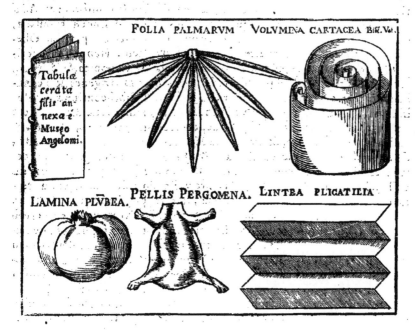

FOLIA PALMARVM VOLVMINA CARTACEA Bib. Vat.

Tabulæ cerata filis annexæ è Museo Angelomi.

LAMINA PLVBEA. PELLIS PERGOMENA. LINTEA PLICATILIA

§. III.

Libri, Monumenta, Tituli ante diluuium.

DEscriptis iam ijs, quæ ad scriptoriam artem pertinent, instrumentis, seu materie, in quam inscribere solebant primæui homines; iam libri quoque ipsi nobis aperiendi atque inspiciendi sunt, vt quinam fuerint famosi illi scriptores, & de quibus rebus scripserint, innotescat. Non ignoro dispares esse de hoc scriptorio negotio inter Authores sententias; & quosdam etiam affirmatiuæ sententiæ ita acriter aduersari, vt eam tueri temerarium esse iudicent. Ego certè in hoc dubio negotio, vt ad aliquam saltem certitudinis veritatisque notitiam peruenirem, nihil non egi. Quo studio tamen id consecutus esse videor, vt deposito omni dubio sententiam affirmatiuam, vti certissimam, mordicùs mihi defendendam

Ante etiam diluuium fuit in vsu Scriptura inuentum.

dam

dam propofuerim. Fuiffe autem non poft diluuium duntaxat, fed & ante illud fcripturæ & literarum inuentum in vfu, primò clariffimè oftendit vnanimis omnium Authorum Græcorum, Latinorum, Hebræorum,
Chaldæorum, Arabum, Samaritanorum, Æthiopum, Ægyptiorum confenfus.

Suidas primò Adamum Authorem literarum facit; idem facit vniuerfa Hebræorum Schola, cui non diffentiunt Syrorum & Arabum monumenta, quemadmodum fufiùs in Obelifco Pamphilio teftimonijs, autho-
ritatibufq; comprobauimus. Quæ quidem fucceffiuâ traditione ab Adamo ad Sethum filium, cœterofque Adæ filios vfque ad Enoch tranflatæ,
magnum incrementum fumpferunt; de qua re vide citatum primum Obelifci Pamphilij librum, exactè & copiofè tractantem. Henoch verò fcri-
pfiffe libros certum eft, cùm S. Iudas in epiftola fua Canonica, & D. quoq;
Auguft. l. 15. de Ciu. id palàm fateantur; ex quibus Origenes & Tertullianus integras fanè paginas citant. Quid verò hi libri continuerint, du-
Quid fenfe-
rint varij Au-
thores de
materia libri
Enoch.
bium eft. Citati Authores eos continuiffe aiunt multa vaticinia, videlicet
de his quæ euentura erant filijs ac nepotibus Patriarcharum, de futuris
Hebræorum fceleribus, & pœnis, de Mundi Saluatore ab eis occidendo,
de eorundem euerfione, captiuitate, & difperfione inter gentes perpetuâ. Annius in Commentarijs fuper Berofum Apocryphum fcribit, in
Annius.
eodem Henoch volumine fuiffe celebre vaticinium de geminis totius terræ cladibus, altera per inundationem, altera per incendium futuris.
Origenes.
Tertullianus.
Origenes apud Sixtum Senenfem in 28. hom. lib. Num. vnà cum Tertul-
liano, tradunt argumentum libri Enoch fuiffe, præter prophetias, de numero & nominibus ftellarum, & ipfarum fecretis virtutibus, de defcenfu
filiorum Dei ad filias hominum, de Gigantibus ex Angelorum coitu pro-
genitis, de extremo iudicio Dei erga impios. Verùm vt Lector fpecimen
aliquod videat, afferam hoc loco fragmentum quoddam ex libro Enoch,
quod circumfertur, & adducitur à Scaligero in annotation. fuis in Eufeb.
quod & in Bibliotheca Græca Monafterij Saluatoris Meffanenfis vrbis celeberrima videre contigit anno 1637. Et quamuis is liber apocryphus
fit, quia tamen antiquiffimus eft, & ante Chrifti tempora vetuftiffima traditione fcriptus, hîc eius inquam fragmentum apponendum duxi, vt videant Lectores curiofi, hoc minimè difcrepare ab illis, quæ paulò ante ex
Patribus de argumento librorum Enoch retulimus. Ex Græco autem à
nemine, quod fciam, tranflatum, nos linguæ latinæ verbotenus donamus.
Quod dum facimus, totum hoc qualecunq; fit antiquitatis fragmentum,
ita libero Lectoris iudicio relinquimus, vt neminem ad ea quæ adduci-
mus, irrefragabili authoritate credenda adftringere velimus.

§. IV.

§. IV.

Fragmentum ex libro Enoch.

ΕΚ ΤΟΥ ΠΡΩΤΟΥ ΒΙΒΛΙΟΥ

ΕΝΩΧ

Περὶ τῶν Ἐγρηγόρων.

Καὶ ἐγένετο ὅτι ἐπληθύνθησαν οἱ υἱοὶ τῶν ἀνθρώπων, ἐγεννήθησαν αὐτοῖς θυγατέρες ὡραῖαι, καὶ ἐπεθύμησαν αὐτὰς οἱ Ἐγρήγοροι, καὶ ἀπεπλανήθησαν ὀπίσω αὐτῶν, καὶ εἶπον πρὸς ἀλλήλους· ἐκλεξώμεθα ἑαυτοῖς γυναῖκας ἀπὸ τῶν θυγατέρων τῶν ἀνθρώπων τῆς γῆς. Καὶ εἶπε Σεμιξᾶς ὁ ἄρχων αὐτῶν πρὸς αὐτούς· φοβοῦμαι μὴ οὐ θελήσητε ποιῆσαι τὸ πρᾶγμα τοῦτο, καὶ ἔσομαι ἐγὼ μόνος ὀφειλέτης ἁμαρτίας μεγάλης. Καὶ ἀπεκρίθησαν αὐτῷ πάντες, καὶ εἶπον, ὀμόσωμεν ἅπαντες ὅρκῳ, καὶ ἀναθεματίσωμεν ἀλλήλους, τοῦ μὴ ἀποστρέψαι τὴν γνώμην ταύτην, μέχρις οὗ ἀποτελέσωμεν αὐτήν. Τότε πάντες ὤμοσαν ὁμοῦ, καὶ ἀνεθεμάτισαν ἀλλήλους. Ἦσαν δὲ οὗτοι κ', οἱ καταβάντες ἐν ταῖς ἡμέραις Ἰάρεδ εἰς κορυφὴν τοῦ Ἐρμωνιεὶμ ὄρους, καὶ ἐκάλεσαν τὸ ὄρος Ἐρμών, καθότι ὤμοσαν, καὶ ἀνεθεμάτισαν ἀλλήλους ἐν αὐτῷ. καὶ ταῦτα τὰ ὀνόματα τῶν ἀρχόντων αὐτῶν.

EX PRIMO LIBRO

ENOCH

De Egregoræis ſiue Angelis malis.

ET factum eſt, cùm multiplicati fuiſſent filij hominum, natæque ipſis filiæ pulchræ & decoræ, contigit vt deſiderarent eas Egregori (ſcilicet Angeli;) & vnus alterum ſeducebat, dicentes ad inuicem: Eligamus nobis fæminas è filiabus hominum terræ. Et dixit Semiexas princeps eorum ad ipſos; timeo nè fortè non velint inire hoc negotium, & ero ego ſolus debitor peccati maximi. Et reſpondebant ei omnes dicentes: Iurabimus omnès, & iureiurando nos obligabimus inuicem ad in nullo à data fide recedendum, donec omnia compleuerimus. Tunc omnes iuramento præſtito ſe obligarunt. Erant autem 20. qui aſcendentes in diebus Iared ſummitatem montis Hermonijm, quem à iureiurando ita appellarunt, ibi fœdere per iuramentum inito ſe inuicem obſtrinxerunt. Nomina autem Principum ſunt ſequentia.

Fragmentum libri Enocho adſcriptum.

Α΄ Σεμιξᾶς ὁ ἄρχων αὐτῶν.	1 Semixas Princeps eorum.
Β΄ Ἀταρκούφ.	2 AtarKuph.
Γ΄ Ἀρακιήλ.	3 AraKiel.
Δ΄ Χαβαβιήλ.	4 Chababiel.
Ε΄ Ὀραμμαμε.	5 Orammame.
ϛ΄ Ῥαμιήλ.	6 Rhamiel.
Ζ΄ Σαψίχ.	7 Sapſich.
Η΄ Ζακιήλ.	8 ZaKiel.
Θ΄ Βαλκιήλ.	9 BalKiel.
Ι΄ Ἀζαλζήλ.	10 Azalzel.
ΙΑ΄ Φαρμᾶρος.	11 Pharmarus.
ΙΒ΄ Ἀμαριήλ.	12 Amariel.
ΙΓ΄ Ἀναγεμᾶς.	13 Anagemas.
ΙΔ΄ Θαυζαήλ.	14 Thauſael.
ΙΕ΄ Σαμιήλ.	15 Samiel.
Ιϛ΄ Σαρινᾶς.	16 Sarinas.
ΙΖ΄ Εὐμιήλ.	17 Eumiel.
ΙΗ΄ Τυριήλ.	18 Tyriel.

ΙΘ´ Ιαμιὴλ.   19 Iamiel.

Κ´ Σαειὴλ.   20 Sariel.

Οὗτως κỳ οἱ λοιποὶ πάντες ἐν τῷ α.ϱ.ο. ἔτ
τῦ κόσμυ ἔλαβον ἑαυτοῖς γυναῖκας, κỳ ἤρξατ
μιαίνεϿ ἐν αὐταῖς, ἕως τῆ κα ζικλυσμῦ· κỳ ἔτε
κον αὐτοῖς γένη τϱία. Πϱῶτον Γίγας τὰς μεγά-
λυς· οἱ δὲ Γίγαντες ἐτέκνωϲ Ναφαηλημ, κỳ τοῖς
Ναφηλὺμ ἐγεννήϿηϲ Ελιὼδ, κỳ ἦϲ αὐξανό-
μυροι κỳ τ μεγαλειότηϲ αὐτῶν. κỳ ἐδίδαξεν ἰ-
αυτῶν κỳ τὰς ϳυναῖκας φαϱμακείας κỳ ἐπαοιδὰς
Πϱῶτϲ Ἐξαηλὸ δίωατϲ τῷ ἀϱχόντων ἐϛ-
δίαξεν πριῖν μαχαίϱας, κỳ ϑώϱακας, κỳ πᾶϲ
σκεῦϲ πολεμικὸν, κỳ τὰ μέϷαλλα ϯ γῆς, κỳ
τὸ χϱυσίον πῶς ἐϱγάσων〕· κỳ πϱοῖσμεσιν αὐϲ
κόσμια ϯ γυναιξίν, κỳ ὸν ἔϱγυσον. ἐδίδαξεν
δι αὐτὲς, κỳ τὸ ϲτίλβειν, κỳ τὸ καλλωπίζειν,
κỳ ϲῦν ἐκλωκϿ λίθως, κỳ ἐποίηϲ ἑαυτοῖς αὐ-
ϳὴ τῆ αἰδϲεφηον, κỳ ϯ ϳυναιξίν, κỳ ϑυγα-
τϱάσιν αὐτῶν· κỳ πϱεβάοϲ, κỳ ἐπαὶ ϯ τῶν
ἁϳίυς, κỳ ἐγένεϿ ἀσέβεια πολλὴ ἐπὶ ϯ γῆς,
κỳ ὕφανϿ ϴεòς ὲ αὐτῶν. Ἔτι δὲ κỳ ὁ πϱῶ-
ϲεχϲ αὐτῶν Σεμιαξὰς ἐδίδαξεν τὸ * ὀϷϲς
κỳ τὰ νοὲς, κỳ ῥίζας βοϴανῶν ϯ γῆς.

* Defunt hic nonnulla.

Ὁ Γε Φαϱμῖης ἐδίδαξε φαϱμακείας
ἐπωιδίας σοφίας, κỳ ἐπωιδῶν λυτήϱια. Ὁ
Θ´ ἐδίδαξεν ἀϲϱονοτῖην. Ὁ Ηˊ ἐδίδε-
κεν ἀϲϱολοϳίαν. Ὁ δὲ ηˊ ἐδίδαξεν ἀϲϱονα-
τίαν. Ὁ δὲ γ´ ἐδίδαξε τὰ σημεῖα τῆς γῆς.
Ὁ δὲ ζ´ ἐδίδαξεν τὰ σημεῖα τῆς Σελήνης.
Πάντες ὅτοι ἤϱξαϿ ἀνακαλύπτειν τὰ μυϲήϱια
ϯ ϳυναιξίν αὐτῶν, κỳ τοῖς τέκνοις αὐτῶν. ΜεϷ
δὲ ταῦτα ἤϱξαϿ οἱ Γίϳαντες κατεσδίειν τὰς
σάϱκας τῶν ἀνϿϱώπων, κỳ ἤϱξατϲ οἱ ἄνϿϱωποι
ἐλαϿϿέϿ ἐπὶ ϯ γῆς. Οἱ δὲ λοιποὶ ἐβόων οἷς
ϲν ὀυϱανὸν πεϱὶ ϯ κακώσεως αὐτῶν, λέϳοντες
εἰσενεχϴῆναι τὸ μνημόσυνον αὐτῶν ἔμπϱοϲεν αὐτῶ.
κỳ ἀκύϲαντες οἱ δˊ μεϷάλοι Ἀϱχάϳϳελοι, Μιχαὴλ, κỳ Ῥαφαὴλ, κỳ Γαβϱιὴλ, κỳ Οὐϱιὴλ,
παϱεκυψαν ἐπὶ ϯ γῆς ἐκ τῆς ἁϳίων τὸ οὐϱανῶ·
κỳ ϴεσάμυροι ἅμα πολὺ ἐκκεχυμεον ἐπὶ ϯ

* Defunt hic nonnulla.

---

*Sic & reliqui omnes anno I 170. Mundi, acceperunt fibi ipfis mulieres, & inceperunt contaminari in ipfis vfꝗ ad diluuium. pepereruntꝗ ipfis tria genera (hominum). Primum genus erant Gigantes magni; Gigantes autem generabant Naphilim, & τοῖς Naphilim nati funt Eliud; & multiplicabantur iuxta magnitudinem eorum. & docebant ipfos, & fœminas eorum magiam, & incantationes, fiue artem præftigiatricem. Primus Exaël decimus Principum docuit facere machæras, & thoraces, fiue loricas, & omnis generis arma b . . . , & metalla, id eft, metallicam artem, & vfum auri & argenti, quânam ratione videlicet in varios luxus vfus adhiberi poffent; & fecerunt varia ornamenta mulieribus. Docuerunt quoque eas Cofmeticam artem, ide ft, fucos, & ftibij varium vfum in condecorando vultu, lapides quoque pretiofos; & faciebant fibi filij hominum, fœminis, & filiabus ipfarum fimilia; quibus præuaricari, & eriarè faciebant ipfos fanctos; & extitit impietas multa fuper terram, & corrupta funt vniuerfa viæ mortalium. Autefignanus quoque dictorum Principum Semiaxas docuit effe * iras animi, & radices herbarum terra.*

Vndecimus autem Pharmarus nomine docuit magiam, & artem incantatricem, præftigiatorumꝗ expiatoria facra. Nonus autem docuit artem deducendi ftellas. Quartus Aftrologiam diuinatricem. Octauus docuit artem diuinandi per aërem. Tertius figna terræ. Septimus docuit figna Lunæ. Omnes hi inceperunt vxoribus fuis, & filijs earum dicta reuelare myfteria. Poft hæc inceperunt Gigantes vefci carnibus humanis, repereruntꝗ impio hoc exterminio homines decrefcere fuper terram. Reliqui verò ob deteftabilem Gigantum malitiam clamabant in cœlum dicentes, petentefꝗ coram eo fufcipi memoriam eorum. Audientes autem quatuor è maioribus Archangelis, Michaël videlicet, & Raphaël, & Gabriel, & Vriel, è fupremo cœlorum habitaculo terram infpiciebant, contemplantefꝗ fanguinem multum effufum fuper

per

γῆς, κỳ πᾶς ἀσέβειαν, κỳ ἀδικίαν γινομένlυ
ἐπ᾽ ἀυτ᾽, ἰσ᾽θ᾽ότΐες ἄπον πρὸς ἀλλήλυς· ὅτι
ᾶ ἀνά΄μαῖα, κỳ ἀ᾽ ψυχαὶ τῶ αἰθρώπων ἐνά-
ζυσιν ἐιτυ᾽χαιονᾶ, κỳ λέγονᾶ, ὅτι ἐισᾴετε
τὴν θέησιν ἡμῶ πρὸς τὸν ᵕψιςον, κỳ τὴν ἀπώλειαν ἡμῶ. κỳ προσηλθόντες οἱ τέσσαρες Ἀρ-
χάγ᾽ελοι, ἔιπον τῷ Κυρίῳ.

Σὺ ἔ Θεὸς τῶ Θεῶν, κỳ Κύριᵒ τῶ Κυ-
ρίων, κỳ Βασιλεὺς τῶ βασιλεύοντων, κỳ Θεὸς
τῶ ἀθρώπων, κỳ ὁ Θεόνᵒ τῆς δόξης σῦ εἰς
πάσας ᾶς ᵹενεὰς τῶ αἰώνων, κỳ τὸ ὄνομα σῦ
ἅγιον, κỳ εὐλογημένον εἰς πάσας τὰς αἰῶνας.

Σὺ γὸ εἶ ὁ ποιήσας ᾶ πανᾶα, κỳ πανᵗων
τὴν ἐξεσίαν ἔχων, κỳ πανᵗα ἐνώπιον σῦ φανερὰ,
κỳ ἀκάλυπᵗα, κỳ πανᵗα ὁράς, κỳ ἐκ σῦ ὁ κρυ-
βᾶ᾽ᾳ σε δυνα᾽ᾳ. ὁράς, ὅσα ἐποίησεν Ἐξανλ,ᵈᶜᵃ
ἐδίδαξεν ἀδικίας, κỳ ἁμαρτίας ἐπὶ γῆς, κỳ
πανᵗα δόλον ἐπὶ ξηρᾶς. ἐδίδαξεν ᾶ μυςήρια, κỳ ἀπεκάλυψε τῷ αἰῶνι ᾶ ἐν ὑρανῷ
ἐπὶ τῶ Θεᾷ δὲ ᾶ ἐπιτηδεύμαᵗα ἀυτοὶ εἰδέναι
ᾶ μυςήρια. Οἱ υἱοὶ τῶ ἀθρώπων τῷ Σεμι-
ἀ᾽ τὴν ἐξεσίαν ἔδωκεν ἔχειν τῶ σὺν ἀυτῷ ἅμα
ὄντων, κỳ ἐπορεύθησᵒ πρὸς ᾶς θυγατέρας τῶ
ἀθρώπων τῆς γῆς, κỳ συνεκοιμήθησᵒ μετ᾽ ἀυτῶ, κỳ ἐν ταῖς θηλείαις ἐμιάνθησᵃ, κỳ ἐδήλωσᵃ
ἀυτῷ πάσας ᾶς ἁμαρτίας, κỳ ἐδίδαξεν ἀυᾶς
μίσηᵃ ποιεῖν. κỳ νῦν ἰδὲ, ᾶ θυγατέρες τῶ
ἀθρώπων ἔτεκον ἐξ ἀυτῶ ἐις Γίγανᾶς. κỳ β᾽-
δ᾽ιλα ἐπὶ τῆς γῆς τῶ ἀθρώπων ἐκκέχυᵗᵃ, κỳ
ὅλη ἡ γῆ ἐπλήσθη ἀδικίας. Κỳ νῦν ἰδὲ ᾶ
πνεύμαᵗα τῶ ψυχῶν τῶ ἀποθανόντων ἀθρώπων ἐντυγχάνυσι, κỳ μέχρι τῶ πυλῶν τῶ ὑρανῦ ἀνέβη ὁ ἐναλιγμὸς ἀυτῶ, κỳ δυνα᾽ᾳ ἐξελθεῖν
ἀπὸ προσώπου τῆς ἐπὶ τῶ γῆς γινομένων ἀδικη-
μάτων. Κỳ σὺ ἀυᾶ οἶδας περὶ τῷ ἀυᾶ γίγ-
νεᾶ, κỳ ὁράς ἀυᾶ, κỳ ἐᾷς ἀυᾶ, κỳ ἐδὲν λέ-
γεις τι δεῖ ποιῆᾳ ἀυᾶ πρὶ τύᵗα. Τότε ὁ
ᵕψιςᵒ ἄπεν, κỳ ὁ ἁγιᵒ ὁ μέγας ἐλάλησε,
κỳ ἔπεμψε τὸν Ουρίηλ πρὸς τὸν υἱὸν Λαμέχ λέ-
γων· Πορεύου πρὸς τὸν Νῶε, κỳ ἔιπον ἀυτῷ τῷ
ἐμῷ ὀνόματι. Κρύψε σεαυτὸν· κỳ δήλωσον ἀυτῷ τέλᵒ ἐπερχόμενον, ὅτι ἡ γῆ ἀπόλυᵗᵃ πᾶ-
ᶜᵃ. κỳ ἄπον ἀυτῷ, ὅτι κατακλυσμὸς μέλλει γί-

	per terram, & omnem impietatem, &
	iniquitatem quæ fiebat super ea, ingre-
	dientes ad inuicem dixerunt ; ecce
	Spiritus & animæ hominum afflictio-
	ne, oppressioneque suspirant s clamant
	ad nos, vt petitiones, perditionemque
	ipsarum ad altissimi thronum deferra-
	mus ; procedentesq́ hi quatuor Archan-
	geli dixerunt Domino.

Tu ô *Deus Deorum*, & *Domi-*
nus dominantium, & *Rex regnantium*,
Deusq́ hominum, *Thronusq́ gloriæ tuæ*
in omnes seculorum generationes, &
nomen tuum sanctum & *benedictum in*
omnia secula.

Tu enim omnia creasti, in omnibus potestatem possidens, cuius conspe-
ctui omnia nuda sunt, & aperta, omnia
vides, nec est, qui se à te abscondere
possit. Vides quanta mala faciat Exaél,
quanta introducat, & quanta doceat
peccata atque iniquitates super terram,
& quòd nil nisi dolus super aridam. Docuit enim mysteria, & manifestauit seculo ea quæ sunt in cælo, conanturque
omnibus modis eius instituta & mysteria
ria cognoscere. Filij hominum Semixæ
potestatem dederunt eorum qui cum
ipso simul erant, & ibant ad filias hominum terræ, & dormiebant cum ipsis,
& polluebantur in virginibus puellis, et
ijs manifestabant omnia peccata, & docebant ipsas facere instrumenta fornicationis. Et nunc vide, filiæ hominum
gignunt ex ijs filios Gigantes. Adulterinum, supposititiumque genus homi-
num super terram diffusum, totum vniuersum iniquitate repleuit. Et nunc
ecce spiritus animarum defunctorum hominum interpellant, & vsque ad
cælos ascendit gemitus eorum, neque potest venire & pertingere, ob enormes
quæ in terra accidunt iniquitates. Et tu hæc scis ab ipsis fieri ; & vides
ipsos, & sinis paterisque ipsos, neque dicis quid oporteat facere, aut quod remedium tantorum malorum. Tunc altissimus dixit, & sanctus magnus
locutus est, & misit Vriel ad Filium Lamech dicens : Abi ad Noë, &
dic ipsi meo nomine : Absconde teipsum ; & manifesta ipsi finem rerum
omnium instantem, & quòd tota terra perdetur. Et dices ipsi, quòd diluuium vni-

uersæ

τι.ς πάσης τ γῆς ὑπολίπων πάντα ἀπὸ προσώπου τ ξηρᾶς. Δίδαξον τὸν δίκαιον, τί ποιήσει τὸν υἱὸν Λάμεχ. Καὶ τὴν ψυχὴν αὐτῷ εἰς ζωὴν συντηρήσει, καὶ ἐκφ(ε)ύξε(ται) δὲ αἰῶν(ος) καὶ ἐξ αὐτῷ φυτευθήσε(ται) φύτευμα, καὶ σταθήσε(ται) εἰς πάσας τὰς γενεὰς τὸ αἰῶν(ος). Καὶ τῷ Ῥαφαὴλ εἶπεν· Πορεύου Ῥαφαὴλ, καὶ δῆσον τὸν Ἐξαὴλ χερσὶ καὶ ποσὶ σύμπασι δῆσον αὐτὸν, καὶ ἔμβαλλε αὐτὸν εἰς τὸ σκότ(ος)· καὶ ἀνοίξον τὴν ἔρημον τὴν ἔξᾳ ἐν τῇ ἐρήμῳ Δουδαὴλ, καὶ ἐκεῖ πορευθεὶς βάλε αὐτὸν καὶ ὑπόθες αὐτοῖς λίθους ὀξεῖς, καὶ λίθους τραχεῖς, καὶ ἐπικάλυψον αὐτῷ σκότ(ος), καὶ οἰκείτω ἐκεῖ εἰς τὸν αἰῶνα. Καὶ τὴν ὄψιν αὐτῷ πώμασον, καὶ φῶς μὴ θεωρείτω, καὶ ἐν τῇ ἡμέρᾳ τ κρίσεως ἀπαχθήσε(ται) εἰς τὸν ἐμπυρισμὸν τὸ πυρός· καὶ ἴα(σαι) τὴν γῆν, ἣν ἠφάνισαν οἱ Ἐγρήγοροι, καὶ τὴν ἴασιν τῆς γῆς δήλωσον, ἵνα ἰά(σωσι) τὴν πληγὴν, καὶ μὴ ἀπόλωνται πάντες οἱ υἱοὶ τῶν ἀνθρώπων ἐν τῷ μυστηρίῳ, ὃ εἶπον οἱ Ἐγρήγοροι, καὶ ἐδίδαξαν τοὺς υἱοὺς αὐτῶν, καὶ ἐρημώθη πᾶσα ἡ γῆ ἐν τοῖς ἔργοις τῆς διδασκαλίας Ἐξαὴλ, καὶ ἐπ᾽ αὐτῇ γράψον πάσας τὰς ἁμαρτίας. Καὶ πρὸς τὸν Γαβριὴλ εἶπεν· Πορεύου Γαβριὴλ ἐπὶ τοὺς Γίγαντας, ἐπὶ τοὺς Κιβδήλους, ἐπὶ τοὺς υἱοὺς τῆς πορνείας, καὶ ἀπόλεσον τοὺς υἱοὺς τῶν Ἐγρηγόρων ἀπὸ τῶν υἱῶν τῶν ἀνθρώπων. Πέμψον αὐτοὺς εἰς ἀλλήλους δὲ αὐτῶν εἰς αὐτοὺς ἐν πολέμῳ, ἐν ἀπωλείᾳ, καὶ μακρότης ἡμερῶν, καὶ πᾶσα ἱκετηρία, καὶ τοῖς πατρᾶσιν αὐτῶν, ὅτι ἐλπίζουσι ζῆσαι ζωὴν αἰώνιον, καὶ ὅτι ζήσε(ται) ἕκαστος αὐτῷ ἔτη ἑ. Καὶ πρὸς τὸν Μιχαὴλ εἶπεν· Πορεύου Μιχαὴλ. Δῆσον Σεμιξᾶν, καὶ τοὺς ἄλλους σὺν αὐτῷ τοὺς συμμιγέντας ταῖς θυγατρᾶσι τῶν ἀνθρώπων τῷ μιανθῆναι ἐν αὐτῷ ἐν τῇ ἀκαθαρσίᾳ αὐτῇ· καὶ ὅταν κατασφαγῶσιν οἱ υἱοὶ αὐτῶν, καὶ ἴδωσι τὴν ἀπώλειαν τῶν ἀγαπητῶν αὐτῷ, δῆσον αὐτοὺς ἐπὶ ὁ γενεὰς εἰς τὰς νάπας τῆς γῆς μέχρι ἡμέρας τῆς κρίσεως αὐτῷ, μέχρι ἡμέρας τῆς τελέσεως τῆς κρίσεως, ἕως συντελεσθῇ κρῖμα τὸ αἰῶν(ος) τῷ αἰῶνων. Τότε ἀπενεχθήσον(ται) εἰς τὸ χάος τ πυρὸς, καὶ εἰς τὴν βάσανον, καὶ εἰς τὸ δεσμωτήριον τ συλλήσεως τὸ αἰῶνος· καὶ ὃς ἂν κατακαιῇ, καὶ ἀφανισθῇ ἀπὸ τὸ νῦν

plius, quàm centum annis victurus sit. Et ad Michaélem dixit: Vade Michaël, alliga Semixan, & omnes affeclas eius, quotquot commisti filiabus hominum polluerunt, contaminaueruntque eas in immunditia eorum; & cùm iugulati fuerint filij eorum, & cognouerint perditionem dilectorum suorum, alligabis eos in 70. generationes in abdita terræ loca vsque ad diem ipsis in iudicium producendis destinatum, diem consummationis rerum omnium, diem quo terminabitur iudicium seculi seculorum. Tunc præcipitabitur in Chaos ignis, & in tormentum, & in carcerem conclusionis æternæ; & cùm condemnati fuerint,

---

uersæ terræ futurum omnia quæ super faciem aridæ sunt, disperdet. Instrue iustum, quid facere oporteat filium Lamech. Et anima ipsius in vitam conseruabitur, & effugiet mortem per æternum, atque ex illo plantabitur planta, quæ consistet in omnes generationes sæculorum. Et Raphaëli dixit: Vade Raphaël, et Exaelem manibus & pedibus vinctum proyce in tenebras; aperies quoque Eremum existentem in Eremo Dodoel, & illuc vadens proyce eum, suppositis ipsi saxis acutis & asperis, operies eum tenebris, & habitet ibi in perpetuum. Et aspectui illius oppones operculum, ne lumen ei vnquam appareat, & in die indicij reuocatus in iudicium, incendio ignis destinabitur: & sanabitur terra, quam corruperant, & labefactauerant Egregori; medelam autem terræ manifesta, vt curetur terra à plaga sua, & non pereant omnes filij hominum, quæ dicta sint in mysterio quod dicebant Egregori, & docebant filios hominum; & desolata est vniuersa terra in operibus instructionis Exaël, & ex ipsa exarata sunt omnia peccata. Ad Gabrielem verò dixit: Vade Gabriel ad Gigantes, ad adulterinos, & falsarios filios fornicationis, & perdis filios E'γρηγόρων à filijs hominum. committas ipsos adinuicem in bellum, & vltimam perditionem, & exterminium; & longitudo dierum nequaquam attingat dies patrum ipsorum, qui sperabant viuere vitam sempiternam, & quod vnusquisque eorum non am-

plius, quàm centum annis victurus sit. Et ad Michaël dixit: Vade Michaël, alliga Semixan, & omnes affeclas eius, quotquot commisti filiabus hominum polluerunt, contaminaueruntque eas in immunditia eorum; & cùm iugulati fuerint filij eorum, & cognouerint perditionem dilectorum suorum, alligabis eos in 70. generationes in abdita terræ loca vsque ad diem ipsis in iudicium producendis destinatum, diem consummationis rerum omnium, diem quo terminabitur iudicium seculi seculorum. Tunc præcipitabitur in Chaos ignis, & in tormentum, & in carcerem conclusionis æternæ; & cùm condemnati fuerint,

μετ' αὐτῆς βληθήσε), μέχρι τῆς σιωσεως γενέσεως αὐτῷ. Καὶ νῦ οἱ Γίγαντες οἱ γεννηθέντες ἀπὸ πνευμάτων καὶ σαρκὸς πνεύματα πονηρὰ ἐπὶ τῆς γῆς καλέσουσιν αὐτούς, ὅτι ἡ κατοίκησις αὐτῶν ἔσιν ἐπὶ τ γῆς. Πνεύματα πονηρὰ ἔσον) τὰ πνεύματα ἐξεληλυθότα ἀπὸ τ σώματος τ σαρκὸς αὐτῶ, διότι ἀπὸ τ ἀνθρώπων ἐγένετο, καὶ ἐκ τ Ἐγρηγόρων· ἡ ἀρχὴ τ κτίσεως αὐτῶ, καὶ ἀρχὴ θεμελίου πνεύματα πονηρὰ ἐπὶ τ γῆς ἔσον). Τὰ πνεύματα τ Γιγάντων νεμόμενα, ἀδικοῦντα, ἀφανίζοντα ἐμπίπτοντα, καὶ συμπαλαίοντα, καὶ ῥίπτοντα ἐπὶ τ γῆς, καὶ δρόμους ποιοῦντα, καὶ μηδὲν ἐσθίοντα ἀλλὰ ἀσιτοῦντα, καὶ φάρμακα ποιοῦντα, καὶ διψῶντα, καὶ προσκόπτοντα, καὶ ἐξανασιήσον). τὰ πνεύματα ἐπὶ τῶν υἱῶν τῶν ἀνθρώπων, καὶ τῶν γυναικῶν, ὅτι ἐξ αὐτῶν ἐξεληλύθασι. Καὶ ἀπὸ ἡμέρας καιροῦ σφαγῆς, καὶ ἀπωλείας, καὶ θανάτου τῶν Γιγάντων Ναφηλὶμ οἱ ἰσχυροὶ τ γῆς, οἱ μεγάλοι, ὀνομαστοὶ τὰ πνεύματα τὰ ἐκπορευόμενα ἀπὸ τ ψυχῆς αὐτῶν, ὡς ἐκ τ σαρκὸς ἔσον) ἀφανίζοντα χωρὶς κρίσεως. ἕως ὁ αἰὼν ὁ μέγας σφραγησθῇ ὁμοῦ τῆς σ)η̅ς). Πε εἰ δὲ τὸ ὄρος, ἐν ᾧ ὤμοσαν, καὶ ἀναθεμάτισ) πρὸς τὸν πλησίον αὐτῶν, ὅτι εἰς τὸν αἰῶνα, ἡ μὴ ἀποστῇ ἀπ' αὐτῆ ψύχ, καὶ χιὼν, καὶ πάχνη, καὶ δρόσ. ἡ μὴ καταβῇ εἰς αὐτὸ ἀλλ' ἐν εἰς κατάραν καταβήσε) ἐπ' αὐτὸ μέχρι ἡμέρας κρίσεως τ μεγάλης, ἐν τῷ καιρῷ ἐκείνῳ κατακαήσον), καὶ ταπεινωθήσον), καὶ τακήσον) ὡς κηρὸς ἀπὸ πυρὸς· ἀπὸ κατακαύσεως πρὸς πάντων τῶν ὁρίων αὐτῶν.

Καὶ νῦ ἐγὼ λέγω ὑμῖν υἱοῖς ἀνθρώπων, ὀργὴ μεγάλη κατ' ὑμῶ, καὶ τῶν υἱῶν ὑμῶ· καὶ ἀπολοῦν) οἱ ἀγαπητοὶ ὑμῶ, καὶ ἀποθανοῦ οἱ ἔντιμοι ὑμῶ ἀπὸ πάσης τ γῆς, ὅτι πᾶσαι αἱ ἡμέραι τ ζωῆς αὐτῶ ἀπὸ τὰ νῦ ἡ μὴ ἔσον) πλείω τῶ ρκ΄. ἐτῶ· καὶ μὴ δόξητε ἔτι ζῆ) ὅτι πλείονα ἔτη, καὶ γὰρ οὐκ ἔσιν ἐπ' αὐτοῖς πᾶσα ὁδὸς ἐμφράξεως, ἀπὸ τὰ νῦ διὰ τ ὀργὴ ᾗ ὠργίσθη ὑμῖν ὁ Βασιλεὺς πάντων τῶ αἰώνων· μὴ νομίση) ὅτι ἐκφεύξησθε ταῦτα.

rint, vnà cum ipsis proijcientur vsque ad consummationem generationis eorum. Gigantes autem nati à spiritibus & carne, spiritus maligni in terra vocabuntur, vt sit habitatio eorũ super terram. Spiritus maligni erunt, spiritus egressi à corpore & carne ipsorum, partim ab hominibus, partim ab Egregoreis geniti. Principium creationis eorum, & initium fundamenti illorum spiritus maligni erunt super terram. Spiritus autem Gigantũm distributi, iniusti, destruentes, inuadentes, colluctantes, idculantes super terram, & cursus facientes: neque tamen comedunt, sed cibo abstinentes sunt, & varijs phantasmatis, illudentes, sitientes & impingentes; & spiritus resurgent cum filijs hominum, & mulirum, qui processerunt ab eis. A die verò cædis & perditionis, mortisque Gigantum, Naphilim fortes & robusti super terram, Magni & famosi, spiritus egressi ab anima eorum, velut ex carne, erunt corrumpentes vsque ad iudicium magnum. In quo Æon siue seculum magnum simul terminabitur. Circa montem verò in quo iurarunt, etiam iuramento se inuicem obstrinxerunt, vt in perpetuum non desistat ab eo frigus, nix, pruina, & ros, neq; descendat in ipsum, nisi in maledictionem descenderit in ipsum, vsq; ad diem iudicy magni; & in in illo tempore comburetur, & terræ adæquabitur, & contabescet, liquescetq; sicut cera à facie ignis, ita consumma-

bitur, destrueturque cum omnibus operibus eorum.

Vobis verò filijs hominum dico, magnà irà excandesco in vos & in filios vestros; & perdentur dilecti vestri, & morte morientur chari vestri à facie vniuersæ terræ. Et omnes dies vitæ ipsorum abhinc vsque in futurum non erunt plures quàm 120. anni; neque vobis persuadeatis vltrà viuere; nunc verò non erit ipsis via euadendi iram, quà in vos exarsit Rex omnium seculorum. ne putetis quod effugietis ea.

Atque hæc sunt quæ in hoc fragmento de impiorum hominum ritu & instituto recitantur.

§. V.

Notantur nonnulla circa prædictum fragmentum libri Enoch.

Africanus.

QVid verò liber Enoch per Ε᾽γϱηγόϱϛ, id eſt, Vigiles intelligat, Africanus explicat his verbis : πληϑύϛ αἰϑϱάπων γενομὲνη ὑπὸ ὀ γῆϛ, Α᾽γϑλοι τῦ Ουϱανῦ ϑυγαϑάϛιν αἰϑϱώπων ϛυνῆλϑον. *Multitudine hominum ſuper terram facta, Angeli cæli filias hominum conueniebant,* &c. Vbi per Egregoros, id eſt, vigiles, Angelos, vtique non bonos intelligit. Meminit horum quoque Cedrenus his verbis : Καὶ πᾶϛ Α᾽γγϛλ@ Ε᾽ϱῆίορ@ λίὶῖ᾽. *Et omnis Angelus Egregorus dicitur.* Clem. Alex. pedagog. 2. Μαχάϱιοι γὸ οἱ Ε᾽ϱγίορόϛτϛ ὡϛ αὐτὸν, ϛφᾶϛ αὐτὸν ἀπαναλϟϛντϛϛ Α᾽γγίλοιϛ, ὃϛ Ε᾽ϱγίορϛϛ καλϛϗμϛν. Nos arbitramur cum Scaligero, verſum illum 10. Dan. c. 4. vbi hæc verba habentur :

Cedrenus. Clem. Alex.
Dan. 4.

וחזית בחזוי ראשי ואלו עיר וקדיש מן שמיא נחת׃

Et videbam in viſione capitis mei, & ecce Vigil & Sanctus de cœlo deſcendit, de Egregoræis intelligendum, vbi עיר *Vigilem* ſignificat, quales Angeli ſunt, qui quatuor ob cauſas Vigiles dici poſſunt. Zoſimus quoque Panopolites apud Photium ita de ijs loquitur: Χρῆϛιϛ Ζωϛίμυ τ̃ Παναπολίτυ Φιλοϛόφυ ἐκ τῶ πϱὸϛ ϑϛοϛέβϛιαν ἐν τῆ Δ᾽ τῦ Ϊμϛϑ βίβλῳ. Φάϛκυϛιν αἱ ἱϛϱαὶ γϱαφαὶ ἤ ΄τοι βίβλυ, ὡϛ γυναὶ, ὅτι ἐξὶ τι δ᾽αμϱόγϛν γίν@, ὁ χϱῆ γυναιξὶν· Ε᾽μνημόνϛυϛϛ καὶ Ε᾽μῆϛ ἐν τοῖϛ φυϛικοῖϛ, καὶ ϛχϛδ̓ον ἅπαϛ λόϛ@ φανϛϱὸϛ, ἢ ἀπίκϛυπϛ τῦτο ἐμνημόνϛυϛϛ· τῦτο καὶ ἔφαϛϛ ᾳ᾽ ἀϱχαίων καὶ ϑϛίαϛ γϱαφαϛ, ὅτι Α᾽γγϛλοι ϛ᾽πιϑυμηϛᾳϛ τῶ γυναικῶν, καὶ καϑγϛόντϛϛ ϛ᾽δίδαξαν αὐτὰϛ πάνϑᾳ ᾳ᾽ τῆ φύϛϛωϛ ἔϱϑα· δι̃ ὃ χάϛιν πϱοϛκϛύϱανϛϛ ἔξϛ᾽ς τῦ ϛ᾽ϱανῦ ϛ᾽μϛιναν· ὅτι πάνϑᾳ ᾳ᾽ πονηϱὰ καὶ μηδὲν ὠφϛλϛῦνϑα τℓῳ ψυχℓῳ ϛ᾽δίδαξϛν ϛ᾽τ᾽ ανϑϱώπυϛ· δι̃ αὐτῶν φάϛκυϛιν οἱ αὐται γϱαφαὶ, καὶ γϛϛ᾽ναι Γίϛαϑᾳϛ ϛ᾽ϛϛ᾽ναϛ· ϛ᾽ξὶν ουν αὐτῶν ἡ πϱάτη πϛϱ᾽δόϛιϛ χίμα πϛϱὶ τύτων τῶ τϛχνῶν, ϛ᾽κάλϛϛαν δὲ ταύτℓω τℓω βίβλον χῆμα. ἔνϑϛν ϗ ἡ τϛχνη χημία καλᾶ᾽. *Vſus Zoſimi Panopolitæ philoſophi eorum, quæ ad cultum diuinum tradit in 9. libro* Ιμϛϑ *memorant ſacræ ſcripturæ & Biblia, quod Gyne, certum dæmonum genus, vtantur mulieribus. Meminit quoque Hermes in phyſ. & ferè omnis ſermo apertus & occultus primæueç ac diuinæ Scripturæ, quod Angeli deſiderauerint mulieres, & venientes docuerint eas omnia opera naturæ; quarum & gratiam reperientes manebant extra cœlum, & ſic omnia mala & inutilia docuerunt filios hominum. Ex quibus, dicunt dictæ ſcripturæ, natos eſſe Gigantes, quorum prima traditio fuit Chima de his artibus, librumque hunc vocant Chima, vnde & ars ipſa Chimia.*

Angeli dicuntur Vigiles.
Zoſimus.

Georgius Syncellus priſcus Author in ſua hiſtoria librum Henoch citans, Egregororum quoq; meminit, dicitq; omittendas eas eſſe ſcripturarum fabulas, quas Apocryphas nominamus. *Eò quod earum occulta origo non claruit Patribus, à quibus vſq; ad nos authoritas veracium ſcripturarum certiſſimè & notiſſimâ ſucceſſione peruenit.* Quæ totidem ferè verbis S. Auguſtinus refert. *Etſi enim,* inquit, *aliqua in huiuſmodi apocryphis inueniatur veritas, propter multa tamen ſubreptitia eius non eſſe canonicam authoritatem. Scripſiſſe autem quædam diuinum illum Henoch, negari non poſſe, cùm hoc in epiſtola Iudas Apoſtolus dicat. Credi tamen ea vtplurimùm poſſe, præſertim quæ de deſcenſu Egregororum & Gigantum impietate, vtpote S. Scripturæ conſentientia, & à Moſe approbata, recitantur.*

Georgius Syncellus.
S. Auguſtin.

Quia

Quia verò de Gigantibus agitur in hoc fragmento, non prætereundam duximus sententiam veteris cuiusdam Scriptoris de iisdem :

Antiquus
Scriptor quid
de Gigantbus sentiat.

Οἱ τῇ Σὴθ καὶ Ἐνὼχ, καὶ Ἐνὼς παῖδες υἱοὶ Θεῦ νοοῦμεν, οἱ τίνες ἅλοντες ἀκολασία πρὸς
τὰς θυγατέρας Κάϊν ἀπῆλθον, ἐξ ὧν οἱ ἐκ τ καταλλήλου μιασαμίας γίνον) Γίσαντες, διὰ μὲν τὸ
ἑαυτῶν ἰχνεσὶ, καὶ μέγισαι, ἰσα δι Ὃι ἀδίκων, καὶ βέβηλον πονηροὶ, καὶ κάκιςαὶ.

*Filij Seth, Enoch & Enos pueri filij Dei intelliguntur, qui capti, victíque intemperantiâ, & venereâ libidine, ad Caini filias ingressi sunt, ex quibus Gigantes
ex promiscuis impuris nuptijs orti sunt, ob iustum quidem robusti & maximi,
ob i iustum verò & profanum, improbi & pessimi.* Vocantur hæ nuptiæ à
Suida μίαν σαμίαν. Atque ex his manifestò patet, fragmentum hoc etsi apocryphum, non tamen ita absonum esse ab ijs, quæ aut sacra Scriptura,
aut SS. Patres tradunt, quàm aliqui putare possent. Etsi enim autographum Enoch vetustate temporum perierit; verisimile tamen est, vt suprà
quoque ex Origene ostendimus, tam admirabilem filiorum hominum ante diluuium historiam continuâ & successiuâ traditione propagatam, scriptisque ab antiquis viro Dei traditam, ad Christi tempora, & inde ad
nos vsque peruenisse. Nam ab Adamo literas & disciplinas cœpisse in
præcedentibus dictum est, & ex profana historia notum est; Chaldæos
quoque Astronomiam, & literas habuisse ante Alexandri Monarchiam
tribus millibus & sexcentis annis ac triginta quatuor, apertè docet Georgius Syncellus Author Græcus. Epigies quoque ait, septingentos annos
& ampliùs ante Ninum & Phoronæum inuentos Babyloniæ laterculos coctiles inscriptos pro siderum obseruatione. Quæ omnia Moysi consentiunt, vt alibi demonstrabimus. Infamem autem vitam hominum, peccataque enormia oppressionis, libidinis, & promiscuæ luxuriæ, ob quæ Deus
iustâ indignatiône commotus, genus humanum delendum putauerit, præter ipsam sacram scripturam, etiam alia fragmenta Orientalium testificantur, vt inferiùs videbitur. Quòd verò historia apocrypha narret, Spiritûs,
seu Dæmones se hominibus commiscuisse, & inde filios produxisse; nihil
mirum est, neque nouum, cùm id à dæmonibus incubis & succubis in
hunc vsque diem præstari videamus. quam enormitatem innuunt Hebræi, & inter cœteros R. Becchai & Rabboth, super hoc Genesis verbum
זה ספר תולדות אדם, his verbis :

Fragmentum
Enoch etsi
apogryphum
continet tamen multa
consentanea
diuinæ Scripturæ.

Astronomia
floruit apud
Chaldæos
ante Alexandrum 3634.

Syncellus.
Laterculi coctiles inuenti
Babyloniæ
pro siderum
obseruatione
ante Ninum.

זה ספר תלדות אדם: והם רוחין ושדים ולילין וכמו
שדרשו רזל ורוחות זכרים היו מתחממים מן האשה
ויולדים נקבות ורוחות נקבות הזו מתחממות מאדם
ויולדות זכרים:

R. Becchai

*Et isti sunt spiritûs, & dæmones, & Lamie (qui videlicet ex promiscua enormíque libidine procreati sunt;) spiritûs enim mares, impregnati
à fœmina genuerunt fœminas, & spiritus fœminæ impregnatæ ab homine viro,
progenuerunt mares.* Quæ aliter ac de incubis & succubis dæmonibus intelligenda non sunt. in hoc solùm impudentissimè errant, quòd Adamum
huius quoque impietatis & Authorem, & complicem faciant. Quæ & Berosus antiquissimus, hoc est, בר חושיע *Bar Hoschia*, filius Hoseæ, in suo de
tem-

temporibus libello teftatur : *Scribunt,* inquit, *illis temporibus circa Libanum fuiffe Enos vrbem maximam Gigantum . Hi vaftitate corporis, ac robore confifi, inuentis armis omnes opprimebant ; libidiniq́; inferuientes, inuenerunt papiliones, & inftrumenta mufica, & omnes delicias . Manducabant homines , & procurabant aborfus, in eduliuḿq́; præparabant (veluti oua) & commifcebantur matribus, filiabus, fororibus, mafculis, & brutis.* vbi alij legunt (dæmonibus bru-

torum forma.) Certè maiorem hominum malitiam ante diluuium fuiffe, quàm hodie, inde conftare poteft, quòd paffiones amoris, iræ, vindictæ, libidinis, in corporibus integerrimæ fanitatis & robuftiffimis, multò quàm nouiffimis feculis viuaciores effent . accedit quòd fine lege vlla pofitiua , aut Rege dum viueret improba & maledicta Kainæ ftirpis foboles, mirum non eft, infrænem libidinem, & infatiabilem carnis appetitum, vnà cum detestabili idololatriæ abominatione totum mundum mundaffe. quo quidem ftatu rebus verfantibus, haudquaquam mirum videri debet, fi dæmones eorum fefe operibus occultè & per varias illufiones, immifcerent, cùm ad fouendas carnis illecebras, tùm ad veri Dei cultum in vniuerfa terra abolendum, fuumque ftabiliendum . Quæcunque igitur Græcum fragmentum ex libro Enoch decerptum , de vita primæuorum hominum tradit, eadem & Arabes tradunt in fuis libris .

Verùm vt Lector confontiam videat, hìc adducam Arabum de hoc traditionem , inferitur autem hoc fragmentum librorum Henoch primò in Abbenephi , deinde in Chronico Arabum Abulhaffen Authore, vbi Aben Abafch, Vaab, & Kab ita loquuntur .

وكان ادريش عم على صورة شيث عم وهو اول من خط بالقلم بعد ابي
شيت وكان ادريس مشتغلا بالعباده حتي بلغ لقلم وسبق بالعباذه على اهل
عصره وجعله الله نبيا وانزل عليه ثلثين صحيفه وورث صحف شيت وكابوت ادم وكان
يعيش بقوته من كده وكان خياطا وهو اول من خاط الثياب وكان كلماغرز
غرزه يسبح الله ويقدسه وما كان يغفل عن التسبيح طرفة عين حتي اتت عليه
اربعون سنه فبعثة الله تعالى لملده قابيل وكانوا اجبابره في الارض مشتغلين
باللهو واللعن والمزمار والقصف وغيره وكانوا يجتمعون على الامراء فيزنون بها
وكانت الشياطين يزينون لهم امما لهم وهم يزنون بالامهات وكانوا قد اتخذوا خمسة
اصنام يتمثل لهم الشيطان على صور اولاد قابيل وهم ود ويسواع ويغوت ويعوق
ونسرا هذه اسما اولاد قابيل فبعث الله تعالى اليهم ادريس وامرهم بعباده الله عز
وجل والاقدر بانه رسوله وكان يدعوهم الى ذلك ويفهاهم عن ماهم عليه وكان
متع ذلك يقسم الدهر قسمين ثلثة ايام من الجمعه يدعوا القوم الى عباده الله تعالى
واربعة ايام يعبد يعبد ربه يقال انه كان يصعد له في اليوم والليلة من الاعمال الصالحه
مالا كان يصعد لجميع من في عصره من اولاد ادم وقال من كتب حنوخ هو
ادريس وكان ادريس حلفي ولدا يقال له منوشلح وتزوج امراه يقال لها منصاحا
ولدت منه ولدا فسماه يامل وكان فيه قوه وبطش وكان يضرب بيره الشجره العظيمه
فيقلعها من اصلها وزوجه بامراه فولدت منه ولدا فسماه دوخ ورثته حسن ثريبته
حتي بلغ وكان واسع للبهه اسيل لخدين مليح العينين طويل العنق حمص
البطن طويل القامه وكان يزعا الغنم لقومه وهو بينهم فلما كثر بينهم القسان
وعباده

وعبادة الاصنام كرهوم لذلك فعتزّلهم لكفرهم وكان لهم ملك يقال دومشيل
بن عويل بن قابيل وكان خيارًا عاقلًا قويا وهو أول من شرب للخمر واتخن
المنكر وجلس على الاسرّة وهو أول من امر بصنعة للحديين والنحاس والرصاص
واثياب المنسوجة بالذهب وكان هو وقومه يعبدون الاصنم للخمسة وهم ود وسواع
ويعوت ويعوق. ونسرا وهم قوم ادريس قال ثم انهم اتخذوا اصنا ما اخرين حتى
صار لهم الف وسبع ماية صنم على صور شتت كل صنف منهم صنم وامر
الملك دومشيل ان يبنوا لهذه الاصنام بيتا من الرخام طوله الف ذراع وعرضه كذلك
وصنع لها كراسي واسرة من الذهب والفضة واجلس الاصنام عليها متوجين بتيجان
الذهب مرصعين بالجوهر والياقوت ولها خدم يخدن موتها وهم يعبدونها من دون
الله عز وجل ثم ان ده مشيل لعنه الله طغا في الارض وكفر وتجبر واظهر
الفساد في ساير البلاد فامر الله تعالى جبراءيل ان يهبط الى نوح يبشره بالنبوة
والرسالة الى الامم الطاغية فهبط جبراءيل فقال له السلام ورحمة الله عليك يا نوح
فقال له وعليك السلام ورحمة الله وبركته ومن انت ايها الشخص الذي لم
اراه قبل هذا اليوم وقال انا جبراءيل الروح الامير جيتك بالرسالة من عند ربك
وهو يقريك السلام وقد جعلك نبيا ورسولا دومشيلا لعنة الله والى قومه كذريتهم
الى عبادة الله عز وجل وتنهاهم عن الفساد الذي هم عليه قال ثم لبسه لباس
النبوة ثم عرج جبراءيل الى السما وسار نوح عم الى قومه وكان ذلك اليوم عيد
لهم سنه ابيهم قابيل وكانوا يخرجون اصنامهم فينصبو ها على اسرتها وكرا
سيها ويقربون لها القربان ويو قدون لها النيران ويحرقون القربان واذا احترق
خروا لها سجدا من دون الله تعالى ثم يشربون الخمر ويلعبون بالملاهي ويرقصون
ويواقعون النسا مثل البهايم من غير ستر ستر فجاهم نوح عليه السلام في ذلك اليوم وهم
على ذلك لحاله وهم يزينون عن سبعين زموة ولا يحصي عددها وكثرتها الا الله
تعالى فلما نظر نوح اليهم رفع طوفه الى السما وقال اللهم انصر في علي قومي ثم
انه خرقهم حتى تو سطهم ثم وصفح اصبعيه في ادنيه فقال يا قوم انا رسول من
رب العالمين رسول الله البكم ادعوكم الى عبادته وطاعته وانهاكم عن معصيته
والتعرض لسخطه وعن عبادة هذه الاصنام التي لا تغني عنكم شيا ولا تضركم
ولا تنشفعكم فاتقوا الله واطيعون فاني قد جيتكم بالنصيحة من عند ربكم لتؤمنوا
به وبرسوله وتهجروا هذا الاصنام والقبايح التي ارتكبتموها فقال له دومشيل
بعد ان اطرق مليا يا نوح تأذينا لا نعرفه انا لنظنك غير عاقل فان كان بك
جنون داوينك وان كنت فقير او اسبغنا فقال له نوح ايها الملك ما في من
جنة ولا جنون ولا حاجة لى فيما في ايديكم فان الملك الله الواحد القهار يرزقه
من يشا لكن حاجتي اليكم ان تقولوا فتعرفون اني رسول الله واتركوا عبادة
هذه الاصنام فخرت الاصنام عن كراسيها فجرد القوم البه واقبلوا عليه يضربونه
ويدوسونه على وجهه فعند ذلك رفع ذبي الله نوح طرفه الى السما فقال الله عز
وجل رب لا تذر على الارض من الكافرين ديار انك تذرهم يضللوا عبادي ولا
يلدوا الا فاجدا كغر قال وانفتحت ابواب السما وامنت الملايكة على دعايه قال
فعند ذلك اوحى الله تعالى الى نوح ان اصنع الفلـ كى ❋

Adris autem, id est, Hermes, pax super illum, Setho ᓄᓇ ᓄᓇ ᓄᓇ *pri-*
mus fuit, qui poſt Sethum calamo ſcripſit, fuitᖳ Adris ſemper in pietate ᖳ *reli-*
gione à puero vſque ad iuuentutem verſatus, in qua ſuper omnes mirum in mo-
dum

*dum excelluit . Pofuit autem eum Deus Prophetam , & deduxit fuper ipfum tri-
ginta libros, libros quoque à Seth compofitos hæreditauit, & reliqua Adami arcana, quorum virtute librorum vixit . Fuit etiam hic primus fartoriæ , & texto-
riæ, veftiariæque rei inuentor, quibus in exercitijs Deum laudauit, fanctificauitq́;
& fi quando ab exercitijs vacabat, coniectis in Deum oculis occultos mifcebat fer-
mones . & ita fcriptum reliquit in fuis libris . Porrò quadraginta annorum erat
Adris, quando altiffimus ipfum mifit ad filios Kain . Erant autem in diebus illis
in terra Gigantes, homines peffimæ vitæ, indulgentes ludis, iocis, mufica, alijfque
incitamentis luxuriæ, & coibant cum mulieribus fornicatione peffima ; mifcen-
tibufq́ fe operibus eorum dæmonibus; nunc incubos, nunc fuccubos fefe illis præ-
ftabant ; mifcebantur etiam fine vllo pudore ipfis matribus, & fororibus . Idololatriæ impenfè operam dantes, conficiebant opera ex inftructione Dæmonum, quinq́
Idola ad fimilitudinem filiorum Kain : nomina autem idolorum erant . Vad,
& Schuah, Iaaut, Iaauk, & Nefran, iuxta nomina filiorum Kain; mifitque
Deus excelfus ad eos Idris, vt præciperet ijs cultum veri Dei gloriofi & benedicti, & congregauit eos, & increpauit de crimine peffimo . Interim habebat is tempus femper diuifum in duas partes, tribus diebus prædicabat exhortando populos ad
cultum Dei excelfi , & quatuor alijs diebus vacabat feruitio Domini Dei fui, no-
ctes diefq́ confumebat in exercitijs & operibus bonis & fanctis , qualia nemo ex filijs Adam fecerat . & dicitur in libris Henoch Adris, ab ardore difceptationis . &
hic eft liber Henoch . Henoch ipfe Adris, qui reliquit poft fe filium, quem vocauit
Methufah , qui duxit vxorem nomine Menfagha; generauitq́ ex eâ filium, quem
vocauit Iamel (Lamech) fueruntque ei tantæ vires, tam prodigiofum robur ,
vt percutiendo manu etiam ingentes arbores cæderet, & radicitus extirparet ;
duxitque vxorem, quæ genuit ei filium, quem nominauit Noë, quem & fumma
cura educauit vfque dum adolefceret ; fuit autem Noë latâ fronte, genus decoris ,
oculis pulchris & viuacibus, ceruice longâ, ventre compacto, longus ftatura, paftor
gregis populi fui , inter eos degens . Cum verò corruptio indies inter eos maiora
fumeret incrementa, & impius idolorum cultus longè latèque diffunderetur, horro-
re nimio correptus ob deteftanda facta vitabat eos , deteftans impietatem eorum .
Fuit autem ipfis Rex nomine Dulmasbal filius Auil, filius Kain perfidus ; & fuit
primus qui bibit vinum, equeftrem artem profeffus ; primufque fuit, qui præcepit
in operibus ferri, & æris, & plumbi, vfufque eft veftimentis textis auro . Ipfe
autem, & populus eius colebant quinque fuperiùs memorata Idola , quibus adde-
bant alia Idola, ita vt numerus Idolorum ad mille feptingenta, omnia ad fimilitudinem filiorum Kain exfculpta, excurreret . iuffitque Rex Dulmasbal, vt ædi-
ficarent ipfis domum ex marmore, cuius longitudo mille brachiorum, totidemque
latitudo eius, fecitque ipfis fedilia, & thronos ex auro & argento, & federe fecit
ea fuper eis coronata diadematis aureis ingentis pretij, condecoratis margaritis &
vnionibus, omnique lapide pretiofo, miniftrabantque ijs fummâ curâ, & tanquam
Deos adorabant . Tunc Dulmasbal errare fecit vniuerfam terram , impia fuâ
actione corrumpendo non folùm fuæ fibi ditionis fubiectos, fed & impietatem diuul-
gando, alias quoque regiones abominationibus huiufmodi contaminauit . Hifcè fieri incipientibus mifit Deus excelfus Gabrielem ad Noë, qui dixit ; Pax fuper te ô
Noë, & benedictio Dei excelfi fit tibi ; Noë autem refpondit , & pax fuper te
quoque,*

quoᵹ, ô vir peregrine, & vnde tu es vir mirabilis, siquidem in hunc vsque diem_ simılem tibi non vidi? qui respondens ait; Ego sum Gabriel spiritus Princeps, à Deo Domino tuo missus, qui & tibi benedictionem suam impertitur, teᵹ constituit Prophetam & Apostolum super Dulmasbal & populo eius, vt reducas eos ad Dei veri cultum, & coarguas eos de impys & peruersis vijs eorum. Hâc peractâ legatione, in cœlum Archangelus reuersus est. Noë verò indutus vestimentis prophetiæ, sine mora ad populum impium se contulit. Erat autem eodem tempore_ ipsis festum ingens, in memoriam patris sui Kain institutum; educentesᵹ idola_ eorum, ea in cubilibus suis collocauerunt, incensûm adoleuerunt, facientes sacrificia & holocausta; quibus peractis procidentes in genua, adorauerunt ea loco Dei excelsi. Deinde bibentes vinum inceperunt ludere, & saltare, & inire mulieres sine vllo prorsus pudore & verecundia, in propatulo sicuti bestiæ. Noë verò, eodem, quo hæc gerebantur, die, peruenit ad populum, qui perceptis impys operibus, Musica, & iocis, ludisᵹ sine numero, vultu suo in cœlum coniecto, clamauit: O Deus, cuius natura, bonitas, & misericordia est, assiste, rogo, hodie mihi, & adiuua me contra populum hunc nequàm. Et dùm peruenisset in medium eorum, posito in auribus suis digito, dixit: O popule, ego Apostolus à Deo excelso, & Domino seculorum ad te amandatus, vt reducerem te ad verum Dei cultum, & vindicarem ab erroribus, & vita impia, potissimùm ab nefando illo idolorum cultu, quæ nec adiuuare vos, nec vobis vllà ratione, prodesse possunt; & intercederem pro vobis, aduocatumᵹ agerem apud Deum excelsum & gloriosum. Et nunc ecce_ venio ad vos cum commonitione, vobis mandata ferens à Domino vestro, vt credatis in eum, & Apostolum eius, & fugiatis impium cultum horum Idolorum, quæ impiè adoratis. Dixit autem ei Dulmasbal: Apage ô Noë, relinque verba ista, credimus enim te hominem stolidum, & sine cerebro esse, & dæmonibus obsessem, qui nobis hæc persuadere audeas. Noë autem respondit: O Rex, non est in me dæmon um, sed Deus Rex solus magnus & terribilis, victor omnium, me misit ad vos, negotiumque meum est ad vos, vt cognoscatis, & fateamini, quia ego Apostolus Dei, vt relicto idolorum detestabili cultu reuertamini ad cultum Dei veri Creatoris omnium. Hæc cùm dixisset, confracta disiectaque Idola deciderunt è sedilibus suis; Incolæ verò indignè ferentes rem, congregati sunt super eum, & crebris plagis affectum conculcauerunt, & innumeris tormentis, ignominijsque onustum_ eiecerunt. Noë verò sublatis in cœlum oculis clamauit: O Deus gloriose & benedicte, quousque patieris hanc impietatem in terra, qui dereliquerunt te, cultumque tuum, abeuntque post vestigia peregrinæ abominationis. His dictis, derepente apertæ sunt cœlorum ianuæ, & Angeli ad inuocationem eius occurrerunt, dicentes: Noë vir Dei, malitia mortalium venit in conspectum Dei; fac igitur tibi Nauim, vt serueris tu, & omne semen viuentis animæ; impy autem diluuio pereant à facie terræ, & dæmones malorum tantorum propagatores proijciemus in profundum ligatos vsque in diem resurrectionis, deinde igne comburendos. Atque hactenus Arabum traditio. quæ ferè eadem est cum relatione exemplaris Græci paulò ante citati.

Fuisse igitur olim multos libros sub primorum Patriarcharum nomine vulgatos, omnes fatentur; qui etsi Canonicà authoritate caruerint, receptos tamen esse, & in eorum numero fuisse; quo liber Tobiæ, & Macha-

L   bæo-

bæorum etiamnum apud Hebræos, qui etsi Canonici ijs non sint, eam tamen fidem apud Hebræos obtinent, quam reliqui Historicorum libri. A primis igitur Patriarchis ante diluuium res gestas monumentis, librisque conscriptis traditas, nihil dubito, cùm non videam, cur tam insigne, & adeò humano generi necessarium scriptionis inuentum, sapientissimos, & rerum omnium peritissimos, imò θεαιδάνες viros latuerit. Accedit quòd cùm longissimæ vitæ essent, & ingenio valido, totique in rebus humano generi necessarijs inueniendis essent, iamque maioris ingenij vi scientiam metallorum plenè assecuti, Musicam quoque, ferrariam, architectonicam, astronomiam repertam excoluissent; fieri certè non potuit, vt illud vnicum inuentum, quod reliqua conseruat, & vnicè propagat, scriptionis, inquam, ignorauerint. Verùm hæc omnia fusiùs & curiosiùs demonstrata reperies in primo Tomo Oedipi in Delta Nilotico, capite de Dynastijs Ægyptiorum, quò Lectorem curiosum remittimus.

DISQVISITIO II.

De primænæ linguæ characteribus, eorumque forma, & diuersitate.

Demonstrato in præcedentibus, & in Obelisco Pamphilio, varijsque argumentis stabilito Hebraicæ & Ægyptiacæ linguæ primatu, ostensis quoque primæuorum Scriptorum monumentis; nihil porrò superest, nisi vt, quisnam primæuæ istius linguæ vulgaris character fuerit, demonstremus. Magnum, fateor, & à nemine, quod sciam, tentatum aggredior argumentum; audeo tamen, diuini Numinis subsidio turus. Etsi non dubitem multos Aristarchos futuros, qui hosce meos labores seuerioribus obelis sint notaturi; dum illos interrogantes iam multò antè audire videor: & quomodo tu nósti huiusmodi literas antiquas fuisse? quis te reddidit certiorem, eiusmodi literas, quas producis, non esse maleferiatorum hominum atque impostorum commentum? Atque huiusmodi non pauca proferre audio; quibus, dum omnia in dubium reuocant, Authorumque rationes audire detrectant, omnia improbant, cunctaque eorum qui antiquitatis monumenta perscrutantur, studia reprehendunt, despiciunt, irrident, non aliâ ratione obuiandum censeo (vt iam pridem alius similibus respondebat apud Villalpandum) quàm si eadem ipsos, qua me vellicant Aristarchi, reprehensione dignos ostendero, quòd credant Scythas & Garamantas vnquam extitisse, & fidem habeant referentibus; quod ipsi non viderunt, Constantinopolim, Calecutum, Iaponiam, & reliquas celebriores vrbes esse; nec minùs esse deceptos, si vera esse existiment, quæ Hebræorum Grammatici tradunt, nimirum literam א sic scribendam, sic autem ב, &c. At sicuti stultum omninò esset, atque ab omni rationis iudicio alienum, huiusmodi rebus fidem non adhibere, quæ ab omnibus sine controuersia recepta sunt, vsuque ac communi hominum consensu inualuerunt; sic etiam temerarium foret, rebus in medium circa præsentem controuersiam adducendis, nullis authoritatibus comproban-

ban-

Criticorum Obiectio in Authorem.

Authoris defensio & solutio Obiectionis.

bandis, fidem denegare . Rationes itaque ac momenta expendat rei propositæ vnusquisque, priusquàm leuitatis, aut deceptionis arguat eos , qui
attentiùs omnia vtriusq; partis argumenta expenderunt , & omnes quotquot inuenerunt dubitandi rationes, alijs firmioribus adhibiris, dissolue-
runt . Hæc autem ideo dixerim, vt nemo arbitretur, demonstratione Ma-
thematicâ omnium proponendorum rationes ostendere me posse ; sed
satis prudenti, atque in omni disciplina reconditiorique literatura exer-
citato viro, me fecisse existimabo, si quæ à probatis Scriptoribus confir-
mata sunt, proponam, aut animi mei coniecturas, veluti quædam allega-
torum Consectaria proferam ; quibus ductus singulas huius disputationis
partes probauerim . Vt igitur ad propositam quæstionem propiùs accedamus, primo ingentem illam de Charactere Samaritano & Assyrio , seu
Hebraico & Babylonico agitatam controuersiam per partes examinabi-
mus ; & tandem vtriusque discussis sententijs, quid nos sentiamus, & quomodo dictæ sententiæ conciliari possint, declarabimus .

§. I.

*Quisnam Character, Babylonicusne, an Samaritanus, verus
ille Character Hebræus sit?*

I. Sententia.

Quatuor reperio Rabbinorum circa propositam thesin sententias .
Prima eorum est, qui dicunt, Samaritanum verum illum & primæuum Characterem Hebræum esse . ita sentiunt Babylonij Doctores Zutra & Hobka, tractatu Sanedrin sect. 2. fol. 21. & 22. verba al-
lego :

Primæuum Characterem Hebræum, Samaritanum fuisse, putant aliqui.
R. Zutra.
R. Hobka.

בתחלה נתנה תורה לישראל בבתב עברי ולשון הקדש
חזרה וניתנה להם בימי עזרא בבתב אשורית ולשון ארמית
בירדו להן ישראל בתב אשורית ולשון הקדש והניחו
להדיוטות בתב עברית ולשון ארמית מאן הדיוטות אמר
רב חסדא כותאי מאי עברית חסדא בתב לבונאה :

Initio, inquit, *data est lex Israëli in scriptura Hebrea, & lingua sancta :
restituta est lex, & data ijs in diebus Esdræ in scriptura Assyria, & lingua Syriaca, siue Chaldaica : & deinde expurgata ea, elegerunt pro Israële scripturam Assyriam, & linguam sanctam, & reliquerunt idiotis scripturam Hebraicam, & linguam Chaldaicam. Qui sunt isti idiotæ? respondet R. Chasda , Cuthæi ; quæ est
scriptura Hebraica? respondet iterum Chasda , scriptura est Libonæa .* Huius
sententiæ quoque fautor est R. Iose in Thalmud Hierosolymitano, sect. 1.
tract. Meghilla, quem inibi consule . Rabbi Iuda tract. Meghilla c. 1. n. 8
omninò vult Neotericas Iudæorum literas, Assyrias esse, Samaritarum verò Hebraicas :

R. Iose.
R. Iuda.

אין בין כפרים לתפילין ומזוות אלא שהספרים נבתבם
בכל

L 2

בכל לשון ותפילין ומזוזות אינן נכתבין אלא אשורית רבן
שמעון בן גמליאל אומר אף בספרים לא התירו שיכתבו
אלא יונית:

*Non est inter libros, & Thephilin & Mezuzoth (id est, frontalia illa,
in frontibus ligari solita Hebræis, philacteria dicta in Euangelio) alia differentia, nisi quòd libri scribantur in omni lingua, Thephilin autem & Mezuzoth
non scribantur nisi in lingua Assyria. Rabbi Simon Ben Gamaliel dicit quoque,
in libris non esse permissum, vt scribantur, nisi Græce. Huic sententiæ subscri-*
bunt Thalmudici explanatores in Ghemara, quam Obadias quoque Bartenora insignis Commentator suo veluti calculo approbat, cùm dicit:

*Obadias Bare-
tenora.*

כתב עברי שבא מעבר הנהר והכותיים כותבים בו
עד היום וכו' הכתב שאנו כותבים בו ספרים היום כתב
אשורי הוא נקרא:

*Scriptura Hebræa, scriptura quæ venit trans flumen, & Cuthæi siue Sama-
ritani scribunt in ea in hunc diem, &. Scriptura verò, quâ nos scribimus libros
hodie, scriptura Assyria vocatur. Iisdem propè verbis eadem affirmat Ram-*
Rambam. bam. His adiungimus testimonium tractatum Meghilla Thalmud Hiero-
solymitani, sect. 1. fol. 71. col. 2. lin. 10. vbi de Charactere & lingua,
*Meghilla
Thalmud.* qua Esdras legem scripserat, inter alia multa hæc refert :

אשורית יש לו כתב ואין לו לשון עברי יש לו לשון
ואין לו כתב בחרו להם כתב אשורי ולשון עברי ולמה
נקרא שמו אשורי שמאושר בכתבו:

*Assyria est ipsi(scil. Esdræ)scriptura, & non lingua ; Hebraica est ipsi
lingua, & non scriptura. Selegerunt sibi scripturam Assyriam, & linguam Hebræam. & cur vocatur nomen eius Assyria ? quid ipsa felix est in scriptura sua,
quæ omnia clarissimè explicat hoc eodem loco fol. 194. col. 3. R. Samuel Iaphe, his verbis :*

*R. Samuel
Iaphe.*

סל שנשתנה הכתב בימי דניאל מכתב עברי שניתנה
בו תורה לכתב אשורי ונכתבה תורה אשורית בימי עזרא:

*Puto autem, quòd temporibus Danielis scriptura mutata fuit ex scriptura
Hebraica, in qua lex data fuit, in scripturam Assyriam, & scripta fuit lex
Assyriacè in diebus Esdræ. Ex quibus omnibus hic allatis testimonijs satis
comprobatur, plerosque Rabbinos Samaritanum Characterem Hebræum
fuisse, existimasse ; etsi inter se cum tanta ambiguitate loquantur, & in
negotio sat liquido adeò inconstantes, vt sibiipsis non infrequenter con-
tradicant, ac proinde quid putent, vix obtineri possit.*

*II. Sententia.
Primæuum
Hebræum
characterem
Assyrium
fuisse, sen-
tiunt aliqui.*   Altera sententia est eorum, qui volunt, Assyrium characterem accepisse Esdram ab Angelo, fuisseque ex antiquo Hebræo in Assyrium mutatum. Cùm enim populus Israëliticus in Babylone septuaginta annorum captiuitatem sustineret, & paulatim vti legis, ita & characteris obli-
uisceretur ; contigit, inquiunt, vt eodem tempore Angelus Balthasari in
medio conuiuij apparens, & sententiam à Deo latam in pariete describ-
bens,

bens, characteris mutationem introduceret ; & hunc eundem esse volunt, quo iam Iudæi vbiuis locorum vtuntur . Nec desunt Thalmudistæ, qui velint Danielem nonum illum characterem docuisse Iudæos, Esdramq; relicto Cuthæis charactere Hebræo, quem ob irreconciliabile odium in Cuthæos, veluti pollutum abominabantur, hunc sibi elegisse , quo legem scriberet; Dialectum verò Hebræam legi restituisse, Chaldaica repudiata , quæ in ipsa captiuitate plurimum apud Iudæos inualuerat . ita R. Iapho.   *R. Iapho.*

ולפי זה לא היה נראה שנשתנה ע"י עזרא רק הכתב שאף עלפי שכתב הבלאך
היה ארמי דהיינו אשורי ולשון ארמי מ"מ כשבא עזרא לכתוב התורה לו שינה
משל משה רק הכתב שנתחרש בימי דניאל וחיה לו סמך מדכתיב וכתב לו את
מסתכ התורה ומשמע כתב הראוי לחשתנות אבל חלשון כתב לשון עברי שהיא
לשון הקדש כאשר בתחלה וכו'

Et ideò non videtur quòd mutatio facta sit operâ Esdræ, nisi sculpturæ solius : etsi enim scripturâ Angeli fuerit Aramæa, id est, Assyria, & lingua Aramæa ; nihilominus cùm venit Esdras ad describendam legem, non mutauit formam legis, sed tantùm scripturam, quæ renouata fuit in diebus Danielis ; patetq; ex hoc quòd scriptum est [& descripsit sibi exemplar, seu δδντέςφιν legis, id est, scripturam quæ debebat mutari :] verùm lingua quâ scripsit, fuit illa Hebræa & sancta, vti à principio &c. Veruntamen & hi vacillantes opinantur scripturâ illam non Hebræam, sed aliam ab omnibus diuersam fuisse ; in quo tamen ita diuersi sunt, vt sibi in omnibus contradicere videantur. Aiunt enim quidam, à Iudæis in Babylone non fuisse intellectum quòd Gamatricè scripta fuisset, id est, sensu Cabalico solis sapientibus noto, quem vocant: צורף והתמורה : אותיות *literarum videlicet combinationem & permutationem.* Verùm Authorem ipsum R.Simeonem more Rabbinico de ijs differentem audiamus: *R. Simeon.*

אמר ר' שמעון כתב זה לא נשתנה מאי לא כהלין כתבא למקרי אמר רב
בגימטריא איכתב להון יטת יטת ארך פונחמט מאי פריש לחון מנא מנא
תקל ופרסין מנא מנא אלהא מלכותך ושלמה לך תקל תקילת במאונא והשתכחת
חסיר פורסין פריסת מלכותך ויהיבת למוי ופרס ושמואל אמר ממתום ננקפי
אאלרך ר' יוחנן אמר אנם אנם לקת ניסרפו: רב אשי אמר נמא
נמא קתל פורסין:

Dicit R. Simeon, scriptura hæc non est immutata : quid est? non poterant legere scripturam? dicit Rab. per Gamatriam ipsis scriptum erat : Iatheth, Iatheth, Adac, pughamet ; quorum interpretatio est : Mane, Mane, Tekhil, vpharsin. Mane, numerauit Deus regnum tuum ; & perfecit illud : Thekil , positu; es in statera, & inuentus es deficiens ; Pharsin, diuisum est regnum tuum, & datum est Medis & Persis . & Samuel ait, Mamtom, Nankephi Aalran. Rabi quoque Iohanan dixit, Anam Anam, Lakath Nisrephu. R. Ase dixit , Nema Nema, Ketal Phursin. Atque hæ sunt subtilitates Rabbinicæ, quas, dum ex difficultatibus emergere non possunt, ne nihil dixisse videantur, comminiscuntur: quibus tamen commentis nil insulsius esse potest . Videant plura, quibus placent huiusmodi nugamenta, apud Morinum Exercit. in Pentat. Samaritanum; ex quo hæc fere desumpsimus .

Tertia sententia eorum est, qui volunt Assyrium characterem verum & genuinum characterem Hebræum fuisse ,

Quarta verò sententia, ab hac discrepans , sub distinctione loquitur: ait enim, duplicem fuisse characterem Hebræum verum, sacrum , & profanum ; hunc (sc : profanum) Cuthæorum, videlicet Samaritanum ; illum verò (sacrum) Assyrium fuisse . De sacro charactere rursus diuersa sentiunt diuersi . Alij affirmant sacro charactere scriptas tantùm fuisse, duas tabulas, librumque legis, qui in Arca conseruabatur ; reliquos verò profano, id est, Samaritano . Nonnulli dicunt, sacro charactere libros omnes legis & Prophetarum scriptos fuisse, sicuti & ea, quæ vocant frontalia, siue phylacteria ; profano autem omnia reliqua , quæ ad politicam pertinebant , ita inter alios Rab Iom Iob Abramides ; & R. Iacob in libro, qui intitulatur יעקב עין , fons siue oculus Iacob fol. 142. col. 1. contra Amoraim & Thanaim Thalmudicos Doctores , vt habet Rab Ioseph Albo. Atque hanc sententiam præ omnibus alijs rationi, subiectæque materiæ magis consentaneam esse, mox dicam ; soluit enim omnes difficultates, vt in sequentibus videbitur .

§. II.

Decisio litis .

DIscussis itaque Rabbinorum plerorumque de hoc negotio tractantium argumentis & rationibus, iam vt nodus hic gordius tandem soluatur, quid in negotio adeo lubrico reuera statuendum sit, aperiendum est.

Dico igitur primò, Samariticum characterem non essentialiter, sed accidentaliter tantùm ab Assyrio distingui, quòd hic quadratus, elegans & decorus, alter autem apices ita formet diuersos, vt tamen literarum atque characterum lineamenta (quemadmodum in nostra Anatomia characteristica paulò post ponenda, fusè declaratur) quoad substantiam non sint diuersa ; atque eâdem ratione se habent, quemadmodum character Hebræus modernus ad characterem Rabbinorum, quem currentem passim vocant ; quorum maxima diuersitas est : nam Saphardæi, siue Hebræi Hispani alio, currente scribunt, alio Askenezim siue Germani , alio Mizrijm siue Ægyptij, Cithijm siue Itali alio ; quos tamen (non obstante quod omnes ex vno & eodem charactere Hebræo profluxerint ;) non omnes, quantumuis periti, nisi magnâ præuiâ exercitatione legere possunt ; quod etiam in omnibus alijs linguis videmus accidere ; ita enim Gallicus & Italicus character manuscriptus difficulter à Germanis legitur, & è contra, Italis, Gallis, Hispanis, Germanicus, vel Belgicus character imperceptibilis est, etiam si vterque à Latino quoad substantiam nullâ ratione differat. Ita, inquam, dico se Assyrium habuisse ad Samaritanum characterem . Nam Esdram, cùm scripturam vnâ cum charactere ferè

obli-

obliuioni traditam, huncque à primo suo decore multùm successu temporum declinasse videret; vt studium legis promoueret, omnesque ad ei
assiduò incumbendum quouis modo incitaret, Samaritanorum characterem paulatim degenerem, pristino suo decori nitorique, vnà cum lege
restituisse omninò existimandum est; neque putare debemus, Esdram toto cœlo distinctum characterem populo tradidisse, sed commodiorem,
elegantioremque, & primogenio tabularum Mosaicarum characteri, vt
postea videbitur, conformiorem. hisce itaque pensiculatiùs consideratis,

Infero, & Dico secundò, characterem Assyrium siue Esdræum in sacris scribendis fuisse adhibitum; in profanis verò Samariticum. Ita Obo-
dias à Bartenora Commentario in Mischnaioth, Mesechet iadaim, perek. 4.
num. 5. his verbis:

כתב עברי הכתב שבא ימעבר הנהר ודהכותיים שהם השומרונים כותבים
בו עד היום וישראל היו משתמשין באותו כתב בדברי חול ובמטבעות של כסף
נמצאות בידינו היום שחיו מזמן מלכי ישראל ומפותחות באותו כתב אבל הכתב
שאנו כותבין בו ספרים היום כתב אשורי הוא נקרא דהוא הכתב שהיה בלוחות
ונקרא אשורי שהוא המאושר שבכתבות לשון באשרי כי אשרוני בנות זכ':

*Scriptura Hebraica ea est, quæ venit è regione trans flumen; Cuthijm au-
tem, qui sunt Samaritani, eam scribunt in hunc vsque diem; Israël autem vtebatur ista scriptura in rebus profanis, & moneta argentea, quæ nunc hodie reperitur
in manibus nostris, & percussa est tempore Regum Israël, & signata eadem scripturá. Scriptura autem quâ nos scribimus libros hodie, dicitur scriptura Assyria,
estáq scriptura tabularum. Vocatur autem Assyria, quòd felix sit & pulchra,
iuxta illud, Propter beatitudinem meam beatam me dicent filiæ.* Confirmat hæc
omnia alius quidam apud R. Mosen Alascar responsionum c. 24. R. Iehuda Muscato Commentator librì Cozri apud Morinum. Præ cœteris autem R. Azarias in libro intitulato מאור עינים, *lumen oculorum* c. 58. postquam multùm vltrò citròque disseruit, tandem, inquit, consideratis ijs, quæ
dicuntur & præcipiuntur de Thephillin, & Mezuzoth, quæ scriptura tantùm Assyriaca scribi debent, ijsque quæ sollicitè explicantur de virgulis
& apiculis literarum, infert:

יביא אותנו להכריע באמת ובתמים שהלוחות והתורה
לא בכתב אחר כי אם כאשורי נתנו:

*Hæc in eam nos opinionem inducunt, vt æstimemus cum veritate & inte-
gritate, tabulas legis non aliá scripturá datas fuisse, quàm Assyriá.* Imò Assyrium characterem verum illum Hebræum antiquum esse, quo lex in tabulis scripta est, eumque nunquam mutatum fuisse, Esdram autem eum iam
pène ab hominum librorumque memoria abolitum, vt potuit, restaurasse
autumamus. neque desunt nostræ sententiæ fautores. ex melioris notæ
Rabbinis R. Iacob in oculo suo totum negotium ex ipso Rambam clarè
demonstrat, his verbis:

הנה נתאמת מה שכתבתי שכתב הלוחות והתורה לא נשתנה מעולם
וכן כתב הרמב"ם בפי' המשנה במסכת ידים כי הכתב אשר נכתב בו אנחנו הוא
כתב אשורי והוא הכתב אשר כתב בו השם יתברך התורה ונקרא אשורי מן
הגדולה

חגדולה והתפארת כמו באשרי כי אשרוני בנות והוא אמרם אשורי שמאושר בכתבו :

Ecce certus sum quod scripsi quod scriptura tabularum, & legis, quæ fuit in Arca, nunquam est mutata. & ita scripsit Rambam in com. Misnæ, in tract. Iadaim, quoniam scriptura, quá nos scribimus, ipsa est scriptura Assyria, & scriptura etiam, quá legem Deus benedictus scripsit; & vocatur Assyria à magnitudine & gloria, seu pulchritudine, iuxta illud, Quoniam beatam me dicent filiæ, & sic di-

R. Samuel
Iaphe.

cta est Assyria, quòd beata sit in suo charactere. Cui veluti calculo suo subscribit R. Samuel Iaphe : vult enim hanc scripturam tunc temporis minimè fuisse vulgarem, sed legem tantùm, & phylacteria ea scribi solita ; cœtera verò omnia monumenta, cuiusmodi erant annales, siue historiæ, & publica monumenta, sicuti & numismata, Samaritico charactere, qui tunc temporis quasi vulgaris erat, conscribebantur. Vt vel hinc appareat, verum esse, quod suprà asseruimus de charactere sacro & profano, hunc (profanum) Samariticum, illum (sacrum) Assyrium fuisse. Verùm verba Authoris cito ; ita enim dicit :

אף עלפי כן מחדך חומת דקרושת הכתב החוא באוחן חימים לא חיו כותבים אותו אפלר בספרים שכותב המלך או כל אחד וא' לעצמו אלא חיו כותבים אותו בכתב עברי וזה שכשנגנד חארון שכחום לאותיות מנצפך שכשגלו לשון וידעו בנו אשור בחב וזה נטלוחו לחם או שחיח אצלם קורם לכן שנודע לחם מספר הקרש מלבד כתב שלחם או שחיח לחם וחמדו אותו ובני ישראל חורגלו בו עמחם מהם ואילך וזחו שעלה עמהם מאשור ובימי עזרא ניתן לחם לכתוב ס'ח ושאר כתובים :

Nihilominus propter perfectionem & sanctitatem scripturæ illius in illis diebus non scribebant eam, etiam in libris, in quibus scribebat Rex, aut vnusquisq; pro seipso ; sed scribebant eos scripturá Hebraica ; quia autem abscondita erat arca, obliti sunt literarum צ ן ם ף ך, (id est, illarum, quæ bis in Alphabeto ponuntur, & finales alium ductum habent.) cum migrarunt in Assyriam. Et nouerunt filij Assur hanc scripturam, ideò acceperunt eam sibi, vel quòd antea apud eos esset, innotuerat enim illis ex libro sacro præter scripturam suam ; vel quòd illorum fuerat, concupiuerunt ; Filij autem Israël assueuerunt ea simul cum illis ab illo tempore & deinceps. Et hoc est, propter quod dicitur, ascendisse cum illis de Assur, sed in diebus Esdræ datum est illis scribere librum legis, & reliqua hagiographa, charactere videlicet Assyrio. Quæ verba ita clara sunt, vt nostram sententiam demonstrare videantur.

Esdras cur
mutauerit
characterem.

Patet igitur denuò, characteres hosce nullâ ratione essentialiter fuisse diuersos, sed Samaritanum characterem Hebræum ab Esdra in meliorem formam, & elegantiorem, ad studium legis vecordem populum, vel ipsa characteris pulchritudine, vt dictum est, excitandum, mutatum fuisse. Accedit quòd Assyrius character, quo tabulas legis scriptas ostendimus, apicibus constet plenis mysterio, vt & totus character, quemadmodum in sequentibus videbitur, mysticus & symbolicus; quod de Samaritico dici nullâ ratione potest, vtpote apicibus nimium à prima simplicitate sua decliuibus prædito. Addo aliud, si vera sint, quæ referunt

R R. Mose,
Zohar, Rassi.

More, Zohar, & Rassi, in 24. caput Exodi. Tabulas legis fuisse, iuxta veterum traditionem, perforatas, & ex vtráque parte legi potuisse ; vnde consequenter intermediæ partes ם finalis, & ם miraculo sustinebantur, ne ca-

ne caderent. Vnde vnicum argumentum sumunt asserendi legem solo
Assyrio, videlicet quadrato illo & elegante charactere fuisse scriptam,
non Samaritico, cùm eius Mem ᛗ & Sameech ᛯ, facilè & sine vllo miraculo in tabulis consistentes, repugnent miraculosæ scripturæ, quâ veteres constanti traditione tabulas legis scriptas esse volunt.

Verùm nos relictis Rabbinorum plerorumque fabulosis traditionibus, vt nostra solidiori fundamento insistant, à solidiori antiquitate ince-
ceptam inquisitionis nostræ telam ordiamur; in qua, si characterem Samaritanum eundem cum Assyrio demonstrauerimus, vti diuinâ gratiâ nos
demonstraturos confidimus; certè famosissimæ quæstioni nullo non tempore agitatæ finem tandem nos imposuisse merito gloriari poterimus.

DISQVISITIO III.

De varijs inscriptionibus prisco Hebræorum charactere peractis

EXaminata paulò profundiùs Rabbinorum de propositis characteribus sententia, æstus illorum, atque in decidenda lite inconstantiæ
causam aliam non reperio, nisi summam antiquitatis, veterumque monu-
mentorum ignorantiam, & in eorum inuestigandorum studio supinam
negligentiam; à quorum tamen notitia, totius controuersiæ ratio dependere videtur. Vnde nos, vt solidiùs huic controuersiæ incumbere-
mus, nullum non mouimus lapidem, quo in antiquam veterum characterum Hebraicorum notitiam deueniremus, atque ita detectis nonnullis
vetustatis vestigijs, ijsdem veluti solidiori fundamento sententiam nostram tutiùs, certiùsque stabilire possemus. Neque æstuantis ingenij molimina fesellit diuina prouidentia: nam per idem tempus variæ ex Oriente allatæ inscriptiones, partim saxis, partim argenteis impressæ numis,
insignem mihi præbuère in famosissimæ sententiæ lite decidenda occasionem. Nos de argenteis numis veterum Hebræorum, seu Siclis primò,
deinde quoque de altero inscriptionum genere tractabimus.

Inueniuntur hîc Romæ passim in Musæis, tum Collegij Romani à Villalpando olim ex Hispania allatæ, tum clarissimorum virorum Francisci
Gualdi, & Francisci Angeloni & inclyti viri D. Francisci Gotti fredi, non
doctrina minùs, rerumque antiquarum notitia, quàm nobilitate comprimis spectabilis, monetæ argenteæ vetustis characteribus Hebræorum inscriptæ, quos Siclos vocant. Huiusmodi monetas in Francia quoque varijs in locis me vidisse memini, & postea à Morino in exercitatione in
Pentateuchum Samaritanum excusas deprehendi. Allatæ quoque sunt
aliæ ex Oriente à quodam R. Salomone Azubi, quæ coniunctæ cum ijs,
quas ex Siculis & Romanis Musæis hinc inde collegeram, insignem præbuère fuse differendi materiam. Harum aliquæ inscriptæ sunt charactere
Samaritico, aliquæ Assyrio. Quid autem inscriptio facta significet, quid
hieroglyphica in medio characterum posita, quando, & vbi impressa numismata, iam tempus est, vt aperiamus.

M Nu-

Numismata primæ Classis.

Analysis & explicatio literarum Numi.

Ʒ𐤚𐤉𐤅𐤔𐤌 ƷꞀ𐤅𐤔Ꞇ𐤒; Ƹ𐤅𐤔Ꞇ𐤒 𐤉ƷꞀƔ𐤔Ꞇ𐤌Ʒ

ꞀꞁꞀꞁꞀꞁ Ʒꞁ𐤌 ꞀꞁꞀꞁꞀ ꞀꞀꞁꞀꞀꞁ

ישראל שקל קדשה ירושלם

Israel Schekel Kedoscha Irusalem

Israël   Siclus   Sancta   Ierusalem

Duo notanda funt in hoc numifmate: primò, charactèr, qui Samaritanus eft, vti moderni docent charactères Samaritani, à quibus vix in vllo difcrepat, vt eos examinanti patebit: Secundò, hieroglyphica vnà cum interpretatione charactèrum, quæ eft, primæ quidem faciei, *Siclus Ifrael*, fecundæ verò faciei, *Ierufalem fancta*. Sed vt omnia clariffimè & cum bona methodo declarentur, primò de Siclo, deinde de fignificatione hieroglyphicorum dicemus.

§. I.

De Siclo Hebræorum.

Dicunt Hebræi Siclum לקש, à לקש, hoc eft, ponderando, appendendo, librando; eò quòd pecuniam veteres Hebræi, Chaldæi, & Syri, non vt nos, numerabant difcrete, fed ex pondere fummam valoremque eius dijudicabant. Vide 23. cap. 16. v. Gen.

וישקל אברהם לעפרן ארבע מאות שקל כסף עבה לסחר :

Et appendit Abraham Ephron quadringentos ficlos probatæ monetæ publicæ; vel vt alij legunt, *pro Mercatoribus*; vel vt Thargum Onkelos habet; דמתקבל בסחורתא בכל מדינא *quod recipiebatur pro mercimonijs in vnaquaque prouincia*: vide Reg. 20. 39. Efd. 8. 25. Efa. 46. 6. Et in nouo teftamento, Matthæi 26. 15. legimus Sacerdotes 30. argenteos numos Iudæ non numeraffe, fed ἔστησαν, id eft, appendiffe; vnde & Symmachus illud Zach. 11. 12. ἐστάθμισαν vertit, *appenderunt*. Hebræi igitur כסף במשקלה *pecuniam in pondere fuo*, & Chaldæi כסף תקליא *pecuniam appenfionum* vocarunt, quæ

con-

Marginal notes (left column):

Charactères numifmatis Samaritani.

Charactères moderni Samaritani.

Charactères Affyrij fiue Efdræ.

Interpretatio

Vnde dictus fit Siclus. Veteres Hebræi, Chaldæi, & Syri non numerabant, fed ponderabant pecunias.

consuetudo deinde in usum quoque Romanorum deuenit, vt docte Bu-
dæus l. de asse. Est autem duplex Siclus Hebraicus; sacer, siue Ecclesiasticus, & vulgaris. Sacer proprie dicitur קדש siclus שקל *Siclus sanctuary*, ad
res sacras deputatus, videlicet ad tabernaculi, vel templi structuram, &
ornatum, ad sacri ministerij apparatum & perfectionem, ad Numinis propitiationem, suique cuiusque redemptionem. Profitebantur enim hâc
Sicli pensione Dei peculium se esse, neque alium habere Regem, vel Dominum, præter Deum, cui seipsos totos obstrinxerant; & ideo etiam
קדוש ישראל *sanctus Israel* dicebatur, vt est Ier. 5 r. v. 5. vel כסף פדיום, *pecunia redemptionis*, vel כסף הכפורים, *pecunia propitiationis*, seu expiationum,
aliisque nominibus appellatus fuit. Vulgaris verò in promiscuum usum
deputabatur. Cœterum argenteus Siclus Hebræorum, quemadmodum

ex voce גרה *Ghera*, Exod. 30. v. 13. Leu. 7. v. 25. colligitur, quasi viginti obolis constabat. Est autem גרה, siue obolus, tantum argenti, quantum pendunt sexdecim grana hordei, siue semen siliquæ communis. Vnde vigesima Sicli pars est גרה, quæ vicenæ partes deinde coniunctim pon-
derant 320. grana hordei in argento, siue totidem siliquas communes,
quæ faciunt 24. obolos Atticos, siue quatuor denarios Romanos, seu
totidem drachmas Atticas, quas vt plurimùm voce τεσσαρες δραχμας exprimunt.
Vide quæ fusè de hisce diximus in Supplemento ad Prodromum Coptum.
Et confirmat nostra R. Iochai libro שלשלת הקבלה, quæ dicitur *Catena Ca-
balae*, tract. de monetis; ורבינו בקבלה הוא שקל הקדש משקל כ"ב גרעינים
*Et cognouimus ex Kabalah, quod Siclus sacer pendet 320. grana hordei in
puro argento.* Hunc autem æquiualere τεσσαρες δραχμας, Iosephus his verbis
ostendit. Ο σικλ(ος) νομισμα δε Εβραιων ων, Αττικας δεχεται δραχμας τεσσαρας. Siclus autem numus Hebræorum qui est, Atticas capit drachmas quatuor. Atque
hic est celeberrimus ille Siclus Hebræorum, quem paulo ante tibi pro-
posuimus Samaritico charactere inscriptum.

§. II.

Hieroglyphica proposti numi.

HAbet Numi facies prima venam, seu vasis istius figuram, quæ mensuram plenam, siue *Homer* mannæ capiens, erecto tabernaculo, vel
templo, ad seculorum monumentum, Dei iussu, & Mosis procuratione,
ante illius conspectum, in Arca asseruanda erat proposita. ita habebatur Exodi c. 16. v. 33. his verbis:

In vna facie
Sicli vas cum
manna.

ויאמר משה אל אהרן קח צנצנת אחת ותן שמה מלא העמר מן וחנח אותו
לפני יי למשמרת לדרתיכם :

*Et dixit Dominus ad Aharon; accipe vas vnum, & mitte ibi Man, quan-
tum Gomer capere potest, & repone coram Domino ad seruandum in generationes
vestras.* in Græco, pro vase, habetur σταμνος; in Chaldæo. tshe-
luchith, hoc est, *lagenula.* Litera F vrnæ imposita, idem est quod א He-

In altera parte Sicli virga florens Aaron.

bræorum, & significat primum ac integrum Siclum. Ab altera parte virgam illam mirificam intueri licet, quam inter plurimas virgas Aharonis nomine in tentorium conuentûs illatam, vt sacerdotalis illius vocatio, hoc tanquam publico indicio confirmaretur, commendareturque, postero die populus omnis germen producentem, florem emittentem, explicantemque vidit. ita Num. 17. v. 8.

ויהי ממחרת ויבא משה אל־אהל העדות והנה פרח מטה אהרן לבית לוי ויצא
פרח ויצץ ציץ ויגמל שקדים:

Et sequenti die regressus est Moses ad tabernaculum testimonij, & ecce floruit virga Aharon domui Leui, & turgentibus gemmis eruperant flores, qui folijs dilatatis in amygdala deformati sunt. Atque hoc ita esse, & hasce duas figuras hieroglyphicas nihil aliud significare, quàm vas Mannæ arcæ impositum, & virgam Aharonis mirificam, ipsimet Iudæi affirmant. Instar omnium sit Rambam, qui in perusch Misnæ, hæc inter alia refert:

R. Rambam.

מצאתי באק'ל ביד וכקי וכרי מטבע כסף ספורות פתוחי חותם מצדי האחד
כעין מקל וכו' וכו' וכו' וכו' ...

Fragmentum historiæ Samaritanæ Vaticanæ.

Inueni in Acco, id est, Ptolemaide, in manibus Seniorum terræ monetam argenteam, signatam sculptura sigilli. Ex vno latere erat veluti figura virgæ Amygdalinæ, & ex altero veluti vrnæ. In vtroque autem latere ad marginem scriptura erat insculpta admodum manifeste. Et ostenderunt scripturam Cuthæis, & legerunt eam statim, quòniam ipsa est scriptura Hebræa, quæ superstes fuit Cuthæis, sicuti commemoratur in Sanedrin, & legerunt ex vno latere, [Siclus Siclorum.] & ex altero, [Ierusalem sancta.] dicebant quoque, figuram esse virgæ Aharonis, figuram verò secundam esse vrnæ, in qua erat Manna. Et fragmentum Samaritanæ historiæ Vaticanæ, ita inter alia habet:

ⵣⵔⵎ ... ⴷ ... ⵥ ...
ⵥ ... ⵥ ...
: ... ⴱⵥⵁⵥ ...

Sunt etiam nobis adhuc reliqua numismata scripta charactere Simron, & ex vno latere quasi figura virgæ amygdalinæ Aharon; & ex altero vas Mannæ, & cuderunt ea Reges Israel.

Siclus Hebræorum cur vale Mannæ, & Virgæ Aaronis esser insignitus.

Dico igitur, hunc nummum seu numisma argenteum, cusum esse à Regibus Israel, quo tempore character Samariticus vulgaris erat. Cusum autem esse, non excisum, ita certum est, vt qui illud negare conaretur, certo certiùs probaret, se à numismatum cognitione ita esse alienum, vt percussa numismata à fusis, aut aliâ ratione formatis distinguere, aut secernere nesciret. Vas autem Mannæ, & virgam Aaronis, vnà cum hac sententiâ, veluti impressâ quadam ... *Siclus Israel,* & ... *Ierusalem sancta,* puto eâ intentione à Regibus Israel esse impressa, vt Hebræi hoc viuali numismate inspecto, immensâ

Dei

Dei Opt. Max. beneficia, cùm in deserto quadraginta annis pane cœlesti
pascerentur, & tot tantisque miraculis confirmarentur, per vas Mannæ,
& per virgam Aaronis indicata recolerent; seque ipsis inscriptionibus
populum electum Dei, à Deo semper singularibus miraculis defensum
esse cognoscerent, ciuesque Hierusalem sanctæ istius vrbis, quæ loci emi-
nentia, cœli, Solique felicitate cunctas Mundi vrbes superans, speciali à
Deo priuilegio ornata esset, vt in ea templum & domus eius esset, cultus-
que diuinus purè & syncere exerceretur; ac proindè inspicientes hoc,
beneficiorum à Deo electo populo nullo non tempore præstitorum veluti mnenosynon quoddam, in feruore charitatis, fideique constantia erga
tantum benefactorem perpetuò animarentur. Verùm cùm ea omnia in Anagogica numismatis explicatio.
figura illis contigerint; nostrum supercœleste manna, nostrum sacerdo-
tem Iesum Christum Dominum, panem viuum, qui de cœlo descendit,
sacerdotem æternum, qui semel quinque Siclorum pretio redemptus in
templo, Redemptor noster, ac nostræ salutis pretium effectus est, significasse crediderim; neque aliam ob causam sanctuarij Siclo omnem æstima-
tionem fieri præcepisse Dominum arbitrarer, quàm quòd hæc, quæ diximus, eiusmodi Sicli insignibus referrentur. Sed iam ad secundæ Classis
numum.

Secundæ Classis Numus.

Hic numus idem prorsus cum præcedente est, si pauca quædam excipias. In hoc enim supra Catinum, vbi in priore ponitur F, ponuntur
hæ duæ literæ ‎שד. literæ quoque aliquæ superadiunctæ videntur in
secunda facie, vt in præsenti schemate vides. F autem idem est quod א
Hebræorum, & notat primum & integrum Siclum, vt paulò ante etiam
diximus. Literæ verò catino superpositæ ‎שד, significant Sciekel Dauid,
id est, Siclum Dauidis.

Analysis characterum Numi.

Literæ Numismatis.

Literę Samaritanæ odernę.

‎אירושלם חקדש שלק ישראל

Lit. Hebraæ.

Israel Sciekel Hakkedoscha Irusalem Interp. Lat.

Per

Per characteres ᛕW vt dixi, nihil aliud indicatur, nisi Siclus Dauid; quòd à Dauide Rege, vel posteris eius sit cusus; sunt enim initiales literæ vocum ᛕ?ᛕ ᛉ〰 *Sciekel Dauid*. Imò & hoc verum esse, demonstrat inscriptionis Dialectus Hierosolymitana, קדושלמת אידושלמה *Ieruscialima Kadoscia*; solebant enim Hierosolymis vt plurimum vocabulis in fine adnectere ח, vt clarè docent Rabbini Simeon, & Nachmanides in Thalmud Hierosolymitano Tract: Meghilla fol. 71. columna 4. his verbis:

הסמן רור׳ שמואל בר׳ נחמן תרויהון אמרין אנשי ירושלם היו כותבין
ירושלימה ולא הנו מקפידין ורכוותה צפון צפונה תים תימנה :

Dixerunt RR. Simeon, & Samuel Nachmanides, quòd homines Ierusalem scribebant loco Ierusalem Ierusolimah, & de hac re non curabant. Et consimilia pro Tsaphon Tsaphonah, & pro Thimon Thimonah. Non ignoro hîc illud ח in fine vocis Ierusalem adiunctum, à quibusdam non referri ad dictam vocem Ierusalem, sed ad sequentem vocem הקדושה, quasi diceretur ירושלם הקדושה, *Ierusalem illa vrbs sancta*: vtrumque dici potest; quare in hoc nemini quicquam præscripserim; sequatur quisque eam, quam voluerit partem.

Ex quibus manifestè colligitur, hunc Siclum Hierosolymis excusum fuisse, cùm ob dialectum ei vrbi propriam, tùm ob nomen Dauidis in eo comprehensum, vt paulò ante ostendimus: Numum verò præcedentem alibi excusum fuisse, vtpotè & dialecto, & literis Siclum Dauidicum exprimentibus destitutum.

Tertiæ Classis Semisiclus hic est.

Hic numus argenteus passim quoque inuenitur, constatque medio Siclo, vt ex sequenti inscriptione eius patet.

Analysis literarum cum inscriptione.

ᛚʄPW ᛉᛋ?ʍᛥᛚᛟWᛋᛏ ᛩʄWᛕᛁᛆᛁ

: ᛉᛉ〰 ᛉᛝᛈᛈᛉ ᛉ〰ᛉᛕᛉ ᛕᛉ〰ᛉᛉᛏᛉᛕ

: אירשלם קרושה חצאה שקל

Sciekel Chatsab Kedoscha Irusalem
Siclus medius sancta Ierusalem

Hic

Hie numus à primo numo non differt, nisi valore: constat enim dimidio Siclo, vt inscriptio חצי שקל *Chatsi Schekel*, id est, *Medius Siclus*, docet. Symbola sunt eadem, vnde & eodem loco, & tempore cusus videtur.

Quartæ Classis Siclus.

Rarus hic Numus est, neque eum inuenire potui, nisi in Numotheca Collegij Romani Societ. nostræ, seruata in Musæo eiusdem Collegij nuper à me multorum liberalitate erecto; quem etiam numum à Vilalpando excusum Lector videbit. Continet prima eius facies radicem plantæ Balsami, cum hac inscriptione ꟿꝶꟾꝶ *Muleth*, id est, *circumcisionis tempore*: Altera verò palmæ plantam continet, cum hac inscriptione ꟿꝶꟾ *Menghabo*, hoc est, *à pinguedine*; viderturq; omnium aliorum vetustissimus; characterum quoque forma nonnihil à prioribus degenerat. Verùm schema eius hîc appositum contemplare.

Aereus Semisiclus antiquissimus.

Analysis seu resolutio Characterum.

מעבו מול עת׃

Mul engbet Menghabo

Tempore circumcisionis A pinguedine eius

Hunc numum excusum esse tempore Iosue, & inscriptio, & insignia satis ostendunt. Inscriptio prioris habet עת מול *tempore circumcisionis.* nequit hoc de vllo alio tempore dici, quàm de illo, cuius meminit liber Iosue, his verbis: *Dixit Dominus ad Iosue: Fac tibi cultros lapideos, & circumcide secundò filios Israël, in colle præputiorum.* Insignia verò Balsami & palmæ significant terræ promissionis, in quam introducendi erant filij Israël, Balsamo & palma florentem, vt Tacitus refert l. 5. hist. quà vtráque plantâ terræ promissæ feracitas, & pinguedinis abundantia exprimitur, sicut & hâc inscriptione מעבו *à pinguedine eius*; quasi Monetæ cusor hoc ipso in memoriam reuocare voluerit magnitudinem beneficij à Deo, populo suo

Numus hic cusus tempore Iosue.

Iosue 5.

Tacitus.

Quid indicet nomen Menghabo, à pinguedine eius.

Anagogica numi explicatio.

suo conceſſi, dum eum in regionem tantis bonis abundantem introduxit.
Symbolum vtique cœleſtis illius terræ promiſſionis, quam electis ſuis vim
affectibus terrenis inferentibus, quæ per circumciſionem ſignificatur,
poſt huius vitæ deſertum varijs ærumnis ſqualidum promiſit verus ille
Ioſue Ieſus Chriſtus Dominus noſter; vbi videlicet ab vbertate domus
Dei ſatiabuntur, & torrente voluptatis potabuntur. Verùm ne quiequam
propriâ coniecturâ aſſeruiſſe videar, adduco huius rei teſtem R. Moſen
Alaſcarum reſponſ. 74. his verbis:

R. Moſes Alaſcarus.

דע שבאו לידי מהמטבעות שקל ומחצית חשקל וחיו מהם ונכתב בם זמן כך

למלך פלוני ודאיתי באחד צורה לולב אגוד ואחרוג בצדו וכ׳׳:

Scito quòd venerunt in manus meas numiſmata nonnulla diuerſarum ſpecie-
rum, Sicli & Semiſicli; in quibuſdam eorum ſcriptum erat, anno talis conſola-
tionis Sion, anno tali, Regis talis. Vidi quoque in vno figuram palmæ in faſcicu-
lum collectæ, & citri. hæc Alaſcarus cit. loco. Vbi nota erraſſe Rabbinum in figura radicis balſami, quam ob figuram putabat eſſe citrium
pomum.

Quintæ Claſſis Siclus.

Numus hic tempore Samuelis cuſus. R. Salomon Azubi.

Hic numus argenteus habetur in Promptuario Menedrij, & apud
R. Sal. Azubi Conſtantinopol. eum me vidiſſe memini. Villalpandus
quoque eum excuſum habet, videturque ſecundum locum antiquitatis
à præcedente poſſidere, vtpote qui cuſus ſit tempore Samuelis Prophetæ,
vt inſcriptio docet. Quæ in Villalpandi numo deſiderantur literæ, in
Azubiano integræ habentur, vt ſequitur.

Analyſis literarum, & ſignificatio.

𐤔𐤌𐤅𐤀𐤋 𐤍𐤁𐤉 𐤍𐤂𐤀𐤋𐤕 𐤑𐤅𐤌

שמואל נבי נגאלת כצום

betſom Negaltha Naui Sciamuel

Redempta es in ieiunio Propheta Samuel

Vbi nota, in נגאלת Thau in charactere Samaritico figuram perfectam
Crucis habere X, quod & in alijs Siclis, vt paulò poſt videbitur, notaui.
Symbola porrò, in vna parte eſt vas ſiue lagenula Mannæ, in altera, faſci-
culus

culus frumenti feu fructuum, cuius è latere apponuntur duo vafa, forfan Lecythus & lagenula vini, vel lenticula olei ; vt immenfa Dei beneficia populo Ifraëlitico nullo non tempore exhibita tum in deferto, tum potifsimùm in terra promifsionis omni temporalis fpiritualifque benedictionis genere abundante, per fafciculum & duo vafcula appofita indicata ad confpectum vfualis huius numi in memoriam reuocaret fapiens metalli cufor : Sed hæc de numo fufficiant.

Sexta Claffis Numus.

Sextæ Claffis Numus habetur apud Menedrium , & in Promptuario Eminentiff. Card. Boncompagni , & excufus fpectatur apud Villalpandum. Schema numi apponimus vnà cum analyfi literarum.

Analyfis literarum cum interpretatione earundem.

VI

Luxovxxזבלː ħosשw

: הזתגאם תזהx2 אn ב2w

:שׁמֶן עֵת לְחֵרוּת יְרוּשָׁלֵם

Ierufalem Lachruth Schemen gheth

In Ierufalem fecundùm fcripturam incifus , Tempus vnctionis

Hunc Numum putat Villalpandus cufum effe tempore Iofiæ, idque probat per numerum fub literis torqui inclufis contentum ; fi enim numeros eruas, vt hìc in margine vides, dabunt ij coniuncti numerum 860: & tot annos continet tempus ab exitu filiorum Ifraël vfq; ad Iofiam, vt ex facra Scriptura probatur. Sed hæc arbitrio Lectoris relinquimus. Ego arbitror, hunc cufum effe tempore Salomonis, quo tota Palæftina in fummo felicitatis ftatu degebat, quod Rabbini pinguedinis tempus, ob rerum omnium abundantiam, vocabant. Vide Radak in Pfal. 4. vbi hæc verba explicat:

ש	300
ם	40
ל	50
ע	70
ת	400
Summa	
	860.

Numus hic tempore Salomonis videtur cufus.

Radak.

בעת דגנם ותירושם רבו ר'ל בעת שלמה היא עת שמן עת תירוש וכל טוב

: בשלום יחדו וישבו

In tempore frumenti optimatium & vini multiplicati funt ; hoc eft tempore Schlamoh, quod tempus fuit pinguedinis, tempus mufti, & omnium bonorum,

N

in

in pace federunt. Quæ probant ipfa Symbola numo appofita, ex prima parte, ramus oliuæ, pacis nota, cum gutturnio feu phiala, facrificij fymbolo, cum hac infcriptione ⲋⳕ⳿ⲧⲁⲛ· ⲛⲧⲁⲣⲥⲍ, *iuxta fcripturam Ierufalem*, vel *in fculptum Hierofolymæ*; ex altera parte Torques Regius gemmis pretiofifq; lapidibus corufcus, cum hac infcriptione ⲛⲟⲥⲍ⳿ⲧ *Schemen gheth*, *pinguedinis tempus*: quæ omnia monftrant, eo tempore cufum effe, quo auri & argenti, diuitiarumque Hierofolymæ nullus erat numerus, quæ per torquem aureum gemmis ornatum indicantur; ficuti rerum omnium abundantia, paxque alta, per literas torqui inclufas, & per ramum oliuæ fignificantur.

Septimæ Claffis Numi.

VV *aferus.*

Horum Numorum figuras vide apud Waferum opufculo de antiquis Hebræorum Numis, vbi illos producit, neque alibi me eos vidiffe memini, & funt quatuor: Primus confuetis fuis Symbolis & infcriptionibus conftat, nempe vafe Mannæ, & virga Aharonis, vti primus nofter; & fupra vas eft littera F. Secundus ijfdem quoque fymbolis infignitur; Infcriptio tamen variat; & fupra vas litera ⳤ ponitur. Tertius numus eadem fymbola cum præcedente habet, fed in vna parte infcriptio quoque variat, pofita fupra vas Mannæ litera ⳁ. Quartus Numus, fymbola eadem habet, at infcriptio vnius partis à reliquis differt, pofita fupra vas litera ⳤ. Sequuntur infcriptiones, & earum interpretationes.

I.

‏יהושלם קרשה שקל ישראל׃‏

Ifrael Sciekel Kedofcha Irufalem

Ifraël Siclus   fanĉta   Ierufalem

I I.

‏ארושלם קרשה חצי שקל ישראל׃‏

Ifrael Sciekel Chatfi · Kedofcha Irufalem

Ifraël Siclus medius fanĉta Ierufalem

Primus Aramæus. I. I. charactere insignitur.

: ZꞋꞂꞋ ꞀꞂꞋ ꞀꞀꞋꞋZ :

שלישה שקל אשראל :

Israel Sciekel Schelischa

Israel Sicli Tertia pars

I. V.

: ZꞋꞂꞋ ꞀꞂꞋ ꝎꝎꝎ

רבע שקל אשראל :

Israel Sciekel Rebangh

Israel Sicli Quarta pars

Primus Numus significat vnum Siclum, Secundus dimidium Sicli;
quod & VVaserus putat per literam △ vasi superpositam denotari. Tertius שלישה, tertiam partem Sicli, quemadmodum litera ᴦ, videlicet ᴣ indicat. Quartus רבע שקל, quartam Sicli, vt litera ◁ vasi super-
imposita ostendit, denotat. ita VVaserus. Et litera quidem ⅼ primo numo imposita, nihil aliud denotat nisi I, quasi diceres שקל ישראל א', hoc
est, *Siclus Israel primus*. & sic de cœteris;

Octauæ Classis Sicli Assyrio charactere insignitr.

Octauæ Classis Siclus argenteus est, & moneta, vti priores, percussa,
quem non tantùm in diuersis Promptuarijs vidi, sed & eundem apud Morinum & Villalpandum excusum reperi, cuius prototypon adhuc in nostra Numotheca asseruatur. Huius insignia si respicias, reliquis antiquitate nequaquam cedere videtur; differt tamen, quia non Samaritico, sed
Assyrio charactere siue sacro inscriptus est; vnde multi coniecerunt, posterioribus seculis eum esse cusum. In prima eius facie vas ponitur fumum exhalans (acerram ego interpretor) cum hac inscriptione שקל ישראל
Siclus Israel, charactere videlicet Assyrio, seu Esdræo; Altera facies virgâ
Aaron, fine floribus tamen & fructu, insignita est, cum hac inscriptione,
ירושלים קדושה, *Ierusalem sancta*, vt in sequenti ectypo patet.

Pri-

Primus Numus Affyrio charactere infignitus.

Vas thuribuli fignum Sacerdotis eft, vti & ramus amygdali notat facerdotalis familiæ fymbolum, à pofteris ob primi facerdotis Aaronis venerationem vfurpatum, vti docet R. Bechai in 16. Num. qui vbi de virga Aaronis fat fufè difleruit, dicit tandem:

לפיכך הכחנים אחרונים חיו משחמשים בקרשיחם במסח שקר :

Ideo pofteriores facerdotes domus fanctuary vtebantur in facris fuis virga amygdalina. Vnde auguror, hunc verè fuifle Siclum facrum, de quo fuprà locuti fumus, quemque Affyrio charactere infcriptum fuifle ex Rabbinis oftendimus, quem quotquot Deo fefe confecrare volebant, fanctuario offerebant. Imò huic meæ coniecturæ ipfa fymbola fubfcribere videntur: Acerra enim fiue thuribulum, quod fumum vehementem exhalat, quâ oblationes & holocaufta in odorem fuauitatis offerri folita fignificari penè tritum eft; Amygdalinus quoque ramus fine floribus & fructibus, quid aliud denotat, nifi ex fterili mundanæ conuerfationis confortio, in virtutum, bonorumque operum foecundum confortium affumptionem? Atq; hunc Siclum ego arbitror efle eum, quem fuprà הקרוש לקל, *Siclum fanctum*; כסף הכפרים, *argentum, fiue pecuniam redemptionis*; כסף הכפורים, *pecuniam propitiationis*, ad Numinis videlicet propitiationem, & fui cuiufuis redemptionem, confecrationemque inftitutum probauimus.

Sed objicient hîc continuò Critici, hoc vetuftati repugnare, cùm alij Numi non inueniantur nifi Sicli charactere Samaritano infigniti. At quis illis hoc reuelauit? quomodo oftendere poterunt, hunc Siclum non eodem, quo reliqui, tempore cufum efle? Non contendam hîc ampliùs, vnicuique fit libera iudicandi quod voluerit poteftas. Ego autem fingulis rite inter fe collatis, puto hunc efle facrum illum Siclum, quem fuprà Affyrio charactere, vti & tabulas legis, infignitum ex Rabbinis non infimæ notæ (quibus in hoc negotio femper vnicè ftandum exiftimaui,) probauimus; alios verò Siclos Samaritico, hoc eft, vulgari charactere infignitos, monetam fuifle vfualem, in ciuilium negotiationum vfum affumptam.

Sed objicient iterum authoritatem S. Hieronymi dicentis, certum efle, Efdram Scribam, legifque Doctorem poft captam Hierofolymam, & inftaurationem Templi fub Zorobabele alias literas reperifle, quibus nunc vtimur, cùm ad illud vfque tempus Samaritanorum & Hebræorum characteres fuerint. At refpondeo, S. Hieronymum nequaquam intelli-

gen-

gendum effe, ac fi diceret, Efdram nouum quoddam characterum genus, toto cœlo à reliquis diuerfum reperiffe, quo legem fcriberet ; fed Efdram meliorem characterum formandorum methodum inueniffe, qua videlicet diftinctius & ornatius legem imperitæ plebi defcriberet : characterem enim Affyrium & Samaritanum eodem tempore viguiffe , nullâ aliâ demonftratione, quàm mutuâ characterum ad fe inuicem combinatione facta egere videtur, quemadmodum apodictice in fequenti characterum Anatomia cuilibet æquo rerum æftimatori patere poteft.

Efdras non mutauit characteres, fed in meliorem formam redegit.

Sed pergent obijcere Aduerfarij, nullos hucufque Siclos Affyrio charactere, præterquàm hunc fuppofititium, infignitos, notatos fuiffe . At quia tu non vidifti, ergo nullus? ergo fuppofititius Numus? a gumentum Plautina Ferricrepina dignum. Certè plures alios fuiffe notatos hoc charactere Affyrio, ipfe Waferus probat, inter quos vnus quoque hâc infcriptione corufcus ponitur.

Secundus Numus Affyrio charactere infignitus .

Prima Numi facies continet Templum cum hac infcriptione ירושלם עיר הקדוש *Ierufalem ciuitas fancta* ; Altera fine fymbolo continet hæc verba : דוד המלך ובנו שלמה המלך, *Dauid Rex, & filius eius Salomon Rex*. Certè fi ex infcriptione Numi antiquitas æftimanda fit, dicere quis poffet tutò, hunc Numum cufum effe paulò poft Dauidis tempora , & in memoriam ædificati templi vulgatum fuiffe . Quis crederet narranti, inuentum effe numum ab vna parte Samaritico, id eft, Hebræo, ab altera Græco charactere infcriptum, nifi id **R. Mofes Alafcar.** cap. 74. fuarum Refponfionum, his verbis veluti oculatus teftis affereret ?

R. Mofes Alafcar.

דע שבאו לידי מאותן ואמטבעות מכמה מינים משונים שקל ומחצית חשקל
ויש מהם שכתוב בם שנת כך לנחמת ציון שנת כך למלך פלוני וראיתי באחד
צורת לולב אגוד ואתרונג בצדו ואמר לי יהודי אחד בקיא באותו חכתב כי מחצית
האחד היה כתוב יוני עם הארמא של היונים חקוקהבו ומן הצד האחר כתוב עברי
ונראה שוה חוא חיה בזמן שיעבדותיום ליונים וכו' :

Scito , quòd venerunt in manus meas numifmata nonnulla diuerfarum Specierum, tàm Siclorum, quàm Semificlorum. In quibufdam eorum fcriptum erat anno talis confolationis Sion , anno tali talis Regis . Vidi quoque in vno figuram Palmæ in fafciculum collectæ, & Citri ex vno latere . Dixitque mihi Iudæus quidam in fcriptura illa exercitatus , quòd ex vna parte fcriptura erat Græca cum impreffione Græcorum infignium, & ex altera , fcriptura Hebræa . Videtur autem

Numus partim Græcè, partim Hebraicè infcriptus.

autem mibi, quòd hoc factum eft, cùm Græcis feruiebant. fubaudi temporibus Alexandri Magni. Atque ex hoc teftimonio fatis liquet, multorum numorum nobis inuiforum dictum Rabbinum mentionem facere; vt proinde non ftatim id, quod nobis incompertum fit, tanquam falfum, fuppofititium, & adulterinum exiftimare debeamus. Multa quotidie tempus aperit prioribus feculis ignota, vti fufe in hoc opere pafsim demonftramus. Hæc dum fcriberem, Clariffimus Vir D. Francifcus Gottifredi nonnulla huiufmodi numifmata ex nobiliffimo fuo Numifmatum gazophylacio deprompta, contulit; quæ hîc apponimus.

Numifmata ex Mufæo Inclyti Viri D. Francifci Gottifredi Romani.

Hic Numus ex ordine eft fecundæ & tertiæ Claffis numorum, quamuis, vti patet ex characterum diuerfitate, non eodem tempore cufus fit. Prima huius numi facies vas tenet, cum characteribus ⟨ca⟩; quæ fignificant Siclum, vel Semificlum Dauidis effe, fic enim infcriptio docet: ⟨Chatſi Schekel⟩, *Chatſi Schekel, medius Siclus*. Altera facies flores amygdali continet, cum infcriptione ⟨...⟩ ⟨...⟩, *Iruſalem Kedoſcha, Ieruſalem fancta*.

Secundus Numus prima facie folium Balſami continet, cum infcriptione: ⟨...⟩, quòd Ierufalem fignificat, vetuftate temporum binis vltimis literis ⟨...⟩ deletis; vti & quod fequitur *Kedoſcha*, id eft, *ſancta*. In altera numi facie palma ponitur cum his literis: ⟨...⟩, quæ Samuel videntur infinuare, reliquis literis pariter deletis. Quid verò duo hæc fymbola indicent, in præcedentibus dictum eft.

Ter-

Tertius Numus, prima facie Balſami folium refert, cum hiſce literis : ᛋᛋ, & ᛗ; verùm reliquæ literæ deletæ ſunt, & non niſi coniecturis delineari potuerunt; quæ quidem nihil aliud inſinuare videntur, quàm ᛗᛉᛋᛏᚨᛗᚨ ᛜᛏᚨᛋᛋ, *Inciſus in Ieruſalem*. Altera numi facies Palmam tenet, cum inſcriptione ᛉᚢᛋᛉᛗ *Schemen ghet*, id eſt, *tempore vnctionis*, & conuenit numo Claſſe ſexta propoſito.

Quartus Numus in priori facie continet Lyram, cum hac inſcriptione : ᛗᛉᛏᚨᛗ ᛜᛏᚨᛋᛉᛋ, *ad ſcripturam Ieruſalem*, vt in ſextæ Claſſis numo apparet. Altera facies continet Botrum, cum hac inſcriptione : ᛋᛜᛏᛉᛗ, *Samuel*; in quo tamen aliquæ literæ corruptæ, aliquæ deletæ ſunt. Per Lyram indicatur, populum ſemper laudum Deo perſoluendarum ; per Botrum, terræ promiſſionis memorem eſſe debere.

Quintus Numus prima facie continet figuram templi, cum his literis : ᛗᛗ; quæ idem ſignificant ac, הלמ םלש, *Salomon Rex*. Altera facies continet ampullam varia ſuppellectile inſtructam, cum his litteris : ᛗᛉᛗᛏᚨ, *Ieruſalem*. vbi prima litera deeſt.

§ III.

Prima facies huius VI. Numi continet figuram Lyræ cum hac inſcriptione : השירו לשבאות אלהינו , *Pſallite Deo Sabaoth Deo noſtro*. Secunda facies coronam lauream, cum ramo palmæ , & hiſce verbis : ⴽℑᗐ𐤀, ℤⴺℳ ᗷ, *Simeon Princeps Iſraël*.

Numi Septimi facies prima caput Salomonis continet , vt inſcriptio docet, המלך שלמה , *Rex Salomon*. In altera facie Templi figura exhibetur cum hac inſcriptione היכל קדש , *Templum ſanctum*. Atque hi characteres partim Aſſyrij, partim Samaritani ſunt, vt vnum cum altero comparanti patebit .

§. III.

Anatomia characterum Aſſyriorum, & Samaritanorum, ſeu Hebræorum.

NE vllus amplius de characterum memoratorum forma & figura dubitandi locus relinquatur, hic Alphabeta vtriuſque ex varijs Authoribus deprompta apponere viſum eſt, vt facta vnius ad alterum comparatione, quid de diuerſitate vtriuſque ſentiendum ſit, æquo Lectori patefiat . Ex his enim luculenter apparebit, dictos duos characteres nequaquam ita diuerſos eſſe, vt toto, quod aiunt, genere à ſe inuicem diſſideant ; quin potius in pleriſque ductibus & lineamentis ita concordare, vt ex eodem fonte eos profluxiſſe, ei etiam, qui vel extremis labris dictorum characterum rationes attigerit, incognitum eſſe nequeat .

Verùm vt hæc omnia cum methodo & authoritate componantur, primò dicendum eſt, quis propriè ſit character Hebræus, & cur ita vocetur.

Raſſi, cum pleriſque alijs Rabbinis eius Aſſeclis, ſcripturam Hebraicam

cam interpretatur אהחר עבר בני של, *eorum, qui funt trans fluuium*, fcilicet Euphratem. fubintelligendo Aſſyrios & Babylonios trans fluuiales, cuiuſmodi olim fuere Iudæi, Syri, Palæſtini, Chananæi, vnde & ipſe Abraham, qui in terra Chanaan fedem fuam fixit, dictus fuit Hebræus, eò quòd iuxta Raſſi אהחר מעבר שבא העברי, *veniſſet è regione trans flumen*; quam Raſſi. quidem ſcripturam fuccedente tempore aliquam mutationem perpeſſam, nullum dubium eſſe debet, vt paulò poſt videbitur. Aſſyrius autem character idem erat ac Hebræus, Abraham in Aſſyria adhuc commorante. Ponunt hoc loco iterum Rabbini duplicem characterem, facrum & vulgarem; facrum feu doctrinalem vocant eum, quem primi Patriarchæ ab Angelo inſtituti acceperant, de quo poſtea. Vulgaris erat, quo in negotijs vtebantur vtplurimùm; eratque non multùm vnus ab altero difcrepans, vt paulò poſt patebit. Sacro ſiue doctrinali legem ſucceſſu temporum fuiſſe ſcriptam, ſuprà probatum. Et Abraham quidem facrum illum poſteris & familiæ capitibus tantùm tradidiſſe, alterum vulgarem in communes vſus adhibuiſſe exiſtimo. Itaque ſucceſſiuâ traditione propagatus character à Noë ad Abraham, ab Abrahamo ad Iſaac, ab hoc ad Iacob, & hinc ad Iofephum, & ab hoc ad reliquos Ifraëlitas in Ægypto degentes, & ab his denique ad Moyfen, qui denique hoc eodem perpetua ſibi traditione conſignato charactere legem deſcripſit, vt ordine demonſtrabitur. Qualis autem fuerit character Hebræus, ſiue antiquiſsimus ille tempore tranſitus fluminis, tradit in Mickneh feu Peculio ſuo R. Abraham de Balmis, quem & in vetuſtiſsimo Codice ſe reperiſſe aſſerit; vbi & expreſſe quoq; ait Aſſyrio charactere legem ſcriptam: verba eius cito:

עד כאן כתבנו צורת האותיות בכתב אשורי לפי האמת אך אמנם אחרי זאת R. Abraham
תמצא שהסופרים ליפות כתבם החליפו צורותיה לאומותם ללשונותם חלוף אין ראוי de Balmis.
לחוש עליו אבל אחרי כן בשאר בחיבות ההמון נפל חלוף רב באותיות ולא נשמרה
כתיבה האשורית כי אם במקרה ואכתוב אחא זהו כתב עבר אהחר כפי מא שמצאתי
בספר ישן נושן:

Vſque huc ſcripſimus formam literarum in Aſſyria ſecundùm veritatem; ſed inuenies poſt hanc ſcripturam, quòd Scriptores, ad ornandum ſuam ſcripturam, ſuas formas ſecundùm populos, & ſecundùm idiomata ſua, mutauerunt, de quibus non attinet dicere. Poſt hæc in reliquis ſcripturis vulgi accìdit maxima mutatio in literis: & non fuit ſeruata ſcriptura Aſſyria niſi pro lege. Scribam autem hoc loco vnam, ipſa eſt ſcriptura vigens tempore tranſitus fluminis, quam inueni in vetuſtiſsimo quodam codice. Hæc Balmis. Nos hanc ſcripturam exhibemus in tabula ſequenti, vnà cum literis ſeu Alphabeto poſt tranſitum fluminis. Hoc idem Alphabetum in codice quodam Vaticano Hebræo me vidiſſe memini, quod idem poſtea ſuis inſtitutionibus Hebraicis Blancutium, & Villalpandum Operi ſuo inſeruiſſe notaui. Vt autem hæc omnia clariùs comparare vnufquiſq; poſſit, operæ precium me facturù exiſtimaui, ſi quotquot Alphabeta inueſtigare potui, hoc loco proponerem, vt ex ijs, quid de mutatione, qualitate, vicinitate, veterum characterum ſentiendum ſit, curioſus Lector vna veluti Synopſi comprehendere poſſit.

Primum Alphabetum à Rabbinis vocatur cœleſte, primis Patriar

O   chis

Alphabetum
multiplex
characterum
antiquorum
& moderno-
rum.
chis ab Angelo traditum, cui adiungitur Alphabetum mysticum Cabalicum, cuius literæ omnes ex י Iod componuntur, cuius mysteria vide in
Cabala Hebræorum. Secundum antiquissimum tempore transitus fluminis. Tertium duplex Numismaticum, ex veterum Hebræorum numismatis contractum, ex Blancutio & Villalpando extractum. Quartum post
transitum fluminis, ex numismatis extractum. Quintum, Mosaicum.
Sextum, Esdræum siue Assyrium. Septimum, Samaritanum modernum.
Octauum, Syriacum modernum. Nonum, Syriacum siue Phœnicium.
Decimum, Copto-Ægyptium. Vndecimum, Græcum Ionicum. Duo-
decimum, Latinum. Decimumtertium, Arabicum. Ex quorum mutua
collatione Lector luce meridiana clarius, omnes pene characteres ex vno
& eodem fonte profluxisse, reperiet; primumque omnium characterem
fuisse illum, quem Assyrium siue ante transitum fluminis appellamus.
Posuimus autem subinde varias vnius characteris formas, prout ex inscriptionibus & numismatis colligere potuimus.

Vsus sequentis Tabulæ.

Si quis autem nosse cupiat mutuas singulorum characterum ad se
inuicem relationes, is accipiat characterum primæuorum notas sex primis columnis comprehensas, statimq; in consequenti characterum serie,
quomodo sibi inuicem respondeant singuli, & quomodo successu temporum declinauerint, apparebit. Clare quoque hac industria singulos inter
se comparanti patebit, maximam esse omnium inter se in ductibus &
apicibus similitudinem, neque verum esse, quod aliqui putant, omnes
characteres essentialiter inter se differre, & Assyrium ver. gr. essentialiter differre ab Hebræo siue Samaritano; nequaquam: habent mutuam quandam similitudinem
in apicibus & ductibus, vt ex sequenti
Tabula patet.

Tabula, in qua ex probatissimis Authoribus, primævorum charaɗerum formæ, &
reliquorum omnium charaɗerum qui ab ijs originem sumpserunt successiua tem-
porum propagatione, exhibentur. Ex quibus apodiɗice ostenditur differentia vnius
ab altero, omnesq́ nescio quæ rudimenta primorum charaɗerum in se psis
continent; verum & vnicum originis suæ argumentum.

Interpretatio.	Character duplex mysticus ab Angelis traditus.	Character temp. transitus flum. R. Abr. Bal.	Characterum variæ formæ ex numis & Blancutio extractæ.	Floridus character post transitum fluminis quem & Hebræum siue Samaritanum diximus.	Character Mosaicus Legis ex inscript: & Rabbinorum monumentis.	Assyrius siue Esdræus
A						
B						
G						
D						
H						
V						
Z						
Ch						
T						
I						
C						
L						
M						
N						
S						
Ngh						
P						
Tſ						
Qk						
R						
Sch						
Th						
	I	II	III	IV	V	VI

Modernus character Samaritanus.	Character Syriacus modernus.	Literæ Phœnicum.	Literæ Coptæ modernæ.	Græcæ modernæ.	Latinæ modernæ.	Literæ Arabicæ modernæ.
			Ⲁ	A α	A a	
			ß	B β	B h	
			ⲅ	Γ γ	G g	
			ⲇ	Δ δ	D d	
			ⲋ		H h	
			ⲝ	℧	V u	
			Z	z ζ	Z z	
			ⲯ	X χ	Ch	
			ⲑ	Θ ϑ	Th	
			ⲓ	I ι	I i	
			ⲕ	K κ	K k	
			ⲗ	Λ λ	L l	
			U ⲩ	M μ	M m	
			N ⲛ	N ν	N n	
			ⲋ	Σ σ	S s	
			ⲫ	Π ϖ π	P p	
			Z	z ζ	Z	
			ⲕ	X κ	Q q	
			ⲣ	P ρ	R r	
			ⲯ	Σ σ	S ſ	
			ⲧ	T τ	T t	
VII	VIII	IX	X	XI	XII	XIIII

§. IV.

Anatomia Apodictica singulorum characterum.

IN Prima columna posuimus Alphabetum characterum cœlestium, ex Rabbinorum monumentis depromptum, quod R. Abiuda dicit ab Angelis primos Patres esse doctum. Nam cùm, vt aliàs me docuisse memini, nihil adeò primæuorum mortalium animos in sui admirationem raperet, ac admiranda illa cœli facies, tot luminibus corusca, tot admirandis effectibus inferiorem Mundum locupletans; præ cœteris omnibus huic Astronomicæ disciplinæ ad tot ac tanta sub ea latentia arcana detegenda, studuisse videntur. Cùm verò notarent, quasdam stellas, perpetuas sibi & immutabiles sedes in cœlo fixisse, nonnullas verò nullibi stabiles, sed perpetuò sedes suas mutare, nunc se coniungendo alijs, nunc declinando ab ijsdem, modò easdem anticipando, modò posticipando, subinde in Austrum, mox in Boream vltrò citròque commeando; atque hisce varijs concursibus, coniunctionibusque cum fixis varias figuras exprimere; experientiâ quoque comperirent, ad compositionem talis & talis figuræ, talem & talem effectum in inferiori Mundo sequi; in eam cogitationem venére, cœlum stellatum siue Aplanum esse librum quendam, in quo fata mortalium, mirâ quâdam stellarum dispositione, essent in perpetuum descripta; errones verò esse veluti pennas, seu calamos quosdam animatos, ex quorum coniunctione, oppositione, declinatione, alijsque motibus, quædam veluti futurarum rerum voces in cœlo formarentur, quas solus ille nosset, quem Deus, ingenijque bonitas, atque Genij proprij assistentia habilem reddidisset. Alij quoque asserunt, stellas fixas se habere instar consonantum, Planetas vocalium instar, quorum coniunctione voces formarentur, significandis rebus oportunæ. Verùm has vanitates amplè confutatas vide in Astrologia hieroglyphica. Quicquid igitur sit; Alphabetum hoc loco apponere volui, prout in Rabbinis reperi; quod tamen nolim eam fidem mereri, quam cœtera Alphabeta sequentia, quæ ex irrefragabilibus maximæ antiquitatis monumentis eruimus; sed eam solùm, quæ ex traditione probabilis redditur: cùm nulla eius hucusque in vetustatis monumentis vestigia repererimus. Certum enim est, vti & ex Alphabeto tempore transitus fluminis, & Samaritano patet, veteres suas literas quibusdam circulis veluti stellulis quibusdam ornasse; quarum quidem sphærularum in literis adiectio, cœlestibus stellarum figuris haud dissimilis, causa fuit, vt nonnulli Scriptores arbitrarentur, sacras literas à primis inuentoribus ex stellis, vti dictum est, inuentas; atque ipsa literaria elementa plura complecti significata. De lectione verò cœlestium characterum, eorumque significatione, quid varij tradiderint, fusè ostendetur in Astronomia nostra hieroglyphica, quò Lectorem curiosum remittimus. Quare ad nostri propositi filum prosequendum, calamum nostrum conuertamus.

Secunda columna continet Alphabetum literarum tempore Abrahami

Margin notes:

Alphabetum literarum cœlestium.

R. Abiuda.

Cœlum liber, Stellæ characteres iuxta veteres Astrologos, planetæ calami.

Stellæ fixæ æquiualent consonantibus, Planetæ vocalibus, secundùm aliquos.

Veteres literas suas stellulis ornabant, seu circulis.

hami ante tranſitum fluminis vſitatarum ; quod Benedictus Blancutius
primus ex Vaticano erutum luci credidit in ſuis Inſtitutionibus . Nos
prototypon cum charactere Blancutiano conferentes prorſus ſimile reperimus ; cui minimè quoque diſcordat Alphabetum eorundem charactē-
rum, quod in ſuo Peculio R. Abraham Balmis è vetuſtiſſimo Codice , vt
ipſe ait, depromptum profert ; ſuntque circulis quibuſdam diſtinctæ ſingulæ literarum figuræ, neſcio quid cœlicum indigitantes . Veriſimile
autem eſt, Siclos tempore Abrahami vſitatos, quorum mentio ſit Gen. 22.
hoc characterum genere fuiſſe inſignitos; de quibus tamen, cùm numiſmata deſint, nihil certò nobis affirmandum duximus . Quare ad certio-
ra progrediamur .

Sequitur Alphabetum in tertia columna à Blancutio relatum, quod
Samaritanum eſſe monſtrant ſatis ſuperque Alphabeta in quarta & ſeptima columna contenta . Et Alphabetum quidem in quarta columna contentum continet literas Samaritanas floridas ſiue ornatas , duplici linea-
rum ductu conſpicuas, quibus nonnulla ex præcedentibus numiſmatis ſignata vidimus . In quinta columna continetur Alphabetum literarum ,
quibus ex opinione Rabbinorum Moyſes legem ſcripſit , quæ quidem à
primæ, ſecundæ, tertiæ, quartæ columnæ characteribus non adeo diuerſæ ſunt, vt quiſpiam incredulus ſibi perſuadere poſſet ; vt proinde ad con-
uincendos eos ſola ſingulorum ad inuicem characterum comparatio ſuffi-
ciat .

Sequitur Alphabetum in ſexta columna, quod characteres Aſſyrios,
ſiue Eſdræos in meliorem, elegantioremque formam redactos continet,
qui cum præcedentis Alphabeti characteribus prorſus ijdem ſunt .

Porrò in ſeptima columna exhibemus characterem Samaritanum
modernum, qui quàm antiquo numiſmatico ſimilis ſit, vnum cum altero
comparanti patebit . In octaua columna exhibentur characteres Syriaci
moderni , quorum lingua vti ad Hebræam vicina, ſic characteres, ſi paucos excipias, Hebraicis, & Samaritanis characteribus non prorſus quoque
diſſimiles ſunt. Sequitur columna nona, quæ characteres Phœnicum continet, qui Samaritanis adeo ſimiles ſunt, vt luculenter appareat, eos aliam
niſi ex Samaritanis, originem non habuiſſe.

Hiſce in decima, & vndecima ſuccedunt characteres Ægyptio-Co-
pti, Græci, quorum figuras ſi quis penitiùs conſideret, ex ijs pari pacto neſcio quæ prædictorum characterum veſtigia comperiet . Et ab Ægyptijs
quidem ſuos mutuarunt Græci, vti fuſè in Obeliſco Pamphilio probatum
fuit ; à Græcis Latini, vti columna duodecima oſtendit .

Claudit agmen columna decima tertia, Arabicis characteribus inſignita, quæ omnium maximè à prædictis differt, non tamen ita eſſentialiter, vt characterum ſingulorum ductus ad præcedentes reduci minimè
poſſint.

Cauſa verò tantæ mutationis factæ in characteribus multiplex aſſi-
gnari poteſt, quarum prima eſt varia apud veteres Orientales ſcribendi
ratio , alijs ex dextra in læuam contextum ſcripturæ proſequentibus ;

non-

nonnullis contrà ex læua in dextram ; quibuſdam, vt Syris , perpendicu-
larem ſcripturæ proceſſum ſeruantibus . quo factum eſt , vt literæ nunc
inuerſæ, nunc obliquo ductu transformatæ, à genuina forma deflexerint .
Altera ratio eſt, varietas populorum & gentium , ad quorum diuerſa ingenia, vſus & conſuetudines, diuerſitas quoque in ſcribendo nata , inſi-
gnem ſanè induxit literarum alterationem . Quod adeo vel in hunc vſque
diem verum comperitur, vt quot nationes, tot diuerſæ exiſtant characterum formæ, ſiue eæ Latinæ, ſiue Hebraicæ, aut Græcæ , alteriuſue cuiuſ-
uis linguæ fuerint . Tertia cauſa fuit velox & expedita ſcribendi ratio ,
ex qua apud Orientales natum eſt characterum genus, quos currentes vocant, hoc eſt, veloci manu , & vt dici ſolet, volante calamo exaratos.
Hinc factum eſt, vt Syri & Arabes laboris in Hebraicis characteribus ſin-
gulatim formandis pertæſi, literas literis connexuerint, ex qua connexione neceſſariò ea exorta fuit in characteribus diuerſitas, quam hodie adhuc in Arabica & Syriaca lingua non ſine incommodo experimur ; quam-
uis omnes reuera ex Hebraico fonte profluxerint . Atque ex hoc longo
diſcurſu perſpicuum fit, linguam Hebræam vti primigenia ſuit, ita & characterum forma reliquas omnes linguas præceſſiſſe .

Characteres linguæ Hebraicæ fuerunt omnium primi.

§. V.

Characterum Hebraicorum Moyſis tempore vſitatorum forma .

CVm quæcumque hucuſque tam operoſè produximus , non aliò re-
ſpiciant, niſi vt tandem character antiquus, præſertim Moyſis tempore vſitatus, eiuſque forma, & ratio exhibeatur ; hoc loco tandem fidem datam in eo reſtituendo, Dei gratia, perſoluemus . Ad quod non
parùm adiumenti contulerunt, præter numiſmata ſuperiùs allegata , in-
inſcriptiones nonnullæ, quas olim ex Oriente allatas F. Thomas Noua-
rienſis Ord. S. Franciſci, tùm ex rupibus , tùm ex columnis , tituliſque
in deſerto Sin depromptas, mihi communicauit ; quæ vti vetuſtiſſimæ
ſunt, ita haud dubiè à filijs Iſraël, dum in deſerto commorarentur, ad Dei
Opt. Max. beneficiorum eodem in loco præſtitorum memoriam , ad poſteritatem propagandam conſtitutæ fuerunt .

Character Hebraicus Moyſis tempore vſitatus.

Prior in rupe quadam Montis Sinai, monogrammatico quodam ſcripturæ genere, prægrandibus characteribus inciſa ſpectatur ; quam etſi
iam olim in Prodromo Copto explicauerimus, quia tamen multa alia circa eam notatione ſanè digniſſima innotuerunt, hîc eam denuò , ne tam
eximium antiquitatis monumentum ſucceſſu temporum periret, huic
Oedipo inferendam duxi.

Mirabilis, vetustissimæque Inscriptionis in Rupe quadam Montis Oreb, quæ pars montis Sinai est, incisæ, à nemine antehac explanatæ, vera, certa, & fidelis interpretatio.

Interpretatio scripturæ inuentæ in rupe montis Sinæ.

PRodromum Ægyptiacum mihi adornanti, dum à varijs varij griphi, varijque hieroglyphici nodi dissoluendi offerrentur; inter cœteros R. P. Dominicus Germanus, natione Silesius, Arabicæ linguæ professor, ex Ordine S. P. Francisci, cùm de meo in abstrusis huiusmodi notis enucleandis molimine inaudisset, & ipse scripturam quandam attulit, in rupe quadam montis Sinæ sesquipalmaribus literis incisam; quàm R. P. Thomas Obecinus Nouarienfis ex eadem D. Francisci familia, vir ob egregiam eruditionem, linguarumque Orientalium peritiam passim notus, dum eas oras olim lustraret, summâ diligentiâ, & fide, suis manibus descriptam, Romam eo animo secum asportauit, vt Europæis eam veluti hieroglyphicum quoddam, quo indagando ingenij vires experirentur, proponeret. Audio enim, in tantum vnicam hanc scripturam Orientalium hucusque torsisse ingenia, vt non defuerint, qui explicatu eam assererent omnino impossibilem; quidam ob difficultatem hieroglyphicis; alij Cabalicis symbolis annumerarent; alij denique alia, vt in huiusmodi rebus arduis & abstrusis fieri solet, de ea comminiscerentur.

Hanc itaque scripturam omnium Orientalium opinione inexplicabilem, cùm mihi ita D. O. M. disponente primò oblatam penitiùs inspexissem; mox animum subijt scriptura illa Apuleiana de adytis prolata, ignorabilibus literis, partim nodosis, & in modum rotæ tortuosis, partim capreolatim condensis apicibus prænotata; quibus tamen tantum abest, vt animo conciderim, aut de ea penetranda animum desponderim, vt nihil potiùs habuerim antiquius, animum meum insolito quodam veritatis cognoscendæ inuadente desiderio, quàm in maximis mysterijs, quæ nescio quo instinctu ei subesse cognoscebam, intelligendis, indagandisque, omnem industriam, viresque ingenij experiri. Diuino itaque priùs implorato auxilio, ope trium linguarum, Hebraicæ, Samaritanæ, & Syriacæ, ad quas dictæ scripturæ characteres proximè accedere videbantur, adhibitis quoque mihi consuetis artis combinatoriæ regulis, sedulam occepi comparationem; & ecce scripturæ cœteroquin intricatissimæ, omniumque opinione inexplicabilis, sensus vti opinione citiùs, ita quoque labore non adeo magno & singulari (Deo Patri luminum sit honor) clarus, omnibusque solutus nodis tandem emersit. Vnde si quis à me quæsierit, quomodo tam citò rem adeo difficilem inuenire potuerim, illi aliud non respondeo, nisi illud Iacobi Isaacidis: *Quia voluntas Dei fuit, vt citò occurreret, quod volebam.* Verùm antequam inuentam veritatem pandamus, <div style="float:left">Gen.27.v. 20.</div> memoratam scripturam priùs cum exemplari doctissimi viri Ioannis Baptistæ Doni, qui eam ab Anglo quodam acceperat, collatam (quam quidem nostro simillimam reperimus) eâ fide quâ eam citatus P. Thomas, alijque ex rupe Sinaica decerpserunt, vnà cum authentica facti relatione, hîc ob oculos ponere visum est; vt eâ, quâ in rebus incognitis & diffi-

difficilibus decet , ingenuitate procedamus. Scripturæ Typus sequitur.

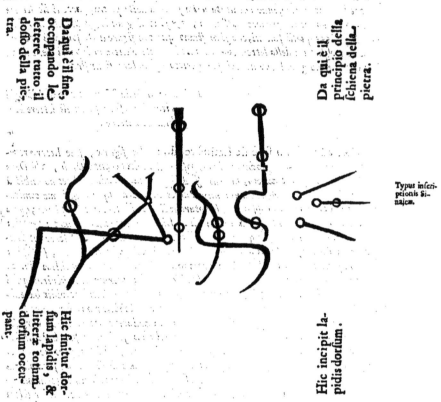

Da qui il fine, occupando le lettere tutto il dosso della pietra.

Da qui il principio della schiena della pietra.

Typus inscriptionis Sinaicæ.

Hic finitur dorsum lapidis, & litteræ totum dorsum occupant.

Hic incipit lapidis dorsum.

P. Thomæ Obecini Nouariensis authenticum huius scripturæ testimonium.

QVeste figure, ò lettere si trouano scolpite in vna pietra piccola posta à piedi del monte Oreb, doue Dio N. S. diede la legge; & si vede la pietra esser radice del monte, mà poco eleuata da terra. Et mi dissero quei Padri, & Arabi, che mi accompagnauano, che era traditione presso di loro, che quella scrittura fosse di Geremia Profeta; mà che niuno l'haueua mai potuto interpretare. Che però teneuano, che in quelle lettere manifestasse Geremia, oue haueua nascosto li sacri vasi del tempio. Et m'affermauano quei Padri, che dal monasterio (qual è vicino) alcuni deuoti Religiosi testificano spesse volte hauer visto sopra quella pietra vn splendore mirabile. Quanto al fatto, che Geremia nascondesse i sacri vasi, l'habbiamo ne Machabei nel cap. 2. del l. 2. mà non si dice, che ascendesse al monte Oreb, mà al monte doue ascese Mose, & vidde l'heredità di Dio , & questo

P. fù il

fù il monte Nebo posto nella terra di Moab, dirimpetto à Gerico, come nel Deut. 34.
leggiamo. Sia come si vuole, l'hò voluto notare per essercitio de' virtuosi. S'auer-
tirà, che la scrittura, essendo incauata nella schiena della pietra, parte delle lettere
declinano da vn lato, & parte dall'altra; & sono di grandezza più d'vn palmo
& mezo; & quelli forami, che si mostrano qui con figure d'O, sono più profon-
di, che l'intagliatura della lettera, oue commodamente v'entrano le parti delle dita,
chi più, chi meno grande, come nel soprascritto essemplare si mostra.

> *Io Frà Tomaso da Nouara cauai da' luoghi*
> *citati le presenti figure di lettere He-*
> *braiche antiche.*

Hæc ad verbum ferè sic Latinè reddo: *Hæ figuræ, siue litteræ repe-*
riuntur sculptæ in saxo quodam exiguo, posito ad radices montis Oreb, vbi Deus
dedit legem. Apparet autem, saxum esse de ipsa montis radice, licet nonnihil à
terra subleuatum sit. Affirmarunt mihi Patres illi, Arabesque, qui me comita-
bantur, traditionem inter ipsos esse, scripturam illam esse Ieremiæ Prophetæ; quam
tamen nemo vnquam interpretari potuerit. Idcirco credebant, Ieremiam per illas
litteras significare locum, in quo abscondisset vasa sacra Templi. Asserebant præ-
terea ijdem Patres, quosdam pios vicini Monasterij Religiosos testificari, se sæpius
supra præfatum saxum vidisse splendorem mirabilem. Habetur quidem lib. 2.
Machabæorum c. 2. Ieremiam sacra vasa abscondisse; verùm non asseritur quòd
ea absconderit in monte Oreb, sed in monte quem Moyses conscendens, vidit hæredi-
tatem Domini; & hic fuit mons Nebo situs in terra Moabitarum, è regione Ieri-
cho, vt legimus Deuter. 34. Quidquid tamen sit; adducere hæc volui, vt curioso-
rum exerceantur ingenia. Aduertendum, quòd cùm scriptura prædicta sit in-
sculpta dorso saxi, pars vna literarum declinet ad vnum saxi latus, pars verò alte-
ra ad alterum. Sunt autem longiores vno palmo cum dimidio. Et foramina
illa, quæ hìc per figuram O exprimuntur, sunt profundiora reliquis litterarum in-
cisuris; in eaque commodè imponi possunt digitorum extremitates, alibi quidem
magis, alibi minùs, prout in supposito typo apparet.

> *Ego Fr. Thomas Nouariensis descripsi ex*
> *locis supradictis præsentes figuras litte-*
> *rarum Hebraicarum antiquarum.*

Scriptura præ-
dicta est Chal-
daica antiqua

Quæ omnia approbat Illustrissimus D. Petrus à Valle, tum montis
Sinæ, tum memoratæ scripturæ oculatissimus inspector. Hâc itaque testi-
ficatione accepta, dico, hanc scripturam antiquam Chaldaicam esse,
quam Assyriam, & Thargumicam alij; alij Aramæam, Libonæam, seu
Babyloniam, eò quòd tempore Regum Israël, & captiuitatis Babylonicæ
ea passim & vulgò vterentur; alij denique alijs nominibus appellant.

Character
scripturæ
prædictæ est
Hebraicus
antiquus.

Character verò eius antiquus Hebræus est, monogrammaticus, ad mysteria sub eo latentia, à profanorum lectione securiùs occultanda, exaratus;
cuius sensum istum esse dicimus, qui sequitur:

DEVS

DEVS VIRGINEM CONCIPERE FACIET.

Verùm vt explicationis factæ veritas luculentiùs omnibus innotescat, singularum vocum resolutionem in suas literas hîc apponam.

A N A L Y S I S

Inscriptionis Chaldaicæ antiquæ.

                                         Litteræ Chaldaicæ antiquæ,

                                         Analysis literarum.

יְיָ   עלמתא   יבטן: *Hebraicè,*

                                           Syriacè,

Iebten   Nghalmatha   Adonai   *Lectio,*

faciet concipere Virginem   Deus   *Sensus Latinus,*

   Hanc literarum Analysin cùm pensiculatiùs excussissem, in vltima
voce יבטן duas alias adhuc voces contineri aduerti, videlicet sequentes:

ותבטן בן

Vethabten Ben. Et illa pariet filium.

Ita vt totus scripturæ sensus sit

יְיָ עלמתא יבטן ותבטן בן

   Deus Virginem concipere faciet, & ipsa pariet filium.

   Sed Lector lectiones has, vt volet, accipere poterit ; siue enim hæ
duæ vltimæ voces addantur priori, in qua implicitè continentur, siue
non, semper idem manebit scripturæ sensus.

   Porrò cùm huius scripturæ interpretationem viris Hebraicæ, Chaldaicæ, atque Syriacæ linguæ vndequaque peritissimis recognoscendam
dedissem, videlicet Reuerendissimo & Illustrissimo D. D. Sergio Risio Ar-
chiepiscopo Damasceno Maronitæ, Adm. R. P. Don Philippo Guada-
                       P 2   gnolo

gnolo Ord. Clèr. minori Theológo, D. Abrahamo Ecchelènsi Maroulta, Arabicæ & Chaldaicæ in Academia Pisana Professori, eo ipso tempore Romæ commoranti; viris præter linguarum cognitionem complurium aliarum rerum notitia claris; præterea Reuerendis quoque doctissimisque PPP. Soc. IESV, Cornelio à Lapide, Ignatio Lomelino, Ioanni Baptistæ Ferrario, Hebraicæ in Collegio Romano Professori, multis denique alijs; cùm, inquam, ostendissem, singularumque literarum à confusa scribendi ratione, analyticâ methodo vindicatis apicibus, sensus veritatis vltrò ijs innotuisset; eam non approbarunt tantùm, sed & ex eius interpretatione tam appositè facta summam voluptatem haurire visi sunt. Authores itaque fuerunt, vt hanc adeo antiquam nouitatem, vel vt meliùs dicam, antiquitatem adeo nouam, vtpote quæ ingentia Ecclesiæ emolumenta adferre possit, non in Europæorum tantùm, sed & Asiaticorum gratiam, mox publici iuris facerem; quod quidem per Prodromum olim, iam per Oedipum Ægyptiacum commodè fieri posse iudicaui.

Verumtamen, vt & Lectori dictarum linguarum ignaro quoque satis fiat, & ne quicquam vel proprio confinxisse ingenio, vel quippiam violenter tortum explicasse, aut coniecturis vagis indulsisse videar; singularum literarum, vti & vocum rationem variâ authoritate stabiliendam duxi. Ac primò quidem tres illos apices, seu tria Iodim in modum coronæ disposita, mysticum Dei nomen יהוה *Iehoua* olim significasse, Galatinus paulò post citandus tradit, & Ioannes Fortius Hortensius Neophytus in libello de mystica literarum significatione docet his verbis:

כי הקדמונים באופן אחת כתבן שם יהוה באופן אחרת
היו קורין קצת מהם כתבוהו כג׳ ידים קצת בג׳ תגים
לדמות ג׳ מדות:

Veteres, inquit, *aliâ ratione scribebant Dei nomen* יהוה, *aliâ legebant. Quidam id tribus Iod, quidam tribus apicibus, ad trium diuinarum proprietatum, seu* מדות *Sacramentum indicandum scribebant.* Certè nomen Dei tribus Iod circulo inclusis olim mysticè scriptum fuisse, in Prodromo Copto c. 7. declaratum est, & clarè ex Hebraicis antiquis Authoribus docet Lilius Gyraldus Synt. 1. histor. Deor. fol. 2. *Alij*, inquit, *rectiùs Iehoua, enunciant; quod apud Antiquos quosdam Hebræos legimus hâc significatione notatum, tribus videlicet Iod literis, quæ circulo concludebantur, supposito puncto Chametz hoc modo.* Confirmant hanc scribendi rationem antiquissimi tùm impressi, tùm manuscripti Hebræorum codices Vaticani, in quibus passim hoc nomen Dei יהוה tribus hisce apicibus scriptum reperias. Quâ quidem scribendi ratione nihil aliud debotabant, nisi Sacrosanctæ Trinitatis mysterium, trina nominis יה *Iah* repetitione implicitè indicatum. Vt vel hinc appareat, Sacerdotes summos solennem olim populo daturos benedictionem, tribus medijs digitis dextræ manus extensis, veluti tribus יוד *Iod*, hoc nomen, teste Perplexorum Doctore Ramban, non sine causâ mysticè expressisse: erat enim illa typus quidam benedictionis per Patrem, & Filium, & Spiritum sanctum in lege gratiæ dan-

Galatinus.

Ioannes Fort.

Lilius Giraldus.

Vide Thalmud l. כריתת *c. 1. R. Salom. ibid. & Exod. 29.* n. *39. l.* בנותות *c. 8. & 2.* משרות *fol. 96. n. 3. c. 6. Rambã in* מדע *fol. 55. p. 2. Baal Haruch voce* בי *Aben Schueb l. 2. c. 11. fol. 50. in Exod.*

dandæ fidelibus. Certè per hoc nomen, tribus quoque digitis eleuatis
(vel vt alij sentiunt, vno digito, in quo tria internodia, tria Iod exprimebant, extenso) iuramentum Veteres præstitisse, apud varios comperio ; &
in hunc diem non in Græca tantùm Ecclesia, sed & Latina, multis in locis adhuc moris esse intelligo ; etsi moderni Hebræi in odium sanctæ fidei nostræ, vno omisso Iod, plerumque duobus tantùm id effigient, vt sequitur : יי. Sed de huiusmodi apicibus nominis Dei, eiusque origine, &
mysterijs, consule R. Abraham Picol libro de expositione חגים, hoc est,
apicum, linea, quæ sequentibus verbis incipit :

R. Abraham Picol.

והנה אני מעוררך על ענן סוד וזה חסימן הגדול משבעת אותיות׃

Ecce doceo te, quid secreti contineatur in signo magno literarum ; vbi præ-
clara quæquis de eo tradit,& Sacram Triadem eo signari doctè demonstrat.
Itaque clarè patet, hos tres apices mysticos esse, & aliud non significare
nisi nomen Dei יייי, *Iah, Iah, Iah,* ex hisce verbis Exodi 3. v. 14.

אהיה אשר אהיה כו תאמר אחיה שלחני אליכם :

Hoc est : *Ego sum qui sum : qui est, misit me ad vos*, extractum : quasi per
tertiò repetitum אהיה manifestè diceret, אני הוא יה, *Ego sum ille Deus,*
ego ille Deus ; יה, *qui est Deus, ipse misit me ad vos* ; vt ex citati Rabbini
verbis patet, & pulchrè declarat Archangelus Burgus in Cabalisticis dogmatis fol. 152. & l. 2. de declaratione nominis Iesu. Tres igitur apices
hosce idem esse cum nomine Dei יהוה, ex sequentibus clarè liquebit. Sicut enim nomen Dei Τετραγραμμάτον יהוה teste R. Hakkadosch, Deum generantem, & per consequens trinum denotat, eo modo, vt per י Iod principium seu prima persona Patris ; per ה *He,* Filius, secunda ; per ו *Vau*
denique nexus, seu vinculum, aut amor, videlicet Spiritus sanctus, per
duo verò ה *He* duplex respectus secundæ personæ, producti scilicet &
producentis, vel etiam naturarum in Christo ϑώς designetur ; ita, inquam, per tres hosce apices, quorum vnusquisque circulo gaudet, tres
personas diuinas seu hypostases, coæternas, & consubstantiales, Patrem
videlicet per primum, Filium per secundum (qui & cùm medius sit, non
sine causa duobus circulis constat, vt videlicet duplex paulò ante memo-
ratus in secunda persona respectus, vel ϑώς naturarum in Christo, diuina
videlicet & humana designaretur,) per tertium denique apicem, Spiritum sanctum, hunc scriptorem indicasse, verisimile est. Certè Galatinus
dicta adeo clarè demonstrat, vt meas in hoc nomine exponendo partes as-
sumpsisse videatur. ita enim l. 2. c. 19. fol. 49. & 50. disserit. Literæ itaque nominis Dei יהוה, quoad numerum sunt quatuor. Vnde & Τετραγράμματον dicitur : In v eruate tamen non sunt nisi tres, scilicet יהו. Tres igitur huius nominis literæ, tres diuinas designant hypostases ; prima quidem י Iod, quæ principium interpretatur, eo quod omnium aliarum principium sit ; cùm ab ea vnaquæq;
originem scripturæ habeat, ipsaq; à nulla originem sumat ; rectè Patrem in diuinis
insinuat,

Archangelus Burgus.

R. Hakka-dosch in re-uelatore asser-tornus.

Galatinus.

Literæ 3. no-minis Dei, tres designant Trinitatis personas.

infinuat, qui cùm à nullo fit, aliæque perfonæ ab eo emanent, principium fine prin-
cipio dicitur · Secunda verò, fcilicet ֿֿ ֿ *He , quæ effe, vel viuere fignificat, Filium*
aptiffimè innuit, per quem omnia facta funt, & effe cœperunt, & quicquid factum
eft, in ipfo vita erat. Tertia autem, fcilicet ו *Vau, quæ copulatiuam particulam,*
& T, denotat, Spiritum fanctum optimè exprimit, qui cùm fit Amor Patris, &
Filij, quo fe viciffim amant, rectè fcilicet nexus vtriufque nuncupatur. ֿֿ ֿ *He ve-*
rò geminatur, ad infinuandum, folum Filium, qui fecunda eft in Trinitate perfona,
duplicem habere refpectum. Nam Pater, cùm fit tantùm producens, & non pro-
ductus; vnum etiam duntaxat, quoad hoc, refpectum habet : Filius autem, cùm
productus fit & producens, duos habet refpectus; nam & à Patre producitur, &
vnà cum Patre producit Spiritum fanctum. Quamobrem in antiquis Hebræorum
codicibus hoc nomen τετραγράμματον per tres Iod literas fcriptum reperitur, quæ &
circulo clauduntur, & eis punctus Camez fupponitur hoc modo. In quo
duo infinuantur arcana, quorum primum eft, quia Iod idem eft, quod
principium; etfi igitur principium in operibus Trinitatis intrin- fecis foli
Patri conueniat, in operationibus tamen extrinfecis, tribus Perfonis commune eft.
Tria igitur יוד *tres funt hypoftafes; vnica verò Camez tribus Iod fuppofita, diui-*
na natura eft, quæ vnicuique hypoftafi tota impartibiliter communicatur: circulus
autem, quo tria Iod includuntur, eft ipfa naturæ identitas, quâ fimul ipfæ diuinæ
hypoftafes tanquam vnicum principium, & vna prima caufa , ad omnium actio-
nes concurrunt. Alterum arcanum eft, quòd tria Iod æqualia trium Perfonarum
æqualitatem fignificant. Hactenus Galatinus. Ex quibus etiam patet , cur
reliquis literis fcripturæ plerifque partim duo, partim tres circuli infcri-
pti fint; Certè ad nihil aliud, meo iudicio, nifi vel ad myfterium Incarnationis, vel ad duas in Chrifto naturas, aut tres hypoftafes diuinas indicandas. Forfan per vocis עלמה, מ , in prædicta antiqua Infcriptione claufum, & duobus circulis fignatum, ad myfteriofum illud, למרבה המשרה ; hoc
eft, *ad multiplicandu imperium eius;* If. 9. Scriptor alludit. Eft enim hoc loco
ם medium præter naturam claufum, & in facris literis nunquam alibi reperitur. Certè plerique Commentatores in hunc locum portam illam
orientalem myfticam, videlicet illibatam Deiparæ Virginitatem intelligunt. Præterea & duas filiationes in Chrifto; nomen item B. Virginis,
מרים ; Tempus denique annorum à prophetia huius vfque ad aduentum
Meffiæ fcrutinio admodum fubtili eruunt. Sed de his vide Galatin. l. 7.
c. 13. Hoc vnum addam, omnes doctus harum literarum myfticos effe,
& myfterijs ingentibus refertos; quæ tamen fagaci Lectori vlteriùs inue-
ftiganda relinquo.

Alterum vocabulum עלמתא Nghalmatha, idem fignificat ac Virginem,
quam eodem nomine Hebræi עלמה Nghalma, Syri ܥܠܝܡܬܐ Alcintha, Chaldæi fiue Babylonij עלמתא Almatha fine Iod in medio, hoc eft, Virginem
iuuenculam & abfconditam appellant, vt ex lexicis eorum patet. Nota
hoc loco, primam & vltimam literam huius vocis ad Syrorum literas ܥ
Ain & ܦ Oluph proximè accedere, atque fic vulgò has literas veteres Hebræos expreffiffe, Abram Balmis l. מבוא ; fol. 6. lin. 15. docet, & anti-

quum

quum Hebræorum, Syrorumque Alphabetum apud Claudium Duretum. *Claudius Duretus.*
lib. de linguarum origine in fine peculari folio impreſſum luculenter demonſtrat. Reliqui verò characteres אות ad Hebraicarum literarum formam propiùs accedere, cuiuis perito facilè patebit. Vnde colligo, hos
characteres antiquos Hebræorum eſſe, & hanc ſcripturam ante inuentionem punctorum vocalium inciſam; imò Syras, Arabicas, Samaritanaſque,
quicquid alij dicant, aliunde non profluxiſſe, niſi ex antiquo hoc charactere, ex ſupra dictis in Anatomia characterum patet.

Tertia vox ſequentia verba in ſe concludit μενογεαμματικῶς inſerta,
בבטן יושב בן, *concipere faciet*, & *pariet filium*; quorum primum futuri
temporis 3. perſ. maſcul. in Aphil אבטן, *concipere facere*, ſeu *grauidam red-*
dere; alterum ſut: tem: perſ: fœmin: à verbo בטן *bten*, (vel à nomine
Chaldæo בטנא, aut Hebræo בטן, quod ventrem ſignificat) diductum,
idem quod fœtum ex ventre producere, ſeu parere ſignificat. ita Fabri-
cius Boderianus in ſuo Lexico Syro-Chaldaico voce בטן docet, quem *Fabritius Boderianus.*
conſule. Non ignoro, verbum Syriacum בטן magis *concipere*, quàm *pa-*
rere ſignificare. Targumica tamen phraſi idem eſſe ac parere, multa loca
apud Ionathan, & Onkelos paraphraſtas Chaldæos docent, quæ vide cita- *Ionathas & Onkelos.*
to Lexici loco.

Atque ex his omnibus tandem concludo primò, hanc ſcripturam *Scriptura hæc fuit inci-*
antiquiſſimam eſſe, & multis ante Chriſti aduentum ſeculis. (quòd tùm *ſa ante Chri-ſti aduentum.*
phraſis, characteres, eorumque profunda, vetuſtiſſimaque in rupe inciſio;
tùm ſcripturæ ipſius non factum, ſed futurum Virginis partum apertè in-
digitantis ſenſus; traditio denique Indigenarum indubitatè monſtrat)
vel à Propheta, vel ab alio quopiam viro ſingulari, vt ad illud Iſaiæ 7. v. 14.
הנה העלמה הרה וילדת בן, *Ecce Virgo concipiet & pariet filiũ*, alluderet, inciſam.

Secundò, hanc ſcripturam eodem in loco inciſam eſſe, in quo Deus *Vbi Deus in*
Moyſi olim in Rubo incombuſto apparens oretenus locutus dicitur, & in *Rubo incom-buſto appa-*
quo primùm nomen ſuum admirabile, de quo in præcedentibus diximus, *ruit, ibi inciſa*
Moyſi, vt per id omnia mirabilia perpetraret, reuelauit; hoc autem ad *ſuit hæc ſcriptura.*
radicem montis Oreb contigiſſe ſacra pagina docet, c. 2. Exodi. *Moy-*
ſes autem paſcebat oues Iethro Soceri ſui Sacerdotis Madian, cũmq̃ minaſſet gre-
gem ad interiora deſerti, venit ad montem Dei Oreb, apparuitq̃ ei Dominus in
flamma ignis de medio Rubi, & videbat, quòd Rubus arderet, & non combure-
tur. Quæ loci deſcriptio exactè quadrat loco, in quo memorata ſcriptura,
teſte P. Thoma Nouarienſi, inciſa dicitur. Ex quo etiam apparet, quo
fine harum exarator literarum rupi huic dictam inſcripſerit ſententiam.
Cùm enim primam hoc loco redemptionis humanæ delineationem τυπικῶς
adumbratam fuiſſe cognoſceret; altiſſima præterea vti ſub nomine Dei
אהיה, aut יהוה hoc loco Moyſi primùm manifeſtato, ita & ſub rubo incom-
buſto abſcondita conſideraret; prophetico imbutus ſpiritu, ea claris quidem verbis, ſed myſticâ quâdam, & intricatâ ſcribendi ratione tectis, vt
ad dicta myſteria alluderet, incidere voluit; quaſi ſub pa, ſub pauculis hiſce verbis totum hunc ſequentem ſenſum implicitè contentum indicare vellet:
Deus, qui hoc loco Moyſi in rubo incombuſto apparens, ſeipſum ei reuelando dixit:
אהיה

אהיה אשר אהיה, *Ego ſum qui ſum, Deus Patrum veſtrorum, Deus Abraham, Deus Iſaac, & Deus Iacob ; ille nouiſſimis temporibus Virginem, cuius rubus incombuſtus hoc loco viſus, typus quidam erat, concipere faciet; & illa pariet filium IESVM Meſſiam, qui ſaluum faciet populum ſuum à peccatis eorum.* Non defuerunt hoc loco, qui viſo & examinato hoc corollario ſenſerint, ab ipſo Moyſe fortaſſis hanc ſcripturam, eo in loco, vbi Dux populi Dei primò declaratus fuerat, & in quo ſub viſione hac grandi rubi incombuſti myſteria redemptionis humanæ cognòrat, vt ad ea alluderet, inciſam. Quicquid ſit, ex hac ſcriptura duo maxima & præcipua Chriſtianæ Religionis
Ex præce-
denti ſcriptu-
ra Trinitatis
& Incarna-
tionis myſte-
ria colligun-
tur. myſteria colliguntur; videlicet SS. Trinitatis, & Incarnationis; illud quidem, per myſticum Dei nomen, de quo ſuprà ; hoc per rubum incombuſtum. Quid enim aliud rubus iſte incombuſtus indicat, niſi Beatiſſimam illam Virginem, Dei matrem, quæ ſine vllo carnalis concupiſcentiæ ardore, IESVM verum Meſſiam, & humani generis Seruatorem conceptum, inuiolato pudoris clauſtro, mundo miro modo peperit ?

Nolo hoc loco omittere myſterium, quod in explicata hactenus inſcriptione reperit, & ad me Alepo è Syria miſit, P. Amatus Chezaud, meus olim in Mathematicis Diſcipulus, Syriaca, Chaldaica, Arabica, Armenica, & Hebraica lingua inſtructiſſimus. Cùm enim Prodromum meum dicto in loco legiſſet, inter alia ita ſcribit: *Vt ad Prodromum reuertar, cùm in eo omnia benè, & ſapienter, multa doctè, & peritè, tum illud maximè mihi miraculo fuit, quod tam antiquam, tamq́ nouam, non ad acumen minùs, quàm ad veritatem appoſitè explicat inſcriptionem. Enimuerò cui non arrideat? Illam in grandi charta exaratam, eiuſq́ interpretationem è Prodromo deſumptam, Arabico ſermone & ſcripſi, & pinxi ; quæ veluti tabella cubiculo meo ornamento eſt, non ſine ingredientium & legentium applauſu, & emolumento. Senſum V. R. ſequendo volebam aliquid aliud aſſequi quod explicationi tam appoſitæ faueret, ex iſdem nimirum literis pro notis Arithmeticis ſumptis, annum, quo bæ ſcriptæ ſint, inueſtigare ; quod ſic ludendo conieci. Suppono primò nominis Tetragrammati literas pro notis huiuſmodi aſſumptas apud Hebræos non fuiſſe, adeòque neque illos characteres, qui eius hic nominis compendium conficiunt. Suppono ſecundò, quòd appoſitio ſeu inſertio circuli vnius ad literam, illam faciat geminam ; duorum, trinam ; atque ita deinceps ; mihi enim, ſicut & V. Reu. non videtur hæc circulorum inſertio myſterio vacare ; quod tamen vix ad SS. Trinitatem, & Incarnationem quis referat, quando præſertim quatuor inſeruntur. Itaque initá ſummá iuxta hanc regulam, ſic numerum 1509 eruebam, ac ſi Moyſes, quem vel id ſcripſiſſe, vel ſcribi curaſſe rectè opinatur V. R. etiam temporis apponere voluerit circumſtantiam; quaſi diceret, anno abhinc ſupra milleſimum nono & quingentiſimo Deus faciet vt Virgo concipiat, & pariat filium. Vnde tempus ſcriptionis illius incideret in annum proximè ſequentem egreſſum filiorum Iſrael ex Ægypto, quo fermè tempore Beſeleel, & alij in fabricam tabernaculi &c. intenti erant, antequam anno 2. menſe 2. vigeſima die menſis profecti ſunt de deſerto Sinai, vt habetur Num. 10.*

3	ע	triplicat	210
2	ל	duplicat	60
2	מ	duplicat	80
1	ת		400
4	א	quadrup.	4
2	י	duplicat	20
4	ב	quadrup.	8
3	ט	triplicat	27
1	ת		700
			1509

Illud

Illud difficultatem faciebat nonnullam, quòd cùm duo circuli inferantur literæ ם*, tergeminandus effet eius numerus; verùm dici poteft, quòd alius geminationi literæ inferuit, vt notauit R.V., alius geminationi numeri. Quòd autem in vltimo vocabulo vnus circulus geminandum innuat duarum literarum numerum, videri poteft non abfonum; cùm vnus, & idem ductus formationi quoque duarum literarum inferuiat.*

Præterea fortè non errauerit, qui lapidem illum Altare tunc fuiffe dixerit, cùm Moyfi Deus hoc mandatum Exod. 20. dederit, [Quòd fi Altare lapideum feceris mihi, non ædificabis illud de lapidibus fectis.] Quidquid fit, apud Ifaiam hæc ipfiffima verba leguntur, ni fallor, [חנה בורח העלמה, *Ecce Virgo concipiet,*] c. 7.

Tamen fecundùm Hebræorum abbreuiaturas, quas רשי תיבות*, nominant, alium fenfum ego quoque ludens exprimebam, modo quem optimè V. R., meâ longè meliùs nouit, fingulis characteribus feu elementis fuam dictionem affignando. Suppofito enim quòd prior litera fit* ב *cui certè fimilior, quàm literæ* צ *primâ fronte videri poteft, exurgent hæc verba : Deus (cuius memoria in benedictione) dedit Mofi legem, decem præcepta, in tabulis (2) feu in exemplari Hebræa verba non adnoto quòd facilè venient in mentem V.R., nifi forte* טבלא*, quod Chaldaicum puto. Sed hæc, vt dixi, ludens, & V. R. veftigijs (quod mihi palmare eft) inftens meditabar ; penes R.V. iudicium efto. Hucufque P. Chezaud.*

Notauit & alias, dum hoc ingens defertum olim exploraret, infcriptiones fuprà allegatus P. Thomas Nouarienfis, quarum interpretationem non fine labore erutam hîc apponemus. Quarum prima indicat locum feptuaginta palmarum, vt fequitur،

מקום שבו ע צמרים

Id eft, *Locus in quo feptuaginta palmæ.*

Vbi vides, primas duas literas effe abbreuiatas, & idem fignificare ac מ'מ, expanfe מקום, hoc eft, *Locus.* Figura fecunda pariter abbreuiata idem eft ac שבו ; fequitur ע, quo feptuaginta denotantur ; & poftea צ, quo Chaldæi promifcuè vtebantur loco ת (tefte Mafio in Syro-Chaldaico Dictionario) loco תמרים, dicentes צמרים, quæ vox palmas fignificat;reliquæ literæ ם, ר, & ם fibiipfis conftant.

Altera in eodem deferto inuenta infcriptio fic habet:

ווי עדי
למשה ית
טבלא

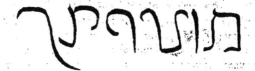

מטר   מן

Id eſt, *Pluuia Mannæ*.

De quibus hæc narrat ſuprà citatus tranſcriptor : *Queſte lettere tronai intagliate in vna pietra grande nel deſerto de Sin, doue Dio mandò la Manna alli figlioli d'Iſrael ; ſotto lequali pareua anco intagliata la figura del Gomor, miſura della Manna, che ſi doueua raccogliere, come appare nel Eſſodo al c. 16. e di ſotto à detta figura vi ſono molte altre lettere, mà per l'antichità quaſi perſe e guaſte, ne ſi poſſono interamente cauare ; mà vicino à detta pietra ve ne ſono delle altre pur ſcritte in diue ſi lati, quali pietre ſi trouano alla parte Orientale del deſerto de Sin, nella bocca propria della Valle, per doue ſi paſſa da Sin per andar in Rafidim.*
Videtur hic locus quoq; deputatus fuiſſe ab ijs, qui res geſtas ad poſteritatis memoriam ſaxis & lapidibus incidebant, vt ſequens inſcriptio docet :

לתלמוד   רשום   דוות

Id eſt, locus *doctrinæ inciſionis arcanorum* deputatus.

E queſte lettere (dicit tranſcriptor) *erano ſcolpite nell'iſteſſa pietra ſotto alle ſopradette, e più vicine alla figura del Gomor.* Vbi vides literas ח & ה, ו & ס paſsim promiſcuè vſurpatas fuiſſe apud antiquos illos exaratores. Et paulò infra has hæc verba leguntur.

ט נצבים

Id est, Nouem tituli.

Vbi & ש loco צ vsurpatum vides.

Sequitur deinde alia inscriptio, videturque innuere locum, in quo
Moses rebelles interemit :

צ שמות כרתם משה

Id est, Nonaginta nomina (scilicet virorum) quos excidit Moses.

De qua inscriptione ita transcriptor : *Queste qui, che sono più formate all'or-
dinarie lettere, che si vsano hoggi ne' libri Ebraici, ritrouai scolpite in vna pietra
al principio nell'entrare la piazza, doue staua il popolo à vdire la legge, doue non
vi era altra scrittura che la presente; e ben vero che auanti mezzo miglio v'erano molte pietre scritte.*

Vltima tandem inscriptio ea est, quæ sequitur :

מקום של צלה בו

Id est, locus vbi orabat, scilicet Moses.

De qua ita tranſcriptor . *Et la preſente ritrouai in vna groſſa pietra,* *che ſtaua auanti il monte Sinai, qualè comminciai à copiare, mà non potei finire,* *per non apparir bene i caratteri.* Atque hos characteres haud dubiè vel ab ipſis Iſraëlitis, dum eodem in deſerto commorarentur, ſaxis ad æternam poſterorum memoriam, vel ab alijs Hebræis à Moſis temporibus haud diſsitis inciſos fuiſſe, veriſimile eſt; adeoque patet, qualis fuerit veterum Hebræorum character vulgò vſitatus. Præterea patet ex his, characte- rem Samaritanum poſteriorem hiſce characteribus, vſu ſcribendi ſucceſſu temporum introductum.

Tabulæ Mo-
ſaicæ Aſſyrio
charactere
exaratæ.   Sed vnum adhuc dubium reſtat, quo characterum genere Tabulæ Moſaicæ fuerint exaratæ . Reſpondeo, eodem hoc Aſſyrio charactere, non Samaritano, vti ex varijs Rabbinis in præcedentibus probatum fuit . Verùm de characteribus Moſaicis, eorumque forma, compoſitione , my- ſterijs, vti & de modo, quo vniuerſa lex à Moſe perſcripta fuit, cùm in ſe- quentibus fuſiùs ſimus tractaturi, ſuperuacaneum eſſe ratus ſum , de ijs hoc loco vlteriùs tractare.

Habes itaque in hoc longiori forſan, quàm par eſt, diſcurſu, origi- nem, propagationem, viciſsitudinem, myſteria primigeniæ linguæ He- brææ à primis eiuſdem incunabulis, ad noſtra vſq; tempora demonſtrata.

Viſis itaque , examinatis, determinatiſque primigeniæ linguæ characteribus, nihil reſtat, niſi vt iam ad myſteria ſub ijs recondita , abſtruſæque ſcientiæ ſub ijs latentis ſecreta pari paſſu indaganda, nos accingamus.

CLASSIS III.
SPHYNX MYSTAGOGA,

QVA

Chaldæorum, Aegyptiorum, Hebræorum, Græcorumq;
effata ænigmatica, fabularumque ab Orpheo, Homero,
Pythagoricis, Platonicifque confictarum allegorici nodi
Oedipo propofiti, myſtica, phyſica, ethica, & anagogica interpretatione diſſoluuntur.

ILLVSTRISSIMO ATQVE EXCELLENTISSIMO
DOMINO, DOMINO
MAXIMILIANO
S. R. I. COMITI DE LAMBERG,

Sac. Cæſ. Maieſt. apud Catholicum Regem Oratori digniſſimo.

 *VI NA M meliori iure, quàm Tibi, Comes Excellentiſſi-
me, hoc myſtagogæ Sphyngis argumentum inſcriberem, inueni
neminem. Tu enim latentes humanorum ſenſuum griphos, mirâ ingenij dexteritate non duntaxat penetras, ſed ita ſcitè ſolue-
re nôſti, vt non tam ab Oedipo in ijs mirè ſoluendis, quàm
à Sphynge in iſſdem dextrè proponendis, inſtructus videaris.
Quantum etiam Symbolicum hoc Oedipi Ægyptiaci opus curæ Tibi fuerit, ſat
ſuperque demonſtraſti, dum magnam Cæſaris mentem vltrò ad id in lucem protru-
dendum proniſſimam, non tantùm extimulaſti, ſed etiam, vt id eo cum decore,
quo Cæſarem decet, in lucem prodire poſſet, ſubſidia munificentiſſima impetraſti;
vt proinde, ſi quod Reipublicæ Literariæ ex hoc opere emolumentum emanárit,
præ cæteris ſedulum huius Te ἐγχειρίῳ grata cognoſcat poſteritas. Vale.*

SPHYNX

SPHYNX MYSTAGOGA.

PRÆFATIO.

VM in præcedenti Classe fusiùs forsan quàm par erat, de primæua literarum, linguarumq́ origine disseruerimus; ordinis ratio modò postularé videbatur, vt eam symbolicæ doctrinæ partem, quæ in mysteriosæ essatorum, sententiarumq́ veteribus Hieromanthis vsitatarum adumbratione consistit, ordiremur, vt sic venatici canis more, omnes veterum in arcanis tegendis semitas sectati, sagaciq́ olfactu serutantes, tandem sontem vnde prosluxerunt, id est, hieroglyphicæ sapientiæ venas felici progressu aperiremus. Quod dùm facimus, relictis Authorum fusoribus allegationibus, nudam tantummodo rerum interpretationem exhibebimus, tum vt ad res cæteroquin ex se & sua natura difficiles, sublimes, arduas, & reconditas sine consusione percipiendas, Lector curiosa in legendo promptior redderetur & incitatior, tum etiam ne Lectori tædium illud, quod tantæ Authoritatum coaceruationi, ignotorumq́ idiomatum allegationi vplurimùm coniunctum experimur, pareremus. His itaque propositis iam propositum nobis scopum prosequamur. Vt verò ordinatiùs, copiosiúsq́ negotium hoc tractemus, necessariò nonnulla ex Obelisco Pamphilio hoc loco repetenda duximus.

CAPVT I.

De symbolicæ & mysticæ doctrinæ origine, & vtilitate.

Auticum quondam oraculum hoc cumprimis celebre habebatur Ægyptijs, ✝ϯ ⲓⲧⲟⲕ ⲁ̅ⲥ̅ⲕⲁⲍⲍⲓ ⲕ ⲑ̅ϫⲕ ⲧⲟⲓ Ἀφⲁⲗⲕⲓ. *Phtas tibi locutus est;* ijsque potissimùm viris arcana quadam sublimium rerum notitia conspicuis, appositè affictum erat, quos dùm Θεληπτοι siue furore quodam diuino afflati, ea quæ humani ingenij metas longè superant, proferebant, non immeritò Phtas, hoc est, Numen illud reconditæ sapientiæ præses diuino afflatu agitasse videri poterat, adeo, quæ & ipsi Numinis quodam attractu id consecuti videbantur, vt per mysteriosa, & à vulgi intellectu longè remota epiphonemata, posteris diuinorum mysteriorum, humanarumque instructionum dogmatis referta sunderent oracula. Quæ quidem tametsi à paucis penetrata suerint, tanto tamen nullo non tempore in pretio suisse legimus, vt è sapientum numero non haberetur, qui Phtaticis huiusmodi effatis non rite fuisset imbutus. Præ cæteris autem mortalibus Ægyptij primi huiusmodi philosophandi rationi inhæserunt, qui cùm acri essent & subtili ingenio, ac profundâ quâdam mentis contemplatione in disquirendæ veritatis studio continuò occuparentur; ea quæ à vero remotissima passim de Numinum varia metamorphosi narrarentur, tanquam vera ijs persuadere difficile omninò erat, vt in Obelisco Pamphilio lib. 3. c. 1. etiam diximus. Nam cùm rectæ rationis dictamine, ac

naturæ

naturæ lumine fulti, præter vnum aliquod summum, æternum, infinitum, ac incommutabile Numen, à quo quicquid est, veluti ab ideali fonte profluxisset, aliud non cognoscerent, nec cognosci posse scirent ; cùm præterea admirabilem illam in rebus omnibus elucescentem naturæ maiestatem, ordinatissimum illum cœlorum concentum, vimque eorum in inferiorem Mundum diffusam ; nexum præterea elementotum , ac in omnibus mixtis *ἀναλογίαν* illam optimam, consensum etiam latentium in rebus proprietatum, dissensumque intuerentur ; ea nec à seipsis , nec à fatali quâdam necessitate existere, sed ab vno illo Numine Numinum ineffabili sic intenta & ordinata & esse, & conseruari, seriò sibi persuadebant. Quare altioribus intenti contemplationibus, fabulas illas atque historias Deorum vel confictas, vel occasione narrationum falsarum perperàm intellectas, quas rudis, & ad quiduis credendum procliuis populus simpliciter intelligebat, illi veluti res rebus difformes ac incongruas allegorica quadam ac symbolica interpretandi methodo, excogitatis ad id certis quibusdam sententijs, Symbolis, literisque arcanâ quâdam similitudine rebus significandis conformibus, tùm ad mores, tùm ad naturæ mysticas significationes, ac denique ad ipsum rerum omnium Archetypon transferentes, vt imperitam plebem ea cælarent, Pyramidibus, Obeliscis, Cippis, templis, marmoribus, ad excitandam de se posterorum admirationem, inciderunt .

Palæphatus de non credendis fabulosis narrationibus.

Innuit dicta Palæphatus libro *περὶ τῶν ἀπίςων ἱςοριῶν*, seu de non credendis fabulosis narrationibus, scriptor antiquissimus. *Hominum*, inquit, *alij, & ij maximè, qui ab omni sapientia & eruditione alieni sunt, omnibus illis· quæ vtique dicuntur, persuasi, fidem adhibere consueuerunt. Quidam verò natura duce prudentiores, curiosique magis, & in rebus negotijsq́ plurimis versati, omnia illa , quæ traduntur, fieri, vt penitùs credant, adduci nequeunt. Mihi autem omnia, quæcunque dicta iam fuerint, fieri quoque videntur ; neque enim nomen duntaxat fuisse existimandum est, nullus alioquin sermo super his existeret . Verumtamen hæc ipsa primùm fuerunt, ac sic demùm sermo ijs superinductus est . Quæ autem facta reuera fuerant, Poëtæ nugatoresq́ plerique in incredibile magis atque admirabilius quodpiam conuerterant, vt ista legentes homines in maximam raperent admirationem. Ego verò talia minimè esse posse, qualia dicuntur, agnosco.* Hactenus Palæphatus . cui certè astipulantur, quotquot de natura Deorum

Lapitharum fabulæ quomodo intelligendæ.

vnquam scripserunt. Ita quidem Lapitharum, teste cit. Palæphato , qui primi omnium equos ascenderunt, in equis comparentium spectaculum Hippocentaurorum fabulæ dedit occasionem. Pari ratione Minois Scri-

Fabula Minotauri.

ba, cuius amore Pasiphaë capta, & Tauri ob stuprum illatum in exilium amandati furor, insania, & in obuios quosuis crudelitas, originem passim præbuit fabulæ de Minotauro Labyrintho incluso . Porrò quid aliud per

Actæon à proprijs canibus deuoratus.

Actæonem à proprijs canibus deuoratum, antiqui insuare voluère , nisi Actæonis canum, venationisque studio nimium intenti , curamque rei domesticæ penitus negligentis, facultatum omnium, ac vitæ denique defectum ? Ita nihil aliud Hesperidum hortus, pomorum aureorum ferax, à

Quid fabula Herculis & Horti Hesperidum.

Dracone custoditus, quæ Hercules Dracone interfecto abstulisse fertur, significat, nisi oues (quæ *μῆλα* Græcè, quo nomine & poma Græcè dicuntur)

tur) Hesperidum filiarum Hesperi cuiusdam Milesij, quæ ob bonitatem aureæ dicebantur, & à pastore quodam Dracone nomine custodie-
bantur, nihil inquam aliud, nisi oues aureas ab Hercule vnà cum Dracone pastore abducto significat. Vnde sermo hominum postmodum exor-
tus, χρύσεα μῆλα κλεπτόμῳα ἔη, fabulam peperit de malis aureis ab Hercule
sublatis Dracone interfecto. Quid aliud Prometheus plasmator hominum primus nobis indicat, nisi quòd hic primus fuit, qui barbaros ac bru-
tales homines, per leges sanctè pièq; conditas, ad politicam viuendi rationem formauit? In hoc siquidem omnes è priscis Poëtæ conueniunt,
omnibusque hic scopus præfixus fuit, vt artificiosis similitudinibus homines ad contemplationem rerum propositarum traherent, propositis pœnis à vitijs absterrerent, præmijs ad virtutem allicerent, exemplis ad imitationem raperent, & contemplatione latentium mysteriorum eos ad
meliorem viuendi statum perducerent. Ideo Homerus, vt prudentem,

atque omnibus virtutibus præcellentem Vlyssem effingeret, illi Phæacum
delicias, atque Circes blandimenta depingit, Cyclopum pericula proponit, monstrorum marinorum terrores exhibet, à quibus socijs perditis, ipse
non nisi admirabili quadam prudentia & diuino consilio armatus, om nia
superârit. Pari pacto Agamemnonem multis describit difficultatibus im-

plicitum, fortium Heroum contentiones excitat, exercitum ira Apollinis
penè labefactatum introducit, Troianis aliquando diuinam vim adesse
animorum concitatricem non alio fine commemorat, quàm vt hisce, viri
varijs aduersitatibus pressi constantiam, & inuictam animi fortitudinem
exponat. Symbolicum itaque loquendi scribendique genus omni tempore vsitatissimum ijs, qui relicto cortice medullam rerum inquirunt,
fuisse constat; neque enim veteres vnum aliquod documentum, vitæque
genus auspicandum ijs adumbrabant, sed pro conditione materiæ, quam
tractabant, varium. Sunt enim fabulosarum narrationum, aliæ, quæ na-

turæ arcana nobis exhibeant; vti illa de Venere è spuma genita, de
Cyclopibus à Phœbo occisis; aliæ fortunæ inconstantiam dum declarant,
nos ad eam forti animo ferendum instruunt; aliæ à crudelitate, perfidia,
impurisque voluptatibus, vt Lycaonis fabula, retrahunt; aliæ homines à
rebus turpibus, sceleribus, & impuni quadam peccandi licentia, per Ixionis apud inferos versatili rotæ impositi supplicium deterrent. Sunt quæ
Herculis exemplo proposito nos ad in laboribus exanthlandis constantiam fortitudinemque sollicitant; quædam per Tantali sitim nos ab auaritiæ sordibus eximunt; Nonnullæ exemplo calamitatis Bellerophonteæ,
& Marsiæ cœcitatis, nos ad temeritatem fugiendam inuitant. Non
desunt, quæ ad religionem, Deique cultum, Elysiorum camporum amœnitate nos prouocent; contra à flagitijs omnibus seuerissimo illo apud
inferos constituto tribunali, supplicijsque, omnibus ijs, qui pessimam vitam egerunt, destinatis reuocant. Confirmat dicta Dion. Halicarnass. l. 1.

rerum ant. his verbis. *Neque mihi obscurum esse quis existimet, quòd in Græcis
fabulis quædam hominibus sunt perutiles: aliæ siquidem sunt, quæ naturæ opera
sub allegorijs contineant, aliæ humanarum calamitatum habent consolationem, aliæ*

terre-

terrores, animorumque perturbationes à nobis depellunt, opinionesque parum ho-
nestas destruunt, aut alterius cuiuspiam vtilitatis| causa fuerunt inuentæ. Non
secùs de reliquis fabulosis narrationibus, vti de Sphynge dimorpha, de
Ganimedis equis homines deuorantibus, de Dædalo & Icaro, de Æolo,
de Dædali statuis, de Gerione tricorpore, de Orpheo, Pandora, Cerbero,
Medea, alijsque innumeris figmentis à Poëtis traditis sentiendum est.
Omnes siquidem huiusmodi fabellas, originem suam vel à prouerbijs hominum malè intellectis, vel à nominibus rebus conformibus, vel à nominum gestorumque æquiuocatione, vel à diuersis denique rebus specie
differentibus in vnam conflatis traxisse, tradunt citatus Palæphatus, &
Fulgentius in mythologicis, quos consule. plerosque tamen veteres Philosophos data opera, sua de Deo, natura rerum, genijsque commenta, ita
occuluisse, ne cuilibet obuia forent, verisimile est.

C A P V T   I I.

De priscorum in recondendis arcanis ratione, & de symbolicæ doctrinæ origine.

ITa humanæ conditioni comparatum est, vt si quid charum, pretiosum,
rarum, pulchrum habeant, id non tantùm latebris condant, sed & æ-
nigmaticis verborum inuolucris ita velent, vt non nisi sagacibus, & notitia rerum claris manifestum esse velint. Quod vti nullo non tempore, ita
vel maximè priscis sapientibus vsu venit. Cùm enim summa diuinitatis
arcana à primæuis Patriarchis successiuâ traditione communicata, tanquâ
inexhaustos æternæ felicitatis thesauros continentia, summi, vt par erat,
ducerent; periculosum autem præuiderent, ignaræ rerum plebi, & iner-
tibus ingenijs commissas diuitias exponere; omnibus modis sategerunt, vt
symbolicis ea tegumentis ita obuelarent, vt præter verborum corticem,
medulla rerum latente, nihil aliud compareret. Atque hoc ita se habere,
non tantùm veterum Poëtarum symbola, sed & sacra Scriptura vniuersa
sat superque demonstrat; in qua quot periodi, tot arcana; quot verba
& apices, tot mysteria sapientum Lectorum obtutui exponuntur. Quoniam verò arcana diuinitatis mysteria otiosa forent, si modus non osten-
deretur, quo eorundem participes fieri possemus; cùm æternæ felicitatis contemplatio alium finem non habeat, nisi perpetuam eiusdem fruitio-
nem; ideo modum huius acquirendæ primæui isti Mystæ occultis abdi-
tisque descripsêre symbolis; quæ non nisi sui similibus, id est, sapientibus
Mystis nota volebant, vt paulò post videbitur. Sed

Obijcies hoc loco: Mystas parum se beneuolos humano generi præstitisse, dum rem adeo omnibus expetibilem, bonumque tantum ex se
suaque natura diffusiuum sui, tot griphis & ænigmatis obuelauerunt.
Respondeo, hoc tum ad debitum sacris honorem & reuerentiam conciliandam, tum ad euitanda errorum pericula factum esse: neque enim
operæ pretium existimabant, ignaris rerumque inexpertis ea proponere,

Obiectio.

Responsio. Cur Ægyptij arcana arca- nis symbolis texerint.

R   quæ

quæ cùm ex fe & fua natura altiffima fint, & obfcuriffima, facilè eos, dum dicta facra illotis, vt aiunt, manibus, inexpiatifque animis, temerario aufu accedere inconfultiùs præfumerent, in variarum opinionum errorumque præcipitia deducere poterant. Dum enim altiora non capiunt, ea plerumque contemnunt; & dum prudenti rerum confultatione deftituuntur, ac facilè vnum pro altero, pro albo, vt dici folet, nigrum accipiunt, turpi confufione eos dementari neceffe eft. Vt vel hinc horrenda opinionum monftra, deteftandæ hærefes, & iniquè iudicantium interpretationes originem fuam inuenerint. Nam vt rectè Trifmegiftus in Afclepio: *Effectus itaq́; huius tam blandi neceffarijq́, myfterij in occulto perpetratur, ne vulgò irridentibus imperitis, vtriufq́, naturæ diuinitas ex commiftione fexus cogatur erubefcere; multò magis etiam, fi irreligioforum hominum vfibus fubijciatur. Sunt autem non multi, aut admodum pauci, ita vt numerari etiam poffint; in mundo Religiofi: Vndè contingit in multis remanere malitiam defectu prudentiæ, fcientiæq́, rerum omnium quæ funt. Ex intellectu enim religionis diuinæ, qua conftituta funt omnia, contemptus medelaq́; nafcitur vitiorum totius mundi; perfeuerante autem imperitia atque infcitia, vitia omnia conualefcunt, & vulnerant animum infanabilem.* Vnde arcana fublimioris doctrinæ veteres per modum occultationis, qui eft verè diuinus, & maximè nobis, tefte Clemente Alexandrino, neceffarius, abfcondere folebant in adyto veritatis; verbumque reuera facrum, Ægyptij quidem per ea, quæ apud ipfos vocantur, adyta facrarum traditionum reconditoria, Hebræi autem per velum fignificarunt licere folis ijs adire, qui erant ex ipfis confecrati, hoc eft, Deo dedicati, quique circumcifis vitiorum cupiditatibus per fuam in folum Deum charitatem operabantur: Non mundo enim mundum tangere, Platoni quoque videbatur opus effe maximè inconueniens. Hinc prophetiæ, & oraculorum diuinorum refponfa vtplurimùm dantur per ænigmata, vt fubtiliter more fuo in myftica fua theologia oftendit S. Dionyfius Areopagita. Ij verò qui temerè, impudenter, & fine præuia mentis expiatione facra adirent, indigni, quibus myfteria oftenderentur, reputabantur: Thefauri enim, & indeficientium diuitiarum vbertas ipfa venatu difficilis, fapientia eft. Quin etiam Poëtæ, qui à Prophetis fuam, tefte Clemente, didicére Theologiam, pleraque fua allegoricis quibufdam fimilitudinibus ita obumbrant, vt nifi veritatis amore incenfo indagatori, vix vlla lux alijs fupereffe videatur; non equidem ob inuidiam, fed vt ænigmatum notionem fubiens inquifitio ad inueniendam veritatem recurreret, iuxta illud Sophoclis:

Eiufmodi ergo cognoui Deum effe,
Qui diuina femper exhibeat fapientibus,
Sed qui fit prauis malus breuifque Magifter.

Hinc Regius Pfaltes: *Aperiam in parabolis os meum, loquar propofitiones ab initio*; & Paulus Apoftolus: *Loquimur autem fapientiam inter perfectos; fapientiam autem non huius feculi, neque Principum huius mundi, qui d ftruun ur;*
fed

Trifmegiftus in Afclep.

*sed loquimur Dei sapientiam in mysterio absconditam, quam præfinivit Deus ante
secula in gloriam nostram, quam nullus ex Principibus huius seculi cognouit.*
Plena sunt symbolicis huiusmodi locutionibus veterum Philosophorum
monumenta. Christus quoque Seruator noster veritatis scientiam per
triplicem Theologiæ, symbolicæ, naturalis, & mysticæ, modum docuit;
vt per symbolicam rectè vtamur sensibilibus, per naturalem & propriam
intelligibilibus, per mysticam ad supramentales rapiamur excessus. Nam,
vt rectè Salustius in libello de Dijs & Mundo scribit, nescio quid diuinum
sub fabulis latet, exercitatumque ad earum sensum mysticum penetran-
dum intellectum requirunt: Poëtæ siquidem Θεόλημτοι, id est, Numine
afflati, & ex Philosophis optimi quique, eas tum ad arcana Dei subrilius
concipienda, aptiúsque & concinniùs explicanda, tùm ad vitam iuxta
eas ritè informandam, tùm vt sermones de Dijs, ijs simillimi essent, tum
ad Deos propitiandos, tùm similitudine attrahendos, inuenerunt. *Nam*   Proclus in sua lucubratione.
*sicuti Dij, quæ ex sensibilibus bona proueniunt, omnibus; quæ verò ex intellectua-
libus, prudentibus impertiti sunt: sic fabulæ Deos quidem esse omnibus diuulgant,
at quinam illi sint, & quales, illis tantùm, qui mysterium capere possunt, operationes quoque Deorum æmulantur. Licet enim & mundum hunc fabulam nuncupare, cùm in eo corpora resq́; conspiciantur, animi mentesque abscondita lateant.
Præterea ad veritatem de Dijs omnes informare, in insipientibus, vtpote ad eam adi-
scendam ineptis, contemptum; in studiosis segnitiem parit; at fabulis veritatem occultare, illos ne contemnant, prohibet; hos, vt philosophentur, compellit.*
Quæ cùm ita sint, iam ad ænigmatum à Priscis nobis propositorum interpretationem procedamus. Verùm, vt hæc omnia in fontibus ipsis videamus, primò Zoroastrica, deinde Orphaica, demùm Pythagorica, postremò
aliarum gentium symbola exponamus; quæ omnia cùm ex hieroglyphicis fontibus emanârint, magnam inde nobis portam ad Ægyptiacæ sapientiæ thesauros apertum iri confidimus.

CAPVT III.

Effata Zoroastrea, eorumque interpretatio iuxta mentem veterum.

Circumferuntur nonulla symbola Zoroastro adscripta, magnæ passim apud peritos existimationis. Quis verò Author eorum fuerit
ex Zoroastribus in Obel. Pamph. recensitis, prorsùs difficile est comperire.
Nonnulli ea Hermeti Trismegisto adscribunt; quidam Zoroastro Procco-   Quibus effata Zoroastrea adscribantur.
nesio; sunt qui vel ipsi Bactrianorū Regi Chamo primo Zoroastri ea ad-
scribant. Ego nolo inutili coniecturâ tempus in Autbore eorū determinan-
do terere; hoc vnicum dico, quòd is, qui Hermetica opera penitiùs scruta-
tus fuerit, atq; hæc cum Zoroastræis oraculis ritè contulerit, apertè visurus
sit, omnia prorsùs, siue stylū spectes, siue placita, rerumq; tractatarū argumenta, ex vno fonte profluxisse. Certè antiquissimum eum fuisse, vnanimis
Scriptorū consensus docet. Plato in Alcibiade eum Oromasis filium dicit,   Plato in Alcibiade de Zoroastre.
his verbis: *Ij qui legibus Persarum præsunt, quatuor sunt, sapientissimus, iustissimus,*
tem-

temperatiſſimus, atḡ, fortiſſimus aliquis vir; quorum primus Oromaſis filius Magiam

Clem. Alex.

docet (eſt autem ille Deorum cultus) atḡ, idem inſtituta Regia. Clem. Alex.
Strom. 5. Ζωροάς-ρίω τὸν μάγον τὸν Πέρσίω ὁ Πυθαγόρας ἐδ'ήλωσ°. Βίβλυς ὑποκρύφυς τῦ
αἰδ'ρος τάδὲ οἱ τῶ ωρωδ'ίκα μετιόντες αξῥτ ἀυχῦσι κεκτῆδχ.· Id eſt, *Pythagoras manifeſta-
uit Zoroaſtrem magum illum Perſam ; huius viri libros ſecretos penes ſe eſſe*

Euſebius.

gloriantur Prodici ſeĉtatores. Euſebius l. 10. de præp. Euangel. *A Moyſe
verò uſque ad primum annum Abrahæ, quingentos & quinque annos comperio,
quos ſi à Cecropis regno ad ſuperiora auferas, ad Aſſyrium Ninum tandem perue-
nies, quem aiunt, in tota primùm Aſia, Indiâ ſolùm exceptâ, regnaſſe, atque eo
tempore Zoroaſtres magus apud Baĉtrios regnabat.* Suidas verò eadem refert

Suidas.

his verbis: *Zoroaſtres Perſomedes, ſapientia ſuperior Aſtronomis, primus Auĉtor
recepti apud eos Magorum nominis. Bellum Troianum anteceſſit 500. annis; circumferuntur eius libri quatuor.* &c. & alibi: *Antiſthenes Athenienſis Tomos X : primum magicum, in quo narratio eſt de Zoroaſtre, illius doĉtrinæ Authore.* Qui plura deſiderat de Zoroaſtre, conſulat c. 16. l. 7. Plinij, & libri 30. caput 1. & ex l. 11. c. 42. Ammianum Marcellinum l. 23. & ea
quæ nos fuſiſſimè in Obeliſco Pamphilio l. 1. de Zoroaſtre, ex omni Authorum farragine tradidimus.

Zoroaſtræ
effata ſunt
antiquiſſima,
ſenſibuſque
hieroglyphi-
cis plena.

Patet itaque antiquiſſimum fuiſſe Zoroaſtrem, eiuſque magica Oracula Hermeticis, Platonicis, Pythagoricis ita ſimilia, vt num hæc ab ijs,
an illa ab hiſce deprompta fuerint, diſpicere vix poſſis. Certè hieroglyphicis ſenſibus ita plena ſunt, ſicuti ex eorundem explicatione videbitur,
vt ſi ea expreſſam hieroglyphicæ doĉtrinæ expoſitionem ſenſeris, reĉtè
prorſùs ſenſeris; atque adeò à primis Ægyptijs ea profluxiſſe, haud vero
abſimile putem. Nam ea quæ de Deo, de Genijs, de Mundo, de animarum deſcenſu tradunt, Ægyptijs quàm ſimillima ſunt; hieroglyphicis
tamen verborum inuolucris ita abſtruſa, vt non niſi à peritiſſimo veteris

Zoroaſtræ
effata cur
vocentur
λόγια.

doĉtrinæ Myſta penetrari queant; vnde & oracula ſiue λόγια vocantur
à Platonicis, eò quòd, vt ipſi putant, diuini Numinis afflatu pronunciata
eſſent. Putantur primò lingua Chaldaica conſcripta, quæ poſtea vel à
Beroſo, vel à Iuliano philoſopho, vel Hermippo, alijſue quos alibi citauimus, Græci iuris faĉta, ad nos tandem peruenerint, non vnita quidem,
ſed ſparſa. Nos ea ex Platonicis philoſophis Pſello & Plethone, alijſque
Rapſodis, Opſopæio, & Franciſco Patricio hinc inde collecta in vnum
corpus, ad certas materiarum claſſes reduximus. Noſtra autem intentio
alium in hiſce exponendis ſcopum non habet, niſi vt oſtendamus, omnia
huiuſmodi Symbola gnomica nihil aliud eſſe, quàm hieroglyphicas quaſdam ſyſtaſes ex Mercurij columnis depromptas, vt proinde, ſi quid heterodoxum in ijs occurrerit, non meo id ſenſu, ſed è mente Veterum aſſer-
tum eſſe, Leĉtorem ſcire voluerim. Ad propoſitum itaque nobis ſcopum
proſequendum nos accingamus.

§. I.

Symbolorum Hieroglyphicorum siue Effatorum Zoroastris, quotquot ex Veterum monumentis inueniri potuerunt, iuxta Chaldæorum, Aegyptiorumque mentem, Interpretatio.

Α΄ Ὅπυ πατξικὶ μονὰς ὃξι.

1 **V**Bi paterna monas est.

Β΄ Τασαὶ ὃξι μονάς, ἡ δύο γεννᾶ.

2 Ampliata est monas, quæ duo generat.

Δυὰς ʒ̄ πδφᾶ τῷ δὶ καθῆ), καὶ νοεραῖς ἀςράπℓ τομαῖς.

Dualitas enim apud hunc sedet, & in intellectualibus fulget sectionibus.

Καὶ τὸ κυβερνᾶν τὰ πάντα, καὶ τάξαι ἕκαςον ἆ τάχθὶν.

Et gubernare cuncta, & ordinare, quodcunque non ordinatum.

Γ΄ Παντὶ ʒ̄ ἐν κόσμῳ λάμπℓ Τειάς, ἧς μονὰς ἄρχℓ.

3 Toto enim in mundo lucet Trias, cuius monas est princeps.

Ἀρχὴ πάσης τμήσεως, ὁ δὴ ἡ τάξις.

Principium omnis sectionis, hic est ordo.

Δ΄ Εἰς τεία ʒ̄ νῦς εἶπε πατξὸς τέμνεσθ ἅπαντα.

4 In tria namq̃ mens dixit patris secari omnia.

Οὗ τὸ θέλℓν κατένⅾσι, ϰ̀ ἤδη πάντα ἐτέτμηⅠο.

Cuius voluntas annuit, & iam omnia secta jure.

Εἰς τεία ʒ̄ εἶπε νῦς πατξὸς ἀῒδίυ· νῷ πάντα κυβερνῶν.

In tria namque dixit mens patris aterni; mente omnia gubernans.

Ε΄ Καὶ ἐφαίνℓ ἐν αὐτῇ ἥ τ᾽ ἀρετὴ, ϰ̀ ἡ σοφία, ϰ̀ ἡ πολύφρων ἀτρέϰℓα.

5 Et apparuerunt in ipsa virtus, & sapientia, & multiscia veritas.

Τῷ δὲ ῥεῖ Τειάδ. Νόμας πεὸ ℓ̀ ἂ σνι.

Hinc fluit Triadis vultus, ante essentiam.

Οὐ πρώτης, ἀλλ᾽ ℓ τὰ μετξᾶ).

Non primam, sed eam quæ mensuratur.

Ἀρχαῖς ʒ̄ ἐισὶ ℓ δὶ λάβοις δυλόων ἅπαντα.

Principijs tribus hisce, capias seruire cuncta.

Καὶ πηγὴ πηγῶν, πηγῶν ἁπασῶν.

Et fons fontium, & fontium cunctorum.

Μήτξα συνέχℓζα τὰ πάντα.

Matrix continens omnia.

ς΄ Ἔνθℓν ἀρδὴν θεϱπσα γίνℓσις πολυπεϰίλυ ὕλης.

6 Inde affatim exilit generatio multifariæ materiæ.

Ἔνθℓν σνεὼ μⅦ. θρήσηρ ἀμυδξοῖο πυεὸς αὖθ., κόσμων ἐν θεϱσκων κοιλώμασι. ΠαῖℲα ʒ̄ ἔνθℓν.

Inde tractus prester, exilis ignis flos, mundorum indens cauitatibus. Omnia namque inde.

Ἀρχℓ) δ̀ς τὸ κάτω τάνℓν ἀκτίνας ἀγητℲ.

Incipit deorsum tendere radios admirandos.

Interpretatio Symbolorum.

IN hifce fex fymbolicis gnomis, nihil aliud Zoroafter innuere vult, nifi Trinitatem quandam diuinitatis in vnitate exiftente, vel vnitatem in Trinitate fubfiftentem. Vnde luculenter patet, veteres Philofophos facrofanctæ Triadis nonnulla inditia à prædecefforibus Patriarchis fucceffiuâ quâdam traditione haufiffe; quod cùm fufè admodum in Obelifci Pamphilij interpretatione indicatum fit, fuperuacaneum effe ratus fum, ijs hoc loco diutiùs inhærere. Oftendunt autem dicta epiphonemata; quomodo hæc primæua vnitas duo generet, & quomodo Trias fit primò in ipfa diuinitate, deinde tanquam in fpeculo quodam luceat in omnibus rebus à diuina prouidentia productis in fingulis mundorum claffibus; quod vt innotefcat, fingula epiphonemata exponamus.

1 *Vbi monas paterna eft*. Innuit facram in diuinitate Triadem: fi enim monas paterna eft, vtique ea relationem dicet ad Filium, qui eft fecunda diuinitatis fubfiftentia; & fi Filius cum Patre vnum eft, vtique tertia dabitur relatio mutui in fe inuicem amoris, quæ eft tertia diuinitatis forma, vt Ægyptij loquuntur. Quæ omnia pulchrè confentiunt illi Hermetico epiphonemati, *Monas Monadem genuit, & in fe fuum reflexit amorem*. Vide de hoc amplè tractatum in 5. libro Obelifci Pamphilij folio 404. & infra in Theologia hieroglyphica Claffe XI.

2 *Ampliata eft monas, quæ duo generat*. Innuit hoc epiphonemate Zoroafter, quomodo Monas in multitudinem fit lapfa. Eft enim, tefte Platone, Dyas fymbolum multitudinis, & rerum creatarum. Hinc & fequentium verborum innotefcit fenfus:[Dualitas enim apud hunc fedet, & intellectualibus fulget fectionibus] id eft, eft quædam in Deo potentia creatiua, qua creando in Dyadem feu multitudinem diffunditur; & illa intellectualibus fulget fectionibus, hoc eft, innumeris rerum creandarum ideis & exemplaribus imbuta eft, quæ fola voluntate eius, in cuius mente funt, effentiam & exiftentiam confequuntur. Atque his omnia quæ in mundo funt, gubernat, & ordinat quodcunque non eft ordinatum. Vide de hifce plura in fequentibus. Referebant autem Ægyptij hoc pronunciatum Globo, ex quo tres catenæ trigoniformes producebantur, quorum interpretationem vide in tertio Tomo, & in Theologia hieroglyphica.

3 *Toto in mundo Trias fulget, cuius Monas eft princeps*. Innuit Zoroafter hoc loco, quòd omnia quæ à Deo condita funt, fignaculo Triadis infignita, conditoris referunt veluti in fpeculo quodam imaginem; quæ quidem vti à fuprema omnium caufa effentiam fuam adepta funt, ita & à prima & principe Monade, à qua veluti à perenni quodam fonte profluxerunt, originem fuam inuenerunt. Eft enim hæc *Monas principium omnis fectionis*, id eft, rerum creatarum multitudinis, & hinc *ordo*, id eft, rerum omnium mira concinnitas & harmonia nafcitur. Vide quæ pluribus in fequentibus de hifce in Mufica hieroglyphica.

4 *In tria namque mens dixit patris fecari omnia, cuius voluntas annuit,*
& iam

& iam omnia secta fuerunt. Id est, in tria secantur omnia, in mente Patris
Æterni &c. siue exemplantur, voluntas verò eius efficit, vt
cuncta mox esse suum nanciscantur, iuxta illud, *ipse dixit, & facta sunt* : &
Hermes pulchrè sanè his verbis demonstrat. *Nihil enim est in omni natura,* Hermes.
quod ipse non sit . *Est ille siquidem, quæ sunt ; est ea etiam , quæ minimè sunt ;*
quæ quidem sunt, deduxit in lucem ; quæ non sunt, occuluit in seipso. Hic Deus
nomine melior, hic occultus, hic rursus omnium potentissimus, hic menti conspi-
cuus, hic præsens oculis, hic incorporeus, hic multicorporeus. Nam nihil in cor-
poribus est, quod ipse non sit, omnia enim ipse solus existit . Et paulò post: Quo
vertam oculos vt te laudem ? supranè, an infra? intus , an extra ? non mun-
dus, non locus circa te, non aliud quidpiam ex omnibus ; in te autem omnia , abs
te omnia, præbes omnia, nihilq́; suscipis, omnia quidem habes, quod autem non
habes, idipsum nihil .

5 *Et apparuerunt in ipsa virtus, & sapientia, & multiscia veritas.* Atque hinc fluit Triadis vultus, ante essentiam, non primam, sed eam, quæ mensuratur ; principijs tribus hisce capias seruire cuncta, est enim & fons fontium,
& fontium cunctorum matrix continens omnia . Quæ Hebræorum Mystis
in diuina natura sunt כתר, חכמה, בינה, *Kether, Chohma, Binah*, id est, corona, sapientia, intelligentia ; hæc Zoroastri sunt, *virtus , sapientia , &*
multiscia veritas siue intelligentia ; vocatque Triadis vultum ante essentiam non primam ; prima enim essentia essentians, siue mens prima, cùm
fœcunda sit, parturit sapientiam, mentem secundam, quod est Verbum ;
& ab his procedit amor Spiritus, seu intelligentia, omnium viuificatrix ;
atque hinc tandem profluit essentia illa creata rerum omnium , mensura-
tionibus subiecta ; atque his tribus principijs seruiunt omnia, est enim
fons fontium, & fontium omnium rerum creatarum vberrimus , omnium
rerum matrix . Errat tamen hoc loco Zoroastres, quod tribus in diuina Error Zoroa-
natura subsistentijs, singulis nomen principij det, cùm iuxta orthodoxam stri dantis
singulis diui-
Theologiam, principium diuinarum emanationum originaliter non sit nitatis subsi-
stentijs no-
nisi Pater. Exhibetur autem hoc epiphonema hieroglyphico schemate , men princi-
qui est Globus &c. (cuius explicationem vide in Obelisco Pam- pij.
philio) in quo globus Mentem primam ; serpens, mentem secundam, seu
Verbum ; alæ, Spiritum amorem indicant . Prester subti-
lis ignis flos
quid ?

6 *Inde affatim exilit generatio multifariæ materiæ ; inde tractus prester ,*
subtilis ignis flos, mundorum indens cauitatibus , omnia namque inde . Incipit Creatio re-
rum.
deorsum tendere radios admirandos. Psellus ita hoc effatum explicat : *A fœ-*
cunditate Monadis prouenit mundorum materialium multiplex fœtus, in quorum
centro prester subtilis ignis flos, id est, ignei caloris vis penetrantissima inclusa, omnia
ad vitam & fœcunditatem sollicitat, dum incipit extendere radios suos potentissi-
mos, & maximè admirandos . Verùm quomodo hæc epiphonemata rectè
intelligenda sint, fusiùs in sequentibus dicetur .

§. II.

Symbola hieroglyphica Zoroaſtris de Patre, & de Mente,
iuxta interpretationem Pſelli, & Plethonis.

Α'. Ἑ Αὐτὸν ὁ πατὴρ ἥρπασεν, ἀ δ' ἐν ἑῇ δυνάμει νοερᾷ κλείζας ἴδιον πῦρ. Οὐ γὸ
ὑπὸ παξρικῆς ἀρχῆς ἀτελές τι ξοχάζει.

1 S Eipſum rapuit Pater, neque
ſuæ potentiæ mentali claudens
proprium ignem; Non enim à paterno principio imperfectum quid ro-
tatur.

Β'. Πάντα γὸ ἐξετέλεσε πατὴρ, κỳ νῷ παρέδωκε δευτέρῳ.

2 Cuncta namq́ perfecit Pater, &
Menti tradidit ſecundæ.

Γ'. Ἔργα νοήϹας γὸ παξρικὸς νόϹ· αὐτογέ-
νεθλϹ· πᾶσιν ἐνέσπειρε δὲσμὸν πυριβριθῆ
ἔρωτϹ·, ὄφρα τὰ πάντα μένη χρόνον ἀς ἀ-
πέρανϹον ἐρῶντα.

3 Opera enim intelligens paterna
mens à ſe genita, cunctis inſeminauit
vinculum igni-grauis amoris, quò
omnia maneant, tempus in intermina-
tum amantia.

Δ'. Ἔχει τὸ νοεῖν, παξρικὸν νοῦν ἐνδιδόναι,
πάσαις πηγαῖς τε, κỳ ἀρχαῖς. Ἔςι γὸ πέ-
ρας τε παξρικᾦ βυθᾦ, κỳ πηγὴ τῷ νοερῶν,
μὴ δὲ προῆλθεν, ἀλλ' ἔμεινεν ἐν τᾦ παξρικᾦ βυθᾦ, κỳ ἐν τῷ ἀδύτῳ κỳ τλῳ θεο-
θρέμμονα σιγῇ.

4 Habet ipſa intelligentia paternam
mentem indere, omnibus fontibus &
principatibus; Eſt enim finis paterni
profundi, & fons mentalium, neque
progreſſus eſt; ſed manſit in paterno
profundo, & in adyto per Deo-nutriens ſilentium.

Ε'. Νῦ γὸ νῦς ὅςιν, ὁ κόσμου τεχνίτης πυρείου.

5 Mentis enim mens eſt, quæ mundi
eſt artifex ignei.

Ϛ'. Ἔςι δὲ τι νοητὸν, ὁ χρή σε νοεῖν νόου ἄνθει.
ὅςι γὸ ἀλκῆς ἀμφιφαοῦς δύναμις, νοεραῖς ςερό-
πῇξι λάμπουσα· εἰ δὴ χρή σφοδρότητι νοεῖν
τὸ νοητὸν ἐκεῖνο, ἀλλὰ νόου τᾳναῇ ταναῇ
φλογί, πάντα μεβρήσῃ, πλὴ τὸ νοητὸν ἐκεῖνο.

6 Eſt enim quoddam intelligibile,
quod oportet te intelligere mentis flore; Eſt enim roboris circumquaque
lucidi potentia, mentalibus fulgens
ſectionibus; non ſanè oportet vehe-
mentia intelligere intelligibile illud
ſed mentis amplâ amplâ flammâ,
omnia metiente, præterquàm intelligibile illud.

Ζ'. Τοῖς δὲ πυρὸς νοεροῦ νοεροῖς πρηςῆρσιν ἅ-
παντα.

7 Ignis mentalis mentalibus preſteribus cuncta.

Η'. Ὑπὸ δύο νόων, ἡ ζωογόνϹ· πηγὴ περι-
έχεϞ ψυχῶν.

8 Sub duabus mentibus vitigenius
fons continetur animarum.

Ι'. Ἑ ἅπαμϹ· πυρὶ πῦρ συνδέσμων ὄφρα
κεράση πηγαίους κρατῆρας, οἷς πυρὸς ἄνθϹ·
ἐπίχων, νοεραῖς ἀςράπῇ τὸμας ἔρωτϹ·
δ' ἐκτλῆσε τὰ πάντα, σμὶωϹαιν ἐοικῶας φέ-
ροϞ ῥήγνυμέναι κόϹμου περὶ σώμασι.

9 Indutus igni ignem vinculorum,
vt temperet fontanos crateras, ſui
ignis florem ſuſtinens, mentalibus
fulget ſectionibus, amoreq́ impleuit
omnia, examinibus ſimiles feruntur
perrumpentes per mundi corpora.

Ex-

Expositio Symbolorum, ex mente Psalli, & Plethonis

1 *PAter seipsum rapuit &c.* Seipsum Pater à reliquis omnibus exemptum fecit, adeo vt ne in intellectiua facultate, vel altero à se, Deo ignem suum, hoc est propriam diuinitatem incluserit. Huius autem diuinitas à cœteris rebus exempta est, videlicet, quoniam ille idem & ortus immunis est, & per seipsum extat; imò nulli prorsus communicabilis est, licet ab omnibus diligatur. Non autem inuidiâ ductus se nemini impertit, sed sola rei impossibilitate, quæ vt in contradictionem illa incidat, omninò non permittit. Sed vide aliam inferiùs huius Symboli iuterpretationem.

2 *Cuncta namque perfecit Pater, & Menti tradidit secundæ.* hoc est, ipse Pater omnia fecit, videlicet intelligibilia genera, hæc enim sunt, quæ sunt completa, & omnibus suis numeris absoluta: alterique à se D E O (sic loquitur Plethon) regenda tradidit; vtique non alteri nisi Verbo diuino Patri consubstantiali, iuxta illud, *Omnia per ipsum facta sunt, & sine ipso factum est nihil:* vnde si quid ab hoc deductum est, & ad ipsius, aut alterius substantiæ intelligibilis exemplar effictum est, id à summo illo Patre proficiscitur. Nam, vt rectè Plethon hoc loco asserit, hunc alterum Deum gentes primum haberi censent, quotquot videlicet assiduum mundi Architectum, quo alius superior esse non possit, esse significant. Vide inferiùs plura de hoc Symbolo.

3 *Opera enim intelligens paterna Mens &c.* id est, animæ nostræ iugis Opifex notas, id est, formarum intelligibilium imagines animis inseuit, quibus anima freta, rerum essentias sibi rationesque conciliet.

4 *Habet ipsa intelligentia &c.* Habet ipsa intelligentia prima inclinationem quandam naturalem essentiæ suæ signaculo insignire omnes intelligibiles substantias principatusque, quorum curæ omnia commissa sunt. Est autem hæc signatio finis paterni fundi, & fons omnium mentalium operationum, sine qua nulla intellectualis, aut rationalis substantia quicquam re efficere possit, iuxta illud, *Signatum est super nos lumen vultus tui Domine.* Neque tamen hæc signatio paternæ Mentis transitoria est, sed paterno fundo, id est, centrali diuinæ essentiæ fundo residet incorruptibiliter, & in adyto recessuque diuinitatis per Deo-nutriens silentium, id est, solo mentis silentio per contemplationis studium attingibile.

5 *Mentis enim mens est, quæ mundi opifex est ignei.* id est, Patris æterni æternus Filius, quem Philo vocat σοφίαν κοσμοτεχνίτιν, sapientiam mundi ignei architectricem, estque omnium mentalium & empyrearum operationum fons, & origo, & opifex, iuxta illud: *Ignem veni mittere in terram &c.*

6 *Est enim quoddam intelligibile &c.* id est, summus Deus, qui vnus perfectè est, non eodem modo, vt alia, concipitur; sed mentis flore, id est, singulari & potissima intelligentiæ nostræ portione. Est enim roboris circumquaque lucidi potentia, mentalibus fulgens sectionibus, id est,

S ideis;

ideis; quam non cum vehementi intenſione intelligere oportet, ſed amplæ mentis ampla flamma, id eſt, amore & igneo quodam in tantum bonum impetu. Quaſi diceret, non Numen illud contemplatione tantùm ſterili attingendum, ſed ardenti charitatis affectu contemplationi iuncto, indagandum.

Preſter
igneus quid ?

7 *Ignis mentalis, mentalibus preſteribus auctus.* Preſter hoc loco nihil aliud eſt, niſi igniculus quidam intellectus contemplatiui in animæ centro reconditus. Dicit itaque, intellectum humanæ mentis preſteribus mentalibus augeri, ſi per continuatos contemplationis actus, habitum quendam, in archetypi illius ignis mentalis fontana origine indaganda, acquiſiuerit; ſic enim per mentalium operationum exercirium primæ menti Deo ſimilior euadet, ac tandem totus per amoris affectum cum eo coaleſcet. Spectatur hæc Preſteris flamma in multis Ægyptiorum Numinum ſimulachris. Indicatur per illam, neminem ad ſupremi Numinis lucem peruenire poſſe, niſi Preſterem diuinæ naturæ ſibi communicatum, continuâ contemplatione, & diuino cultu auxerit.

8 *Sub duabus mentibus vitigineus fons animarum continetur.* Fingebant Zoroaſtræi, ſub throno mentis primæ & ſecundæ fontem, quem vitigineum dicebant, eò quòd animæ per aſcenſum ex eo bibentes, eò vnde meauerant redeuntes inebriarentur, id eſt, diuinarum dulcedine contemplationum abſorptæ, Deo plenæ in diuinam quandam naturam abirent. Videntur huius vitiginei fontis luculenta inter hieroglyphica veſtigia, quæ ſuo loco fuſiùs aperientur. Quem enim Zoroaſtres dicit fontem vitigineum, Hermes dicit Craterem; quæ alibi fuſiùs expoſita reperies.

Fontani cra-
teres quid ?

9 *Indutus igni ignem vinculorum &c.* Notandum hoc loco, per fontanos crateres nihil aliud intelligi, niſi vbertatem influxuum, quos ſenſibili creaturæ communicant Poteſtates ſupremæ, fontes totius vbertatis: & talis eſt crater Iouis, crater Oſiris, crater Iſidis, crater Momphtæ, ſimiliumque, de quibus paſsim in explicatione hieroglyphicorum. Dicit itaque Zoroaſter, ſupremum Numen igne indutum ſubinde temperare huiuſmodi crateres fontanos, & ijs veluti vincula quædam inijcere, & ad temperiem redigere exceſsiuam influxuum vim poteſtatemque, quæ niſi temperaretur, ſuſque deque verteret omnia. Hos itaque fontanos crateres ignis flore ſuſtinet ſuprema Mens, id eſt, centrali igne imbuit; mentalibus fulgens ſectionibus, id eſt, diſpertitis hinc inde ſuperfluarum qualitatum portionibus; quod fit ex bonorum cum malis, conſonorum cum diſſonis permiſtione; naſciturque harmonia grauibus acutiſq; conſtans, ex harmonia amor, examinis emiſsi adinſtar, quod omnia mundi corpora peruadit. quæ omnia in Obeliſcorum interpretatione enucleabuntur.

§. III.

Effata Zoroastræa de Mente prima, Deo, Genijs, & Anima, ex mente Pselli & Plethonis.

Effatum I.

Ἔστι καὶ εἰδώλῳ μερὶς εἰς τόπον ἀμφιφάοντα.

Est etiam simulachro locus suus in regione vndique & omninò lucida. Psellus.

Significat hoc effato Zoroastres animam rationis expertem, quæ idolum seu imaginem animæ ratione præditæ refert, virtutum auxilio, dum in hac vita moratur, lustratam, curriculo vitæ humanæ finito ad regionem, quæ supra Lunam est, redire, eique sorte assignari locum vndique luminosum, id est circumcirca, & omni ex parte splendore fulgentem; nam qui subter Lunam locus est, vndique tenebricosus est, & circumcirca caligine septus; Lunaris verò alternatim lucidus & obscurus est, hoc est, vna ex parte lumine clarus, ex altera tenebris oppletus; quemadmodum etiam ipsa Luna media ex parte illuminata est, & ex media obtenebrata; locus verò ille supra Lunam vtrimque lucidus est, siue omni ex parte collustratus. Dicit itaque oraculum, non solùm animæ ratione præditæ superlunarem illam Regionem vndique luminosam esse destinatam, sed etiam illius idolum seu imaginem animam brutam hac sorte dotatâ, vt regionem omni ex parte lucidam nanciscatur, dummodò splendida & pura è corpore exierit. Græcorum siquidem doctrina inferiorem homine animam facit interitus nesciam, eamque vsque ad elementa sub Luna sita extollit: at Chaldaicum oraculum expiatam illam, & cum rationis participe anima amicè conspirantem, in regionem hanc, quæ vltra Lunam est, vndique lucidam transuehit. Atque hæc quidem sunt statuta Chaldæorum. Pietatis verò Doctores, & Christianorum dogmatum interpretes ac præcones nusquam locorum brutam animam ad superiora educunt, sed apertè interitui obnoxiam esse profitentur. Atque ita enarrando tradit Gregorius Nyssenus in oratione de anima. Vide quoque de hoc Platonem in Phœdro, Plotinum in Enn. & infra de dogmatis Pythagoricis, & complura in actuali Obeliscorum Interpretatione; Scholion Authoris. dependet enim hæc veterum doctrina plerunque à Metempsychosi, quam profitebantur.

Effatum II. Δίζευ σὺ ψυχῆς ὀχετὸν, ὅθεν, ἢ τίνι τάξει, σώματι θητεύσας ἐπὶ τάξιν ἀφ' ἧς ἐῤῥύης αὖθις ἀναστήσεις, ἱερῷ λόγῳ ἔργον ἑνώσας. Psellus.

Scrutare animæ riuum, vnde, aut quo ordine, corpori mercenariâ operâ præstitâ, ad dignitatem iterum extollas, sacræ rationi opere adiuncto. Hoc est, quæ- Explicatio Pselli. re animæ originem, vnde producta corpori inseruierit, & quo pacto illa sacrarum ceremoniarum ope refocillata, lustrata, atque erecta, eò vnde venerat, reduci queat. *Sacra ratione adiuncta.* Id quod ita intelligendum venit. Sacra ratio in nobis est vita & intellectu prædita, aut potiùs suprema animæ facultas, quam mentis florem alicubi oraculum appellat.

Huic

Huic igitur, ait, facræ rationi, quæ fuapte fponte afcenfum parare nequit, fi opus vniueris, id eft, fi facræ rationi animæ, fiue præftantiori illius facultati cœremoniarum opus coniunxeris, eam ad priftinam dignitatem. facilè euehes. Chaldæus igitur nos non aliter ad Deum deduci poffe putat, nifi animæ vehiculum materialibus ceremonijs aptum reddamus atq; firmemus : arbitratur enim animam lignis, herbis, & carminibus luftrari, agilioremque ad afcenfum reddi. quod & Ægyptiorum, vnde hauferunt, dogma eft. Orthodoxa tamen Theologia, oratione & contemplatione, diuinâ nos illuftratione imbuente, Deo nos iungi rectiùs afferit.

Effatum III. Μὴ δὲ τὸ δὲ ὕλης σκύβαλον κρημνῷ καταλείψῃς.

Materiæ fœces quid. *Ne verò materiæ fæces in præcipitio relinquas.* Materiæ fœces appellat Oraculum hominis corpus è quatuor elementis compofitum, & tanquam docendo & exhortando difcipulum alloquitur : non folùm animam tuam ad Deum eleua, & vt vitæ huius turbas fuperes effice, fed fi fieri poteft, ne quidem ipfum corpus quo amictus es, quodque materiæ fœx eft excrementitia, & neglecta, & materiæ ludicrum, in terreftri mundo relinque. Præcipitium namque feu præruptum locum nominat oraculum hunc inferiorem telluris locum. nam, vi ipfi arbitrantur, à cœlo tanquam loco edito natura noftra huc præcipitatur. Admonet igitur, vt & ipfum corpus, quod per materiæ fæcem innuit, igne diuino abfumamus, & expurgemus, aut decorticatum in æthera eleuemus, aut à Deo in locum materiæ & corporis expertem, vel corporeum eum quidem, fed æthereum, vel cœleftem veluti transfuafemur. Atque hoc dogma licet admirabile fit, & excellens, non tamen in noftra voluntate fita eft corporis luftratio, & ad diuiniorem locum tranflatio, fed pendet res tota à diuina gratia, vt hæc ineffabili diuini ignis vigore & efficaciâ corporis materiam exurat, & prægrauantem terrenamque naturam igneo vehiculo in cœlum euehat. Alludunt ad hæc pleræque hieroglyphicæ infcriptiones Obelifcorum, vt fuo loco fufiùs aperietur. Hinc tot cœrimoniæ, tam cafta, & ab omnibus quæ huic Theolipfiæ quouis modo impedimento effe poterant, abftinens vita facerdotum ; quæ omnia tanquam fummum fecretum hieroglyphicis figmentis exprefferunt, vt fuo loco dicetur.

Effatum IV. Μὴ κάτω νεύσῃς, κρημνὸς κατὰ γῆς ὑπόκειται ἐπτάπορον σύρων κατὰ βαθμίδος, ὑφ᾽ ᾧ ὁ ἀνάγκης θρόνος ἐστίν.

Ne deorfum vergas, locus præruptus in terra fubiacet, de gradibus trahens feptem vias habentibus, fub quibus neceffitatis folium eft. Oraculum admonet animam, quæ Deo proxima eft, vt huic foli totâ mente adhæreat, neque ad terrena curfum per generationis appetitum inflectat : patet enim immenfus à Deo in terram hiatus, præruptufque locus, qui animas cupidine Quid feptem tramites, quid hiatus & neceffitatis folium. tranfuerfas per limina feptem tramitum deuehat. Sunt autem limina feptem tramitum, feptem errantium ftellarum orbes. Si itaque fupernè deorfum anima nutauerit, per feptem illarum orbes in terram fetetur. Sed iftud feptem circulorum iter tanquam per gradus quofdam ad neceffitatis folium deducit ; quò cùm anima peruenerit, ineuitabili Mundi terreni defiderio, vt putabant, tenebitur. Alludit effatum ad defcenfum animarum

Scholion Authoris.

marum in corruptionis fphœram . Monet itaque oraculum ne deorfum , id eft, in corpus caducum propenfiùs incumbas, fato fubditum ; infortu- natiffimus enim meritò cenfendus eft, cui, cùm eò totus fpectauerit , voto frui non contingat ; ac præ magna neceffitatis vi , cui quifpiam fe con- ftrinxerit, res eius peius identidem, minimèque votis confentaneæ ver- tant. Menti itaque incumbendum vnicè fuadet, tanquam ab omni fati neceffitate immuni . Sed de hoc alibi fufiùs . Pertractat hoc dogma Her- mes quoque in fuo Pimandro, quem alibi allegamus, fuitque dogma; tùm Chaldæis, tùm Ægyptijs, commune .

Effatum V. Μὴ ἐξάξῃς, ἵνα μὴ ἐξίῃ ἔχυσάτι .

Ne exigas animam , ne in exeundo habens aliquid , periclitetur . Hoc Oraculum refert etiam Plotinus in libro de animæ irrationalis eductione. Eft autem infignis & magni momenti exhortatio, duófque fenfus recipe- re poteft ; prior, ne te mortis metu perturbes ; alter , ne violenta mor- te animam è corpore exire compellas ; vtramque explicemus . Primò itaq; effatum afferit homini nihil omninò moliendum effe de animæ edu- ctione, neque difpiciendum quo pacto illa è corpore egrediatur ; fed ne- gotium naturali diffolutionis rationi permittendum, vti Pfellus explicat ; anxietas enim & follicitudo de corporis folutione, & animæ ex illo edu- ctione, mentem à melioribus cogitationibus auocat, & curis eiufmodi oc- cupat, vnde perfectè anima purgari nequit . Si enim tunc mors nobis ad- ueniat, quando curis de refolutione diftringimur, anima non exit prorfus libera, fed retinens aliquid de vitæ affectibus implicata ; affectum enim definit Chaldæus hominis de morte follicitudinem : nullius enim alte- rius rei curam habendam effe vult quàm præftantiorum illuminationum : verùm neque de his admodum follicitè cogitandum, fed vbi teipfum an- gelicis & diuinis potentijs nos in altiora extollentibus permiferis, omni- bus quæ in corpore funt, dicam & in anima, fentiendi inftrumentis obftru- ctis, abfque vllis negotiorum curis, & mentis cogitationibus , vocantem Deum fequendum effe . Atque hæc eft interpretatio Pfelli . Plethon vero fic illud explicat . Ne te ante mortis naturalis terminum interimas, licet philofophiæ totus omni ftudio incubueris ; nondum enim omnibus numeris abfolutam luftrationem adeptus es . Vnde licet anima è corpo- re via ifta exfilierit, exibit tamen vitæ huius corruptione quodammodo infecta . Si enim nos homines in hoc corpore tanquam in cuftodia & fta- tione collocati fumus, quemadmodum fanè Plato hac fententia diuinitùs accepta in arcanis fermonibus dixerat ; nemo certè fibi mortem inferre debet, antequam Deus moriendi neceffitatem immiferit . Atque hæc expofitio melior eft priore, & Chriftianæ doctrinæ prorfus congrua . Vt vel hinc appareat , quanto veteres intellectus lumine fuerint præditi, dum ea omnia ferè, quæ Chriftiana doctrina profitetur , libris eorum ve- luti fub vmbratili quadam delineatione, contenta fpectantur . vide Eu- feb. l. 5. de præp. & l. 3. de Euang. demonft. & Porphyrium libro de ab- ftinentia .

Plotinus.

Duos fenfus habet hoc effatum.

Quid fit affe- ctus iuxta Chaldæos.

Plethon.

Alter fenfus huius effati.

Plato.

Scholion Authoris.

Effa-

Effatum VI. Πῶς ἔχει κόσμῳ νοεροὺς ἀνοχῆας ἀκαμπεῖς.

Mundus habet quadamtenus sustentatores intellectu præditos, & immobiles.
Est hoc dogma hieroglyphicæ doctrinæ adeò consonum, vt facilè appareat, non id aliundè quàm ex Ægyptiorū schola prodijsse. Sed explicemus illud. Chaldæi posuerunt Potentias in mundo, quas nominârunt mundi Duces siue Rectores, quòd mundum motibus cum prouidendi cura regant. hoc idem tenuerunt Ægyptij, vt ex Pimandro & Asclepio Hermetis patet. Has igitur Potentias siue facultates appellat oraculum sustentatores, quòd mundum vniuersum sustineant. Atque per immobilitatem, quidem eorum, vis firma ac stabilis; per sustentationem verò, custodiæ atque conseruationis cura demonstratur. Hinc hieroglyphicè eos exhibituri Ægyptij, in solio collocabant, baculis variè adornatis instructas, vti suo loco dicetur. Sunt verò & nonnullæ Potentiæ, quas implacabiles vocant, vt quæ validæ atque fixæ ad hæc inferiora nunquam flectuntur, & in causa sunt, vt animæ ab affectuum illecebris neutiquam demulceantur, id est, ne cupidine in transuersum actæ, inferioris mundi quisquilijs contaminentur. ita Psellus. vide lib. 5. Obelisci Pamphilij, vbi huiusmodi effatum aptè per hieroglyphica expressum, reperies.

Potentiæ mundi, (margin)

Potentiæ implacabiles. (margin)

Effatum VII. Παῖ θεῦ ἀπλάσῳ ψυχῇ πυρὸς ἡνία τεῖνον.

Animæ figuræ experti vndique tende ignis habenas. Ἀπλάσον animam vocat, forma & figura omni carentem, vti Psellus explicat, vel simplicissimam & purissimam: ignis autem habenas istiusmodi animæ, expeditam, atque liberam deificæ vitæ operationem, quæ igneam mentem ad diuinum lumen excitat atque erigit. *Informi itaque animæ ignis habenas tende,* id est, huic rei stude atque operam naua, vt omnes potentiæ & in intellectu, & in cogitatione, & in opinione consistentes, quælibet, inquam, sibi conformes, & congruentes suscipiant diuinarum rerum illuminationes: nihil enim aliud sibi vult illud, *ignis habenas tende*. Sed natura labascere solet, & alterius vitæ, deterioris scilicet studio teneri. Putabant enim Veteres, nunquam se diuinâ illuminatione aptos redditum iri, nisi rebus terrenis nuncio misso, se per internas externasque expiationes, omni studio & diligentiâ peractas, habiles & idoneos redderent supernorum influxuum. Quod dogma sanè optimè quadrat asceticæ orthodoxorum doctrinæ.

Psellus. (margin)

Scholion Autboris. (margin)

Effatum VIII. Λαιῆς ἐν λαγόσιν Ἑκάτης ἀρετῆς πέλε πηγὴ, ἔνδον ὅλη μίμνουσα, τὸ παρθένιον ὁ προϊεῖσα.

In sinistra Hecates ilibus situs est fons virtutis, intus totus manens, virginitatem nunquam deserens. Insinuat hoc effato, maximè nobis appetendum virtutis fontem, in sinistræ Hecates parte situm: habet enim summam, incorruptionem, firmitatem, & immutabilitatem in se. Quod vt pleniùs intelligas, Nota Chaldæos Hecaten Deæ loco habere, quæ medium ordinem ducat, & quasi centrum sit omnium potentiarum: in dextris eius partibus collocant fontem animarum, in sinistris fontem bonorum siue virtutum; aiuntque animarum quidem fontem ad propagationem sphœramque generationis esse procliuem, virtutum verò fontem intra propriæ essentiæ limites coërcitum manere, virginis intactæ instar incorruptum; eamque quam habet firmitatem & immobilitatem, ab implacabilium potentia-

Psellus. (margin)

tentia-

tentiarum facultate adeptum esse, & virginali zona accinctum. Plethon sic explicat. In latere sinistro tui cubilis fons virtutis & scaturigo habetur, id est, potentia intus quidem illa condita, cuique nunquam germana sua integritas, id est, natura omnis affectionis exors, eripi possit. Nam & immotam, nullaque ratione excutiendam virtutis potentiam sortiti sumus, quamquam vsus actionum virtutis desinere potest, & interrumpi. Porrò potentia sinistro lateri adscripta est, quòd functiones dextro contribuuntur. Cubile autem animæ nostræ locus is esse statuitur, qui affectionibus ipsius eximijs præstabilioribusque substratus est. Hic locus cum hieroglyphicus sit, de eo fusiùs III. Tomo tractabitur.

Plethonis expositio.

Effatum IX. Ω Ϲαληνϵ̃ϛ ὲκ φύσϵως αἰϑϵρϵς τέχνασμα.

O homo audaci è natura productum artificium. Hoc totum effatum ex Hermetis Asclepio desumptum est, vbi sic illud explicari videtur. *Magnum miraculum est homo, animal adorandum, & honorandum, hoc enim in naturam Dei transit, quasi ipse sit Deus. O hominis quanta est natura, dijs cognata, diuinitate coniuncta! diligit quæ infra se sunt, & à supernis diligitur. Colit terram, elementis velocitate miscetur, acumine mentis in maris profunda descendit, omnia illi licent, non ipsi cœlum videtur altissimum, quasi enim è proximo sagacitate animi intuetur. Intentionem animi eius nulla aëris caligo confundit, non depressitas terræ opera eius impedit, non aquæ altitudo profunda despectu eius obtrudit, omnia idem est, & vbique idem est.* Vt proinde non malè hic locus hominem appellet Ϲαληνϵ̃ϛης φύσϵως τέχνασμα. artificium seu machinamentum naturæ audacissimæ, eò quòd nihil tam arduum & difficile sit, quod non aggrediatur.

Effatum X. Ε'νϵργϵι δϵι Ϲόν Ε'κατινόν ϛϵόφαλον.

Pselli explicatio.

Operare circa Hecatinum circulum. Hecatinus circulus, cuius in Ægyptiacis templis frequens vsus erat, orbis est aureus, in medio Sapphirum inclusum (teste Psello) complectens, loro bubalo conuersus, vndiquaq; varias figuras, & characteres habens hieroglyphicas; quem rotantes perficiebant inuocationes. Atq; istiusmodi sunt, quæ iyngas vocare solent, siue orbicularem, siue triangularem, siue aliam quamcumque figuram habeant. Atque cùm circumagitarent orbem illum, sonos inconditos, vel etiam belluinos cum clamore emittebant, ridentes, & aërem flagris ferientes. Docet itaque ritus operationem, siue circuli eiusmodi agitationem, vt quæ vires arcanas habeat. Vocatur autem circulus ille Hecatinus, quia Hecatæ, id est, Isidi subterraneæ, dedicatus est: quæ Hecate Chaldæis Dea est, & in dextra sui parte virtutum fontem habet. Est autem hoc magicum Ægyptiorum inuentum, quo Genios bonos mirè trahi, malos verò profligari credebant. Sed vide quæ fusiùs de huiusmodi Hecatinæ rotæ cœrimonijs in Obelisco Pamphilio tradidimus, vbi & hieroglyphicam eiusdem exhibitionem considera, vti & in alijs suo loco, & tempore reseruatis tractatibus.

Scholion Authoris.

Effatum XI. Μὴ ϖνϵῦμα μολύνης, μηδὲ βαϑύνης Ϲό ϵ̓πίπϵδον.

Ne spiritum coninquines, neque superficiem im profundum augeas. Sensus huius effati est; ne spiritum terrenarum rerum contagione polluas, neque

neque lucidissimam animæ tuæ substantiam rebus terrestribus, & corruptibilibus immergas. Verùm vt hæc luculentiùs exponantur, Notandum est, Chaldæos duabus tunicis animam induere, & ynam quidem spiritualem nominant, à sensibili mundo ipsi contextam; alteram verò luciformem, tenuem, & intactilem, quæ superficies hic vocatur. Ne igitur, inquit, spiritualem animæ tunicam affectuum immunditia contamines, neque superficiem illius additamentis quibusdam materialibus in altitudinem excrescere facias, sed ambas, vt natura sua sese

habent, conserues, hanc puram, illam nullo colore infectam. Monet
igitur oraculum, ne talem animæ spiritum inquines, neque cum plane
in profundum mergas, neque crassescere facias accessione amplioris materiæ in ipsa mole. Crassum quippe fieri huiusmodi animæ spiritum existimant, si ad mortale corpus nimium declinet. Vocat autem hunc spiritum ἐπιπεδον, id est, superficiem, ob formam, subtilitatem & exilitatem-
que. Hieroglyphicum huius schema vide Tomo III.

Effatum XII. Ἡ γελϑ... ψυχῆς... ἀμφω τον ὀμμαζα δε παῖσα εἰς ἄλλο ἐπαπεϊζον ἐψ.
 *Principatum teneat animæ profunditas diuina; oculos autem omnes in al-
tum sursum extendito.* Animæ profunditas innuit triplices eius potentias,
quæ in intellectu, cogitatione, & opinione sitæ sunt: oculi verò, triplices earum operationes cognoscendi vi prædictas. Est enim oculus cognitionis signum, vt & vita apparitionis. Vult igitur vt referetur animæ
immortalis profunditas, & quas habes vi cognoscendi præditas potentias,
sursum in altum eleues, imò teipsum totum, vt orthodoxorum verbis

vtar, ad Dominum transferas. Quasi diceret, animæ tuæ diuina altitudo
primas in te vendicet, & oculos tuos, id est, virtutes cognitiuas vniuer-
sas sursum versus erige. Est hoc dogma vsitatum quoque asceticæ artis
Magistris, indicatque animæ curæ omnia reliqua postponenda.

Effatum XIII. Ψυχη μέεσ τον Θεὸν ἀγξι εἰς ἑαυτην, ἐδ᾽ ὲ θνητὸν ἐχϊζα, ὀλη μεριϑϑι-
ςαι. Ἁρμονίε ἐυχι γδ, ὑφ᾽ ἡ πέλει σῶμα βρὀτϑιον.
 *Anima hominum Deum in seipsam constringet, si nihil caduci obtinens, tota
inebriata est. Harmoniam iactet namq, sub qua corpus vitale est.* Ostendit hoc
effatum, quomodo anima rationalis in Deum transformari possit, & diuinæ contemplationis nectare inebriari; si videlicet, terrenarum rerum
caducitate abiecta, si corporeorum phantasmatum hebetudine repudiata, se totam intra se receperit, & per continuum contemplationis studi-
dium, Deo perfectò adhæserit; quod est Deum intra se constringere,
& θελημα fieri. Vt vel maxime mirum sit, quomodo in tanta paganismi
caligine ad tantam, tamque eminentem vnionis cum Deo gradum, pertingere potuerint. Certè in hoc non differunt ab orthodoxa Ascetico-
rum doctrina; nisi quòd illi in solo intellectu vnionis vim posuerunt, hi
in intellectu simul & voluntate seu affectu per amorem vnitiuum, vt Albertus magnus loquitur. Quæ omnia approbat Psellus, dum hoc effatum

ita explicat. *Anima in seipsam vi compellat ignem diuinum (id enim sibi vult
τὸ ἄγχῳ) constringere) ratione immortalitatis & puritatis, tunc enim tota
inebriata est, id est, impletur præstantiori vita & illuminatione, & quasi extra
seipsam*

seipsam mouetur. Deinde ipsam animam alloquitur oraculum dicens, Harmoniam iacta, id est, gloriare de subtili & intelligibili coagmentatione, quâ colligata es arithmeticis & musicis proportionibus: sub hac enim intelligibili harmonia etiam vitale & compositum corpus coagmentatum est, structura illinc suppeditata. Vide Platonem in Parmenide, vbi multa ad hoc effatum alludentia adducit, de quo & in Musica hieroglyphica copiosior dabitur dicendi materia.

Scholion Authoris.
Plato.

Effatum XIV. Η φύσις πείθει πιστεύειν ἦ τοὺς δ'ἀμώνας ἀγνὰς, καὶ τῷ κακῆς ὕλης βλασήματα, χρησὰ καὶ ἐσθλὰ.

Natura suadet, vt credamus genios sanctos esse, & prauæ materiæ germina, vtilia & bona. Dicit effatum, Genios esse, id est, intellectuales substantias; & præterea dæmones pr uos, materiales, impuritatis contagione imbutos; neque tamen bonitate & vtilitate carentes; atque hoc ipsum naturam suadere. uod ita intelligendnm, non quòd ipsa natura hoc ratione suadeat, sed quòd si quando illa euocetur, vt Psellus ait, ante aduentum eius frequens dæmonum coetus affluat, & varij generis formæque spectra dæmoniaca præcurrant & appareant, ab omnibus partim elementis excitata, partim ab omnibus lunaris cursus portionibus composita & discreta: imò cum lætitia & grata quadam blanditie sæpius occurrentia speciem bonitatis initiato, vt Chaldæi putant, præbent. Adeòque vult, non Genios tantùm sanctos, sed & quæcunque a Deo ipso per se bono proficiscuntur, frugi esse; & ipsa quidem prauæ materiæ germina, siue formæ, quæ à materia dependent, talia sunt. Prauam appellat materiam, non ratione substantiæ, sed eò quòd nouissima inter substantias ponatur, exigui boni particeps. Mali itaque appellatione, boni paucitatem designat.

Psellus.

Effatum XV. Μὴ φύσεως καλέσης αὐτοπτ ον ἄγαλμα.

Ne vocaueris imaginem naturæ per se conspicuam. Innuit, in sacris non attendendam esse sensibilem spectrorum apparitionem, sed eorundem mente sola perceptibilem præsentiam; de quibus fusè Iamblichus in libro de mysterijs Ægyptiorum. Notandum autem est, imaginem Ægyptijs in sacris euocari solitam, eorum opinione, mente perceptibilem esse debere, & à corpore omni prorsùs separabilem. Naturæ autem forma, siue imago, non est vndequaque mente perceptibilis, quia natura vt plurimùm facultas est corporum administratrix. Ne igitur, inquit, in sacris coeremonijs aduoces naturæ imaginem suâ sponte conspicuam: tibi enim nihil secum afferet, præterquàm quatuor naturalium elementorum congeriem.

Effatum XVI. Η'νίκα βλέψης μορφῆς ἄτες διίεος ν πῦς λαμπρόμϱνον σκιρτηδὸν ὅλον κ βίνδια κόζμω, κλύθι πυρὸς φωνία.

Quando videris absque forma sacrosanctum ignem, lucentem exsultando totum per mundi profunda, Audi ignis vocem. Innuit effatum, ignem oculis conspicuum, varijs illusionibus expositum esse; ac proinde vt audias vocem istius diuini ignis, eum ab omni materiali conditione remotissimum esse debere, vt istius particeps luminis; & illustrationis esse possis. Sed audiamus Psellum, qui sic dictum effatum explicat. *Agit oraculum de diuino igne à plurimis hominibus conspecto, monetq, ne si quis tale lumen certa aliqua*

Psellus.

T

aliqua forma & figura repræsentatum videat, huic vlterius fidem adhibeat, neque illinc emissam vocem pro verissima excipiat. Contrà, si id ab omni forma & figura liberum visui offeratur, non decipieris ; sed quodcunque ex illo interrogaueris, certò verum erit . Nominatur autem iste ignis sacrosanctus , quòd cum decore à sacris viris sit conspectus, & totus hinc illinc subsaltans , magno lætitiæ scilicet & gratia indicio, per mundi abstrusa apparuerit. Alludit interpres oraculi

Scholion Authoris.

Psellus haud dubiè ad varias diuini ignis apparitiones, cuiusmodi fuit ignis in rubo à Moyse conspectus, & Eliæ in cœlum rapti igneus currus, similiaque , quæ passim sacra Scriptura nobis prodit .

Effatum XVII. Ἐκ δ' ἄρα κόλπων γαίης θερόκουσι κύνες χθόνιοι, οὐ ἀληθὲς σῆμα βροτῷ δεικνύντες .

At verò è finibus terræ exiliunt canes terrestres, non verum signum homini monstrantes. Innuit hoc effatum, nociuum quoddam dæmonum genus, materia constans, quos canes terrestres dicunt, fallax, & pernitiosum, quod homines cumprimis infestet, deceptionibus, & imposturis deditum. Psellus ita hoc effatum explicat. *Sermo est de dæmonibus materialibus, & hos canes nominat, quia animarum carnifices sunt ; terrestres verò, quia è cœlo ceciderunt, & circa terram volutantur. Hi, ait, à diuina vita beatitudine longissimè positi, & intellectuali contemplatione destituti, futura portendere nequeunt. Vnde fit, vt omnia quæ dicunt, aut monstrant, falsa sint, & nulla certitudine suffulta : per formas enim entia cognoscunt ; at id quod facultate sigillatim, &, vt ita dicam, indiuidualiter futura cognoscendi præditum est, indiuiduis & formarum expertibus intelligentijs vtitur.* Alludit hic Interpres cum orthodoxis

Scholion Authoris.

ad Cacangelos Luciferi socios ; qui ob rebellionem è cœlo pulsi, æternisque tenebris damnati, circumeuntes quærunt cui noceant, vtpote immortales humanæ felicitatis vltores : sed tamen cum magna differentia id sentiunt ; orthodoxi siquidem, Angelos lapsos, non materiales , aut terrestres esse, sed purè intellectuales substantias, in omnibus, si naturam spectes, bonis Angelis similes asserunt ; quod ipsi negare videntur.

Effatum XVIII. Ἐκτείνας πύρινον νοῦ ἔργον ἐπ' εὐσεβίης, ῥευστὸν, καὶ σῶμα σαώσεις .

Si extenderis igneam mentem ad pietatis opus, etiam fluidum corpus seruabis. Id est, Si mentem tuam illuminatam ad superiora extuleris, & diuini ignis opus ad pietatis opera euexeris (sunt autem Chaldæis pietatis opera, rituum ac cœremoniarum rationes certæ) non solùm animam affectibus insuperabilem reddes, sed etiam corpus tuum salubrius efficies. Est enim & hoc sæpissimè opus diuinarum illustrationum , corporis nempe materiam absumere, eumque sanitatis habitum acquirere ; vt posthac nec affectibus, nec morbis vllis corripiatur. Siquidem per abstinentiam , & corporis castimoniam, quàm veteres Hieromantæ sectabantur in diuino cultu, & θεαλψίας munere adipiscendo, necessariam, corpus à multis infirmitatibus immune seruari putabant.

Effatum XIX. Σὸν ἂγγ̄ειον θῆρες χθονὸς οἰκήσουσιν .

Vas tuum habitabunt animalia terræ. Hoc effatum variè à varijs explicatum fuit ; nos quid sentiamus, tum dicemus, vbi priùs Pselli sententiam

Psellus.

proposuerimus . Sic autem dicit. *Vas est ipsa temperatura animæ ex compositione orta ; animalia, dæmones, qui circa terram oberrant. In nostra itaque*

vita

vita affectibus plena, eiusmodi animal a sedem suam collocabunt; Dæmonum enim essentia affectibus complicata est, in ijsdemq́ sedem suam fixam habent, & ordinem materialem. Ideo quicunq́ affectibus dediti sunt, dæmonibus cohærent & agglutinantur; simile enim simili attrahunt, mouendi vim atque facultatem ex ipsis affectibus consecuti. Corpus animæ habitaculum vas vocat, terrenum & caducitate refectum; cuius appetitibus terrenis mox vbi anima condescenderit, ad illi cohabitandum, peruertendumque animalia terræ, id est, materiales dæmonum potentiæ concurrent. Nos probabilius putamus, hoc loco metempsychosin insinuari; consonatque prorsus cum ijs, quæ Hermes in suo Pimandro adducit de hoc argumento.

Effatum XX. Παῦ͂Ϲα γὰ ἐξετέλεσε πατήρ, καὶ τῷ παρέδωκε δευτέρῳ· ὃν πρῶτον κλήζει παῦ γέν͂Ϲ αἰδ᾽ρῶν.

Omnia enim perfecit Pater, & Menti tradidit secundæ, quam primam vocat omne genus hominum. Hoc effatum in Theologia hieroglyphica amplè exposuimus; quare eò Lectorem remittimus, indicat enim SS. Triadis mysterium, de quo ita Psellus: *Primus Trinitatis Pater cùm vniuersam creaturam condidisset, eam Menti tradidit; quam mentem totum genus humanum, paternæ excellentiæ ignarum, Deum primum appellauit.* At nostra doctrina contrarium tenet: quòd ipsa prima Mens, Filius, inquam, magni Patris, omnem creaturam condiderit, atque operando perfecerit. *Pater enim in Mosaicis scriptis Filio indicat formam siue ideam productionis creaturarum: Filius verò ipsusmet operator & conditor est operis creati.* Nos orthodoxè asserimus, mentem eam esse, quam Philo σοφίας κοσμοτεχνίτιω vocat, Patri consubstantialem, diuinum videlicet Verbum; appositéque illi applicari posse illud Psalmi: *Verbo Domini cæli firmati sunt, & spiritu oris eius omnis virtus eorum.* Pater enim omnia dedit Filio, iuxta illud: *Data est mihi omnis potestas in cælo & in terra.* Omnia enim Pater perfecit, & Menti tradidit secundæ, id est, Filio, Verbo suo, secundæ SS. Triadis hypostasi.

Psellus.

Scholion Authoris.

Philo.

Effatum XXI. Ὅτι ψυχὴ πῦρ ἤϲα φαενὸν δυνάμει πατρὸς, ἀθάνατός τε μένει, κὴ ζωῆς δεσπότις ἐϲὶ, κὴ ἔχει πολλὰ πληρώμαϲα κόλπον.

Quia anima ignis est lucidus potentia Patris, immortalisq́ manet, & vitæ domina est, & habet multa complementa sinuum. In hoc effato, natura & essentia animæ rationalis indigitatur; nam primò animum ignem dicit, vtique non elementarem, nec corporeum, sed diuinum, & materiæ corporisque expertem; & vti ab vniuerso compositorum genere & materiali corpore exempta est, ita immortalis est: nihil enim materiæ aut caliginis particeps illi immixtum est: multò minus composita est, vt in ea, ex quibus constituta fuit, resolui possit. Est præterea vitæ Domina, omnia vitæ radijs illustrans. Habet etiam plurimorum sinuum complementa, id est, obtinet potentias totius administrationis: quia, vti Ægyptij opinabantur, pro virtutum diuersitate diuersas zonas, siue cœli regiones illi inhabitare licet. Vide Proclum de compositione animæ, & Plotinum de natura eiusdem; vbi multa hisce non absona producunt. De complementis verò sinuum consule Iamblichum de mysterijs, & Hermetem in Pimandro & Asclepio, ex quo depromptum hoc effatum reperies.

Psellus.

Proclus. Plotinus. Iamblichus. Hermes.

Effa-

Effatum XXII. Βίη σῶμα λιπόντων ψυχαὶ καθαρώταται.

Pfellus.

Vi corpus relinquentium animæ funt puriſſimæ. Pſellus ita explicat . *Qui dictum iſtud æquâ mente auſcultauerit, reperiet id noſtræ doctrinæ non aduerſari. etenim coronati martyres, qui afflictionis tempore cum cruciatu corpus relique-runt, ſuas ipſorum animas luſtrarunt, ＆ puras reddiderunt . At hoc non vult Chaldæus, ſed laudat omnem mortem violentam, eò quòd anima, quæ corpus cum dolore deſerit, hanc vitam abominatur, ＆ conuerſationem cum corpore odit, con-trà cum gaudio ad ſuperiora reuolat. At quæ in morbis animæ corpore hoc natu-raliter diſſoluto vitam relinquunt, non admodum ægrè ferunt nutum ＆ propenſio-nem ſui erga corpus. Ita Pſellus.* Ego verò iudico potiùs hoc loco Zoroa-

Scholion Au-thoris.

ſtrum alluſiſſe ad animas contemplationis ſtudio deditas ; hæ enim ipſo animæ impetu actæ non ſolùm ſe ſupra omne id quod mortale eſt, extol-lunt, ſed & per dictum ſtudium veluti expiatæ ad puriſſimum eſſentiæ ſtatum pertingunt, ſimiles ipſis Angelicis mentibus effectæ.

Effatum XXIII. Σύμβολα πατρικὸς νοῦς ἔσπειρε ψυχαῖς .

Pfellus.

Signa inſeuit animabus mens paterna . Quemadmodum liber Moyſis hominem ad imaginem Dei formatum fuiſſe dicit, ita etiam Chaldæus ait, conditorem & mundi parentem ſigna ac notas ſuæ ipſius proprieta-tis animabus inſeuiſſe. Etenim non animæ tantùm è paterno ſemine (vt loquitur Pſellus) productæ ſunt, ſed omnes etiam ordines ſuperiores ſuam originem inde habuerunt. Sed in ſubſtantijs incorporeis alia ſunt ſigna, incorporea nempe & indiuidua ; alia item in mundis ſigna ſunt & ſymbola inenarrabilium Dei proprietatum, ipſis etiam virtutibus longè

Scholion Au-thoris.

excellentiorum. Has itaque animæ noſtræ iugis opifex formarum intel-ligibilium imagines animabus noſtris inſeuit, quibus freta rerum eſſentias rationeſque ſibi conciliet, de quibus in Theologia noſtra hieroglyphica ampliùs tractabitur.

Effatum XXIV. Ἔστι τι νοητὸν , ὃ χρή σε νοεῖν νόου ἄνθει .

Scholion Au-thoris.

Eſt intelligibile quoddam, quod mentis flore à te percipiendum eſt . Alludit effatum ad modum quo Deus cognoſcendus eſt, qui eſt mentis flos ; cùm enim Deus puriſſimus actus ſit, neceſſarium eſt, vt puriſſimo illo quod in anima reconditum latet, eum contemplando attingas. Quod fiet, ſi mentem ab omni terrenarum rerum cura, & terreſtrium, materialiumq;, imò ab omnibus phantaſmatum ſpeciebus ſimpliciter ſine vllo inter te & Deum medio abſtraxeris: hoc enim pacto, vti Deo ſimilior, & vici-nior, ita maiori quoq; puritate, & iucunditate primum illud intelligibile mentis flore, id eſt, intellectus defæcati, & ab omnibus materialibus expe-

Plethonis ex-poſitio.

diti libertate attinges. Plethon autem ita illud explicat. *Cuilibet rei mente comprehenſibili oppoſitam potentiam anima habet, vt ſenſibilibus ſenſum, cogitabili-bus, cogitationem, intelligibilibus mentem. Dicit itaq; Chaldæus, quòd quamuis Deus intelligibilis ſit, mente tamen comprehendi non poſſit, ſed ſolo mentis flore. Flos autem mentis eſt ſingularis ＆ indiuidua animæ potentia . Quia itaque Deus propriè vnum eſt, ne coneris eum mente percipere, ſed indiuidua potentia, quâ vnum cogno-ſcitur. nam primò ＆ per ſe vnum ſolo quod in nobis eſt vno comprehendere licet, non cogitatione, neque mente .*

Effa-

Effatum XXV. Ὁ πατὴρ ἑαυτὸν ἥρπασεν· ὐδ᾽ ἐν ἑῇ δυνάμει νοερᾷ κλείσας ἴδιον πῦρ.

Pater seipsum rapuit ; ne quidem in intellectili sua potentia igne proprio incluso. Oraculi hic sensus est secundùm Chaldæos: Supremus omnium
Deus, qui & Pater dictus est, non solùm primis & secundis naturis, no-
strisque animabus, sed etiam propriæ suæ potentiæ seipsum fecit incom-
prehensibilem & imperceptibilem. potentia autem Patris est Filius ; Pater enim, inquit, se subripuit ab omni natura. Sed istud dogma Christianæ fidei congruum non est; quæ docet in Filio Patrem exactè repræsentatum cognosci posse, perinde ac Filium in Patre : atque adeo Patris terminum esse Filium, & Verbum diuinum, quod omnes naturæ vires supe-
ret. Nisi forsan hic indicare velit diuinam essentiam & naturam in profundissimo diuinitatis recessu latentem, quam Hebræi אין סוף , Ensuph
vocant ; & sic aliquo modo defendi posset, nullo ad Filium, & Spiritum,
factâ relatione, sed sola diuinæ naturæ & essentiæ abstractissimè sumptæ,
consideratione.

Author.

Effatum XXVI. Πατὴρ ὐ φόβον ἐνθεμένος, πειθὼ δ᾽ ἐπιχέει.

Deus non injicit metum, sed obsequium infundit. Id est, diuina natura
non fremit, neque indignabunda est, sed suauis & tranquilla; ideo non
immittit metum sibi subiectis naturis, sed suadela & gratia omnia
ad se trahit. Si enim formidabilis esset, & minax, omnis rerum ordo dudum fuisset dissolutus, cùm nihil sit, quod eius potentiam sustinere po-
tuisset. Atque ista sententia quadamtenus à nostris vera censetur. Deus
enim lux est, & ignis consumens malos. Minæ autem Dei & terror, sunt
intermissio diuinæ erga nos benignitatis propter prauam rerum administrationem. Cùm enim ipse summè bonus sit, nulli vllius Author fuit
mali, vnde iure timeri possit; sed omnibus contrà semper bonorum causa, vt ideo à cunctis ametur. Vide Platonem in Parmenide, vbi effatum
fusè exponitur.

Plethon.

Author.

Plato.

Effatum XXVII. Ἃ νῦς λέγει, τῷ νοῦν δ᾽ἄπω λέγει.

Quæ mens loquitur, ea vtique intelligendo loquitur. Docet hoc effatum,
commercium Deum inter & hominem ita instituendum esse, vt quales
sunt voces quibus Deus hominem alloquitur, tales & hominis ad Deum
vicissim sint, videlicet, simplicissimæ, abstractissimæ, & ab omibus sensibilibus signis semotæ. Sed audiamus Psellum. Quando, ait, vocem articu-
latam supernè è cœlo detonantem audiueris, ne existimes quòd vocem illam edens,
siue Angelus, siue Deus, tali sermone protulerit, qualem ore exprimere solemus; sed
quid is quidem secundùm suam ipsius naturam absque vlla diuisione mente tantùm
ea, quæ audiuisti, agitauerit, tu verò pro ea, quâ polles facultate, mentis cogitata
non secus ac syllabas & verba ore prolata auditu perceperis. quemadmodum enim
Deus voces nostras exaudit absque vocum articulatione, ita etiam homo diuinæ
mentis conceptiones tanquam vocibus expressas excipit, quolibet scilicet pro suæ
naturæ ratione & capacitate operante.

Psellus.

Effatum XXVIII. Εἰσὶ πάντα πυρὸς ἑνὸς ἐκγεγαῶτα.

Omnia ab vno igne producta sunt. Dogma verum est, & religioni nostræ consentaneum : omnia namque quæcunque sunt, siue mente, siue
sensu

senſu perceptibilia, eſſentiam ſuam à ſolo Deo acceperant, & ad ſolum Deum conuerſa ſunt : ea quidem, quæ tantummodo ſunt, eſſentialiter ; quæ verò ſunt, & viuunt, eſſentialiter, & vitaliter ; at quæ ſunt, & viuunt, & intelligunt, eſſentialiter, vitaliter, & intellectualiter. Ab vno igitur eſt omnium rerum productio, & ad vnum iterum illarum reductio. Atque hoc oraculum omni caret reprehenſione, & noſtra doctrina refertum eſt. Vide quæ de hiſce fuſe in Theologia hieroglyphica docuimus ex doctrina Triſmegiſti, Platonis, Iamblichi.

Effatum XXIX. Χρήσι ἀπύδεν πρὸς ᾧ φάῶ, καὶ πρὸς πατρὸς ἀυγὰς· ἐνθ᾽ ἐπέμφθη σοὶ ψυχὴ πολιῶ ἐσαμίκη νοῦ.

Plethon.

Oportet te feſtinare ad lucem, & ad Patris radios ; vnde immiſſa tibi eſt anima plurima mente veſtita. Putant Ægyptij cum Chaldæis animas rationales corporibus illabi ; & vbi benè vixerint, ad ſphæras ſuas reuerti. Rationalis anima enim, vti dicunt, non à ſemine ſubſiſtentiam habet, nec in corporeis temperamentis conſiſtit, ſed è ſupernis à Deo ſuam eſſentiam nacta eſt ; ideo ad hunc conuerſa reſpicere, & ad diuinam lucem reuerti debet ; plurima namque mente veſtita in hæc inferiora venit ; id eſt accincta & inſtructa fuit à Patre & Creatore commonefactionibus diuinioris ſortis atque conditionis, cùm illinc huc iter ſuum affectaret, vt *Scholion Authoris.* meritò ijſdem monitis incitata hinc illuc redire ſtudeat. Vide quæ de deſcenſu animarum per 10. Sephiroth in Cabaliſticis fuſe ſcripſimus.

Effatum XXX. Οὐ γὰ ὑπὸ πατρικῆς ἀρχῆς ἀτγές τι ροχάζα.

Pſellus.

Non enim à paterno principio imperfectum quid procedit. Omnia, ait, perfecta & numeris omnibus pro cuiuſque ordine & dignitate abſoluta producit Pater : ſed genitorum imbecillitas & remiſſio rebus interdum ſuggerit defectum & imperfectionem. Verùm Pater denuò reuocat defectum ad perfectionem, & ad ſui ſufficientiam conuertit : nihil enim imperfectum à perfecto prodit, præſertim cùm ad id, quod ab ipſo primò *Scholion Authoris.* effunditur, confeſtim recipiendum fuerimus prompti atque parati. Alludit oraculum ad indiſpoſitionem animæ diuina dona capientis. Tametſi enim Deus Opt. Max. nihil niſi cum ſumma proportione operetur ; eſt tamen in anima obſtaculum quoddam, quod impedit, quò minus perfectionis diuinorum bonorum particeps fiat.

Effatum XXXI. Μὴ συναυξήσῃς τὴν εἱμρμβλω.

Pſellus.

Ne adauxeris fatum. Fatum appellarunt ſapientes inter Græcos ipſam naturam, vel potiùs complementum illuminationum, quas entium natura recipit. Et prouidentia quidem iuxta Platonicos eſt immediata Dei beneficentia ; fatum verò, quod connexione & ſerie rerum omnium terrena gubernat. Subijcimur autem, aiunt, prouidentiæ, cùm intellectualiter operamur ; fato verò, cùm etiam corporaliter. Ne igitur, ait, tuum ipſius fatum adaugere velis, idque ſuperare, ſed committe te ſolius Dei voluntati atque moderationi.

Effatum XXXII. Αἱ ὅθυ δὴ χθὼν κατωρύε᾽ῇ ἐς τέκνα μέχρις.

Perpetuò in hos terra ſubtus vlulat vſq̃ ad liberos. De impijs ſermo eſt, quòd eorum ſupplicia Deus etiam vſque in poſteros extendat : nam pœnas quas ſub terra ſubituri ſunt indicans oraculum, in eos, inquit, ſubtus

vlu-

Proclus.

vlulat, id eft, aduerfus illos mugit & infremit locus fubterraneus , & tanquam leonino rugitu obftrepit. quapropter etiam Proclus ait cognata-
rum animarum congenerem quoque , fiue confimilem effe compofitio-
nem : eafque quæ nondum naturæ vinculis exfolutæ funt , confimilibus
quoque affectibus implicatas diftineri . Oportere itaque & has omne
fupplicium explere , & cùm ob naturalem cognationem inquinamentis
infectæ atque refertæ fuerint, denuo ab illis repurgari .

Effatum XXXIII. Μάθε το νοῦτον , ἐπεὶ ἔξω νοῦ ὑπάρχει.

Difce intelligibile extra mentem effe. Indicat incomprehenfam, ab vllo intellectu creato, Dei naturam, quæ Pfellus his verbis explicat. *Licet*
*Pfelli expli-
catio.*
*enim omnia mente comprehenfa fint, Deus tamen primùm intelligibile extra men-
tem exiftit ; at illud extra non metiaris interuallorum diftantia , neque accipias
fecundùm intellectualem diuerfitatem, fed fecundùm intelligibilem exceffum, & fub-
fiftentiæ proprietatem ; exceffum, inquam, longè vltra omnem mentem , quo fu-
pereffentiale demonftratur ; illa enim effentia eft mens primò intelligibilis, extra
quam gradu fuperius eft ipfum per fe intelligibile . Deum excipe, qui & intelligibile, & ipfum per fe intelligibile longè tranfcendit . Diuinam enim illam naturam
dicimus neque intelligibilem, neque per fe intelligibilem ; fuperat enim omne verbum, & intellectum, ita vt nec mente percipi, nec verbis explicari poffit, & filentio magis honorari , quàm venerandis vocibus prædicari debeat . Excellentior
enim eft omni prædicatione, elocutione, & intellectus comprehenfione.* Quæ fufiùs
*Scholien
Authoris.*
explicat Dionyfius Areopag. l. de Theologia myftica.

Effatum XXXIV. Ἡνίκα δ' ἐρχόμενον δαίμονα προσγείον ἀθρήσης, Θύε λίθον Μνίζεριν
ἐπαυδῶν .

*Quando confpexeris genium terreftrem accedere, facrifica lapidem Mnizu-
Pfellus.
rim inclamando.* Inuoluuntur in hoc effato cœrimoniæ, veriùs fuperftitiones veteribus folitæ in euocatione dæmonum obferuari , quæ cum Ægy-
ptiacam religionem in fe contineant, paulò fufiùs explicandæ funt. Dæmones, aiunt, circa terram volutantes naturâ mendaces effe, vtpote pro-
cul à diuina cognitione remotos, & materia tenebricofa impletos. Quòd
fi ex his verum aliquem fermonem audire cupiebant, aram apparabant, &
impiè atque ftolidè *lapidem Mnizurim* facrificabant ; putabant enim hunc
lapidem vim aduocandi maiorem dæmonem habere, qui occultâ ratione
materiali genio applicatus rerum inquifitarum veritatem infufurraret,
quam ille porrò homini interroganti proferret. Indicabant autem nomen ipfum, quo in prouocatione vtendum erat, vnà cum lapidis facrifi-
catione . Nam veteres dæmonas quofdam bonos, quofdam malos effe
ftatuebant ; noftra autem orthodoxæ pietatis doctrina omnes malos pro-
nunciat, vt qui præmeditatâ defectione & apoftafia bonitatem cum vi-
tio & malignitate commutârint .

Effatum XXXV. Αἱ ἴυγγες νοούμεναι , πατρόθεν νοέουσι, καὶ αὖ) βουλαῖς ἀφθέγκτων κινού-
μεναι ὥς τε νοῆσαι .

*Iynges intellectæ , à patre intelligunt; & hæ confiliorum nihil fonantium
*Iynges quid
fecundùm
Chaldæos.*
mouentur, vt intelligant.* Iynges funt potentiæ quædam proximæ poft
fundum paternum è tribus trinitatibus compofitæ : quas intelligere ait
per paternam mentem, quæ caufam illarum in vnitatis forma fibipfi re-
præ-

præfentatam exhibet. Confilia autem Patris, ob intelligibilem excellentiam, nullum fonum edunt; atque abftractarum rerum notæ, & figna intellectu prædita, etiamfi à fecundis fiue inferioribus intelliguntur, ea tamen tanquam nihil fonantia, & ab omni intelligibili excurfu feparata intelliguntur. Vt enim animarum intelligentiæ licet ordines intellectu præditos intelligunt, eos tamen vt immobiles intelligunt; fic etiam intellectualium operationes fymbola intellectus capacia intelligentes, ea abfque foni emiffione intelligunt, in fubftantijs incognitis fubfiftentia.

Atque ex his omnibus patet, dicta fymbola Zoroaftris nihil aliud effe, quàm hieroglyphicam quandam fymbolorum texturam. Verùm cùm de hifce fuis locis fufiùs fimus differturi, fuperuacaneum effe ratus fum, ijs diutiùs inhærere; quare ad Orphei fymbola procedamus.

CAPVT IV.

Effatorum Orphaicorum Interpretatio.

Orpheus quis,& quando vixerit?

PRimus ex Græcia Ægyptiorum difcipulus fuit Orpheus, Mofe, vt in Chronographia noftra oftendimus, vno ferè feculo recentior, Cadmi & Phœnicis Synchronus, natione Thrax, patriâ Libethræus, filius Oenagri & Calliopes; vt contradiftinguatùr illi Orpheo, qui Argonauticæ expeditioni adfuit, eiufque hiftoriam defcripfit; & ab eo qui primus pæ-

Toftatus.

derota, Toftato tefte, docuit. putant nonnulli Orpheum Thracem difcipulum fuiffe Lini, quidam contrà. Verùm de his vide, quæ in Obelifco

Libri confcripti ab Orpheo.

Pamphilio de eodem tradidimus, hoc enim loco tantùm ibidem omiffa adducere nobis eft animus. Scripfit, tefte Suida, Τειάσμνς, hoc eft, de ternario Numero, tametfi quidam eofdem Ioui Tragico adfcribant; aliafque compofitiones, quas Hierofolicas, Cofminas, Neoteuticas vocant, vnà cum varijs facris difcurfibus, quos in 24. libros partitus eft; qui tamen à quibufdam attribuuntur Theogniti Theffalo, ab alijs Cecropi Pythago-

Lib. de fcultura lapidum

rico. Scripfit præterea de oraculis, quæ falfò nonnulli adfcribunt Onomacrito; librum quoque de fculptura lapidum, quem & ὀγδοηκονταΐλιθον,

De fanitate gratiarum actiones.

videlicet ab octoginta diuerfis lapidibus, de quibus in eodem mentio fit, nuncupat; præterea librum χειρισμάτων τῆς ὑγιείας, gratiarum actiones de fanitate, quem librum Themocles Syracufanus, & Perginus Milefius, ficuti

Lib. de Crateribus. Thronifmi & Bacchiei 3200. verfus Onomaftici. De Verbo diuino. Hymni.

librum de crateribus Zopyrus fui iuris faciunt. Confcripfit porro Thronifmos & Bacchicos, defcenfum ad inferos, Peplum, & 3200. verfus onomafticos, de facrificijs & immolationibus, catazofticon fiue de Verbo diuino, hymnofque complures, qui quidem foli veluti affumenta quædam ex tam nobilium mercium naufragio ad noftra vfque tempora integri

Lib. de cognitione Dei & quid contineret.

peruenerunt. Fertur denique dictus Orpheus nonnullas de cognitione Dei orationes compofuiffe, in quibus afferebat, in principio æthereï fuiffe

Prima rerum conditio.

immenfo chao circundatum, intra quem & nox; & rerum omnium conditarum apparatus conferuabatur; ætherem fupremum opinabatur effe incomprehenfibilem, fummum, antiquiffimum, & opificem vniverfi,

terram

terram verò inuifibilem, quæ tandem æthere aperto, diffufifque radijs il-
luftrata omnem Mundi ornatum oftenderit : hanc autem lucem dicebat
inacceffibilem, rerum omnium contentricem, hifce tribus nominibus,
βυλη, φαος, ϗ ζωη, id eft, confilium, lucem, vitam nuncupatam, quæ tribus
primis Zephiroth, Kether, Chochma, & Binah, coronæ, fapientiæ, & intelligentiæ aptè refpondent. Quæ omnia aliunde non habuiffe verifimile
eft, nifi ex Moyfis libro, Hebræorumque, quibufcum conuerfabatur, inftructione. Hic itaque Orpheus in Ægyptum eft profectus, vt arcanorum diuinorum rationem à Sacerdotibus, ijs temporibus fapientiæ
& omni fcientiæ eruditione confpicuis, hauriret; quà quidem ita profe-
ciffe fertur, vt, Paufania tefte in vltimo Eliacorum, Magus Ægyptius
fuerit habitus, id eft, humanarum diuinarumque rerum abfolutâ notitiâ
imbutus. Vnde complura quoque didicit de generatione, de elementis,
de vnione amoris, quà res fingulæ in Mundo colligantur, de pugna Gygantum, de raptu Proferpinæ, de planctu Ofiridis, quæ omnia à profanorum notitia fymbolicis verborum inuolucris ita inuoluebantur, vt cortice duntaxat noto, medulla verò non nifi fapientiæ filijs aperta acceffaque
foret; quæ omnia luculenter ex hymnis eius patent, vt iam dicetur.

 Scripfit autem Orpheus hymnos omninò 84. Qui numerus innumeris myfterijs refertus, primò fymbolum Dei eft, tefte Platone in libro de
opificio mundi, & hieroglyphicum diuinitatis, & omnis perfectionis ab-
folutiffimæ. Deinde feptenarium myfticum perfectè in fe multiplicatum
explicatumque in feipfo denotat; cùm enim 7 ex 4 & 3 conftent, fiet vt
ex 4 in 3 ductis fiant 12 porrò 7 in 12 ducta, dabunt 84, dictum hymnorum numerum; vt proinde Griphus à Pico Mirandulano in conclufionibus fuis propofitus, omnibus iam pateat, dum dicit: *Tantus eft nume-*
rus hymnorum Orphei, quantus eft numerus, cum quo Deus, triplex creauit fecu-
lum, fub quaternarij Pythagorici forma numeratus. Ternarius quidem numerus,
Mundi Archetypi; quaternarius, Mundi Elementaris; feptenarius verò,
Siderei Mundi fymbolum eft : vnitas enim intelligibilis in feipfam euoluta, triadem conftituit, id eft, Mundum intelligibilem ; Ternarius in
quaternarium euolutus, Mundum fenfibilem exhibet; ex ternario verò
& quaternario Mundus Sidereus conftat. Rectè itaque per 3 & 7 Deus,
triplex creauit feculum, qui numeri in fe ordine multiplicati dant 84. myfteriofum numerum hymnorum Orphei, de quo diximus. Sed iam in hymnorum interpretatione aliquod fpecimen demus.

 Primus Hymnus eft votum ad Mufam, qui ita incipit :

 Μαῖϑαν ἢ Μυζάϳε ϑυπαπολλω πὲὶ σεμνλὼ
 Ἐυχλὼ, ἢ ὅὶ Ϡι Φεοφρεςίϵϲι ὀϛίν ἁπασῶν, &c.

 Difce iam Mufæ operationem in facrificijs circa religiofam operationem, quæ
quidem omnibus præftantior eft, & c.
Quo fub varijs Deorum appellationibus varias diuinæ effentiæ in Mundum
diffufæ virtutes & operationes recenfentur, coerimonijs, facrificijfque
Numina placantur, cantu allegorico ad id quod petitur obtinendum, trahi pu-

V

Marginal notes:

Orpheus ex Mofe pleraque habuit.

Orpheus Æ-gyptiorum difcipulus.

Paufanias.

Myfterium quod latet fub numero 84. hymno-rum Orphei. Plato.

Solutio pro-pofiti à Pico problematis myftici.

Orphei pri-mus hymnus explicatur.

Per hymnos Orphei nil aliud nifi di-uinæ virtutes deferibuntur

hi putantur. Nequaquam igitur quifpiam exiftimet velim, Nomina Deorum, quos in 84 fuis hymnis Orpheus defcribit, effe falforum Deorum,
aut Cacodæmonum Nomina, à quibus non nifi malum tibi pollicearis;
fed effe naturalium, diuinarumque virtutum, à vero Deo in vtilitatem maximè hominum, fi eis fcire licuerit, Mundo diftributarum appellationes.

Quod hymni Dauidici in Cabala, hoc hymni Orphei in Magia

Quod enim veteres Hebræi hymnos Dauidicos in Cabala, hoc veteres Poëtæ, Philofophi, & Sacerdotes, hymnos Orphei, & Homeri, vtpotè diuino
Numinis afflatu infpiratos, operari opinabantur in magia naturali. Elucet
enim in dictorum hymnorum defcriptione mira quædam analogia virtutum inferiorum cum fuperioribus, & medijs; quibus cùm hymni per ap-
pofitum allegoricarum locutionum contextum refpondeant, miros fibi ex
eorum legitima recitatione, & cœrimoniarum exacta obferuantia, imò in-
f . les fpondebant effectus. Dum enim Saturnum, Iouem, Pana, Mercurium, Bacchum, Neptunum, Plutonem, reliquamque Deorum, Dearumque progeniem cantu myftico defcribit, quid aliud indicat, nifi diuerfas
vnius Dei in rebus mundanis abfconditas virtutes, quibus pulfis malis con-
trarijfque beati efficiamur? Totum igitur fecretum hymnorum dependet
ab analogia partium Mundi ad fupremas rerum virtutes, quam qui nefci-
uerit, is in abdito hymnorum Orphaicorum fenfu percipiendo nullopere
laborabit. Eft enim proprium Ægyptiorum, à quibus Orpheus, & reliqui

Triplex trinitas Orphaica quid?

Poëtæ omnia fua hauferunt, aliud fenfibus per corpoream repræfentatio-
nem, aliud Menti per allegoricæ analogiæ contextum exhibere. Nam
quid aliud Orpheus per Saturniæ vnitatis in triadem Iouis, Neptuni, &
Plutonis diuifionem; per fatalis vnitatis in Parcarum triadem Clotho,
Atropos, Lachefin partitionem; & per Venereæ denique vnitatis, in triadem gratiarum Aglaiæ, Thaliæ, Euphrofines fectionem intelligit; nifi triplicem Mundum, Archetypum, Sidereum, Elementarem? quarum prio-

Saturnus eiufque trias quid.

rem Saturniam, opinione veterum, diftribuit tribus Angelicis potentijs,
Cœli, Maris, Terræ præfidibus feu curétis: Secundam verò fatalem diftri-

Parcarum trias quid. Venereæ trias quid. Curetes apud Orpheū quid.

buit tribus Parcis, quarum vna perpetuò filat, altera glomerat, tertia fufum
fcindit: Tertia elementari Mundo, generationis fphœræ, eam varijs gra-
tijs concinnando conferuandoque, præfidet. Videbis itaque apud Orpheum curetas idem effe, quod apud Dionyfium Areopagitam Poteftates,
apud Cabaliftas רוחות Ruchoth, Spiritus, Angelos apud Platonicos, Genios apud Ægyptios; Typhonem eundem effe, quem in Cabala סמאל Sa-

Quid Typhon, noxque apud Orpheū myfticè.

maël nocturnum dæmonium, tenebrarum incolam, femper malis inferen-
dis intentum; Noctem candem effe apud eundem Orpheum, quod apud
Cabalæos Enfuph, apud Ægyptios Hemphta, apud Platonicos infinitum.
Deduces hinc, cur Opificem Mundi nocte de opificio mundi confulen-
tem veteres Myftæ introduxerint. Ægyptiorum fanè dogmatum fumma
in hac vnica analogia Mundorum, præfidumque varietate confiftebat,
quos quidem præfides, quicunque præuia expiatione per congruas cœri-

Iamblichus.

monias, per rerum mundanarum, tefte Iamblicho, congruam applicationem factas, conciliare noffent, eos iam Deorum confortio beatos, por-
tamque felicitatis nactos putabant. Vt proinde Orpheum hanc Magiam

non

non aliunde quàm ab Ægyptijs hausisse, & ab hoc Homerum, adeò certum sit, vt id nullâ aliâ demonstratione egeat, nisi vnius doctrinæ cum alterius combinatione. Quid hieroglyphicæ statuarum, Obeliscorumque inscriptiones aliud sunt, quàm hymni quidam taciti ad Deorum virtutes influxusque attrahendos ordinati? Verùm hæc omnia suo loco, & tempore fusè ostendentur.

Hieroglyphici schematismi nihil nisi hymni quidam sunt.

Orpheus itaque idem nobis verbis allegoricis, quod Ægyptij hieroglyphicis, explicat; ita vt per Deorum nomina, quibus hymni dedicantur, nihil aliud nisi intellectuales mundorum præsides; per ornamenta verò seu instrumenta Deorum, variosque corporis habitus, locorumque varium situm, quibus eos describit, nihil aliud, quàm varias eorundem operationes & virtutes in singulis mundi membris elucescentes, indicet; per thus verò, styracem, manna, crocum, Libanotum, Smyrnam, papauer, cœterasque suffimentorum, aromatum, seminumque species, vnicuique Numini appropriatas, nihil aliud, nisi cœremonias, expiationes, animique dispositiones, ad Deum qui cantatur, attrahendum requisitas, mysticè designet.

Primò enim introducit Neptunum quadriga vectum, quâ quidem apertè indicabat id, quod Ægyptij hieroglyphicè per oculum, sceptrum, scutum, & serpentem exprimebant, id est, ineffabile Nomen Dei, quod Vniuersum, teste Iamblicho, percurrit; & quod forsan à Trismegisto hauserat, qui, eò quòd primus nomen Dei ineffabile, quod à primæuis Patriarchis didicerat, sub vnitate essentiæ triplici virtutis diffusione coleret, Trismegistus est appellatus, vt Suidas docet, verbo Trismegistus. In hunc itaque morem Orpheus, Neptunum quadriga vectum adducit sub tribus nominibus exhibitum, quæ sunt, Nox, Cœlum, & Æther; ita vt per Noctem idem intelligat, quod Hebræi per *Ensuph* & *Kether*, id est, *Infinitum* & *coronam*, & Trismegistus per potentiam, quæ inter tres personas diuinas Patri amanti competit; Cœlum verò à nocte generatum Filio amato; & Spiritui denique viuifico, & amore omnia connectenti, Æther mundanorum corporum vinculum congruit. Quid porrò aliud indicatur per Deos particulares, quos in hymnorum principio inuocat, nisi diuinitatis vis per omnia Mundi membra diffusa, varijsque operationibus distincta? Sed specimen Interpretationis hìc apponamus.

Neptunus quadriga vectus quid.

Iamblichus.

Suidas.

Primigenito Saturni; suffimentum Smyrna.

Primigenitum voco biformem, magnum, in æthere errantem,
Ex ouo genitum, aureis gaudentem alis,
Tauri clamorem habentem, genus beatorum, mortaliumque hominum,
Inenarrabilem, occultum, sonantem, vbiq́ lucentem, ramum
Oculorum; qui tenebrosam excussisti nubem,
Quoquouersum volutus alarum incitamentis per Mundum
Emicantem, ducens lucem puram, à qua te phaneta voco.
Atque Priapum, Regem, & splendentem, circumspectum.

Hymnus Orphei.

V 2 *Sed*

Sed beate , multi confilij, habens diuerfa femina, defcende lætus ,
Ad facrificium fanctum, varium, orgia difcentibus .

Per Saturnum innuit Mundum intellectualem, qui continet mentes
Angelicas, puras, & ab omni materiæ contagione femotas. Hinc primam
mentem Platonici vocant Regnum Saturni, Authoris omnis refurrectio-
nis . Dicitur autem filius terræ & cœli, quia natura Angelica, vti Ano-
nymus quidam in hunc locum commentator explicat , in primo creationis fuæ gradu erat quodam modo informis & obfcura, expreffa per opaci-
tatem terræ ; fed conuerfa ad cœlum, id eft, Verbum diuinum, in quo
omnes fapientiæ & fcientiæ thefauri funt abfconditi,& ad diuinæ effentiæ
pulchritudinem, à qua procefferat, idealium illuftrationum radijs perculfa, fuam recepit perfectionem, effentiâ, fplendore,& luminofâ pulchritudine amictam . Ego tamen hæc clarius fic exponi poffe putem , fi dicamus, Angelicam naturam in principio creationis necdum in ftatu gratiæ
confirmatam, nec vifione Dei beatam, quodammodo, fi ita dicere liceat,
informem fuiffe,id eft,ad bonum & malum indifferentem,vti ex cafu Angelorum patet , mox tamen per actum amoris fummi in Deum , omnem
debitam fibi fupernaturalem perfectionem à Deo accepiffe,& fic in gratia
æternum ftabilitam fuiffe . Dicitur *femper viuens*, quia in Saturno, id eft,
mundo intellectuali fontes funt perpetui, & omnium vitarum exemplaria . Dicitur *Pater Deorum*, quia ipfe in fe continet cœleftium corporum
ideas, quæ à primæuis Philofophis dicebantur Dei. Dicitur *Pater hominum*, quia animus humanus vnitatis intellectualis vi in ipfo radicatur &
viuit, habetque communem cum ipfo virtutum, operationumqué intellectualium fontem & principium, iuxta illud Pythagoræ. *Confide quia in
hominibus eft diuinum femen* . Dicitur *puriffimus*, quia mundus intellectualis ab omnibus fordibus terrenis , & materialis contagionis mifcella re-
motiffimus eft. Dicitur *temporum genitor*,quia Mundus fenfibilis eft veluti
imago quædam, & vmbra Mundi illius intellectualis perpetui & æterni.

Sed explicemus modò paulò fufius ante citatum Orphei hymnum;
in quo tamen nihil me ex propria fententia afferere quifquam putet, fed
omnia ex mente veterum Theologorum,quorum interpretem ago mente,

& opinione. Dicitur *Biformis*, quia vna fui parte, vt aiunt, viuit vniturq;
cum vnitate intellectuali puriffima in Mundo intelligibili, altera Mundi
gubernationi incumbit . Orthodoxi tamen nullam in Deo diuifionem
faciunt realem ; fed operationem diuinam vnam atque indiuifam dicunt,

tùm ad intra, tùm ad extra. Dicitur *Magnus*, quia totum Vniuerfum in
fe complectitur.Dicitur *Æthereus*,feu in æthere commorans,quia fpiritum

Vniuerfi ab eo dependere aiunt, quem & ætherem fupremum , & diuinum Spiritum,Dei amore fancto conuertentem omnia (perperam tamen) afferunt . Dicitur *natus ex ouo*, quia veteres Mundum intellectua-

lem ob motus circularis analogiam ouo, quemadmodum fufe in Obelifco
Pamphilio demonftrauimus , affimilabant; in quo tefta firmamentum,
albugineus humor Sidereum fpacium, vitellus denique elementarem
Mun-

Mundum, vtpote in quo feminalium rationum mifcella lateat, repræfentet. Cùm igitur fenfibilis Mundus imago quædam fit Mundi intellectualis, appofitè magnam naturam, feu regiam animam ex ouo natam tradiderunt. Dicitur *Vocem habere Taurinam*, eò quòd prima huius vniuerfalis animæ portio perpetuò formationi materiæ intenta fit; vnde ob eandem caufam Neptuno, ob fummam marini elementi fœcunditatem, & perpetuam ad generationes omnigenas appetitum, Taurum veteres facrificabant, ob fonitum etiam maris quem μυκντω vocabant, mugitui bouino haud abfimilem. *Alæ aureæ* denotabant dictæ animæ fapientiam; *Alæ aureæ. Plato.* funt enim, Platone tefte, alæ hieroglyphicum intelligentiæ, vt fuo loco dicetur; aurum verò pertinet ad fupramundanum illum idealem Mundum, in quo omnes diuitiarum intellectualium thefauri funt reconditi. *Complectitur femen diuinum & mortale*; quia in illa anima prima, & eius *Semen diuinum & mortale cur vocetur Saturnus.* venerando templo omnia, tam cœleftia, quàm elementaria corpora, quantumuis ex fe & fua natura corruptionis obnoxia, æterna funt & diuina, intellige exemplariter. Dicitur *elidere nubes*, quia ipfa anima prima in *Reliqua Saturni epitheta.* impreffione formarum, antiqui illius chaos caliginofam deftruere dicebatur obfcuritatem. *Expandit verò lucem fanctiffimam in Mundo*, quia rerum à fe formatarum pulchritudine, animos ad fummi boni contemplationem conuertit. Dicitur *Beatus, prudens, & abundans confilio*, ob contemplationis fuæ robur, foliditatem, & fortitudinem. *Abundat femine*, ob fœ- *Dei fœcunditas.* cundam rerum, quas progenerat, vbertatem; vnde & ab eodem κỳ τλω ἀλληγοείαν *Pan* dicitur, & *Priapus*, id eft, natura Vniuerfi; & magnum rerum feminarium; ad imitationem Ægyptiorum, qui Horum eundem cum Pane faciunt. Vnde hieroglyphicè eum exhibituri, depingebant fub *Quomodo Ægyptij Dei fœcunditatem exprefferint.* forma humana, cum fceptro in dextra, fymbolo imperij in Mundum fublunarem, quique cum finiftra verenda contrectet, ad demonftrandam panfpermiam, feu omnia rerum femina in ipfo recondita, formarum à materia appetitarum vnicum & fempiternum receptaculum, iuxta hæc Orphei verba: *Qui omnia producit, genitor Vniuerfi, & Princeps Mundi, Lucifer, fructifer, Pæan, per te fundum æternum habet terra, & tuæ fummæ potentiæ cedit vndofum mare.*

Hinc idem Pan fiue Horus in Sai Ægyptiaca ciuitate fculptus vide- *Panos feu Hori in prægrandi Coloffo fculpti in Ægypto, fymbola quid.* batur in prægrandi Coloffo fub huiufmodi forma: dextra Lunam flagellare videbatur, & cum finiftra Ithyphallum, hoc eft, veretrum erectum continebat; quo quidem nihil aliud fignificare volebant, nifi quòd ipfa natura Vniuerfi omnem ab eo recipiat fœcunditatem, cuius ope omnia inferiora producuntur: Lunam autem præcipuè, tanquam omnium fupernorum influxuum receptaculum follicitare videtur; ex hoc enim, ob humidum calido mixtum, natura rerum ope feminalium rationum mifcellam ad generationem rerum difponit. Verùm de his vide Obelifcum Pamphilium, in quo hieroglyphicum Panos fufè expofuimus; vti & fuprà in primo Tomo imagines Hori.

Eft itaque Orphaica Mythologia hucufque obiter expofita, nihil *Orphaica mythologia ab Hebræis haufta.* aliud, nifi quædam diuinioris philofophiæ portio. Qualis præterea fit
anima

anima Mundi, quæ eius officia, quæ rerum naturalium principia, qui motus, vberiùs in Theologia hieroglyphica in XI. Claſſe exponetur. Hanc autem philoſophiam, tametſi corruptam, apertè tamen, ab Hebræis ſe accepiſſe, ſequentibus verſibus declarat.

> *Vos qui virtutem colitis, vos ad mea tantùm*
> *Dicta aures adhibete, animoſq́ intendite veſtros;*
> *Contrà qui ſanctas leges contemnitis, hinc Vos*
> *Effugite, & procul hinc miſeri, procul ite profani*
> *Tu verò qui diuina ſpecularis, & alta*
> *Mente capis, Muſæ voces amplectere, & illas*
> *Aſpiciens ſacris oculis ſub pectore ſerua.*
> *Hoc iter ingreſſus, ſolum illum ſuſpice Mundi*
> *Ingentem authorem, ſolum interitúq́ carentem:*
> *Quem nos præſenti, quis ſit, ſermone docemus.*
> *Vnus perfectus Deus eſt, qui cuncta creauit,*
> *Cuncta fouens, atque ipſe ferens ſuper omnia ſeſe*
> *Tantum qui capitur mente & qui mente videtur,*
> *Qui nullúmq́ malum mortalibus inuehit vnquam;*
> *Quem præter non eſt alius. Tu cuncta videto,*
> *Hic ipſum in terris meliùs quò cernere poſſis.*
> *Hic etenim video ipſius veſtigia, fortem*
> *Hícq́ manum video, verùm ipſum cernere quis ſit*
> *Nequaquam valeo, nam nubibus inſidet altis;*
> *Nemo illum niſi Chaldæo de ſanguine quidam*

Moſes ſolus
Deum vidit
iuxta Or-
phæum.

> *Progenitus vidit; quem cœlorum aurea ſedes,*
> *Sublimíſq́ tenet, cuius ſe dextera tendit*
> *Oceani ad fines; quem de radicibus imis*
> *Concuſſáq́ tremunt montes, nec, pondere quamuis*
> *Immenſo ſint, ferre queunt; qui culmina cœli*
> *Alta colens, terris nunquam tamen ille ſit abſens.*
> *Ipſe eſt principium, medium quóq́, & exitus idem.*
> *Priſcorum nos hæc docuerunt omnia voces,*

Duæ tabulæ.

> *Quæ binis tabulis Deus olim tradidit illis.*

Vbi per Chaldæum haud dubiè intelligit vel Moſen, quem ſacræ literæ Deo facie ad faciem locutum teſtantur; vel Abrahamum, quem ſimili prærogatiua à Deo donatum ſacer textus oſtendit; veriſimiliùs tamen eſt Moſen hîc indigitare, quod & vltimus verſus de duabus tabulis ſatis indicat. Fuerunt porrò Orphei hymni in tanta nullo non tempore æſtimatione, vt Picus auſus ſit dicere, Orphei hymnos in magia naturali idem efficere, quod in Cabala Dauidici Pſalmi præſtant; atque adeo Se-

Hymni Or-
phaici hiero-
glyphica ſunt
Syntagmata.

phiroticæ veterum Hebræorum, & Ægyptiorum doctrinæ maximè concordant, quemadmodum ſuo loco dicetur, vbi hymnos omnes Orphaicos nihil aliud, niſi hieroglyphica quædam Syntagmata eſſe, ἀποδεικτικῶς comprobaprobabimus, vt facilè appareat ex quo fonte ij profluxerint: vt proinde huius tam arduæ & sublimis philosophiæ amore concitati, omnes sequentium seculorum magni nominis Poëtæ Homerus, Euripedes, Hesiodus, cœteriqueeum tanquam symbolicæ sapientiæ exemplar imitari nullo non tempore affectauerint; inter cœteros autem Philosophos Pythagoras, qui vti pleraque ab Ægyptijs & Hebræis accepit, sic eum ab Orpheo etiam multa hausisse, sequentia symbola abundè demonstrabunt.

CAPVT V.

Pythagorica Symbola, eorumque Interpretatio.

TErtius Ægyptiorum discipulus fuit Pythagoras, Mnesarchi sculptoris gemmarum filius. Hic sapientiæ amore incitatus, in Ægyptum primùm, deinde in Carmelum Syriæ montem Bardesanem auditurus, postea in Ægyptum denuò concessit, vbi viginti annorum curriculo cum Sacerdotibus conuersatus, omnem arcanioris doctrinæ rationem percepit. Hinc Cambyse Ægyptum in suam redigente potestatem, vnà cum alijs, quos ibidem captiuos fecerat, Ægyptijs in Persidem ductus, ibidem mysticam magorum philosophiam addidicit. Tandem in Samum concessit patriam suam, vbi innumeros habuit suæ doctrinæ sectatores & discipulos. Et cùm multitudini de varijs eum consulentium resistere non posset, politicisque nimiùm se in contemplationis studio impeditum videret, relicta patria, & Hemicyclo suo, in eam Italiæ partem, quæ magna Græcia vocabatur, concessit; vbi tantam nominis sui famam assecutus est, vt intra exiguum tempus ad duo millia numerârit suæ philosophiæ sectatorum; quos inter & Numa Pompilius secundus Romanorum Rex fuit. Hi salubribus institutis, & monitis Magistri excitati, miram quandam in terris vitam, & ab omni profanorum consortio remotam degebant. Quorum quidem gesta, consuetudines, & philosophandi rationes, tum integro libro à Iamblicho descriptas, tum in vita eiusdem Pythagoræ ex Græco in Latinam linguam à summo huius temporis philologo Luca Holstenio, pereleganter translata, vide. Cùm itaque Ægyptiorum mysterijs apprimè esset imbutus Pythagoras, suos quoque Assertas eorum voluit esse participes; quæ tamen ænigmaticis verborum amphibologijs ita occuluit, vt sui similibus ea tantùm scripsisse videretur. Sunt autem inter cœtera Pythagoræ monumenta cumprimis memorabilia symbola illa, quibus sub occultis sensibus totius philosophiæ suæ rationem comprehendit; quæ quoniam Ægyptiorum philosophiæ quodammodo parallela sunt, hic eorundem explicationem ordiemur. Nam, vt rectè Porphyrius in vita Pythagoræ refert: Καὶ ἐν Αἰγύπτῳ μὲν τοῖς ἱερεῦσιν συνὼν, καὶ τὴν σοφίαν ὀξέμαθε, καὶ τὴν Αἰγυπτίων φωνὴν, γραμμάτων δὲ βίοτας διαφορὰς ἐπιςολογραφικῶν τέ, καὶ ἱερογλυφικῶν, ἢ συμβολικῶν· τὸ μὲν κοινολογεμένων κὶ τινας ἀνυμὲς, καὶ σὲι τῇ Θιῶν πλέοντι ἔμαθεν.

Et in Ægypto quidem cum Sacerdotibus vixit, & sapientiam atque linguam Ægyptiorum perdidicit, atq triplex literarum genus, Epistolicum scilicet, hie-rogly-

Pythagoræ vita.

Pythagoras in Græcia magna 2000. discipulorum habuit.

Porphyrius.

roglyphicum, & symbolicum, quorum illud propriam & communem loquendi consuetudinem imitatur, reliqua per allegorias sub quibusdam ænigmatum inuolucris sensum exprimunt; tum etiam de Dijs accuratam perfectioremq́ quandam doctrinam hausit. Sed iam his ita prælibatis symbolorum Pythagoræorum interpretationem ordiamur.

I. Symbolum. *Cùm veneris in templum, adora, neq́ aliquid interim, quod ad victum pertineat, aut dicas, aut agas.* Templum verum hominis, iuxta Xistam Pythagoricum, est Cor, in cuius penetralibus mente purâ, &

ardente affectu Deus adoratur. Dicit itaque Pythagoras, *Cùm veneris in templum, adora,* id est, teipsum intra, ab omni terrenæ multitudinis strepitu ac tumultu abstractus, quod fit per veram animi recollectionem, intra intimum spiritus tui, ad contemplandam ibidem diuinæ mentis pulchritudinem, centrum. Quod dum facis, nulli materialiũ ac terrestrium rerum contagioni animus tuus affigatur; totusque sis in æternarum substantiarum contemplatione. Adeoque symbolum hoc non incongruè adaptari potest asceticæ orthodoxorum doctrinæ, iuxta illud Euangeli-

cum: *Tu autem cùm oraueris, intra in cubiculum tuum, & clauso ostio, ora Patrem tuum in abscondito.* Quod idem Zoroaster docet, quemadmodum suprà ostendimus, hoc symbolo. *Animæ profunditas immortalis imperet, oculos verò prorsus totos expande sursum versus.* id est, vbi ante Deum comparueris, relicto corporis terreni pondere immortalis profunditas animæ tibi imperet, id est, centrum animæ ingredere, oculosque mentis tuæ totis viribus sursum eleua, vt sic contemplaturus, contemplato per cogitationes sanctas, castas, Deo placentes, similior euadas; quod quidem fieri non potest, nisi ab omnium sensibilium, rerumque corruptibilium spectris separeris.

II. Symbolum. *Ex itinere sine scopo & proposito templum nè ingrediaris; neque adorabis in vicis & compitis, neque ante portas & vestibulum.* Est hoc idem ferè cum priori Symbolo; quod sic interpretor. Non decet vt homo temerè, & sine actuali dispositione ad orandum se conferat, iuxta illud Trismegisti in Pimandro: *Ne Tati fili mi sine proposito laudes cantato diuinas.* Sed hoc debet fieri cum summa intimæ mentis præparatione, vt videlicet operis faciendi magnitudinem priùs consideres, excellentiam & dignitatem eius, cum quo tractaturus es, expendas, & sic tandem hâc præuiâ dispositione expiatus diuino consortio apteris. Quod

vt perfectiùs præstes, *Vici & compita,* hoc est, confusi mundanæ negotiationis tumultus omnibus modis vitandi sunt, qui appositè per loca publica notantur; cùm nihil adeò cœlestis vitæ contemplatoribus contrarium sit, ac secularium curarum distractiones. *Neque ante portas, aut vestibulum adores;* id est, neque etiam mentis ad ea diuagationes patiare;

cùm enim cor humanum templum quoddam sit, porta Pythagoricis nihil aliud erat, quàm phantasia, per quam perceptarum rerum species mediantibus sensibus exterioribus ad intellectum deferuntur. Phantasia itaque in diuinarum rerum contemplatione, tanquam fallax, anceps, & materialium rerum simulachris vestita alligataque, refrænanda est, solusque

intel-

intellectus ad intellectum illum fupramundanum puriffimum applicandus eft. Certè videtur hoc Symbolum Pythagoras hauffiffe partim à Zoroaftre, partim ab Hermete, qui vbi in Pimandro Tatum myfterium regenerationis docet, hæc verba promit: *Recurre fili mi in teipfum, & confe- queris id, quod defideras; velis, ac fiet; purga fenfus corporis, folue te ab irratio- nabilibus materiæ ipfius vltoribus, qui funt ignorantia, trftitia, inconftantia, cu- piditas, iniuftitia, luxuria, dolus, inuidia, ira, temeritas, malitia.* Quæ omnia in eodem fermone pulchrè declarat, modumque oftendit, quo eorum ope homo regeneratus Θεόμορφος fieri poffit. Atque in hoc Symbolo idem prorfus defcribit Pythagoras, quod omnes afceticæ difciplinæ orthodoxi Scriptores tam diffufis difcurfibus, tam efficacibus verborum energijs, omnibus ijs, quibus relicto feculo Deo adhærere animus eft, inculcant, & vnicè commendant. *Trifmegiftus,*

III. *Nudis pedibus facrifica, & adora.* Conuenit hoc prorfus cum duobus præcedentibus; quod tamen paucis explicare vifum eft. Pedes iuxta hieroglyphicam doctrinam in morali philofophia nihil aliud funt, quàm extrema illa animæ pars, quam Ethici facultatem fenfitiuam fiue animalem vocant. Nudis itaque pedibus facrificandum, & adorandum eft, id eft, Dei opera fine vllo carnis affectu, ac fine brutæ concupi- fcentiæ ac voluptatis inclinatione & appetitu aufpicanda funt; iuxta il- lud, *Solue calceamenta tua, locus enim in quo ftas, terra fancta eft.* Achilles totus cœteroquin inuiolabilis, pedibus tamen à Thetide tractus, fubmer- fus fuit in vndis, videlicet concupifcentiæ peruerfæ; & qui iam omnes contrariæ fortunæ ictus conftanter tolerârat, libidine, & appetitu carna- li victus tandem occubuit. Illotis itaque pedibus & manibus, facra ne- quáquam adeunda præfcribit, fed animo ab omni peccati contagione li- bero & foluto; quod adeo verum eft, vt vnanimiter tota veterum tùm Heterodoxorum, tùm orthodoxorum philofophorum fchola huic vnani- mi confpiratione fubfcripfiffe videatur. Ægyptios certè Sacerdotes, à quibus id Pythagoras hauferat, tam in hoc obferuando religiofos fuiffe conftat, vt Deum adoraturi, aut gratiam obtenturi, in adyta fua, occultiora fanorum penetralia, ab omni tumultu & ftrepitu terreni negotij remotif- fima fe recipientes, ibidem præuijs ieiunijs, & voluntariâ corporis mace- ratione facrificia aufpicari foliti fint. Hinc huius Symboli præceptum inter hieroglyphica quoque retulerunt, vti fuo loco fufè demonftrabitur. Nihil enim aliud per fimulachrum illud pennato vertice fublime, nu- dum, genuflexum, manibus in cœlum fublatis, flagello, vel fcuticâ inftru- ctum, fignificare videbantur, nifi quòd qui facra adituri effent, ad Deum alliciendum, his opus effet pinnatus vertex, id eft, mentis, intellectufque in Deum volatus velociffimus ab omni terrenæ fœcis mifcella nudus; per genuflexionem verò, humilem & deuotæ mentis affectum; per fcuticam, omnium earum rerum, quæ quouis modo à tam fancto exercitio contem- plantis mentem auocare poterant, id eft, diftractionem, appetituumque expulfionem, appofitè fanè exhibebant. Vide typum hieroglyphicum in Obelifcis pofitum.

Symb. III. interpretatio. Pedes allego- ricè quid?

Achilles cur perierit.

Ægyptiorum facerdotum religio.

Hieroglyphi- ca huius fymboli ex- hibitio.

X   IV. *De*

IV. *De Dijs , rebufque diuinis nihil tam mirabile dicitur , quod non cre-dere debeas.* Hoc Symbolum feipfo fe explicat, fiquidem innuit in hoc om-nipotentiam Dei. Cùm enim Deus infinitus, actufque puriffimus , fimpli-ciffimus, nullis terrenis paffionibus fubiectus fit, virtutem quoque eius in-finitam effe, præterquàm quòd fides nos doceat, vnanimis quoque vete-rum Sapientum confenfus id affeuerat . Cùm itaque virtutem infinitam infinitorum poffibilitatem confequi neceffe fit; nihil certè de Deo dici poteft tam difficile, tam arduum, tam hominibus ⲁⲝⲅⲇⲝⲝⲱ, quod diuinæ omnipotentiæ non fubftet, aut quod potentiæ eius limites excedat.

V. *Populares vias fuge, & per diuerticula vade.* Quid fit populares vias fugere, fuprà dictum eft; funt enim fecularium negotiorum turbi-nes, quibus quicumque inuoluuntur, diuinæ contemplationis fe incapaces reddunt . Relicta itaque multitudine, animus ad intellectualis vnitatis

effentiam eleuandus eft; quod vt fiat, per diuerticula quædam proceden-dum eft. Sunt hæc diuerticula nihil aliud, nifi variæ rerum creatarum claffes, in quibus fingulis, dum diuinæ prouidentiæ & bonitatis ratio ve-luti in fpeculis quibufdam elucet, per earundem confiderationem affi-duam, veluti per totidem gradus, homo tandem ad ipfum primum opifi-cem, exemplar omnium, veluti ad indeficientis boni terminum pertingit.

VI. *A Melanuro, fiue ab eo qui nigram caudam habet , abftineto ; terre-ftrium quippe Deorum eft.* Hoc Symbolum primò hoc pacto ex mente Py-thagoræ explicamus, vt videlicet abftineamus ab ijs , quæ in terreftrium Deorum cura funt & tutela . Putabat autem Pythagoras, terreftres Deos,

tefte Iamblicho, nociuas quafdam Poteftates effe, paffionibus hominum more obnoxias, dæmones inquam terrenos, vapore viuentes, & fuctu ani-malium, vti fufe quoque in lib. de abftinentia probat Porphyrius . Cùm itaque cauda nigra ijs dedicata fit, fummopere verebantur, ne fi eam de-uorarent, vnà dæmonum indignationem fibimetipfis concilarent, eorum-que furoribus agitati in præcipitium ducerentur, è quo in barathrum fen-fibilium appetituum deiecti, immundis poteftatibus relinquerentur . ita Porphyrius in libro 4. de abftinentia . Alter fenfus ad mores transferri

poteft, hoc pacto . *Melanurus* nihil aliud eft, quàm Sepia, quæ fparfo atra-mento, mox vbi infidiantium fibi pifcatorum molimina fenferit, aquam, quæ limpida erat, turbidam & caligine oppletam reddit, & fic dolofæ in-uentionis aftu, hoftium elufa machinatione, fugâ vitæ fuæ confulit . Cau-da Sepiæ, è cuius radice nigrum emittit liquorem, vti infima & viliffima corporis pars eft, fic appofitè quoque infimam animæ partem denotat, quæ cùm brutis affectibus agitata, & corporeis inuoluta voluptatibus fit, quid aliud facit, nifi quòd nigredine fufa nobiliorem animæ partem, rationem obfufcet, maculet, omnemque mentalis lymphæ lucem & fplendorem ex-tinguat? Melanurus itaque Pythagoræ præcepto vitandus eft, id eft, ab-ftinendum à vita fenfuali, & appetitibus carnalibus, iuxta illud gloriofi Apoftoli . *Chariffimi, abftinete vos à carnalibus defiderijs, quæ militant aduer-fus animam.* Nonnulli volunt, per hoc indicari, hominum fceleratorum vitioforumque commercium vitandum effe ; hi enim cùm fucis & men-

dacijs

dacijs alios dementant, quid aliud nisi caudam nigram sub limpida clara lympha demonstrant?

VII. *Ignem ne gladio scindas*. Innuit hoc Symbolo animi immortalitatem. Constat enim ex Trismegisto, Zoroastro, Platone, aliisque, *Ignem* Symbolum esse non supremæ tantùm mentis diuinæ & angelicæ, sed & humanæ secundùm analogiam quandam : vti enim ignis lucidus semper sursùm nititur, ita animæ superior pars semper lucida, semper in Deum inclinatur. *Gladius* autem mortis est Symbolum. Vnde Ægyptij Cambysen, eò quòd totam Ægyptum internecioni dediffet, teste Plutarcho lib. de Osir. & Isid. machæram, hoc est, mortem appellabant. Ignem itaque ne gladio scindas, id est, ne animam mortis iuribus subijcias, cùm sit immortalis, diuini & supramundani ignis illius quædam veluti particula, omnis mortalitatis expers : sicut enim ignis nihil patitur à gladio, nec ab eo scissus detrimentú suscipit, sic & anima nihil à morte patitur, in quam nullum ius aut dominium obtinet. Nonnulli verò ad mores huiusmodi symbolum transferentes, dicunt, nihil aliud Pythagoram eo voluisse, nisi iracundiæ refrænationem ; quasi diceret, dum inimicus tuus cholera in te exarserit, iram eius ne exacuas, sed mentis sectare tranquillitatem, & exardescentis animi impetum siste. Si enim gladio oris, hoc est, asperioribus & contumeliosioribus verbis ignem in inimico ebullientem percusseris, magna inde calamitatum incendia te excitaturum scias. ita Iamblichus.

VIII. *Flantibus ventis Echum adora*. Indicat diuinas inspirationes, tanquam in anima reflexas voces summo studio excipiendas. quod vt intelligas, Nota, ventum diuini spiritus symbolum esse ; vnde & Ægyptij eum per alas exprimebant, vt suo loco dicetur. Hic itaque dum diuino suo afflatu aspirat, primò monet mentem, deinde rationem, cui veluti in speculo quodam sui reflectit imaginem, & sic anima per eosdem gradus ad intellectualem vnitatem repercutitur, illustrata, accensa, & eleuata, donec vnum cum ipso efficiatur. Atque hanc reflexionem Theologi mystici Echum, Hebræorum verò Mekubbalim קול בת *Bath kol*, id est, filiam vocis appellant. Cùm itaque dicta inspiratio per totam animam diuinum quendam, & beatificum splendorem pandat, digna sanè est, quæ non tantùm adoretur, sed sine vlla cordis induratione, cum maxima reuerentia auscultetur ; iuxta illud : *Hodiè si vocem eius audieritis, nolite obturare corda vestra*, &c. Iamblichus dicit, hoc Symbolum theorema esse diuinæ sapientiæ in singulis rebus creatis, veluti in speculo quodam elucescentis, ita vt quot sunt res creatæ, tot sint Echo diuinæ vocis quædam veluti reflexiones, quæ nos ad diuinæ essentiæ virtutes decantandas continuò incitent. Inspirante itaque Numine, vocem eius nè negligas, sed summo cordis desiderio exceptam soue, iuxta illud : *Audi filia, & vide, & inclina aurem tuam*.

IX. Symbolum. *Viro qui pondus eleuat, auxiliare, non tamen quando id deponit*. Homo iuxta veterum placita sumitur vt plurimùm pro mascula illa parte, quæ in ratione & mente residet ; per pondus verò indicat inseriorem hominis partem, quam facultatem sensitiuam siue animalem vocant,

X 2 cant,

Symb. VII.
interpretatio.
Trismegistus,
Zoroaster.
Plato.
Interpretatio
myftica.

Plutarchus.

Interpretatio
Ethica.

Iamblichus.

Symb. VIII.
interpretatio.

Iamblichus.

Omnes res
creatæ sunt
voces quædá
veluti reflexæ
diuini amoris

Symb. IX.
interpretatio.
Homo symbolicè quid ?
& pondus
quid signifi-
cet.

cant, quæ hominem, id est, rationem terrenæ passionis pondere premit &
aggrauat. Dum itaque ratio rerum materialium repudiato consortio sor-
ti & imperterrito animo ad copulam ascendit intellectualē; tunc dicitur,
corpus terrenæ passionis pondere pressum sursūm extollere; ascendendo
enim totam inferiorem animæ portionem vnā purificat, &d nobilitat.
Atque ad hoc alludere quoque videtur illud supramemoratum Zoroastri

Zoroastri
symbolum.

Symbolum. *Exquire viam animæ tuæ; & eam rursum in locum, à quo
fluxisti, extolle.* Et, *nè deorsum vergas, præcipitium enim in terra subiacet &c.*
Viro itaque *qui pondus eleuat, auxiliari,* nihil aliud est, quam gloriosa
eius molimina & labores in colendo virtutum studio, toto affectu promo-
uere, laudare, deprædicare, ad id constanti animo prosequendum inci-
tare. *Qui* verò *pondus deposuerit,* ei auxiliares manus minimè præben-
das esse determinat, id est, effeminatorum & mollium hominum actiones,
qui difficultate victi à semita virtutis, tentationibus & irritamentis voluptatum succumbentes, recedunt, minimè approbandas, aut æstiman-
das censet. Vocat Iamblichus hoc symbolum Herculeum, & admonito-

Iamblichus.

rium ad fortitudinem, quâ in ardua & difficili virtutis via quilibet armatus esse debet, quam nos magni illius Alcidis gloriosa certamina veluti
sub congruo typo apposite docent.

Symb. X.
interpretatio.

X. *In calceos dexterum pedem præmitte, in lauacrum verò sinistrum. De Deo,*
diuinisque rebus sine lumine nè loquaris. Indicat per hoc symbolum Pythagoras duas animæ partes, de quibus magna studio virtutis incumbenti-
bus cura debet esse. Prima est pars rationalis, altera sensualis animæ.
Dextra omnium veterum consensu bonam, felicem, fortunatam vim,
operatricem animæ, vti ex augurijs patet, significat; Sinistra contrà bru-

Interpretatio
Moralis.

tam, obscuram, tenebrosam, & passionibus subditam. Præcipit itaque in
hoc Symbolo, calceo ante omnia imponendum pedem dextrum, id est,
vt omnibus virtutis actionibus ante omnia locus sit principalis, & vt
quicumque felix, fortunatus, & à passionum tyrannide liber esse velit,
virtutis actionibus cumprimis studeat, iuxta monitum Apostoli iubentis
nos *Cingere armis iustitiæ, & calceare pedes nostros in præparationem Euangelij*
pacis. Quod vt fiat, sinister pes lauacro primò imponendus est, id est, inferior homo, vel sensualis animæ pars primò ab omni animi corporisque
immunditia purganda est. His peractis lumen acquiret ratio, intellectus
inferioris animæ brutalitate confusus, ad lumen seu intellectualem vnitatem se postliminio recipiet, *& de Deo diuinisque rebus sine lumine non dis-*
seret. Itaque pulchrè in hoc symbolo tria indicantur; sensus, ratio, intellectus. Sensualis pars illa est, quæ mundari purgarique debet; rationalis est dextera; in qua requiritur operatio efficax; & intellectus lumen
est. Fit itaque, vt per constantem virtutis operationem inferior homo
purgetur, & præuia purgatione intellectus tandem ad Dei consortium
per lumen acquisitum admittatur.

Symb. XI.
interpretatio

X I. *Iugum ne transilias, stateram ne transilias.* Id est, in omnibus
actionibus serua æquabilitatem & mediocritatem, neque in vllo iustitiæ
limites transilias, quæ cùm sit omnium virtutum complementum, sine ea
merito

merito nulla aliarum virtutum folidam habebit confiftentiam .

XII. *Cùm domo egreffus fueris, vel cùm peregrinatus fueris, ne retrò refpicias, furiæ enim tunc congredientur .* Indicat hoc Symbolum , in hoc corruptibilis vitæ curriculo, & ad Deum rectà tendenti peregrino , omnia ea , quæ cum quouis modo in via virtutis retardare poterunt , relinquenda efse, iuxta illud : *Exi de terra tua, & de cognatione tua, & de domo patris tui, & veni in locum quem monftrauero tibi .* Quod adeo quadrat huic noftro Symbolo, vt illud ex facris Biblijs Pythagoras hauifse videatur . Quod vt intelligatur, Nota, peregrinanti tria relinquenda efse ; terram quam inhabitabat, parentes quibufcum conuiuebat, & domum paternam in qua educatus fuerat . Terra fymbolicè notat corpus noftrum ; parentes funt fenfus ; domus paterna eft ratio humana . Vt itaque ad Deum rectà tendas, corporis commoditates tanquam itineris impedimenta refpuenda funt ; fünt mortificandi fenfus, cùm nihil adeo potenter à virtutis via , & diuinæ vocationis itinere nos retrahat , quàm blanda irritamenta fenfuum, & corporearum voluptatum mollities, quibus homo eneruatus, facilè relicto Deo, ijs fefe accommodat , iuxta illud fapientiæ diuinæ oraculum ; *nemo mittens manum ad aratrum, & refpiciens retro, aptus eft regno Dei .* Non itaque corpus tantùm & fenfus, fed & ipfa domus paterna, id eft, ratio à fenfibus tracta, & falfà quâdam perfuafione irretita, relinquenda eft ; & foli intellectuali vnitati, quæ fola nos ad concupitum bonum perducit, inhærendum . Peregrinus enim dum corporeis & fenfualibus cupiditatibus victus retrò refpicit, furias congregatas reperiet ; quæ quidem nihil aliud funt, quàm pafsiones atrocifsimæ, vitiorumque monftra, quibus circundatus & expugnatus haud dubiè iacturam faciet æternæ felicitatis . Notum enim eft, eos, qui à virtutis via ad vitiofos habitus reuerfi fuerint, veluti defperatione quâdam actos horrendis pafsionum furijs exagitatos, ijs tandem in prædam cædere, fietique pofteriora iftorum hominum peiora prioribus .

XIII. *Aduerfus Solem ne mingas .* Sol hoc loco fymbolum eft mentis fuperno lumine illuftratæ ; lotium quod contra Solem emittitur , excrementum fterile & infructuofum, indicat cogitationes inutiles, lafciuas, & honeftati repugnantes . Vult itaque Pythagoras hoc fymbolo denotare, in die illuftrationis, quo totus homo fplendore luminis Dei peruaditur, & fanctificatur, non tantùm lafciuis & immundis cogitationibus, fed & colloquijs otiofis, profanifque abftinendum efse . Senfus itaque fymboli eft ; Sole illuftrante te, non te in actiones fteriles, infructuofas, & lafciuas effuderis .

XIV. *Gallum quidem nutrias , ne tamen facrifices ; Soli enim & Lunæ confecratus eft .* Gallus hoc loco, & apud Platonem de immortalitate animæ, fumitur pro puriori & diuiniori animæ noftræ portione , quam Orpheus, Plato, Philo, dicunt vnitatem mentalem, Zoroafter florem mentis . Hanc præcipit Pythagoras nutriendam folido cœleftis ambrofiæ cibo, id eft, diuinarum rerum cognitione . Atque hic eft Gallus, quem moriturus Socrates, vt eft apud Laërtium, Æfculapio, vero & æterno animarum

rum

Symb. XII. interpretatio

Terra, parentes, domus paterna peregrinanti relinquenda quid fint ?

Furiæ quid fint.

Symb. XIII. interpretatio. Sol quid fit hoc loco.

Senfus fymboli.

Symb. XIV. interpretatio. Gallus fumitur pro diuiniori animæ parte. Plato. Orpheus. Philo. Zoroafter. Laërtius.

Gallus quem
Socrates mo-
riturus Æscu-
lapio offerri
iussit,quid sit.

Plotinus.

rum Medico, se debere asserebat. Nutriendum autem dicit Gallum,non
verò sacrificandum, id est, in illicitorum carnis desideriorum igne, flos
mentis humanæ consumi non debet, siquidem is Soli sacer est, id est, diuino intellectui, & Lunæ, id est, animæ regiæ, siue magnæ naturæ, cuius
ope omnia viuificatur & gubernantur,& cuius,teste Plotino contra Gnosticos, soror & collega est anima nostra,dum eius ope ad prouidentiæ vni-
uersalis sublimitatem extollitur, vbi nulla seruitus (quæ per animal sacri-
ficatum notatur) existit, sed vitam ibidem liberam & felici019imam in
perpetua ducit libertate . Sicut enim Gallus ad Solem & Lunam se habet, ita flos mentis nostræ, & ignea portio, per Gallum denotata, intellectus inquam noster, & rationis facultas ad Solem Archetypum , diuinum
inquam intellectum, & ad Lunam supramundanam, regiam illam magnæ
naturæ animam . Animus igitur inuictus iuxta huius symboli præscriptum, per Gallum, pugnacissimum & gloriosissimum animal significatus,
non debet sacrificari, id est, non debet concupiscentiæ ardoribus,& affectuum carnalium seruituti immersus subiacere, sed Soli & Lunæ, id est,di-
uinæ intelligentiæ & ordini,quem natura prima in gubernatione Vniuersi obseruat,per cœlestium contemplationum nutrimentum roboratus conseruari, veluti verus lucis filius, & ab omni affectuum obscuritate liber,
nulli seruituti subiectus .

Symb. XV.
explicatio.
Chenix quid.
Herodotus.
Suidas.

S. Hieronym.
Plutarchus.

Author.

XV. *Supra Chenicem ne sedeas* . Chenix iuxta Herodotum & Sui-
dam, hoc loco nihil aliud est, quàm mensura tanti cibi , quantus vni diei
sufficiat, capax . Dum itaque ait Pythagoras supra Chenicem non seden-
dum, nonnulli interpretantur,non debere nos esse sollicitos de futuro alimento. ita S. Hieronymus in illud Euangelij ; *Nolite solliciti esse, quid
edatis, &c.* Plutarchus contra in Symposijs ait, hoc symbolum docere,
nos non omnia vnius diei alimenta absumere debere, vt non simus solliciti de futura mensa . Nos dicimus, per *Chenicem* hoc loco indicari, mundum sensibilem, in quo omnes res diuinæ prouidentiæ dispositione con-
tentæ sunt & numeratæ. Sedere autem, iuxta Mystas, nihil aliud hoc loco significat, nisi ab insignis & gloriosi operis executione desistere. Innuit
itaque Pythagoras hoc symbolo, quòd omnes instituti sui sectatores minime sedere, id est,firmare se debent in corporearum rerum Chenice ; nec
contenti esse, quòd iam ope philosophiæ ad naturam Vniuersi sensibilis
pertigerint; sed nitendum ipsis esse vlterius, ad Archetyporum mundorum deificam intuitionem .

Symb. XVI.
explicatio.

Annulus est
symbolum
præsentis
vitæ.

XVI. *Ne figuram Dei in annulo sculptam portes.* Annulus symbolum
est præsentis vitæ curriculi, in quo veluti in circo quodam agitantur humanæ vitæ labores . In hac itaq; vita sensibilia minimè attendenda sunt ,
sed ad ea transeundum, quæ percipiuntur intelligentia ; vt enim Dei maiestas vilis & contempta reddatur, efficit, quæ est in promptu viuendi
consuetudo; & eam, quæ intelligentia percipitur, essentiam colere per
materiam, est eam per sensum vilipendere. Quocirca Ægyptiorum quoque sapientes Mineruæ ædem sub dio constituére, sicuti & Hebræi, qui
templum posuerunt ipsi absque imagine, supremum Numen circulo alato ex-

to exprimebant, vt oftenderent, tefte Clemente, ad id nos archetypon conuertendos effe, quod in rerum omnium conditu fcipfo archetypo vfum eft.

XVII. *Stramentis furgens, collige ea, figuramq; confunde.* Lectus hoc loco fenfualis hominis fymbolum eft, cui imperio rationis refiftendum, & ad intellectualem vnitatem animus fubleuandus. Confundendus igitur lectus, & conftringendus, & quantum patitur tùm humanæ conditionis caducitas, tùm materialis multitudinis confufio, animus ad vnitatem reducendus; quod fit, quando fenfus reducitur ad fontem fuum, nullis affectuum & perturbationum fenfualium veftigijs relictis; neque permittendum, vt fuperior pars virtutibus inftituta, inferiori homini fubiaceat; fic fiet, vt veræ virtutis fectatores ἄπαθεῖς, & ab omni paffione liberi, beatam & tranquillam vitam transigant.

XVIII. *Cor ne denbores.* Cor hoc loco rationem indicat. iuxta præfcriptum itaque Pythagoræ cor non comedendum, id eft, homo omni ftudio cauere debet, ne fe in affectuum carnalium immunditijs immergat. Sicuti enim cor comeftum, in ventrem totius corporis fentinam, & excrementorum receptaculum mittitur; ita homo, dum rationis imperio fpreto, apparentis boni dulcedine, veluti cibo quodam allectus inefcatur, in fenfibilium paffionum barathrum præcipitatus, miferam fub vitiorum feruitute vitam degit. Vnde haud incongruè hæc ab Orpheo Ecclipfis animæ, exitium, puteus, profundum, abyffus vocitatur. Cui illud Zoroaftris congruit; *Ne deorfum vergas, præcipitium enim in terra fubiacet.* Porphyrius verò hoc fymbolum transfert ad abftinentiam à carnibus animalium; de qua re fuo loco & tempore fusè tractabitur, & caufa, cur ab animalibus abftinendum, iuxta mentem Porphyrij, exponetur.

XIX. *Ollæ veftigium in cinere confunde.* Tacitè fignificatur hoc fymbolo, non folùm faltum & fuperbiam mentis effe delendam, fed ne iræ quidem effe relinquendum veftigium; cùm autem ebullire ceffauerit, eam effe componendam, & omnem effe delendam iniuriæ memoriam, iuxta illud Euangelicum; *Sol autem non occidat fuper iracundiam veftram.* Vnde eandem ob caufam lectus, cùm furrexeris, confundendus eft, ne vel alicuius fomni aut infomnij interdiu, aut alicuius quæ noctu euenerit voluptatis meminerimus. Clemens quoque hoc indicari afferit, caliginofam phantafiam luce veritatis oportere confundere.

XX. *Domi ne recipias hirundinem, & turturem.* hoc eft, loquacem, & fufurronem, & effrænatæ linguæ hominem, qui non poteft continere, nec capere ea, quæ illi fuerunt communicata. Indecens enim eft, hominem virtuti deditum cum nugis habitare. Turtur etiam murmurans, ingratam querelæ maledicentiam oftendens, meritò domibus expellatur. Sicuti itaque hirundo thrafones, parafitos, lafciuos muficos, aliofque impudicæ linguæ homines; ita turtur fufurrones, & inani garrulitate alterius famæ detrahentes, domo eijciendos indicat.

XXI. *Super terram ne nauiges.* Significat vectigalia, & fimiles conductiones Mercatoribus & Telonarijs proprias, vtpote turbulentas, inftabiles.

biles, & animam veluti suffocantes, omnibus viribus esse fugiendas.

Atque hæc sunt Pythagoræ symbola, quæ quidem partim ab Hebræis, partim ab Ægyptijs didicerat; quibus nihil aliud occultâ verborum adumbratione indicare videtur, nisi vt hominem suæ disciplinæ sectatorem, in moribus, vitæque actionibus ritè instituendis, dirigat, informet, imbuat, & tandem ad desideratam animæ felicitatem perducat; quod & hoc epiphonemate ac summariâ veluti quâdam dictorū anacephaleosi innuit: *Fugare decet omni studio, vniuersisq; machinis, sacroq; & igne abscondere à corpore morbum; à victu luxum, ab anima ignorantiam, à domo discordiam, à ciuitate seditionem, ab omnibus denique intemperantiam.*

CAPVT VI.

Paræmiæ Ethicæ Aegyptiorum, ex animalium proprietatibus depromptæ, ad mores hominum argutis, ijsque breuibus verbis indicandos, perstringendosque.

AEgyptij vti in omnibus sacris actionibus mystici, allegoricique, ita in familiari quoque colloquio breuibus quibusdam, ijsque argutis epiphonematis vtebantur, quibus mores, diuersorumque hominum conditiones vel laudandas, vel vituperandas perstringebant. Atque talia serè sunt, quæ Horus posteritati memoranda reliquit; quæ quidem hieroglyphica non erant, id est, vsum in sacra doctrina non habebant, neque inter hieroglyphica reperiuntur, quantum mihi ex omnium hieroglyphicorum coaceruatione colligere licuit: neque enim vllibi Pelicanum, Phœnicem, Orygem, Elephantum, Equum, Ichneumonem, Murem, Hyænam, Vespertilionem, Castorem, Cancrum, Ostreum reperies. Vnde totus serè liber Horapollinis, si nonnulla symbola passim in hoc libro alleganda excipias, verè & propriè hieroglyphicus dici minimè debet; sed γνωμικός, seu ὑποσημαντικός, id est, argutarum sententiarum Ægyptijs vulgò vsitatarum veluti epitome quædam dicendus est. Cuiusmodi sunt, quas hìc infrà allegamus, & ad mentem Ægyptiorum explicamus. Reliqua verò sacræ & reconditioris doctrinæ de Deo, Genijs, Mundi Anima, mundorumque gubernatione, aliijsque materijs ad hieroglyphicam doctrinam pertinentibus, cùm passim toto hoc opere inserta sint, tempus teram, si ea hoc loco, vbi tantùm philologiam Ægyptiorum nobis describere animus est, cum tædio Lectoris repetam.

I. *Numero 1095 signatus est.* Hoc pronunciato indicabant hominem mutum; continet enim numerus 1095 dies vnius triennij, siue trium annorum, si ex 365 diebus vnius anni constituatur curriculum, intra quod tempus dum puer non loquitur, etsi linguam habuerit, vocem tamen & loquelam nunquam amplius manifestaturus est.

II. *Papyri fasciculum scrutatur.* In eos dicitur, qui antiquas & primæuas rerum origines inquirunt; sicuti enim difficile est, primæuam literarum originem inquirere, ita & primæuum rerum statum.

III. Se-

III. *Sexdecim annorum est*: Symbolum hoc est voluptatis Venereæ, ab hoc enim annorum numero, iuuenes consuetudine capiuntur mulierum, ac sobolis procreandæ desiderio. Cùm verò viri & fœminæ congressum significare volunt, hoc vtuntur pronunciato : *Sexdecim iungitur ad sexdecim*. Cùm enim 16 symbolum copulæ inter marem & fœminam sit, & voluptatem indicet, copula autem peragatur maris & fœminæ congressu Venereo; ideò aptè dicunt, 16 iunxit ad 16. in eos, qui Venereâ visu distinentur.

Consuetudine Venerea irretitum quomodo effarentur.

IV. *Iuno rorem fundit, at non omnes eius capaces sunt*. Dicitur de donis superni Numinis : sicuti enim ros decidens in omnes quidem plantas diffunditur, at eas duntaxat mollit, quæ naturâ suâ mollibiles sunt, cœteras verò natura duras & asperas non item; sic dona superni Numinis omnibus quidem abundanter affluunt, tametsi non in omnibus desideratum effectum sortiantur : qui enim præuiâ dispositione, cor bene ordinatum habuerint, eorum participes fiunt ; secùs iudicandum de obstinatis, & duris corde. Quadrat hoc symbolum Euangelicæ sementi, quæ pro terrestrium partium dispositione, frumentum proferet proportionatum.

Dona superna omnibus affluunt, sed non omnibus prosunt.

V. *Igne & aquâ nitet*. Dicitur de ijs, qui animi corporisque puritatem adepti sunt ; aquâ enim & igne omnis lustratio & expiatio fieri solet.

VI. *Muscam abige*. Dicebatur de impudentibus hominibus qui importunitate suâ omnes molestare non desinunt, sicuti musca, quæ tametsi sæpiùs abacta fuerit, semper tamen redit.

Musca signū hominis impudentis.

VII. *Vulpanser est*. Dicebatur de filio, quem pater summo amore & extraordinario prosequebatur ; Vulpanser enim adeo liberorum amans est, vt vltrò se venatoribus sistat, dummodo seruentur paruuli.

Vulpanser signum patris diligentis filios impensè.

VIII. *Cucupham se exhibuit*. Dicitur de ijs, qui gratitudinis ob accepta beneficia munus retulerunt benefactoribus suis ; eò quòd Cucupha præ cœteris animantibus, parentibus, postquam ab ipsis enutrita fuerit, senio confectis parem referat gratiam. Nam nidum eo in loco, vbi enutrita fuerat, extruit, pennisque eorum euulsis cibum administrat, donec renatis plumis parentes sibiipsis opem ferre queant.

Cucupha signum gratitudinis

IX. *Ichneumon clamat*. Dicitur de homine inualido, pusillanimi, qui sibiipsi opem ferre diffidat. Ichneumon enim conspecto inimico serpente, non eum adoritur, sed excitato clamore auxiliarem sociorum manum aduocat, tum demum ei resistit.

Ichneumon signum hominis pusillanimi.

X. *Taurus respexit sinistrorsum*. Dicitur de muliere quæ fœminam enixa est ; Taurus enim ex coitu descendens, si ad læuam conuersus fuerit, genitam esse fœminam indicat ; si ad dextram, marem. Vnde fœminam marem enixam innuentes dicunt : *Taurus respexit dextrorsum*.

XI. *Equa lupum conculcauit*. Dicitur de muliere abortiente ; Equa enim si lupum, vel vestigium eius culcauerit, abortiri solet.

Equa Lupum videns, abortum facit.

XII. *Palumbus lauri folium monstrat*. Dicitur de eo, qui ex diuturno morbo pristinam sanitatem receperit : Palumbus enim vbi infirmus fuerit, lauri folium in nidum portat, & sic conualescit.

Palumbus infirmus infert nido folium lauri.

XIII.   *Noctua passerem excipit.* Dicitur de eo, qui ad patronum inhumanitatis notâ conspicuum in necessitate constitutus confugiens, non auxilium, sed exitium sibi parat : passer enim venatorum persecutione agitatus dum ad noctuam confugit, ab hac mox opprimitur; quadrat huic illud vulgatum diuerbium ; *Incidit in Scyllam , qui vult vitare charybdim* .

XIV.   *Vespertilionum ala.* Dicitur de homine, qui cùm viribus non valeat, temerè tamen aliquid vltra vires assumit, aut audaciùs gerit : Vespertilio siquidem tametsi pennas non habeat, volare tamen attentat .

XV.   *Cicada cantat.* Dicitur de homine sacris initiato , qui tametsi sacris, cœremonijsque addictus, linguam contineat, alis tamen cordis dulcissimam Numini exhibet ' rmoniam ; quemadmodum Cicada, quæ non ore, sed alarum stridore cantum suum perficit.

XVI.   *Viperam in sinu alit.* Dicebatur de vxore, quæ virum suum odio habeat, tantùmque in congressu maritali eidem blandiatur. Vipera enim cum mare congrediens, os ori inserit, & à coitu descendens, marem morso capite interimit.

XVII.   *Basiliscum vidit.* Indicat eos, qui solâ, ob persecutorum iniurias, mentis tristitiâ & dolore morbum contrahunt. Basiliscus enim solo intuitu etiam dissitos inficit .

XVIII.   *Vespertilionis ala cingit formicam.* Symbolum est eorum, qui perpetuò domi se continentes, foras nunquam exeunt; Formica siquidem dum ad latebram eius Vespertilionis ala ponitur, nunquam egreditur .

XIX.   *Castoris testes.* Symbolum est eorum, qui sibiipsis damno & exitio sunt : Castor enim à venatoribus agitatus, testes sibiipsi amputat,& in prædam abijcit .

XX.   *Simiæ beneuolentia.* Dicitur in eos, qui sibi inuisis filijs hæreditatem relinquunt; Simia enim, cùm geminos pepererit, ex his vnum supra modum diligit, alterum odio habet; quem diligit, amore nimio amplexans suffocat; alterum verò, quem odio habet, deinceps summâ curâ educat .

XXI.   *Hyænæ pelle indutus est.* Dicitur de ijs, qui ad extremum vsque vitæ spiritum, omnes, in quas incidunt calamitates, æquo & constanti animo superant . Hyænæ enim pelle succinctus quis, ex insita quadam proprietate, hostibus talem incutit metum, vt per medios eorum cuneos intrepidus, indemnisque abeat.

XXII.   *Leo Simiam vorat.* Applicabatur ijs, qui cùm ægri sunt, sibiipsis medentur ; Leo enim febri correptus, si Simiam deuorauerit , protinus conualescit.

XXIII.   *Taurus ad Caprificum alligatus.* Illi applicatur , qui prioribus damnis & calamitatibus admonitus, & cautior factus , modestior euadit : Taurus enim Caprifico ligatus, si ferociat, occultâ quâdam proprietate, mansuescit.

XXIV.   *Ibidis penna Crocodilum tenet.* Dicitur in eos, qui cùm ex se & sua natura rapaces, iniqui, & malignantis naturæ sint , facilè tamen ab

aduer-

aduerſarijs, ob ſummam inertiam & vecordiam eorundem, ſubiugantur, & immoti redduntur ; Ibidis enim penna ſi Crocodilum tetigerit, ſtatim immotum reddit, & veluti ſideratum .

XXV. *Vpupa cantat*. Indicat præſagium copiæ vini, ſiue abundantis vindemiæ ; Vpupa enim, ſi ante vitium tempus cecinerit, vini bonitatem ſimul & copiam denunciat.

Vpupa can-tans ante vin-demiæ tēpus indicat abun-dantiam vini

XXVI. *Cornicis pulli*. Eum qui in continuo motu, & animi intentione vſque adeò verſatur, vt ne veſcens quidem quieſcat, ſignificant. Cornix enim adeo pullorum ſatagit, vt eos etiam volando paſcat.

Cornix pul-los etiam vo-lando paſcit,

XXVII. *Grus volans*. Innuunt hominem ſublimium rerum peritum, & rerum cœleſtium contemplationi deditum ; Grus enim alte admodum volat, & ne tempeſtate agitetur, ſupra nubes ipſas ſe eleuat, atque ſic altam quietem captat.

Grus ſupra nubes ſe ele-uat.

XXVIII. *Accipiter prægnans*. Hominem qui inopiâ preſſus, liberos educare nequit, indicat ; Accipiter enim tria oua parturiens, vnum quod foueat, ſeligit, reliquis fractis ; hoc autem facit, quòd per id tempus vngues amittat, ideoque inhabilis ad venationem, & de alimento filijs procurando reddatur.

Accipiter prægnans quem ſigni-ficet.

XXIX. *Cancer cuſtodit Oſtreum*. De eo dicitur, qui nullam ſui curam rationemque habeat, ſed totum ſe propinquorum curæ committat ; Cancer enim veluti ωτινοφύλαξ, id eſt, cuſtos Oſtrei dicitur, eique conglutinatus adhæret ; dum enim Oſtreum hiat in Concha eſuriens, & piſciculus aliquis adrepſerit, Cancer chela Oſtreum pungit, quod ſentiens concham claudit, atque ita piſciculum in nutrimentum venatur.

Cancer Oſtreum cu-ſtodiens quē ſignificet.

XXX. *Polypus famelicus*. Hominem notat, qui & aliena intemperanter decoquat, & demum ſua conſumpſerit ; Polypus enim cùm victum aliunde quæſitum conſumpſerit, ad proprios rodendos cirros conuertitur.

Polypus fa-melicus eu-ius ſit ſym-bolum.

Atque hæc ſunt Symbola prouerbialia, quibus Ægyptij mores hominum varios, occultâ quâdam allegoriâ ex animalium deprompta proprietatibus in ſanctiori colloquio perſtringebant.

CAPVT VII.

Græcorum Mythologiæ, myſteriorumque ſub ea reconditorum anago-gica interpretatio ex mente ipſorummet Veterum.

IAm olim maxima inter Poëtas & Oratores philoſophos, de Mythologia Homeri lis fuit & controuerſia, nonnullis poëticam in fabulis comminiſcendis licentiam improbantibus, alijs tanquam ſummorum myſteriorum ſignaculis refertam, adeoque veluti rem prorſus diuinam eandem recipientibus. Litem mouit Socrates, vti & Plato in ſua Republ. ; Deciſor litis fuit Proclus Lycius Diadochus, vir ingenij acuti ; & dexterrimus myſteriorum interpretator, vti videre eſt in lucubratione ſua. Nos

Proclus Ly-cius Diado-chus.

Y 2   cum

eum secuti hîc, Platonem nequaquam Homerum mythologicæ vanitatis arguisse, sed potiùs ei in omnibus subscripsisse, apertè demonstrabimus. Platonicorum Obiectio hæc est.

Quonam modo Dijs, qui bonitatis omnis, puritatis, pulchritudinis, ordinis fons & principium sunt, nomina pessima, turpia, illegitima, ἄτακϛα, tragica, innexa materiæ phantasmata, iniusta ac impia facinora, vti sunt adulteria, incœstuosi concubitus, furta, præcipitationes è cœlo; iniuriæ in parentes, vincula, & castrationes, aliaque innumera ab Homero, eiusque asseclis decantata conuenire possunt? cùm Dij omnium naturam, entium longè excedant, bono vniantur puri, sinceri, ac simplicissimæ naturæ essentia gaudeant. Indignum itaque, ne dicam temerarium foret, vilibus rerum similitudinibus eos adumbrare, quos sermonibus præstantissimis, mente plenis, quique quantum fieri potest, animos nostros ad diuinitatis excellentiam extollant, deprædicare præstaret. Æquum enim est, cogitationes circa diuina ab omni materiæ phantasmatum contagione abstractas esse, reiectisque alienis omnibus, falsisque opinionibus, nihil ad dignitatem Deorum satis magnificum existimare, sed parua omnia, solique rectæ rationi, & melioribus mentis contemplationibus in diuinis fidem habere. Nemo igitur res humanas, & irrationali materiæ proprios affectûs Dijs attribuat, qui nihil aliud quàm mens, substantia & vita intelligibilis existunt. Certè quoties ipse Plato diuina per similitudines quasdam mysticè tradit, nihil in ijs turpe, nihil inordinatum, nec materialę, nec vllum, quod perturbationem moueat, phantasma fabulis commixtum reperitur; sed sinceræ Deorum contemplationes latent, manifesta autem, veluti simulachra quædam conspicua secretæ considerationis, & intùs conditis significatis sunt sublimia. Sic & Poëtas oportebat, & ipsum Homerum, compositiones multiplices, & nomina maximè contraria reijcere; decoris autem & honestis inuolutionibus vtentes ita simul & profanum vulgus à diuinorum cognitione nihil ad se pertinente arcere, & fabulosa de Dijs sanctè pièque instituere.

Hæ sunt Obiectiones Platonicorum contra Poëtas. Verùm si rem æquo oculo dispiciamus, nullam fabulas ipsas culpam mereri, sed eos qui perperam ipsas accipiunt, & iniquè imaginantur, reperiemus. Vt itaque litem secundùm Platonicorum mentem dirimamus; Sciendum est, duplex esse apud Platonicos fabularum genus, alias puerorum institutioni aptas, alias futuræ plenas esse, quæ magis vniuersam naturam, quàm auditorum ingenia respiciunt. Primi generis sunt illæ, quas nonnulli morum formationi, & Reipublicæ ritè instituendæ aptas tradiderunt, fabulæ: posterioris, quas Homerus, Hesiodus, cœterique Poëtæ tradiderunt; qui simulachra & imagines diuinorum carminibus fingentes, eximiam vim Archetyporum contrariis, remotissimisq; adumbrationibus imitantur, nempe rebus præter naturam, Deorum naturæ præstantiam; irrationabilibus vim omni ratione diuiniorem; turpibus, quæ pulchritudinem omnem corpoream longè excedat, vtcunque referunt, atque ita diuinitatis excellentiam omnium, quæ dici fingique possunt, sublimiorem ob oculos

ponunt

ponunt, vt paulò poſt videbitur. Quæ adeò vera ſunt, vt vel ipſe Socrates ea his verbis fateri videatur. *Non*, inquit, *dignoſcere poteſt adoleſcens ,
quid allegoria ſit, & quid non ſit ; ſed quæ in ea ætate opinionibus accipiuntur ,
altiùs inhærere, difficillimè eradicari conſueuerunt. quorum fortè gratia dand☐
omnino eſt opera , vt hæ fabellæ, quas primas audient, optimæ ad virtutem inſti-
tutæ ſint.* Bonum ſiquidem fabularum non in erudiendis adoleſcentúlo-
rum animis ſitum eſt, ſed myſticum eſt ; nec puerilem animum , ſed ſeni-
lem indicant,& homines ingenio pollentes ad earum contemplationem
requirunt, vt benè Socrates citato loco. Sunt enim, vt alibi dicit,eiuſmo-
di fabulæ audiendæ à pauciſſimis. Quicunque igitur idoneus futurus eſt
huiuſmodi ſpectaculorum auditor, omnem puerilem & iuuenilem animæ
habitum exuere debet, phantaſmatum vmbras , motionumque vagarum
præſtigias abijcere , & ſolum præeuntis mentis ductum ſequi. Neque
mouere quempiam debent nomina abſurda & plena contumelijs, portentoſa & tragica ; ſiquidem omnia, quæ apud nos deterioris ſtatus & ſigni-
ficationis nomina ſunt, de diuinis meliorem naturam potentiamque denotant in Poëtarum figmentis : verbi gratia, vinculum inter homines
impedimentum actionis eſt,& violenta quædam retentio ; in diuinis verò coniunctionem, & ineffabilem cum cauſarum ordinibus connexionem
indicat. Inde Saturni vincula, vniuerſi opificij vnionem ad intelligibilem & patriam Saturni præſtantiam ſignificant. Iactus & præcipitatio
nobis violentus motus, in diuinis autem fœcundum progreſſum , & liberam ſolutamque vbique præſentiam ,quæ principium proprium non deſerit, ſed ab illo pendens per omnia naturæ entia ordine procedit, ſignificat. Hoc modo Vulcani præcipitatio diuinitatisà ſummo principio ad
extrema vſque ſenſibilium rerum opificium progreſſum innuit, qui à primo opifice ac parente mouetur, perficitur, deduciturque. Item caſtratio in corporibus quidem,quæ partibus & materia conſtant, virium dimi-
nutionem inducit; in primitiuis verò cauſis progreſſionem ſecundarum
in ordinem ſubiectum adumbrat, cùm primæ cauſæ potentias in ſe poſitas
reuoluunt atque producunt, non tamen ob ſecundorum egreſſionem mouentur, nec vniuntur ipſorum ſeparatione, neque inferiorum deſumptio-
ne diuiduntur. Nam, vt rectè Plato dicit, *Hæc etſi adoleſcentibus non conueniant, haud ideo tamen exterminanda ſunt, cum idem biſce fabulis vſu venit ,
quod diuinis & ſacris cærimonijs, quæ cùm vulgo ridiculæ videantur , pauciſſimis
interim mente præditis ſuum cum ipſis rebus conſenſum ac ſympathiam declarant ,
& per ipſa opera ſacra potentiæ ſuæ diuinitati cognitæ fidem faciunt ; etenim auditus biſce fabulis veluti congruis ſibi Dij delectantur , & vocitantibus facilè pa-
rent, atque per hæc ſigna, cùm maximè familiaria notáq, proprietatem ſuam proferunt. Quæ & calculo ſuo approbat Proclus Lycius ſequentibus verbis :
Dicimus itaq, fabulas ijs qui eas vſurparunt, explicatu non adeò difficiles eſſe. Ex
Poëtis enim Numine afflati, & ex Philoſophis optimi quique, & qui ſacra & cæ-
remonias diuulgarunt, Dij etiam ipſi in fundendis oraculis fabulis vſi ſunt. Cur
verò fabulæ diuinæ ſint, Philoſophi eſt inquirere. Cùm igitur omnia quæ ſunt, ſimilitudine delectentur, diſſimilitudinem auerſentur ; de Dijs ſermones, Dijs quàm
ſimil-*

Socrates vi-
detur appro-
bare vſum
fabularum.

Fabularum
ſenſus non
pueris, ſed in
genijs exer-
citatis con-
uenit ſcruta-
rij.

Vincula in
fabulis quid
notent ?

Saturni vin-
cula quid.

Iactus Vul-
cani & præ-
cipitatio quid

Caſtratio in
diuinis quid.

Plato.

Proclus Ly-
cius.

fimillimos effe, neceffe erat, vt tantâ maieflate digni fierent, redderentq enuntian-
tibus propitios Deos ; quod non nifi fabulis comparari potuit, &c. Ita Proclus,
cuius etiam funt fequentia verba : *Certum eft, omnia myfteria, omnefq cæri-
monias efficaciam fuam in fymbolicis fabulis fitam habere, fimpliciaq fpectacula
Myftis videnda proponere, quorum haudquaquam capax eft qui puer vel ætate,
vel animo fuerit. Ergo fi quis fabulas grauius reprehendere voluerit, non objiciat,
quòd virtutem non doceant, fed oftendant, quòd facris ritibus non maximè fint affi-
nes ; neq dicat, quòd diuinas res nulla fimilitudine congruâ referant, fed quòd non*

Contraria
fabulæ docét,
& cur ?

*efficiant, vt Poëtæ loquuntur, ineffabilem quandam ad Deorum participationem
fympathiam. Quæ enim puerili doctrinæ competunt, ex probabilibus, decoris, ho-
neftifq conftare debent, contrarijs autem omnibus carere, & fymbolorum fimilitudine exemplaria diuina proximè referre. Quos verò ingenia diuinioris virtutis
proponunt erudiendos, nihil aliud refpiciunt, quàm latentem effectuum cum caufis, à quibus producuntur, confenfum. Huius itaq generis fabulæ, pofthabito hominum vulgo, nominibus omnigenis, etiam ijs quæ infignem improbitatem, turpi-*

Fabulæ etiam
fi turpia re-
ferant, hone-
ftæ tamen
funt, in my-
ftico diuina-
rum opera-
tionum fen-
fu.

tudinemq fignificent, ad res diuinas arcaniùs exhibendas, vtuntur. Quod adeo
verum eft, vt haud infrequenter vel ipfe facer textus ijs vtatur ad maxima quæuis myfteria indicanda, vt cùm Deus Ofeæ præcepit, vt fibi faceret filios fornicationis, & fimilia, quæ paffim occurrunt. Eft enim diuinis rebus ita comparatum, vt per negatiuorum verborum, contrariorùm-
que oppofitionem vocabulorum, meliùs doceantur, quàm per expreffa
vocabula, tefte diuino Dionyfio. Hinc Deus lux infinita paffim tenebræ

Dion. Areop.

& caligo vocatur ; is qui omne eft, per nihilum definitur ; non quòd nihil fit, fed quòd ad eius incomprehenfam magnitudinem omnis mentium
vigor deficiens, nihil meritò dici debeat. Sed audiamus Proclum de his
rectiffimè fentientem. *Quæ verò de tragica & inufitata figurationum conftitutione, monftris vocabulorum, alijfq præter naturam dictis occurrunt, ea mihi
videntur audientes ad inquirendam varietatem omnifariam excitare, & arcanæ illius cognitionis illicium atque incitamentum effe, neque permittere nobis apparen-*

Proclus.

*tem veri fimilitudinem amplecti, & inhærere cortici, fed cogere potiùs ad eruen-
dum nucleum, & reconditam fabularum mentem, denique rationem inire intra nos
cogitantes, quas illi naturas, quafue potentias a rima complexi, per huiufmodi fymbola pofteritati prodiderint. Non eft autem dubium, quin hoc genus fabulæ egregiè conueniat Numinibus, quorum fubftntiæ funt interpretes : fiquidem excitant
ingeniofos ad contemplationis occultæ d fiderium, & per inufitata nomina mouent
ad veritatis dictis factifq impoffibilibus & abfurdis inuolutæ inquifitionem ; profanis autem obftaculo funt, ne contingant ea, quæ ipfos contingere fas non eft.* Hæc
Proclus. Quæ omnia fuo calculo comprobat Saluftius in aureo illo de

Saluftius.

Dijs & Mundo libello. His itaque prælibatis, iam tempus eft, vt quæ
per Ægyptiam, Homericamque Mythologiam nobis arcana defignentur,
aperiamus.

CAPVT VIII.

Mysteriorum, quæ per bella Deos inter & Gygantes gesta indicantur,
interpretatio ex mente Procli de doctrina Platonis.

E Ffatum I. *Qui nôrit entium omnium diuisas progressiones, & substantia-*
rum discrimina, quæ initium supernè capiunt ab omnibus ignota primiti-
uarum causarum diuisione, sciet cur Iuppiter & Dij Gygantibus seu Titanibus bel-
lum mouerint. Philosophi veteres tanto ingenio conspicui, nequaquam
talia iuxta historicum sensum confinxisse censendi sunt, cùm Deo, diuinisque virtutibus è diametro, vt dici solet, opposita sint; sed altioris alicuius sapientiæ filijs contemplationis inde occasionem præbuisse adeo
certum est, vt qui illud negârit, is omnium seculorum symbolicæ doctrinæ propagationem facilè è medio tulerit. Quid igitur Homerus, secta-
toresque eius per bella Iouis, Deorumque inter se dissidia significârint,
hîc ex mente eorum manifestabo.

Notum est ex mysticis philosophorum veterum monumentis, esse
in rerum natura virtutem quandam fæcundam, ex qua veluti ex prædiuiti
quodam & perenni fonte totius Vniuersi processûs, omniumque rerum sub
aspectu cadentium ordo emanet. Quæ quidem virtus opifex ab omni
Deorum multitudine eximitur (dum Deorum hîc mentio sit, semper intelligendi sunt Angeli & Genij) nec ad generationis contrarietatem prodit, neque ei aduersum quicquam machinatur; verumtamen illa stabili
diuinitatis suæ centro contracta dum consistit, reliquus ex ipsa procedenti-
um Deorum numerus permanens simul, & in vniuersum progrediens,
circa inferiorum prouidentiam diuidi perhibetur. Quod vt intelligatur,
Sciendum, apud Poëtas duos esse pugnantium Deorum modos, quorum
alter quidem circa gemina Vniuersi principia (quæ vnitatis substantia ab
omnibus rebus separata produxit) diuinorum generum diuisionem ritè
contemplatur, & secundùm principiorum oppositionem ipsos quoque
Deos contrarios facit: siue enim terminum & infinitum, siue vnitatem &
indefinitum binarium primas illas substantias appellâris, necessariò eorum
oppositio mutua apparet, iuxta quam Deorum etiam distributiones differunt. Alter verò modus circa Deorum ordines & progressiones habetur:
dum enim Poëtæ inferiorum rerum contrarietatem, varietatemque in ipsos
eorum proximos Præsides referunt, mirum non est, si in materialem pugnam prodeuntes Deos, & circa ipsam diuisos pugnam committere con-
fingant; quod & hisce docet Homerus:

> *Tempore quo patrem sub terram Iuppiter olim*
> *Coniecit.*

Et alibi de Typhone;

> *. . . . . ingemuit Iouis olim*
> *Verberibus diris concussa Typhoëa circum*
> *In regione animûm; namq́ illic esse cubile*
> *Titanis fertur.*

Quid signi-
ficent bella
Gygantum
cum Ioue.

Duo apud
Poëtas pu-
gnantium
Deorum mo-
di.

Homerus.

Hisce

Hiſce Titanicum contra Iouem bellum innuit, Deos belligerantes, & in
humanis negotijs diſcrepantes inducit, idque vt in admirationem ra-
piat omnes eos, qui diuinam & intelligibilem eiuſdem figmentorum diſpoſitionem ritè intuentur. Dij enim (vt aiunt, etſi diuinorum progreſſuum extremitates ſortiti ſint, pendent tamen à ſuperioribus Dijs, & fi-
nitimi quidem ſunt rebus adminiſtrandis, cogniti autem ſuis diebus. Dùm
itaque Homerus pugnas eorum deſcribit, conſenſum quendam ipſorum ad

Orpheus.

inferiora fidei ſuæ commiſſa oſtendit, & ſicuti Orpheus in Dionyſiacis
ritibus coniunctiones & diremptiones, luctuſque adhibuit, ita Homerus
eum ſecutus, diuiſam vitam, pugnam, oppoſitionemque à rebus guberna-
tis procedentem in ipſos præſides Deos refert. Cognationem verò particularium iſtorum ſpirituum, ordineſque à quibus proceſſerunt, ijſdem nominibus proponit, quibus ſupremas ipſas potentias ab omni materia ſepa-
ratas; & numeris ac figuris, vniuerſalibus eorum adminiſtrationibus idoneis, vtitur. Cùm verò tot & tales modi habeantur, iuxta quos veterum
Theologorum myſteria etiam in ipſos Deos bella referre ſoliti ſint, meritò figmenta hæc nata ſunt, ſiquidem diuina genera ſecundùm prima

Bella, conſen
ſum diſſen-
ſumque re-
rum natura-
lium quem
præſides ea-
rum mouent
indicant.

rerum omnium principia, neſcio quæ diſcrimina admittunt. Dum enim
authores generationes ad vnum quoddam generationum archetypon referunt, dum colligunt diſcernentia, dum entium progreſſionem multipli-
cantia vniunt, dum denique particularium operationes ad vniuerſalia
quædam genera reducunt, dum ſuperna infimis, ima ſupernis medijſque
miſcent; quid aliud agunt, quàm bellum per conſenſum diſſenſumque
rerum aptè ſignificatum, ſignificant? Hinc Titanes Oſirin ſiue Diony-
ſium, & Iouem Gygantes impugnantes feruntur, Dionyſio enim ſiue
Oſiri, & Ioui, tanquam Mundi opificibus conuenit vnio, & opus indiuiſi-
bile, vniuerſitaſque partibus prior; Titanes verò atque Gygantes in multitudinem producunt opificijs potentias, & veluti proximi rerum naturalium parentes, res Vniuerſi ſigillatim adminiſtrant. Diſcerpitur itaque
corpus Oſiris à Titanibus, quia vnita illa ſuprema & archetypa vis in mul-

titudinem per Titanes ſignificatam lapſa, veluti in multas diuinitatis por-
tiunculas, vt aiunt, diſcerpitur. Bellum igitur in huiuſmodi generibus,
& variarum facultatum diuiſio, & mutua tùm familiaritas, tùm diſcordia,
particulariſque cum rebus adminiſtratis conſenſus, diſſenſuſque, meritò
de vltimis diuinarum potentiarum diſpoſitionibus concipiuntur. Si enim
infimam ab vniuerſalibus & vnitis dependentem diuiſionem ſuprema prouidentia recto & ἄτακτῳ progreſſu conſtituerit, fiet vt hic vel iſte Genius
ſuæ quadam ſortis ſalute ac proſperitate gaudeat, & contrà omnibus ijs
cauſis, quæ quouis modo conſtitutionem eius, reſque fidei ſuæ commiſ-
ſas interturbant, aut interimunt, neceſſariò infenſus erit. Quæ omnia

Iamblichi, Porphyrij, Platonis, Procli, vt ſuo loco videbitur, quin & ſacri textus relationi congruunt, vbi cap. 10. Daniel. Princeps regni Per-
ſarum dicitur 21. diebus reſtitiſſe Angelo Gabrieli, &c. Hoc pacto Ne-

ptuni, & Apollinis, & Vulcani diſſidium apud Poëtas nihil aliud indicat,
niſi apparentem quandam ſub Luna principiorum diſcordiam; quæ cùm

in

in oppositis ignis & aquæ qualitatibus consistat, meritò & eorum præsides Genios Neptunum & Vulcanum dissidere fingunt, vnoquoque rerum fidei suæ commissarum iurisdictiones tutante & conseruante. Iunonis autem & Dianæ dissidium, nihil aliud, nisi animarum in hoc mundo, siue rationalium, siue irrationalium contrarietatem denotant, quarum melioribus cùm Iuno præsideat, deterioribus Diana, inde dissidia nasci necesse est. Mineruæ & Martis dissidium partim ad prouidentiam mentis, partim ad necessitatem indicandam assumptum fuit: rerum enim quibus intelligibiliter præest Minerua, naturales vires Mars roborat, atque in ijs mutuam contentionem excitat. Mercurij & Latonæ discordia omnigenas animæ differentias secundùm vitales & cognoscitiuos motus insinuat: hæc enim vitam, ille iudicium perficit. Postremò Vulcani & Zanthi fluuij contrarietas totius corporeæ constitutionis principia decenter disponit: Nam ille caloris & siccitatis facultates promouet, hic frigiditatem & humiditatem conficit, ex quibus omnis generatio originem suam nanciscitur. Sed sicuti finis belli pax est, ita necesse quoque est, vt contrarietates tandem in mutuam concordiam desinant; ideo Venerem finxerunt litis conciliatricem, quæ tametsi deteriori parti suppetias ferat, ideo tamen facere credendum est, quòd hisce deterioribus assistendo insignem quendam splendorem & gratiam conferat, quâ ornatæ res cum contrarijs se melioribus rebus certo modo & mirâ quâdam sympathiâ coniungunt. Atque hæc de mystica Deorum pugna sufficiant.

II. Effatum. *Si quis nouerit illud Oraculi; Binarius assidet illi; cognoscet, quomodo intelligendum sit apud Homerum, cæterosq́; Poëtas, causam malorum Dijs imputari; intelliget quoque, quomodo in arbore Sephiroth Geburah associetur Chesed, hoc est, rigor ac timor misericordiæ; & quomodo Typhon Osiri pacificus fiat.* Mirabatur olim Socrates, vt est apud Proclum, quomodo de essentia omnium præstantissima, & cuius esse totum sit bonitas, Homerus tamen audeat dicere:

Bina Iouis templi sita sunt in limine vasa,
Hoc hominum bona fata gerit, mala continet illud.

Quomodo ergo id fiat, iuxta mentem Poëtarum interpretabimur. Cùm itaque vniuersa biformibus entium principijs distincta sint, omnium entium substantiæ, animarum genera, naturales potentiæ, & materialium differentiæ, postremò & humana negotia, & iudicia secundùm iustitiam, duplicem sortita sunt conditionem; quorum quædam status præstantioris, quædam inferioris deteriorisque. Potiora sunt in corporum secundùm naturam dispositionibus pulchritudo, robur, bona habitudo; in fortunæ vicissitudine magistratus, honores, diuitiæ. Cæterùm his oppositi habitus, euentusque rerum, deterioris conditionis sunt. Illa boni nomine sapiens appellat antiquitas, hæc mali nomine; non tamen eâ significatione, quâ iniustum, sceleratum, luxuriæ inquinamentis deditum, malum vocare solemus; quæ vti mala in genere moris, vt philosophi lo-

quun-

quuntur, ita illa mala in genere naturæ accipi debent. Cognouit & hos
binos rerum ordines Pythagoras, dum geminos entium ordines in rerum
adminiftratione pofuit, vnum bonum, alterum malum: quos quidem binos rerum, tùm malarum, tùm bonarum in Mundo euenientium ordines,
non nifi ab Opifice vnitate deducere oportet. Nam ab illo rerum principio, & Deorum diuifiones, & generum quæ Deos fequuntur, dependent. Item bonorum atque malorum circa generationem, vel fato defti-
natorum, vel fecundùm iuftitiam animis euenientium, caufa reponenda
eft in difpenfatore Vniuerfi, qui & animas, vti loquuntur veteres Theologi, Poëtæ, in mortalem regionem demittit. Effectus enim fati, ab opificis, vt Iamblichus & Proclus pulchrè docent, prouidentia dependent, &
ordo fiue progreffio circa eandem fubfiftit, eiufque determinationes fequitur diuinæ legis vindex. Omnium igitur bonorum & malorum, præftantiorum deteriorumque largitionum, item profperiorum fimul impe-
dientiumque actiones animæ in rebus externis caufam Opifex & Pater
in feipfo conftituit, atque omnia iuxta mentem fuam gubernat, fingulis
conuenientia tribuens, & ad paternum fui imperium cuncta referens.
Rectè igitur Homerus hofce duos fontes, ex quibus meliora fimul & dete-
riora fcaturiunt, quibufque opifex animas iuftè gubernat, nominauit
πιθοὺς, id eft, vafa feu dolia, fiue quòd Deus intelligibili fuadela proprium
finem omnibus inducat, fiue vt capacitatem eorum innueret, omnigenos
& varios effectus continentem, quippe difperfam omnium eorum, quæ
animo diftribuit Pater, primò in fe vnitam complectitur multitudinem.
Atque hic eft binarius ille, qui Ioui affidet; dum videlicet ex Monade
in dyadem feu binarium diffunditur; qui cùm, vt Timæus loquitur, principium neceffitatis fit, mali quædam fatalis portio omnibus rebus noftris
iam tum admifcetur, dum nafcimur; quæ cùm femina mortalia fint, partem huius caufæ fuftinent; vnde prauitas ingenij, morbi, curæ, aliaque
fatalia incommoda mortales, veluti lucem vmbra, perpetuò concomitan-
tur, (non quòd Iuppiter illa intendat ex fe, fed confecutiuè) vt rubigo
ferrum. Verba Trifmegifti funt, vt fequitur, ad Pimandrum. *Ab ipfo
profectò factore nihil malum, nihilque turpe; hæ fiquidem paffiones funt creata
fequentes opera, quemadmodum æs rubigo, animata corpora limus : at neque fa-
ber ferrarius rubiginem induxit, neque animati corporis genitor cœnum ac fordes;
fic nec Deus malum, generationis autem perfeueratio malum fubrepere cogit, eaque
de caufa mutationem rebus Deus inftituit, ceu quandam generationis ipfius pur-
gationem.* Eft enim humanæ conditionis forti ita comparatum, vt fimul
ac materiæ fœcibus immergitur homo, mox varijs perturbationum furijs,
fortunæque miris iactibus agitetur, donec hifce veluti purgatus ex Dya-
de in Monadem vnde profluxerat, reuertatur. Indicant hanc malorum
mifcellam Hebræi per emanationem feu attributa Dei גבורה יום פהד,
Geburach, *Pachid*, *Zedek*, nomina feueritatis & fortitudinis, ex quibus
veluti diuinæ iuftitiæ miniftris, omnis in Mundum pœna, malumque profluit. Verùm cum de hifce fufiùs in Cabala agamus, eò Lectorem remittimus. Et tametfi diuina prouidentia tot ac tanta mala in homines per-
mife-

Pythagoras.

Ordo bono-
rum & ma-
lorum.

Iamblichus.
Proclus.

Quomodo
intelligendū
fit, Deum
bonorum &
malorum
caufam effe?

Dyas Ioui
affidens mul-
titudinem
notat.

Trifmegiftus.

miferit, ea tamen tantùm abeſt, vt intendiſſe iudicandus ſit, vt potiùs validum inde bonum emergat. Sicut enim Mundum contrarijs guberna- Mala Deus perm ſit vt bona emer.
gant.
re voluit, ita bona malis, conſonis diſſona, ſecunda aduerſis ſapienter mi-
ſcuit, vt ex malorum contemplatione homo in boni appetitum ardentiùs
inſurgeret; & dum conſona diſſonis aptè temperat, pulcherrima inde
Mundo harmonia naſceretur. Hinc omnis ſympathiæ & antipathiæ lex,
rerumque diſcors concordia nihil aliud, niſi bonum vniuerſi, ſine qua id
conſeruari minimè poſſet, intendit. Si enim omnia in Mundo bona abſo-
lutè forent, Mundum interire neceſſe foret; imò bona dici non poſſent,
cùm bona creata denominationem ſuam non niſi ex malorum oppoſitio- Dionyſius A-
reopagita.
ne ſortiantur: vti enim bonum, teſte Dionyſio, eſt ex integra cauſa, ita,
malum ex quouis defectu. Hinc ſapienter Ægyptij fingunt Typhonem Typhon ab
Iſide & Horo
non interfe-
ctus quid ſi-
gnificet.
Oſiris aduerſarium, ideo ab Iſi & Horo non fuiſſe interfectum, ſed liberè
demiſſum: Nam vt pulchrè Plutarchus docet: *Non enim paſſa eſt Dea, quæ*
terræ Domina eſt, vndique aboleri naturam Typhoniam humori contrariam, ſed di-
mittit eam, & laxat, cupiens temperiem relinqui, quia non poterat Mundus eſſe
perfectus, ignea natura, hoc eſt, Typhonia abolita. Quod verò Venus mediatrix inter Iouem & Gygantes, id inter Oſirin & Typhonem Iſis eſt. Patet
igitur propoſiti epiphonematis ratio & ſenſus.

Conſectarium.

EX his patet, cur Dijs iuſiurandi violatio à Poëtis imputetur. Apud Iuriſiurandi
violatio Deo-
rum quid
ſignificet.
Homerum & Proclum de doctrina Platonis (cuius mentem hoc lo-
co explico) ſæpiùs mentio fit iuſiurandi à Ioue & Minerua perpetrata,
violatio; qua quid myſticè indicent, aperiendum duxi. Notandum itaque,
Deum principium, finem, omniumque rerum media obtinere, ſequi verò
poſt ipſum diſcedentium à diuina lege vindicem iuſtitiam. Diſcedunt autem à Deo, qui iuuentute, & amentia, cum concupiſcentia inflammati affectibus terrenis indulgentes, in vltimum ſcelerum omnium barathrum,
tandem præcipitantur. Nam vt rectè Homerus, qui ſæpè peccarunt, & Homerus.
maximis ſeſe flagitijs contaminarunt, ſecundùm vnicam Iouis voluntatem
factorum ſuorum pœnas dant:
 Cum Sobole, vitaque ſua, atque vxoribus vnà.
Hanc verò punitionem primariò Iouem exequi occultâ quâdam, & ab
omnibus incognita ratione; ſecundariò autem Mineruam cooperantem,
& inſeruientem paternæ Iouis prouidentiæ, flagitioſos homines caſtigare,
Orpheus teſtatur his verbis: Orpheus.
 Perficit hæc mentem vindex Iouis vſque parentis.
Cœterùm ſi illi, quibus in fœderibus & iuſiurando dixerat:
 Quòd ſi non ſeruet præſentia fœdera quiſquam,
 Huic fluet in terram cerebrum, ceu vina fluunt hæc:
Iouinam legem violarint; hoc ipſo in pœnas ſeſe conijciunt, dignoſque
vindicta præſtant. Siquidem fœderum & iuramentorum præuaricatio ab
illis præcipuè ſcaturit, qui iam dudum Deorum res mortales iuſtè regen-

tium

tium iras, ob præteritorum fcelerum perpetrationem commeriti funt.
Moueri autem, & ad actionem incitari, Proclo tefte, ab ipfis Dijs feruntur; non quòd Dij homines puniendos, impios & iniuftos reddant, fed

quia promptis & idoneis ad mala futura occafionem patrandi permittunt, vt poftquam aliquando pro animi habitu operati funt, & conceptum fcelerum fœtum in lucem protulerunt, vltione & pœnâ digni fiant;
ita quidem, vt vltio improbitatis comes in iftis ipfis, non in diuina iuftitia
perfici cenferi debeat. quemadmodum Medici fectionum, vftionumque
caufa non funt, fed affectus morbique eorum qui curantur; in quorum
pœnis medicus aliud non intendit, nifi fanitatis ex fectione, aut vftione,
proueniens bonum. Dum ergo Minerua Pandaro Troiano optionem dat,
vt vel potentiorem ditioremque conditionem, vel eidem contrariam eli-
gat, ipfe tamen (vtpote vir ambitiofus, auarus, impius, tyrannus, ac gy-
gantæo quodam & audaciffimo ingenio præditus) deteriorem præfert;
huius ftolidæ electionis caufa Minerua non eft, fed eligentis improbitas &
intemperantia. Deus igitur minimè verorum malorum animis obuenien-
tium eft caufa, fed praui ingeniorum habitus improbarum actionum fibi-

met funt Authores: Nam, vt rectè Plotinus, *fit enim iniuftè quidem, quod
perpetrat fceleftus quifpiam, at iuftè, quia inde patitur, pœnamque fuftinet ad totius improbitatis caftigationem.* Patet itaque, iuramenti præuaricationem
non à Ioue & Minerua, fed à Pandaro & Troianis prouenire, permitten-
tibus tamen Dijs hoc facimus, & δυσβυλίαν quandam immittentibus, vt
aiunt, quæ iuftitiæ executionem præcedit, & facinorofos ad integram vitiorum vindictam quodammodo præparat. Malum itaque veluti boni
quædam priuatio eft, cuius caufa res ipfæ natura conftantes funt, dum errore aliquo à fua integritate recedunt. Vnde S. Athanafius in Orat. con-

tra idola: *Nullum,* inquit, *malum à Deo, nec à Deo, nec in Deo, nec ab initio
extitit, nec vlla eft eius fubftantia, fed homines per priuationem imaginandi, cogi-
tandique boni fibi illud, quod malum eft, comminifci cœperunt, effinxeruntque pro
libidine ea, quæ non erant: Vt enim fi quis Sole præfente, & vniuerfa terrarum
fuo iubare irradiante, conniueat oculis, ac iude tenebras, quæ nulla funt, animo fin-
gat, atque poftmodum quafi in tenebris ambulans oberret, vt nunc labente gradu
procedat, nunc ad præcipitia fe incitet, non lucem, fed tenebras arbitratus eas, cum
nihil videat, intueri exiftimat; ita humana quoque mens clauſis oculis, quibus
Deum contemplari poterat, falfa fuâ imaginatione malis in ijs fefe mouet & agitat,
nefciens interim nihil fe agere, dum maximè fe negotiofam præbet.* Hæc pulchrè
fanè fanctiffimus Doctor. Sed de his fufiùs in Theologia Ægyptiaca.

C A P V T   I X.

*Quid Poëtæ per tormenta animarum apud inferos indicare
voluerint, ex mente Procli.*

Effatum III. *Qui difcreuerit merita & demerita animarum, fciet is, cur
apud Poëtas iudiciorum tribunalia deputata fint, & ad quid in Cabala*

Mal-

Malcuth detruncata sit à cœteris Sephiroth per שוה *, id est , rigorem.* Deus vti
est infinitè bonus, iustusque, ita bona & mala animarum ex æquo decernit. Atque in hoc Poëtæ & Philosophi cum Orthodoxis conueniunt.
Quid igitur indicent terribiles illæ, & ipsis Dijs exosæ habitationes, quid
Ixionis rota , saxum Sisyphi , Promethei tormentum ; quid sine mente
Manes, vitæ similes vmbræ, eiulatus animarum huc illuc euntium , stridoresque, earundemque cum vespertilionibus fumoque comparatio ; quid
vas Danaidum, quid infernales fluuij, & alia maxime tragica nomina; iuxta mentem veterum interpretari aggredior.

Quemadmodum igitur animarum à corpore solutarum mores &
habitus sunt diuersi, ita & Vniuersi diuersa loca, in quæ collocentur animæ, putabant existere. Quasdam enim similes Dijs fieri volunt, ita à mortalitatis instrumentis separatas, vt neque perturbationibus, neque materiali amplius ineptitudine repleantur, sed amictus omnino puros & lucidos ferant ; qui materiæ vaporibus non turbentur, neque natura terrena
contaminentur. Nonnullæ verò, vt Proclus ait , necdum sufficienter expiatæ, affectus testaceo corpori deditos adhuc habent, quorum vehicula
materialia, impedita pondere, denique multum mortalis conditionis secum trahunt. tales Socrates in Phædone inquit circa sepulchra volutatas,
vmbratilia spectacula exhibere ; Homerus vmbris consimiles fieri canit.
Sunt denique iuxta eos aliæ, quæ sceleribus contaminatæ, infimum Mundi locum æternis pœnis deputatum sortiuntur. Quæ quidem apprimè
indicant triplicis generis animarum, iuxta orthodoxam doctrinam , beatarum, purgandarum, damnatarum statum ; vt proindè mirum sit, Philosophos diuinâ luce destitutos, naturalis luminis ductu, huc pertingere
potuisse. quæ omnia cùm apud Platonem fusè describantur, hìc immorari nolo. Est enim diuinitatis proprium, & ab primo Mundi conditu
vsitatum, altissimis etiam gentilitatis tenebris supernaturalia quædam diuinæ legis suæ arcana, siue ad improborum correctionem , siue ad bonorum incitamentum inseruisse. Quid aliud per Elysios campos, per aurea
Saturni secula, nisi Beatorum statum ? Quid aliud per metempsychosin,
siue animarum transmigrationem, nisi purgandarum à culpis animarum,
varias pœnas pro magnitudine delictorum destinatas; nisi diuersa purgantis ignis media & instrumenta indicant ? donec solutis debitis, & purgatione ritè peractâ, suo tandem centro ac sphœræ, vnde profluxerunt, restituantur. Quid aliud rota Ixionis, Sisyphi saxum, vas Danaidum, quorum labores nec terminum, nec finem habent, nisi supplicia æternitatis
iustissima peruersis & obstinatis in malo animabus designata indicant ?
Vbi Minos, Æacus & Rhadamanthus, inferorum seuerissimi vitæ transactæ iudices constituti, in minima inquirent ; vbi Eumenides , Erynnies,
furiæ, sententiæ à Iudicibus propositæ ministræ & executrices, singulas
debitis supplicijs exercebunt. Sed audiamus Procli verba , qui tam eleganter omnia hæc describit, vt ea non tam humano, quàm diuino instinctu eructasse videatur: [Præterea quis non verissimū esse dicat, multas animas corpora cum luctu deserere, & abstrahi quàm ægerrimè, propter iucundam

Varia animarum loca iuxta veteres Poetas.

Socrates.

Homerus.

Triplex status animarum ab antiquis Philosophis cognitus. Plato.

Aurea secula Elisij campi Beatorum statum designant.

Animaru n transmigratio statum designat animarum purgandarum.

Rota Ixionis, sysyphi saxū, vas Danaidum, Æternitatem penarum desi gnant.

Proclus.

dam

Socrates.

dam cum illis vitam, & multiplices voluptates? Nam voluptates, vt in Phædone Socrates ait, ceu claui copulant animas, & affigunt corporibus ; &
poftquam à corporibus egreffæ funt, vehiculis opacis, & Sirenum, id eft,
voluptatum vaporibus perturbatis, ponderofis atque terrenis vti folent, &
vocem incertam, fonitumque materialem edere, quam poëfis ftridorem
nominat. Sicuti enim animarum in cœlos afcendentium organa vocem
emittunt harmonicam, & concinnum decentemque motum habere videntur ; ita illarum, quæ fub terram defcendunt, fonus ftridori fimilis
eft, appetitioni tantùm & imaginationi deditæ vitæ fpeciem repræfen-
tans. Quin etiam locos inferorum, & fub terra fita tribunalia iudiciorum,
& fluuios, de quibus Homerus atque Plato nos docuêre, non pro vanis
imaginationibus, & monftrofis fabulis æftimare conuenit. Sed & animis
in cœlum peruenientibus multi, varijq; loci, iuxta feries quæ illic fiunt, deftinantur. Sic exiftimandum eft, illis, qui ad hoc opus caftigari, purgariq;
debent, fubterraneos locos effe paratos, qui varios elementorum fupra
terram defluxus fufcipiunt, quos Mythologi fluuios & amnes appellant.
Quare non eft damnanda poëfis, quòd ita de inferis dicat :

*Infer orum
loca defcri-
buntur.*

Exofus fuperis locus eft, horrendus, & ater.

Mouet enim horrorem illa varietas, & præfidum imaginatio Dæmonum.
Perhibetur autem locus inferorum Vniuerfi extremus & infimus effe, multum materialis confufionis habere, & ne Solis quidem radijs vnquam luftrari, propter omnifarias fordes, fecundùm diuerfos animarum habitus,
quæ illuc feruntur, ceu in regionem à Dijs remotiffimam.] Hinc patet
quoque, cur Hebræi per Malcuth à reliquis Sephiroth per Pechad refectum, locum hunc intelligant. Eft enim Malcuth, vt Cabaliftæ docent,
vltima Sephirarum, & fublunarem Mundi locum indicat ; tunc autem
per rigorem diuinæ iuftitiæ refecatur à cœteris Sephiroth, quando animæ
propter peccata & iniquitates, diuinis illuftrationibus, & facris charifmatum donis, diuinæ iuftitiæ rigore fic exigente, priuatæ, vmbræ mortis deftinantur, & æternis tenebris, vbi nulla diuinæ illuftrationis amplius fpes
fupereft, deftinantur.

*Doctrina
Cabaliftica
de Malcuth
à Sephiris re-
liquis trun-
cata.*

CAPVT X.

Concubitus Deorum cum Deabus myftica interpretatio,
ex mente Procli.

Effatum IV. *Qui penetrârit, quomodo fupremum Numen amore agita-*
tum, Mundo fe vifibili communicauerit ; intelliget, quid Homerus per
concubitum Saturni & Rheæ, Iouis & Iunonis, Vulcani Martifq; cum Venere ;
Ægypty verò per Ofiris & Ifidis congreffum, intellexerint. Non eft verifimile
Homerum humanæ fapientiæ oraculum, tam indigna fub fabulæ tegu-
mento de diuinæ effentiæ natura protuliffe ; fed ænigmaticis huiufmodi
inuolucris, vt fuprà dictum, non alio fine vfum fuiffe, nifi vt ominofa diuinitatis facramenta, à plebeiorum rudi intellectu & incapacitate femo-
ueret,

ueret, folifq; fapientibus medullam propofitæ fabulæ enucleandam præberet. Quàm itaque per incongrua verba, diuinitati congrua exponat arcana, hoc loco iuxta mentem eius exponendum duxi.

Sciendum itaque, quòd ómnes diuinorum ordinum difpofitiones iuxta veteres Philofophos, tùm ex vno Vniuerfi principio, quod & Bonum à Platone dicitur, tùm ex geminis caufis ab illo archetypo vnò immediatè proximis, quas alij dyadem, quidam multitudinem, alij terminum & infinitum vocant, progrediuntur. Hafce verò geminas caufas iuxta feparationem Dijs congruam, diuifas difcretafque alij Mafculo-fœmineis, alij par-imparibus, alij denique paterno-maternis comparant; id eft, per modum principij actiui & paffiui. Hæc enim cùm ex fe & natura fua vnionem, ob primordialem caufam, quæ toti entium generi vnitorum bonorum Dux & Author eft, defiderare viderent fagaces primæuæ fapientiæ Authores; admirandum hoc naturæ cum opificis fupremâ mente coniugium, fymbolicæ mythicæque fpeculationis cortice inuolutum, fub forma nuptiarum, congreffus Deorum Dearumque, & multiplici filiorum fœtu, concatenatifque fuperorum æquè atque inferorum Deorum Dearumque connubijs, iuxta omnem fupremæ diuinitatis influxum in omnia extenfum diffufumque, exprefferunt. Hinc Cœli, Terræque, Saturni & Rheæ congreffus: Hinc inter opifices Mundi omnium prima Iouis & Iunonis commixtio facta traditur. Nam Iuppiter vti paternæ dignitatis eft, ita iuxta vnitatis ordinem omnia producit, & cum intelligibili termino comparatur: Iuno verò mater eft omnium eorum, quorum Iuppiter pater, & iuxta fœcundum binarium cum ipfo iuncta, omnia ea, quæ inferiora Ioue funt, conftituit, & cum infinito fimilitudinem, tefte Proclo, habet; ita quidem, vt ante omnia in fingulis Deorum ordinibus vnitiua opificis præftantia, in generationis verò & dualitatis caufa perfecta in Opificem conuerfio confideranda fit; præftantioribus quidem in fefe diuinioribufque potentijs conftanter mouentibus, inferioribus autem committentibus fe potentijs illorum. Quæ omnia pulchrè Ariftoteles explicuit per materiam in continuo formarum appetitu exiftentem. Hinc, vt apud Plutarchum eft, Ifis cùm auidè Ofirem coniugem defideret, tam anxiè eiufdem difperfum à Titanibus corpus inquifitum, in vnionem reftaurare molitur; de quo paffim in hoc libro fufiùs tractatum vide. Eandem ob caufam Iuno ad congreffum Iouis tàm follicitè afpirat, vt nimirum effentiam fuam adhuc in multis imperfectam perficiat, & omnigenis potentijs præparet; Iuppiter verò, vt omnis bonitatis fons, ita diuino amore agitatus, nihil adeò in votis habet, quàm bonitatis fuæ influxu omnia fœcundare, bonis implere, caufamque multitudinis collectiuam, vimque inferiorum in fe conuerfiuam, porrigere. Fit autem vtriufque copula, & indiffolubilis connexus ab vniuerfo feparatus, & à Mundi domicilijs feiunctus, in monte Ida, loco idearum, & intelligibili natura, in quam Iuppiter prodit, & Iunonem ad fe allicit amoris vi; non ipfe quidem conuerfus in participantem, fed propter abundantiam bonitatis, fecundùm hanc quoque coniunctionem cum feipfo & intellectu, Iu-

noni

Quid Poetæ per coniugium Deorum Dearumque fignarint?

Ariftoteles.

Ifis cur Ofiridis corpus tam anxiè quærat?
Plutarchus.

Quid per coniunctioné Iunonis & Iouis.

noni gratificans fe communicat; huiufmodi enim funt præftantiorum amores, inferiora in fuperiora conuertunt , & fubiectorum bona perficiunt & implent. Hæc verò Homerum aliunde non habuiffe, quàm ab Ægyptijs, fatis fuperque teftantur ea, quæ & Hermes , & Iamblichus de_ fimilibus fufè pertractant, ille in Pimandro & Afclepio, hic in libro de_ myfterijs Ægyptiorum, de quibus fuo tempore & loco copiofius. Sed nunc vnde abiuimus, illuc reuertamur .

Hermes. Iamblichus.

Eft itaque Iuppiter nihil aliud, nifi fuprema mens omnium moderatrix ; Iuno verò eiufdem prouidentia iuxta anagogicum fenfum . Copula fignificat reciprocam amoris vim, quâ bonitatis fuæ exuberantiam iuxta idealem conceptum Mundo communicare voluit . Voluntatis fuæ executor fuit Vulcanus . Hinc ab Homero Ioui congredienti cum Iunone_ thalamum conftruxiffe fingitur, qui quidem nihil aliud innuit, quàm Vniuerfi conftitutionem, & Mundi fenfibilis fabricam . Eft enim Vulcanus Vniuerfi opifex, vti Orpheus teftatur, cuius affeclam Martem quoque ponunt cum Venere Vulcani coniuge adulterium committere ; quorum fenfus hic eft. Vterque & Vulcanus , & Mars , circa Vniuerfi difpofitionem occupati finguntur ; Marti quidem Vniuerfi contrarietatum difcernendarum cura incumbit, & nihil aliud indicat, quàm vim illam diffidiorum in natura rerum occurrentium, excitatricem , fotricemque : Vulcanus verò vim illam oftendit, quæ totius fenfibilis Mundi machinam artificiofis inuentionibus exornat, & certis naturæ proportionibus & potentijs implet . Quare fingitur in poëfi circa cœlum viginti tripodes conftituere, vt perfectiffimâ figurarum, quam icofaëdron vocant, ipfum inftrucret : Item Lunæ fubiectas multas & varias artificiofe formas fabricare_, quas refert Iliad. 6. Homerus .

Fibulæ, & armillæ, fpeciofa monilia, torques.

Iouis & Iunonis concubitus anagogica interpretatio.

Orpheus.

Vulcani & Martis cum Venere adulterium quid fignificet.

Cur Venus Vulcani coniunx cum Marte adulterium commififfe dicatur.

Sed quoniam neuter dictorum Numinum, nifi intermediâ pulchritudine & harmonicâ gratiâ, opus fuum exequitur, hinc vtrique Venerem copularunt ; Marti videlicet, vt contrarijs rebus harmoniam & ordinem inferat; Vulcano verò, vt fenfibilibus opificijs pulchritudinem inducat, quêis Mundus hic, veluti ex mifcella quàm venuftiffimus confono-diffonorum euadat; quod Veneris donum eft. Porrò Vulcanus iuxta voluntatem Iouis coniugem duxiffe Venerem fingitur, Mars adulterium cum ea commififfe ; quibus quidem nihil aliud indicatur , quàm quòd Vulcano, rerum fenfibilium opifici, naturali quodam appetitu coniungitur pulchritudinis & conciliationis caufâ ; diuifionis autem & contrarietatis præfidi aliena eft. Atque hic eft diffimilium caufarum confenfus, quem Homerus haud incongruè per adulterium expreffit, cum Venere Vulcani coniuge commiffum . Erat autem cumprimis neceffarium, vt per hunc diffimilium caufarum confenfum, contraria fibi mutuò conciliarentur, & Mundi bellum in pacem defineret . Quemadmodum enim in Mundano ornatu fuperiori pulchritudo, elegantia, forma, cæteraque Vulcani opera confpicua funt; fic in inferiori generationis orbe elementorum pugna_, oppofitio, contrarietates naturalium facultatum, denique prorfus Martia

dona

dona comparent; quibus Vulcanus vincula ideo iniecisse dicitur, vt mundana genera artificiosis rationibus aptè connecterentur, atque tum ex
contrarietatibus Martijs, tùm conciliantibus Venereis donis, vnam vndequaque perfectissimam constitutionem efficiant. Verùm cùm humidi
conditione sic exigente, perpetua generationis & corruptionis vicissitu-
do rebus inexistat; hinc aptè fingitur Vulcanus vincula, quæ Marti &
Veneri iniecit, denuo, Neptuno suadente, soluisse: Neptunus enim humidi præses perpetuam generationis continuitatem, quæ in calido & humido consistit, saluam esse cupiens, & mutationis circulum in sese resolui,
nata corrumpi, corrupta nasci efficit. Quæ omnia Proclus hisce verbis
confirmat: *Profectò primus & perfectissimus rerum Opifex mundum videtur ex
contrarijs elementis constituisse, & certâ proportione amicitiam ijs indere, coniunctis in se simul Vulcani, Martis, & Veneris effectibus. Producens enim contrarietates elementorum, secundùm Martem intra se agit; amicitiam verò moliens,
iuxta Veneris potentiam operatur; Martis verò Venerea connectens Vulcaniæ
artis primitiuum exemplar in seipso continere apparet. ipse igitur omnia est, &
cum omnibus Dijs operatur.* Vides itaque ex dictis, quomodo effatum in initio propositum intelligendum sit.

C A P V T   X I.

De Transmutatione Deorum, ex mente Procli
de doctrina Platonis.

E Ffatum V. *Qui nôrit varios diuinitatis in Mundi membra effectus, sciet,
cur Poëtæ & veteres philosophi Deos in varia animalia, plantas, saxa,
transmutatos exhibuerint.* Cùm Deus ex se & sua natura mutationis incapax
sit, semperque sibi vno eodemque modo similis; incongruum, ne dicam
stolidum foret, Deum corruptibilium mutabiliumque rerum alterationi-
bus subijcere. Arcanum itaque latet; quod quale sit, & quomodo huiusmodi intelligenda sit μεταμόρφωσις, hoc capite iuxta mentem veterum
explanare visum est; vt symbolicæ doctrinæ in figmentis veterum exhibita ratio luculentiùs patefiat, præsertim cùm hieroglyphicæ Theologiæ
structura maxima ex parte huic innitatur.

Cùm itaque veteres sublimi & perspicacissimo ingenio præditi, Dei
naturam exactiùs scrutarentur, viderunt nihil ex illis rebus, quæ sensibus
aggeruntur, eidem competere posse, atque adeo ipsum sola intellectus virtute comprehensibilem. Viderunt præterea, intellectum semper in actu
sine termino, siue intelligibili obiecto, esse minimè posse, cùm hæc ex se &
sua natura sint correlatiua: Mundum autem hunc à Deo conditum, necessariò primò in diuino intellectu extitisse, tanquam faciendi operis
ideam quandam & exemplar. Intellexerunt etiam, diuinum intellectum
non tantùm circa propriam essentiam, sed & Mundum, & singulas mundanæ machinæ partes distineri; & has ipsas in mente diuina veluti æternas quasdam subsistentes ideas pulchrè & conuenienter contemplati fuerunt.

runt. Denique nullam rem à Deo conditam sine peculiari eius influxu & conseruatione durare posse cognouerunt, atque adeo singulis rebus, coelis, omnibusque, quæ coelorum ambitu continentur, astris, elementis denique, & quæ ex ijs componuntur mixtis corporibus, Deum ad ea ineffabili prouidentiæ suæ assistentia souenda atque sustentanda præsentem esse. Vt igitur hanc admirabilem diuinæ in mundana membra diffusionis rationem altius à rudi profanorum captu semouerent, Deorum metamorphosin architectati sunt. Hinc vim supremi Numinis Mundi gubernatricem, Iouem ; temporum dispositricem, Saturnum ; Vniuersi animatricem in Sole se exercentem, Apollinem ; & sic in coeteris ordine sphœris coelestibus, & elementaribus, vnicam & indiuisibilem Dei virtutem, iuxta diuersam participantium corporum conditionem, effectúsque inde resultantes, sub diuersis Deorum Dearumque nominibus exhibuerunt. Atque hucusque rectè & sapienter primæui excultioris ingenij Mystæ ratiocinati sunt; factum tamen fuit, vt succedentes Philosophi mentem veterum aut non rectè penetrantes, aut eam falsò interpretantes, singulas huiusmodi à diuina mente peruasas mundanæ machinæ partes, veluti totidem quasdam diuinas substantias (quos Deos dixerunt) existimârint. Atque hinc, veluti ex equo quodam Troiano, execranda illa in Mundum πολυθεία originem inuenit. Sed cùm hæc in Obelisco Pamphilio lib. III. fusè cum exaggeratione declarata sint, eò Lectorem remittimus ; nostrarum partium hoc loco est, mentem primorum sapientum circa Deorum metamorphosin explanare.

Quemadmodum igitur Sol radios suos vniformi, & constanti, & immutabili diffusione omnibus Mundi corporibus communicat, nihil tamen substantiæ Solis inde quicquam aut alterationis, aut mutabilitatis obuenit, vtpote solâ varietate effectuum, quos producit, in participantium corporum conditione & qualitate existente ; sic suprema Mundi mens, & Sol ille archetypus, rerum omnium Opifex Deus, dum in Mundi membra diffusus terrenis materialibusque, vt ita dicam, mistus, innumerabiles effectûs producit, non putandum est, vllam inde sequi essentiæ suæ mutabilitatem, nec materialium potentiarum contagione illum inquinari ; sed tota effectuum diuersitas & differentia, ex parte subiectorum corporum diuinos influxus diuersimodè participantium, attendenda est. Nam vt rectè Proclus : *Simplex enim Deorum essentia videntibus apparet varia, cùm Dij tamen neque mutentur, neque fallere velint ; sed ipsa natura pro modo, diuersitate participantium, proprietates Deorum determinat.* Nam etsi vnum sit, quod participatur ; aliter tamen atque aliter diuersa suscipientia participant. In Mundo quidem Angelico seu intellectuali, se exerit per effectûs naturæ Angelicæ conuenientes, vt est, intelligere, amare, mitti, præsidere rebus fidei suæ commissis : In Mundo Sidereo per motum causatum, calorem, lumen, coeterasque astrorum influentias : In Elementari Mundo, per innumeros effectûs in animalibus, plantis, lapidibus, mineralibusque elucescentes. Itaque participatus à Deo influxus substantia quidem est, vniformis, & immutabilis, & per se constans ; multiformis autem.

Origo fabulæ de transmutatione Deorû.

Diuersi Dij nil aliud sunt quàm diuersæ vnius supremi Numinis virtutes.

Quando Idololatria in mundum introducta.

Comparatio Solis & Dei

Proclus.

Deus diuersis rebus diuerso modo se communicat.

tem.

tem participatione videtur, & diuerſas imaginationes mouet propter im-
becillitatem iudicij participantium. Quibus conſentit Proclus, dum ait :
Altera verò ratione diuina natura cùm plurimas in ſe ſitas potentias, & ideas ha-
beat varias, diuerſa ſpectacula intuentibus ipſam exhibet ; ſiquidem iuxta poten-
tiarum varietatem in alias atque alias formas immutari dicitur Numen, in quo
omnes iſtæ potentiæ continentur, nunc hanc, nunc illam exerens; quamuis perpe-
tuò cum omnibus agat. Cogitatio tamen in ſpectoris ab hac ad illam diſcurrens ,
propter inſpectorum multitudinem, Numinis varietatem imaginatur. Atque
hic eſt decantatiſſimus ille Proteus innumeris rerum formis expreſſus, verus Neptuni Miniſter, omnium rerum generabilium ſimulachra continens ; cuius coniunx Idothea, hoc eſt, formarum mater & Dea; ad in-
numerabilem rerum varietatem, quæ per humidi præſidis Miniſtrum Proteum diuinis potentijs præditum, & per Idotheam coniugem producuntur, indicandam.

    Nunc aqua, nunc ignis, animal nunc reptile factus.
Quotquot enim continet in æterno exemplari formas, in totidem ſigillatim per potentiæ ſuæ operationem conuerti dicitur, in ea diuerſitate rerum, quæ potentiæ ſuæ ſubſtant. Vnde Deorum antiquiſſimus apud Orpheum habetur, vt ſuo loco videbitur ; cui & claues maris, & omnium
præſidium tribuit. Vnde in curru Phocis trahentibus triumphare fingitur Virg. l. 4. Georg.

    Eſt in Carpathio Neptuni gurgite vates,
    Cæruleus Proteus, magnum qui piſcibus æquor ,
    Et iuncto bipedum curru metitur equorum.

Proteum Neptuni filium & Miniſtrum , nonnullos eſſe aërem, quòd è
Stoicorum ſententia Iuppiter aër ſit appellatus, eumque adeo omnia per-
tranſire, & vbique eſſe, exiſtimaſſe reperio. Nam aër proximè ſit ex aqua
in illum extenuata, cuius natura eſt, omnia temperare, adeoque ortus
omnium principium & plantis animalibuſque exiſtit. Hinc Homerus
l. 4. Odyſſ.

    Concuſſit ceruice iubas Leo factus, & inde
    Fit Draco terribilis, modò Bos, modò Pardalis ingens ,
    Alticomans aut arbor, nunc frigida defluit vnda ,
    Nunc ignis crepitat .

Nam ex eadem materia, pro aëris caloriſque ratione occulta, vel arbores,
vel animalia naſcuntur, vel materia ipſius conuertitur in elementa ; quod
priſci per tot tamque multiplices formarum mutationes indicarunt : vnde Proteus, quaſi πρῶτον ὂν , primum ens, materià videlicet impulſu naturæ
varias ſemper formas expetente. Tranſmutationes verò Deorum , ad
comparationem Typhonis in varias animantes ſecti, quid aliud indicant,
niſi ſingulos rerum naturalium genios, naturæ malo obuio, mox ad res fi-
          A a   2   dei

dei suæ commissas tutandas, conseruandasque quibus modis possunt, contra immanem typhoniam vim, naturæ destructricem, se defendere, hoc est, illius rei, cui præsunt, bono vnicè studere. Sic Hammon in Arietem, Mercurius in Ibin, Pan in Hircum, Osiris in Bouem, Apollo Accipitrem, (& sic de cœteris) conuersus fingitur, vnusquisque in id animal, quod iuxta analogiam quandam proprietatibus suis, & genij, & rei, cui præsset, indolem referret. Verùm cùm de hisce in Obelisco Pamphilio integro libro quarto copiosissimè tractatum sit, eò Lectorem remittimus. Omnia pulchrè confirmat Proclus hisce verbis: *Immutati videntur Dij, cùm idem Numen iuxta diuersos ordines atque gradus, & ad extremùm vsq́ procedit, multiplicans seipsum iuxta numerum, & in subiectas administrationes descendens. Etenim hoc modo quoque mutari Numen videtur in illam formam, in quam progrediens supernè descendit. Ita Mineruam Noctuæ, Mercurium Laro seu Ibi, & Apollinem Accipitri assimilatos dicunt, infimos ipsorum, & magis dæmonios gradus indicando, in quos à superioribus procedunt; ita tamen vt vbi Poëtæ diuinas in abstracto apparitiones insinuant, eos sine forma vlla ac figuris exprimant; vbi Angelicos, sub varijs quidem formis Deos introducunt, vniuersalibus tamen, vti forma humana, idq́ nonnunquam citra sexus discrimen; postremò aduentationes dæmonum describunt, tùm in singularia & indiuidua mutationes afferunt, siue in homines, siue in alias animantes particulares. Etenim cùm dæmones ordine diuinorum generum postremi sint, talibus figuris exhibentur. Vides igitur, quomodo huiusmodi transmutationes triplici Mundo, Archetypo, Angelico, & Sensibili, aptè & cum congrua analogia applicentur; ita vt simplicem quidem naturam, & omnis compositionis expertem Dijs, vniuersalem Angelis, animabus rationalem, dæmonibus verò particularem attribuant.* Sed hæc de transmutatione Deorum mysticè intelligenda sufficiant.

Transmutatio Deorum in animalia.

Proclus.

ANACEPHALAEOSIS

Effatorum mysticorum, quæ olim à Pico Mirandulano totius Orbis literatis proposita sunt, & nunc iuxta legitimum
sensum exponuntur.

Effati I. expositio.

I. A Saturnijs legibus eximuntur Dij qui contentiui & perfectiui sunt; à Iouijs legibus Dei Saturnij; à fatalibus legibus omnis anima viuens intellectualiter; legi autem Adrastiæ omnia obediunt. id est, singuli diuinorum & mundanorum ordines ita se habent, vt inferiores respectu superiorum debitam exerceant obedientiam; non contrà. Hinc iuxta ea, quæ supra diximus, Saturno menti primæ subijcitur anima mundi, quæ Iuppiter dicitur; & huic Mercurius, Bacchus, Neptunus, Pluto; Mercurius vti nuncius & mandatorum Iouialium executor; Bacchus vti vegetalis naturæ Minister; Neptunus, vti humidæ naturæ præses; & Pluto denique vti Mineralis naturæ custos & conseruator. Iuppiter autem throno sceptro-

ptroque conspicuus, vti omnibus inferioribus se imperat, ita Saturno
primæ menti, & hic primæ causæ rerum omnium subijcitur; quæ cùm
contineat omnia, omnia perficiat, meritò omnia, ad vltimum vsque rerum
gradum, eius diuino subijciuntur imperio. Quod itaque de diuinorum
generum ordinibus dictum est, de sensibilis quoque Mundi ordinibus dicendum est; Nam influxibus cœlestium orbium, quòs Platonici ex Zoroastro fatum, & fatalium legum authores dicunt, omnia inferiora substant, à quibus fatalibus legibus anima tantùm rationalis, vtpote diuinioris ordinis, iuxta rationis ductum viuens, eximitur. Patet itaque sensus
effati-

II. *Quod in Phædro Platonis dicitur dorsuú cœli, id in Parmenide dicitur vnum; & quod ibi profundum cœli, hic totum; quod ibi axis, hic terminus.* Per dorsum cœli intelligitur idealis circumferentia totius; quæ
nihil aliud est, quàm vnum illud, simplex, & interminum earum omnium
principium, cuius cœli imum est totum id, quòd mentis vnitate complectitur, cuius axis est mundanæ machinæ idea, circa quam veluti circa terminum mens diuina versatur.

III. *Sicuti intelligibiles Dij omnia producunt vniformiter; ita intelligibiles simul & intellectuales omnia producunt trinaliter; intellectuales autem purè
hebdomaticè, id est, septenaliter.* Per Deos intelligibiles intelligitur solius Dei,
supremæ rerum omnium causæ, virtus creatiua, quæ producit omnia vniformiter: per intelligibiles simul & intellectuales intelligitur Anima
mundi Platonicorum, quam ipsi mentem primam, siue Angelum primum
à Deo productum appellant; & hic secundùm Platonicos producit omnia trinaliter, id est, iuxta triadis in mente diuina existentis ideam expli-
catam, & in opus deductam: per purè verò intellectuales substantias intelliguntur reliqui corporum mundanorum, quæ per septenarium explicantur, præsides Angeli, multiplices vnius Iouis seu Dei virtutes; & hi
septenaliter producere omnia perhibentur, quia Mundano septenario im-
mersi, rerum productioni, vt ipsi putant, incumbant. Sicuti enim pater-
nalis proprietas est, solùm in intelligibilibus; ita conditoria siue factiua
solùm in intelligibili & intellectuali natura proprietatem habet paternam simul & conditoriam; in purè intellectuali verò solam conditoriam
habet facultatem, vt ipsi arbitrantur. Licet enim distinctæ sint diuinæ
hierarchiæ, sciendum tamen est, omnia in omnibus esse suo modo. Qui
hæc ritè intellexerit, apertè videbit, cur prima causa cœlum; cur prima
mens Saturnus; cur anima Mundi Iuppiter sit vocatus; vbi intelligibile respondet cœlo, intelligibile simul & intellectuale Saturno, intellectuale verò Ioui. Videbit quoque inter extremos paternos Deos, vt Proclus
ait, Saturnum & Iouem, necessariò mediare Rheam, ad fœcundæ vitæ
proprietatem indicandam; quæ vti coëxistit Saturno, secundùm suam
summitatem, Rhea dicitur; & vti Iouem producit, & cum eo totales simul & partiales Deorum ordines disponit, Ceres nuncupatur.

IV. *Cædes Deorum tragica est, septima vnitas discretiua septenarij intellectualis.* Per septenarium intellectualem nihil aliud indicatur, nisi inferior

rior mundus in paternæ mentis idea exiftens; cuius ideatum eft ipfe materialis elementorum mundus; in quo cùm ob confenfus, diffenfufque varias leges, elementariumq; impreffionum contrarietatem & inimicitiam;
fæua continuò bella moueantur, mirum non eft, cædem Deorum hifce alle-
goricè defignari. Huic refpondet illud Iamblichi : *Opifex fenfibilis Mundi
feptimus eft hierarchiæ intellectualis*.

    V.   *Prima trinitas manet tantùm, fecunda manet & procedit, tertia poft
proceffum conuertit; & ficuti prima trinitas poft vnitatem, eft omnia intelligibiliter commenfurare, ita fecunda vitaliter, & tertia iuxta mixti proprietatem*. Dicebant veteres, vt eft apud Zoroaftrem, paternum fundum è tribus trinitatibus compofitum, ita vt quælibet trinitas habeat patrem, potentiam,
& mentem; quos Græci fecuti totidem trinitates ponunt, fupremam,
mediam, & infimam; fupremam vocant, Cœlum, Saturnum, Iouem;
mediam, Apollinem, Neptunum, Plutonem; tertiam, Hecatem, Profer-
pinam, Nephtem. Supremæ triadis Cœlum eft fubftantificatiuum, Saturnus difpofitiuus, Iuppiter conuerfiuus; quæ omnia quoque de reliquis
trinitatibus dicenda funt. Verùm cùm in fequentibus fufè totam huius
Theologiæ rationem fimus expofituri, fuperfluum iudicaui de ijs ampliùs
differere.

    VI.   *Qui operatur in Cabala fine admixtione extranei; fi diu erit in opere,
morietur ex Binfica; & fi errabit in opere, aut non purificatus accefferit, deuorabitur ab Azazaele per proprietatem iudicij*. Propofuit hoc effatum in fuis
Conclufionibus Picus; verùm cùm id non explicârit, & pauci eius fenfum capere poffint, mearum partium effe ratus fum, illud hoc loco ab ob-
fcuritate vindicare. *Binfica* Hebraica vox eft, & nihil aliud indicat, quàm
בנשיקה *Binfchica, in ofculo*, de quo Rabbini & Cabaliftæ melioris notæ, dum
Mofen ofculo Domini mortuum effe dicunt, vti inter alios R. Salomon
Iarrhi ex his verbis deducit : ומת משה עבד יהוה בנשיקה, *Et mortuus eft Mofes feruus Domini iubente Domino*. vbi loco בנשיקה, *iubente Domino*, feu ore
Domini, interpretatur בנשיקה *Binfchica*, id eft, *in ofculo*; alludique vult ad
eum ritum, quo vel parentes filios, vel hi illos, vel cognati amicique co-
gnatos & amicos morientes ofculabantur, quafi tali Dominus fungens munere exceperit morientis ferui fui vitam. Gabaliftæ verò per ofculum
mortis hoc loco intelligunt perfectionem cognitionis & dilectionis diuinæ & humanæ, ad quam peruenerat Mofes mortis fuæ tempore; ideoque
dicitur mortuus ex ore, ofculoue Domini, tanquam dignus, quem vt fpon-
fam ofcularetur fponfus Dominus, qui loqui folebat cum eodem ore ad
os, & ipfe moreretur cum ofculo pacis, cumque Domini bona venia &
gratia. Nyffenus dicit, tunc ofculum à Deo Moyfi datum, quando cum
eodem loquebatur ore ad os, facieque ad faciem. Quam vim diuinam
cùm ferre nequiret, fuper illud os diuinum ofculumque animam efflauit,
fiquidem negauit Deus fore, vt videat ipfum homo, & viuat. R. Cabitol
dicit, effe fupremam animæ cum Deo coniunctionem, iuxta illud : *Ofcule-
tur me ofculo oris fui*. Quando enim homines abiectis omnibus terrenis
rebus, foli Deo ftudere contendunt, exutique omnibus mentis perturba-
tioni-

tionibus, in Deum penitus per continuum virtutum & amoris diuini exercitium transformantur ; tunc appositè ad osculum Domini admissi dicuntur. Atque hoc est quod effatum vult, *qui operatur in Cabala*, id est, iuxta Cabalæ præscriptas leges anagogicas, *sine admistione extranei*, id est, ab omni rerum corruptibilium cura abstractus ; *is in Binsica*, in osculo *morietur*, id est, vnione mentis in Deum transmutatus mortem aliam expectare non poterit nisi illam de qua dicit Psaltes ; *Pretiosa in conspectu Domini mors sanctorum eius*; qui verò contrariam viam sectatus fuerit, is terrenis rebus immersus, serpenti in cibum cædet, hoc est, ab Azazaele cacangelo iustitiæ siue rigoris diuini Ministro deuorabitur. Atque hæc est allegati epiphonematis expositio.

VII. *Nemo Proteum adijt, qui Pana non attraxit.* id est , nemo mirabilem rerum omnium mutationem, & formarum in hac mundana machina varietatem elucescentem percipere poterit, nisi Pana, id est, Iouem sibi habeat propitium ; id est, nisi per assiduum contemplationis mundanæ studium, mentem capacem reddiderit ; nisi omnia disperfa, confusaque in vnitatis ideam contraxerit. Hoc enim est Pana attrahere, id est, formas & similitudines rerum, mutationumque vicissitudinem , quæ in Proteo maximè elucet, in vnitatis intellectualis cribro explorare, & in idealem illam monadem supramundanam contrahere ; in hac enim summa omnium vnitas , veritas infallibilis , & consumata bonitas est.

Effati 7. explicatio.

C A P V T   XII.

De furore Poëtico, siue Numinis afflatu.

REctè & sapienter Poëta, dum diuinos rationalis animæ insitos igniculos describit , canit.

> *Est Deus in nobis , agitante calescimus illo ,*
> *Impetus illesacra semina mentis habet.*

Si itaque verum , vti est verissimum, Poëtas veteres, Prophetas, Philosophos , Sybillas diuino quodam afflatu inspiratos multa nostræ religionis mysterijs haud absimilia protulisse ; videndum est, quomodo hoc factum putetur , & quomodo dum poëtico furore arserunt, sublimi illa rerum notitia fuerint imbuti.

Suppono itaque cum priscis, tres esse Mundos, circa quos cognoscendos vnicum veterum occupabatur scrutinium, scilicet Archetypum, Angelicum, huncque sensibilem è cœlis & elementis constitutum, à lege diuina gubernatum. Quam quidem legem, vt perperam Plato in Timæo docet, animæ antequam in corruptionis sphœram laberentur, didicerant ; eamque à Deo Moysi datam Cabalici Scriptores asserunt. Hæc lex in tres ordines, teste Trismegisto, prouidentiæ, fati seu necessitatis, & naturæ , distincta est ; qua imbutæ animæ in summum sapientiæ verticem emergebant,

Tres Mundi , Archetypus, Angelicus , Sensibilis.
Plato.
Trismegistus.

gebant, quà veteres Θεόσοφοι Θεόληπτοι, id eft, *diuino furore rapti*, omnia quæ miranda legimus, canebant. Prouidentiæ ordo nihil aliud eft, quàm mira mentium feu intelligentiarum cum fupremo omnium principio concatenatio, qua fuprema imis, ima medijs, media imis fummifque mirà quâdam ratione connećtuntur; diciturque Mundus intelligibilis fiue Archetypus, in cuius prouidentia, prima rerum omnium comprehenduntur exemplaria, quos Pythagoras Deos immortales, ideas Socrates vocat, à Verbo omnium Opifice emanantes. Ordo fati feu neceffitatis eft omnium animarum cum Mundi anima, vt Platonici loquuntur, coniunćtio, feminaliumque rationum, quæ ab anima Mundi in omnia Mundi membra influuntur, mira & ineuitabilis difpofitio; diciturque Mundus Angelicus fiue purarum & feparatarum mentium; fiue ad illuftrationem animarum rationalium deftinatarum. In horum quoque album, Platone tefte, infcribuntur mentes orbium omnium cœleftium, rerumq; tam vifibilium, quàm imaginabilium Prefides, que intelleċtus primi ideas imitantes iuxta analogiam quandam imagines viuificas, quæ feminaria dicuntur à Platonicis, producunt; quibus prægnantes ad rerum fenfibilium generationem follicitantur; atque harum fœcundiffimo panfpermias influxu ordinatifsima Mundi difpofitio, quod fatum fiue neceffitas dicitur, nafcitur. Naturæ denique ordo confiftit in corporum, corporearumque qualitatum, temperamentorum, proportionum fingulis inditarum ordinatiffima difpofitione, quam in huius corporei & fenfibilis Mundi complexu non fine admiratione intuemur. Atque hi tres ordines legem illam diuinam conftituunt, veram illam rerum omnium, tam diuinarum, quàm humanarum cognitionem. Quem triplicem diuinæ legis ordinem explicant Cabalæ Magiftri per arborem decem Sephiroth, feu decem veftimenta, quibus veftitus in Mundum, vti in fuo loco videbitur, proceffit Deus.

Cùm itaque lex diuina altior fit quàm vt ad eius cognitionem naturæ noftræ caducitas pertingere poffit, auxilio haud dubie diuino opus erit; quo fulta anima, quomodo rapiatur, & quomodo tandem furore illo poëtico, feu afflatu diuino Vates ad eam fubleuetur, dicendum reftat. Scitum Platonicum eft, animam ante defcenfum in corruptionis fphœram, beatiffimam in intelligibili Mundo vitam, omnis ignorantiæ expertem duxiffe; mox verò ac corporeæ terrenæque miftionis inuolucro veftita, in inferiorem hunc mundum lapfa apparuit, omnium eorum, quæ in fupremo intelleċtu olim contemplabatur, oblitam fuiffe; ad quam tamen prioris vitæ conditionem pertingere non liceat, nifi per continuam legis diuinæ contemplationem, cuius ope fubleuata tandem eò, vnde lapfa, redeundi fpes detur. Fit autem reditus fecundùm ipfum, per Θεοληψίας, κ̀ Θεομόρφωσιν, alienationes, & mentis extafes, quos furores diuinos nominant. Et ficuti per quatuor gradus à fummo intelligibili ad vltimum vfq; corporeæ & terrenæ multitudinis Mundum defcendit, ita per eofdem quatuor gradus, quos furores fiue diuinos afflatus vocant, eidem reditus paratur. Quorum primus afflatus dicitur poëticus, qui à Mufis conftituitur;

tur.; Secundus mysticus, & à Baccho prouenire dicitur ; Tertius diuina-, torius à Phœbo; Quartus amatorius à Venere procedere putabatur. A primo furore ad diuinæ legis contemplationem rapi dicuntur Poëtæ, à; secundo Sacerdotes, à tertio Prophetæ , à quarto Philosophi diuinæ pulchritudinis amatores. Quæ vt penitiùs intelligantur, Sciendum, Orpheo teste, per Musas hoc loco nihil aliud intelligi , quàm cœlestium sphœrarum animas; per Bacchos particulares earundem intellectus ; per Phœbos, mentem omnium gubernatricem ; per Venerem denique vim amoris infusitam . Hinc singulis Musis sui assignantur Bacchi , Phœbus director & choragus, Venus gratiæ & pulchritudinis conciliatrix. Anima quidem Lunæ, quæ Thalia dicitur, Bacchum Lichiatum sibi assidentem habere fingitur ; Euterpe, anima Mercurialis sphœræ, Bacchum Silenum ; Erato, anima Venereæ sphœræ, Bacchum Lisium ; Melpomene Solaris sphœræ anima, Bacchum Triericum ; Clio Martij globi anima, Bacchum Bessareum ; Anima Iouiæ sphœræ, quæ Terpsichore dicitur, Bacchum Sebasium ; Polyhymnia Saturniæ sphœræ anima , Bacchum Amphiareum ; Vrania octauæ sphœræ anima, Bacchum Peritonium ; & Calliope denique vltimi Cœli anima, Bacchum Eubronium præsidentem sibi habere censebatur; quorum vltimus apex denariæ perfectionis metam complens Phœbus est, cum Venere assecla, necessaria ornamenti & pulchritudinis subsidia singulis conferens. Ab aliqua itaque harum Musarum, iuxta Platonicos, Poëta rapitur ; ab intellectu , Musarum Baccho, Sacerdotes; Prophetæ ab Apolline chorago omnium, & diuinatoriæ virtutis largitore ; Philosophi denique à Venere, dum concinnum rerum ordinem & harmoniam, & primæ bonitatis pulchritudinem attentiùs contemplantur . Hoc pacto, Orpheus, Homerus , Hesiodus leguntur rapti, quorum hic, vt ipsemet de se fatetur, ex pastore rudi in sapientissimum Poëtam euasit . De Sacerdotibus aliarum nationum nulla exempla habemus ; Ex Ægyptijs habemus Bithin , & Heraiscum , qui, vt Suidas inquit , solo sacrarum sculpturarum intuitu , diuino furore rapiebatur. Exemplorum de Prophetis & Philosophis, plena sunt omnium Platonicorum monumenta , vt suo loco fusiùs narrabitur . Hoc pacto denique ex diuinæ legis contemplatione rapti dicuntur Orpheus à Calliope , ab Vrania Musæus, à Clio Homerus , Pindarus à Polyhymnia, ab Erato Sapho, Thamyra à Melpomene, Hesiodus à Terpsichore , à Thalia Virgilius , Ouidius ab Euterpe, Linus denique à Phœbo & Erato . Quem furorem poëticum, hisce verbis Plato in Phœdro describit : *Quòd Musarum occupatio sit furor teneris, intactis animis supernè immissus . Opus eius dicitur, suscitare, & afflare animas secundùm odas, & reliquam poësin ; finis verò , vt infinita gesta antiquorum celebrans posteros instruat .* Ex his verbis perspicuum sit, primò quidem Platonem huic generi poëtices diuinitatem adscribere , vt quòd à Musis deducat, quæ cuncta Mundi tùm intelligibilia, tùm sensibilia opera harmoniâ paternâ complent ; & concinnè motum & occupationem appellare, quia totus animus illustratus, illustrantis diuinitatis præsenti effectui se permittit ; Furorem verò, quia proprium ingenium relinquit,

B b   & pro

& pro Numinis impulſu fertur. Deinde verò animæ occupandæ habitum deſcribere pergit: teneram enim, inquit, eſſe oportere & intactam, non rigidam, & duram, nec alijs multis, varijſque, & alienis à Numine opinionibus plenam. Mollis & tenera debet eſſe, vt diuinam inſpirationem facilè admittat ; intacta autem, vt ab omnibus alijs vacua ſinceraque ſit. Tertiò addit commune opus, quod perficitur Muſis quidem afflantibus ; anima verò ad recipiendum diſpoſita. Porrò ſuſcitatio animæ eſt erectio, & minimè deprauàta operatio, & à lapſu in generationem conuerſa ad Deum excitatio. Afflatus motus eſt diuinus, & chorea indefeſſa ad Deum. Poſtremò res humanas diuino ore prolatas, perfectiores, illuſtriores, & ad veram doctrinam auditoribus commodiores fieri teſtatur.

Huius igitur afflatus illuſtratione rapti reuertuntur ad legem diuinam, & à ſomno ad vigilantiam, ab ignorantia ad ſapientiam, à morte denique ad vitam reuocantur, atque θανατὸς quâdam inuaſi, vel ad ea quæ primò nec audiuerant, nec ſciuerant, cantanda atque effanda occulto tractu Numinis feruntur. Nam Iuppiter mens ſuprema incitat in furorem Apollinem Mentem animæ Mundi, & Muſarum Choragum ; hic Muſas ; Muſæ animam Poëtæ influxibus ſuis ſuppoſitam ; hic, opinione eorum, interpretes rapit, vt quemadmodum, teſte Platone Magnes alium & alium annulum trahendo in vnam catenam connectit, ita Iuppiter Apollinem, Apollo Muſam, Muſa Poëtam, Poëta interpretem mirâ quâdam concatenatione adaptet, & vti chorda chordam aliam etiam intactam ad ſonandum incitet ; de quo fuſè in Muſurgia noſtra vniuerſali l. 10. de decachordo naturæ, cap. de Muſica Angelica & humana.

Hebræi in libro, qui Porta lucis dicitur, raptus originem, modo Platonicis dogmatis admodum conformi, exponunt. Cognitio, dicitur ibi, diuinæ legis eſt inſtar fontis, ex quo flumen deriuatur ; flumen hoc piſcinam ſeu lacum efficit : atque è fonte quidem hoc diuinitatis aiunt primùm Moyſen bibiſſe, è flumine Prophetas, qui diuino furore, atque inſtar rapidiſſimi torrentis rapti futura, ſub turbida tamen allegoriæ lympha cantant ; Interpretes verò à fonte primo remotiores, neque tanto afflatus impetu agitati, legem diuinam quaſi in turbida piſcina cognoſcunt. Hinc nunquam ſenſum Prophetarum perfectè attingere potuerunt. Hæc omnia dicta ſint ex mente veterum Poëtarum & Theologorum gentilium, qui vti lumine ſupernaturali deſtituti fuerunt, ita fieri quoque non potuit, quin ſemper à recta orthodoxæ doctrinæ ſemita, nonnihil exorbitârint. Sed audiamus de hiſce Proclum. *Prima*, inquit, *poëticæ differentiæ*

menti ſimilis eſt. Eſt autem Mens animæ vis optima, perfectiſſima, diuiniſſima, diuinæ vitæ ſimillima, eius contemplationi dedita ; Deorum iuris eſt, non ſui ; ex illorum lumine ſuum accendit, ſupernaturali vnitati ſimpliciſſimam ſuam eſſentiam coniungit ; ſic & præſtantiſſimum poëticæ genus animam diuinitate beat, inter Deos collocat, ineffabili vnione participato participans, & replenti repletum coniungit, ab omni materiâ abſtrahit, cæleſti lumine illuſtrat, diuino igne inflammat, ac totam inferiorem animæ conſtitutionem ſoli menti vnicè parere cogit. Hic ſanè furor quâuis temperantia melior eſt, ſymmetriâ & proportione diuinitatis ani-

mum

mum instruit; adeo vt erumpentia quoque verba, qui effectus eius vltimi sunt, mensuris & numeris ot natâ videantur: vti enim Vatum furor ex veritate, Amatorumque ex pulchritudine, sic Poëtarum ex diuina symmetria nascitur, qui Dijs vnitissimè coniunguntur.

Inter cœteros verò Poëtas & Prophetas non modicè hunc diuini Numinis afflatum participauerunt Sibyllæ, omnium veterum Scriptorum monumentis celeberrimæ, quæ furore diuino raptæ, ea sanè, quæ cum maximis Prophetis meritò comparari possunt, de Deo, de Incarnato Verbo Christo Seruatore nostro, successuque Ecclesiæ, vaticinatæ sunt. Huius generis sunt versus quidam Sibyllæ Erythreæ apud Eusebium Grçci, ijdemque Latini facti apud S. Augustinum l. 18. de ciuit. c. 23. in quorum singulis capitibus ordo literarum est ita dispositus, vt in eis hæc verba legantur.

Vaticinia Sybillarum.

IESVS CHRISTVS DEI FILIVS, SERVATOR CRVX.

Vel vt Eusebius habet:

IHCOYC XPICTOC ΘΕΟΥ ΥΙΟC CWTHP CTAYPOC.

Carmina cùm vbiuis obuia sint, hîc omittenda duxi.

Et alibi Dei in carne aduentum tam dextrè descripsit, vt non à Gentili fœmina, sed à Christiana descriptus videatur : ait enim.

Tunc ad mortales veniet, mortalibus ipsis	I	10
In terris similis, natus Patris omnipotentis	H	8
Corpore vestitus; vocales quattuor autem	C	200
Fert, non vocalesque duas, binùm geniorum.	O	70
Sed quæ sit numeri totius summa docebo.	Y	400
Namque octo Monades, totidem decadas super ista	C	200
Atque hecatontadas octo infidis significabit		888
Humanis nomen.		

Quæ sanè in Nomine IHCOYC κ̄ τὴν ἰσοψηφίαν resoluto dant 888, Nominis IESV symbolum, vt hîc apparet.

Dubium itaque nullum est, Prophetas, Apostolos, cœterosque Sanctos Dei homines, sed & Gentiles, Poëtas, Sacerdotes, Prophetas hac diuini Numinis inspiratione agitatos, multa de stupendis Dei operibus, gestisque Æterni Verbi in carne nascituri, etsi non nisi sub obscurissimo allegoriæ velo, vaticinatos esse. Est enim hoc diuinæ bonitatis proprium, sublimibus ingeniorum verticibus continuo contemplationis exercitio;

Gentiles diuino Numine afflati multa prædixerunt.

ab huab humanarum rerum cura abstractis viris, cuiusmodi veterum Sacerdotes, Prophetæ, Philosophi, Sybillæ fuerunt, naturalibus habitibus supernaturalia quædam semina intermiscere ; qui tametsi diuinæ fidei lumine destituti fuerint, ea tamen subinde in poëticis figmentis, effatorum eructatione, sublimioribus discursibus exhibuêre, quæ ab Orthodoxis Scriptoribus haud vero absimilia videantur esse ; adeoque qui os asinæ Balaam olim ad vaticinandum aperuit, illum subinde veteribus quoque recensitis philosophis & poëtis ad diuinæ omnipotentiæ Sacramenta reuelanda olim ora relaxasse, nemo dubitare debet.

 Quis vnquam Orphei mysteria de Nocte, Cœlo, & Æthere ad intellectum sacrum exponere olim ausus fuisset ? quæ tamen post incarnatum Dei Verbum, ad simplicissimam Dei Triadem indicandam ab eodem diuini Numinis afflatu agitato pronunciata modò apertè videmus : Νυκῶ Θεῶν γονήτειραν · νυκῶ γένεσιν πάντων, φάῶ· ὀκπ΄ίμπυος· Noctem Deorum genitricem, generationem omnium, quæ lucem emittent. Si itaque nox generat, ergo pater est, iuxta illud Malachiæ, Nunquid non Pater vnus omnium nostrum ? Nox est Pater, quia ineffabili diuinitatis suæ caligine tectus, ante omnem Mundi originem, suiipsius contemplatione est contentus, iuxta illud : Posuit tenebras latibulum suum. Nox igitur est Deus, caligo inaccessa, tenebræ ineffabiles, non quidem quæ lucis priuatione constituantur, sed eâ caligine, quæ ab æterno lucem ineffabilem de se effundit. Νὺξ ἐῶ ὀκπλυτικζ, id est, lucem emittens ineffabilem, vt Orpheus testatur. Hanc lucem supremi Patris inaccessam olim desiderabat Regius Psaltes his verbis : Emitte lucem tuam, & veritatem tuam ; ipsa me deduxerunt, & adduxerunt in montem sanctum tuum, & in tabernacula tua. Tabernacula caliginis & tenebrarum, ad quorum reconditam lucem non nisi per sublime contemplationis studium peruenitur. Hæc vox Deorum genitrix, significat Cœlum ; quod pariter his verbis describit : Ουρανὲ παγγένεθε, ωρεςβυγίνεθλ, ἀρχὶ πάντων, κỳ τηδοτή, ἔχων φύσεως ἀδ΄λιτον αιάνκἀ. Id est : Cœlum omnium genitor, Cœlum natiuitate senex, omnium principium & finis, naturæ habens inseparabilem necessitatem. Si itaque Nox genuit omnia, vti paulò antè diximus ; & Cœlum genuisse necesse est ; erit itaque Nox parens Cœli, non quidem, vti communis vniuersorum parens, sed vti de se cœlestem emittens lucem ; dicitur enim ὄλυμπῶ· ideo Cœlum, quasi ἰλολαμπής, quia totum luceat, quem Orpheus παγγενέτωρ appellat, omnium genitorem ; adeòque cum nocte omnium Opifice bonitate conueniat. Nam vt vniuersorum, Nox esse generatio, ita & Cœlum omnium genitor prædicatur ; iuxta illud : Quia tenebræ non obscurabuntur à te, & nox sicut dies illuminabitur ; sicuti tenebræ eius, sic & lux eius. Vides igitur consubstantialem noctis & lucis æquipotentiâ ; sicuti tenebræ eius, ita & lumen eius : vterq; Creator omnium, vterq; Deus, vterq; Lumen, Pater in Filio, & Filius de Patre, vt lumen de lumine, & candor lucis æternæ. Atq; hoc est, vt Ennius canit, sublime illud candens, quem alij Iouem, alij Diespatrem & Lucetium appellant ; Sol Iustitiæ Christus Deus noster, ἀρχὶ πάντων, κỳ τηδοτι, vt Orpheus dicit, principium omnium, omniumq́ finis, Alpha & Omega, primus & nouissimus.

Orphei de Trinitate Vaticinium.

Cœlum cur dicitur Olimpus.

Ennius.

fimus : Vides igitur quomodo Nox Cœlum peperit innumeris aftrorum fulgoribus corrufcum, id eft, Pater lucem æternam Filium & Verbum fuum, vitalibus ac fempiternis rerum creandarum ideis veluti totidem aftris fœtum . Quid per hæc verba : ὀρισβυγήνθχν , *natiuitate fenem* , aliud nifi Chrifti diuini Verbi humanitatem indicat? qui cùm Deus fit , & Cœlum archetypon, nihilominus & homo quoque eft, natiuitate fenex , id eft, is qui in tempore natus ante omnia fecula ex Deo fine matre natus extitit , iuxta illud : *Amen, amen dico vobis , antequam Abraham effet , ego fum* , & iuxta illud : *Primus homo de terra terrenus , fecundus homo de cœlo cœleftis* . Vidimus quomodo Cœlum à Nocte, id eft , Filius à Patre generetur, iam quomodo Spiritus ab vtroque procedat, ex dictis Orphaicis oftendemus . Per Ætherem Orpheus Spiritum fignificat , his verbis : Ω Διὸς ὑψιμέλαθρον ἔχων κράτος, ἀεὶ ὑπερίς , καὶ ἀμάταις, συεώνον πᾶσιν ζωόντιν ἔναυξια, Ἀγλαϊς ὀβλάρημα σχεθύων αἴκρους , ις . *O Iuppiter , auguftalem habens poteftatem femper infuperabilem , omnidomans , ignem fpirans , omnibus viuentibus fax! O inchytum germen ferens fplendorem , aftris fulgorem præbens!* Quid aliud per auguftalem Iouis potentiam femper infuperabilem indicat, nifi æqualem cum Patre fiue Nocte, potentiam & vnionem Iouialem, id eft , cum Cœlo confortium? eft enim iuxta Hermetem Iuppiter , οὐσία τῦ ὑρανῦ, id eft, Cœli fubftantia, per quam omnibus vitam præbet, vnde & ζεύς dicitur . Præterea omnium domitorem , igneum omnium viuentium fpiraculum, proprio *Spiritui fancto* nomine, vocat. Cùm enim aqua vitæ fit vnigenitus Dei Filius , defcendens *Sicuti pluuia in vellus , & ficut ftillicidia ftillantia fuper terram* ; clarum eft illum complecti fuis humentibus vndis, vt Euripides loquitur, illo fuo fplendenti fluuio , fuo illo effluxu , ex paterna manante fubftantia ætherem , id eft, illum cuncta intus alentem fpiritum & igneum vigorem, vt Virgilius ait, & cœleftem originem, non ab eo cœlo, quod corporeis fpectatur oculis, fed ab inuifibili, hoc eft, diuino Filio, & ex ipfo Cœlo cœlorum procedentem . Eft enim ἀθὴρ idem, quod femper ardens fpiritus. Ex Nocte itaque fecundùm Orphea Cœlum nafcitur, ex Cœlo procedit Æther. Quæ omnia in arbore Zephiroth per *Enfuph, Kether, Chochma, Binah,* fignificantur: nam caliginofa illa diuinitatis abyffus per *Enfuph* & *Kether* ; ficuti per *Chochma,* id eft, fapientiam , cœlum ; & per *Binah,* hoc eft, intelligentiam, æther, id eft, fpiritus indicantur . Res miraculo fimillima, vixque credibilis, nifi Dei Verbum incarnationis fuæ beneficio, tantorum nos myfteriorum participes feciffet . Patet autem luculenter Orpheum hæc partim ex Mofaica Genefi, partim ab Ægyptijs haufiffe : vnum fuit, quod fimul erat, & vefper , & mane, & dies, triduo antequam Sol, & Luna, & ftellæ nafcerentur . Vna lux erat, in mane, & vefperum, & diem difcreta, quæ eadem cum fuo difpofitore fuit, cùm dixit, *Fiat lux* . Quando ergo dixit Moyfes: *In principio creauit Deus cœlum & terram,* quid fuit illud, quod factum eft ? & quid fuit in principio, antequam quicquam factum eft ? & quomodo erat id , quod erat in principio? & quis, aut quâ conditione is iam fuit , qui genuit principium? Confidera verba בָּרָא את , *terra erat inanis & vacua,* id eft,

abyffus,

Euripides .

Virgilius.

Orpheus fua de Trinitate effata haufit ex Genefi, & ab Ægyptijs.

abyſſus, nox, chaos ; deinde cœlum quaſi inſtrumentum, quod terram
ambibat, atque cælabat, & tanquam proximus amictus, pallio circunda-
bat ; iuxta illud : *Abyſſus ſicuti veſtimentum amictus eius*. Supra cœlum,
iuxta Orpheum, erant tenebræ, poſt tenebras aqua, ſuper aquam Spiritus
Domini, מרחפת על פני המים ורוח, *Et, Spiritus Domini ſuccubabat aquis*.
Fecit itaque Deus coruſcare Verbum, & fuit lux, & diuiſit lucem à tenebris, & factus fuit veſper, & fuit mane dies vnus, atque adeo Orphicam
noctem tenebræ, cœlumque lux, & dies, mane verò ætherem exhibebant;
progreditur quidem ex nocte dies, & mane ab vtroque participat, ſed
non modò ante omnem cœli & terræ conſtitutionem, ſed & ante omnem
æternitatem . Atque hoc eſt myſterium ab Ægyptijs Sacerdotibus, à quibus id Orpheus hauſerat, in adytis & tenebroſis latibulis myſtica cœre-
Domaſcius. moniarum celebratione exhibitum, quando, vt Domaſcius Platonicus
philoſophus aſſerit : πάντα ἀρχὴν νοηζονται ὑπὲρ ⊙, ἣς ⊙ ὑπὲρ πᾶς νοησιν ἀνο-
τον ζᾶς τᾶ G ὑπερνοιζονται . id eſt, *Dum principium primum tenebras exiſtimantes
ſuper omnem intellectum poſitas, tenebras incomprehenſibiles ter inuocant* ; quàm
cœrimoniam per tria receptacula ſubterranea, vti in Obeliſco Pamphilio
fol. 502. docuimus, indigitare ſolebant .

Atque ex dictis, ni fallor, luculenter patet, quomodo poetæ ſubinde furore diuino agitati, ea dicunt, quæ nec ipſi quidem intelligant,
ſolo illo ſpiritus, qui animo eorum dominabatur, impetu prolata . Innumera hoc loco ex Hermeticis, Platoniciſque adducere poſſem, non
niſi Numinis afflatu pronunciata ; Verùm cùm de ijs in ſequentibus fuſior
detur dicendi materia, modò ijs explicandis ſuperſedemus . Vt verò luculentiùs pateant Numinis afflamina, hoc loco opportunè quædam à Platone, Plotino, alijſque ad rem poëticam, & Theologiam myſticam fa-
cientia effata ſoluenda aſſumpſimus .

CAPVT XIII.

Explicatio effatorum ad Poëticam & Theologiam miſti-
cam ſpectantium .

Effati I. ſolu-
tio.
Effatum I. *Non inebriatur per aliquem Bacchum, qui Muſæ ſuæ prius copulatus non fuerit* . Per Bacchos, vt in præcedentibus dictum eſt, intellectus Sphœrarum, quarum animæ Muſæ ſunt, indicantur ; per ine-
briationem intelligitur mens Poëtæ, aut Philoſophi, rerum diuinarum
contemplatione abſorpta . Dicit itaque effatum, non poſſe quemquam
inebriari per Bacchum, niſi Muſæ ſuæ prius fuerit copulatus, id eſt, nemo ad intellectus ſupremi alicuius Spœhræ vnitatem peruenire poteſt,
niſi mediantibus Muſis, quæ ſunt animæ ſeu intelligentiæ ſphœrarum
cœleſtium ; niſi videlicet per ordinis rerum mundialium, amoriſque vbique eluceſcentis contemplationem, ſe prius aptum capacemq; reddiderit :
Copulari enim Muſæ alicui nihil aliud eſt, quàm per amorem contemplationis rerum Muſæ alicui ſubiacentium, vniri & ſimilem fieri ; quæ

ſimi-

similitudo cum amoris vnica conciliatrix sit, hinc sit, vt Poëta Musæ per amorem & similitudinem operationum eidem congruarum coniunctus, hac duce tandem sistatur Baccho, id est, intellectui, qui Musæ præsidet, quod illustratus mente rapitur, & totus sit Bacchi, cuius & afflatu ebrius, ea, quæ prius nec quidem in mentem venerant, eructat. Quod quidem fieri minime poterit, nisi mediantibus Musis, quæ intellectum Philosophi intellectui Bacchico perfectè vniunt. Alludit ad hoc illud Numenij : *Qui perfectè in animam suam introierit, is primæ formæ suam formam æquauerit,* id est, qui relictis omnibus rerum terrenarum curis, animique perturbationibus perfectè domitis, animæ suæ centro, per assiduum contemplationis studium, virtutumque exercitium vnicè incubuerit, is totus per vnionem & similitudinem quandam haud dubiè in primam mentem transformabitur. Quæ omnia pulchrè Ægyptij, suis in hieroglyphicis exhibebant, per habituum, situum, ornamentorumque Dijs maximè consentaneorum repræsentationem. Hinc illa varia capitis ornamenta, nuditas corporis, eiusque compositio, instrumentorum varie adornatorum conditio. Huc illi mysteriosi in adytis exhibiti ritus & cœrimoniæ vnicè respiciebant, vt videlicet per congruas similimasque Dijs actiones, illius tantopere desideratæ Θεωσίας καὶ θεομορφώσεως participes fierent.

Effatum II. *Qui Apollinem adibit, mediabit opus per Bacchum tritericum, & consummabit illud per primam mentem.* Est hoc effatum Procli, quod & Picus citat, sed sub alijs terminis : Apollo nihil aliud est, nisi supremus Musarum, id est, harmonici ordinis choragus, siue anima Mundi regia : Bacchus tritericus est solaris Numinis intellectus. Nemo igitur Apollini sociabitur, nisi prius se Baccho solari intelligentiæ per congruas præparationes vniuerit. Hoc enim Duce Apollini sistetur, ab hac Θεωσία agitabitur in diuinorum mysteriorum eructationem; Apolline verò plenus, in mentis primæ abyssum pertinget, totius diuinitatis plenus, consortioque Deorum beatus.

Nihil itaque aliud hisce & similibus pronunciatis innuere volebant, nisi vt cuicunque ad vltimam perfectionem, diuinique recessus vnionem animus est, is veluti per quosdam Numinum concatenatorum gradus agitatus, tandem vltimum perfectionis complementum, quæ Θεομόρφωσις est, & in qua summa animæ perfectio & beatitudo consistit, acquirat. Hoc pacto, nemo apud Ægyptios Hemphta supremo omnium Numine potiebatur, qui non prius Osirin; nemo Momphta humidæ naturæ præside potiebatur, qui Nephtin prius non placasset. Sic apud Orpheum nemo Palæmonem & Leucotheam adibat, qui Nereum non prius attraxisset: neque Nereum quis attrahebat, qui trinitatem animalem, id est, Hecatem tergeminam non conciliasset; neque quicquam firmum in tota hac mystica operatione habere putabatur, qui Vestam, id est, igneam vim terræ inclusam, non attraxisset.

Effatum III. *Iuppiter Mundum prius non fabricatus est, quàm in amorem fuerit transformatus.* Pherecidis effatum est. Quo quidem abstruse

Effati 2 solutio.
Effati 3 solutio.

strué indicare videtur, Opificem Mundi non nisi amore inductum, magnam hanc Mundi machinam condidisse. Sed hæc in sequenti effato penitiùs exponentur.

Effati Solutio.

Effatum LV. *Amor natus est ex congressu Pæniæ & Pori in hortis Iouis, in natalibus Veneris, Dijs discumbentibus.* Platonis effatum est; quod vt explicetur, Supponendum est, Deum esse primam essentiam, increatam, & rerum omnium productricem; Natura verò, iuxta Platonicos, illa informis à Deo formata, Mundus Angelicus, siue mens Angelica; forma, quam Deus præbet menti angelicæ, sunt ideæ, quæ sunt prima pulchritudo. Ideæ itaque à Deo emanant primò in Angelicam naturam; & quoniam omnia quantò à principio suo remotiora sunt, tantò siunt imperfectiora, sit vt descensus idearum à Deo primo fonte & principio rerum omnium, dum informi naturæ, contrariæ & à prima forma alienæ miscentur, necessariò sint imperfectæ. Existente itaque sub hac informitate natura Angelica, in Angelo mox concipitur desiderium pulchritudinis, quem Platonici amorem dicunt; qui quidem amor non nasceretur, si vel ideæ non essent in Angelo, vel in illo essent perfectæ; si enim mens omninò fuisset priuata re amata, non esset inter desiderantem & rem desideratam similitudo, totius amoris fundamentum & radix. Nascitur itaque hic amor, quando Porus, id est, abundantia & idearum à Deo emanantium vbertas naturæ Angelicæ inferiori miscetur, quam Pœniam siue indigentiam vocamus. Nascitur in hortis Iouis, id est, in Mundo intellectuali, quia in illis non secus ac arbores in horto deliciosissimo plantatæ sunt ideæ; vnde & mens Angelica ab antiquis nuncupatus suit paradisus, vti suprà in Zoroastræis effatis dictum est, in quo omnia in vita intellectuali, & supra omnem corruptibilis naturæ conditionem eleuata, æternæ contemplationis nectare & ambrosia nutriuntur.

Sunt itaque Horti Iouis informis illa essentia Mundi Angelici, in quibus Porus cum Pœnia, id est, affluentia idearum à Deo influitur in mentem Angelicam imperfectam adhuc atque informem, vnde suit in illa appetitus & desiderium perfectionis, quem amorem dicimus ibidem natum, qui est natalis Veneris, id est, firmæ pulchritudinis, in qua mens Angelica perfectam suam pulchritudinem nacta est. Dicuntur Dij discumbentes fuisse, quo quidem nihil aliud intelligitur nisi ideæ, qui à Platonicis Dij dicuntur; cùm omnia præter esse suum naturale, habeant etiam esse quoddam ideale, iuxta quod à Deo in prima mente sunt producta: hoc pacto iuxta naturale esse Saturnum planetam dicimus, iuxta ideale verò, seu ideam quæ in mente diuina residet, & iuxta quam productus fuit, Dei nomine insignitur; hinc per Saturnum intelligitur & Saturnus planeta, & idea Saturni; & sic omnes cœteri Dij intelligi & exponi possunt, ita vt per omnes cœteros Deos Deorum ideæ indicentur; quæ à Venere, id est, primæ pulchritudinis idea processerunt, & nihil aliud est, quàm gratia, decor, ornamentum, & varietas dictarum idearum. Hinc dicuntur in conuiuio fuisse Dij, vbi nectare & ambrosia æternæ beatitudinis nutriuntur; dicuntur soli Dij discubuisse, vt corruptibilium rerum ideæ ibidem fue-

fuerint, non tamen ibidem dicuntur discubuisse; cùm ijs immortalitatis natura non esset concessa.

Amor itaque in supremi omnium Opificis mente residens tunc natus est, ex Poro, id est, prædiuite diuinitatis penuario, dum videlicet ideas suas Pœniæ, hoc est, informi adhuc menti Angelicæ influxit. Ex hoc enim influxu communicatiuo natus est amor quidam reciprocus in Hortis Iouis, id est, in Mundo intellectuali, innumerabilium idearum varietate distinctos, in Natalibus Veneris, id est, dum prima pulchritudo primò se communicauit menti Angelicæ; Dijs discumbentibus, id est, dum Angelicus Mundus diuinis locupletatus ideis, per diuinam illam supra, nectar & ambrosiam dulciorem contemplationem sese primò in infinitæ pulchritudinis exemplar reflexit.

CAPVT XIV.

§. I.

Mystica, et Anagogica explicatio Coeli, Saturni, Iouis.

NON incongruè primæ tres naturæ, Deus, mens prima, & anima Mundi, à veteribus Philosophis fuerunt exhibitæ per tria nomina, Cœlum, Saturnum, Iouem. Cœlus, idem quod prima rerum omnium causa, Deus est, qui producit Saturnum primam mentem, & hæc Iouem, quem animam Mundi dicunt. Quoniam verò subinde hæc tria nomina confusa reperiuntur, id est, prima causa nonnunquam Iuppiter, & anima Mundi Saturnus, & Cœlus mens prima dicitur; primò fundamentum & rationem horum trium Nominum assignabimus, quibus rite intellectis facile patebit, totam hanc varietatem & mutationem, qualem pro libitu furor poëticus illis indidit, ab vno & eodem prorsus fundamento procedere.

Dicunt itaque, per nomen hoc (Cœlus.) significari omnem causam primam, & virtutis causatiuæ excellentiam super omnes alias causas eleuatam, sicuti in Mundo Archetypo Deus est; in Angelico, prima mens, quam Ægyptij, teste Iamblicho, παιβμηφικ vocant; in Mundo Sidereo firmamentum, inter omnes corporeas res eminentissimum. Per Saturnum significant naturam intellectualem, quæ solo contemplationis rerum superiorum impetu agitata, sibi ipsi vacat, omni rerum sensibilium cura abstracta. Per Iouem verò indicant vitam actiuam, quæ consistit in rerum omnium imperio suo subiectarum administratione, sitque per curam, rerumque vnicuique necessariarum prouidentiam, ita vt secundùm analogiam quandam omnis natura, quæ alijs dominatur & prouidet, dicatur vitam exercere actiuam & Iouiam; contrà, qui à rerum extrinsecarum cura abstracti solo contemplationis studio vacant, Saturnini meritò vo-

Cœlus causa prima.

Saturnus natura intellectualis.

Iuppiter vita actiua.

C c

tò vocantur. Porrò primam illam rerum caufam, quam Cœlum dicebant, nec intellectione propriè, neque contemplatione diftentam putabant; cùm hæ fint veluti effectus quidam à primo omnium principio
emanantes. Poffidet enim propter ineffabilem exceffiuamque excellentiam fuam, & veluti prima caufa, dominium fuper omnes effectus; non
fecùs ac Cœlum fenfibile omnia intra fe includit. Atque ideo in Satur-

*Cœlum fub-
inde Iuppiter
& Saturnus
dicitur.*

no fuiipfius effentiam coutemplatur; in Ioue curam habet rerum inferiorum, in quo & omnia producit. Atque hoc modo fubinde Iuppiter, fubinde Saturnus vocatur. Cùm verò omnis creatura intra Deum & materiam conftituta fit, mifta ex actu & potentia, vel vt alij, materia & forma;
confiderabitur in mente Saturnina omne imperfectum potentia, perfectum verò actu. Vel enim verfatur circa res fe fuperiores, & nihil aliud
eft, quàm fe ad Patrem fuum, fiue caufam primam productiuam fui conuertere; vel circa feipfam, & eft cognofcere feipfam; vel denique circa
res inferiores fe diftinetur, & nihil aliud eft, quàm ad rerum à fe produ-
ctarum adminiftrationem conuertere. Et in quantum quidem per actum
contemplandi fe conuertit in Deum, & in feipfum, dicitur Saturnus: in
quantum verò per potentiam ad fenfibilis Mundi opificium conuertit, dicitur Iuppiter. Mirum itaque nemini videri debet, fi Iuppiter cum Saturno fubinde confundatur: fi enim potentiæ modum, quo in fenfibilis
Mundi machinam gubernandam fertur, confideres, Iouem femper rectè
dixeris; fi actum, quo fe Iuppiter eleuat ad res fuperiores fe contemplan-
das, tunc aptè dicetur Saturnus.

Vides igitur, quomodo horum trium nominum, Cœli, Saturni, &
Iouis, fignificatio fumenda fit, & quomodo fi ea quandoque à Poëtis &
& Philofophis confundantur, intelligendum fit. Hinc patet quoque, cur

*Saturnus di-
uidens Re-
gnum fuum
Ioui, Neptu-
no, & Plutoni
quid fignifi-
cet.*

Saturnus, id eft, Mens prima Angelica regnum fuum intelligibile tribus
filijs fuis, Ioui, Neptuno, & Plutoni diuififfe fingatur. Cùm enim Regnum Saturni fit ipfe Mundus intelligibilis, & verum huius mundi fenfibilis exemplar & idea; dum in Saturno veluti idea exiftit, vti meritò vnus
& indiuifus, ita nobilior quoque & excellentior eft idealis, multitudinis
ineptitudine confufo: Cùm verò Monas Saturnina multitudine confunditur, id eft, materialibus veftita in fenfibilem Mundum defcendit; tunc
dicitur regnû fuum diuidere in tres filios, quórum prior Iuppiter cœleftis

*Iuppiter, Ne-
ptunus, Pluto
funt eadem
Mundi ani-
ma.*

Mundi, alter Neptunus maris, tertius Pluto rerum fubterranearum dominium acquirit. Atque hæc tria nomina vna & eadem funt Mundi anima, fiue Iuppiter, qui & anima regia dicitur; quæ in quantum virtute
fua inferiores terræ partes animat, fœcundatque, dicitur Pluto; in quantum aëream, aqueamque fubftantiam ad generationem rerum virtutis fuæ
influxu aptat, dicitur Neptunus; vt verò Cœlorum motrix anima, Iuppiter dicitur. Sed quomodo hæc omnia ad phyficos, cœterofque fenfus
transferantur, videamus.

§. II.

Physica Cœli, Saturni, & Iouis interpretatio.

Q Væcunque in Obelifco Pamphilio copiofiùs allata fuerunt libro
tertio de Myftagogia Ægyptiaca, hic fub compendium reuocabi-
mus, ea tantùm adiungentes, quæ vel ibidem omiffa funt, vel pau-
cioribus verbis indicata. Cœlum itaque fub perpetuo analogiæ tenore,
iuxta phyficum fenfum nihil aliud eft, Mythologicorum opinione, quàm
id, quod fuprà Cœlum Archetypum diximus ; in quo Mundus hic fenfibilis virtute continetur, ficuti in grano Sinapis arbor ; id eft, Mundus
hic fenfibilis, quem phyficè loquendo Cœlum dixerunt veteres, pro-
creaffe fertur Saturnum, id eft, temporum Authorem, feu tempus ipfum.
Hinc fingitur fenex, quia tempus omnia in fenectutem adigit ; cum falce,
quia omnia demetit ; cum alis, quia velociffimum eft ; caftratus dicitur,
& è virilibus abfciffis Venus nata, quia ex corruptione nouus femper con-
fequitur generationis fœtus. Cùm itaque rerum omnium fit viciffitudo,
omniaque quæ nata quidem funt, interire aliquando neceffe fit, & quæ
compofita funt, denique in fua principia tempore, mutationis omnium
architecto, foluantur ; hinc appofitè fanè filios fuos deuoraffe fingitur,
iuxta illud Sophoclis in Aiace:

margin note: Cœli Phyfica interpretatio

margin note: Saturnum cur finxerit antiquitas fenem & cū falce, & alis.

     Α᾽πανϑ᾽ ὁ μακρὸς, κᾀν ἀειϑμητ(Ο), χρόν(Ο),
     Φύετ᾽ ἀδνλα, καὶ φανεντα κρύπτεϑ.

     Tantum valet tempus, vetuftus hanc vim habet,
     Ignota profert, celat inde cognita.

margin note: Sophocles.

Et illud Orphei in hymno Saturni:

     Ο᾽ς δ᾽ απανὰς μὲν ἁπανῖα, καὶ ἀὐξας ἔμπαλιν εὐῖν.

     Omnia quæ profert, confumit & omnia rurfus.

margin note: Orpheus.

Hinc cum ferpente pugnat, quia tempus dum continuis reuolutionum
circuitibus in fe reuoluitur, diurnas, menftruas, annuafque viciffitudines
vnitas efficit ; quæ omnia in Myftagogia Ægyptia Obelifci Pamphilij fu-
fis authoritatum teftimonijs comprobata vide:

     Saturnus Iouem generare fertur, id eft, mentem illam omnium in-
fenfibili Mundo gubernatricem. Nam, vti Apollodorus ait, & ex eo Natalis Comes, quia tempus naturæ ordine prius eft rebus mundialibus, vtpote fine quo Mundus confiftere nullâ ratione poffet ; hinc Saturnus Iouem genuiffe dicitur, id eft, ex tempore vis illa omnium effectrix, & vitæ
datrix, quam Iouem dicunt, emanaffe fertur ; atque adeo non fine caufa
Saturnus pro intellectu Mundi vniuerfali, Iuppiter verò pro anima eiuf-

margin note: Quid fit Saturnum generare Iouem.

margin note: Saturnus varia habet nomina.

dem in omnia diffuſa à veteribus ſumitur. Hinc etiam omnium penè Deorum nomine vocitatur. Apollo dicitur, quia maximè vim ſuam in Sole exerit; Neptunus, quia in mare; Pluto, quia in ſubterranea; Iuno, quia in aërem; Mercurius, quia in ventos; Rhea, quia in terram dominium ſuum poteſtatemque exercere videbatur; & ſic de cœteris. Hinc Heſiodus Solem dixit πανΤα ἴδων Διὸς ἐφθαλμόν. *Omnia videntem Iouis oculum*. Et Orpheus in hymno Iouis:

Heſiodus.

Orpheus.

> Ὦ Βασιλεῦ, δ[ι]ὰ σ[ὴν] κεφαλὴν ἐφάνη Τα δὲ ῥια,
> Γαῖα Θεα μήτηρ, ὀρέων Θύψηχέες, ὀχθοι,
> Καὶ πόντ@, κỳ παῖδ᾽ ἱπο σ᾽υερανος ὁκῶς ἑἱαξε.

> *O Rex, per te creuerunt hæc omnia ſolùm:*
> *Diua parens Tellus, montanáq, flumina, fontes,*
> *Æquoráq, & quicquid complectitur altus Olympus.*

Et illud:

> Εἷς Ζεῦς, εἷς Αἵδης, εἷς Ἥλι@, εἷς Διόνυσ@.

> *Iuppiter vnus, vnus Pluto, Sol, & Dionyſus vnus.*

Et vt Seneca teſtatur, Ioui competit omne nomen, iuxta effectuum, quos in hoc ſenſibili Mundo producit, diuerſitatem. Dicitur Fatum, quia ab ipſo omnes res, & ordines cauſarum, queis ſingula inferiora ſuperioribus ſubijciuntur, dependent. Dicitur Prouidentia, quia ſingulis & omnibus miro quodam ordine prouidet, in Mundi diſpoſitione, & orbium cœleſtium conſtitutione, omnibus vitam & operationem conferens. Dicitur Mundus, quia quæcunque in eo videntur, ipſus eſt, iuxta illud, *Iouis omnia plena*; virtute ſuâ omnia ſuſtinens, omnibus intimè præſens, omnia implens, & vt Orpheus dicit:

Seneca.
Iuppiter dicitur fatum.

Dicitur Prouidentia.

Dicitur Mundus.

Orpheus:

> Ἐκ Διὸς ἀρχώμεθα, Ὃν ἱ δ᾽νατοτ᾽ ἀιδ᾽ρες ἐῶμεν,
> ἌρρῆΤον μεσαζ δὲ Διὸς πᾶσαι μὲν ἀχμιαι,
> Πᾶζαι δ᾽ αἴΘρωποι ἀγοραι, μετῆ δὲ Θάλασσα,
> Καὶ λιμεδ᾽ες, παντη δὲ Διὸς κεχρήμεδα παῖτες.

> *A Ioue principium, mortales, tempore nullo*
> *Prætereamus eum, loca ſunt hóc plena viarum,*
> *Folia plena, ſimul ſunt plena marmoris vndæ,*
> *Et portus, ſit vbíq, Iouis nam copia cuique.*

Et Sophocles in Tragicis: Ὁ τῶν ἁπαίτων Ζᾶς πατὴρ ὄλυμπ@. *Cœleſtis omnium parens eſt Iuppiter*. Hinc ipſum Pana dicebant, quaſi dicerent παῦ, omne quod eſt; cuius corpus totius huius ſenſibilis Mundi fabricam exhibebat; Terram, aquam, aërem, ignem, diem, noctem; cuius caput aurata coma conſpicuum, ſplendorem cœlorum; cornua, Orientem & Occidentem; oculi, Solem & Lunam; latitudo pectoris, aërem; humeri alati, ventorum velocitatem, & celerrimas Dei operationes; Heptaulum quod in manu geſtat, ſeptem planetarum harmonicum concentum; vti & baculus

Sophocles.
Corpus Iouis ex ſenſibilibus Mundi partibus conflatum.

culus

culus curuus cœlorum in Mundi membra virtutes & potestatem desi-
gnans; pellis maculosa, quâ vestitur, luculentum stellarum globum, Ti-
taniaque astra; fœmora hispida, & in hircinos pedes desinentia habet,
ad inferioris Mundi sublunaris continuis mutationibus obnoxij varietatem, fœcunditatemque denotandam. Hoc itaque Iouium naturæ opus,
hic radiorum ex supernis in inferiora diffusorum influxus, dum subtili viuacitate penetrat omnia, & lumine, commotione, & calore omnia viuificat:

> Velantur Species animorum, & pectora motus.
> Nunc alios, alios dum nubila ventus agebat,
> Concipiunt; hinc ille auium concentus in agris,
> Et lætæ pecudes, & ouantes gutture corui.

Quæ calculo suo comprobat Manilius sequentibus versibus:

Manilius

> Hoc opus immensi constructum corpore Mundi,
> Membraq́ naturæ diuersâ condita formâ,
> Aëris, atque ignis, terræ, pelagíq́ iacentis,
> Vis animæ diuina regit, sacroq́ meatu.
> Conspirat Deus, & tantâ ratione gubernat,
> Et multa in cunctas dispensat fœdera partes.

Dicitur amasse Pithin & Siringam, quarum prior fugiens, in pinum; altera in arundinem conuersa dicitur. Pitis πίθη humanæ rationis persuasio est; quæ in pinum vertitur, id est, arborem Saturninam pyramidis figura recta in Cœlum conscendentem, dum per Panos, hoc est sensibilis.
Mundi contemplationem rapta menti primæ Saturninæ restituitur. Altera admiratio est, dum per harmonici ordinis, in sensibili Mundo elucescentis contemplationem, animum harmonicis modulis aptat, adeòque
Deo accepta redditur, in eundem penitus transformata: Nam, vti in Mu-
surgia vniuersali docuimus, habet arundo septem internodia, quæ abscis-
sa, & in Heptaulum à Pane conformata, exactâ διαπασῶν σύςασιν obtinet, eiusque perfecta est & absoluta similitudo. Verùm hæc omnia fusiùs pertractata vide in Mystagogia Obelisci Pamphilij; hîc enim omissa ibidem
tantùm adducenda erant. Cœterùm Iouis iam explicati, symbola in Panos in sequenti facie apposita figura considera.

Porrò Iouis filios, Neptunum & Plutonem finxerunt veteres, quorum, vt suprà diximus, alter in mare, alter in subterraneas partes dominium
obtinet; & nihil aliud sunt, quam Iouia vis in mare & subterraneas partes diffusa. Tritones verò & Nereides cornibus instructi, vt varios humidæ naturæ effectus, ita Hecatæ Eumenidumque phalanges varios, in sub-
terraneis partibus effectus notant. De quibus cùm suprà varijs locis sat
superque actum sit, eò Lectorem remittimus. Hoc loco tantùm nobis incumbit effatum illud Platonicum interpretari de raptu Proserpinæ.

Iouis siue Panos Hierogly-phica repræsentatio.

A Facies rubicunda, caloris vis in Mundo.
B Radiorum cœleftium in fublunaria vir-
C Elementa mafculina. (tus.
D Poteftas in annũ omnefq; reuolutiones.
E Virtute eius omnia fulciuntur.
F Dominium in firmamentum, feu fixa-
  rum stellarum fphœram.
G Terra (elementum fœmin.) hifpida,
  plantis, fatis, arboribufque.
H Aquæ & liquoris fons (elem. fœm.) ri-
  gatione fœcundans terram.
I Agri, fegetes, aliaque vegetabilia.
K Harmonia 7. Planetarum.
L Afpera & inæqualia montes indicant.
M Vis fœcunditatiua.
N Stabile fundamentum.
O Vis ventorum, & celeritas in agendo.

§. III.

Effatum Mythicum de raptu Proserpinæ.

Anagogica expositio raptus Proserpinæ.

NOn pertinget ad Iouem Proserpina, sine Cerere, Diana, Minerua, Hercule. Hoc effatum partim anagogicè, partim physicè explicari potest. Anagogica expositio ita se habet. Iuppiter hoc loco supremum est illud Numen, cuius imperio omnia substant, quique iuxta merita vniuscuiusque bona & mala ineuitabili lege decreuit. Proserpina mens est terrenarum voluptatum gurgite immersa, atque adeo omni virtute destituta, aptèq; per Calathū euersis floribus conspicuum signatur; quæ quidem operationibus huiusmodi obscuris & tenebrosis dedita, rapitur à Plutone, qui est inferior & animalis pars hominis, dum floribus & narcissis colligendis occupata, id est, voluptatibus fugitiuis obliuionem diuinarum rerum inducentibus humi detenta proserpit. Mens itaque in hunc redacta statum, ad Iouem pertingere minimè poterit, nisi Ceres adsit, currui circulari insidens, tortuosis draconibus prouecta, manibus etiam binis instructa facibus. Ceres mens est cupida & auida fructus bonorum operum, quorum ope in meliorem diuinioremque statum se constituat. Dracones tortuosi trahentes currum, vti spiritus è terrenis rebus volubilitati & inconstantiæ expositis, subleuationem; ita tædæ accensæ ad Iouiæ mentis vnionem adspirantis desiderium denotant. Quia tamen pristini status ardor nequaquā sufficit, nisi Minerua, hoc est, Sapientiâ illuminante; & Dianâ, hoc est, sedula diuinarum rerum inuestigatione, animus quasi manuducatur; Hercules quoque se comitem præbeat, iterque monstret, necesse est, vitiorum animo dominantium perfectus domitor; & sic tandem mens omnibus impedimentis exuta, throno sistitur, consortio filiorum Dei æternùm beata. Quæ omnia aptè exhibentur per tabulam illam vetustissimam, quæ hodie adhuc in Matheiorum palatio conspicitur, & in Obelisco Pamphilio folio 225. adducitur, vbi etiam physicam, anagogicamque eius interpretationem reperies.

§. IV.

Mysteriorum Apollinis, Bacchi, Herculis, Mercurij
mystica interpretatio.

VEteres per Apollinem sagittis, radijsue conspicuum, nihil aliud significabant, nisi vim Solis, siue archetypi insensibilis & supramundani, siue sensibilis omnium penetratiuam, & harmonici ornatus dispositricem; per Bacchum verò rerum omnium facultatem maturatiuam, concoctiuamque; per Herculem Solis omnium solidatiuam corroboratiuamque; per Mercurium celerrimam Solis in omnia vim executricem; ita vt vna supremi Numinis essentia & natura sub quadruplici facul-

cultate, Apollinea, Bacchica, Herculea , Mercuriali expressa cernatur.
Quod quidem alia probatione non indiget, nisi typo sequente, quo eum
veteres exhibere solebant, vt sequitur.

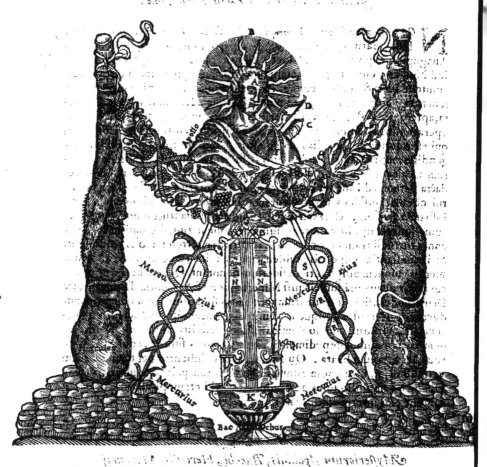

Vbi A Apollo iuuenili facie, C sagittis, & D pharetra, B radijs è capite
profulgentibus, E togâ medicâ indutus conspicitur. Iuuenili formâ pingitur, quia Sol quotidie ortu suo quasi reiuuenescit; pharetra, sagittæ,
radij, radios Solis omnium penetratiuos indicant ; Corymbus suis floribus, fructibus, herbis aggrauatus, vim medicam in omnia ad salutem hominum procurandam, & in septem planetarum orbes per lyram heptachordam aptè indicatos, quâ harmonia Mundi, & ὀκεσσία, seu temperies
rerum notantur, diffusam indicat. per Cyathum racemis ornatum ; Bacchica seu maturatiua & concoctiua vis eiusdem notatur . per duas clauas

uas, vis eiusdem solidatiua & corroboratiua, quâ omnia fulciuntur, & à
nocuis defenduntur, signatur . per Caduceum denique Mercurialis eiusdem in omnia motus, dominium, & vita aptè exprimitur . per aceruos
verò lapidum, in agrorum cultura studium declaratur . Quæ omnia cùm
in Obelisco Pamphilio ex omni antiquitate probauerimus, illùc Lectorem
remittimus; hoc enim loco ea tantùm ἐπιτομικῶς repetenda duximus.
Quæ omnia si quis ad anagogicum Archetypi Mundi sensum, secundùm
intentam analogiam applicare voluerit, id nullo negotio faciet, si supremi Mundi Opificem, Solem illum supramundanum intellectualem, in
Mundi diffusionem intellexerit per Apollinem; per Corymbum Mundum intellectualem, idearum regnum; per Lyram heptachordam Sidereum Mundum; per Gyathum & clauas Herculeas saxis innixas elementarem Mundum; in quæ omnia influxum diffundat Apollinea vis, Bacchica inebriet, Herculea solidet & corroboret, Mercurialis in vitam in-
stauret . Qui exactius dicta exposita desiderat, vt dixi, Obeliscum Pamphilium adeat.

Apollo quo-
que anagogi-
cè Opificem
mundi desi-
gnat,

Porro quid per mysteria Apollinis & Musarum veteres indigitaue-
rint, cùm ex professo in Mystagogia Ægyptia Obelisci Pamphilij tradide-
rimus, superuacaneum esse ratus sum eadem hîc cum tædio Lectoris repetere . Quomodo verò omnes Gentilium Deorum Dearumque nomina
nihil aliud, nisi diuersas vnius Solis & Lunæ virtutes exprimant, ibidem quoq; curiosus Lector expositum reperiet . Ex dictis hactenus luculenter patet veterum in condendis per fabulas sacramentis institutum .
Audisti Tragicas Deorum catastraphas; eorundem coniugia, amores, ze-
lotypiam, iras, cædes, stupra, vindictas, quæ de Dijs vel animo concipere, inexpiabile nefas est, vidisti . Quàm alta quoque, quàm ardua & sublimia tùm Opificis, tùm vniuersæ artis eius, id est, naturæ recondita mysteria sub mysticis huiusmodi fabulis veteres exhibuerint, intellexisti . Quæ
ne repetere cogamur, Classis huius argumentum cum Salustio conclu-
dimus, qui sic in aureo de Dijs & Mundo libello, dicit : *Quibus id in*
animo est, vt de Dijs sermones audiant, eos à pueris benè informatos esse oportet,
nec insipientum opinionibus postmodum connutriri . Naturæ item probitate, ac
prudentiæ munitum pectus gerere addecet, vt aptè congruenterque sermones perci-
piant . Eisdem præterea communium notionum cognitio necessaria est : illæ verò
vniuersales sententiæ erunt, quas vniuersi homines, si perquirantur, confitebuntur;
quemlibet nempe Deum bonum nihil pati, nulli mutationi esse obnoxium : quod-
cumque enim mutatur, aut in melius mutatur, aut in peius : si in peius, deterius
fit : si in melius, iam principio erat Malum . Et hic quidem, qui audit, esto talis.
Sermones hàc ratione procedant . Deorum naturæ, neque factæ sunt : quæ enim
semper sunt, nusquam fiunt : semper verò sunt, quæcumque primam facultatem
possident, & natura sua pati aliquid non possunt : neque ex corporibus conflantur ;
corporum etenim vires expertes corporis sunt : neque loco circumscribuntur ; id
namque corporibus inest : neque à prima causa, vel à se inuicem separantur ; quem-
admodum neque à mente notiones, neque ab animo disciplinæ . Quamnam igitur
ob causam hisce sermonibus neglectis, veteres fabulis vsi sint, non indignum fuerit

inuestigatione : & hæc prima ex fabulis vtilitas progignetur, inuestigare nempe, nec segnem, sed exercitatum intellectum habere. Diuinas itaque fabulas esse ex illis, qui eas vsurparunt, explicatu non admodum difficile est : ex Poëtis etenim, numine afflati ; & ex Philosophis, optimi quique ; & qui sacra ac cœremonias diuulgarunt ; Dij etiam ipsi in fundendis oraculis fabulis vsi sunt. Cur vero fabulæ diuinæ sint, Philosophi est inquirere. Cùm igitur omnia, quæ sunt, similitudine delectantur, dissimilitudinem auersantur, de Dijs sermones, Dijs quàm similimos esse, necesse erat : vt tantâ maiestate digni fierent, redderentque enunciantibus propitios Deos : quod nonnisi fabulis comparari potuit. Deos ergo ipsos secundum sandum, infandumque, occultum, ac patens, nec non ductum, & ignoratum fabulæ, & Deorum bonitatem imitantur. quemadmodum enim Dij, quæ ex sensilibus bona proueniunt, omnibus ; quæ vero ex intellectualibus, prudentibus impertiti sunt ; sic fabulæ Deos quidem esse omnibus diuulgant ; at, quinam illi sint, & quales, illis tantùm, qui mysterium capere possunt. Operationes quoque æmulantur Deorum. Licet enim & Mundum hunc fabulam nuncupare ; cùm in eo corpora, resque conspiciantur, animi, mentesque absconditæ liteant. Præterea, ad veritatem de Dijs vniuersos informare, in insipientibus, cùm ad eam addiscendam inepti sint, contemptum, in studiosis segnitiem parit : at fabulis veritatem occultare, illos, ne contemnant, prohibet ; hos, vt philosophentur, compellit. Sed quamobrem adulteria, furta, genitorum vincula, & reliqua improbitatis facinora fabulis complexi sunt ? neque hoc indignum admiratione.

Vt, quæ apparet absurditate, statim animus sermones inuolucra esse existimans, veritatem ex ijs, quæ silentio inuoluenda sunt, esse intelligat.

CLASSIS IV.
CABALA HEBRAEORVM,
ID EST,

De Allegorica Hebræorum veterum Sapientia, Cabalæ
Aegyptiacæ & hieroglyphicæ parallela, qua noui ad hieroglyphicæ disciplinæ expositionem fontes aperiuntur, & superstitiosæ doctrinæ radices indicantur, & conuelluntur.

ILLVSTRISSIMO ATQVE EXCELLENTISSIMO
DOMINO, DOMINO
BERNARDO
S. R. I. COMITI DE MARTINITZ,
S. C. Maiestatis Consiliario, & Camerario intimo, nec non magno
Regni Bohemiæ Burggrauio,

DOMINO MEO COLENDISSIMO.

ERERER *sanè*, S. R. I. Comes Excellentissime, *ne*
communes humanitatis gratitudinisq́, leges longè transgrede-
rer, si qualemcunque studiorum meorum partem Tibi non de-
ferrem, quem eorundem semper & fautorem & promotorem
expertus sum prorsus studiosissimum. Dum itaque Magni
Cesaris, vt nôsti, iussu difficilem huius Ægyptiaci operis aleam
subirem, diu sanè animo anceps perplexusq́ hæsi, cuinam in
tantà argumentorum varietate, quali præsens opus refertum spectatur, meam de
Hebræorum Cabala Diatriben potissimum inscriberem. Tu tandem, Vir magne,
occurristi, quem vti abstrusioris huiusmodi doctrinæ penetralia iam dudum peni-
tius, altiùsq́ subiisse nôram, ita de arcanis quoque, quæ expositurus sum, myste-
rijs solidius firmiusq́ iudicium dare posse confidebam. Accipe itaque hanc veluti
perpetuam quandam mei in te amoris & beneuolentiæ tesseram. Quòd si studium
hoc meum Tuo sanè limatissimo iudicio non vndequaque responderit; non tam co-
natus, quàm mei in Te affectus magnitudinem ratam habeas. Vale.

Dd 2   CA-

CABALA HEBRAEORVM.

Clemens Alex. lib. 6. Stromat.

Εἰσὶ γὸ Ἁ τῆ Ἑβραίων μυσήρια, ὁμοιότατα τοῖς μυσηρίοις τῆ Αἰγυπτίων.

Sunt enim Hebræorum mysteria, simillima mysterijs Ægyptiorum.

PRAEFATIO.

IN Hebræorum Ecclesia fuisse doctrinam quandam de Deo, diuinisq́; nominibus, de Messia humani generis Redemptore, de Angelis & Dæmonibus, de admirandis, quæ in hac mundana machina elucescunt, diuinæ clementiæ & bonitatis operibus, à protoplasto Adamo oretenus filijs suis traditam, & in totam deinde successi-uam posteritatem diffusam propagatamque, in I I. Classe fusè ostendimus. Quod si quis præsumptuosius negare ausus fuerit, is & SS. Patrum consensui, occultisque diuinæ prouidentiæ semitis pari temeritate se contradicturum nouerit. Qualis tamen illa fuerit, vti in tam inaccessæ antiquitatis tenebris occultum iacet, ita difficile quoque est, ad veram eius rationem, notionemque determinandam, pertingere. Quantum tamen sagaci mentis scrutinio inuestigare licuit, & quantum ex Authorum Veterum monumentis, singula cum singulis combinando, eruere potui, puto, imò sine hæsitatione affirmo, aliam eam non fuisse, nisi illam doctrinam Mosaicam, quam oretenus succedentibus sibi Iudicibus traditam, Hebræorum Theologi Cabalam, id est, acceptionem vocant, atque iisq́; nibus fœcundam sacramentis, Ægyptiorum (teste Clemente Alex.) mysterijs haud absimilibus astruunt. Siquidem curiosissimos Ægyptiorum, Chaldæorumq́; Mystas primorum Patriarcharum consuetudine vsos, multa eorundem in sua penuria tradixisse, is solus ignorare poterit, qui mysteriorum hieroglyphicorum cum Cabalicis affinitatem insignem non perspexerit. Quia tamen nihil tam sanctum, nihil tam diuinum est, quod non superstitiosorum hominum temeritate successu temporum contaminetur; dum quisque pro arbitrio suo, & vertiginosq́; cerebri libitu, diuinos arcanosque in sacrosanctā Scripturā latentes sensus explicare, corrigere, applicare, atque ad illegitimos vsus torquere satagit; factum est, vt & dicta Cabala, perfidorum Rabbinorum nequitia, & vix tolerabili impostura, omnium damnatarum artium Officina, & vnicum nefandorum dogmatum penuarium euaserit. Vnde quod in libris Machabæorum legitur de impijs Gentilium machinationibus, qui olim ex libris sacris simulachrorum suorum similitudines scrutabantur; id nunc de Rabbinis, Cabalistis, Thalmudistisque asseri posse videtur. Hi enim diuinâ lege abitentes, hunc vnicum præ oculis scopum habere videntur, vt per puncta, apices, immutationes Arithmeticas supputationes, Giametrica figmenta, metathefes litterarum, acrostychides, & pessimè concinnata anagrammata, arcana Theologiæ sacramenta in errorum materiam, & concatenatas erronearum artium abyssos cum extrema animarum ruina pertrahant. Quam quidem Cabalam non tantum prohibitam, sed meritò esse, tanquam bonis moribus, & laudabilibus Ecclesiæ institutis è diametro repugnantem, iam dudum proscriptam, & à summis Pontificibus eliminatam assero,

assero, vti ex celeberrima Bulla Clementis VIII, fel. recordationis anno 1593. contra huiusmodi Nouatores, bonorumҩ́ morum euersores, edita patet, vbi summus Pontifex, summâ verborum vi, efficacia, & exaggeratione, censurarumque ecclesiasticarum minis, eandem mirum in modum exagitat, omnesҩ́ qui damnosa huiusmodi opera secum, non obtenta licentia, tenent, aut quæ in iisdem continentur, fidem adhibent, sacræ Inquisitionis tribunali subijcit; quam proinde Bullam omnes relegant, & serio expendant, consulo, vti & ea, quæ in Catalogo librorum prohibitorum de regulis contra huiusmodi vsurpantes procedendi præscriptis, amplè describuntur. Cùm itaque, si vnquam, certè hoc seculo, huiusmodi suspectarum artium maleferiatæ disciplinæ vigeant, & nescio qui præposterus curiosorum hominum periculosam hanc & plenam erroribus doctrinam affectantium pectora pruritus possideat, agitetҩ́ dum Dæmonis persuasione perciti, nescio quid altum, sublime, mirificum, atque adeò prorsus diuinum illi subesse sibi persuadent, mearum partium esse ratus sum, virulentum hunc ingeniorum pruritum restanare, & inutilem muscas in telis nullo fundamento nixis captantium conatum cohibere. Quod hoc tam opportunâ occasione, ad honorem Dei, & ad S. Matris Ecclesiæ emolumentum, iam à multo tempore à SS. Officij Tribunali ad id incitatus præstandum duxi. Hoc dum facio, nihil in ea ex propria sententia dictum, factum, expositum velim; sed ex veterum Rabbinorum mente & attestatione; in hoc vnicum collimans, vt improba reptroliem, heterodoxa confusem, detestanda execrer, periculosa errorum superstitionũҩ́ occurrentium præcipitia, quibus curiosi & imperiti Lectores se intricare possent, cautè ostendam, de latente dæmonum astutiæ incautos commonefaciam; vt sic tandem solus Dei honor & gloria, cui laboro, & vna animarum salus promoneatur. Altera verò assumpti tam ardui moliminis ratio, ipsius argumenti quod tracto, necessitas fuit. Cum enim, vti diximus, Hebræorum mysteria similia sint mysterys Ægyptiorum, id est, perobscuris ænigmatum vadis intricata, varijsҩ́ allegoricarum locutionum inuolucris tecta veluti in abysso quadam lateant, iure suo Oedipum requirere videbantur, qui nodos solueret, caliginem detegeret, rebusҩ́ lucem afferret; atque sic tandem parallela quadam comparatione, inter Hebræorum Ægyptiorumque sapientiam instituta, vna alteram illustraret, ac demum, quod intendimus, hieroglyphicæ doctrinæ veritas tot veterum dogmatis comprobata, mundo propalaretur. Atque hisce præmonitis, iam propositum nobis argumentum cum bono Deo ordiamur.

CAPVT I.

De Kabalæ definitione, & diuisione.

ABALAH נ‏ה‏ק‏ב‏ה, à verbo ל‏ב‏ק Kibbel, quod accipere significat, deducta vox, idem est atque acceptio; quòd videlicet ל‏ע‏ב‏ה‏ל‏ב bengbalpeh, vt Rabbini loquuntur, hoc est, oretenus à primis Parribus tradita, & à posteris successiuè accepta sit scientia: vnde sic definitur: *Cabala est diuinarum humanaruḿque rerum arcana, per Mosaicæ legis typum, allegorico sensu tradita & insinuata facultas.* Quæ cùm nullo rationis discursu, nec calamo, sed auditu tantùm

Definitio Cabalæ.

tùm ac fide recipiatur, Cabalam, id eft, receptionem appellare eam veteribus libuit . Alij fic definiunt : *Cabala eft diuinæ reuelationis , ad falutiferam*
Dei , & formarum feparatarum contemplationem , tradita fymbolica receptio ;
quam qui cœlefti , vt Cabalici opinantur , fortiuntur afflatu , recto nomine Cabalici vocantur . Quod enim Græcis Philofophi , Chaldæis Aftrologi , Magi Perfis , Gallis Druidæ , Indis Gymnofophiftæ , Ægyptijs Pfon-
tomphanechi ; hoc Hebræis Cabalæi funt . Quare non omnibus promifcuè, fed folis prouectioribus tradebatur . Vnde cùm R. Eliazaro quodam

Cabala folis prouectiori- bus trade- batur.

tempore dixiffet Magifter eius Iochanan : לך ואלמדך את מעשה המרכבה
Veni, docebo te opus de Mercaua, hoc eft, curru diuinitatis ; refpondiffe fertur ,
קספא לא *non incanui ;* hoc ipfo indicans, tam fublimem altamque de diuinitatis operibus fapientiam effe , vt nullus eius difciplinæ capax effe poffit , qui non priùs fedatis & extinctis cupiditatum ardoribus , & calore
iuuenili refrigerato annis prouectus, cum quadam tamen naturali probi-

R. Iuda Leui.

tate, fenuerit . Vnde R. Iuda Leui ait , כי אין קבלה שרבה אלא עם לב מוב
quòd Cabala non fit nifi in corde bono . Eft itaq; Cabala nihil aliud , nifi *altif-*
fimarum rerum notitia .

Cabala in quo cófiftat, & quid con- tineat.

   Verùm, vt in quo illa confiftat, quid arcanorum contineat , curiofo
patefiat Lectori, fummariam eius Synopfin apponam . Dixi in definitione, *effe Cabalam diuinarum, humanarumque rerum, per Mofaicæ legis typum,*
allegorico fenfu, infinuatam facultatem . Et typum quidem in lege latitare,
ipfa Legiflatoris pariter & fufceptoris conditio demonftrat . Legis namque lator, qui eft vniuerforum Conditor Deus, cùm æternus fit, & vndique immutabilis, ideò fempiternum & immutabile fit eius eloquium
oportet . Eloquium verò legis per Mofen traditæ, & Iudæorum multitudini promulgatæ, cùm varijs viciffitudinum mutationumque modis obnoxium fit, aliam, & longè quidem diuerfam effe legem Moyfis à fuperna,
& verâ Dei lege, neceffe eft . Vt proinde æternam illam Dei legem, veluti archetypum atque ideam, ex hac mandatorum lege, veluti ex vmbro-
fa quadam imagine, conijcere oporteat . Legis autem fufceptor homo ,
cùm μικροκόσμος feu *paruus Mundus* ad Vniuerfi habitum, atque ad imaginem & fimilitudinem Dei factus fit, perfectio & falus veluti iure quodam requirere videbatur, vt μεγάκοσμον feu *magnum Mundum,* & Conditorem fuum facto & opere referret, imitareturque : imitabitur autem, fi
conformi & fimili lege, id eft, fecundùm eam analogiam, qua & Orbis regitur, & per quam ipfe rerum Opifex condidit , & gubernat Vniuerfa ,
actus fuos moderetur . Quemadmodum igitur paruus Mundus homo,
fummi Conditoris, & Vniuerfi Orbis fimulachrum atque imaginem defignat, vt fuo loco dicetur ; fic congruum erat , vt eiufdem microcofmi
lex æternam magni mundi legem denuntiaret : quod non nifi per allegoriam & myfticam intelligentiam, feu Cabalam, tradi & doceri in lege

Cabalæ au- ctor Moyfes.

potuit ; Moyfe vti primo diuinæ legis pronunciatore , ita & eiufdem
haud dubiè arcanæ intelligentiæ explanatore . Nam cùm dicta hæc Cabala, vniuerfa & fingula diuinarum, humanarumque rerum primordia ac
elementa confideret, eaque fenfim nectat, fuo illa ordine pandat, viam
ape-

aperiendo, femitas ad æternæ felicitatis atria demonstret; certè omnium allegorizantium traditionem auctoritate, eruditione, & sanctitate longè superare censeri debet.

Diuiditur autem primo in Theoricam, & practicam. Illa intellectualium rerum penetralia considerat; hæc animum, & corporis vires, pro spiritualium donorum charismatis, & huius vitæ commodis impetrandis adaptat. Theorica altiora per ima, & latentia per notiora nobis denunciat; Practica, quid nobis faciendum, quomodo mysteria nobis applicanda, docet. In Theorica notiora sunt ea, quæ claro & assiduo experimento in nobis ipsis deprehendimus; Vnde vniuersa legis mandata, numero & proportione humanæ compaginis partibus ad amussim respondere Cabalici asserunt. Hinc in Cabala triplicem hominem, secundùm triplicis Mundi analogiam, id est, Archetypum, Cœlestem, & terrenum, quem & sub copula maris & fœminæ considerant, assignant. Et primò quidem in lege dicunt masculi vices tenere priora quatuor Pentateuchi volumina, quòd in ea diuina mens in eloquiis sese exerat tanquam intellectus agens; quintum verò, scilicet Deuteronomium, fœminæ typum gerere existimant, eò quòd humana mens seu intellectus passiuus maximè in eo sese exerat. Terreni hominis marem & fœminam effigie, & operationum varietate sensus dijudicat; vnde per similem actuum habitudinem ad aliorum duorum hominum partium appellationem & cognitionem allegoricam transcendunt. Cœlestis hominis marem, per sideream Cœli machinam; fœminam, per Lunarem globum, cum elementari fabrica, visceribusque in ea contentis exhibent. Archetypi denique hominis marem, per sublimem Angelorum chorum; fœminam, per Reginam seu militiam, quem animasticum ordinem vocant, exprimunt. Horum trium hominum singulos, nouem præcipuis membris constare aiunt; si quidem mas & fœmina seorsim expendantur; si verò vt vnum, tunc decem potioribus membris eos compaginari volunt. Potiora & sempiterna, legis membra sunt decem perpetuò obseruanda præcepta Decalogi. Terreni hominis membra, quæ & speciem perpetuant, & indiuiduum conseruant, decem quoque sunt, videlicet, cerebrum, pulmo, cor, stomachus, hepar, fel, splen, ren, genitale, matrix. Sic & principalia cœlestis hominis membra decem sunt; Intellectuale siue Cœlum empyreum, Primum mobile, Firmamentum, Saturnus, Iuppiter, Mars, Sol, Venus, Mercurius, Luna. Archetypi hominis membra pariter decem sunt, quæ Hebraicè vocant.

חיות: הקדש: אופנים: אראלים: חשמלים: שרפים:
מלאכים: אלהים: בני אלהים: כרבים: אישם:

Id est: Haijoth, Hakkodesch, Ophanim, Aralim, Haschemalim, Seraphim, Melachim, Elohim, Ben alohim, Cherubim, & Ischim; quorum nomina posteà exponentur: quibus iuxta orthodoxorum Theologiam, Seraphim, Cherubim, Throni, Dominationes, Virtutes, Potestates, Principatus, Archangeli, Angeli, Animæ respondent. Quæ quidem recensitæ decades om-

nes

marginal notes:

Cabala diuiditur in Theoricam & practicam; & quod vtriusque officium?

Cabalistæ triplicem assignant hominem, Archetypum, Cœlestem Terrenū.

Pentateuchi quatuor primi libri masculo, quintus fœminæ com paratia Cabalistis.

Terreni, Cœlestis, & Archetypi hominis decem præcipua membra.

Dei decem præcipua nomina in sacris Scripturis expressa.

nes à decem fanctiſſimis exemplaribus Dei nominibus, quæ in ſacra Scriptura inueniuntur, originem ducunt, ad eaque reſpiciunt & tendunt vniuerſa; ſuntque

אהיה : יה : יהוה : אל : אלוה : אלהים : אלוה : יהוח צבאות : אלהים
צבאות : שדי : אדני :

Sephiroth quid in Cabala.

Id eſt, *Ehieh, Iah, Iehoua, El, Eloha, Elohim, Tetragrammaton Sabaoth, Elohim Sabaoth, Schadai, Adonai*; quæ à Cabalicis vocantur ספירות, *Sephiroth*, id eſt, numerationes, quorum ſingulis varia attribuunt cognomina, de quibus ſuo loco. Typum dictorum hucuſque in ſequenti figura contemplare.

Decem legis præcepta.	Terreni hominis membra.	Myſtica Cœleſtis hominis membra.	Myſtica Archetypi hominis membra.	Iuxta orthodoxos.	Nomina Dei.	Attributa Sephiroth.
1	Cerebrum	Cælum empyreum	Haioth Hakkodeſch	Seraphim	אהיה Sum qui ſum	כתר Corona
2	Pulmo	Primum mobile	Ophanim	Cherubim	יח Eſſentia eſſentians.	חכמה Sapientia
3	Cor	Firmamentum	Aralim	Throni	יהוה Deus Deorum	בינה Intelligentia
4	Stomachus	Saturnius	Haſchemalim	Dominationes	אל Deus Creator	גדולה Magnitudo
5	Hepar	Iuppiter	Seraphim	Virtutes	אלוהא Deus potens	גבורה Fortitudo
6	Fel	Mars	Melachim	Poteſtates	אלהים Deus fortis	תפארת Pulchritudo
7	Splen	Sol	Elohim	Principatus	יהוח צבאות Deus exercituum	נצח Victoria
8	Ren	Venus	Ben elohim	Archangeli	אלהים צבאות Domin: Deus exercituum.	הוד Gloria
9	Genitale	Mercurius	Cherubim	Angeli	שדי Omnipotens	יסוד Fundamentil
10	Matrix	Luna	Iſchim	Anima	אדני Dominus	מלכות Regni

Ex

Ex his aperté patet, quomodo Cabalici per occultam quandam analogiam ab infimis ad summum, & à summo ad ima peruenjant, & quomodo eodem progressu legis historiam contexant. Cùm enim omnia ad hominem vsque creata sint, hinc ex ipsa lege humanum intellectum ad idem principium, vnde originem duxit, euehere studens; hoc enim modo euectus intellectus mox ima repetit, & trinam singulis partibus nectens machinam, ad humana, diuinâ quâdam sorte, regenda conuertitur, vbi huius seculi tota completur felicitas. Vides etiam, quomodo lex allegorica ordinem formamque scientiæ & veritatis in se contineat : Lex siquidem à Deo est, & ordinem habet; cùm igitur illo nullus sit melior ordo, quid dubium est in lege esse &c.

Atque in hac tradita allegoria tota Cabalæ scientia versatur; quæ cùm in lege fundata sit, hinc canales riuosque veritatis per allegorica scrutinia varijs & innumeris modis deducere solent, nataque est varia illa Cabalæ diuisio, quam iam assignabimus.

Cabala ab imis ad summa deducit intellectum.

Diuidunt itaque nonnulli Cabalam in מרכבה Mercaua, & בראשית Beresith, id est, in scientiam currus, & opus creationis. Illa intellectualis Mundi arcana; hæc sensibilis huius mundanæ machinæ, tanquam à supremi Opificis perpetuo influxu dependentis, opera inuestigat, expendit, & ad supremæ felicitatis consecutionem adaptat. atque hæc diuisio eadem est cum priori in Theoricam & Practicam. Picus Mirandulanus eam in ספירות Sephiroth, hoc est, numerationem; & שמות Schemoth, hoc est, nominum scientiam diuidit. R. Hanai lib. speculationum, in quinque partes vniuersam Cabalam partitur, quas vocat: מאמר : צירוף : תיקון : rectitudinem, combinationem, orationem, sententiam, & oratio- מכלל : השבון : nem. R. Ioseph Bar Abraham Salernitanus quinque dicta Cabalæ membra in tria reducit, iuxta triplicem rerum omnium conditionem, sc. numerum, pondus, & mensuram. Omnes denique siue antiqui, siue recentiores Gabalici eam in tres partes diuidunt; quarum primam vocant Gametriam, id est לשגׁ siue transpositionem; secundam, Notaricam, siue Notaricum; tertiam, Themuram, seu Commutationem, aut Combinationem; quam diuisionem Ioseph Salernitanus comprehendit sub hac voce, גנת, dum librum quem de hac arte conscripsit, vocat גנת אגנז, hortum Nucis; vbi per ג Gametriam, per נ Notaricam, per ת Themuram indicat, tres scilicet dictas Cabalæ species. גמטריא Gametria, siue vt alij, Gematria, & Geometria, est mensura numeralis terrenorum & sensibilium characterum, qui ab illa Arithmetica formali dependent, quæ per abstractam suam simplicitatem non est vlli sensibili notitiæ subiecta; Atque in hoc consistit, quòd in ea vtplurimùm vna dictio pro alia, siue καὶ τῶν μέγεθεσιν, id est, per transpositionem, siue καὶ τῶν ισοτήσιας, id est, per æqualitatem numerorum, vsurpetur. נטאריקון, Notarica, siue vt alij, Notaricum, & Notaricum, corruptum est vocabulum, à Notariorum siue Scriptorum apicibus & punctis, quæ subinde ad integram aliquam significationem innuendam apponere solent, desumptum; quam consuetudinem Notarica Cabala imitatur, dum ex capitalibus nominum literis, quas ראשית בות rasche

Cabala diuiditur in Mercaua, & Beresith; id est, scientia currus, & opus creationis.
Picus Mirandul. diuidit Cabalam in ספירות & שמות
R. Hanai partitur Cabalam in quinque partes.
R. Ioseph Bar Abraham diuidit Cabalá in tria membra.
Cabala diuiditur in Gametriam, Notaricam, Themuram.
Gametria quid sit?
Notarica quid?

Themura
quid?

rasche theuoth Hebræi ; Græci acroftychidas vocant, allegoricos senfus rimantur Cabaliftæ . תמורה , *Themura*, siue commutatio, seu combinatio,
quam Hebræi צירוף *Tsiruph* vocant, literam ponit pro litera , iuxta Al-
phabeticam quandam reuolutionem ; de qua fuse suo loco . Sed iam dictarum vniuscuiusque partium exempla apponamus , vt discursus nostri
ratio luculentius innotescat .

Exempla Gametriæ.

Quæ consistunt in Methathesi siue transmutatione literarum, suntque
prorsus eadem cum nostris Anagrammatismis.

IN his verbis Psalmi 21. versu 1. בכח יששוע ירלם , *In virtute tua lætabi-*
tur Rex , per ששוע Cabalici intelligunt Messiam, quia literæ in voce
ששוע transpositæ dant משיח Messias . ita dicunt. quòd Ezechiel sedit ad
fluuium Chobar, id est, ad influentiam Cherub; transponatur enim כובר,
& fit כרוב . sic Noe inuenit gratiam, conuertendo חן in חן . Apud Isaiam
Prophetam cùm quæritur : מי אלה ברא , *Quis hæc creauit?* respondent Cabalici , אלהים ברא , *Deus creauit* per anagrammaticum sensum . Iterum
Deus dicitur אל *El* , quod nomen transmutatum dabit לא *Lo, non* ; quo
Deum, propter ineffabilem naturæ super omnes res eminentiam, indigitant: Nam, vt rectè S. Dionysius ait : ὁ Θεὸς νῦς οὐκ ἔσ⊙ , ἄλογία , καὶ ἀνοησία , καὶ
ἀνωνυμία , αἴτι⊙ μὲν τῷ ἐξ ὅντων , αὐτὸς δὲ μὴ ὄν , ὡς πάσης οὐσίας ἐπέκεινα . *Mens non*
mens, irrationalitas, & amentia , & innominatio, causa quidem omnibus existen-
tiæ; ipse verò non est existens, cùm sit supra omnem substantiam & existentiam.
Exodi 23. *Præcedet te* מלאכי *Melachi,* id est, *Angelus meus*; quis est iste
Angelus? lege per metathesin, מיכאל ,id est, *Michael.* Innumera hoc
loco huius generis adducere possem ; verùm cùm hæc in secunda Classe,
cùm de primæua nominum origine tractaremus , fuse discusserimus ; eò
Lectorem amandamus . Sufficiat interim Gametricam Cabalæ speciem
hoc loco paucis indigitasse. Qui plura huiusmodi desiderat, consulat Galatinum l. 1. Sixtum Senensem in Bibliotheca ; Alexandrum Farram in
symbolica philos. Paulum Riccium de diuisione Cabalæ ; Nouoburgen-
sem de nomine IESV ; Fabrum de scuto Christi ; Maximilianũ Sandæum
de diuisione Cabalæ ; Serrarium in prologomenis Biblicis ; & innumeros
alios in sacrum textum commentatores; potissimum autem suprà lauda-
tum doctissimum P. Thomam Gastaldum de Alassio ; modò Episcopum
Sestriensem meritissimum in libro de Angelica potestate .

Exempla Notaricæ Cabalæ.

NOtarica Cabala eadem est, quæ Latinis , Græcisque Acrostychica ,
vel ἀκρόστιχον, dum per capitales nominum literas, vel per æqualitatem numerorum sub comparatis vocabulis latentium, occultos rimantur
sensus . Duas itaque species continet Notarica Cabala . Prima est per
lite-

literas nominum capitales, dum ex earum coniunctione & compositione eruuntur voces quædam significatiuæ. Huiusmodi est illud Esaiæ 65: *Benedicetur in Deo* אמן, *Amen*. Ecquis est Deus ? respondebunt Cabalici, אדני מלך נאמן, id est, *Dominus Rex fidelis*, cuius capitales literæ dant אמן *Amen*. Tale est, quod D. Hieronymus in quæstionibus supra 3. lib. Reg. dum verba Dauidis monentis Salomonem adducit, examinat in voce נמרצת, *maledixit mihi maledictione pessima*; quo vocabulo per Notaricam ostendit maledictionem omnium conuitiorum genere plenam fuisse: Nam per נ, eum vocauit נאף, id est, Adulterum, & alienæ vxoris, scilicet Vriæ Hethæi, raptorem ; per מ, מאבי, id est, Moabitam, quasi ex ignobili & infideli Moabitarum genere ortum; per ר, רצח, *rozach*, id est, homicidam, nempe Vriæ, & Regis Saulis generis extinctorem ; per צ, צרוע *Tseroangh*, id est, leprosum, quo dignum eum, qui leprosorum instar ab omni hominum consortio remoueretur, indicabat ; per ת denique eum nominauit תועבא *Thogneba*, id est, non hominibus tantùm, sed & Deo abominabilem. Atque hæc est maledictio pessima, quâ Dauidi Semei filius Gora maledicebat. In Psalmo 3. sic habetur : רבים קמים עלי, *multi insurgunt in me.* qui sunt isti multi? respondent Cabalici, רבים; per ר, Romanos; per ב, Babylonios; per י Iones Græcos; & per מ, Medos indigitantes. Huc reuocatur omnis illa mystica Alphabeti expositio, de qua postea dicetur. Talia etiam sunt nomina : מכבי : אגלא : הקבה, quæ idem sonant ac מי כמוך באלהים יהוה, *quis sicut tu in fortibus Domine ?* & אתה גבור לעולם אדני, *tu fortis in æternum Deus*, & הקדוש ברוך הוא, *sanctus benedictus ille*. Hoc pacto & Latini sua abscondere solebant, sub initialibus literis integrum aliquem sensum insinuantes. Vti Titus Vespasianus fecisse legitur, qui sub hisce literis P P P P E S S S E V V V V V V F F F F, hunc sensum indigitabat. *Primus Pater Patriæ Præfectus Est , Secum Salus Sublata Est, Venit Victor Validus, Vicit Vires Vrbis Vestræ, Ferro, Flamma, Fame, Frigore.* Huc pertinet illa formula iudicij recuperatorij sic repræsentata : Q E R E T P I R D T Q P D D D P F, id est : *Quanti Ea Res Erit, Tantæ Pecuniæ Iudicium Recuperatorium Dabo , Testibusq́ Publicè Duntaxat Decem Denunciandi Potestatem Facit*. Sed de his vide Petrum Diaconum, & Valerium Probum de notis Romanorum. Imitati sunt & Græci præ reliquis hanc rationem: Æsopus Phrygius cùm vnâ cum Hero suo Zantho forte in columnam incidisset marmoream, cui septem literæ Græcæ erant insculptæ, indicantes thesaurum eo in loco, non longe à columna defossum, earumque Zanthus intelligentiam anxiè inquireret; Æsopus inuentis dictionibus, quæ ab ijsdem characteribus incipiebant, scripturam istam tribus adhibitis expositionibus illustrauit. Erant autem literæ Α Β Δ Ο Τ Ο Χ : quas Æsopus, manifestans Hero suo locum thesauri, quem literæ designabant, sic exposuit :

Αϖοβάς Βήματα Δίασαέα, Όρυξας Ευρήσεις Θησαυρὸν Χρυσίυ.
Descendens gradus quatuor fodiens inuenies thesaurum auri.
Cùm itaque Zanthus thesaurum effodisset, neque partem vllam auri

Æfopo decerneret; modeſtè eum admonuit Æſopus, vt præcepto columnæ inſculpto pareret, quod literæ illæ continebant in hunc modum:

Ἀτηόμθμοι Βαδ̃ή(αντες Διʼλιθι Ὁʼν Ἐυρετε Θύ(αυρον Χρυσίν.

Tollentes ite diuidite quem inueniſtis Theſaurum auri.

Quòd cùm Zanthus facere contemneret, ſoluſque auro potiri vellet; in-
dignatus Æſopus comminatus eſt, niſi partem acciperet, ſe alterum eiuſdem ſcripturæ mandatum executurum, ita præcipientibus literis:

Ἀʼποδ̃ὼς Βασιλᾶ Διωνυσίῳ Ὁʼν Ἐυρες Θύ(αυρον Χρυσίν.

Redde Regi Dionyſio quem inueniſti Theſaurum auri.

Huc renocari poſſunt illi verſus acroſtychides Sybillæ de iudicio extremo, quorum capitales literæ ſenſum dant poſitum ſuprà in Claſſe III.
Innumera alia ſunt, quæ huius farinæ Hebræi & Græci adferunt; quæ
quoniam trita ſunt & plebeia, conſultò omittimus.

Altera ſpecies eſt per æqualitatem numeri, ſiue vt Græci vocant,
ϗ τ͂ν ἰσο-ψηφίαν, ad æqualitatem calculi; & fit, quando nonnulli recondi-
tiores ſacræ Scripturæ ſenſus inueſtigantur per numeri in duabus dictionibus latentis æqualitatem. Ex.gr. quæritur quid ſit illud שושנה *Suſana*,
id eſt, lilium, in libro Eſther ? dicunt Cabalici, quòd ſit idem quod אסתר
Eſther, quia vtrumque continet numerum 661. Sic Eliezer אליעזר *Eliezer*,
id eſt, *Dominus meus adiutor*, eundem numerum habet, quem nomen
אברהם, *Abraham*, videlicet 318; vnde colligunt, Abraham adiutorio Dei
fulcitum tam grandia peregiſſe. Pari pacto nomen Dei מקום *Macom*, dicunt eſſe idem cum יהוה tetragrammato, quia æqualitatem numeri continet vtrumque, videlicet 186. Si tamen in vltimo literarum numeri in
quadratis ſuis exhibeantur. Ita illud ישראל בחר בעמים, *Iſraël elegit
in populum*, æquiualet huic in numero 613, חריג יצר, *formauit thorig*; eſt
autem thorig vocabulum quod denotat 613 præcepta in lege præſcripta.
& illud בראשית *berechit*, æquiualet huic, בתורה יצר, *in lege creauit*; vtrumque enim continet 913. Rurſus בראשית ברא, *in principio creauit*, pariter
æquipollet, בראשית השנה נברא, *in principio anni creatus eſt*; & vtrumque
continet 1116. Legitur de Iſaac & Rebecca 25. Gen. ותחר רבקה אשתו
& concepit Rebecca vxor eius; quid concepit ? וקש אש *eſch vekeſch*, id eſt,
ignem & ſtipulam, iuxta æqualitatem numerorum in אשתו, & וקש אש latentium. Tempus me deficeret, ſi omnia, quæ in Rabbinorum libris paſſim occurrunt, huius farinæ machinamenta, adducere vellem. Hos Græci imitati, in quibuſdam haud abſurdè luſerunt dicta methodo; vt dum
illud Apocalypſeos explicant: *Et erat numerus beſtiæ 666.* Nam nomina
Antichriſti, quæ ex S. Irenæo ſunt, Τάταν λαμψετις, λατῖνⒼ, ἀὐτεμⒼ, eundem numerum 666 continere, ex numero ſub dictionibus latente de-
monſtrant. Tale etiam eſt illud Sybillæ de nomine ΙΗΣΟΥΣ, & erunt
nomen eius octo monades, octo decades, & octo hecatondades, id eſt, 888.
Verùm ne tempus in re omnium tritiſſima teramus, hic calculum quorundam dictorum nominum ſubiungamus.

שמור	מצותי	שושנה	(661)	בראשית	בתורה יצר	אשתו	אם וקש
ש 300	מ 40	ש 300	א 1	ב 2	ב 2	א 1	א 1
ם 40	צ 90	ו 6	ס 60	ר 200	ת 400	ש 300	ש 300
ו 6	ו 6	ש 300	ן 400	א 1	ו 6	ת 400	ו 6
ר 200	ת 400	נ 50	ר 200	ש 300	ר 200	ו 6	ק 100
	י 10	ה 5		י 10	ה 5		ש 300
				ת 400	י 10		
					צ 90		
					ר 200		
546	**546**	**661**	**661**	**913**	**913**	**707**	**707**

Antichristi nomen				Christi nomen
A 30	T 300	A 30	A 1	I 10
A 1	E 5	A 1	N 50	H 8
Γ 300	I 10	M 40	T 300	Σ 200
B 5	T 300	Π 80	E 5	O 70
I 10	A 1	E 5	M 40	Y 400
N 50	N 50	T 300	O 70	Σ 200
O 70		I 10	Σ 200	
Σ 200		Σ 200		
666	**666**	**666**	**666**	**888**

Exempla Ziruph, seu Themuræ, siue Combinatoriæ artis.

TErtia species dicitur התמורה *Themura*, id est, commutatio, & צירוף
Ziruph, siue combinatio; & in hoc consistit, quòd Cabalista per
reuolutionem Alphabetariam, vnam literam pro alia accipit. Fit autem
permutatio, iuxta numerum literarum Alphabeti, bis & vigesies, quia
viginti duas literas Hebræorum legimus; semperque binis quibusque literis coniugatis licebit alteram sumere pro altera; prout etiam in latinis
literis fieri potest: vt si *a, b, c, d, e, f,* continuò binas & binas coniugaue-
ris, videlicet sub prima combinatione *ab,* sub secunda *cd,* sub tertia *ef;*
velisque per epistolam huius artis peritum aliquem hortari, vt supplica-
turus principi cadat ante pedes eius; sic scribes: *dbef;* quod ille le-
get sic: *Cade.* & sic de cœteris. Totum hoc opificium prouenit ex Alphabetaria reuolutione, vt succedat mutuò litera pro litera proprio ordine combinata, scilicet *a* pro *b,* & vicissim *b* pro *a;* similiter, *c* pro *d,* & *d*
pro *c;* itemque *e* pro *f,* & *f* pro *e.* Hinc in libro Iezirah dicitur, *Aleph*
cum omnibus, & omnia cum *Aleph;* haud secus *Beth* cum omnibus, &
omnia cum *Beth;* & ita de singulis. Hâc arte Cabalistæ diuina nomina
omnia educunt; hâc eadem portentosa Angelorum nomina decernunt;
hic promus condus est totius superstitiosæ Cabalæ. quod quomodo, &
quâ industriâ fiat, dicetur in sequentibus loco proprio.

Atque hæ sunt tres illæ Cabalæ partes, Gametria, Notarica, &
The-

Vanitas tripartitæ Cabalæ.

Themura feu Combinatoria ; in quibus (vt quod res eft , fatear) fagaciora ingenia tempus & operam perdere nolim , cùm fere nullius momenti, nec ingenij fint . Nam prior, Gametria dicta , ferè nihil aliud eft, quàm ars illa, quam pueri in anagrammatis conficiendis paffim adhibere folent : fecunda verò Notarica prorfus acroftychibus convenit ; in quibus quidem , fi laborem demamus, nullum prorfus ingenij fubtilitatis veftigium apparet . Combinatoria verò , quam Themuram vocant, eadem eft ac illa quam nos fteganographiam, fiue occultam per Alphabetorum variam tranfmutationem, fcripturam vocare folemus ; in qua pariter nihil adeo occurrit , quo docti fibi fatisfacere poffint ; vt vel maximè mirer, nonnullos forfan tenuioris ingenij homines huiufmodi numenta tanto in pretio habere potuiffe .

Obiectio.

Sed dices, Gametricam Cabalam infignia diuinitatis myfteria ex Hebraica lingua eruere, vt patet in allatis fuprà exemplis primæ fpeciei, & ex hoc מלאכי , *Angelus meus* , quà voce per Gametriam fignatur מיכאל

Refolutio.

Michael. Refpondeo, cur non potiùs כמיאל *Camiel*, כימאל *Kimael*, מכיאל *Makiel*, יכמאל *Iccamael*, ימכאל *Imacael* (quorum prior Angelus ignis, alter plagarum Angelus dicitur, cœteri alios & alios Angelorum effectus prorfus contrarios notant) quàm Michaël ponunt ? poffunt enim ex vnica dictione innumeri fenfus, proprij, improprij, pulchri, abfurdi, & diffoni anagrammaticè erui ; vt proinde de myfteriofa hac Cabalæ parte nihil folidum , nihil exactum, & ingeniofum concludi poffit . Idem dicendum de altera fpecie , quam Notaricam vocant ; cur enim per hoc nomen רבים , *multi infurgunt in me* , non potiùs Rabbinos, Bactrianos, Idumæos, Moabitas, aut fimiles gentes, quàm Romanos , Babylonios , Iones Græcos, & Medos intelligant, non video. Vana itaque eft omnis huius Cabalæ pars, & tam in bonum, quàm malum, confonum, & diffonum fenfum pro libitu inueftigatoris detorqueri poteft . Senfum enim, quem Cabaliftæ ad diuinitatis myfteria detorquent, cur alius quifpiam pari pacto ad vana, futilia, & diffona facris literis non detorquere poffit, non video. Quod de Themurah quoque , fiue tabula Ziruph dici poteft . Vnde hanc triplicis Cabalæ diuifionem vanam, inutilem , & fuperftitiofam prorfus habendam effe cenfeo, neque veteribus vnquam adhibitam , fed à recentioribus Rabbinis malè ferratis, rerumque ignaris homuncionibus, introductam .

Cabalæ legitima diuifio eft in Mercauam, & Berefcith,

Vera itaque Cabala non in anagrammaticam, acroftychicam, & fteganographicam diuidi debet; fed in eam, quam fuprà infinuauimus, nempe in Mercauam , & Berefith , quarum illa circa decem Sephiroth feu numerationum diuinorumque influxuum myfteria, hæc circa tum Dei, tum Angelorum nomina , quæ funt veluti quædam fenfibilis huius Mundi fignacula, verfatur : & vtráq; in plures partes, ac veluti Claffes quafdam, iuxta variam obiectorum circa quæ occupatur , rationem fubdiuiditur, quorum aliæ legitimæ, illegitimæ aliæ funt . Hoc pacto illa quæ circa abftractam Dei naturam, reuelationumque diuinarum proprietates verfatur, propriè diuina dicitur ; Quæ circa Angelos, eorumque in hoc mundo

Cabalæ fubdiuifiones Variæ, & varia nomina.

præ-

præsidium, Angelica; quæ in operibus naturæ rimandis, Naturalis & physiologica; quæ mores formandos spectat, Ethica; quæ denique circa dæmonum adiurationes occupatur, Theurgica & Magica dicenda est. Quas omnes & singulas partes hoc loco, quantum ingenij vires permittunt, exacto studio & diligenti ordine, reproba reprobando, pertractabimus.

CAPVT II.

De Origine Cabalæ, ex mente Kabalistarnm.

HVmani generis Protoplastus Adam, cùm infelici sorte contra præceptum Domini de fructu gustasset, àeque adeo totam humani generis posteritatem, ob inobedientiæ peccatum contra infinitam Dei maiestatem commissum, vnà secum in perditionis ruinam traxisset, neq; esset, nisi altissimo æqualis, qui damnum & iacturam resarcire posset; ad imminentis desperationis efficax remedium prorsus diuinâ reuelatione opus erat. Ne igitur figmentum suum plasmator Deus absque omni medelæ spe deseruisse videretur, spem quandam iniecit firmamque fiduciam, futurum, vt hoc tam immane originalis noxæ crimen, suo tempore per hominem sibi æqualem condonaretur, abolereturque. Et cùm ad mysterij sublimitatem, & inscrutabile diuinæ sapientiæ consilium, humanæ mentis infirmitas pertingere minimè posset, Angelum suum, vt Cabalici volunt, misit, cuius instructione plenius tantæ ruinæ futuram disceret reparationem.

Patriarchas autem primi humani generis duces & propagatores, singulos Angelos habuisse ductores, doctoresque, hisce verbis ostendunt Cabalici Doctores.

שהאבות רבותיהם חיו מלכים יודעים רבי של אדם ריאל :
ורבי של שם יופיאל : ורבי של אברהם צדקיאל:
ורבי של יצחק רפאל : ורבי של יעקב פליאל. :
ורבי של משה מטטרון : ורבי של דוד מיכאל:

Id est, *Fuerunt Patrum nostrorum Angeli præceptores noti; Angelus Magister Adam Raziel, Semi Iophiel, Abrahæ Tsatkiel, Isaaci Raphael, Iacobi Peliel, Moysis Mitatron, Dauidis Michaël.* Raziel itaque, iuxta Cabalicos, Adami diuino nutu destinatus Magister, commissi peccati condonationis, expiationisque rationem omnem exposuit, viam ad salutis reparationem monstrauit, & diuinum Verbum per allegoriam recipiendum, declarauit. Quod Thalmudistæ hoc allegorico verborum inuolucro proponunt. Deus post conditum seculum, cœlique machinam consummatam, cùm ex parte Aquilonis ingens foramen reliquisset, mirati filij Dei dixerunt: vt quid Domine tantam in hac Aquilonari parte fœditatem relinquis? cur non vt cœteras partes stellis ornas? Respondit Deus; Hoc foramen claudi non poterit, nisi venerit mihi æqualis, & hic claudet foramen, & omnem decorem reparabit. Quid per cœlum astriferum hoc loco, nisi

Angeli;

Fragmentum Hebræorum de Angelis Patriarcharum Magistris,

Angelus exponit Adamo Verbi diuini Incarnationem futuram secundum Hebræorum.

Angeli, quid per foramen in parte Aquilonari relictum, nisi casus Angelorum rebellium, & Luciferi Ducis eorum? qui cum dixisset; *Ponam in Aquilone requiem meam, similis ero Altissimo*; præcipitatus in inferiora terræ, mox Adamum adortus ad peccatum allexit? Vnde tota humani generis ruina. Quid per similem Altissimo foraminis reparatorem, nisi vnigenitus Dei Filius, verus Messias, Christus Seruator noster? qui in hunc Mundum descendens, carne vestitus, meritis & passione sua foramen aquilonare obstruxit, astris decorauit, adeoq; totam ruinam instaurauit; vt vnde mors oriebatur, inde vita resurgeret. Angelus itaque

Raziel, vt Cabalici docent, his verbis Adamum mœrore plenum allocutus est. Nè immodico gemitu & tristitia conficiaris; Nam ex semine tuo nascetur homo iustus & pacificus, vir heros, cuius nomen erit יהוה hic per rectam fidem, & placidam oblationem mittens manum suam, sumet de ligno vitæ, & eius fructus erit omnium sperantium salus. Quibus verbis confirmatus Adamus, incredibili confidentia, & in conditorem suum amore tactus, diuinæ clementiæ gratiam obtinuit. Atque hæc

fuit omnium prima Cabala, seu traditio accepta, primordialis salutis nuncia; hæc est illa reuelatio sanctissima,& summa, in quam omnes diuinorum eloquiorum traditiones reducuntur, omnes cœlestium eruditiones, Prophetarum vaticinia, Doctorumque studia & meditationes, resoluuntur; vnicum omnium Cabalicarum receptionum compendium & finis. Verùm vti omnis reuelatio essentialiter, vt Scholæ loquuntur, obscura est, sic & Adamus, quisnam tam illustris homo, tam sublimium dotium instructione beatus futurus esset, ignorans, paulatim se eundem futurum existimauit; vnde & Cabalici asserunt, quòd Adam primus inde iuuencum Deo obtulerit, שגם אתם הראשון הקריב שור פר, futuri roboris veluti symbolum quoddam. Verùm cùm postea non seipsum, sed ex semine suo illum nasciturum cognouisset, vxorique reuelasset arcanum; hæc eum futurum existimans, quem concepisset Kain, Mundi Saluatorem, mox vt peperit præ gaudio clamauit: קניתי איש את יהוה, *possedi virum illum* תא אותון, siue quatuor literarum. Sed enim, cùm hunc peruersis & præferocibus moribus præditum, imò pessimæ frugis cognoscerent, alium genuerunt, quem & Abel vocauerunt; atque hunc cum futurum sperabant. Verùm illo à Kain occiso, tandem spem promissionis factæ in Setho, primùm posuerunt; & deinde in nepote Enos, qui, vt habet sacer textus, אז הוחל לקרא בשם יהוה, *tunc incepit inuocare nomen Domini*; vel vt Cabalistæ tradunt, tunc exspectatus est inuocari per ש Schim literam, quæ iuxta leges Cabalæ idem denotat, quòd ברחמים, *in miserationibus*, & מ litera Notariacè idem notat, quòd מתהו, id est, *de medio*, scilicet quatuor literarum יהוה: quasi diceret יהוה לקרא בשם אז הוחל, *tunc exspectatus est vocari per Schim de medio* יהוה. Sed & hic eos spe fefellit, donec tandem in Henoch firmaretur. Verùm illo disparente, & traditione ab Adamo in posteros nepotes propagata, tandem Noë vir iustus & perfectus in ætate sua, omnium opinione habitus est salutis amissæ per lignum reparator. Verùm ob ebrietatem confusione interueniente, Sem

filium

R. Moyses

filium eius huius ruinæ reparationem fufcepturum fpes erat . Nam vt
R. Moyfes Gerundenfis ait : אלהים עובד יחיח כי חודיע, *Notum fuit* , *quod*
is futurus erat feruus Dei,promifforum reparator . Sed Iophiele Angelo Semi
aliter ipfi declarante, reparatio in ortum Abrahæ fuit dilata : qui ab Angelo Zadkiele inftructus, ex femine fuo nafciturum illum, in quo benedicerentur omnes generationes terræ , putauit hunc futurum filium fuum Ifaac , qui ligno vitæ accepto falutem humani generis effet procura-
turus : vnde tanta animi iucunditate, lignis humeris fibi impofitis , eum
facrificio, iubente Deo, deftinauit,vnicâ fpe ductus, futurum vt expleta
Dei voluntate in filij oblatione , falus promiffa confequeretur . Sed
Raphaële Ifaaci Angelo aliter eum informante , ac aliter Peliele Angelo
Iacobi inftituente , fpes protelata fuit in ortum Moyfis ; qui tum ob pro-
digiofam in fifcella iuncea conferuationem educationemque,tum ob Dei
in eductionem ex Ægypto filiorum Ifraël, admirandam vocationem,
miraculorumque innumerabilium in Ægypto perpetrationem , legifque
in deferto innumeris miraculis confirmatam promulgationem, is, quem
diximus , ab omnibus habitus eft perditæ falutis per peccatum Adæ, re-
ftitutor . Sed cùm Angelus Miratron aliud decerneret, dilata fpes vfque
ad Dauidem , & Salomonem, quem , quia à Deo electus, Rex erat fapiens,
& pacificus, & primus templi ædificator, promiffum illum pacis Principem, & orbis inftauratorem exiftimabant ; fed fruftra . A Salomone itaq;
illius terreftris templi conditore, vfq; ad Regem Ioachim, exfpectatio falutis vniuerfæ apud omnium cœtum Prophetarū in venturo Meffia collocata fuit ; ab Ifaia vfq; ad Malachiam, cùm dixit , *Statim veniet ad tem-*
plum fuum dominator Dominus , *quem vos quæritis* . Poft Prophetas autem , falutiferi aduentus Meffiæ exfpectatio , totaque Cabalica exercitatio, quam in Meffiæ fempiternam liberationem reducunt, ad Scribas
Legis, & Seniores quos apellant,& ad magni confilij viros defcendit,fuc-
ceffiuè recepta ab Ezra, qui Cabalam hanc tradidit Simeoni iufto facer-
doti magno , & Synagogæ præfecto, à quo recepit eius Auditor Antigo-
nus cum focijs fuis, de quibus fuerunt Zadock, & Bethus, radix Hæreti-
corum Saducæorum & Bethufai, vt habetur apud Iudam Leuitam in li-

Iudas Leuita.

bro Aleozer ; deinde Iofeph filius Ioezer, & Iofeph filius Iohanan : Hi
autem dederunt Nitæo Arbolenfi, & Iefu filio Parahiæ : Ab his autem
Tibæus, & Simon Satæ filius , quorum Iofephus l. 1. ant. meminit , receperunt : Hi autem Samaiæ, & Abtalioni dederunt ; Ab his receperunt Hillel, & Samai multorum millium difcipulorum Magifter ; Ab his
Rabban Ionathan Ben Zachai, cui quinque difcipuli fuerunt, Eliezer filius Hircani, Iofue filius Hananiæ, Iofeph Cohen , & Eliazer filius Arach,
Simeon iuftus filius Nethanael, qui Chriftum vlnis excipere meruit ; Cuius filius Iuda Nagid, qui, & רבינו הקדוש, Magifter Sanctus dictus eft ;
quem filius Gameliel recipiendo imitatus eft . Et hos fecuti funt reliqui Cabaliftarum Duces , Hananias filius Arufiæ ; Abba Saul ; Rab.
Tarphon ; Acabia filius Mahahellelis ; Hanania Princeps Sacerdotum ; .
Hanina filius Thradionis ; Nehomia Bar Haccana ; Helaphta ; Iannai

Bar Duſchai ; Hanina Ben Duſa ; Doſa Ben Harchinas ; R. Akiba, cui adſcribitur liber יצירה Iezirah ; Eleazar Ben Hazariæ ; Eleazer Haſma ; R. Leuitan ; R. Ionathan Ben Baroca : poſt eum Simeon , Zadok, Ioſi, Iſmael, R. Meir , & innumeri alij , quos temporis lucrandi gratia ſilentio ſupprimo. Atque hi omnes ſcriptis ſuis vel antè , vel immediatè poſt Chriſtum, hanc de Saluatore Mundi Cabalam egregiè, vt ipſi putant, expoſuerunt ; de quibus omnibus lege פרקי אבות Pircke auoth, id eſt, *Capitula Patrum*, בבא בתרא Baba Bathra , quæ porta poſterior, dicitur, סדר הקבלה Seder hakabulah , id eſt, *Librum Cabalæ* , סדר עולם Seder ngbolam, id eſt, ordinem Mundi, עבקת רוכל , fasciculum pigmentarij ; aliosq; ſuis locis allegandos tractatus , qui quæcumque huc vſque dicta ſunt , ſuſe proſequuntur .

C A P V T III.

De primo fundamento Cabalæ , quod eſt Alphabetum, eiuſque characterum myſtico ordine .

Alphabeti
Hebraici ſin-
gulæ litteræ
continent ali-
quid diuinum
& admirabile

S. *Hierony-*
mus .

HAbent hoc præ omnibus alijs Hebraici Alphabeti literæ, quòd ſinguli characteres neſcio quid diuinum & admirabile contineant ; quod & D. Hieronymus in Epiſtola ad Vrbicam ſat ſuperque demonſtrat, dum nonnulla veluti prima huius artis fundamenta adducit , ſingulaque Alphabeti Hebraici elementa ſeparatim interpretatur, & ad ſenſum anagogicum viginti duarum literarum Alphabetum in ſeptem veluti connexiones diſtributum, applicat , vt ſequitur .

I. Connexio.	II. Connexio.	III. Connexio.
אלף Aleph, id eſt, doctrina.	ה He, iſta.	טוב Thet, bonum .
בית Beth, Domus .	וו Vau, & .	יוד Iod, principium .
גמל Ghimel, plenitudo .	זין Zain, Hæc .	Et anagogicè indi-
ודלת Daleth , Tabula vel Porta .	חית Chet, vita .	cat , quòd quamuis nunc ſciamus vniuerſa,
Et indicat, quòd videlicet doctrina Eccleſiæ, quæ domus Dei eſt, in librorum diuinorum reperiatur plenitudine .	Et indicat anagogicè iſtam & hanc vitam , quæ enim alia vita eſſe poteſt, ſine ſcientia ſcripturarum, per quam etiam ipſe Chriſtus vita credentium agnoſcitur?	quæ ſcripta ſunt tamen ex parte cognoſcimus, & ex parte prophetamus : cum autem meruerimus eſſe cum Chriſto, tunc librorum ceſſabit doctrina , & tunc videbimus a facie ad faciem bonum principium ſicuti eſt .

IV Con-

IV. Connexio.	V. Connexio.	VI. Connexio.
כ Caph, manus. ל Lamed, à disciplina, siue cor.	מ Mem, ex ipsis. נ Nun, sempiternum. ס Samech, adiutorium.	ע Nghain, sons, siue oculus. פ Pe, os. צ Tsade, iustitia.
Et continent hoc: Manus intelliguntur in operes cor, & disciplina intelliguntur in sensu, quia nihil facere possumus, nisi prius, quæ facienda sunt, sciuerimus.	Et indicat anagogicè, ex scripturis homini subsidia ad æternam vitam consequendam indeficienter subministrari.	Et anagogicè indicat scripturam esse sontem seu oculum oris iustitiæ, qui omnium operum iustitiæ per os diuinû constitutorum originem contineat.

VII. Connexio.	
ק Koph, vocatio. ר Resch, caput. ש Schin, dentes. ת Thau, signum.	Atque hæc est interpretatio Alphabeti mystici Hebraici, iuxta mentem D. Hieronymi.
Quasi diceretur, vocatio capitis dentium signum, dentibus enim articulata vox promitur, & in his signis ad caput omnium, qui Christus est, & ad Regnum sempiternum, peruenitur.	Ex quo patet, quanti etiam ipsi SS. Patres Cabalicam hanc interpretandi rationem fecerint. Cabalistæ verò trium mundorum mysterium, videlicet Angelici, Siderei, & Elementaris, per literarum ordinem & seriem non ineptè indicant hoc pacto. Ab א Aleph vsque ad י Iod Chori siue Ordines Angelorum indicantur, quas intelligentias separatas, & formas incorporeas Philosophi appellant, omni corporea formâ destitutas, à virtute Dei immediatè emanantes. Vo-

caturque עולם המלאכים, *Mundus Angelicus*.
Deinde à litera כ *Caph* vsque ad צ *Tsade*, cœlorum ordines designantur, qui Dei Creatoris virtute donati ab Angelorum influxu dispensantur; & vocatur עולם הגלגלים, id est, *Mundus Orbium*. Porrò à צ *Tsade* vsque ad ת *Thau* inueniunt quatuor elementa cum suis formis, quæ esse & viuere influunt, diriguntur autem ab influentijs Angelorum & sphærarum, vocaturque עולם השפל, *Mundus elementorum*.

Verùm iam hæc singula particulari descriptione exponamus, vt mysteriorum ratio prorsus Ægyptiorum mysterijs parallela, vti posteà dicetur, patefiat.

I א *Aleph, Doctrina*, est nota diuini nominis יה, & indicat inaccessam diuinæ essentiæ lucem, quæ intelligitur per אין סוף *Ensuph*, id est, *infinitum*, eadem nota est prima Sephiroth, quæ dicitur כתר *Kether, Corona*; signum nobilissimarum rerum, quæ primo effluxu diuinæ bonitatis subsistunt, & sunt Angeli dicti חיות הקדש *Haioth hakodesch*, id est, *animalia sancta*, hisce iuxta Orthodoxos respondent Seraphini.

2 ב *Beth, Domus*, nota est diuini nominis אהיה, quæ pertinet ad diui-

diuinam sapientiam, quæ & ens dicitur, quòd omnibus quæ sunt, essentiam suppeditet; & respondet secundæ Sephiræ seu Numerationi, quæ
חכמה *Chochma*, seu *Sapientia* dicitur. huic verò ex Angelis respondent
אופנים *Ophanim*, *forma* seu *rota*, & cum Cherubinis ijdem sunt; & secundo loco deriuantur à Dei virtute per intelligentiam priorem, & ipsi à Deo
quoque inferioribus influunt.

3 ג *Ghimel, Retributio*, index est diuini Nominis אש *esch*, & ignem
amatorium, siue Spiritum sanctum exprimit; & respondet tertiæ Sephiræ, seu Numerationi, que בינה *Binah* dicitur, seu *prudentia*; repræsentat-
que ex superioribus essentijs Angelos, qui אראלים *Aralim* dicuntur, id est,
Angeli magni, fortes & robusti, descenduntque ordine tertio à diuina
bonitate, illuminanturque virtute Dei per intelligentiam secundam, &
ipsi pariter inferioribus influunt; dicunturq; iuxta Orthodoxos Throni.

4 ¶ *Daleth, Porta*, symbolum est diuini nominis אל *el*, & denotat
quartam Sephiram, id est חסד, quæ est *clementia* seu *misericordia*; cui attribuuntur חשמלים *Haschemalim*, quæ Dominationibus respondent, qui virtute Dei per medium intelligentiæ tertiæ influuntur, & eâdem virtute
in inferiora influunt.

5 ה *He, Ecce*, nota est diuini nominis אלהים *Elohim*, & quintæ
Sephiræ quæ פחד *Pachad* dicitur, id est, *rigor*, *iudicium*, & *seueritas*, *latus sinistrum*, *gladius Dei*: cui attribuuntur iuxta Hebræos שרפים *Seraphim*, iuxta Orthodoxos Virtutes; & influuntur de virtute Dei per medium intelligentiæ quartæ, ac eâdem virtute inferioribus influunt.

6 ¶ *Vau, vncinus*, mysterium nominis Dei אלוה *Eloah* exhibet; &
respondet תפארת *Tiphereth*, Sephiræ sextæ, quæ *pulchritudo*, *decor*, *Sol su-
percœlestis* dicitur; respondetq; מלאכים *Melachim*, seu Potestatibus; qui
influuntur de virtute Dei per medium intelligentiæ quintæ, ac eâdem
virtute in inferiora influunt.

7 ז *Zain, arma*, exhibet nomen Dei צבאות, id est, *Dei exercituum*,
& respondet numerationi septimæ נצח *netsach*, id est, *victoria*; ei respondent Angeli אלהים *Elohim*, siue *Principatus*; & influuntur de virtute Dei
per sexti ordinis Angelos, ac eâdem virtute inferioribus influunt.

8 ח *Cheth*, refert nomen Dei אלהי צבאות, & vnà octauam Sephiram quæ הוד, id est, *laus* dicitur; quibus respondent Angeli dicti בני אלהים
Benelohim, id est, *filij Dei*, & cum Archangelis idem sunt; qui de virtute
Dei influuntur per septimi ordinis Angelos, eâdemque virtute in inferiora influunt.

9 ט *Teth, declinatio*, exhibet nomen Dei שדי *Sadai*, & Sephiram
nonam יסוד, id est, *fundamentum*; ei congruentes sunt כרובים *Cherubim*,
seu *Angeli*; & influuntur de virtute Dei per medium intelligentiæ octaui
ordinis, & eâdem virtute influunt in inferiora.

10 י *Iod, Principium*, continet nomen Dei אדני מלך *Adonai Melech*,
id est, *Rex Dominus*, cui respondet Sephira decima, quæ dicitur מלכות,
Regnum,

Regnum, & ex Angelis אישים *Ischim*, id eſt, *viri fortes* , ſuntque ex omnibus hierarchijs infimi, ac Dei virtute illuſtrantur per nonum Chorum, eâdemque virtute in filios hominum cognitionem & ſcientiam rerum, mirificamque induſtriam influunt . & in his finitur Mundus Angelicus.

11   כ *Caph* capitale, *vola manus*, exprimit primum mobile, ab ipſo אלשדי *Elſadai*, tanquam à prima cauſa immediatè motum . cuius intelligentia dicitur מטטרון שרפנים *Mitatron Seraphanim* , *Princeps aſpectuum* , & intellectus agens Mundi ſenſibilis, per penetrationem formarum inferioribus omnibus vitam præbens; quare influit virtute diuinâ in omne quod mobile eſt.

Mundus Sidereus.

12   ך *Caph* finale, Orbi ſtellarum fixarum in duodecim ſigna Zodiaci diſtincto reſpondet, qui גלגל המזילות *galgal hammaziloth, Orbis ſignorum* dicitur ; cui præeſt intelligentia יראל *.....el*, influiturque de virtute Dei per medium intelligentiæ Mitatron, idem inferioribus influit .

13   ל *Lamed* , notat Cœlum Saturni , primam ſphœram Planetarum, quos לבת , quaſi *ambulones* dicunt. Saturnum autem dicunt שבתאי *Schebtai* , intelligentia eius שבתאיאל *Schebtaiel* . De virtute Dei à Raziele influitur , & influit eâdem in inferiora , vti Cabaliſtæ volunt .

14   מ *Mem* capitale , deſignat Cœlum Iouis, quem Hebræi צדק *Tſedek* dicunt ; atque eius intelligentiam ad eodem vocant צדקיאל *Tſadkiel*, & de virtute Dei per medium intelligentiæ Schabtaielis influitur, & eadem influit .

15   ם *Mem* finale, ſeu clauſum, indicat Cœlum Martis , quem מאדים *Maadaim* vocant ; intelligentia eius eſt כמאל *Camael*, ab ardore ſic dicta ; quâque vi influitur à Tſadkiele , eâdem influit in inferiora .

16   נ *Nun* capitale , ſignificat שמש *Schemeſch* , id eſt, *Cœlum Solis* ; eius intelligentia eſt רפאל *Raphael*; influitque de virtute Dei per medium intelligentiæ Camael, eâdemque virtute influit inferioribus .

17   ן *Nun* finale, ſphœram indicat Veneris, quæ נוגה *Noga* dicitur; eius intelligentia dicitur הניאל *Haniel*, *gratiæ conciliatrix* , & Dei virtute influitur per medium intelligentiæ Raphaelis , eademque virtute influit inferioribus .

18   ס *Samech*, indicat Cœlum Mercurij , qui כוכב *Cochab*, id eſt, *Stella* dicitur, cuius intelligentia eſt מיכאל *Michael*, influiturque de virtute Dei per medium intelligentiæ Raphaelis , & eâdem virtute influit inferioribus .

19   ע *Nghain* indicat Cœlum Lunæ, quæ dicitur ירח *Iareach*, oculus ſiniſter Mundi ; eius intelligentia eſt גבריאל *Gabriel*, influiturque de virtute Dei per medium intelligentiæ Michaelis , & eâdem inferioribus influit. atque hucuſque Mundus ſidereus .

Mundus Elementaris.

20   פ *Pe* capitale, indicat animam intellectualem ; & dirigitur ab intelligentijs ſeparatis , iuxta opinionem Hebræorum .

21 ף *Pe* finale, indicat omnes spiritus animales, qui diriguntur ab intelligentijs superioribus de virtute & mandato Dei.

22 צ *Tsadè* capitale, symbolizat materiam tam cœlorum, quæ est intelligibilis; quàm elementorum, quæ sensibilis, omniumque misto. rum; diriguntur autem virtute diuinâ per intelligentias separatas, & per proprias formas.

23 ץ *Tsadè* finale, monstrat elementorum formas, quæ sunt ignis, aër, aqua, terra; diuinâque virtute per Angelos, qui dicuntur אישים, & virtute cœlorum, & virtute materiæ primæ, quæ est fons & origo omnium elementorum, reguntur.

24 ק *Koph*, symbolum est inanimatorum, & mineralium, eorumque quæ dicuntur elementata & mista; diriguntur autem virtute diuina per sphœras cœlestes, & intelligentias separatas & proprias.

25 ר *Resch*, indicat omnem vegetatiuæ naturæ substantiam, fructus, fruges, herbas, plantas, & similia, quæ è terra nascuntur, ac virtute Dei influuntur à corporibus cœlestibus, & intelligentijs peculia- ribus, de quibus hoc datur à Cabalicis pronunciatum; אין עשב מלמטה שאין *Non est herba inferius, quæ non habet influentiam, quæ dicit* מה רד הכה לו *ei, cresce.*

26 ש *Schin*, omnem sensitiuæ naturæ substantiam indicat, vti sunt animalia, tam reptilia & progressiua, quàm pisces, & volucrum ge- nera, & quæcunque vitalem motum habent; virtute Dei influuntur à cor- poribus cœlestibus, & intelligentijs separatis.

27 ת *Thau*, Microcosmi, id est, hominis symbolum est, quæ litte- ra sicut finis est omnium elementorum, ita homo finis & perfectio omnium creaturarum; dirigiturque à Deo complexionibus & qualitatibus ele- mentorum iuxta influentias astrorum, & per officia particularia Angelo- rum, qui אישים *Ischim* vocantur, qui sicuti Mundi Angelici finis sunt, ita & homo in Mundo vniuersorum.

Atque hoc est Alphabetum mysticum Hebræorum ex R. Akibæ mo- numentis extractum; quo quidem totius tam intelligibilis, quàm sensibi- lis naturæ ordo exhibetur. Est enim prima omnium causa Deus per א indicatus; intellectus enim eius omnia eminenter continens omnia gu- bernat & administrat per causas secundas, & per secundas tertias, cuius- modi sunt Hierarchiæ influentes de ordine in ordinem, de gradu in gra- dum, de serie in seriem; potentia verò & virtus archetypa contrà per in- telligentias & cœlos in vniuersa entium genera influit, vti dictum est, & S. Dionysius fuse docet in libris de cœlesti Hierarchia, & alij passim ex ipso. Quæ omnia pulchre triplici Ægyptiorum Mundo consentiunt. Ve- rùm de hisce vide quæ suo loco fusiùs describemus in tractatu de Mundis.

Sed iam numerum, sub quibus dicta elementa exhibentur, conside- remus. Faciamus itaque numerorum tres gradus, quorum primus est mo- nadum, alter decadum, tertius Hecatontadum. Primus gradus Alpha- beti

beti figuris notatur ab Aleph ad ם inclufiuè. Secundus Decadum ordinem exhibet, & continet Alphabeti literas à Iod vfque ad צ inclufiuè.
Tertius eft Hecatontadum, id eft, centenariorum, & nouem chara&teri-
bus conftat à ק vfque ad ת.

9 8 7 6 5 4 3 2 1

ט ח ז ו ה ד ג ב א   Primus gradus monadum, fiue vnitatum.

90 80 70 60 50 40 30 20 10

צ פ ע ס נ מ ל כ י   Secundus gradus decadum, fiue denario-
rum.

900 800 700 600 500 400 300 200 100   Tertius gradus eft hecaton-

ץ ף ן ם ך ת ש ר ק   tadum, fiue centenariorum.

Vides quomodo per nouem monades fimpliciffimas intelle&tualis Mundus nobis proponatur; & quomodo in fecundo ordine per nouem decades, fenfibilis fiue Siderei Mundi forma eluceat; & quomodo tandem
per nouem hecatontades elementaris & totius corruptionis Mundus in-
dicetur; ita vt res quantò plus à monade recefferint, tantò ob multitudinis confufionem imperfe&tiores reddantur. Atque hæc eft triplex illa_,
Enneadum trinitas tantopere non ab Ægyptijs tantùm, & Chaldæis, fed
& Pythagoricis, & Platonicis commendata, vti in Arithmetica hieroglyphica videbitur; cuius radix ternarius; quadratus, nouenarius; cubus
Heptaicofias eft per 27 numerũ indicata, innumeris arcanis repleta, totius
& fingulorum in eo contentorum idea abfolutiffima; poft quorum reuolutionem reuertimur ad א magnum millerarij notam, vltra quam omnia
infinitatis ftatum obtinent. Sed hæc, vt dixi, alibi fufiùs.

CAPVT IV.

De Nominibus & Cognominibus Dei.

V Ti ex Elementis mifta & compofita, ita ex literis nomina, verba, di-
&tiones, propofitiones emergunt. Explicato itaque Alphabeto
Hebræorum myftico, iam nomina quoque quæ ex eodem eruuntur, alte-
rumque funt Cabalicæ difciplinæ fundamentum, diuinorum, inquam_,
notitiam nominum, fine quibus nihil in vniuerfa Cabala vtile & fru&tuo-
fum, nihil fublime & arduum tranfigi poteft, pari paffu defcribemus,
omnia, vt dixi, ex mente Hebræorum. Quare vt ab ouo rem ordiamur,
Sciendum, vnanimi Cabalicorum fententia, Legem Dei nihil aliud,
quàm continuum concatenatumque diuinorum nominum cognominum-
que contextum effe; quæ quidem tanquam rami & folia ab arboris radice, à tetragrammato dependent nomine, quo multiplex radicum emittitur copia, & vndiquaque varij ramorum propullulant fœtus; quæ funt
à multiplicibus effe&tibus in naturæ maieftate elucefcentibus impofita_,

Varia Dei
Nomina &
Cognomina
continentur
in fcriptura_,
facra, & om-
nia pendent
à tetragram-
mato Dei no-
mine.

Dei

Dei cognomina. Nomina autem tetragrammato adiuncta , funt omnia ea, quæ noftri Theologi attributa dicunt, v. g. bonus, immenfus, incomprehenfibilis, fapiens,terribilis, fuftinens iniquitatem,fuper delicta tranf-

iens, Adonai, id eft, Dominus. Cognomina funt, magnus , mifericors, clemens, Elohim, fortis,iudex, iudicator. Iftorum præterea fingulis alia debentur cognomina, quæ quidem funt dictiones omnes, in quas lex ipfa refoluitur; nominum inquam, iuxta effectuum varietatem multitudo prorfus infinita. Et tametfi Deo propriè, vtpote ab omni corruptionis miftura longè remotiffimo, nomen non competat, vt cuius nomen fit ipfa eius effentia; poftulat nihilominus radicalis diuinæ effentiæ ratio, vt ei fecundùm noftrum debilem & imperfectum concipiendi modum nomina imponamus, quorum continuâ expenfione in eius altiffimæ diuinitatis arcana introducti, fpem & fiduciam concipiamus, atque amore tandem ei perfectiffimè vniamur , iuxta illud : *Exaltabo eum , quoniam cognouit nomen meum.* Nam veram altiffimi exiftentiam neminem vnquam, ipfo excepto, mente comprehendiffe, neque vllum alium ex vniuerfa Superûm multitudine ad inacceffas diuinæ abyffi latebras pertigiffe , illo Ioan-

nis, *Deum nemo vidit vnquam,* apertè probatur. Hinc quandocunque in lege mentio fit oris, manus, auris, pedis, oculi, & aliorum huius generis, quanquam ea magnitudinem & virtutem Dei aliquo modo infinuant,quid tamen in fimpliciffima illa diuinitatis abyffo manus, quid pes , quid oculus, quid auris, quid os, quid alia membra in myftico & archetypo corpore fint, nullâ vnquam creaturarum tantâ ingenij fublimitate, tanta intellectus perfpicacia fuit, quæ id comprehendere potuerit ; fed totum id dependet ab impenetrabili quadam analogia in diuinæ effentiæ centro recondita. Quanquam enim nos ad imaginem & fimilitudinem Dei conditi fimus, non ideo tamen quempiam inconfultiùs exiftimare velim, oculi, manus, oris, pedumque formam,fimpliciffimam altiffimi Dei naturam obtinere ; fed in eodem effe quid intrinfecum , analogum figuris, membrifque humanis , ex quibus profluant, fcaturiantque vniuerfa modo ineffabili, ratione prorfus inexplicabili, iuxta illud : *Cui affimilaftis me & adæquaftis?* Dum igitur manus, oculi, pedum , cœterorumque membrorum mentio fit in fcriptura ,nihil eo aliud intenditur, quàm vt mens humana, dum membra altiffimarum latentiumque rerum intellectui incomprehenfarum figna percipit,fimilitudine quâdam membrorum perculfa, attenta reddatur , & operum diuinorum contemplandorum incenfa defiderio, veluti reflexo quodam radio in Deum reuerberetur. Ita os diuinum mentem humanam ad percipiendam mandatorum diuinorum obferuantiam incitat ; brachium & manus in auxilij fiduciam commouent ; pedes ad currendam viam Domini, animant. Hinc Deus miro quodam ordine omnia conftruxit,fpiritualia corporeis tam pulchra analogia connectendo, vt quem ordinem in humano corpore artus & membra obtinent, quem in elementorum Mundo quatuor corpora fimplicia, miftorumque feries, quem in fidereo fphœrarum concatenatio, quem in Angelico Mundo hierarchici Chori ordines, eundem fibi vendi-

caue-

cauerit feeundùm ineffabilem quandam, vt dixi, analogiam archetypus
ille & increatus Mundus Deus Opt. Max. in æternum benedictus. Nam S. Dionyſ,
Areop. de
Hier. Eccl.
l. 1. c. 1.
vt rectè S. Dionyſ. libi de cœl. Hierarchia, fieri non poteſt vt mens noſtra
ad illam cœleſtium hierarchiarum materiæ expertium imitationem, con-
templationemque excitetur, niſi rerum corporearum ſibi notarum præſidio vtatur, cùm pulchritudo ſenſibilis, ſpeciei ac pulchritudinis occultæ
atque reconditæ nihil aliud quàm ſimulachrum quoddam ſit ; cùm ſua-
ues odores ſenſibiles, nihil aliud quàm effigies eius ſuauitatis, quæ ſola ratione intelligitur ; & ſic de cœteris, quæ naturis quidem cœleſtibus modo ſublimiori & nudè, nobis verò ſignis quibuſdam tradita ſunt . Hinc
mens humana ab omni peccati labe exuta, atque à terrenárum rerum concupiſcentia liberam nacta ſortem, veluti præuiâ quâdam diſpoſitione influxus diuini capax reddita, quod membrum mundum conſtituerit, id latentis ſuperni artus membrum, cui idem nomen adſcribitur , ſedes haud
dubiè euadet ; quod & Apoſtolus indicat, dum membra noſtra templum
eſſe Spiritus ſancti affirmat . Qui verò ſordibus, & ſenſibilium rerum tur-
pitudine, corporis ſui membra inquinauerit, is membra tollit Chriſti , &
templum Dei membra efficit meretricis . Quicunque igitur oculi v. g. in-
tuitum à vanitate continuerit, imò iuxta præceptum Domini eruerit, nihil aſpiciens prauum, nihil pudendum & turpe, ſed quæ ſolùm gloriam
cultumque optimi Conditoris concernunt ; tunc oculus iſte in abditæ
rei ſupernæ ſedem, cui oculi nomen adaptatur , redigetur, iuxta illud
Chriſti : *Beati mundo corde, quoniam ipſi Deum videbunt* . Idem dicendum
de manu, & pede, idem de ſingulis humanæ compaginis membris iudicandum . Hinc arborem decem Sephiroth, quas menſuras vocant, vti poſtea dicetur, veteres ſummâ ratione decem humani corporis præcipuis
membris accommodarunt ; quæ ſunt veluti totidem membra in archetypo illo homine, ineffabili quâdam analogiâ eo ordine diſpoſita, quem infinita illa diuinitatis ſimplicitas noſtro concipiendi modo permittit ; &
nihil aliud ſunt, quàm nomina quædam diuinitati propria , quorum ope
in triplicem mundum influit, omnia gubernat & moderatur, ipſo prorſus
immutabili, & nulli mutationis inconſtantiæ ſubiacente ; vt in ſequentibus amplè demonſtrabimus, & S. Dionyſius Areop. pulchrè oſtendit in libro de Hierarchia cœleſti c. 1. 2. 3.

  Hanc Cabalam à primis Patriarchis Ægyptij primi receperunt . Vn- Applicatio
ad Ægyptio-
rum myſte-
ria .
de quod Hebræi per literas & nomina, id ipſi varia animantium transfor-
matione occultè indigitarunt, atque per ſtatuarum myſtico quodam ritu
conſtitutarum membra declararunt, dum in humanis ſtatuis membra miro quodam modo, nunc torta, modò expanſa, iam curuata, nonnunquam
ſtantium, ſubinde iacentium, interdum genuflectentium ſitu, varijs orna-
mentorum habitibus condecorata effinxerunt. Et quid aliud tanto ac
tam multifario apparatu indicare voluerunt , niſi occultam illam analogiam membrorum hominis ad inacceſſas & incomprehenſibiles diuinitatis articulationes demonſtrandas ? & membra ſenſibilia inſenſibilibus
ſympathico quodam coniugio ex ſimilitudine exorto, vnienda ? in quo

      G g   nexu

nexu totius beatitudinis finem situm sciebant . Quid aliud Orpheus in
mysterijs suis, per longum illum Deorum Dearumque contextum, per
suffumigia vnicuique appropriata, nisi totidem diuinæ bonitatis, potentiæ, iustitiæ, immensitatis attributa designat? quod & de Homericis figmentis ad ineffabiles diuinorum influxuum in Vniuersum virtutes effe-
ctusque indicandos dictum videri debet .

   Membra itaque Archetypi istius corporis, dum ob mysteriorum pro-
funditatem homini, imò Angelis incomprehensibilia sunt, aptè sanè per
totidem nomina exprimuntur ; Nomina enim, vt rectè Pardes dicit, sunt
ipsa membra Dei benedicti in secula . Sed his ita prælibatis iam ad explicationem nominum diuinorum progrediamur .

§. I.

Nomen Dei Tetragrammaton יהוה *; siue quatuor literarum.*

R Egius Psaltes admirabile hoc tetragrammati nominis mysterium
  olim profundius perscrutans non immeritò exclamabat :

אדוני אדוניגו מה אדיר שמוך בכל ארץ :

Nomen Dei admirabile.

Domine Dominus noster, quàm admirabile est nomen tuum in vniuersa terra !
Admirabile dixit , quia omnem transcendit humanæ & Angelicæ intelligentiæ limitem . Admirabile dixit, quia nemo id nouit, nisi solus is, qui id
ipsum sibi imposuit . Admirabile dixit, quia tam admirabile est, quàm
ipse, qui id gestat, admirabilis est solus . Admirabile dixit, quia quæ diuinorum operum in hac mundi machina spectantur, ex hoc vnico veluti
diuinæ benignitatis inexhausto fonte, & infinitæ immensitatis Oceano in
vniuersum creaturarum ambitu diffunduntur . Est enim id nihil aliud nisi
diuinæ abyssi index, incomprehensibilium mysteriorum Dei penuarium,
legis diuinæ & humanæ receptaculum , quinquaginta portarum Mundi
aditus , vti & triginta duarum semitarum Isagogus , vtpote quo guber-
nentur, dispensentur, incitentur, animentur, viuant, sentiant, intelligant
omnia . *Domine Dominus noster, quàm admirabile est nomen tuum in vniuersa*
terra ! Et quamuis omnia coetera Nomina & Cognomina Dei ex effectibus Creatoris processerint, hoc tamen nomen prorsus diuinum, & sublime, nulla effectuum contagione inquinatum, seipso constans, immobilem
Dei essentiam & existentiam vnicè exhibet . Ab hoc omnia coetera nomina tanquam ex ineffabili archetypæ arboris radice propullulant . Quæ
omnia pulchrè R. Nehemia Ben Haccana in epistola ad filium suum data,
quæ אגרות חמדות , *Epistola secretorum* dicitur, exponit his verbis :

R. Nehemia.

אודעך שאין לאל שם אשר אנו נוכל לחשיג חברה לפי שעצמותו הוא שמו
ושמו הוא עצמותו וכמו שעצמותו לא נוכל לחשיג ידיעה עם כל זה כל שמותיו
יש להם הוראה לפי ששם ארבע אותיות הוא יותר עצמי לפעלותיו ממראה ידיעה
יותר שלמה ויותר עצמית כפי מה אנו יכולים לקבל ומזה מצטרפים כל שמותיו ולפי
זה שמה נקרא שם המפורש לא שהוא יחיה שמו עצמו : אבל אנו אומרים אותו
לפי

לפי שוח הוא כל מה שבחימצאו וכל לישיגנ ויותר צבוח מלמעלה לא נופל
לעלוח:

Hoc est: *Manifestabo tibi, quod Deo nomen non est, quod nos possumus comprehendere: Est enim substantia eius nomen eius, & nomen eius est substantia eius; & quemadmodum eius substantiæ notitiam habere non possumus, quoniam eidem similes efficeremur; ita nominis ipsius notitiam habere nequimus. Nihilominus omnia eius nomina sunt attributiua. Et quia quatuor literarum nomen operationibus eius peculiare est, notitiam perfectiorem & magis substantialem quantum nobis animo concipere datur indicat; & quia ex hoc nomine procedunt omnia eius nomina; ideo dictum est Scimhamephoras, id est, expositum, non quod sit nomen eius substantiale, sed nos id dicimus in quantum nobis concipere datum est; & ideo altius ascendere non possumus.* Omnia itaque sanctissima Dei nomina nomini Dei tetragrammato inserta sunt, & veluti catenatim annexa, omnia enim ab eo pendent, tanquam ab omnium Imperatore, cui veluti Duces, Archiduces, Principes, Comites, Barones imperij sui annodati sunt. Nam vt recte Moses Botril in Iezirah ait.

Omnia nomina Dei inserta sunt nomini tetragrammato.

Moyses Botril

כאילן אשר מכל צד יצאים ענפים וענפים מענפים
כן יצאים כל שמות:

Sicuti arbor a cuius lateribus egrediuntur rami, & rami ex ramis; sic omnia alia nomina ex magno illo nomine egrediuntur; vnde quicunq; intelligit mysterium intelligit etiam, quomodo omnia de magno eius nomine emanarint, & quomodo vnumquodque fructum facit ad speciem suam, & quomodo reposita sint in æterno eius diuinitatis gremio; vt prouida non sine ratione priscorum statuerit authoritas, quod qui temerario ausu nomen magnum & formidabile protulerit, prout in lege scriptum est, vel qui in vanum illud sumpserit, partem non haberet in futuro seculo. Sed iam mysteriorum sub eo latentium interpretationem ordiamur.

§. II.

Mysteria Nominis Dei יהוה.

RAbbenu Hakados, quem Hebræi Sanctum nominant, in libro qui intitulatur, reuelator arcanorum, sic inter alia de hoc nomine tradit.

חבם שטטם בן ארבע אותיות כפי תואר אשר חוא בלשונכו העבריח
הוא זה יהוה הוא אלוה מוליד ולפי שלא זוכל לחיות מולוד בלא מ׳ילד הראוי הוא
להשתעף האחבה מן המוליד ולחפץ מן חמולוד למוליד לפי שאם לא חיה
זה לא חיה מולוד ואם לא חיה משתעף אחבה מש׳ילד למוליד חזק חמולוד נפרד
מאמילד וזה שני עצמים אבל אנחנו נראח חמליד וחמז׳ילד חיות עצם אחד
ולפיכך הוא כורך מאחף לאחד חשטעף האחבה

Id est, Aspice & considera, quod nomen quatuor literarum iuxta formam suam, qua scribitur, & quod in lingua Hebraica sic scribitur, יהוה, ipsum
indicat

יהוה

iudicat Deum generantem, & quia non potest esse generans sine generato, conueniens est, vt amor à generante in generatum, & conuerso à generato in generantem procedat; quod si hoc non esset, non generaret, & si non procederet amor à generato in generantem, & distingueretur generatum à generante, essent duæ substantiæ; ideo volumus nos, generantem & generatum esse vnam substantiam, & ideò necesse est, ex vno in alterum procedere amorem. Habemus pronunciatum, iam quomodo id contingere possit, & quomodo id ex ipso nomine colligere possimus, videamus.

Literæ itaque huius sacrosancti nominis יהוה, quoad numerum quidem quatuor sunt, vnde tetragrammaton dicitur; re vera tamen non nisi tres sunt יהו; ex eo verò quòd secunda bis ponitur, secundo scilicet & vltimo loco, quatuor esse censentur. Tres igitur huius nominis literæ,

tres designant diuinæ naturæ hypostases. Et prima quidem, scilicet י Iod, punctum & principium exponitur, eò quod omnium aliarum literarum principium sit: Nam sicuti ex fluxu puncti fit linea, ex fluxu lineæ superficies, ex fluxu superficiei corpus; ita ex diuini istius ineffabilis puncti ad extra, omnes Mundorum series constituuntur. Rursus, quemadmodum ex י Iod puncto omnia reliqua Hebraici elementa Alphabeti

componuntur; ita omnia, quæ in hac sensibili Mundi machina facta conspiciuntur, ex puncto illo diuinitatis archetypo profluxerunt: omnes enim literas Hebraicas ex puncto Iod compositas, Alphabetum illud mysticum, quod Hoachæum vocant, & ab Abrahamo Balmis fusiùs exponitur, satis declarat, vt videre est in Tabula Class. II. fol. 105. in Alphabeto mystico ab Angelis tradito.

Cùm itaque prima litera י Iod & punctum & principium indicet, rectè per id Pater, prima in sacrosancta Triade hypostasis denotatur; quæ cùm a nullo alio, aliæque hypostases ab eo emanent, rectè principium sine principio dicitur à Theologis.

Secunda litera est ה He, quæ esse, vel viuere significat, secundamque in diuina Triade hypostasin aptissimè innuit, Filium inquam, iuxta illud; Omnia per ipsum facta sunt, & sine ipso factum est nihil. Quod factum est, in ipso vita erat. Tertia denique litera ו Vau, cum copulatiuam dictionem

notet, rectè tertiam Sacrosanctæ Triadis hypostasin, Spiritum sanctum exprimit; qui cùm sit Amor Patris & Filij, quo se inuicem amant, rectè nexus & copula vtriusque nuncupatur. Quarta verò litera ה He, secundæ iuncta in יהוה, duplicem in Filio naturam designat, ה quidem post

diuinam, ה verò post ו humanam: Nam Pater quidem, qui prima persona est, cùm sit solùm producens, & non productus, vnam tantùm quoad hoc habet relationem; Spiritus sanctus quoque per ו indicatus, cùm solùm productus sit, non producens, vnam pariter tantùm relationem habet: Filius autem, qui secunda in diuinis persona dicitur, vtpote & producens & productus, rectè duas relationes habere ostenditur: Nam & à Patre productus est, & cùm Patre vnà Spiritum sanctum producit. Quamuis

uis etiam alij duplicem per duo נ נ in Chrifto naturam exhibent. Hinc
antiqui Hebræorum fapientes nomen hoc Dei attentiùs confiderantes, illud non per quatuor, fed tria Iod circulo inclufa, & fubfcripta vocali Camets, ad ineffabile Sacrofanctæ Triadis myfterium indicandum, fignare
folebant; vt fequitur ⊙ ; quod Author libri, qui intitulatur Pardes,
his verbis affirmat:

Hebræi anti-
qui fcribe-
bant nomen
Dei tetra-
grammaton
per tria Iod,
& Camets,

כי לסוד זה כותבים השם ג׳ יורין כנ״לי:

Quod ob myfterium hoc nomen fcribunt tribus Iod, vti hic יℸℸ. Quod & Chaldaicæ paraphrafis manufcripta, & Conftantinopolitana editio fat fuperq;
demonftrant, vbi huiufmodi nomen paffim dicta ratione fcriptum inuenire licet. Kamets verò cur tribus Iod fubfcripta fit, caufam eius hanc do.
Cùm enim ⁱ Iod idem fit, vt fuprà dictum eft, quod principium; principium verò in operibus SS. Triadis intrinfecis foli Patri conueniat, & in
operationibus extrinfecis, tribus Perfonis commune fit; tria Iod tres denotant diuinas hypoftafes; vnica verò Kamets tribus Iod fuppofita vnicam naturam diuinæ effentiæ, quæ vnicuique hypoftafi impartibiliter
communicatur, defignat. Circulo verò, cui tria Iod includuntur, ipfa
diuinæ effentiæ identitas rectè denotatur, qua fimul diuinæ hypoftafes
tanquam vnicum principium, & vna prima caufa, ad omnium rerum a-
ctiones concurrunt, tribus Iod trinam perfonarum æqualitatem rectè in-
dicantibus. Quæ veteres pulchrè tribus Dei nominibus יℸℸ : ℸℸ : יℸℸ, ex
nomine tetragrammato deductis exprefferunt: primum enim ℸℸ deducitur ex prima & fecunda litera; & Deum Patrem totius diuinitatis fontem
notat; fecundum ℸℸ ex fecunda & tertia litera conftituitur, & Filium exprimit, iuxta illud Efaiæ 35. הוא יבוא וישיעכם אלהים, *Deus ipfe veniet &*
faluabit vos; tertium denique nomen ℸℸ Spiritum fanctum exprimit,
quia & ipfe quoque poft Filium vifibiliter mitti debebat, licet non eodem modo; Filius enim in humana natura fibi hypoftaticè vnita mitten-
dus erat, Spiritus fanctus verò in Columbæ fpecie, vel in linguis igneis,
non fibi tamen hypoftaticè vnitis, fed tanquam in figno. In hoc verò,
quod fecundum nomen defcendit à primo, & tertium à fecundo (nam litera ℸ communis eft primo & fecundo nomini, ℸ verò communis eft fecundo & tertio;) oftenditur rectè, Filium confubftantialem effe Patri, à
quo genitus eft, & Spiritum fanctum confubftantialem effe Filio, confub-
ftantialemque Patri, à quo procedit; vt in propatulo fit, & Filium effe
in Patre, & Patrem in Filio, & Spiritum fanctum in vtroque. Et cùm tota Sacrofancta Trias fempiternâ ftabilitate gaudeat, rectè hæc tria nomina trium temporum, præteriti, præfentis, & futuri differentiam denotant; præteritum per ℸℸ fuit; præfens per ℸℸ eft, futurum per אℸℸ ero;
quafi innueret ipfum nomen, Deum Patrem, & Filium, & Spiritum fanctum femper fuiffe, effe & fore.

Camets cur
tribus Iod
fubfcribatur
in nomine
Dei tetra-
grammato.

Nomina Dei
יℸℸ, ℸℸ, יℸℸ
ex nomine
tetragramma
to deducta,
quid deno-
tant.

Vides igitur quomodo, ex fuprà citato Authore R. Hakadofch, Deus
generans oftendatur ex vi & efficacia diuini nominis tetragrammati. Sed

iam

Nominis te-
tragrammati
in numeros
resolutio.

Ruther Par-
des.

iam hæc eadem oftendemus in numeris. ' Iod, 10 denotat ; totidem
חה, quorum vnumquodque 5 fignificat : prius ה notat Filium, & pofterius Spiritum fanctum, coniuncta per particulam copulariuam ו Vau,
quod 6 exprimit, quo vnitas trium Perfonarum confubstantialis aptè indicatur . Alij ex Rabbinis. ac inter alios Author Pardes id hoc pacto per
numeros interpretatur . Nihil infinito, nihil vno, nihil puncto prius eft ,
& ipfum rerum omnium principium eft ; deinde vfque ad vnum, & vfq;
ad punctum omnia funt, & vltra vnum atque punctum nihil eft : hic igitur rerum omnium finis . habebis modò primam יהוה literam , quæ & figuram puncti refert, & ' Iod, id eft, principium nominatur, & denarium,
id eft, finem omnis numeri defignat, & omnem numerum fimpliciffimè
penetrat, quoniam notam præfefert vnitatis, vnitas autem omnium numerorum menfura communis eft, principium omnis interualli longitudi-
nifque, ipfa omnis longitudinis & interualli incapax, neque alteri addita
quicquam nifi feipfam producit, vti & punctum . Porrò ex primo binario
& primo ternario procedit quinarius, qui productum à fuprema luce primum intellectualis Mundi radium vno facrato charactere, hoc eft, ipfa ה
litera demonftrat, quam & Arithmetici primum incompofitum, & Cabalici prolationis Spiritum, effentiæque hypoftafin articuli officio defignari tradiderunt . Hinc Cherubini à Salomone fupra arcam fœderis conftituti alis quinque cubitorum adornabantur ; verus fupercœleftis citra
Deum naturæ & effentiæ typus. Sequitur ו fenarij numeri index, cœli
& terræ, id eft, omnium ex materia & forma compofitorum copula ; atque in folidorum natura conftituitur, & citra omne corpus infeparabili &
perfecta coniunctione femper nafcitur, quorum cuiuflibet duo funt motus, nil mirum fi poft ה fequatur ו, id eft 6, qui numerus priorum multiplicatione nafcitur, fiue enim bis 3, fiue ter 2 dicas, 6 nafcuntur ; congruus omninò materialibus numerus, ad indicandum, fexto Mundi die
omnia Dei opera perfecta fuiffe . Hinc & ה & ו inter omnes literas vocantur circulares, quæ quomodocunque in fe multiplicatæ, femper 5 & 6
in fine relinquent ; ita quinque in fe ducta faciunt 25, & hæ in 5 denuò
ductæ 125, & hæ in 5 producunt 625. Item de fenarij in fe multiplicatione dicendum, vt in margine patet. Quo indicatur, Mundi Archetypi ac fenfibilis perfectam quandam & circularem connexionem effe . Sed
de his plura in Arithmeticis .

5: 25 | 6.   36
125 | 216
625 | 1296

Porrò nomen Dei tetragrammaton ℵ τῶ ἰσοψήφω refolutum in numeros, dabit 26, quod æquiualet nomini Dei כה Kò ; quod eft porta pifcinæ
magnæ omnium benedictionum diuinarum : per hoc enim כה Kò ad nomen Dei tetragrammaton aditus datur , iuxta illud :

ו I 0
ה 5
ו 6 | 20
ה 5 | 6
—
26 | 26

וַיֹּאמֶר יְהֹוָה אֶל מֹשֶׁה אֶהְיֶה אֲשֶׁר אֶהְיֶה כֹּה תֹאמַר
לִבְנֵי יִשְׂרָאֵל :

Et dixit Deus ad Moyfen, Ego fum qui fum : fic dices filijs Ifrael; אהיה *mifit*
me

me ad vos. עולם שמי זה *וז, hoc nomen meum an æternum, hæc est commemoratio mea in generationem & generationem;* vt per לעלם *sint* ל, id est, *ad celandum*, significaret, nomen hoc ter benedictum, dum legitur, occultandum esse; vetitum enim erat illud pronunciare, nisi à Sacerdote magno in sanctuario semel in hebdomade literis suis. Nam vt recte Rabbi Hakadosch: אדוני בשם אלא יהוה בשם תכתבני לא, *Non scribetis me nomine* יהוה, *sed nomine Adonai.* Cùm itaque nomen Dei יהוה sit vnum, & quatuor literarum, literæ verò numerum 26 contineant; fit vt 1. 4. & 26 in vnum contracta, 31 exhibeant; quem numerum etiam אל, alterum Nomen Dei exhibet, videlicet 31. Rursus כו Dei nomen numero יהוה אלהים æquipollet, si expansè scribatur sic, וו כף, *Caph Vau;* dabit enim 112. totidem videlicet, quod יהוה אלהים, vt in margine patet. Præterea hoc nomen expansè scriptum sic, וו חי יוד, & in numeros resolutum, dabit eundem numerum, quem particula מה *Mah, quid;* videlicet 45. Cùm enim Moyses dixisset: *Quod nomen eius, quid dicam?* Respondebatur ei, אהיה *ehieh*, *Dominus Deus tetragrammaton* יהוה *misit me ad vos;* & si quærant, quod nomen tuum? Respondebis: מה שמו שמה, *Mihi quid nomen eius quid;* id est, ex hisce terminalibus dictionum literis nomen meum aliud non esse intelliges nisi מה. Partes enim eius sunt יהו, quas si in interualla diuidamus, primum est י; secundum יה, tertium י, quasi diceres יה; & sunt nomina ad essentiam Dei pertinentia: primum יה *Iah* habetur Exodi 15. *Fortitudo mea est laus mea* יה. secundum יהו *Vehi*, habetur in illo, לישועה לי ויהי, *Et factus est mihi in salutem:* tertium יהי *Iehi*, habetur Genes. 1. *Fiat lux*, ויהי אור, & *fuit lux;* quæ propriè Mundi opificium ac essentiam respiciunt: vnde nouies repetitur ויהיכן, *Et factum est ita.* E quibus quidem apertè cognoscimus, Dei nomen יהוה radicaliter sub hisce latere: Nam vti in sequentibus dicetur, Nomen Dei אלהים *Elohim*, solùm hisce sex diebus expressum reperimus: sed cùm Mundus iam esset perfectus, & post varia atque admiranda diuinarum virtutum opera confumata, tandem pro merito triumphus esset celebrandus, sextusque dies indicandus, tunc Elohim Tetragrammatum, Rex Regum, & Dominus dominantium incessit,& dictum est tunc primùm: *Istæ sunt generationes cœli & terræ in die* בהבראם *quo* יהוה *Elohim tetragrammaton fecit cœlum & terram;* atque adeo hoc loco יהוה tetragrammaton nomen primò creaturis omnibus innotuit. Sed de his & similibus fusiùs tractatum vide in portis lucis, & fusissimè in portis iustitiæ R. Ioseph Karnitolis.

Rursus si יהוה expanderis, ita vt' Iod quater, ה He ter, ו Vau bis, & ה He semel ponantur, & omnia in vnam summam reduxeris; inuenies 72, id est, nomen Dei 72 literarum, ad quod omnia Dei nomina veluti innumeri riui ad Oceanum, vnde profluunt, reducuntur. Innumera hoc loco huius generis arcana sub sacratissimo nomine latentia adducere possem; sed ne totum hisce tempus perdamus, Lector præter citatos paulò ante Authores, adire poterit R. Abraham in Iezirah, R. Hamai, Karnitol, Becchai, Ioseph Castilionensem, aliosque quos passim citabimus; & ex

Latinis

א	1
ך 20	ל 30
פ 80	ה 5
ו 6	י 10
ו 6	מ 40
	ל 30
	ה 5
	ו 6
	ה 5
112	112

י	10
ו	6
ד	3
ה	5
א	1
ו	6
א	1
ו	6
מ 40	ה 5
ה 5	א 1
45	45

R. Ioseph Karnitol.

ייי	40
ההה	15
וו	12
ה	5
	72

Latinis Galatinum, Georgium Venetum, Sixtum Senenfem, aliofque
innumeros.

§. III.

De Nomine Dei duodecim literarum, feu dodecagrammato.

INter cœtera Nomina Dei, celeberrimum quoque reperitur apud Cabalicos nomen Dei δωδεκαγραμμάτε, fiue duodecim literarum ; non
quòd vnum nomen reuera fit, fed quòd plura in vnum coniuncta vnum
quid fignificent. Meminit huius inter cœteros innumeros Rabbinos Rambam l. 11. More nebuchim, vbi ita inquit:

ועוד למקבלים שם בן שנים עשר אותיות

Erat apud eos adhuc aliud nomen duodecim literarum. Deinde verò fic dicit
(Hebraicum ad verbum fic interpretor.) [Eſt autem in prompturquan-
tum ad me, id quod ipfe vehementer opinor, ipfum non vnum fuiſſe nomen, fed duo, vel tria nomina aggregata, quorum literæ duodecim erant.
Et priores illi fancti Patres, quotiefcunque in Sacra fcriptura nomen quatuor literarum occurrebat, videlicet יהוה, ipfum cum duodecim illis literis pronunciabant, atque exponebant, quemadmodum hodie etiam illud cum quatuor hifce literis אדני Adonai pronunciamus. Illud tamen
nomen duodecim literarum maioris proculdubio vnitatis fignificationem
importabat, quàm id quod hoc nomen Adonai fignificat ; neque illud
quempiam fcire prohibebant, quin potius quemcunque volentem illud
difcere, docebant: fecùs fiebat de nomine quatuor literarum ; neminem enim illud docebant, qui fciebant, nifi filios fuos atque difcipulos,
qui tales eſſent, qui illud fcire mererentur ; & hoc femel duntaxat in
hebdomade ; cùm autem multiplicati eſſent in mundo homines, Hæretici atque peruerfi mente, nomenque duodecim literarum didiciſſent ;
tùnc eo credulitatem corruperunt. Quamobrem Patres illi nomen illud
duodecim literarum neminem vlterius docuerunt, nifi honeſtos & pudi-
cos, qui erant in Sacerdotio, vt videlicet cum eo populo in fanctuario
benedicerent. Poſtea verò prohibuerunt de Sanctuario expofiti nominis
memoriam, propter malitiam fcilicet filiorum hominum; quod immediatè poſt Simeonis iuſti obitum accidit : (fuit autem is Simeon qui Chriſtum vlnis fuis exceptum benedicere meruit:) qui & vltimus omnium
fuit, qui cum nomine quatuor literarum populo benedixit.] Hactenus
Rambam. Quale autem hoc nomen fuerit, & quomodo id ex nomine
Dei tetragrammato emanet, videamus.

Si enim Nomen Dei tetragrammaton fecundùm leges combinato-
rias in octauo libro Mufurgiæ noftræ vniuerfalis præfcriptas refoluatur
(quod fiet, fi ה primum locum fexies occupat, י verò ter, & ו ter) naf-
centur duodecim combinationes feu varietates, non plures, id eſt, duo-

decim

decim nomina Dei, quæ חויות *Hauioth* Hebræi vocant; quæ quidem omnia diuinæ essentiæ proprietates respiciunt, vt in hoc schemate patet. Duodecim igitur ista nomina vnum apud Cabalicos nomen efficiunt, tanquam vnius rei significatiuum, quamuis reuera duodecim nomina sint, diuinæ essentiæ rationem explicantia; quorum singulis ex sacra Scriptura clausulam, vel ex capitalibus, vel medijs, vel finalibus literis depromptam applicant, vt sequitur.

Duodecim חויות Hauioth comparatio ad loca S. Scripturæ, ex Pardes extracta.

1 Primum inuenitur in capitalibus literis istius Psalmi 95. v. 11.	1 יהוה ישמחו השמים ותגל הארץ
2 Inuenitur in illo Ierem.: 9. 24.	2 יהוה יתהלל המתהלל השכל וידוע
3 Habetur in illo Exodi 26. v. 30.	3 יהוה והקמת את המשכן כמשפט
4 Habetur in illo Iob 33. 27.	4 הוהי וכל רה איננו שוה לי
5 Habetur in illo Deuter. 9.	5 הויה שמע ישראל היום
6 Habetur in illo Isa. 45.	6 החוי וצעקת חתית לנו ב׳
7 Habetur in illo Deut. 20.	7 והיה וירא אוחה שרי פרעה
8 Habetur in illo Deuter. 6.	8 יההו ודבשת יום ה׳וה ה׳וח
9 Continetur in illo Gen. 13.	9 ויהח ויבא יושב הארץ הכנעני
10 Continetur in illo Psal. 33. v. 4.	10 היחו ליהוה את ונרחמם כשמל
11 Continetur in illo Isa.	11 היחו הומר ימיר וה׳ה חלא
12 Habetur in illo Ier. 8.	12 חהיו עירה ולשורקה אנל אתנל

Horum nominum sex dicunt occulta, sex manifesta. Illa humano ingenio incomprehensibilia, hæc, cum fabricam respiciant, se explicant, latetque mysterium in punctis, quibus signantur citato loco; de quibus vide Pardes. Nomen porro duodecim literarum aiunt Rabbini esse hoc quod sequitur, קודשא בריך הוא *Sanctus benedictus ille*; quod etiam per quatuor literas exprimunt sic, ה׳ ב ק ה; quo populo, vt postea dicetur, benedicere solebant prisci Sacerdotes. Veruntamen R. Hakadosch supra citatus, altius & sublimius speculatus, hoc nomen duodecim literarum dicit

Exempla nominum Dei rx.literarum

R. Hakadosch

dicit esse illud quod sequitur : אב בן ורוח הקודש, *Pater, & Filius, & Spiritus sanctus* ; sed audiamus verba eius :

ולפי כך מזה השם המפורש הוא נגזר שם שנים עשר
אותיות כי הוא אב : בן : ורוח הקדש : אשר בלשוננו
העברית שם שנים עשר אותיות נכתב בן :

Quamobrem ex hoc nomine Dei exposito, videlicet יהוה, *aliud nomen deriuatur duodecim literarum, estQ̃ , Pater, & Filius, & Spiritus sanctus ; quod in lingua nostra Hebraica scribitur duodecim literis :* Deduxit autem hanc tam arduam considerationem ex primo versu Geneseos בראשית ברא אלהים, *In principio creauit Deus &c.* vbi in voce ברא *bara* singulis literis tribuit vnam ex diuinis hypostasibus. Et quidem per א *Aleph* Patrem, per ב *Beth* Filium, & per ר *Resch* Spiritum sanctum denotat ; quæ conficiunt duodecim literarum nomen אב בן ורוח הקודש, *Pater, Filius, & Spiritus sanctus* : quasi diceret : In principio Pater & Filius & Spiritus sanctus creauit cœlum & terram ; idem deducit ex illo : *Lapidem, quem reprobauerunt ædificantes, hic factus est in caput anguli.* vbi in voce אבן, quod lapidem significat, per אב *Au,* Patrem, per בן *Ben,* Filium, & consequenter per vtriusque amorem Spiritum sanctum intelligit. Idem dodecagrammaton Dei nomen deducunt ex illo Isaiæ 65. vbi dicitur ויהיו מברכים באדני אמן, *& erunt benedicti in Deo* אמן *Amen :* Quærunt enim Cabalici, quid sibi velit illud אמן? Respondent idem esse, ac אל מלך נאמן; hoc est, *Dominus, Rex, fidelis ;* nomen videlicet duodecim literarum, quarum trium dictionum capita monstrant אמן. Innumera huiusmodi sunt sacris characteribus comprehensa nomina, non solùm præteritorum complementa, sed & futurorum certa quædam præsagia, modò adesset qui ea non tam interpretaretur, quàm de ijs ratiocinaretur.

§. IV.

De Nomine Dei τετραγραμμάτῳ, siue 22 literarum, quo Sacerdotes olim populo benedicere solebant, ex mente Rabbinorum.

TRadunt Cabalici, Sacerdotes Hebræorum olim benedictionem suam peregisse per nomen Dei tetragrammaton, hoc pacto ; nempe tribus medijs digitis dextræ manus extensis, veluti tribus יהו, pollice verò & auriculari digito incuruatis aliquantulum, ita vt inclinatio duorum digitorum ה formaret ; atque adeo tres digiti medij cum duobus extremis inclinatis nomen Dei יהוה, יהוה, tertiò non sine altissimo mysterio, teste Rambam, exprimerent. Erat enim ille typus quidam benedictionis per Patrem & Filium, & Spiritum sanctum in lege gratiæ dandæ fidelibus, vt videlicet respicerent ad illud Exodi 3. v. 4.

Margin note: Sacerdotes Hebræorum qua manus configuratione olim dederint benedictioné populo,

אהיה

אהיה אשר אהיה כה תאמר האיה שלחני אליכם:

Hoc eft; *Ego fum qui fum, fic dices: qui eft, mifit me ad vos*. quafi per
tertiò repetitum אות manifeftè diceret אני הוא יה, *Ego fum ille Deus*,
ego ille Deus, fic dices, יהוה, qui eft Deus, ipfe mittit me ad vos, trinus in
vno, & vnus in trino. Nam per tres digitos erectos, tres diuinas hypoftafes, quas ipfi ספירות עליינות, tres fupremas numerationes dicunt, notabant; per duos extremos digitos inclinatos depreffofque ה, per manum verò totam paulò inclinatam ו Vau literam, atque adeò totum nomen יהוה tertiò repetitum, manu in fimilitudinem literarum tetragrammati contortâ, exprimebant: & per ה diuinæ effentiæ vnitatem, per יוי
Sacrofanctam Triadem, per ו perfonarum nexum; vel etiam per י Patrem, per ה Filium, per ו Spiritum fanctum typicè indicabant. Repetio
quoque, vnico digito erecto, qui index dicitur, in quo tria internodia tria
iod exprimebant, veteres iuramentum præftitiffe; quam confuetudinem
& Pythagoram, digito elato per tetractyn iurare folitum, in fcholam
fuam tranftuliffe verifimile eft. Cùm verò prauorum hominum abufu
nomen Dei tetragrammaton, tantâ primò curâ & follicitudine, tantâ reuerentiâ, electiffimis quibufuis, feptimo quoque anno, vt per id in Sanctuario populo benedicerent, traditum vilefceret; ad maieftatem tanti
nominis conferuandam, eius in benedictionibus folennioribus vfus Sacerdotibus interdictus fuit; folifque fummis Pontificibus quotannis per-
miffa erat eius pronunciatio in diebus ieiunij & propitiationis. Quare illius loco duodecim literarum nomen, quod aliquantò facratius effet,
quàm nomen Adonai, tetragrammato verò ineffabili minùs arcanum, in.
benedictionibus perficiendis fubftituerunt. Fuit autem nomen fubftitu-
tum duodecim literarum, hoc: חקדוש ברוך הוא, quod vt tetragrammaton aliquo modo exprimeret, quatuor literis capitalibus illud formabant
hoc pacto ח ב ק ה:

חקדיש בדוך הוא

Id eft, *Sanctus benedictus ille*; per quod benedictionem à Deo Numerorum 6. v. 24. mandatam fuper populum pro tetragrammato ita proferebant, יברכך יהוה וישמרך, *Benedicat te fanctus benedictus ille, & cuftodiat te*,
יאר יהוה פניו אליך ויחנך, *oftendat fanctus benedictus ipfe faciem fuam tibi, &*
mifereatur tui, ישא יהוה פניו אליך וישם לך שלום, *ponat fanctus benedictus*
ipfe faciem fuam ad te, & ponat tibi pacem. Quo in loco Raffi, id eft, Rabbi Salomon Ben Iarrhi in Numerorum 6. ita fcribit.

לכן הכהנים פורשים ידיהם למעלה ומברכים ישראל לאמר הקבה עומד R. Salomon
אחרינו שנאמר הנה זה עומד אחר כתלינו משגיח מן החלונות ומבין אצבעות Ben Iarrhi.
של כהנים:

Itaque Sacerdotes diftendant manus fuas dicendo: Sanctus benedictus ille
ftat poft nos, ficuti fcriptum eft. En ipfe ftat poft parietem noftrum, afpiciens de
feneftris inter digitos Sacerdotum.

Pardes tamen dicit, non tantùm in nomine Dei duodecim literarum benedictionem peractam esse à priscis Sacerdotibus, sed & alio mystico nomine viginti duarum literarum; vt sic ad omnia Dei nomina sub 22. Hebraici Alphabeti elementis comprehensa alluderent. Erat autem nomen 22. literarum, vt sequitur.

Nomen 22 literarum, quo benedicebant veteres.

אנקתם פסתם פספסים דיונסים:

Deionesim   Paspasim   Pastam   Ankatam

Extractumque fuerat ex illo citato Numerorum 6. v. 24.

יברכך יהוה וישמרך יאר יהוה:

Id est, *Benedicat tibi Deus, & custodiat te, ostendit Deus.* qui quidem versus pariter est 22. literarum.

Forma Computationis hæc est.

Textus Num. 6. v. 24. ex quo extrahitur sequens.

יברכך יהוה וישמרך יאר יהוה:

Nomen 22. literarum extractum.

אנקתם פסתם פספסים דיונסים:

Extractio hæc peracta fuit ex varijs Alphabetorum reuolutionibus eo modo, quo in sequentibus demonstrabitur; vnde hic eas consultò omisimus. Lector quoque adire poterit Pardes, vbi fusè omnia & exactè tractantur. Vtilitatem verò, quæ ex huius nominis in benedictionibus prolatione emergebat, hisce verbis describit citatus Pardes.

פירושי המפרשים בשם זה כי כל א' מארבע שמות הנזברות יש לו סגולה
בפני עצמו חא" אנקתם וחוא טוב לחשמיע יהוה חפילה ופי" שומע אנקח חמים
חב' פסתם חוא נוחן פסת פר לצורבנם מזן: חג' פספסים מלשון ועשה לו
כתנת פסים וחוא נוחן בגד ללמש : חד" דיונסים וחוא עשה ניסים ונפלאות ובחם
נשחמש יעקב אבינו שנא" ונוחן לי לחם לאכול ובגד ללבש כאוח' אם יחיח
אלחים עמדי ושמרני.

Id est, *Dicunt autem interpretes huius nominis, quod vnumquodque ex quatuor nominibus hisce memoratis habet proprietatem singularem. Primum nomen* אנקתם *Ankatham, illud bonum est, vt Deus exaudiat orationes, iuxta illud, exaudiens gemitum simplicium. Secundum est* פסתם *Pastam, illud dat particulam frumenti indigentibus alimentum. Tertium est* פספסים *Paspasim, iuxta illud, & fecit ei tunicam polymitam; dare nimirum vestes ad induendum. Quartum est* דיונסים *Dionesim, & illud facit signa & mirabilia magna, eoq; vsus est Iacob pater noster, quando dixit: si dederit mihi panem ad manducandum; & vestes ad induendum, iuxta literam, si Deus mecum, & custodierit me. Putant itaque benedictione per hoc nomen 22. literarum peracta Deum primò facilè exaudire preces supplicantium; secundò concedere alimentum sine frumenti*

menti

menti abundantiam; Tertiò vestitus subministrationem; Quartò mirabilium perpetrationem, omnia in virtute nominis Dei tetragrammati יהוה,
quod implicitè continet; at superstitiosè vt solent. Sed his explicatis iam
ad nomen Dei 42 literarum procedamus.

§ V.

De Nomine Dei quod τεσσαρακονταδυαγράμματον, siue 42 literarum dicitur, ex mente Rabbinorum.

EX Nomine Dei tetragrammato aliud nomen τεσσαρακονταδυαγράμματον,
siue quadraginta duarum literarum deducunt, per Gametricam artem, siue ℣ τὴν ἰσόψηφίαν : si enim nomen Dei יהוה expandas hoc pacto
ה ו ה יוד He, Vau, He, expansumque in numeros resolueris; prodi-
bunt 42, vt in margine patet : 42 verò characteres per talia nomina sic
coniuncti, vnum dicuntur nomen, eò quòd vnicam tantùm rem respiciant. Secus sit de alijs nominibus compositis & simul coaceruatis : cùm
enim ratio illa, qua intellectus fertur in Deum, non nisi multis & literis &
verbis explicari potuerit; mirûm non est, veteres multorum verborum
ex sacris literis opportunè decerptorum congeriem, sub vnius nominis
expositione exhibuisse : vti enim Deus Opt : Max : omnia ex inexhausta
fontis sui abysso emanare, & ad infinitam originem refluere fecit; sic
æquum est, aiunt, vt homo per varios diuersosque riuorum canales, diuini fontis scaturiginem inquirat. Quæ pulchro sanè, & pleno arcanorum
pronunciato nobis ostendit R. Hammai in libro עיון, id est, speculationis,
his verbis :

י	10
ו	6
ד	4
ה	5
ו	6
ו	6
ה	5
	–––
	42

Nomen Dei
42. literarum

R. Hammai.

להוציא דכר בְּמאמר ומאמר כרכו עד לעמיד כל
הדברים כמעין השלהבת וחשלהבת כמאמר כמעין אין
חקר ואין מספר לאורה המתעלמת כתוספת החשך
המסותרות בכלל ארבעים ושתים אותיות :

Egit igitur Deus, vt produceret rem in verbo, & verbum in re, quousf-
que restitueret omnes res in fontem fulgoris, & fulgorem in verbum tanquam
fontem, cuius nec terminus sit, nec numerus, ad lucem absconditam augmento te-
nebrarum latentem in vniuerso 42 literarum. Quæ verba, vtpote obscurio-
ra, sic interpretor : Deus omnia vti in verbo suo constituit, quod est
fons lucis seu fulgoris incomprehensibilis & infiniti, ita ideas quoque rerum omnium posuit; lux autem hæc inaccessa & abscondita, in tenebrarum abysso diuinarum latitans, Deus inquam benedictus, omnia sapientiæ suæ virtute Mundo huic largitus est per creationem; per ipsum enim
Verbum omnia facta sunt, & sine ipso factum est nihil, & quod factum est, in
ipso vita erat, & vita erat lux hominum. Totum hoc mysterium latet sub
42 literarum nomine : vnde, & à sapientibus hoc nomen vocatur
קדוש ומקודש, sanctum & sanctificatum : ideoque per Alphabeticæ reuolutionis

Ieremiæ Pro-
phetæ me-
morabilis
euentus.
R. Iuda.

tionis commiſtionem rudibus indigniſque occultatum, atque Sanctis tantùm per Ieremiam Prophetam ex Alphabetaria reuolutione, vt aiunt, reuelatum eſt ; qui ſæpe ſolebat legere & reuoluere librum creationis, qui
dicitur יצירה Ietſirah, vti ſcribit Rabbi Iuda in libro בטכן Batachon, hóc
eſt, de ſpe. Cùm enim Ieremias, ait Author, librum Ietzirah multùm & ſæpe
nocturnâ diurnâq́; manu verſaret, dicitur ad eum veniſſe בת קול bat kol, filia vocis (ſic reuelationem nominant) quæ tribus annis eum dicto libro inſudare
iubebat. Quibus elapſis, cùm iam ei literarum placeret coniugatio, dictuſq́; tractatus, vt eius ope miranda exequeretur ; ecce mox ipſi, eiuſq́; aſſeclæ nouus ſe
homo exhibuit, cuius frons hæc verba præſeferebat : יהוה אלהים אמת, Tetragrammatus Deus verus. Sentiens autem dictus nouiter creatus homo ſcripturam
in fronte, extenſa manu primam in voce אמת literam, videlicet א deleuit, man-
ſitq́; hic ſenſus, יהוה אלהים מת, Tetragrammatus Deus mortuus. Quare Ieremias indignatione perculſus ſcidit veſtimenta ſua dicens ; quare tu deponis א
Aleph ab אמת Emeth ? reſpondit, quoniam defecerunt vbique à fidelitate Crea-
toru, qui nos creauit ad imaginem & ſimilitudinem ſuam. Reſpondit Ieremias,
quomodo igitur apprehendemus eum ? reſpondit ille :

כתבו האלפאביתות למפרע באותו העפר הזורק
בבונות לבבכם:

Scribite Alphabeta ad ſpacium in hunc puluerem diſperſum iuxta intelligentias
cordium veſtrorum ; & fecerunt ita. Et factus eſt dictus homo in horum con-
ſpectu puluis & cinis, atque ſic diſparuit. Hæc an hiſtoria, an fabula ſit, ne-

Applicatio
allegoriæ ad
Chriſtum.

ſcio ; certè pulchrè Chriſto applicari poſſent. Eſt enim Chriſtus יהוה אלהים אמת, Tetragrammatus Deus veritatis, iuxta quod ipſe de
ſe fatetur, Ego ſum via, veritas, & vita. Verùm cùm humanum genus
primæui delicti labe inquinatum à Deo viuo & vero receſſiſſet, tanta
ruina neutiquam reparari potuit, niſi per Dei mortem ; & ideo deleta
litera א in אמת, veritas manſit מת, hoc eſt, יהוה אלהים מת, Tetragrammatus Deus mortuus eſt, vt veritatem & ſalutem per peccatum ablatam, morte ſua humano generi, & hoc Deo reſtitueret. Quare dicunt Cabalici,
Ieremiam ex eo tempore ab ipſo Deo virtutes Alphabetorum, elemen-
tariumque combinationum poteſtates accepiſſe. Nam diſpoſitionem
coniugationis de libro Ietſirah iam antè eum cognouiſſe aſſerunt ; inde
ad poſteros Alphabetaria hæc receptio, per quam, vt ipſi putant, arcana
maxima panduntur, deuoluta eſt. Quale autem hoc nomen quadraginta
duarum literarum ſit, & vnde deriuetur, pandamus.

Origo nomi-
nis Dei 42.
literarum.
Iochaides.

Sapientes & periti in Cabala Magiſtri, vt habetur apud Iochaidem,
inueſtigaturi huiuſmodi nomina, primo magnâ animi diſpoſitione ſacro
ſe textui applicare ſolent ; tum omnes literarum in Tabula Ziruph contentarum combinationes à primo vſque ad vltimum elementum ſummâ
fide, ſpe firmâ, & amore ardenti ſcrutantur ; quâ diſpoſitione præuiâ,
aiunt, Deum, ſi eos dignos, & mentis puritate inſignes repererit, corda
illorum ſuperno diuini luminis radio colluſtrare, voluntati ſcrutantium
facul-

facultates offerre, & clementer fubijcere; ac tandem eos hoc pacto voti fui in nominis diuini inuentione compotes fieri. In quo tamen fuperftitiofius quàm opus effet, omnia peragunt. Modus autem fcrutinij is erat, qui fequitur. Primò 42 literas in 7 verba hectafyllaba partiebantur; deinde quodlibet verbum in duas dictiones, quarum fingulæ iuxta linguæ facræ proprietatem, ternas literas continebant: ductis itaque 6 in 7, prouениebant 42, literarum fcilicet eius nominis vniuerfa collectio; eftque inter alia innumera vnum hoc quod fequitur.

4	3	2	I
ימי אחד	מיה אצב	שגת חבץ	שגח במא
24 23 22 21 20 19	18 17 16 15 14 13	12 11 10 9 8 7	6 5 4 3 2 1
patha Iemi	etfab Miat	thebats Schagath	bamæ Schaga
	7	6	5
	פפצ שקק	חגד אכצ	צתג זהק
	42 41 40 39 38 37	36 35 34 33 32 31	30 29 28 27 26 25
	papafch Tfats	tfamaTbega	chapaz Zethag

Sunt igitur omnia hæc feptem hectafyllaba nomina vnum nomen. Dei ex 42 literis conftitutum. Putant Mekubalim fuperftitiofiores, huiufmodi tantâ virtute effe imbuta, vt nihil vfui eorum appropriato denegatum iri existiment. Cùm enim originem fuam in Sacra fcriptura habeant, voce Dei prolata; Deo, ob fummam abftractionem, quam à terrenis, materialibus, fenfibilifq; rebus habent, illa placere, & confequenter cum recta intentione, fide firma, & ardenti charitatis affectu portata, prolataque, id quod intenditur, certò impetrare arbitrantur. Amplexus eft hanc doctrinam Picus in fuis Conclufionibus, cùm dixit: *Quælibet vox Hebraica virtutem habet in Magia, in quantum Dei voce formatur.* Ego verò illa nequaquàm vfurpanda existimem, nifi in quantum ab Ecclefia diuinorum eloquiorum interprete approbata fuerint. Vnde relictis portentofis huiufmodi nominibus, audiamus R. Hakadofch, qui eadem meliùs interpretatus eft hâc verborum periodo.

ולפי שאינו נמצא שום דבר באל אשר לא יהיה אל משם שנים עשר אותיות
משטעף שם ארבעים ושתים אותיות אשר הוא אב אלהים בן אלהים רוח הקדש
אלהים שלשה באחד אחד בשלשה אשר בעבריה הם ארבעים ושנים אותיות מראות
השם הנזכר ודעי אלה השמות חיות מהסודות האלהים אשר ראוי להסתירם מכל
אחד עד שיבוא משיח צדקנו גליתים לך ואתה חקם בסוד:

Id eft, *Quoniam verò nihil in Deo, quod non fit Deus, ex nomine duodecim literarum, emanat nomen 42 literarum; quod eft, Pater Deus, Filius Deus, Spiritus fanctus Deus, trinus in vno, & vnus in trino, quæ in Hebraico 42 literæ. Notare autem debes, hæc nomina effe ex diuinis arcanis, quæ à quocunque occultari debent, quoufq; veniat Meffias iuftus nofter. illa tibi patefeci, tu verò ea occulta fortiter.* Nomen igitur 42 literarum rectè ftatuitur à Rabbenu Hakadofch illud quod fequitur.

אב

Superftitio Hebræorum circa nomina Dei 42 literarum.

Picus Mirandulanus Superftitiosâ Hebræorum doctrinam approbat.

Author eam reprobat.

R. Hakadofch

אב אלהים בן אלהים רוח הקרש אלהים שלשה באחד
אחד בשלשה׃

Pater Deus, Filius Deus, Spiritus sanctus Deus, Trinus in vnitate, & vnus in trinitate. In hisce 42 literis licet expositio varietur, sensus tamen semper idem manet: Prisci enim illi Patres Prophetarum discipuli & successores, etsi hoc diuinum nomen varie exponerent, omnes tamen in vnum & eundem sensum collimabant, Sacrosanctæ Triadis personas omninò exprimentes; quarum vnamquamque Deum, non tres tamen Deos asserebant. Recentiores verò Rabbini, vt sibi tam contrariam doctrinam eludant, Rabbenu Hakadosch supposititium appellant, & quibuscunque possunt modis, nequiter occultant, ne cœci videant; & dum illud ignorare volunt, meritò à Deo repudiantur, minimè digni, qui à Deo in orationibus suis exaudiantur; quod & R. Iuda super illud Psalmi 91. *Exaltabo eum, quoniam cognouit nomen meum,* his verbis apertè docet:

מפני מה מתפללו ישראל בעולם הזה ואינן נענין על
ידי שאינם יודעים בשם המפורש אבל לעתיר לבוא הקרוש
ברוך הוא מוריען׃

Quare Israël in hoc mundo orat, & non exauditur? propterea nimirum, quoniam nesciunt nomen Hemmamphoras. futurum autem est, vt Deus sanctus & benedictus doceat eos, iuxta illud; tum sciet populus meus nomen meum, tunc verè orabunt, & exaudientur. scilicet tempore Messiæ, veri & vnigeniti Filij Dei, qui discipulos suos, in ijsque Ecclesiam hoc Sacrosanctum Triadis mysterium perfectè docuit, iuxta illud: *Pater, manifestaui nomen tuum hominibus, quos dedisti mihi.*

Sed ad institutum nostrum reuertamur. Nomen Cabalicum 42 literarum, vt plurimùm ex certis Sacræ scripturæ locis, per varias Ziruph siue combinationis regulas deductû componebatur. Cùm verò hoc Opere abstrusarum rerum interpretem agam, & illud à nemine hucusque traditum sit, & res ne quidem ab ipsis peritissimis Rabbinis intelligatur; artificium hoc loco perfectè primus tradam, vt modus & ratio in similibus procedendi curiosioris doctrinæ auidis constet, & de nominum vi & efficacia deinde quisque exactiùs, quid tenendum, quid reprobandum, iudicare possit; adeoque superstitiosarum actionum radices erutæ in lucem ad cautelam educantur. Veruntamen quandoquidem sine præuia combinatoria tabula, quam ipsi Ziruph vocant, dictorum nominum notitiam neutiquam consequi licet; primò de combinatoria tabula Ziruph, quæ tertia Cabalæ pars est, quam & Themurah, id est, commutationem vocant, exactè agam, vt nihil sit, quod in hoc Oedipo omisisse videamur rerum abstrusarum.

CAPVT V.

*De Tabula Ziruph siue Combinationis Alphabetorum
Hebraicorum.*

L Egitur in libro Ietsirah sect. 4. בר״לא *Borla*, (quæ vox numerum
continet 231. reuolutionum.)

עשרים ושתים אותיות יסוד קבועות בגלגל שערים בר״לא וחוזר חגלגל פנים
ואחור וחזו סימנו לדב אין בטובה למעלה מעגנ ואין בדלה למטה מנגע כיצר שקל
והמירו אלף עם כולם וכולם עם אלף בית עם כולם וכולם עם בית ותוזרת אלילה
נמצא כל חיצור יכל הריצור יוצא בשם אחד :

*Viginti & duæ literæ fixæ in 231 portis, & vertitur Orbis a te & retro. Hu-
ius rei signum est, in bonis nihil supra* עגנ, *& in malis nihil supra* נגע. *Et hoc
ita. ponderauit & mutauit* א *cum omnibus, & omnes cum* א : ב *cum omnibus, & omnes cum* ב. *& retrouertitur quoque hâc ratione, inde patet, omnes
creaturas, & omnia idiomata emanare ex nomine vno.* Viginti & duæ literæ

sunt literæ Alphabeti Hebraici; 231 portæ sunt reuolutiones, quibus
dictum Alphabetum comutari & combinari potest. Exemplum huius
rei ponit in duobus nominibus עגנ & נגע; quorum illud optima quæuis,
hoc percussionem, id est, passionem indicat; & tandem modum combinationis indicat, combinando videlicet primam literam א cum omnibus
cœteris, & cœteras omnes cum א; non secùs de ב, ג, ד, statuendum
indicat. Est autem non parua differentia inter Ziruph & Themura : Zi-

ruph enim attendit solùm ad reuolutiones Alphabetorum; Themura
verò ad transpositiones literarum. Sed audiamus Authorem Pardes, qui
scitè sanè ea describit subiectis verbis :

ויש חילוק בין צירוף לחמורה בגבוה שמים על הארץ וחטעם כי הצירוף לא

השחפכנא אבני קדש ולא התחפכנה מאותיותיה אלו ח׳ו כמו גלגל המתגלגל וחזר
סראשו לסופו ומסופו לראשר ועושה ראש חוך ותוךדראש וסוף חוך וחזר סוף
וחאותיות מעולם לא ישחנה ואף אם משתנה סרדם אבל החמורה חוא חלף האותיות
בכ״ב אלפי ביתות כאשר נבאר כמו משל שם יהוה אלהינו יהוה המתחלף
בא״ב ג״ד כוזו במוכסן כוזו ובא״ת ב״ש מצפץ חבצמסף מצפץ וכן בשאר
אלפאביתות עד ד כ׳ב :

*Est autem differentia inter Ziruph & Themuram tanta, quanta altitudo cœli &
terræ: ratio, quia Ziruph non transmutat & peruertit ordinem literarum, sed
sicuti rota voluitur & gyrat à principio ad finem suum, & ex fine suo ad principium suum, & facit principium medium, & medium principium, & finem medium, & medium finem, & literæ nunquam mutantur, etiamsi ordo earum per-
uertatur. Veruntamen Themura mutat literas in 22 Alphabetis, sicuti explicabimus. Exempli gratia,* יהוה אלהים יהוה, *Deus Dominus noster Deus, mutat per
Alphabetum* אב גו *Abgad dicta nomina in* כוזו כמוכסן כוזו, *& per Alphabetum*
אחבש *Etbasch in* מצפץ, מצפץ חבצמסף מצפץ, *& sic fit in reliquis Alphabetis vsq; ad
22; Est modus hic ex Gametria, vti exponemus, depromptus; Game-
tria enim subinde mutat literas, non attendendo ad numerum earum;*

ET   I i   *sub-*

subinde enim ex tribus literis facit quatuor, & ex quatuor tres . Procedunt autem in tabularum Ziruphicarum ſtructura varijs modis, quos Author Pardes fuſe proſequitur, quarum duas tantùm hoc loco aſſignabimus, nam omnes reliquæ ſub hiſce duabus comprehenduntur. Prima Tabula bipartita eſt, & vocatur Rota gyrans à parte antè גלגל אור פנים; altera conuerſa אחור גלגל חזור, Rota gyrans retrò. Vtraque Rota ex Pardes ſic ſe habet ; Ponit in circuitu 2 Orbium, quorum vnus in altero continetur, 2 Alphabeta ; deinde applicat ordine interiorem circulum mobilem, ſuper maioris immobilis ſingulas literas, ordine conſequentes ; v. g. ת ſuper ב. & ש ſupra ג . & ר ſupra ד. &c. ita vt ſemper literas in interiori circulo ſcriptas, retrogrado ordine applicet literis immobilis circuli directo ordine conſtitutis ; & ſic combinationes literarum eodem ordine, quo in Tabula paulò poſt proponenda, conſtituuntur.

Atque vt huius exemplum videas ; per primum Alphabetum huius rectum Pardes hæc nomina יחוח אלחילי יחוח, commutat in hæc כחו במזכסם quæ indicant Deum in vnitate eſſentiæ eſſe ita vnum, vt magis vnus : כחו eſſe non poſſit.

Altera Tabula magis vſitata, dicitur Tabula Ziruph, ſiue combinationum, eſtque ex libro Ietſirah (quem tametſi Hebræi Abrahæ Patriarchæ perperam attribuant, ſenſatiores tamen Scriptores meliori iure Authorem eius faciunt R. Akibam vetuſtiſſimum Scriptorem) deducta ; artificium verò combinationis literarum, ſiue aſſociationis duarum quarumuis literarum in ordine ad diuina nomina, ſecretioreſque ſacri textus ſenſus inueſtigandos, non ſine ingenio eſt diſpoſitum ; cuius Tabulam hic ſubijcimus.

Libri Ietſirah Author eſt R. Akiba.

Ta-

Tabula Ziruph Latino-Hebræa ex mente Cabalistarum.

XI.	X.	IX.	VIII.	VII.	VI.	V.	IV.	III.	II.	I.		
cm	in	ts	cgh	zi	ai	uti	hq	dr	gic	bth	al	1	Albath
lm	cn	is	tgh	chi	zti	uq	hr	ds	bi	gth	ab	2	Abgath
bm	ln	cs	igh	cf	chz	zq	pi	ur	bic	dth	ag	3	Agdath
mn	is	cgh	if	ai	ctl	chop	zr	uic	hth	bg	d	4	Adbag
gn	ms	lgh	cf	iti	tq	chi	zic	uth	bd	ah	5	Ahbad
nf	mgl	lf	ctl	iq	tr	chf	zh	gd	bh	au	6	Aubah
ri	ngh	mf	ltl	cq	ir	cic	hth	gh	bu	az	7	Azbu
sgh	ni	mt	lp	cr	ic	ctl	db	gu	bz	ach	8	Achbaz
hgh	sf	iti	mq	lr	cic	ith	du	gz	bch	at	9	Atbach
ghf	sti	nq	mr	lic	ctl	uu	chi	gch	bt	ai	10	Aibath
uf	ghf	lq	nr	mic	lth	hz	dch	gt	bi	ac	11	Achbi
itl	ui	ghq	ir	nic	ati	uz	hchn	gi	bc	al	12	Albach
zti	it	iq	ghi	slc	nth	ucb	hu	di	gc	am	13	Ambal
tiq	ir	iq	ghf	lth	zch	ut	hi	dc	gl	bm	an	14	Anbam
chq	tf	ir	pic	ghf	zt	ui	hc	dl	gm	bn	as	15	Asban
qr	cf	pthn	chtm	zi	uc	hl	dm	gn	bs	agh	16	Anghbas
tr	ql	cth	chi	zc	ul	hm	dn	gs	bghy	at	17	Afbangh
rfc	qth	ri	chc	izl	um	hn	ds	gghy	bf	atl	18	Atsbaph
ifc	rth	tc	chi	zin	un	fis	dgh	gf	btf	aq	19	Aqbats
fcth	ic	tl	chm	zn	ius	hgh	di	gti	bq	ar	20	Arbaq
cth	il	tm	chn	zs	ui	hf	dti	gq	br	alc	21	Aschbar
el	im	cn	ch	zgh	uf	hri	dq	gr	bic	ath	22	Athbatch

Ex his patet primò, hanc Tabulam non esse iuxtà quadraturam suam completam, sed post vndecimam reuolutionem retrotortam. Nos, vt ij qui Hebraicæ linguæ imperiti sunt, nonnullam vsum huius combinatoriæ Tabulæ assequerentur, Latinam Tabulam interseruimus, in qua quantum Latinarum literarum ad Hebraicas affinitas permisit, singulæ duæ combinatæ literæ singulis binis coniugatis ex Hebraicis, exactè respondent.

Notandum autem, esse hìc posita 22 Alphabeta, quorum aliqua recta, vti primùm, omniumque simplicissimum quod sequitur, quod nullam in Alphabeto mutationem subit, sed literas tantùm literis ordine naturali consequentibus connectit, vt hìc patet.

Alphabetum primum simplicissimum & rectissimum, ordine naturali progrediens, cui Latinæ literæ respondent.

שת	קר	פצ	סע	מנ	כל	טי	זח	הו	גד	אב
th sc	r q	tu f	gh s	n m	l c	i t	chz	u h	dg	b a

Vides in hoc Alphabeto ordine naturali duas quaslibet literas coniungi; quod sicuti nullam commutationem facit, ita quoque passim à Kabalistis negligitur. Reliqua 21 Alphabeta partim recta sunt, partim transposita, & mutata. Recta sunt, quæ ordinem literarum tam anticum, quàm posticum, naturalem exhibent; vti sunt 1 & 21 Alphabeta; reliqua intermedia aliquousque continuant easdem, & deinde turbato ordine alias leges ineunt. Singula verò hæc 21 Alphabeta nomina sua à primis duabus coniugatis literis sortiuntur. Sic primum Alphabetum vocant **אלבת** *Albath*, secundum *Abgath* à binis paribus literarum אבגת; tertium **אגדת** *Agdath*, quartum ארבג *Edbag*, & sic de cœteris, vsque ad vigesimum secundum Alphabetum, quod אתבש *Ethbasch* vocatur. Quænam verò huius Tabulæ dispositio sit, & quâ industriâ à Rabbinis disponatur, videamus.

Author Pardes per quatuor rotulas id præstat, quorum singulis in circuitu Alphabetum Hebraicum, tribus primis recto, quarto retrogrado ordine inscriptum est; sed nos vti faciliori, sic meliori methodo, negotium expediemus hoc pacto.

Regula prima. Pro Alphabeto primo scribantur ordine vndecim literæ Hebraicæ ab א vsque ad כ, & à כ incipiendo eidem supponatur מ loco ל, quod in primum locum commigrauit, & sic reliquas literas ordine superioribus literis subscribes, vt patet.

Alphabetum primum Albath.

חגלגל
חוזרפנים
ואחור :

11, 10, 9 8 7 6   5   4   3   2   1
כ י ט ח ז ו ה ד ג ב א
מ נ ס ע פ צ ק ר ש ת ל

Si deinde singulas literas, id est, superiorem inferiori coniunxeris, prodibit Alphabeti combinatio, vt vides.

אל בת גש דר הק וצ זפ חע טס ינ כם

In secunda combinatione ponatur Alphabetum hoc ordine qui sequitur.

אב

א ב ג ד ה ו ז ח ט י כ ל
מ נ ס ע פ צ ק ר ש ת כ

Vides literas omnes hîc ordine procedere & recedere, excepto ב, quod fubfcriptum את‎, ne connexum cum præcedenti combinatione‎ בת‎ coincidat. Si itaque fingulas fuperiores inferioribus coniunxeris, habebis alterum Alphabetum, vt fequitur *Abgath* dictum.

אב גת דש חר וק זצ חפ טע יס כנ לם

Alphabetum
2. Abgath.

Pro tertia combinatione literarum difponatur Alphabetum hoc pacto:

א ד ה ו ז ח ט י כ ל ב
ג ת ש ר ק צ פ ע ס נ מ

In hoc Alphabeto ב reijcitur in vndecimum locum, ne coincidat cum בת‎, quæ eft combinatio fecundæ columnæ. Si itaque literas ordine fingulas fuperiores cum inferioribus coniunxeris, habebis Alphabetum *Agdath* quæfitum, vt fequitur.

אג דת הש ור זק חצ טפ יע כס לנ בם

Alphabetum
3. Agdath.

Pro quarta combinatione literarum difponatur Alphabetum hoc modo, vt nomen combinationis אד‎ בג‎ primò ponatur, vt fequitur.

א ב ה ו ז ח ט י כ ל מ
ד ג ת ש ר ק צ פ ע ס נ

Hæ ordine coniunctæ literæ fuperiores, cum inferioribus dabunt quartum Alphabetum *Adbag*, vt fequitur.

אד בג חת וש זר חק טצ יפ כע לס מן

Alphabetum
4. Adbag.

Non fecus in cœteris Alphabetis difponendis, vt combinationis negotium compleas, procedes; diligenter interim notando, vnam literam ordine femper alterno in primis literis omiffam, & in 11. columnam reiectam effe; quod ideo factum, ne eodem femper literarum ordine retento, quædam combinationes fæpius occurrerent; quæ combinationum identitas maxime per hanc artificiofam literarum difpofitionem vitatur. Sic vides in primi Alphabeti prima combinatione ל locum vndecimum, qui ei competebat, cum primo commutaffe. In tertia combinatione‎

אגבת

אגדת vides ב ſecundum locum in vndecimum commutaſſe , in locum eius ſubrogato ג ; ſic enim poſcebat lex combinationis, nè vox אב bis repeteretur . In quarta combinatione *Aabag*, omnes quidem ſibi conſtant, ſed quatuor primæ tantùm tranſpoſitæ ſunt, poſt א, ד, & poſt ב, ג, cœtera eodem ordine, quem in præcedentibus oſtendimus, rectè procedunt . In quinto ordine omiſſum ג reijcitur in vndecimum locum, In ſeptimo ד ; in 9. ה ; in 11. ו ; in 13. ו ; in 15 ה ; in 17. ט ; in 19 י ; in 21 כ . Omnes hæ literæ in Alphabetis numerorum imparium ordine naturali mutato in vndecimum locum, recedunt; Alphabeta verò numerorum parium, primis quatuor literis tranſpoſitis , & reliquis recto ordine ſe conſequentibus, procedunt , vti ex tabula patet ; Et ſic proceditur vſque ad vigeſimum ſecundum Alphabetum , quod אבש *Etbaſch* dicitur, eſtque omnium dictorum Alphabetorum celeberrimum, & vſitatiſſimum, cuius diſpoſitio ea eſt quæ ſequitur.

Alphabetum
אבש
expanſum.

א ב ג ד ה ה ו ז ח ט י ך
ת ש ר ק צ פ ע ס נ מ ל

Coniunge ſingulas literas ſuperiores cum inferioribus , & habebis quæſitum Alphabetum *Etbaſch*, vt ſequitur .

את בש גר דק הצ וף זע חס טנ ים כל

Confutatio.

Atque hæc eſt celeberrima illa tabula Ietſirah , quam Rabbini ſuperſtitioſiores tanti faciunt , vt omnia eius ope ſe rimirari poſſe credant ; nos verò inter poſtrema combinatoriæ artis eam reponimus . Vocant autem combinationes in magno illo Alphabeto 242 portas, quæ ex multiplicatione 11 in 22 emergunt ; quamuis ipſi ſeriem vnam tollant, id eſt, primam omnium ſimpliciſſimam vndecim combinationum, ita vt 231 tantùm portis vtantur ; per quarum introitum ad quæuis in Sacra Scriptura arcana latentia ſe penetrare poſſe exiſtimant. Quòd ſi ſingulis literis diuerſum ex omnibus locum dent, id eſt, ſi 22 literas inter ſe combinârint, fiet ſumma inconceptibilis, vt ſequitur.

Summa combinationis Alphabeti Hebraici 22 literarum.

1124000727777607680000 .

Quam ſummam multi putant tantam eſſe , quanta eſt creaturarum omnium à Deo conditarum varietas ? Sed hoc falſum eſſe, & ex Rabbinica iactantia exortum, facilè is viderit, qui combinatoriam artem rectè intellexerit. Deſcribit huiuſmodi fuſe Author Pardes, vti & R. Moyſes Botrel in c. 2. Ietſirah. Addunt præterea dicti Authores 23 Alphabetum, quod à primis literis אלבם *Albam* vocant ; perque huiuſmodi ſeriem, Raſſi & Kimchi Eſaiæ cap. 7. v. 6. interpretantur , Tabeel Romeliam . Sed hæc ſeries, cùm in præcedentibus Alphabetis promiſcuè contineatur, ferè à Rabbinis omittitur .

Author Pardes.
R. Moyſes Botrel.

RR. Raſſi & Kimchi.

Vſus

Vsus Tabulæ Ziruph primum Exemplum.

Rimò illud Hieremiæ c. 25. v. 26. ומלך ששך, interpretantes ope Alphabeti אתבש Atbasch, inueniunt per ששך Sesach nihil aliud intelligi, quàm Regem Babel ; de quo vide S. Hieronymum in citatum locum commentantem. Si enim in Alphabeto אתבש Atbasch paulò antè adiuncto, accipias ב pro ש, & iterum ב pro ש, & deinde ל pro כ ; habebis בבל, Regem videlicet Babel pro Sesach explicato.

ששך
בבל

S. Hieronym.
in c. 25. Hie-
rem. v. 26.

Exemplum secundum.

Lter locus refertur eiusdem Prophetæ c. 51. v. 1. quem Rassi & Radak consimiliter per Atbasch interpretantur : Suscitabo super Babylonem, & super habitatores eius, qui cor suum leuauerunt contra me, quasi ventum pestilentem. Hisce verbis לב קמי, quæ aliàs significant cor leuantes, per dictam literarum commutationem כשדים, id est, Chaldæi indigitantur, hoc pacto : pro ל ex Alphabeto Atbasch, scribunt כ; pro ב, ש; pro ק ד; pro מ, י; pro י, ם, & procedit vox כשדים, eadem quæ לב קמי, vt comparanti vnum cum altero patebit.

לב קמי
כשדים

Exempla Zi-
ruphicæ ope-
rationis.

Exemplum tertium.

Vxta hoc artificium ex nomine Dei tetragrammato יהוה deducunt nomen מצפץ Matspats, quod ob mysteria, & multa, vt ipsi putant, sub eo arcana recondita, in magna apud eos veneratione habetur. Deducitur autem ex Alphabeto, dum pro י, ם; pro ה, צ; pro ו, פ; & denique pro ה, צ scribunt. Hoc pacto hæc verba, יהוה אלהינו יהוה, Dominus Deus noster Dominus tetragrammaton, per Atbasch commutant in hæc, מצפץ הכצמסף מצפץ, quo indicant inuocantq; diuinam voluntatem in Malcuth, hoc est, Luna archetypa degentem, quâ omnes influxûs deferuntur ad inferiora. Et per מצפץ intelligunt Regnum Dauid ; per verba verò מ & פ, quorum illud exprimere, hoc gaudere, iubilare, aperire significat, indicant מלכות decimam inter Sephiroth, quæ Lunæ conuenit, quia illa omnes influxûs à superioribus emanantes dum recipit, eos in inferiorem inde Mundum exprimit. Rursus hæc paulò antè citata verba, יהוה אלהינו יהוה, commutant in alia per Alphabetum אבגד Abgad, vt sequitur : כוזו במוכסז כוזו : de quorum significatione paulò antè dictum fuit, extractio enim horum nominum per priorem Tabulam facta est. R. Abraham Ben Dior in illud Ietsirah :

Rassi & Ra-
dak.

R. Abraham
Ben Dior.

יוציאות במאתים וארבעים ואחד שערים נמצא כל
חיצור וכל הריבור יוצא משם האחד:

Omnes autem literæ redeuntes in orbem confecisse deprehenduntur portas 241, inueniturque omne creatum, & omne verbum, vnum nomen conficere. Nomen
illud

illud vnum explicat, nomen tetragrammaton יהוה, cuius, inquit, literæ
cum fingulis portarum literis comparatæ, dant combinationum fummam
634118 ; cuius arcana iactat tanta effe, vt ea verbis fatis explicari non
poffint. Sed vide fufiùs ea defcribentem Mofen Botrellum peculiari tractatu. Axioma fummè execrandum, cùm nihil eo ad peruertendam,
fcripturam, ad omnia animi idola conformanda, deteftabilius fingi poffit. Nam fi vna litera vicem gerit omnium, & omnes vnius vicem, nullum eft tam facrofanctum nomen, quod non ftatim æquâ facilitate in,
horrendam abominationem, fenfufque diuinæ fcripturæ prorfus contrarios conuerti & detorqueri poffit.

Vt verò liberiùs, impuniorique fingendi licentia arcana fua iactitent, alia quædam Alphabeta fingunt 27 literarum, adiunctis, videlicet 22 literis, finalibus quinque, quas מנצפך vocant. Alphabetum itaque
in tres literarum feries diuidunt, quarum prima ex literis defcribitur,
quæ binæ denarium componunt ; fecunda ex ijs, quæ binæ centenarium;
tertia ex ijs, quæ binæ millenarium. Hoc diagrammate tres fuperfunt
ἄζυγες, הזן. Nè verò diu cœlibes viuant, ה cum ג maritant ; fed שע ך
non inuenitur adiutor, ita ratione numeri 27 imparis pofcente. Vocant verò huiufmodi Alphabetum אחבש Atbach. Ad quod quidem,
Thalmutiftas refpexiffe patet ex tract. Succa. c. 5. dum מנו contuma-
cem interpretantur per מהות, quod eft teftimonium. Sed audiamus citatum locum. *Per Atbach vocant סהם teftimonium מנו initio Ghemuræ con-
tumacem, quod interpretari oportet ficut Atbach hoc modo : דו, גו, בח, אט, prior*
ifta feries vnitates ; fecunda denarios vti hic סט, כף, לץ, וע; tertia centenarios, &
millenarios exhibet הם, ןם, רף, קץ ; fuperfunt חנך fine pari. סהרה autem fic permu-
tatur cum מנו: ם pro מ, duæ ה ה pro duobus ב, ל ך pro ו. R. Tarphon verò
exiftimat, Deum benedictum tot in Mundo fpecie diftinctas creaturas
produxiffe, quot combinationes fub 22 literis abfconduntur. aperta vanitas, & fummæ in rebus Mathematicis Rabbinorum ignorantiæ argumentum : fi enim combinationes iuxta leges in Mufurgia noftra vniuerfali lib. 8. fol. 14. traditas inftituamus, nafcitur ex 22 literis inter fe apte
combinatis numerus commutationum is, quem fuprà protulimus, nempe

1124000727777607680000.

Qui numerus præterquàm quòd incomprehenfibilis fit, tantus quoque
eft, vt fi totum folaris fphæræ concauum creaturis fenfibilibus à Deo conditis repleretur, illarum minimè capax effet futurum. Addo quòd fi R.
Tarphon ab origine Mundi vfque ad præfens tempus, omnes combinationes fub dato numero latentes profequi, & defcribere fingulas voluiffet,
necdum eas abfoluiffet ; imò tantùm chartæ in defcribendis fingulis combinationibus infumpturum aio, quantû totus terrenus globus capere non
poffit. Certa funt quæ fcribo, tametfi ijs folùm nota, qui combinationis
vim & proprietatem penitiùs nôrunt. Apage igitur R. Tarphon cum,
tuis nugis. Multa fimilia nugamenta plebi ignaræ perfuadent Rabbini,
quæ ad trutinam reuocata, non nifi rifum mouent peritis.

Aliud

Aliud non minus ridiculum produnt Thalmudistæ, dum ex illo capitis 7. Danielis: *Millia millium ministrabant ei, & decies centena millia assistebant ei*; per Ziruphicas combinationes numerum Angelicorum exercituum se inuenire posse inepte autumant; vnde vniuersam cœlestem militiam in sex ordines distinguunt, qui sunt:

מזלות: אל: ליגין: רבתון: חרטן: גסתרא:

Mazaloth, El, Legion, Rabatton, Chirton, Gistera. Et Mazaloth quidem in duodecim regimenta iuxta duodecim signa Zodiaci diuidunt, quorum vnumquodque continet secundùm ipsos triginta insignia, quæ ipsi *El* vocant, quot videlicet in vnoquoque signo gradus numerantur; quæ in 12 ducta dant 360, numerum videlicet Elim: singuli Elim 30 sibi subordinatos habent ministros, quos Legiones vocant; quare ductis 30 in 360, proueniet numerus Legionum 10800: singulis Legionibus subduntur 30 Ribathon, quæ ducta in 10800, dant 324000 Ribathones: singuli Ribathones habent sub se 30 Chirton, quæ ducta in 324000, dant 9720000 Chirtones: singuli denique Chirtones habent sub se 30 Gisteras, quæ ducta in 9720000, dant 291600000.

Computus Thalmudistarum circa multitudinem Angelorum.

מזלות	Mazoloth	12		per 30 multipl.
אל	El	360		per 30 multipl.
ליגין	Legion	10800		per 30 multipl.
רבתון	Ribbathon	324000		per 30 multipl.
חרטן	Chirton	9720000		per 30 multipl.
גסתרא	Gistera	291600000		

Summa omnium Angelorum 301655172.

Atque hanc suam opinionem confirmare solent, per reuolutiones Alphabetarias; in quibus dum omnia stolido labore voluunt, & reuoluunt, tandem diuisi confusique, in innumeras opinionum contrarietates pleno agmine præcipitantur, vt nec Proteus tot facies assumere fingatur, in quot ipsi sese insanis huiusmodi imaginationibus transformare solent. Quæ ideo hîc fusiùs prosequi libuit, vt plebæi philosophastri, dum tanta Cabalæ mysteria Rabbinos eructare vident, ex pauculis hisce quid credere possint & debeant, discant. Sed iam tempus & ordo postulat, vt vsum Ziruphicæ tabulæ in Diuinis nominibus eruendis doceamus, vt vnde monstrosa illa Cabalistarum nomina originem suam nanciscantur, auido Lectori constet.

Quomodo Nomen Dei τεσσαρακοντάδυ μαχεσιμανΤον, *siue 42 literarum, ex tabula Ziruph eruatur.*

C Vm à nomine tetragrammato, vt suprà dictum fuit, omnes literæ profluant, & in id denuò resoluantur; videndum iam est, quâ arte & industriâ illud, vti & innumera alia similia stolido labore ex Ziruphicâ tabula producant.

Pici pronunciatum.

Primò itaque pro certo & indubitato dogmate tenent omnes Cabalicæ artis Magistri, nominum Dei, *inter quæ & nomen 42 literarum celeberrimum vnum est,* virtutem, operationem, vigorem, efficaciam, complementum, & perfectionem, à sola Dei voce dependere, iuxta illud Pici pronunciatum; *Quælibet vox virtutem habet in Magia, in quantum Dei voce formatur.* Hinc illa per omnes omnium Alphabetorum connexiones

Vanus labor Rabbinorum inuestigandi Dei nomina ex Scriptura per tabulas Ziruph.

& retia tam anxiè scrutantur, tanto calculorum apparatu explorant, donec tandem septem nomina insignibus, vt ridiculè putant, referta mysterijs, 42 literis comprehensa vspiam in Sacra scriptura compererint; queis habitis, pari pacto ex combinatorijs Alphabetis Tabulæ præcedentis alia septem verba, quæ possint vel vllius diuinæ Scripturæ versus esse Symbola, inquirunt; vti sunt sequentia septem heptagrammata verba, quorum vnumquodque iterum in sex literas & binas dictiones trium literarum dispescunt, vt sequitur.

Nomen 24 literarum.

4	3	2	1
Canaphxslab	Gachalbeqag	Thidalleak	Thidelganab
כנרפ צ ל ב	גכל בקג	תדל לאך	חדרל גנב
סים ואה	ימא תחש	בראאלה	ברא שח י

Textus Sacræ Scripturæ ex quo erutum est.

	7	6	5
	Qabaqtlotsab	Leduqanag	Qaladuetsaq
	קבק צצח	כדו קנג	קלד וצק
	תתח ו ב	ארצ חית	חאר צוה

Hoc nomen 42 literarum heptamorium deducitur per commutationem Alphabeti *Albath,* & est primum in Tabula Ziruph, cuius combinatio ea est, quæ sequitur:

Combinatio אלבת *Albath.*

א ב ג ד ה ו ז ח ט י כ
ל ת ש ר ק צ פ ע ס נ מ

Textus verò Sacræ scripturæ, ex quo eruta sunt præcedentia nomina, est primus & secundus versus Genesis, è quorum 42 literis per *Albath,* siue præsens combinatorium Alphabetum, septem verba hectasyllaba paulò

paulò antè adducta eruta funt, vti vnum cum altero comparanti patebit.
Sed dicet quifpiam, cur dictum Genefis verfum acceperint, cùm quicunque textus Sacræ fcripturæ 42 literarum pariter applicari poffet; Refpondent Cabalici, hunc verfum omnium totius Scripturæ myfteriofiffi-
mum ideo affumptum effe, quod à ב, quæ litera fapientiæ diuinæ omnium conditricis nota eft, incipiat, & in ב, quæ quadragefima fecunda
dicti verfus litera eft, definat, vt proinde nomen hoc commutatum 42
literarum idem defignet, ac Deum principij & finis expertem, vtpote à
quo omnia profluant, & in eundem refoluantur. Sed cur adductum ex
Sacra fcriptura textum in fine interrumpunt, finali vocula בהו non ter-
minata? Refpondent, vt haberent 42 characteres diuini nominis expofi-
tores, qui non habebantur, fi dictio complebatur. ridicula fanè Philofophia Cabaliftarum, qui vt ad intentum fuum pertingant, folita induftria
textus facros mutilare, & miris modis nunc addendo, nunc demendo cor-
rumpere folent. Alij alias huius rei affignant caufas. Ego vt verum fatear, nec myfterium fub hifce video, nec neceffitatem vllam tam arctis legibus fe adftringendi. Ex hoc eodem Genefis primo verfu 42 literarum,
aliud nomen 42 literarum deducit R. Hamai in lib. de fpeculatione. Nomen verò deductum fuit ex Alphabetaria reuolutione, quæ vocatur אבגד
Abgad, vti fequitur:

Cur 1. Gene-
fis verfum
vfurpent, Rab-
bini in diuinis
condendis
nominibus.

Confutatio

R. Hamai

1 א ב ג ד ה ו ז ח ט י כ ל מ נ ס ע פ צ ק ר ש ת
2 ב ג ד ר ה ו ז ח ט י כ ל מ נ ס ע פ צ ק ר ש ת

Literæ fuperiores coniunctæ inferioribus faciunt fequens Alphabetum combinatum Abgad, vt fequitur.

אב בג גד רה הו וז זח חט טי יכ כל למ מן נס סע
עפ פצ צק קר רש שת

Nomina 42 literarum funt feptem verba hectafyllaba, quorum
vnumquodque rurfus in bina verba trifyllaba, vt fuperiùs, diuiditur, &
in fubiecta figura vides.

	5 ובכפהו V bakphabu חארץ ואת autem terram		4 נמנה בש Netnahbafch מים ואף &	3 תנבשׁות Tanabafchuth ימא חם coelum	2 אקב בכו Akabbacu ברא אלה Deus creauit	1 אקב חטש Akabtatafch בראשׁית principio In		Nomen 24 literarum
				7 רשו זהא V fubaha חתה ווב vacuæ	6 בקף רטש Bekaphutafch ארץ הית inanis terra		Textus Gene- fis;

Hoc

Hoc nomen quadraginta duarum literarum similiter vt cœtera Deum
benedictum iuxta suam proprietatem symbolicè significare aiunt;
sicuti enim tetragrammaton ineffabile, Deum notat, vt est supra omne
esse; & אהיה ebieb Deum, vt est in omni esse, signat; & אדני, vt est omnium Dominator; & שדי, vti nullius indigum significat; ita 42 literarum, siue recipiatur ex transpositis, siue rectis combinationibus, quodlibet, Deum designat, in quantum est Creator cœli & terræ, visibilium omnium & inuisibilium. Vide Mosen Botrellum in librum Ietsirah. Inter
alios verò fusiùs tractantem reperio Authorem Pardes, qui non tantùm
arcana verborum, sed & vocalium ijs adiunctarû, cum totidem Angelorum
nominibus summo labore, & contento sanè studio inuestigare conatur.
Paraphrasticè & veluti per interstitia quædam Authoris verba infra pro-
mo. Adducit is porta 6. perusch. 12. aliud nomen 42 literarû ex dictis Genes. primis versibus, 42 pariter literarum, extractum. Nomen in septem
hectasyllaba nomina distinctum, quorum vnumquodq; binas dictiones tri-
literas continet, est id quod sequitur, vocalibus suis notatum.

R. Moyses
Botrel.
Auchor Par-
des.

5	4	3	2	1
חקב טנע Hakbatnangh הארץ וה	בטר צהג Betartsethag מים ואת	נגד יכש Nagedichaſch יסא חחש	קרע שטן Keranghschetan ברא אלח	אבג יתץ Abgaithag בראשית
		7		
		שקו צית Schekutſith ח תהר וב	שקו צית	יגל פזק Iegalpezak ארץ חיה

Hoc nomen ex varijs Alphabetis, non ex vno, sicuti alia superius allegata, extractum fuit; vnde artificium consultiùs omittendum duxi, quàm
multiplici Alphabetorum coaceruatione illud obscurum reddere. Alphabeta quæ ipse Author fusè allegat, citato loco videri poterunt. Accepit autem omnia dictus Author ex R. Nehunia, alijsque abstrusioribus
Cabalicorum monumentis. Ponit autem magnum in punctis mysterium,
& grauiter prohibet, ne loco Patach pronuncietur Kametz. Sed audiamus verba omnium Cabalæorum superstitiosissimi Authoris:

R. Nehunia.

יודע כי סוד הפתח הוא סוד גדול לפתוח מלמעלה כל פתחי הרחמים הגמורים
יען כי הוא רחמים גמורים וקמץ סודו כאף רחמי ר'ל אם הנקרו בקמץ הוא קמץ
באף וחשמר לך שה הנקרו בקמץ אלא לנקום נקם במלאם אשבא חירק ועמו העשח
ותשיג פלא פלאות דבפתח מלרחמים ויפתח ברכות עד בלי די וש'ה חני
פתחו לכם את ארובות השמים וכו' וסוד הפתח כשפתח לה את אוצרו אטוב וסוד
קמץ אוצרות ח' הנקמץ :

Id est, Notum est, quoniam arcanum Patach est arcanum magnum; nam
pronunciando illud ritè, portæ superiores misericordiæ & retributionis aperientur;
ideo illud ipsas Dei miserationes & retributiones rectè indicat. Kamets verò
secretum est, iram diuinorum viscerum indicans, id est, si dictum nomen punctta-

ueris

*aeris per Kamets, & pronunciaueris, ira Dei descendet; hinc caue tibi ne illud
puncto Kamets signes, nisi in die vindictæ, scilicet tempore belli, & in loco exercitus; & cum eo perficies mirabilia magna. Cum Patach verò signato assequeris
opera misericordiæ, iuxta illud; Ecce ego aperiam vobis cataractas cæli &c. Arcanum verò Patach aperiet tibi thesaurum eius bonum; & Arcanum Kamets col-
liget thesauros Dei, iuxta illud, Thesaurizabis tibi in die iræ.* Risum teneatis
amici. Pergit deinde Author fusiùs totum negotium explicare, arcana
arcanis, nugas nugis subnectere, subiunctis verbis :

Author Par-
des ex Rasbi.

כי חשם זות והוא ירמז בס'' גבורה ומקום מוצאו הוא מפסוק בראשית עד ב' של
בהו וכן פירש חרש''בי ע''ה בספר התיקונים ז''ל תשום ראש על רגליו ואמר רבון
עלמא אפתח עיני להסתכלא בהון להיילא אבוא בם אודה ''ח בם''ב אתוון דשמא
מפרש למודע כל אות ואות על תקעיה ואינון בראשי''ת ברא אלהים את
השמים ואת הארץ והארץ היתה תהו וב': ואינון אבג יתץ קרע
שטן נגד יכבש: בטר צתג:הקב טנע:יגל פוק: שקו צת : כל אות
ואות איה לה מאמר ואית לה נתיב יאמרן אינון ולב'' שבילין וכל חור הליין מן איה ידא
איהו אבוא בם' אודה ''ח ז' ספירות כלילן בז שמהן וכלהו כלילת לון בת שבע יה
חכמה ובינה א' כהר עליון וכולה כלילת בת שבע אבל שיעור הכתוב הוא פתחו לי
שערי צדק וחיא חשכינה בשהיא נקרא בת שבע על שהיא כלולה משבע שמות אלה
שהם בשבע הספרות ואו : חיא: חיא: יוד: חיא: נקראה צדק מעבר המתיבות והאמרם אבוא
אחר בם של שהם שבע שבע שמות שבע ספירות ובהם נכללים ס''ב אותיות שהם י''ב אמרים
ולב' נתיבות וכל אות ואות יש לה כה א' או מהסאמרים או מהתיבות אודה ''ח הם ג'
ראשונות הנשארות חנה בפי'' שמוצא השם חזה הוא מפסוק בראשית עד ב' של בהו
ושבזה קצת בלבול כאשר נכחוב ויש מי שחילק האותיות ואלה לשלשה חלקים
שהם ג' ידות יד דין ויד רחמים ויד החזקה זה זה סידורו עם נקודו בראשית ברא
אלהים עד ב' יד דין את השמי מואת הארץ וע' ב' חיד ארחמים והארץ
היתה תהו וב' עב''יד חזקה :

*Quoniam, inquit, nomen hoc indicatur per Sephiram Geburah, id est, forti-
tudinis, locus verò, ex quo eductum fuit, est versus Genesis à* ב *vsq; ad* ב, *id est*,
בהו ; *sic explicat Harasbi, pax super eum, in libro Sepher hatikunim, memoria
eius in benedictione. Constitue caput supra pedes eius, & dixit Dominus seculorum, aperiam oculos meos, vt intelligam in illis quæ suprà sunt; introibo in ea,
& confitebor Domino in 42 literis nominis hammephorasch, vt cognoscam singulas
literas, iuxta motiones suas; sunt autem ista verba : In principio creauit Deus
cælum & terram, terra autem erat inanis & vacua ; & ita scribuntur, vt singulæ sex literas constituant, vt sequitur.*

7	6	5	4	3	2	1
החם ווב	ארץ והת	הארץ ואת	מים ואת	ים את חש	ברא אלה	בראשית

Quibus correspondent nomina extracta.

שקוציתא	יגל פוק	הקב טנע	בטר צתג	נגד יכש	קרע שטן	אבג יתץ

*Singulis literis verò competit verbum, & vna semita; decem verba sunt De-
calogi,*

calogi, & 3 2 semitæ, quæ omnes dependent ex איה, iuxta illud, יח אודה בם אבוא
introibo in eas, & confitebor Domino. Septem Sephiroth comprehenduntur in
septem illis nominibus, & omnia illa continentur in בחשבע יה Bathschebangh
Adonai. Per ח׳ notatur וחכמה Sapientia, & בינה Intelligentiæ; per א verò indigitatur בתר עליון Corona suprema; quæ omnia Batsebangh continet: Veruntamen & iuxta illud, quod scriptum est; Aperite mihi portas iustitiæ; illa diuinitas est, quæ vocatur batschebag, in quantum illa continet septem verba illa, quæ
sunt in septem Sephiroth, & tunc איה vocatur Zedeck, & est pars semitarum, &
decem verborum, iuxta illud, introibo, & inquiram sapienter in ijs, quæ sunt septem verba septem Sephiroth, in quibus comprehenduntur 42 literæ, si enim 10
verba 3 2 semitis adiunxeris, habebis 42; singulis verò literis inest Vnitas א
Aleph, siue ea ex decem verbis, siue ex 3 2 semitis. Porrò יה אודה per איה signantur tres partes priores, ex quibus componitur hoc nomen; suntque prima verba
בראשית vsque ad ב dictionis בחו; està in hac parte confussionis-commistio, quemadmodum scribemus; sunt enim, qui has literas diuidant in tres partes, quæ sunt
veluti tres manus, יד הדין, manus iudicij, יד הרחמים, manus miserationum, &
יד החזקה, manus robusta; quarum ordo iste est vnà cum punctis singulorum ordinum. Prima pars בראשית ברא אלהים pertinet ad יד דין, manum iudicij; secunda pars האַרץ מואה שמי אתה, ad יד רחמים, id est, manum miserationum; tertia
pars והארץ היתה תוהו וב, pertinet ad יד חזקה manum fortem & robustam, quarum vnaquæque continet literas 14. quæ ducta in 3 dant 42. Iterum scriptum
est, quod 42. literæ illæ sunt in fine legis in vltimo versu vt sequitur:
Et cunctam manum לעיני כל: אשר עשה משה מגדיל החמורא ולבל החזקה ולכל-היד
robustam, magnaq, mirabilia quæ fecit Moses coram vniuerso, scilicet Israel; hic
versus pariter tres continet manus; prima manus est ולכל החזקה היד ולכל, secunda
אש חמור אוגדיל כל, tertia manus est לעיני משה עשה, quarum vnaquæque
pars 14 pariter continet literas, quæ ducta in 3 dant 42, nomen Dei benedicti.
Sic inueni, & interpretatus sum. hucusque Pardes. Quæ omnia cùm ob-
scuriora sint, quàm vt ab abstrusioris doctrinæ imperito intelligi queant,
ea paulò sufiùs explicanda duxi.

Fundamentum quo nixi Cabalici 42 literarum nomen eruunt, est
primus & vltimus versus Pentateuchi; quorum prior vti à ב incipit, ita
vltimus in ל terminatur, hæ verò duæ literæ constituunt dictionem לב,
quod idem est ac cor; quo Cabalici subobscurè indigitant, neminem
legis arcanorum participem esse posse, nisi qui corde profundo, sensu &
intelligentia summa præditus fuerit, quique 3 2 semitas sapientiæ, quas
eadem dictio לב numero exprimit, quæque in diuinæ legis decursu inueniuntur, studiose triuerit. Hinc vlteriùs speculantes, inuenerunt, in
primo versiculo à ב ad ב, quæ est principium dictionis בהו (astu doloso, &
manifestâ imposturâ) 42 literas, quas in tres manus seu partes, quarum
vnaquæque 14 literarum est, vti dictum est, diuidunt; singulis manibus
applicant vnam ex tribus supremis Sephirot, quæ continentur hisce tribus literis אוה, quæ notant tres supremas Sephiroth, Kether, Cochma,
Binah,

Binah, id eſt, *Coronam ſummam, ſapientiam, & intelligentiam*. Porrò has quâdraginta duas literas pariter in vltimo paulò antè citato totius Penta-teuchi ſeu legis verſu inueniunt, qui, vti primus verſus Geneſis, incipit à ב, & in ב finit, ſic vltimus à ל incipit, & in ל finit; quem & in tres ma-nus diuidunt, quæ tribus ſupremis Sephiroth pariter competunt. Et ſi-cuti primum verſum diuidunt in ſeptem verba hectaſyllaba, ſic & vlti-mum. Quâ quidem myſterioſa, vt ipſi putant, correſpondentia indicant, Deum Optimum Maximum, trinâ operatione in Mundum proceſliſſe, Le-gem diuinam, Angelos, cœlum, terram, & quicquid eorum ambitu con-tinetur, in virtute nominis tetragrammati, & quadraginta duarum litera-rum produxiſſe; quibus productis ſex dierum ſpacio, ſeptimo, qui per vltimum legis verſiculum indicatur, eum in ſeipſum reuoluiſſe omnia, æternam quietem capturum; quod fiet magno illo ſeculorum ac æter-nitatis Sabatho. Hinc dum totius legis arcanum ſub dictis duobus verſi-culis attentiùs conſiderant, & vim ſingulorum verborum curioſiùs ſcru-tantur; nihil eſſe in totius legis decurſu, nihil in toto creaturarum ambi-tu, quod hiſce non contineatur, aſſerunt. Cùm autem lex vniuerſa nihil aliud ſit, quàm continuus quidam, vti dictum eſt, diuinorum Nominum contextus, dicti verò duo primus & vltimus totius legis verſus veluti quæ-dam epitome, vinculum omnium, omnium ſumma quædam ſit; Alpha-betum verò viginti duarum literarum iuxta 242 reuolutiones ſuas, omnia diuinæ legis Nomina contineat & explicet; prædictum 1.& vltim. Geneſ. verſum, in quantum Dei voce formantur, & per Alphabetariam reuo-lutionem in alias literas & nomina tranſmutantur, vti ingentium arca-norum plenos, ſic etiam ſummam in operando vim & efficaciam obtine-re eos ſibi perſuadent, ita vt eorum ope & diſpoſitione præuiâ, ni-hil non arbitreutur ijs recta cum intentione, fide ſummâ, & ardenti amoris affectu vtentibus à Deo concedi. Cùm itaque per Nomen Dei tetragrammaton יהוה, vti ſuprà dictum eſt, Deus omnia, quæ in Mundo ſunt, condiderit, Nomen autem expanſum ſic, ה, וו, ה, יוד, אֶת τὴν ἰσόψη-φίαν reſolutum 42, totidem videlicet, quot antè dicti verſus, literas con-ſtituat, factu eſt, vt inde tantorum myſteriorum fundamenta, tametſi inu-tili & vano labore, primum iacere cœperint: Porrò aliâ ratione eruunt hoc 42 literarum nomen. Dicunt enim Cabalici, quòd nomen 42 litera-rum, vt Pardes reſert:

י	10
ו	6
ד	4
ה	5
ו	6
י	6
ה	5

שם מב' דאיהו דיוקנא דמלכא חקיק על חותמא דיוקנא הוא יהוה וה חותמא
: היא אהיה אשר אהיה וציור מ"ב אותיות בשע וח על כהב   42

Sit inſtar imaginis, quæ eſt in annulo Regis; imago exhibet nomen יהוה, *annu-lus nomen duodecim literarum* אהיה אשר אהיה, *& ſcriptura vel ſignatio exhibet 42 literas in ſeptem nomina diuiſas*, vti poſteà dicetur. Nomen verò 42 li-terarum in tetragrammato contineri, ita oſtendunt. Scribatur nomen tetragrammaton expanſe ſic: יהוה יוד הא ואו הא יוד ואו דלת הא אלף ואו
Et habebis quadráginta duas literas Nominis Dei expanſi, אלף ואו הא אלף, vt in ſequenti margine vides. אהיה quoque in numeros reſolutum dat 21,

Pardes.

Quomodo numerus 42 in nomine Dei tetra-grammato lateat.

quæ

י	1
ח	2
ו	3
ח	4
י	5
ו	6
ר	7
ה	8
א	9
ו	10
א	11
ו	12
ח	13
א	14
י	15
ו	16
ר	17
ו	18
א	19
ו	20
ו	21
ל	22
ח	23
ח	24
א	25
א	26
ל	27
ף	28
ו	29
א	30
ו	31
א	32
ל	33
ף	34
ו	35
א	36
ו	37
ח	38
א	39
א	40
ל	41
ף	42

quæ duplata dant 42. Et hoc eſt, quod dicitur in Exodo אהיה, vbi אהיה bis אשר אהיה ponitur, & continet in ſe numerum 42. quod nomen אהיה ſi, vt priùs, expanſè ſcribatur, comprehendet pariter 42 literas. Atque ex hoc miro, vt falſò opinantur, conſenſu nihil non eius ope magnum ſibi pollicentur, vt diximus. Præterea cùm totius legis arcanum per 32 ſemitas ſapientiæ, quas לב prima & vltima legis litera indicant, comprehendatur, & per decem verba Decalogi conſumetur; hinc ſit vt 10 iuncta 32 dent 42, quæ diuinum 42 literarum nomen, quo omnia quæ in Mundo ſunt, continentur, indicant. Nomen autem 42 literarum in ſeptem verba ſeptem verbis primi & vltimi verſus correſpondentia dirimunt. Et per ſeptem quidem verba indicant ſeptem Sephiroth, quæ ſunt, vt poſteà dicemus, menſurationes Bereſchith, ſiue dimenſiones creationis fabricæ, & ſeptem dies operationis & quietis. Et cùm Deus omnia ſex diebus condiderit, hinc ſingula ſeptem verba conſtant ſex literis. Vnumquodque verò iterum in duas dictiones trium literarum diuidunt, adeò vt dictiones triliteræ in vniuerſum ſint 14, iuxta quarum analogiam totum quoque nomen in tria alia nomina, quorum vnumquodque 14 literarum ſit, diuidunt, quas manus vocant; ſuntque manus iudicij, & correſpondet Sephiræ *Kether*, id eſt, *Coronæ*; manus miſerationum, & reſpondet *Chochma* ſiue *Sapientiæ*; & manus robuſta, & reſpondet *Binah*, ſcil. *Intelligentiæ*. quam triplicem manum etiam per אהי tres literas inſinuant, quarum prior א reſpondet *Kether*, & indicat nomen אהיה; altera ה reſpondet *Cochma Sapientiæ*, cuius index nomen יה eſt; tertia reſpondet *Intelligentiæ*, cuius nota eſt י. Per hæc enim diuina nomina trium Sephiroth ſuperiorum influxus fit in omnes reliquas ſeptem Sephiroth ſiue dimenſiones fabricæ. Hinc, aiunt, omnis fons vitæ, gratiæ, & ſalutis; hinc totius Mundi, ſingulorumque ordinum in eo contentorum robur, vis, & conſeruatio. Quæ omnia cùm in ſymbolico 42 literarum nomine contineantur, mirum non eſſe aiunt, tanta eo rectè vtentibus, & nomen cognoſcentibus, chariſmata concedi; iuxta illud, *Exaudiam eum, & glorificabo eum, quoniam cognouit nomen meum*. Nec moueant te, aiunt, nomina hæc barbara & prorſus portentoſa: cùm enim, vti dicunt Cabalici, voce Dei formata ſint, & occultum ad diuinas virtutes, operationes, & nomina conſenſum habeant; mirum non eſt, Deo, qui ſymbolicis huiuſmodi & myſticis alluſionibus, & quæ eſſentiam eius veluti in idea quadam exhibeant, vnicè gaudet, dicta nomina, ob ſympathicam quandam, & ab omnibus ſenſibilibus rebus abſtractam analogiam, tanquam eſſentiæ ſuæ ſimillima, gratiſſima, & acceptiſſima eſſe: ſicuti enim in Deo omnia quæcunque in Mundi machina includuntur, vnum ſimpliciter ſunt; ita & in Alphabeto 22 literarum, omnes res, voces, nomina, dictiones vnum quid ſunt, implicitè. Quod ſi in cœteris Alphabetis, maximè id in Hebraico omnium myſterioſiſſimo locum habet. Hinc, teſte Zohar, legem ita ſcripſerat Moſes, vt in quamcunque partem legeretur, ſurſum, deorſum, dextrorſum, ſiniſtrorſum, ſenſus erueretur diuinæ legi congruus, vti

ſuo

suo loco demonstrabitur. Hinc sicuti Aleph cum omnibus, & omnes
reliquæ literæ cum Aleph; ב cum omnibus, & omnes cum ב, ג cum
omnibus, & omnes cum ג comparantur, imò vnum sunt, ob eorum, quæ
significant, identitatem; ita Deus benedictus est omnia in omnibus, &
omnia in ipso vnum sunt, videlicet Aleph, Beth, Ghimel, Daleth, He, hoc
est, Principium, Domus, Retributio, Porta, Vita, Aleph & Thau; Alpha &
Omega, Principium & Finis, à quo omnia profluunt, & in ipsum refluunt.
Nomina itaque tametsi, vt inquiunt, portentosa sint, & nihil significare
videantur, occultâ tamen vi & analogiâ omnium, quæ in Deo concipi
possunt, perfectionum vnitatem occulté & mysticè, in quantum diuini
Verbi eloquio formata sunt, suæque virtutis basin in Sacra Scriptura fundatam habent, exponunt. Exemplo rem ostendam: sicuti qui modo
scribit nomen Petrus, modò Cephas, nunc Simon, illud literis quidem
scribit omnino diuersis, quorum tamen significatio prorsus eadem est, &
eundem Petri virtutum conceptum animo nobis ingerit; pari pacto dicunt Cabalici euenire in mirificis huiusmodi diuinis nominibus, quæ quidem quantò sunt abstractiora, & omni humano intellectui abstrusiora,
tanto ad operandum earum virtutes efficaciora esse putant. Hinc, teste

Author Pardes. R. Schlomo Malcus. R. Hakana.

Pardes, R. Schalomo Malco, & R. Hakana, explicato hucusque 42 literarum nomini totidem epitheta, quæ diuinæ naturæ proprietates altiùs
exponunt, affingunt, ita vt 42 Epithetorum capitales literæ suprà citatum nomen 42 literarum perfectè exhibeant. quod vt curiosus Lector
perfectiùs cognoscat, Epitheta diuina 42, quorum initiales literæ nomen
suprà citatum exhibent, hic apponendum duxi, omnia ex R. Salomone
Malco, & R. Hakana deprompta, vt sequitur.

Nomen 42 Epithetorum Diuinorum, quorum capitales literæ nomen 42 literarum, vti sequitur, exhibent.

Nomen 42 literarum supracitatum, hoc est

אבג יתץ קרע שטן נגד יכש בטר צתג הקב טנע יגל פזק
שקו צית

Epitheta 42 hoc exponentia sunt sequentia

Nomen 42 lite arum in septem sacra diuisum.

אבגיתץ קרעשטן נגדיכש בטרצתג הקבטנע יגלפזק
Tsetaniah, Thelamiah, Igbahiah, Gebiriaron, Beliriaron, Adiriaron,

קרעם גבשין צריהו דגליה מקמיה
Nehariah, Telatiah, Schegaghbiah, Ngheririah, Regariah, Keramiah,

בטרצתג הקבטנע יגלפזק שקוצית
Schigioniah, Cheseiah, Ieugbaliah, Deariah, Geareiah, Nismariah,
בריא

LI

צלליה · חורריה רמיה צצצצה‎ רמיה תחביה גלגליה :

Galgaliah, Thahchaiah, Tsatsitsiah, Ramiah, Torereiah, Bungheliah,

תגניה קפקמה‎ ‎ בהאוהיה כתבוקיה חנניה לקמיה :

Gbnamamiah, Neaniah, Tabtabiah, Bahauebuiah, Katbukaiah, Hananiah,

אלשריה גוריה למימריה פקודקריה צצריה קמליה :

Kemaliah, Tsebariah, Pekodkadiah, Lemimariah, Goieiah, Iebaljchariah,

שתחוריה קדשיה האלאליה צריה יאתהלביה תהמתליה :

Thamtheliah, Iathablchaiah, Tsangbadiah, Kehaeleliah, Kedoschiah, Schathodraiah,

Hæc funt 42 nomina, quæ totidem Dei attributa exponunt, explicantque nomen 42 literarum in capitibus fingulorum nominum exhibitum ; & nomina quidem funt extracta ex Pfalmis, cœterifque facris fcripturæ textibus, quorum puncta referunt ipfa puncta, quibus in dictis facræ fcripturæ locis infigniti textus reperiuntur ; omnium autem interpretatio ea eft quæ fequitur.

Explicatio dictorum Nominum.

[1] **M**Agnifice Deus doce nos, [2] fplendide Deus illumina nos, [3] fortis Deus [4] robora nos, [5] Deus exaltans, [6] Deus dulcis animæ infpergens femina, Deus [7] iuftus, [8] Deus fuperinduens, [9] Deus commotionis, Deus excitans à mortuis, [10] Deus perambulans vniuerfa, [11] Deus fublimatus, [12] Deus influens, [13] Deus confer-[14]uans, Deus increpans, [15] Deus fcrutans corda, [16] Deus fubleuans ; [17] Deus abfcon-[18]ditus, Deus omni creaturarum cantu laudandus, [19] Deus Dominus omnium, [20] Deus malorum expulfor, [21] Deus lapfos eleuans & fublimans, [22] Deus iuftus [23] iuftus iuftus, [24] Deus fubuertens malos, [25] Deus Cœlorum, Deus mifcrator, [26] Sanctus tu Sanctus Deus, [27] Deus in effentia fua perfectus, [28] Deus optimus & [29] beatiffimus, Deus gratiam præftans, [30] nobifcum Rex Deus, [31] Deus homi-[32]num femitas intuens, Deus terribilis & formidabilis, [33] cui fimilis Dominus [34] Deus ? Deus vifitans iniquitates, [35] Deus totius fplendoris, [36] Deus langui-[37]dos confortans, Deus fundamentum laudis & confeffionis, [38] Deus Sanctus,

Et

39   40   41

Et Deus Deus Deus, Deus progreſſuum, Deus nulla cogitatione perueſti-

42

gabilis, Deus perfectio & conſumatio omnium.

Atq; hæc ſunt 42 attributa Deo nomina, quæ exponunt & explicant nomen illud 42 literarum, quod in fontibus attributorum portant; & ſunt (verbis eorum vtor) veluti totidem lumina quæ illuminant formas ſpirituales, ſingula ſingulas, ad indicandam literam in capite nominis ſui, quæ eſt veluti fons quidam ex capite in cœtera membra diffluens; & quemadmodum ramus infigitur radici, & radix ramo, ſic ipſa emanat ex fonte ſuo, qui eſt Deus benedictus, cuius virtutes nomina 42, occulto quodam conſenſu nomini Dei tetragrammato יהוה correſpondentia, apte explicant. Sed audiamus Authorem Pardes:

Author Pardes.

ובשם זה מצאנו בספר הקנה שמות בראשי תיבותם הוא שם מ׳ב׳ נראה משם
השם לבוש אל זה חשם חשמות וכוונת כי מ׳ב׳ אותיות השם הם מ׳ב׳ מאורות
מאירות צורות רוחניות וטם כל א׳ הוא כפי חמזכר לעיל ולרמז אל אות השם שהוא
מקורו בא בראשו שמו וטמו סימן האות לרמז לרמז כי הענף נעיץ בשורט והשורש בענף
ולהורות שהוא אצילות נאצל מן המקור ההוא:

Et in libro Hacana inueni de hoc nomine, cuius literæ ſunt in capite nominum, quod illud ſit nomen Dei 42 literarum; hinc apparet, nomen hoc eſſe quaſi dictis nominibus veſtitum; intentio autem fuit indicare, quod 42 literæ illæ nominis ſunt quaſi 42 luminaria illuminantia formas ſpirituales; & huius nominis vnaquæque litera iuxta ea, quæ ſupra dicta ſunt, indicat literam nominis, qui fons eſt proueniens in capite, & nomen eius ſignum eius literæ, ad indicandum, quod ramus infigitur radici, & radix ramo; & ad docendum, quod illud ſit effluxus profluens ex fonte illo. Nomen itaque 42 literarum per totidem attributa propoſita proprie omnes in Deo perfectiones indicat, in quantum in Archetypo illo Mundo, mentis noſtræ fragilitas concipere poteſt; qui tamen influxus diuinarum operationum immediate fit in Mundum Angelicum, per hunc in Mundum hunc ſenſibilem. Vt vero ſeries horum Mundorum apte exprimant, alia 42 nomina fingunt, quorum initiales literæ nomen 42 literarum in præcedentibus expoſitum exhibent. Sunt autem nomina Angelorum vniuerſi præſidum, qui ſemper vnam ex quadraginta duabus diuini nominis literis in capitibus portant, iuxta illud; *Angelus meus præcedet faciem tuam, obſerua eum, & audi vocem eius, quoniam nomen meum in ipſo eſt.* Nomina vero ſunt, quæ ſequuntur.

Nomina 42 Angelorum, qui nomine 42 literarum inſigniuntur, eorumque interpretatio, quorum tamen vſus merito ab Eccleſia prohibitus eſt, ob enormes quas Rabbini inde deducunt ſuperſtitiones; quare ſi quandoque numiſmata hiſce nominibus inſignita repererit Lector, ex qua officina prodierint, cognoſcere poterit.

Tſadkiel, Thumiel, Iophiel, Gabriel, Boel, Orphaniel,

אורפניאל בואל גבריאל יופיאל תומיאל צדקיאל

Nagdiel, Thabiel, Schemſchiel, Gnazuziel, Raphael, Kabiſiel,

קביאל רפאל עזוזיאל שמשיאל תביאל נגדיאל

Schagnariel, Chebaſchiel, Iehudiel, Daniel, Gaboriel, Nachliel,

נחליאל גבריאל דניאל יהודיאל כבשיאל שעריאל

Gedudiel, Therumiel, Tſaphiniel, Rachmiel, Tabtabiel, Berachiel,

ברכיאל טבטביאל רחמיאל צפיניאל תרומיאל גדודיאל

Gnamiel, Nuriel, Tahariel, Barakiel, Kumiel, Chaziel,

חזיאל קומיאל ברקיאל טהריאל נוריאל עמיאל

Kedoſchiel, Zachariel, Phaniel, Lehabiel, Geriel, Iſrael,

ישראל גריאל להביאל פניאל זכריאל קדושיאל

Thabriel, Iophiel, Tſuriel, Vauiel, Karbiel, Schalgiel,

שלגיאל קרביאל ואואל צוריאל יפיאל תבריאל

Hebrew key column (left margin):

אבג יתץ

קרע שטן

נגד יכש

בטר צתג

חקב טנע

נגל פזק

שקו צית

Interpretatio horum Nominum ex mente Cabaliſtarum.

^{1} ANgelus vultus lucidi; ^{2} Angelus in eo Deus; ^{3} Angelus fortitudinis; ^{4} Angelus pulchritudinis; ^{5} Angelus perfectionis; ^{6} Angelus iuſtitiæ; ^{7} Angelus congregationis; ^{8} Angelus ſanationis; ^{9} Angelus vehementis roboris; ^{10} Angelus Solis; ^{11} Angelus beatitudinis; ^{12} Angelus annunciationis; ^{13} Angelus poſſeſſionis; ^{14} Angelus virium & valoris; ^{15} Angelus iudicij; ^{16} Angelus confeſſionis; ^{17} Angelus ſubiectionis; ^{18} Angelus apertionis portarum; ^{19} Angelus benedictionis; ^{20} Angelus magnæ beatitudinis; ^{21} Angelus miſerationum; ^{22} Angelus reconditorum theſaurorum; ^{23} Angelus exaltationis; ^{24} Angelus caſtrorum; ^{25} Angelus viſionum; ^{26} Angelus reſurrectionis; ^{27} Angelus fulguris ſeu gladij coruſcantis; ^{28} Angelus purificationis; ^{29} Angelus ignis; ^{30} Angelus populorum; ^{31} Angelus rectitudinis; ^{32} Angelus peregrinationis; ^{33} Angelus flammæ; ^{34} Angelus facierum; ^{35} Angelus memorialium; ^{36} Angelus ſanctificationis; ^{37} Angelus candoris niuei; ^{38} Angelus oblationum;

Ange-

39   40   41   42

Angelus vncinorum ; Angelus anguftiæ ; Angelus vlcerum ; Angelus
fractiqnis. Atque hæc funt Angelorum fiue diuinarum potentiarum nomina , quorum minifterio omnia fecundùm Rabbinos adminiftrantur ;
quæ quidem in Deo omnia vnum funt, de quibus Cabaliftæ afferunt, quòd
quicunque ijs rectè vti nouerit, is omnium quæ defiderari poffunt (fi Dîs
placet) in hoc Mundo, compos fit futurus ; atque hoc propter fummam,
quam cum diuinis virtutibus habent, analogiam & fimilitudinem: & quoniam Dei voce formata funt, hoc ipfo magnam in operando efficaciam,
vt ipfi fentiunt, habent.

  Vides igitur ex his, quomodo hoc nomen quadraginta duarum literarum primò ex primo Genefis verfu pariter 42 literarum , per combinatoriam artem emergat ; & quomodo poftea ex varijs Sacræ Scripturæ
locis, alia totidem Dei attributa vnà cum Angelorum nominibus, fingulis 42 literis, quibus dictum nomen penitùs exponitur, explicaturque, à
fuperftitiofis Hebræis affingantur. Explicato itaque nomine Dei , iam
quomodo eo Sacerdotes benedicere folebant, videamus.

CAPVT VI.

De Nomine Dei feptuaginta duarum literarum, quod ; βδ ηικον ζαδ υυ εξιμ-
μαζον Dei Nomen appellatur , deque abufu eiufdem.

N Omen feptuaginta duarum literarum, apud Cabaliftas celeberrimum, & omnium myfteriorum (rectiùs fuperftitionum) veluti epitome quædam & anacephaleofis, cùm à paucis non dicam explicatum,
fed nè quidem famâ perceptum fit ; hinc noftrarum partium effe rati fumus, illud ex primis fundamentis in lucem educere, myfteria fub eodem,
vt Cabaliftæ fomniant, recondita declarare, atque tandem aliquam bono publico ex abftrufiori hac Hebræorum doctrina detecta vtilitatem, fuperftitionum occurrentium confutatione conferre ; Quòd vt quàm optimè fiat, rem à primis principijs ordiamur.

  Diximus in præcedentibus, ex mente Rabbinorum, omnia nomina diuina fuam ex nomine Dei tetragrammato originem habere ; ex eo enim,
vti docuimus ex ipfis, nomen Dei duodecim literarum, nomen Dei viginti duarum literarum, & nomen Dei 42 literarum , & tandem nomen Dei
feptuaginta duarum literarum, veluti ex inexhaufto quodam & perenni fonte profluit. Nomen enim Dei יהוה cum punctis combinatum feptuaginta duo couftituit nomina Dei effentialia ; quibus reliqua omnia nomina per quandam effectuum in reliquis Mundis elucefcentium analogiam
applicantur. Hinc fecretiores Cabalæ Magiftri, pulchre omnia dicta in
nomine Dei יהוה exhibent. primo enim illud exhibent fub forma triangula combinatum, vt in margine vides. Si enim primo quatuor iod
יייי in numeros refolueris, habebis 40 ; fi his numerum trium יהה ad-

             iun-

Omnia Dei nomina ex nomine tetragrammato profluunt ex mente Rabbinorum ;

Duobus modis colligunt hoc Rabbini.

Primus modus.

iunxeris, habebis 55; si denique hisce addideris numerum sub duobus
η, habebis 67; quibus si numerum 5 sub π contentum addideris, habebis 72. Iterum alio modo septuaginta duo Dei nomina exhibent sub
nomine Dei tetragrammato, vt sequitur.

Primò enim scribunt illud quatuor suis literis expansè; deinde vniuscuiusque literæ lineis tria puncta siue circulos apponunt: Et cùm
nomen Dei bifariã diuisum det duo nomina π & η, quorum vnumquodque essentiam Dei intrinsecam denotat; hinc primum nomen π duodecim circulos, quos ipsi Mundos vocant, & totidem η vehu habebit, adeoque vtrumque 24, in quibus explicandis 24 volumina totius legis diuinæ
occupantur; singulis circulis seu Mundis apponunt tres apices in modum coronæ, & nihil aliud, quàm nomen Dei tribus η exhibitum significant, siquidem tres in Deo existendi modos, Kether, Chohma, Binah,
quas nos diuinas hypostases appellamus, indicant; atque his omnia Mundi corpora; & quicquid in singulorum Mundorum ordinibus rerum siue
sensibilium, siue insensibilium inest, signatum spectatur. Porrò terni apices 24 circulis impositi numero sunt 72, quæ sunt veluti centra quædam
septuaginta duorum Mundorum idealium (quæ per septuaginta duas
familias in vniuersum Mundum propagatas aptè indicantur) à quibus
omnia vti profluunt, ita in eadem resoluuntur; multa quidem respectu
rerum creatarum, vnum tamen reuera quoad essentiam diuinam, centrum centrorum, quod & vnum illud impartibile & ineffabile Dei nomen congruè signat. Verùm nomen 72 literarum, vti explicuimus, in
Pardes exhibetur, vt sequitur.

Nomen Dei 72 literarum in nomine Dei tetragrammato
mystice exhibitum.

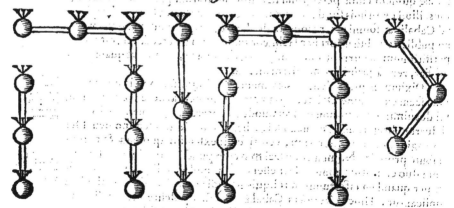

Sed nè quicquam proprio ingenio confinxisse videamur, audiamus
Authorem Pardes, hoc ipsum his verbis describentem in porta 16. vbi
nomen Dei 4 literarum fuse explicat:

אמר

נמצא בקבלה חגאונים בסוד מאיבת שם בן ד' וחקוקתו רז"ל זריאת חנאון

לתלמידיו כי כתיבת כל אות ואות בצורת ג' נקודות כקידורות ומחולקות לג' ראשים

וחלק בל ראש וראש לג' נקדות ועד אשר יעלה כל מספר חנקודית לכ"ד כמספר כ"י

צורות רוחניות פנימיות למספר כ"ד ספרי המקרא י"ב' משפיעים וי"ב מושפעים י"ב:

נוחנים וי"ב מקבלים וחם סוד שבטי י"ה עדות לחש חח ציורו וכל נקודה

יש לה ג' ראשין ו'ג' אותיות חקדש עולים כלם למספר השם אנסתר מ"ב ועם כתרי

האות האחרון עוליבם כלם למספר השם חנכבד ע"ב:

Id eft, *Inuenimus in Cabala Haggeonim* (ita vocant Magiftros fapientes pôft Amoraim, & ita dicuntur, quòd legem in 60 tractatus diuifam. explicarent, quod & nomen יהוה in numeros refolutum indicat.) *de arcano nominis Dei quacuor literarum, & conftituère illud Geonim diſ ipſis ſuis : quoniam Scriptura huius nominis hæc eft : vnaquæque litera quoad formam. fuam ex tribus puncîis ſiue Iod conftat, & vnumquodque in tria capita diuiditur, quorum numerus pertingit ad 24, iuxta numerum formarum ſpiritualium. intrinfecarum, iuxta numerum librorum legis 24, è quibus 12 influunt, 12 influuntur, 12 dant, & 12 accipiunt, quod eft myfterium in teftimoniū tribuum fil. Ifraël; & hæc eft eius figura : Omne punctum habet tria capita, & tres literas fanctas, quæ afcendunt veluti in coronis fuis ad numerum nominis occulti, quod eft, 42 literarum, & cum coronis literæ pofterius afcendunt omnes ad numerum. Nominis inclyti & reuerendi feptuaginta duarum literarum.* Poftea fubiungit quomodo Deus fanctus & benedictus ex inacceffa diuinitatis fuæ caligibe feptuaginta duobus veftimentis indutus in Mundum proceſſerit; verùm cùm ea longiora fint, quàm temporis & operis ratio poftulat, omittenda duxi; folùm hoc loco, vnde feptuaginta duo nomina diuina. tetragrammato nomine veftita producta fuerint, explicandum reftat.

Vnde 72 nomina diuina tetragrammato nomine veftita, producta fuerint.

Deus itaque Optimus Maximus ex impenetrabili, aiunt, caliginis fuæ abyffo Mundo illabens, primò fe Angelico feptuaginta duobus veftimentis indutus inferuit, id eft, virtutes fuas operationefque feptuaginta duabus Intelligeutijs principalibus communicauit; qui deniq; eadem virtute reliqua 72 Mundi fenfibilis fyftemata, prout alij Cœlis, alij elementis, alij miftis corporibus, alij fpiritualibus fubftătijs, alij alijs præfunt, fignauerunt, iuxta illud Exodi 23. *Ecce ego mittam Angelum meum, qui præcedat te &c: audi vocem eius, nec condemnendum putes, quia non d mittet cùm peccaueris, & eft nomen meum in illo.* Per quod cognofcimus, nomen Angeli optimo ritu Dei nomen comprehendere quandoque debere. Ideo cùm Cabalici Angeli cuiufuis nomen fignificatiuè pronunciare nequeunt, fubfidio alicuius nominis Dei, quod illi adiungunt, totum fimul proferre confueuerunt; fiq; tres hofce characteres: ריפ, גברי, רפא ad fignificandum Angeli nomen impropriè vident vfurpari, nifi nomen Dei אל *El* addatur, & fiat, מיכאל : גבריאל : רפאל : *Michaël, Gabriël, Raphaël.* ita ijdem quoque in alijs Angelicis nominibus facram fcripturam imitantes dicunt *Raziel, Iophiel, Tfadkiel, Beliel, Maltiel, Vriel,* & pari paffu cætera. Sunt autem duo nomina Dei Angelis maximè congrua אל *El,* & יה *Iah;* quorum hoc beneficia & mifericordiam Dei in operibus fuis elucefcente, illud vim & energiă fortitudinis & iudicij aptè defignat, iuxta illud:

Cabaliſt quomodo Angelorum nomina formeut.

Duo nomina Dei Angelis optimè congruunt אל & יה.

יה

אם עונות תשמר יה אדני מי יעמד עולם חיים ‎. Si iniquitates obseruaueris ‎יה‎ Iah, Domine, quis suslinebit? quem verlum c. 8. portæ lucis, יה‎ Iah, seculum clementiæ, Adonai seculum seueritatis iudicii explicat. Optimus igitur nobis Deus est, quia clementissimus; & maximus, quia fortissimus; quæ duo hæc nomina, יה‎ & אל‎, pulchrè exponunt; quorum alterum si quo-tocuique septuaginta duorum nominum coniunxeris, efficies septuagin-ta duo Angelorum, quorum singuli suprà citato Dei nomine tetragram-mato signati sunt, nomina. Continentur hæc nomina mysteriosa, vt Ca-balici putant, & operose nimis deducunt, in c. 14. Exodi, in tribus ver-sibus consequentibus 19, 20, 21, quorum primus ita se habet:

Versus tres Exodi 14. continentes 72 Dei & An-gelorum no-mina.

ויסע מלאך האלהים החלך לפני מחנה ישראל וילך
מאחריהם ויסע עמוד הענן מפניהם ויעמד מאחריהם:

Versus I.

Et profectus est Angelus Dei, qui præcedebat castra Israël, abijt post eos, & cùm eo pariter columna nubis, & stetit post eos.

Versus II.

ויבא בין מחנה מצרים ובין מחנה ישראל ויהי הענן
והחשך ויאר את הלילה ולא קרב זה אל זה כל הלילה:

Et venit inter castra Ægyptiorum, & inter castra Israël, & facta est nubes tene-brosa, & illuminauit nocturna, & non sibi appropinquauerunt tota nocte.

Versus III.

ויט משה את ידו על הים ויולך יהוה את הים ברוח קדים
עזה כל הלילה וישם את הים לחרבה ויבקעו המים:

Et extendit Moyses manum suam super mare, & abstulit Dominus mare in ven-to Orientali vehemente & prente tota nocte, & posuit mare in siccù, & diuisæ sunt aquæ. Atque hi sunt tres versus, quorum vnusquisque septuaginta duas li-teras continet; ex quorum arcana dispositione quomodo septuaginta duarum literarum nomen, seu potius septuaginta duo Dei attributa, An-gelorumque, quorum ope Moses mare diuisisse putatur, nomina eruan-tur, videamus qui explicent Cabalistæ. Tametsi enim Galatinus lib. 2. de Arcan. Cathol. verit. totum artificium fuse doceat, quia tamen Le-ctoris captui non se accommodat, mearum partium esse ratus sum, id pau-lò fusius exponere, est enim hoc vnum e præcipuis Cabalæ arcanis.

Primus versus וילך, & tertius וים, scribantur ordine normali seu
Dispositio trium ver-suum e 14. Exodi ad e-ruenda 72 Dei & Ange-lorum nomi-na.
R. Nehunia in Pardes.
perpendiculari, progressu literarum naturali; Secundus versus ויבא or-dine primo & tertio parallelo quidem, at inuerso, ita vt vltima litera hu-ius, primis dictorum versuum literis respondeat, prout in sequenti sche-mate patet. Cuius rei rationem assignat R. Nehunia in Pardes, quod pri-mus versus exhibeat ordinem חסד Chesed, id est, clementiæ; vltimus vero רחמים, id est, misericordiæ; Medius vero versus, cùm ad iudicij & seue-ritatis ordinem pertineat, & quodammodo primis ordinibus contrariari videatur, haud sine ratione, inuersus ponitur. ita Pardes. Alij alias assi-gnant rationes, quas vide apud Rassi, Tarphon, Botrellum. Schema se-quitur.

Vides igitur in hoc præsenti schemate, quomodo tres dicti versus, quorum vnusquisque septuaginta duarum literarum, ita digesti sint, vt
primus

primus & vltimus recto, medius inuerso ordine progrediantur : quomodo præterea singulorum tres literæ, vnum nomen Dei tetragrammaton
conficiant; quibus si in fine vel יה *Iah*, vel אל *El* adiunxeris , produces
septuaginta duo virtutum diuinarum signacula, quibus totidem Angeli ,
omnes rerum creatarum Classes signant; sunt enim præsides siue in rerum mundanarum administrationem, siue in specierum conseruationem, à
diuina prouidentia constituti, quibus vti nomen Dei in se portant, ita
omnia ijs obediunt, omnia ijs sese subijciunt; quibus nulla vis resistere ,
vt aiunt, possit. Verùm sciat Lector, sub Angelo lucido interdum nigram
caudam reperiri, dum nihil adeo sanctum est , quo humani generis hostis
non sub prætextu diuini cultus ad animarum exitium, vtatur : quod sit,
quando ad superstitiosos vsus, & Angelorum aduocationem in rebus non
licitis, adhibentur : quare (quod semper monui) nullà ratione , nisi ab
Ecclesia approbata, vsurpanda sunt .

Septuaginta duo Dei nomina ex tribus versibus Exod. 14. capite ex-
tracta, de quibus vide Galatinum l. 2. arcanor.
Cathol. veritatis.

	ה	ו	ה	י	ו	1	Vehuiah
	ל	א	ל	י		2	Ieliel
Seraphim	ל	א	ט	י	ס	3	Sitael
1 Chorus.	ה	י	מ	ל	ע	4	Nghelamiah
	ה	י	ש	ה	מ	5	Mahasiah
	ל	א	ה	ל	ל	6	Lelahel
	ה	י	א	כ	א	7	Achaiah
	ל	א	ה	ה	כ	8	Cahethel
	ל	א	י	ז	ה	9	Haziel
	ה	י	ד	ל	א	10	Aladiah
	ה	י	ו	א	ל	11	Laauiah
Cherubim	ה	י	ע	ה	ה	12	Habaiah
2 Chorus.	ל	א	ל	ז	י	13	Iezalel
	ל	א	ה	ב	מ	14	Mebahel
	ל	א	י	ר	ה	15	Hariel
	ה	י	מ	ק	ה	16	Hakamiah
	ה	י	ו	א	ל	17	Louiah
	ל	א	י	ל	ך	18	Caliel
	ה	י	ו	י	ל	19	Leuiuiah
Throni	ה	י	ל	ה	פ	20	Pahaliah
3 Chorus.	ל	א	כ	ל	נ	21	Nelchael
	ל	א	י	י	י	22	Ieiabel
	ל	א	ה	ל	ס	23	Melahel
	ה	י	ו	ה	ה	24	Hahiuiah

	ה נ ת ב י ה	25	*Nitbaiah*
	ה א נ ה	26	*Haaiah*
	י ר ת א ל	27	*Ierathel*
Dominationes 4 Chorus.	ש א מ ה	28	*Scheheiah*
	ר ע י א ל	29	*Reiaiel*
	א ו מ א ל	30	*Omael*
	ל ק ב א ל	31	*Lecabel*
	ו ש ר י ה	32	*Vafariah*
	י ה ו י ה	33	*Iehuiah*
	ל ה ח י ה	34	*Lehaiah*
	כ ו ק י ה	35	*Chavakiah*
Poteſtates 5 Chorus.	מ נ ד א ל	36	*Menadel*
	א נ י א ל	37	*Aniel*
	ה ע מ י ה	38	*Haamiah*
	ר ה ע א ל	39	*Rehael*
	י י ז א ל	40	*Ieiazel*
	ה ה ה א ל	41	*Habael*
	מ י כ א ל	42	*Michael*
	ו ו ל י ה	43	*Veualiah*
Virtutes 6 Chorus.	י ל א י ה	44	*Ielaiah*
	ס א ל ב י ה	45	*Sealbiah*
	ע ר י כ א ל	46	*Ngbariel*
	ע ש ל י ה	47	*Afaliah*
	מ ה י א ל	48	*Mehiel*
	ו ה ו א ל	49	*Vehuel*
	ד נ י א ל	50	*Daniel*
	ה ה ס י ה	51	*Habofiah*
Principatus 7 Chorus.	ע מ מ י ה	52	*Ngbimamiah*
	נ נ א א ל	53	*Nanael*
	נ י ת א ל	54	*Nithael*
	מ ב ה י ה	55	*Mebaiah*
	פ ו י א ל	56	*Pouiel*
	נ מ מ י ה	57	*Nemamiah*
	י י ל א ל	58	*Ieialel*
	ה ר ה א ל	59	*Harahel*
Archangeli 8 Chorus.	מ צ ר א ל	60	*Mitfraël*
	ו מ ב א ל	61	*Vmabael*
	י ה ה א ל	62	*Iahahel*
	ע נ ו א ל	63	*Ngbanauel*
	מ ה י א ל	64	*Mehiel*
	ד מ ב י ה	65	*Damabiah*
	מ נ ק א ל	66	*Mankel*
	א י ע א ל	67	*Eiael*

Angeli

Angeli							68	Habuiah
9 Chorus.	כ	י	ו	ב	ה		69	Rochel
	ל	א	ה	א	ר		70	Iabamiah
	ה	י	מ	ב	י		71	Haiaiel
	ל	א	י	י	ה		72	Mumiah
	ה	י	מ	ו	מ			

Atque hoc eſt nomen illud Dei 72 literarum, ab Hebræis מיחר vni- *Epitheta quæ Cabaliſtæ tribuunt nomini Dei 72 litterarum.* tiuum appellatum, vnum reuera ſi eſſentiam ſpeƈtes, plura ſi effeƈtus, quos in vniuerſo ſpeƈtandos exhibet. Hos R. Nehunia אריח vocat, eò quòd *R. Nehunia* tot in 72 hiſce nominibus tetragrammati literæ ſint, quot ſub אריח numeri, videlicet 216. Nam 72 in 3 duƈta hunc numerum producunt. hoc idem ſeptuaginta duos pontes appellat, & vnicuique ponti attribuit nomen א; pontes diuinæ miſericordiæ, ſupra quos filij Iſraël vndantis maris fluƈtus animo imperterrito tranſierunt. Hæc arbor in medio paradiſi, ad ſeptuaginta duorum Mundi populorum gentiumq; ſalutem plantata:

האילן גדול בתוך גן עדן בהחענפים שהם תיבות יתפשטו
עוד ענפים דקים ועלים והם האותיות:וכ"

Arbor magna in medio paradiſi, cuius rami diƈtiones, ulterius in ramos paruos & folia, quæ ſunt literæ, extendantur, vim ſuam & nutrimentum ſugentes à tribus diƈtis verſibus, ſicuti rami & folia à radice. Omnia verò à ſupremo fonte deriuantur nominis magni & terribilis, Dei ſanƈti & benediƈti, à quo veluti ab archetypæ arboris radice omnia dependent, omnia vegetantur, aluntur, viuunt. Hoc, aiunt, arcanum eſt Mundi in quatuor Mundi partes diuiſi, quorum vnaquæque tres partes habet, altum, imum, medium, quæ in 4 duƈta dant 12, quæ reſpiciunt ad duodecim combinationes Nominis Dei יחוה, quas *Hauioth* dicunt. Sunt præterea in vnaquaque quadruplicis Mundi plaga quatuor columnæ, quæ eum ſuſtentant; non incongruè fulcimenta totius Vniuerſi, vnaquæque columna ſex partes habet, ſcilicet quatuor latera cum capite & calce. Si porrò 6 in 12 duxeris, habebis 72; atque hic eſt numerus ἰβδομικονταδυογεάμματ᾽ον ſeptuaginta duarum diƈtionum in omnes Mundi partes diffuſum. Hi ſunt, teſte R. Amorai in Bahir, id eſt, *libro ſpeculationum*, *R. Amorai.* duodecim gubernatores, quorum vnuſquiſque ſex poteſtatibus tremendis præſtat, qui inuicem multiplicati dant 72 diuinarum virtutum influxus, per nomen ſeptuaginta duarum literarum exhibitos. Hæc eſt, teſte Zohar, Scala illa Iacob 72 gradibus inſtruƈta, cuius apex ſuper Solis Lunæque vias porreƈtus, in ſupremo diuinitatis atrio repoſitus eſt, per quem Numen in vniuerſos entium ordines deſcendit, Angeli homineſque per eam eò, vnde profluxerunt, reuertentes aſcendunt. per hunc veluti per quadruplicem duodenarium 12 ſigna Zodiaci, 12 Menſes, quorum præſides totidem, atq; adeò per heptacoſiadyadem omnia, opinione Rabbino- *Vſus Nominis Dei 72. litterarum ſecundùm Cabaliſtas.* rum, gubernantur, ſuſtentantur & conſeruantur. Hoc nomen ijs exhibet cubum illum myſticum, qui per trinam icoſitetradem ad 72 aſcendit.

Atque hæc omnia fuſe in Pardes, ex quo ea decerpſimus, pertractantur. Vidimus Nominis ſeptuaginta duarum literarum myſteria ; iam vſum quoque horum nominum ex mente Gabalicorum tradamus .

Putant Cabalæ Magiſtri, Deum per huiuſmodi ſeptuaginta duo nomina, Angelosque diuinarum virtutum diſpenſatores , ſingulari & mirâ quâdam ratione, hominibus ritè diſpoſitis, & myſteriorum ſub hiſce nominibus latentium peritis ſeſe inſinuare, dummodo fide rectâ , & ſincerâ intentione ijs in orationibus ſuis vtantur . Cùm enim ſecundùm naturæ & gratiæ gradus diſpoſita ſint, inde mirum quendam naſci rerum ſenſibilium cum inſenſibilibus conſenſum & ſympathiam putant, quam qui in tanta naturarum diuerſitate, ad vnitatem reuocare nouerit, illum credunt per hæc, & Angelos rerum præſides, & Deum ſupremum omnium moderatorem ad ſuis obſequendum poſtulatis veluti trahere, & ſui iuris facere poſſe. Nam vt R. Manahem Racanati hoc loco Exodi tradit :

אותיות פורחות למעלה בעיקר המרכבה והם ממונים
לעשות כל דבר בהם ופעולתיהם יודעים למקובלים:

Characteres hi ſunt volantes ſupernè in fundamento ſapientiæ ſpiritualis, & ſunt adminiſtratory ſpiritus ſeu præfecti ad omnia per eos expedienda, eorumque operationes notæ ſunt Cabaliſtis. Hoc R. Akiba ait procedere de throno gloriæ Dei. Quemadmodum enim , ait , Imperator per ſubordinatos ſibi Principes, Duces, Comites, Barones, Nobiles omnia Imperio ſuo ſubiecta gubernat, vnus per diuerſos riuos in alia & alia Regni ſui membra influens ; ita Deus Optimus Maximus per diuerſos Angelorum ordines, omnia quæ Mundi ambitu concluduntur, moderatur, iuxta illud Danielis:

ובמצבה עבד בחיל שמייא ודאריאל:

Et ſecundùm voluntatem ſuam facit in exercitu cœlorum, & habitatoribus terræ. Sed vt ad inſtitutum reuertamur: Sunt hæc ſeptuaginta duo nomina inſtar inſtrumenti ſeptuaginta duarum chordarum harmonicè aptatarum, in quo ſicut non quælibet cum quibuſlibet conſonant, vt fuſè nos in decachordo naturæ Muſurgiæ noſtræ vniuerſalis demonſtrauimus , ſed quæ certam & concinnam proportionem ad ſe inuicem habent, intentam harmoniam perficiunt ; ita non pro quibuſlibet rebus, quælibet nomina pronuncianda eſſe ſentiunt, ſed ea, quæ ad res quas poſtulant, occultam quandam proportionem & ſympathiam habent. Sic Angelus ignis ad fidei ſuæ commiſſum elementum, occultam proportionem habet , vt ſignans ad ſignatum ; quam proportionem qui nouerit, facilè dicunt Cabalici , ſe ab omni ignis damno liberare poterit, ritè illum inuocando : Hinc Cabalici ex libro Pſalmorum

nonnullas ſententias , non tam humanâ, quàm, vt putant, diuinâ prouidentiâ mortalium fragilitati traditas receperunt , quarum ſingulæ, dum vnum ex dictis Dei Angelorumque nominibus, vnà cum nomine Dei tetragrammato, (vno non ſine cauſa, quod initium Geneſeos refert, excepto) incluſum tenent, eas ſummâ & omninò ſuperſtitioſâ obſeruatione, in aduerſitatibus quibuſcunque ad malorum fugam, bonorùmque, &

cha-

charifmatum diuinorum affecutionem, fpe plenâ, & fide fummâ in Deum
erecti, de Angelo ad Angelum, vti per Scalam quandam Iacob, afcenden-
tes, recitare confueuerunt.

Habet hæc Scala, vti diximus, feptuaginta duos gradus; quilibet
autem verfus vnum gradum notat; eorum vnufquifque tres continet facros characteres, ex quibus diuini Spiritus infpiratione vnum conflatur
fignaculum, fummâ reuerentiâ, vt dicunt, colendum, obferuandumque,
tribus literis formatum, cui effe perhibent inclufum Dei Angelum, diuini nominis maieftate infignitum. Hi autem funt feptuaginta duo Angeli, qui defcendunt & afcendunt; in quorum virtutes auguftum diuinitatis nômen שם המפורש Schem hammephorafch refoluitur, & eifdem Angelicis
tandem fyllabis inftauratur; non quod refolutira defierit effe nomen,
aut quod inftauratum effe cœperit, fed quod veluti Sol radiorum multiplicatione, & diffufa luminis corufcatione, omnia impleat: Quod enim
in fenfibili Mundo Sol, hoc in infenfibili Deus. Sed nè quicquam omififfe
videamur, dictos 72 verfus, fingulos nomine Dei, & Angelorum fignatos,
apponemus, poftea quoq; iudicium noftrum circa ea appofituri.

Septuaginta duo verfus ex diuerfis Pfalmis extracti, quibus dicta
Dei, Angelorumque nomina continentur; collecti ex
variorum Rabbinorum monumentis.

Nomina Angelo-Horum nominum rum cū interpretatio. adiectio ne יה *Iah* vel אל *el*.		

Deus Exaltator. וחו ‫ואתה יהוה מגן בעדי כבודי ומרים ראשי׃‬ 1 Verfus.
Et tu Domine fufceptor meus es, gloria mea, & exal-
tans caput meum. Pf. 3. v. 4.

Auxiliator. ילי ‫ואתה יהוה אל תרחק א.ילותי לעזרתי חושה׃‬ 2 Verfus.
Tu autem Domine nè elongaueris auxilium tuum à
me; ad defenfionem meam confpice. Pf. 21. v. 20.

Spes. סיט ‫אומר ליהוה מחסי ומצודתי אלהי אבטח בו׃‬ 3 Verfus.
Dicam Domino, fufceptor meus es, & refugium
meum, Deus meus, fperabo in eum. Pf. 90. v. 2.

Abfconditus. עלם ‫שובה יהוה חלצה נפשי הושיעני למען חסדך׃‬ 4 Verfus.
Conuertere Domine, eripe animam meam, falutem me fac
propter mifericordiam tuam. Pf. 6. v. 5.

Saluator. מהש ‫דרשתי את יהוה וענני ומכל מגורותי הצילני׃‬ 5 Verfus.
Exquifiui Dominum, & exaudiuit me, & ex omni-
bus tribulationibus meis eripuit me. Pf. 33. v. 5.

‫זמרו‬

6 Versus.	Laudabilis ללל	זמרו ליהוה יושב ציון הגידו בעמים עלילותיו : *Psallite Domino, qui habitat in Sion , annunciate* *inter gentes studia eius.* Pf. 9. 12.
7 Versus.	Longanimis. אכא	רחום וחנון יהוה ארך אפים ורב חסד : *Miserator & misericors Dominus, longanimus, & mul-* *tum misericors.* Pf. 102. v. 8.
8 Versus.	Adorandus. כאת	באו נשתחוה ונכרעה לפני יהוה עשינו : *Venite adoremus & procidamus ante faciem Domini,* *qui fecit nos.* Pf. 94. v. 6.
9 Versus.	Misericors. חז	זכור רחמיך יהוה וחסדיך כי מעולם המה : *Reminiscere miserationum tuarum Domine , & mise-* *ricordiarum tuarum quæ à seculo sunt.* Pf. 24. 6.
10 Versus.	Propitiabilis. אלד	יהי חסדך יהוה עלינו כאשר יחלנו בך : *Fiat misericordia tua Domine super nos , quemadmo-* *dum speravimus in te.* Pf. 32. v. 22.
11 Versus.	Exaltandus. לאו	חי יהוה צורי וירום אלהי ישעי : *Vivit Dominus, & benedictus Deus meus, & exalte-* *tur Deus salutis meæ.* Pf. 17. 47.
12 Versus.	Refugium. חע	למה יהוה תעמד ברחוק תעלים לעתות בצרה : *Ut quid Domine recessisti longè, despicis in opportuni-* *tatibus, in tribulatione ?* Pf. 10. 1.
13 Versus.	Super omnia decantabilis. חל	הריעו ליהוה כל הארץ פצחו ורננו וזמרו : *Iubilate Domino omnis terra, cantate, exultate , &* *psallite.* Pf. 97. v. 4.
14 Versus.	Custos & Ser- uator. מבח	ויהי יהוה משגב לדך משגב לעתות בצרה : *Et factus est Dominus refugium pauperi, adiutor in* *opportunitatibus, in tribulatione.* Pf. 9. v. 9.
15 Versus.	Subleuator. חרי	ויהי יהוה לי למשגב ואלהי לצור מחסי : *Et factus est mihi Dominus in refugium, & Deus meus* *in adiutorium spei meæ.* Pf. 2. v. 2.
16 Versus.	Erector. חקם	יהוה אלהי ישועתי יום צעקתי בלילה נגדך : *Domine Deus salutis meæ, in die clamaui & nocte co-* *ram te.* Pf. 87. v. 2;
17 Versus.	Mirabilis. לאד	יהוה אדנינו מה אדיר שמך בכל הארץ : *Domine Dominus noster, quàm admirabile est nomen* *tuum in vniuersa terra !* Pf. 8. v. 2.
18 Versus.	Inuocandus. כל	שפטני כצדקך יהוה אלהי ואל ישמחו לי : *Iudica me secundum iustitiam tuam Domine Deus* *meus, & non supergaudeant mihi.* Pf. 34. v. 24.
19 Versus.	Festinus ad audiendum. לוד	קוה קויתי יהוה ויט אלי וישמע שועתי : *Exspectans exspectaui Dominum, & intendit mihi.* Pf. 39. v. 2.

ובשם

Redemptor ובשם יהוה אקרא אנא יהוה מלטה נפשי 20 Versus.
Et nomen Domini inuocabo, ô Domine, libera animam
meam. Pſ. 119. v. 2.

Solus ואני עליך בטחתי יהוה אמרתי אלהי אתה 21 Versus.
Ego autem in te ſperaui Domine, dixi, Deus meus es
tu. Pſ. 30. v. 15.

Dextera יהוה שמרך יהוה צלך על יד ימינך 21 Versus.
Dominus cuſtodit te, Dominus protectio tua ſuper ma-
num dexteram tuam. Pſ. 120. v. 5.

Declinans יהוה ישמר צאתך ובואך מעתה ועד עולם 23 Versus.
malum. *Dominus cuſtodia introitum tuum, & exitum tuum,*
ex hoc, nunc, & vſque in ſeculum. Pſ. 120. v. 8.

Bonus eſt circa רוצה יהוה את יראיו את המיחלים לחסדו 24 Versus.
ipſos. *Beneplacitum eſt Domino ſuper timentes eum, & in*
eos qui ſperant ſuper miſericordiam eius. Pſ. 35. 5.

Largitor אודה יהוה בכל לבי אספרה כל נפלאותיך 25 Versus.
Confitebor tibi Domine in toto corde meo, narrabo om-
nia mirabilia tua. Pſ. 9. v. 2.

Auditor in קראתי בכל לב ענני יהוה חקיך אצרה 26 Versus.
abſcondito *Clamaui in toto corde meo, exaudi me Domine, iuſtifi-*
cationes tuas requiram. Pſ. 118. v. 145.

Propulſator חלצני יהוה מאדם רע מאיש חמסים תנצרני 27 Versus.
Eripe me Domine ab homine malo, à viro iniquo eripe
me. Pſ. 139. v. 1.

Sublator אלהים אל תרחק ממני אלהי יהוה לעזרתי חושה 28 Versus.
malorum. *Deus ne elongeris à me, Deus meus in auxilium meum*
reſpice. Pſ. 70. v. 12.

Expectatio הנה אלהים עוזר לי יהוה בסומכי נפשי 29 Versus.
Ecce Deus adiuuat me, & Dominus ſuſceptor eſt ani-
mæ meæ. Pſ. 53. v. 7.

Patiens כי אתה תקותי יהוה אדני מבטחי מנעורי 30 Versus.
Quoniam tu es patientia mea Domine, Domine ſpes
mea à inuentute mea. Pſ. 70. v. 5.

Doctor אבא בגבורות יהוה אלהים אזכיר צדקתך לבדך 31 Versus.
Introibo in potentiam Domini, Deus memorabor iuſti-
tiæ tuæ ſolius. Pſ. 70. v. 16.

Rectus. כי ישר דבר יהוה וכל מעשיהו באמונה 32 Versus.
Quia rectum eſt verbum Domini, & omnia opera eius
in fide. Pſ. 32. v. 4.

Omnium יהוה יודע מחשבות אדם כי המה הבל 33 Versus.
cognitor. *Dominus ſcit cogitationes hominum, quoniam vanæ*
ſunt. Pſ. 83. v. 11. יהל

34 Versus Clemens. לחם יחל ישראל אל יהוה מעתה ועד עולם :

Speret Israël in Domino, ex hoc, nunc, & usque in seculum. Ps. 130. v. 3.

35 Versus Gaudiosus. בזק אהבתי כי ישמע יהוה את קולי תחנוני :

Dilexi quoniam exaudiuit Dominus vocem deprecationis meæ. Ps. 114. v. 1.

36 Versus Honorabilis. מכר יהוה אהבתי מעון ביתיך ומקום משכן כבודך :

Dilexi, decorem domus tuæ, & locum habitationis tuæ. Ps. 25. v. 8.

37 Versus Dominus Virtutum. אני יהוה אלהים צבאות השיבני האר פניך ונושעה :

Domine Deus virtutum, conuerte nos, ostende faciem tuam, & salui erimus. Ps. 79. v. 4.

38 Versus Spes omnium finium terræ. חום כי אתה יהוה מחסי עליון שמת מעונך :

Quoniam tu es, Domine, spes mea, altissimum posuisti refugium tuum. Ps. 90. v. 9.

39 Versus Velox ad condonandum. רוע שמע יהוה וחנני היה עזר לי :

Audiuit me Dominus, & misertus est mei, Dominus factus est adiutor meus. Ps. 29. v. 11.

40 Versus Vinum lætificans. יין למה יהוה תזנח נפשי תסתיר פניך ממני :

Vt quid Domine repellis animam meam, auertis faciem tuam à me. Ps. 87. v. 15.

41 Versus Triunus. חחח יהוה הצילה נפשי משפת שקר מלשון רמיה :

Domine libera animam meam à labys iniquis, & à lingua dolosa. Ps. 119. v. 1.

42 Versus Quis sicut ille. מיכ יהוה ישמרך מכל רע ישמר את נפשך :

Dominus custodiat te ab omni malo, & custodiat animam tuam. Ps. 120. v. 7.

43 Versus Rex Dominator. ואני אליך יהוה שועתי ובבקר תפלתי תקדמך :

Et ego ad te Domine clamaui, & mane oratio mea præueniet te. Ps. 87. v. 14.

44 Versus Æternùm manens. ילה נדבות פי רצה נא יהוה משפטיך למדני :

Voluntaria oris mei beneplacita sunt Domino, & iudicia tua doce me. Ps. 118. v. 108.

45 Versus Motor omnium. סאל אם אמרתי מטה רגלי חסדך יהוה יסעדני :

Si dicebam motus est pes meus, misericordia tua Domine adiuuabit me. Ps. 93. v. 18.

46 Versus Reuelator. עדי טוב יהוה לכל ורחמיו על כל מעשיו :

Bonus Dominus vniuersis, & miserationes eius super omnia opera eius. Ps. 114. v. 9.

47 Versus Iustus Iudex. עשל מה גדלו מעשיך יהוה מאד עמקו מחשבתיך :

Quam magnificata sunt opera tua Domine, nimis pro-

fun-

funda factæ sunt cogitationes tuæ . Pf. 91. v. 6.

Pater mittens. מיח	הודיע יהוה ישועתו לעיני הגוים גילה צדקתו :	48 Versus.

Notum fecit Dominus falutare fuum, in confpectu reuelauit iuftitiam fuam. Pf. 97. v. 2.

Magnus & excelfus. והו   גדול יהוה ומהלל מאד ולגדלתו אין חקר :   49 Versus.

Magnus Dominus & laudabilis nimis, & magnitudinis eius non eft finis. Pf. 144. v. 3.

Iudex mifericors. דניי   חנון ורחום יהוה ארך אפים וגדול חסד :   50 Versus.

Miferator & mifericors Dominus patiens, & multum mifericors. Pf. 85. v. 15.

Secretus impenetrabilis. חחס   יהי כבוד יהוה לעולם ישמח יהוה במעשיו :   51 Versus.

Sit gloria Domini in feculum , lætabitur Dominus in operibus fuis. Pf. 103. v. 31.

Caligine tectus. עמם   אודה יהוה בצדקתו ואזמרה שם יהוה עליון :   52 Versus.

Confitebor Domino fecundùm iuftitiam eius, & pfallam Nomini Domini altiffimi. Pf. 7. v. 18.

Superborum depreffor. אנג   ידעתי יהוה כי צדק משפטיך ואמונה עניתני :   53 Versus.

Cognoui Domine, quia æquitas iudicia tua ; & in veritate humiliafti me . Pf. 118. v. 75.

Rex cœleftis. נית   יהוה בשמים הכין כסאו ומלכותו בכל משלה :   54 Versus.

Dominus in cælo parauit fedem fuam, & regnum ipfius omnibus dominabitur. Pf. 102. v. 19.

Sempiternus. מבה   ואתה יהוה לעולם תשב וזכרך לדור ודור :   55 Versus.

Tu autem Domine in æternum permanes, & memoriale tuum in generationem & generationem . Pf. 103. v. 13.

Fulciens omnia. פוי   סומך יהוה לכל הנפלים וזוקף לכל הכפופים :   56 Versus.

Alleuat Dominus, qui corruunt, & erigit omnes elifos . Pf. 144. v. 14.

Amabilis. נמס   יראו יהוה בטחו בו עזרם ומגינם הוא :   57 Versus.

Qui timent Dominum, fperauerunt in eo, adiutor & protector eorum eft. Pf. 113. v. 9.

Auditor gemituum. ייל   ונפשי נבהלה מאד ואתה יהוה עד מתי :   58 Versus.

Et anima mea turbata eft valdè, fed tu Domine vfquequò . Pf. 6. v. 4.

Omnia penetrans. זרח   ממזרח שמש עד מבואו מהלל שם יהוה :   59 Versus.

A Solis ortu vfque ad occafum , laudabile nomen Domini. Pf. 112. v. 3.

Subleuans oppreffos. מצר   צדיק יהוה בכל דרכיו וחסיד בכל מעשיו :   60 Versus.

Iuftus Dominus in omnibus vijs fuis, & fanctus in omnibus operibus fuis. Pf. 144. v. 17.

יחי

N n

61 Verfus.	Super omne nomen.	ובמב. יחי שם יהוה מבינך מעחח לעח עולם׃

Sit nomen Domini benedictum ex hoc, nunc, & vsque in seculum. Pf. 122. v. 1.

62 Verfus.	Ens supre- mum.	יחח ראה כי פקודיך אהבתי יהוה בחסדך חיני׃

Vide quoniam dilexi mandata tua Domine, in misericordia tua viuifica me. Pf. 118. v. 159.

63 Verfus.	Manfuetus.	ענו עבדו את יהוה בשמחח בואו לפניו ברננח׃

Seruite Domino in lætitia, introite in conspectu eius in exultatione. Pf. 99. v. 2.

64 Verfus.	Viuificans.	מחי הנח עין יהוה על יראי למיחלים לחסדו׃

Ecce oculi Domini super metuentes eum, & in eis, qui sperant super misericordia eius. Pf. 32. v. 18.

65 Verfus.	Fons Sapien- tiæ.	דמב. שובח יהוה עד מתי ונחנם על עבדיך׃

Conuertere Domine vsquequo, & deprecabilis esto super seruos tuos. Pf. 89. v. 13.

66 Verfus.	Omnia pa- scens & la- ctens.	מנק אל תעזבני יהוה אלהי אל תרחק ממני׃

Ne derelinquas me Domine Deus meus, ne discesseris à me. Pf. 21. v. 12.

67 Verfus.	Deliciæ filio- rum homi- num.	איע והתענג על יהוה ויתן לך משאלות לבך׃

Delectare in Domino, & dabit tibi petitiones cordis tui. Pf. 36. v. 4.

68 Verfus.	Liberalissi- mus Dator.	חבו. הודו ליהוה כי טוב כי לעולם חסדו׃

Confitemini Domino, quoniam bonus, quoniam in seculum misericordia eius. Pf. 105. v. 1.

69 Verfus.	Omnia vi- dens.	ראה יהוה מנת חלקי וכוסי אחח תומיך גולי׃

Dominus pars hæreditatis meæ & calicis mei; tu es, qui restituis hæreditatem meam mihi. Pf. 15. 5.

70 Verfus	Verbo om- nia produ- cens.	יבם בראשית ברא אלהים את חשמים ואת חארץ׃

In principio creauit Deus coelum & terram. Gen. 1.

71 Verfus	Dominus vniuerforum.	חיי אודח יהוה מאד בפי ובתוך רבים אחללנו׃

Confitebor Domino nimis in ore meo, & in medio multorum laudabo eum. Pf. 108. v. 30.

71 Verfus.	Finis vniuer- forum.	מום שובי נפשי למנוחיכי כי יהוה גמל עליכי׃

Conuertere Domine in requiem tuam, quia Dominus benefecit tibi. Pf. 114. v. 7.

Atque hæc funt feptuaginta duo nomina fub vno Dei nomine tetragrammato comprehenfa, vti verfus feptuaginta duo ex varijs Pfalmorum locis extracti fatis declarant, in quorum fingulis inuenies nomen Dei tetragrammaton יהוה, & præterea vnum ex iftis nominibus,
quæ ex Cabalica difpofitione trium verfuum Exodi 14. ויסע ויבא ויט
emer-

emerferunt; quæ vt faciliùs inuenirentur, primò nomen Dei tetragrammaton יהוה, deinde nomen Dei, vel Angeli ex dictis verfibus excerpti, fingula maiufculis expreffimus: Sic in primo verfu inuenies nomen Dei
יהוה, deinde יהו nomen Dei vel Angeli pariter maiufculis expreffum;
quod & in prima columna ante verfum vnà cum interpretatione eius
pofuimus; & fic in fingulis verfibus proceffimus. Porrò funt ex fecre-
tioribus Cabaliftis, qui dicta 72 nomina multis alijs modis per combinationem tabulæ Ziruph varient; ita commutatio per Abgad inftituta
dat aliam combinationem; per Atbafch aliam, & fic de cœteris; de
quibus vide Tarphon & Botrellum in libro Ietfirah. Vocales verò fiue
puncta fingulis vocalibus affixa, eadem funt cum punctis, quæ affinguntur literis in tribus verfibus citatis correfpondentibus, vti rem examinanti
patebit. Scias quoque, nomina Latina, quæ nominibus ex tribus Exodi
verfibus extracta correfpondent, non explicare nomina illa trilittera,
fed verfus Pfalmorum ex quibus extrahuntur; adeo quidem, vt ifta nomina trilittera tantùm figna quædam fint feptuaginta duorum verfuum
fub quibus latent.

Nota hic Lector, quòd tametfi in dictis 72 nominibus nihil, in
quantum præcifè attributa Dei explicant, periculi exiftat; quia tamen
Rabbini inter terminos legitimos contineri nefcij, multa inde concludunt,
atque adeo ipfos Chriftianos docent, quæ periculo non careant, imò tanquam animabus perniciofa, vt dum eadem ad varia philacteria & amuleta,
fuperftitiofis obferuantijs referta, adhibent; meritò Chriftiano homini
& verè Catholico eorum yfus prohibitus effe debeat. Adde prædi-
ctam 72 nominum ex verfibus Pfalmorum extractionem effe merum Rabbinorum figmentum; quod vel inde patet, quòd vix vllus Pfalmus fit,
in quo non eadem reperire liceat nominum figmenta trifyllaborum; ac
proinde non tanti facienda funt, quanti Rabbini putant.

C A P V T   VII.

Quod nomen Dei tetragrammaton prifcis Paganifque fcriptoribus
haud fuerit incognitum, & quod in nomine I E S V omnia
quæ hucusque dicta funt, contineantur.

N Omen Dei tremendum & adorandum, tale eft, vt eo præter Deum,
folum primum, nihil aliud denominari poffit ac debeat: hic enim,
cùm omnia operetur in omnibus, nihil tamen operum fuorum à fe deno-
minat, nil appellat & afficit. Vnde propter exceffiuam & fuper omnia
transcendentem fublimitatem eius, dum parem dictionem nomenque
non inuenirent Hebræi veteres, *Adonai*, id eft, *Dominum* appellauerunt;
quòd & multis varijfq; modis, vti fuprà dictum eft, occultare fategerunt,
ne frequenti contrectatione contaminaretur tantæ maieftatis diuino Verbo prolatum Sacramentum. Eftque hoc יהוה nomen tetragrammaton

aici-

αἰσκρύνεζω, non ab hominibus repertum, fed à Deo traditum ; nomen fanctum & honorandũ; nomen vnum,quo folus Deus eft benedicendus religione paternâ ; nomen potentiſſimum, quod colunt Superi, obſeruant
inferi,ofculatur vniuerſalis natura, quod ab aſſiduis cultoribus imbibi-
tum , & facerdotalibus mentibus , vt ita dicam , incorporatum ,
mirifica dicitur imperia humanæ facultati concedere . Hoc vnicum Sacroſanctæ Triadis ſymbolum, poſteris tandem reuelatum ; hoc vnicum
humanæ redemptionis per IESVM Mundi Saluatorem, cuius nomen, vt
poſteà dicetur, implicitè continet, ſignum & teſſera eſt ; omnium diuinorum nominũm epitome & anacephalæoſis. Quod & ipſi Pagani Philoſophi & Poëtæ nullo non tempore tanquam myſteriorum omnium compendium in ſumma habuerunt veneratione . Ægyptij ab Hebræis primis Mundi Patriarchis illud accipientes, inter arcana ſua hieroglyphica
concluſerunt ; quamuis id non literis, ſed myſterioſâ indigitatione , eó
quo ſequitur modo expreſſerunt . Globum pingebant alatum, binis hinc

Pagani Phi.
loſophi &
Poëtæ nomen
Dei in hono-
re habuerunt

Nominis te-
tragrammati
hieroglyphi-
cum quomo-
do Ægyptij
exhibuerint .

Primum hie-
roglyphicum.

ſerpentibus erumpentibus, cum appoſita de-
cuſſi . Per globum denotabant eſſentiam
Dei inacceſſam & abſconditam, quam paternum fundum appellabant ; & per decuſ-
ſim, cuius ſymbolum apud Hebræos erat
Iod, ſignificatur numerus denarius,idem qui
apud Ægyptios X ſiue decuſſis,totius vniuerſitatis nota, principium & finis omnium, vltra quem nullus numerus, pondus, & menſura . Per binos ſerpentes hinc inde erum-
pentes nihil aliud deſignabant niſi duo יהוה,
quæ cũm apud Hebræos nota ſit Verbi diuini, & Sapientiæ Patris, ideo Ægyptij ad huiuſmodi literas exprimendas, vſi ſunt binis
ſerpentibus, quòd ſerpens eſſet ſymbolum
vitæ, & præter os nullo alio membro conſtaret ; quod proprium eſt Verbi diuini, iuxta illud, *Verbo Domini cœli firmati ſunt , & ſpiritu oris eius om-*
nis virtus eorum ; quamuis nos etiam duplicem in Verbo, diuinam & humanam naturam per illa non tam creditam, quàm diuino inſtinctu vati-
cinatam fuiſſe dicimus . Per binas alas ſpiritum παθμορφον, id eſt, omni-
formem ſignificant, qui cũm nexus ſit diuinarum perſonarum, appoſitè
ſanè illum loco ו Vau, quod & in tetragrammato nexus dicitur, per binas
alas globum cum ſerpentibus veluti in vnam eſſentiam cogentes ſtringen-
teſq; expreſſerunt . Atque hoc nomen בהֵהֵוֹ appellabant, hoc eſt,
in eo Deus. Hoc pacto itaq; Ægyptij nomen illud,quod Hebræi עם הַמפֹרֹש
Schem hammepborufcb vocant, arcaniſſimo ſanè ſymbolo ſignabant . Præterea paſſim illud expanſum quoq; quatuor alijs ſeparatis ſymbolis Ægyptios expreſſiſſe reperio ; denotaturque per oculum, ſceptrum, ſcutum
hexagonum, & ſerpentem, quæ ſæpè ſæpius inter hieroglyphica occur-

Secundum
hieroglyphi-
cum.

runt ,

runt, & nihil aliud funt, quàm fupradicti globi alati ferpentiferi expanfa
fignatio; dum per oculum, Deum omnia intuentem; per fceptrum, eius
in omnia dominium; per alam, omnia penetrantem; per ferpentem,
omnia animantem fignificant, quatuor fymbolis vnius & eiufdem effentiæ diuerfas virtutes & proprietates defignantes. Loco alæ quoque fcutum hexagonum pofitum reperio; aptèfanè eo, fi vllo alio, literam ꓶ Vau
in nomine ᴎᴎᴎ fignantes: ficuti enim ꓶ fenarium numerum indicat vniuerfitatis connexum, ita fcutum hexagonum. quæ omnia fufè fuis locis
explicabimus.

Hos fecutus Pythagoras, quem nomen hoc Dei femper maioris duxiffe reperio, quàm cœtera cuiufcunque religionis arcana, quod & à tetragrammato tetractyn vocat, perpetuæ naturæ fontem in animos noftros
manantem, omnibus Dijs Deorumque virtutibus excellentiorem; de quà
cùm amplè varijs in locis tractemus, fuperuacaneum effe ratus fum, eidem
diutiùs inhærere. Imitati funt præftantiffimi quique Poëtæ, vti reliqua
eius philofophiæ, fic & hoc arcanum contemplandi genus, qui Mundi
chaos in quatuor elementa, Cœlum in quatuor anni partes, Aërem in
quatuor ventos, Terram in quatuor plagas difpefcunt. Stoici vitæ noftræ
fplendorem in quatuor virtutes diuidunt. Mathematici vnum in quaternarium partiuntur: vnum enim cùm perumpit in actum, numerus eft
tetragonus, vnde vnum poteftate tetragonum appellant, vt in Arithmetica hieroglyphica videbimus: hoc verò fub quatuor terminis perfectè
confumatur; nam 1, 2, 3, 4, iuncta fimul denarium conficiunt, quem &
ꓶ Iod, & duo ᴎᴎ in nomine Dei ᴎᴎᴎ referunt. Hinc quicquid fenfibile
eft & quantitatiuum, à Mathematicis ad punctum, lineam, fuperficiem,
corpus reducitur. Phyfici omnia ad quatuor reducunt capita, fpermati-
cam naturæ vim, & pullulationem naturalem, formam adolefcentem,
compofitum. Metaphyfici denique ad effentiam, effe, virtutem, & actionem. Quæ fanè mirificè quaternionem hunc noftrum explicant; vt fit
principio punctus, femen, effentia; fecundò linea, pullulatio, effe; tertiò, fuperficies, forma, virtus; quartò corpus, compofitum, actio. In toto itaque Mundi ambitu, illiufque fingulis partibus, diuinus ille relucet
quaternio, tantopere à nullo non veterum Philofophorum decantatus.
Orpheus quid aliud per Mufam, Dionyfium, Apollinem, & Venerem, nifi diuinum huius nominis quaternionem, verbis quidem diuerfam, reipfa
tamen vnam & eandem diuinitatem defcripfit? Sicuti enim nomen Dei
tetragrammaton omnes diuinorum influxuum partes aperit, fic dicta qua-
terna Numina mentibus noftris inftillant Deificos attractûs, Mufa poëfin,
Dionyfius myfterium, Apollo vaticinium, Venus amorem, vti fuprà capite de furore poëtico relatum eft. Sed huius quaternarij numeri virtutes
in Arithmetica myftica copiofiùs profequemur.

Circumferuntur etiam hoc tempore Medalia quædam, vel potiùs
Cameæ Gnofticorum, in quibus hoc verbum fæpefæpius incifum fpecta-
bis, ɪ ᴀ ω; quod etfi corruptum, nihil tamen aliud, quàm nomen Ieho�
ua te-

Pythagoræ
tetragram-
maton Dei
nomen in ve-
neratione.

Poëtæ etiam
id venerati
funt, cum
Philofophis
& Mathema-
ticis.

Quaternio in
omnibus
Mundi parti-
bus elucet.

ɪ ᴀ ω
Gnofticorum
quid fignifi-
cet.

ua tetragrammaton fignat, vt alibi docebitur; eoque infinuare volebant, quandam Dei Optimi Maximi, antequam in operationem exiret, veluti quaternionis ideam. Lacedæmonij hanc eandem ob caufam fummum Iouem, id eft, Iehoua (ab hoc enim nomine Iouis nomen deductum effe, nemo dubitare debet) quatuor auribus recte depingere confueuerunt, eò quòd ipfe fummus effet quaternio, & verus tetractys, cuius emanatio per formam quidem in Angelis, per participationem verò in animalibus rationalibus, per imaginariam in rationis expertibus, per vmbratilem in corporum figuris reperitur, & fempiternæ cuiufdam pluuiæ confueto more ab excelfo ad nos defluit, vniuerfa rigando. Huc quoque alludere videtur celeberrima illa crux anfata, quæ paffim hieroglyphicorum fimulachrorum manibus inferta, & Serapidis fronti infculpta, fpectatur, de qua vide Obelifcum Pamphil. fol. 365. & feqq. Porrò in Plauti verfibus Punicâ linguâ prolatis ad hoc nomen venerandum alluditur.

Venio modò ad id, quod in principio demonftrandum affumpferam, videlicet nomen Meffiæ nihil aliud effe nifi nomen illud admirabile & venerandum tetragrammaton יהוה, tot myfterijs decantatum, tot ac tantis facramentis præfiguratum. Cùm enim Meffias, Verbum incarnatum, Sapientia Patris, Chriftus inquam, totius Sacræ fcripturæ finis fit, & ob Chriftum totus adeo Mundus productus fit; certum eft, nomen eius admirabili & incomprehenfibili diuinæ Sapientiæ confilio, Angelico primùm eloquio hominibus manifeftatum, myfterijs pleniffimum, & fuprà quam cogitari poteft, arcanum effe, iuxta illud Luc. 1. *Ecce concipies in vtero, & paries filium, & vocabis nomen eius I E S V M ; hic erit magnus, & filius Altiffimi vocabitur.* De quo iam dudum vaticinatus Ifaias, dicebat:

ויקרא שמו פלא יועץ אל גבור אב. חער שר שלום :

Et paruulus natus eft nobis, filius datus eft nobis, & vocabitur nomen eius admirabilis, Confiliarius, Deus fortis, Pater futuri feculi, Princeps pacis. Nomen igitur tetragrammaton יהשוה *Ihfuh*, nomen fuper omne nomen, nomen mirificum, non iam amplius ineffabile, non tetragrammaton, quia nomen Dei tetragrammaton implicitè continet, pentagrammaton tamen, quia Deus ex abyffo diuinitatis egrediens carne veftitus Mundo apparuit; nec vllum aliud nomen fub cœlo eft, in quo nos oporteat faluos fieri, nifi in nomine יהשוה *Ihfuh*, nomen fanctiffimum & religiofiffimum, cuius literæ Deus, cuius fyllabæ Spiritus, cuius dictio Deus & homo eft. Siquidem totius huius diuinæ dictionis יהשוה *Ihfuh* duæ funt fyllabæ, quarum prior ex vocalium vim gerentibus, fecunda ex reliquis, affumpta ש confonante, oritur. Vocales diuinitatis latentis funt fymbola, iuxta illud: *Spiritus vbi vult, fpirat, & vocem eius audis, fed nefcis vnde veniat, aut quo vadat.* Hoc pacto Mofes vocem Dei loquentis, quem non vidit, audiuit. Confonans verò ש tametfi ex fe nullum oris fonitum promat, confonat tamen vocalibus iuncta; fic nomen Dei שא, quod ignem fignat, nam *Deus ignis confumens, conterens petras* &c. Atque hic eft ignis ille diuinus, quem nobis Deus in terra pariter cum paterna voce oftendit, dicens:

Hic

Iouis nomen à יהוה Iehoua deductum.
Iuppiter quatuor auribus pingebatur Lacedæmonijs.

Quomodo in nomine IESV tetragrammaton implicitè contineatur.

Hic est Filius meus dilectus: quin & ipse se ignem nominans palàm dicit; *Ignem veni mittere in terram, & quid volo nisi vt accendatur?* & Spiritus sanctus in igne discipulis apparuit. ש *Schin* itaque triplici literarum ductu effigiatum, atque in medio Nominis Dei tetragrammato יהוה insertum, aliud nihil nobis designat, nisi vnam sub trina hypostasium proprietate naturam; ita quidem, vt nomen Dei יהוה essentiæ & naturæ diuinæ vnitatem, ש verò trium personarum cum natura vnitatem aptè exprimant. Et nomen quidem tetragrammaton cùm humana voce enunciari nec posset, nec deberet; æquum erat, incarnandum Dei Verbum præter nomen Dei tetragrammaton, alium sibi characterem, quo ἀκρφώντον, id est, *inenunciabili sono*, inuisibilis Dei ineffabilis nota, visibilis atque humano ore enunciabilis foret, assumere; vt dum Deus in carne visibiliter apparuit, nomen quoq; gereret pronunciabile, & ab omnibus eum timentibus inuocabile, vt videlicet in nomine יהשוה *Ihsuh* omne genu flecteretur, cœlestium, terrestrium, & infernorum. Atque ad hoc præstandum, siue mysteriosam literæ dispositionem, siue significationem ipsam spectes, aptior litera assumi non poterat, quàm litera dentalis ש *Schin*, vt pluribus probat Archangelus Nouoburgensis in libro de nomine I E S V, & Reuchlinus de Verbo mirifico. Hæc itaque est vox Dei, cœlo sublimior, inferno profundior, libera periculis, vmbrarum hostis, laruarum contemptrix, simulachrorum perosa, vniuersis imperans, omnium noxiorum expultrix, fati & naturæ victrix. Huius virtute claudus à natiuitate à Petro surgere iussus, ambulat, Dæmones eijciuntur, sanitas omnibus restituitur; nomen omnipotentia plenum. In hoc omnia diuina concluduntur nomina, quæ in hanc metam vniuersa consonant, quod Christus est Dei Verbum, id est, Filius ex substantia Patris, absque principio solus gemitus & vnigenitus, character & figura paternæ substantiæ, splendor gloriæ, filialis hypostasis, & persona Verbi, sigillum Patris, lumen de lumine, imago Dei, virtus & Sapientia, via, ianua & ostium, Dei Filius Amantissimus, Optimus, Maximus, Deus Sempiternus, Ineffabilis, Incomprehensibilis, Immobilis æternitas, qui est vnus omnia, & omnium quæ sunt, primordium: iste enim Creator omnium, per ipsum enim facta sunt omnia, & sine ipso factum est nihil. Idem ipse ignis consumens, lux, dies, olympus, Rex Regum, & Dominus dominantium, Deus Deorum, Sanctus sanctorum, Deus Abraham, Isaac, & Iacob; solus altissimus, excelsus, sublimis, habitans æternitatem, Princeps, Dux, primus & nouissimus, α & ω, principium, medium, & finis vniuersæ creaturæ; caput & oculus hominis, perfectio, pax, iustitia, pulchritudo, sapientia, immortalis prouidentia, charitas & amor, per esse suum agens cuncta semper & vbique. Vnitas, veritas, & bonitas, animus, ratio, Sol, radius, fons vitæ; pelagus bonitatis, causa causarum, Pater omnium, Creator, Protector, Saluator, Redemptor, vir pugnator, faciens mirabilia, conterens bella, viuificus Dominus, zelotes, Deus omnipotens, admirabilis, magnus, terribilis, antiquus dierum, permanens, fortis Dominus,

Attributa Christi.

virtu-

virtutum & vita sempiterna . quæ omnia fusè prosequitur D. Dionysius
l. de diuinis nominibus . His & similibus nominibus Verbum cum reliquis Personis vt plurimùm celebratur ; Quæ quidem effectibus diuisa, reuera tamen vnum & idem nomen sunt ; nomen admirabile, tetragrammaton, quod tam sollicitè primi Patres quæsiuerunt, tam studiosè contemplati sunt Prophetæ, posteri tandem ipso Verbo diuino Doctore & Reue-
latore, tam copiosos & vberes diuinorum mysteriorum thesauros sub eo
latentes cum vera eiusdem significatione perfectè assecuti sunt . An non
mirabile est, & omnem humanæ capacitatis metam transcendens , Deum
hominem factum , Deum & hominem vnam personam , duas naturas , &
quod maius est, in vno corpusculo naturæ Dominum & naturam . Natus
quidem fuit, sed & antè genitus ; de sexu muliebri , quod humanum est ;
sed & de Virgine incorrupta, quod diuinum ; Hinc sine patre, illinc sine
matre, vtrumque diuinitatis opus mirificum ; in vtero portatus, sed & à
Ioanne exultabundo cognitus ; in præsepio reclinatus, sed & ab Angelis
glorificatus, à stella demonstratus, à Magis adoratus ; baptizatus vt homo, sed peccata dimisit vt Deus ; aquis minimè vt mundaretur, indigus ,
sed vt eas mundaret ; tentatus vt homo, sed victor vt Deus ; esurijt, sed
& multa millia pauculorum panum multiplicatione pauit ; sitiuit, sed &
is fontem & venam aquarum viuentium omnibus in spem vitæ æternæ
creaturis aperuit ; fatigatus est, sed & ipse omnium æterna fatigatorum
requies; somno grauatus, sed & euigilans mari imperauit & ventis ; te-
lonium soluit, sed ex pisce ; orauit, sed & orationes exaudiuit ; fleuit,
sed & omnem abstersit lachrymam ; in ligno suspensus occiditur , sed ligno vitam instaurat ; tradit spiritum, sed & potestatem habet resumendi
illum ; moritur, sed viuificat, & morte mortem resoluit ; ad inferos descendit, sed animas educit .

Nomina Dei
omina respi-
ciunt no-
men IESV.
Rectè igitur ex dictis patet, Nomen eius esse mirificum, & mirando-
rum operum veluti quandam anacephalæosin. Patet quoque innumera
illa arcana tetragrammati nominis יהוה , quibus inuestigandis tanto studio, tamque intenso labore, vniuersa Cabalistarum schola nullo non tempore occupata fuit, aliò non respexisse, quàm ad hoc salutiferum nomen
יהשוה Ihsuh ; tametsi talpis cœciores, aut quæ exposuerunt non intellexerint, aut si intellexerunt, ob perfidiam & mentis peruicaciam, odiumq;
Tarphon de
nomine
IESV
quid sentiat .
in Christum irreuocabile, de eo fateri non voluerint ; cùm tamen ipse
Tarphon inter cœtera non tam præmeditatâ oratione, quàm diuino quodam instinctu agitatus hæc effutiat :

ומן חטבע משתמש בשם שרי התורה בשם יהוה ומן

המשיח צדקנו בשם יהשוה :

Id est, *Tria sunt tempora, quibus vsitata fuerunt , tria diuersa Dei nomina ;*
Tempus naturæ, vtebatur nomine Schadai שרי *; tempus legis scriptæ , nomine*
Dei יהוה *Iehoua ; & tempus Messiæ iusti nostri , nomine* יהשוה *Ihsuh ; & hæc*
nomina omnia sunt in nomine Dei tetragrammato . Quibus verbis quid
clariùs ad nostra stabilienda dogmata, adduci possit, non video . Sed hæc
de no-

de nomine Dei tetragrammato fusius forsan, quàm par erat, sufficiant.
Porrò nil modò reſtat, niſi vt, omnium hucuſque de diuinis nominibus dictorum ſchema ob oculos ponamus curioſi Lectoris; quod vt commo-
diùs fiat, aliqua præſupponere viſum eſt.

Obſeruatum fuit hucuſque, ad normam tetragrammati Dei nominis, nomen Dei omnium totius Mundi populorum pariter, non tam humano arbitrio, quàm diuino quodam inſtinctu, quatuor literarum ſortem
nactum eſſe; quorum ſingula aliquod è diuinis attributis ſignificant.
Quemadmodum igitur ex nomine tetragrammato naſcitur, iuxta Cabaliſtas, duodecim, & viginti duarum literarum nomen; ita, iuxta eoſdem,
ex his quadraginta duarum; & ex hoc denique ſeptuaginta duarum
Mundi ſemitarum; vt hoc ipſo indicari videatur, omnia quæ in Mundo
ſunt, huius nominis vi & efficaciâ ſubſiſtentiam acquirere; adeòque
omnes populos & nationes Mundi ad tantis diuinæ bonitatis beneficijs,
quouis modo, ſub vero vnius religionis per Vniuerſum diffuſæ cultu cor-
reſpondendum obligari. Cuius perfectionis ſymbolum eſt ſchema quod
ſequitur.

Nomen Dei
apud omnes
nationes te-
tragramma-
ton.

Explicatio Nominis Dei Tetragrammati.

IESVS Chriſtus centrum vniuerſæ naturæ, in cuius nomine omnia
reliqua diuina nomina concentrantur, Deus & homo, tetragrammaton olim arcanum & abſconditum nomen, modò ipſo Doctore reuelatum
& explicatum poſtero Mundo demonſtrauit. Figura hîc indicat diuini
nominis יהשוה, cuius nomen tetragrammaton יהוה olim typus erat, in
omnia diffuſionem. Quemadmodum enim Sol diffuſis in Vniuerſum
Mundum radijs omnia illuminat, fœcundat, animat; ita nominis IESV,
qui eſt Sol iuſtitiæ, vis & efficacia in omnia ſe diffundendo, omnia viuificat & conſeruat. Vides in centro nomen Chriſti τετραγραμμάτον יהשוה, cuius
medio ש inſertum, vt nomen Dei יהוה diſtinguit, ita diuina humanaque
ex æquo connectit. quod explicant textus, ipſum nominis IESV μονο-
γράμμα conſtituentes, & ſunt hi: זה שמי לעולם, hoc nomen meum in æternum.
יהוה שמך לעולם יהוה, Domine, nomen tuũ in æternum Deus. יהוה צבאות זה שמי
Deus virtutum hoc nomen meum. אני יהוה הוא שמי, Ego Deus, hoc nomen
meum. Nomen Sacræ Triadis index; inde 4 in 3 ducta dant 12, ſingula-
ria Dei attributa, quæ implicitè nomen יהשוה continent, vti in duodecim
radijs videre eſt: ſunt enim hæc attributa, quæ Sacræ Triadi in communi competunt; atque hinc Nomen Dei duodecim literarum, quas inter
radios inſeruimus, emergit, videlicet: מקח ורוח בן: אב, id eſt, Pater,
Filius, & Spiritus ſanctus. Atque hic eſt Mundus ille archetypus ſupramundanus, & indicatur per duodecim nominis tetragrammati יהוה reuolutiones, quas Hauioth appellant Cabalici, quæ vnam eſſentiam & naturam in Deo ſignant, trinis hypoſtaſibus diſtinctam, quæ & per tres litteras יהו aptè indicantur. Ex qua deinde influxus fit in Mundum Angelicum, & hinc in omnia ſenſibilis Mundi membra duodenario ſignata, vt

ſunt

funt duodecim figna Zodiaci, quatuor anni tempora, triplicatus quaternarius elementorum ; quod & ipfi Hebræi indicant tribus nominibus
Dei tetragrammati אהיה : יהוה : אדני : *Ehieh, Iehoua, Adonai* , quæ & quatuor Mundi plagis applicant hoc pacto.

מערב	מורח	צפון	דרום
Occidens	*Oriens*	*Septentrio*	*Meridies*
ה	י	ה	א
ה	ו	ה	י
י	נ	ד	א

Quod myfterium cùm in præcedentibus explicauerimus, non attinet repetere . Præterea, hoc duodecim literarum nomine influit in duodenarium animafticum, phyficum, anagogicum, id eft, duodecim Apofto-
rum fuper thronos duodecim iudicantium duodecim tribus Ifraël .

Hinc vlterius in vniuerfa entium quadraginta duo genera influit,
refultatque nomen quadraginta duarum literarum, vnum reuera nomen
quadraginta tamen duabus literis diftinctum, hoc eft, effectibus in rebus
creatis fundatis . Nomen hoc pofitum contemplare in primo circulo, in
fecundo aliud nomen myfticum fuprà explicatum, vt fequitur :

אב אלוה: בן אלוה: ורוח הקרש אלוה: שלשה באחד
האחד בשלשה:

Nomen 12
literarum ex-
plicatum .
Nomen 12
literarum
arcanum .

Pater Deus, Filius Deus, Spiritus fanctus Deus, tres in vno, & vnus in tribus

אבג יתץ קרע שטן נגד יכש בטר צתג חקב טנע יגל
פזק שקו צית:

Atque hæc funt duo nomina diuina quadraginta duarum literarum
prius explicatum, alterum arcanum, omnia nomina in tertio circulo ordine pofita, & totidem entium gradibus correfpondentia indicant . Qu
quidem nomina etfi diuerfa ex effectibus diuinis introducta, vnum tame
funt, refpectu effantiæ diuinæ, & nominis Dei יהוה , in quod omnia, D
uo Dionyfio tefte, collimant . Quia tamen Mundus propter homines
creatus eft, & totum humanum genus in feptuaginta duas familias, facr
Scriptura tefte, diuifum eft ; hinc emerfit nomen feptuaginta duarum
literarum feu totidem nominum, quibus vniuerfus naturæ ordo aptè vr
cum feptuaginta duobus nominibus Angelorum, totius naturæ Præfidu
exprimitur. Cùmque omnia nomina hæc ex nomine quadrilitero nr
emerferint, vt fuprà expofitum fuit ; hinc incomprehenfibili Dei conf
lio factum eft, vt feptuaginta duæ Nationes, terreni Orbis habitatricesnn
men Dei quatuor literis exprimant . & Nationes quidem feptuaginta
duæ ponuntur in quarto circulo ; Nomina Dei quadrilitera in quinto ci
culo . Cùm denique nomen in medio Angelorum, vt Exodi 14 habetu
exiftat ; hinc feptuaginta duo nomina Angelorum, qui humano gene
in feptuaginta duas nationes diuifo, finguli fingulis præfident, in extr

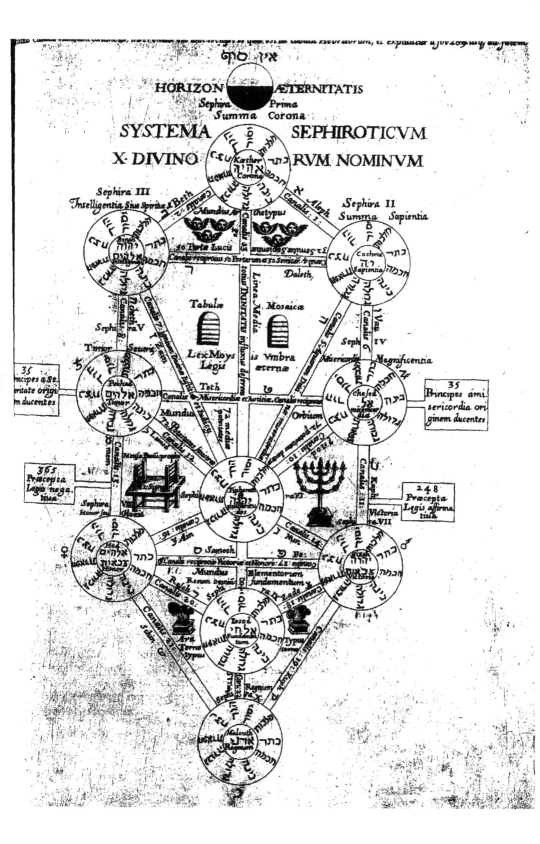

mo limbo radioso apposuimus. Atque adeo diuini nominis יהשוה *Ihsuh* in vniuersam naturam influxus rectè exhibentur. Verùm hæc de nominibus Dei sufficiant.

CAPVT VIII.

De secretiori Hebræorum Theologia Mystica, quæ est Cabala de decem Sephiroth, siue de decem diuinis Nominibus, quæ & numerationes, dimensiones, seu attributa Dei vocantur ; omnia ex mente Cabalistarum ; in qua reiectis heterodoxis, confutatisque, sola Catholicæ Doctrinæ consona adducemus .

Circa decem numerationes, quas עשר ספירית appellant, tota meritò Cabalistarum versatur machina ; vnde diuersimodam de ijs tractationem instituunt. Nonnulli per similitudinem arbori s eas exponunt, radice, trunco, ramis, corticibus, fructibus, spectabilis . Alij sub similitudine hominis microcosmi, capite, humeris, cruribus, pedibus illustris . Sunt qui ad archetypas rationes omnia sub ijs recondita mysteria detorqueant. Non desunt, qui totum ad physicas considerationes applicent. De omnibus & singulis hoc loco disserere minimè importunum duximus.

Sephiroth Cabalistarum arcanum maximum varijs rebus comparatur.

Vnanimi itaque omnium Rabbinorum sententia decem Sephiroth seu Numerationes constituuntur. Quarū tres superiores ספירית עליונת, id est, altissimas, spirituales, seu intellectuales numerationes, siue מעשה מרכבה, id est, opus quadrigæ , septem verò inferiores מעשה בראשית, opus fabricæ vocant : suntque decem Dei nomina, quorum illa, tres emanationes ; hæc septem attributa appellant . Numerationes vocant, non quòd inter nos & Deum quæpiā figuræ aut substantiç existat similitudo, vt rectè S. Dionysius, sed membrorum solummodò quædam veluti intentio. Hinc eandem ob causam Deo cor, oculi, aures, manus, pedesque affinguntur in sacris literis, non quòd ad nostri membra corporis Deus vllam proportionem & habitudinem præseferat ; sed quòd sit in ipso altissimo & incomprehensibili ente aliquid intrinsecum, ineffabile, & prorsus inexplicabile, vti suprà quoque ostendimus, à quo vniuersa profluunt, & quod denotat altissimarum latentium, & maximè absconditarum rerum, mentique humanæ incomprehensibilium rationes, quarum membra humani corporis Deo improprie attributa non nisi quædam signa sint & typi. Numerationūm itaque intentio nullum terminum, mensuram, numerum, nullam molem, nec quantitatem continuam, aut discretam, aut qualitatem, sed tenuem quandam vmbratilemque diuinarum virtutum, in quantum eas homo corporeis phantasmatis irretitus concipere potest, similitudinē exhibent. Sunt autem decem, quorum alia relatiua & personalia, alia connotatiua & attributa propriè vocantur nomina, alia cognomina, quorum typus sequitur .

Sephiroth seu numerationes decem sunt decem Dei nomina.

Numerationes cur vocentur.

S. Dionysius l. de diuin. nom.

Typus decem Sephiroth .

	Numerus	Nomina		Cognomina		Interpretatio
Nomina Relatiua & perso. nalia	1	אהיה	Ehieb	כתר	Kether	Corona
	2	יה	Iah	חכמה	Chochma	Sapientia
	3	יהוה אלהים	Iehoua Elobim	בינה	Binah	Intelligentia
Attribu- ta	4	אלוה	Eloah	גדולה	Gedulah	Magnificentia
	5	אלהים	Elohim	גבורה	Geburah	Fortitudo, seueri-
	6	יהוה	Iehouah	תפארת	Tiphereth	Pulchritudo ﴾tas
	7	יהוה צבאות	Iehouah Tsebaoth	נצח	Netsah	Victoria, æterni- tas triumphans
	8	אלהים צבאות	Elohim Tsebaoth	הוד	Hod	Gloria, Honor,
	9	אל חי	Elchai	יסוד	Iesod	Fundamentum
	10	אדני	Adonai	מלכות	Malchuth	Regnum

Atque hæc funt nomina & cognomina, quibus omnia, quæ in Sacra
fcriptura abftrufa latent, enodare fe putant Rabbini ; quæ & orthodoxi
Authores approbant.

§ I.

אין סוף *Infinitum, reconditum, interminum Ens.*

Enfuph qua-
modo appel-
letur, & quid
fit.

Supremæ arboris Sephiroticæ nomen ponitur אין סוף, id eft, *infinitum.*
Dicitur etiam non ens, propter Dei altiffimi incomprehenfibilita-
tem. Eft enim res quædam fecundum fe incomprehenfibilis, & ineffabilis, in remotiffimo Deitatis receffu, & in fontem luminis inacceffibili
abyffo fefe retrahens & contegens, cuius fplendidiffimus fplendor nudus
manens nullo attributorum amictu, aut proprietatum veftitu perfundi-
tur, aut dilatatur. Indifferenter Ens & non Ens vocatur, vtpote quæ
omnia opinione noftra contraria & contradictoria, tanquam fegregata

Deus Ens &
non ens dici-
tur.

& libera, vnita fimpliciffimè implicet. Ens quidem dicitur, quia ab eo
tanquam fummo ente omnia entia exiftunt ; non ens autem, quia præterquam quòd humano conceptui incomprehenfum fit, inter omnia
quoque entia nihil ei aut fimile, aut æquale reperitur. Quam ob caufam,
vt fupra diximus, S. Dionyfius id quoque *Nihil* dicere non dubitauit.
Alij caliginem & tenebras appellant: *Sicut lux eius, fic & tenebræ eius* ; quo
quidem dicendi modo aliud non indicant, nifi Deum abftractè confidera-
tum in feipfo, eo ferè modo, quo ante Mundum conditum fibi imaginatur humanæ mentis debilitas. Hinc appofitè Botrellus in libro de fide &
expiatione

Botrellus.

כי המוצא יש מאין אינו חסר וכי חיש חוא באין
בעניין אין והאין הוא ביש בעניין יש ללמד שהאין הוא
חיש וחיש הוא חאין:

Quòd

Quòd producenti Ens de non ente nihil decedit, & quòd Ens est in non ente quoad rem non entis, & non Ens est in ente quoad rem entis, vt discas quòd non ens sit Ens, & Ens sit non ens.

Est itaque אין סוף infinitum, illud, à quo omnis influxus deriuatur in cætera attributa Dei, & per hoc in creaturas; vnde ab Hebræis dicta sunt vestimenta Dei, quibus indutus ad Mundi creationem procefsit. Omnis enim bonitas & entitas in creaturis est ab ipso Creatore, & fuit in eo suprà quàm mens humana excogitare potest, modo nobiliori & perfectiori. Hinc omnes perfectiones in creaturis dispersæ, in Deo vnum quid sunt, diuersis tamen rationibus formalibus, vt scholæ loquuntur, secundùm nostrum concipiendi modum differentes, dùm aliam bonitatis, aliam sapientiæ, aliam veritatis definitionem afsignamus. Quæ quidem ratio nihil aliud est, quàm conceptus, quem intellectus de alicuius diuini nominis significato format. Res enim, quam intellectus concepit sub nomine sapientiæ, dicitur ratio, siue formalitas & quidditas sapientiæ; qua quidem ab omnibus alijs diuinis perfectionibus distinguitur, adeoque in Deo tametsi essentia simplicissima, tamen rationum formalium existit multitudo; cùm enim intellectus nostri debilitas vno solo conceptu minimè perfectionem diuinam posit attingere, varijs diuersisque conceptibus, qui varijs diuersisque nominibus vestiuntur, ad eum concipiendum indiget. Quod si Dei dono nobis vnico conceptu diuinam perfectionem attingere concederetur, tunc vno quoque nomine illam exprimere possemus. Hinc secretiores Hebræorum Theologi decem diuina nomina ponunt iuxta decem præcipuas, quæ in Deo elucent, perfectiones; quibus secundùm occultam quandam analogiam totidem Angelicæ substantiæ ordines attribuunt, & in Mundo sensibili totidem mobilium corporum systemata; in microcosmo totidem membrorum principalium constitutiones, vt supra dictum est. Deus itaque per decem nomina primò influit in Mundum Angelicum, per eadem deinde in Mundum sidereum & elementarem, & per eadem denique in microcosmum. Declaro rem exemplo. Herba quæpiam, aut petra virtutem suam habet subministratam à cœlo, cœlum ab Intelligentia, Intelligentia ab Opifice, ex quo omnia veluti ex centro vri profluunt, ita in illud reuertuntur; vnde omnia elementa & mista cum cœlis, eorumque Intelligentijs abdito quodam consensu communicant, & tandem cum Archetypo mundo, idea idearum, vnita connectuntur. Verùm vt hæc trium Mundorum connexio, iuxta Hebræorum & Ægyptiorum mente, luculentius comprehendatur, singula exactius declarabimus.

Cur decem nomina Hebræi attribuant Deo.

Deus per decem nomina influit in omnia.

§ II.

§ II.

כתר *Kether, id est, Corona summa, prima Sephira seu numeratio;* Aduerte me hic Angelorum nomina, aliaque omnia, ex Rabbinorum mente enumerare.

א כתר
Kether,
Corona,
Pater.

PRimum itaque vestimentum Dei ex אין סוף *Ensuph*, id est, infinita essentiæ suæ caligine emergentis, est כתר *Kether*, id est, *Corona summa,* cuius nomen אהיה, *fui, sum, ero,* delubrum admirabile & absconditum dicitur; quia in huius contemplatione omnium mentium oculi caligant, linguæ obmutescunt, vox silet, omnis animus deficit, ob inscrutabilem eius altitudinem; ab hac omnes Numerationes, illa à nulla procedit; prima in diuinis emanatio, Ens Entium, quia hoc essentiam omnibus præbet, & totum Vniuersum à centro ad circumferentiam infinitæ maiestatis suæ splendore implet; canalis supramundanus, per quem primò influit, diffunditque bonitatem suam supra Seraphinos, & hinc supra primum mobile, ope Intelligentiæ quæ dicitur *Metatron Sarpanim, Princeps aspectuum.*

ב חכמה
Choch-
ma, Sapi-
entia, Fi-
lius.

Secundum vestimentum seu Sephira dicitur חכמה *Chochma, Sapientia,* cuius nomen est יה *Iah*; attribuitur secundæ in diuinis emanationi, scilicet Filio, sicuti præcedens Patri, & sequens Spiritui sancto; ab Orpheo dicitur Cœlum, ab Homero Pallas nata ex cerebro Iouis. Canalis dicitur, cuius ope Deus influit supra Cherubinos, & supra firmamentum, hoc est, stellarum fixarum globum, ope Intelligentiæ quam אל רץ *Raziel* vocant, mundique idealis inenarrabiles splendores exhibet; de quibus in sequentibus fusiùs.

ג בינה
Binah,
Intelli-
gentia,
Spiritus.

Tertium vestimentum Dei seu Sephira dicitur בינה *Binah, Intelligentia,* cuius nomen יהוה אלהים, *Adonai Elohim,* vinculum Chori intellectualium numerationum, tertia in diuinis emanatio, Spiritus, anima, votum, mysterium fidei, Rex sedens in throno misericordiarum, Iubilæum magnum, Sabathum magnum, fundamentum spirituum, lumen mirificum, quinquaginta portæ, fluuius de paradiso egrediens; per quam Sephiram Deus influit primò in Chorum Thronorum, & hinc in Sphæram Saturni, ope Intelligentiæ quæ vocatur Sabtaiel.

Cognomina
Spiritus.

Atque hæ sunt tres numerationes summæ & supremæ, quas R. Isaac commentario in Ietsirah vocat: ספירות עליונות כסא אחד ובו יושב קקק *Numerationes altissimas, sedem, siue thronum vnum, in quo sedet Sanctus, Sanctus, Sanctus Dominus Deus Sabaoth.* Et tres hæ numerationes sunt primordiales & coæternæ, infinitæ, & inaccessibiles, abyssi Deitatis oracula. Sapientia sacrosanctæ Coronæ summæ templum inhabitat, à quo etiam ab æterno ineffabili quâdam generatione procedit, vel vt Hebræi, emanat emanatione, & nunquam à Corona summa, & ab Intelligentia, vlla detruncatione aut diuisione separatur; sunt enim vnum in essentia. Atque hæc est deuotissima illa apud Cabalicos diuinitatis quadriga, mysterium currus supremi מרכבה עליונה סוד, trium in diuinitate existendi

modo-

modorum, seu trium superiorum numerationum index. Corona ex summæ misericordiæ & infinitatis suæ, delubro ab æterno producit Sapientiam, Sapientia in penetralibus summè gratuitæ misericordiæ immanens, emanare facit Intelligentiam, ita tamen, vt Sapientia & Intelligentia à Corona summa emanantes, incomprehensibili & ineffabili quodam modo in inaccessibili Deitatis gremio tanquam in quadriga seu curru, felicissimo suo fruantur otio. Atque hanc trium numerationum superiorum, seu subsistendi modorum trinitatem, hanc eorum essentiæ simplicissimam & summè perfectam vnitatem, à qua omnia alia entia vera & bona sunt, Currus seu quadrigæ Cabalistæ nuncupârunt mysterium. Et tametsi iuniores Rabbini talpis cœciores per hasce numerationes non nisi proprietates quasdam intelligant, veteres tamen omnes tres in Deo existendi modos realiter distinctos posuisse testantur eorum scripta. R. Isachor Beer filius Mosis Pesach lib. Imre binah: *Qui vnus est*, inquit, *in intelligente, intellectu, & intellecto, glorificatus sanctitate, luces emanare fecit, easq̃ in tres emanationum ordines disposuit, numerationesq̃ intellectuales in æternum trinitatem Regis testantur. Summa mysterij eorum est emanatio Mundi Archetypi, creatio Mundi intellectualis vel Angelici, firmatio Mundi siderei, & fabrica Mundi minoris seu elementaris.* Consentit huic R. Akiba in Ietsirah c. 1. sect. 9

Mysterium quadrigæ quod ?

Rabbino rum Veteres per tres numerationes intellexerunt tres subsistendi modos in diuinis.
R. Isachor Beer.

:אחר רוח אלהים חיים קול ורוח ודבור והוא רוח הקדש

Vnus est spiritus Deorum viuentium, Vox, & Spiritus, & Verbum, & hic est Spiritus sanctitatis. Moses Botrellus fol. 50. *Duo spiritus ex Spiritu*, רוח חיוצא מרוח אלהים חיים, id est, *Spiritus procedens de Spiritu Deorum viuentium, & in eo creatum est superius & inferius, quatuor Mundi plagæ*, &c. Rabbenu Saodias Ha Gaon: *Vnus est Spiritus Deorum viuentium, Vox, Spiritus, & Verbum, quæ vnum sunt.* Rambam; *Corona summa primordialis est Spiritus Deorum viuentium, & Sapientia eius est Spiritus de Spiritu, & intelligentiæ aquæ ex Spiritu. Et tametsi res horum mysteriorum distinguantur in Sapientia, Intelligentia, & Scientia, nulla tamen inter eas distinctio quoad essentiam est, quia finis eius annexus est principio eius, & principium fini eius, & medium comprehenditur ab eis, v. g. flamma & carbo resplendens, iuxta illud, Carbones eius carbones ignis flammæ Dei, quasi diceret, quod hæc omnia instar flammæ ignis comprehendentis in se multiuarios colores ceu species, illosque omnes in vna radice, quia Dominus summè vnus.* Moses Botrellus loco citato:

R. Akiba.

Moses Botrellus.

R. Saodias. Rambam.

Moses Botrellus.

:החכמה היא הספירה השנית כי למעלה ממנה יש כע
שהיא המחשבה והיא נקראת ספירה ראשונה ועל כרחנו
מן המחשבה תצא החכמה:

Id est, Sapientia est numeratio secunda, quia superior illa est Corona summa, quæ est mens, & illa vocatur numeratio prima; an itaque non vel inuitis nobis de mente procedit Sapientia? Quis ex citatis testimonijs non videt, Rabbinos etiam nolentes volentes Sacratissimæ Trinitatis mysterium per tres hasce supremas numerationes indigitasse? quæ cùm ita sint, iam ad reliquas numerationes declarandas procedamus.

Quæ sequuntur, plena sunt nugis & figmentis Rabbinorum.

Post

Poſt tres ſupremas numerationes ſequitur quarta numeratio, quæ

4 גדולה **Gedulah, Magnitu-do.** dicitur גדולה *Gedulah*, ſiue *magnitudo*, quam alij quoque חסד, id eſt, *cle-mentiam* vocant, cuius nomen eſt אלוה *Eloah*, cognomina, gratia, miſeri-cordia, brachium dextrum, ignis candidus, facies leonis, oriens, aquæ ſu-periores, argentum Dei, triginta quinque ſortibus ſtipata. per hanc Deus influit in Chorum Dominationum, & per Intelligentiam Tſadkiel in cœ-lum Iouis; vnde naſcitur amor, qui omnia viuificat, accendit, amicitiam ſingulis in perpetuum pacis fœdus conciliat.

5 גבורה **Geburah, Fortitu-do.** Quinta Numeratio ſeu veſtimentum Dei dicitur גבורה *Geburah*, id eſt, *fortitudo*, quam & alij פחד *Pachad*, id eſt, *timorem & ſeuerita-tem* appellant; Nomen eius יהוה אלהים *Adonai Elohim*. Ei applicatur proprietas rigoris & grauitatis, præcepta legis negatiua, brachium ſini-ſtrum, ignis egrediens ab aquis, occidens, nox, fortitudo, altare aureum, Aquilo, triginta quinque ſiniſtris potentijs ſtipata. Per hanc Deus influ-it in ordinem Poteſtatum, & per Intelligentiam eius Camaël in Cœlum Martis, vnde prodierunt elementa, quæ perpetuò bellorum diſſidijs ſibi inuicem contrariantur.

6 תפארת **Tiphe-roth, Pul-chritudo.** Sexta Sephirah ſeu veſtimentum Dei תפאת *Tiphereth* dicitur, cu-ius nomen יהוה *Iehoua*; Attributa eius ſunt ſpeculatio illuminans, li-gnum vitæ, voluptas, linea media, linea viridis ambiens vniuerſum, lex ſcripta, Sacerdos magnus, ortus ſolis, ſpecies purpurea, ſeptuaginta duæ nationes in terra, ſigillum eius אמת אדני; myſteriumque eius in tertia lite-ra tetragrammati, homo ſupremus ſiue Adam Cœleſtis, arbor in medio Paradiſi plantata. Per hanc Deus influit in ordinem virtutum, & hinc per Intelligentiam Raphaël in Sphœram ſolis. Cauſa eſt omnis harmoniæ & pulchritudinis, quam in vniuerſo intuemur.

7 נצח **Netſah, Victoria, Æterni-tas.** Septimum veſtimentum Dei ſeu Sephirah dicitur נצח *Netſah*, id eſt, *triumphus*, *victoria*, ſeu *æternitas*, cui nomen יהוה צבאות *Adonai Tſebaoth*. Eius attributa ſunt, Crus, pes, columna dextera, rota magna, viſio Pro-phetæ. Canalis eſt, per quem Deus influit in Principatus, & per Intelli-gentiam Haniel in Cœlum Veneris. Plantarum cauſa & origo eſt.

8 הוד **Hod, Laus, Ho-nor, De-cus.** Octauum veſtimentum Dei ſeu Sephirah eſt הוד *Hod*, id eſt, *laus, ho-nor*, *gloria*. Nomen eius eſt אלהים צבאות *Elobim Tſebaoth*; attributa eius, myſterium columnæ, ac pedis ſiniſtri, hinc trahitur ſerpens antiquus, di-ſciplina Domini, Ramus Cherub Aharon, filij regis, molæ molentes. Eſt-que Canalis, per quem Deus influit in Archangelos, & per Intelligenti-am Michaëlem in Cœlum Mercurij; Cauſa & origo animalium eſt.

9 יסוד **Ieſod, Funda-mentum.** Nonum veſtimentum Dei ſiue Sephirah eſt יסוד *Ieſod*, id eſt, *funda-mentum*; nomen eius eſt אלחי *Elchai*; attributa Deus viuus, fundamentum Mundi, Sion, fons piſcinæ magnæ, iuſtus, Sabbathum magnum, medium inter שמור & זכור, inter cuſtodi & memento; Aries, iuſtitia, robur, li-gnum ſcientiæ boni & mali, fœdus Domini, arcus teſtimonij, gloria Do-mini, fundamentum Prophetæ Dauid, redemptio, ſeculum animarum. Canalis eſt, per quem Deus influit in Angelos, & per Intelligentiam Ga-brielem in cœlum Lunæ; cauſa & origo Geniorum particularium vnicui-que aſſignandorum.   De-

Decimum veſtimentum ſeu Sephirah vltima eſt מלכות *Malcuth* ſiue⸗
Regnum, cuius nomen אדני *Adonai* ; Attributa eius ſunt, Regnum, vita ,
Cherub ſecundus,ſpeculatio non illuminans , poſteriora Dei , finis omnium, Eccleſia Iſraël , Sponſa in Cantico Canticorum , Regina Cœli ;
myſterium legis ab ore datæ, Aquila, litera quarta tetragrammati , Regnum domus Dauid, Templum Regis, Ianua Dei, arca fœderis,binæ Tabulæ,Dominus vniuerſæ terræ. Canalis per quem Deus influit in ordinem אישם, id eſt, *Animarum*, & per Intelligentiam Mitatron in omnem
Lunæ ſubiectum elementarem Mundum ; per hanc deſcendit in animos
hominum prophetiæ donum*, per hanc humanus animus ſingulis ordine recenſitis Sephiroth mirâ quâdam ratione coniungitur, cum prima Sephiroth per intellectum, cum ſecunda per rationem , cum tertia per diſ-
curſum ; cum quarta per facultatem concupiſcibilem ſuperiorem,cum⸗
quinta per iraſcibilem ſuperiorem, cum ſexta per liberum arbitrium,cum
ſeptima per appetitum volitionemque ad ſuperiora,cum octaua per appetitum ad inferiora per actionem, cum nona per contemplationem,ſiue
per animi aſcenſum deſcenſumque, cum decima per vehiculum, quo
conſtat, æthereum. Hinc à Cabaliſtis quoque vocatur עטרה, *Diadema* ,
ſeu *Corona* inferior ; eſt enim conſumatio vnionis in Mundo archetypo ,
myſteriumque regni eius, atque in omnes creaturas regnandi facultatem
obtinet . Vnde & regnum dicitur, quia per eam Rex tetragrammatos
ſua quæuis munia obit ; creatis rebus præmia largitur,per quam illis datur ad tetragrammaton aditus, vnde & *Adonai* dicitur ; totius enim orbis Præſes & Rector eſſe creditur ; eò quòd tetragrammaton cuiuſlibet
influxus abundantiam nominis אדני confert, & in illo tanquam in vnum
opulentiſſima Regis bona confluunt , indeque porrò tranſmittuntur, vt
impleat quicquid creatorum neceſſitas exigit ; theſaurus enim diuitiarumque exiſtit gazophylacium , cui à Deo tetragrammato omnes benedictionum torrentes, bonitatiſque diuinæ immenſi defluxus applicantur.
Vocatur quoque צדק, id eſt, *iuſtitia*, quam & inferiorem iudicij domum
(quæ eſt, quinta Sephiroth , & Geburah ſeu Pachad, id eſt, fortitudo, ſe-
ueritas,rigor, timor appellatur) ſeueritatis & iuſtitiæ diuinæ influxuum
inundationumque executricem ; iudiciorumq; huius ſæculi, vti & certa-
minum altiſſimi fidelẽ adminiſtratricem vocant. Vnde Hebræi 60 fortes,
validoſque gladios accinctos, bellorum miniſtros illam circumdare aſſerunt, qui ad nutum hoſtes Dei altiſſimi profligent & interimant ; & ob
peccata hominum prouincias integras deprædentur , ac deuaſtent,regna
ſubuertant, inexpugnabiles muros ſolo æquent, ac omnigenæ vindictæ
ſupplicia exigant. Hâc corripiuntur peccatores , remittuntur peccata ,
iniquitates auferuntur, & priſtinæ iuſtitiæ reſtituuntur . Eſt enim, vti
Rabbini aſſerunt, veſtibulum quo tetragrammaton iuſtos ab impijs ſecer-
nit, neque vllum impijs introeundi aditum præſtat, niſi priùs vindictam
de peccatis eorum per ſuppliciorum illationem ſumpſerit .

Patet itaque ex dictis, Sephiram Malcuth talem appellationem⸗
ſortiri, quale eſt, quod intrinſecus ex intimis gratuitæ miſericordiæ vi-

ſce-

fceribus, vel extrinfecus ex hominum peccatis puniendis, fiue in bonum,
fiue in malum, in eam deducitur; ideo lignum quoque fcientiæ boni &
mali cognominatur; fi enim iuxta Hebræorum mentem à gratiæ, id eft,
Hefed feu Gedulæ latere influxus deducitur, ei bonum inditur cogno-
men; fi verò à Guburæ fiue iudicij latere, quod de internis numerationum penetralibus trahitur, & hoc quoque bonum dicitur; fin ab externis iudicium manauerit, peffimum id malum, plenumque prauæ dif-
pofitionis argumentum. Dicunt enim, omnia fuperiora iuxta malitiam
& bonitatem hominum in eam trahi, interdum iudicij meatus Sanctos
Dei homines minuere, gratiæque atque mifericordiæ defluxus augere;
fæpius verò contrà, gratiæ & mifericordiæ canales impios obruere, iudi-
cijque plures aperire. Vnde propter malitiam hominum acerrima &
fæuiffima quæque in hanc numerationem prodeunt, fæculum varijs ærumnis opprimitur, adeoque ingentes malorum Iliades in Mundum intro-
ducuntur, euertuntur regna, corrupunt fceptra, proftermuntur imperia, ob-
ruuntur prouinciæ, profligantur exercitus, truculentiffimæ captiuitates,
& cædes emergunt, febres, maligna vlcera, peftis, mæror, luctus, lamen-
ta, defolatio, morborum contagiones, & incognitæ infirmitatum fpecies,
inopinatæ neces, mors violenta, frequentia funera, cuncta denique mife-
randa & exitialia proueniunt. Nomen enim אדני *Adonai*, fpecie ignis deuorantis veftitum, in fublimi folio Altiffimi fedens, vt Princeps, & totius
orbis terrarum Dominus, regijs infignibus ornatus; totius quadrigæ &
fuperiorum & inferiorum, accedente quadraginta duarum literarū nomine, folidiffimus præfes effulget; hunc enim, vt aiunt, rapit de fuperis,
illum ad inferos & in æterni exitij barathrum præcipitat, hunc languentem, illum fanum & validum reddit, prout æquitas iudicij fuperiorum
numerationum poftulare videbitur; ibi enim nihil iniquè flectitur, nihil obliuioni datur, nulla ibi perfonarum acceptio, fed vt à fuperioribus
haurit, ita in inferiora difpenfat. Et ficuti diuerfis numerationum co-
gnominibus nuncupatur, ita earundem omnium commune quoddam cellarium fiue receptaculum eft. In hoc à tredecim fontibus coronæ fummæ
*613 Columnæ
lucis, quæ?*
613 columnæ lucis inacceffibilis erumpunt, & quafi prodeuntia flumina
illabuntur; in hoc triginta duæ femitæ fapientiæ, & quinquaginta portæ intelligentiæ deducuntur, in hoc per feptuaginta duos fontes, à fumma mifericordiæ aqua proficifcentes; vti & quadraginta duæ flammei
ignis fpecies feueritatis, ex fummis mentibus, & per mediam lineam in-
cedentes, feptuaginta profiliunt & fcaturiunt benedictionum luces, perq;
viam æternitatis & gloriæ in Sephira Elohai, veluti fundamento iunguntur, & inde in ipfum regnum fiue coronam inferiorem אדני *Adonai*, dictam confluunt. Nemo tamen exiftimet; prædicta continuè & pariter
vniuerfa afficere; nam, vt diximus, multitudo piorum benedictionis au-
get influentiam, impiorum eam diminuit; cùm verò nomen tetragrammaton adeo vigebit latè, vt totus Mundus vnum colat Deum, quòd Meffiæ tempore futurum credunt; tum demum omnes numerationes fimul
in coronam infimam אדני dictam confluent; quæ eandem bonorum co-

piam,

piam, quàm à superioribus numerationibus accepit, secundùm cuiusque
naturæ limites, singulis creaturis rursùm communicabit. Sed hæc de
decem diuinis nominibus in genere dicta sufficiant; nunc ad particularia eius describenda progrediamur, vbi, vti & in præcedentibus, omnia
ex Rabbinorum mente afferemus.

CAPVT IX.

De varia decem diuinorum Nominum seu Sephiroth repræsentatio-
ne, eorumque influxibus & canalibus, ex mente
Rabbinorum.

Sicuti arbor vna ex radice, trunco, ramis, surculis, frondibus siue diuersa partium dispositione constat; sic Cabalistæ dicunt, decem
Sephiroth esse arboris instar, cuius supremæ tres emanationes se habent
per modum radicis, reliquæ per modum trunci, ramorum, fructuum.
ita R. Schabte in Ietsirah.

Sephiroth decem sunt instar arboris.

R. Schabte.

המשל בזה האילן שיש לו שורש ומטורש יצא גזע ומגזע יצאו ענפים שהם
ג' מדריגות שרש גזע ענפים והכל אחד אך ורק החבדל ביניהם הנעלם והנגלוי
כי השורש הוא נעלם מגלה השפעתו בגזע ומתאחד בגזע והגזע מגלה השפעתו בענפים
המסתעפים ממנו וכלן בכלל מתאחזין ומתאחדין בשורש כי לו לא השפעת השורש
הגזע והענפים כלם יתיבשו לד שבעבו' זה כלם בכלל יקרא אילן אחד:

Hoc est, *Arbori sunt radices, & de radice consurgit germen, & de germine*
prodeunt rami, & sunt tres gradus, radix, germen, rami; & totum hoc est arbor
vna; tantùm hæc est differentia inter illas, absconditum & manifestum; quia
radix, quæ est abscondita, patefacit influentiam suam in germine, & vnit se ger-
mini; Germen verò manifestat influentiam suam in ramis, & vnit se ipsis ramis,
qui pullulant ex ipso, & in summa omnes adhærent, & vniunt se ipsi radici, quòd
nisi influentia radicis esset germen, rami omnes exsiccarentur, ita vt eam ob cau-
sam hæc arbor vocetur vna. Et posteà hæc applicat Numerationibus; ver-
ba cùm sint longiora plùs æquo, ea sic latinè reddo. Corona summa, quæ
est mysterium centri, ipsa est radix abscondita, & tres Mentes, hoc est, tres nume-
rationes superiores sunt germen, quæ vniunt sese in centro, quæ est radix earum;
septem verò numerationes, quæ sunt rami, vniunt se germini, quod refert mentes,
& omnes se vniunt in centro, quod est radix in mysterio nominis radicalis & es-
sentialis, quæ radix influit in omnes, & vnit omnes influentiâ suâ, & omnia de-
pendent ab influentia eius, adeo vt ob hoc omnia simul, centrum nempè, & men-
tes, & septem numerationes vocentur vnitas vna. Et hæc est ratio, quòd compa-
rauerunt sapientes Cabalæ decem numerationes arbori, quoniam est illis similitudo
quædam arboris, sicuti explicauimus; & quicunque separauerit inter se nume-
rationes, similis erit ei, qui detruncat plantas, & amputat arborem, diuidítq; eam
in duas partes, & diuellit eam de loco radicis suæ, de loco inquam nutritionis suæ.
Corona siquidem summa radix est huius arboris, quæ vnit omnes influentiâ suâ, &
omnes indigent ea, & comprehenduntur in virtute eius. Quæ vt paulò clariùs

disten-

distendantur, Notandum, in tres ordines diuidi hanc Sephiroticam arborem : ordinem primum dicunt esse mysterium centri, seu radicis, & est
יין אין Ensuph, infinitas , seu radicalis Dei natura ; secundum, mysterium
trium mentium, id est orthodoxè, hypostaseon, & sunt tres supremæ Sephiroth, Corona summa, Sapientia, & Intelligentia ; tertium , mysterium diffusionis mentium in septem numerationes , id est , in septem attributa fabricæ tribus mentibus communia ; quæ omnes conficiunt decem numerationes seu Sephiroth, & omnes simul sunt vnitas perfecta,
quia Ensuph centrum seu radix manifestauit delubra sua in tribus mentibus, id est, tribus subsistentijs, & tres mentes manifestatæ sunt in 7 numerationibus ; & quicquid inuenitur in 7 , inuenitur quoque in tribus men
tibus ; & quicquid in tribus mentibus, inuenitur quoq; in vnitate centri;
& quicquid inuenitur in vnitate centri, inuenitur quoq; in Ensoph. Differentia tantùm est, quòd septem numerationes, vti sub tribus mentibus, id
est, hypostasibus latent, & in inaccesso diuinitatis & fontani luminis recessu sunt, absconditæ sint humanis mentibus ; prout verò eadæm veluti quidam diuinarum operationũ, prout in Mundũ sensibilem prodeunt, effectus
sunt , nobis manifestæ sunt ; omnes tamen vnitas vna, vnitatis suæ summæ, perfectissimæ, & absolutissimæ fine fine & termino comprehendit denarium numerum infinitudinis , & virtutem vnitatis suæ in mysterio recessus per mysterium decem . Quæ vt relictis terminis Rabbinicis, nobis
consueta ratione paulò clariùs dilucidemus ;

Explicatur denarius numerus Sephiroth.

Sciendum, tria hoc denario Sephirotico à secretioribus Cabalæ
Magistris indicari ; primò supramundanum illum diuinæ essentiæ circulum in inaccesso diuinitatis abysso, quam Ensuph vocant, latentem, qui
è centro incomprehensibili ratione euolutus dum se in infinitam possibi-
lium rerum multitudinem egerit, vocatur Archetypus Mundus trium,
mentium, id est, trium altissimarum numerationum, quas nos orthodoxè
SS. Triadem appellamus ; omnis enim creatarum rerum amplitudo &
vastitas in eo sub vnitatis simplicissimæ ratione complicatur : dum verò
actu se diffundit, mox Mundus Angelicus, Sidereus , Elementaris, & humanus erumpunt, eo ordine & proportione dispositi, vt superiores semper
influant in inferiores, seque vti sigillans ad sigillatum respiciant, omnes
& singuli diuinorum nominum sigillis insigniti : siquidem Deus totius
Archichoragus vniuersitatis, vniuersorum principium , medium , & finis,
non necessitate, sed solâ liberrimâ suâ voluntate, & ex mera bonitate
propter infinitam gloriam suam, teste Dionysio, omnia ex suo gremio
seu profundissimo diuinitatis conceptu, & vt Hermes ait, è visceribus tenebrarum, quod Ensuph Hebræi vocant, emittens per *Chochma* Sapientiam
Verbumque suum , cooperante *Binah* seu Spiritu Intelligentiæ suæ, primò produxit lucem, id est, Angelicas substantias, seu Mundum Intellectualem ; ex luce illa Angelica emanaruunt astra ; ex astris corpora seu
Mundi machina sensibilis ex quatuor elementis compacta ; & sic omnia
Omnia sunt in omnibus.
sunt in omnibus suo modo, & vnum manet in altero, sicuti semen in arbore , & arbor in semine (hæc duo licet distincta, vnum tamen sunt ;)

omnia

omnia corpora feu elementa vifibilia funt in aftris inuifibilibus feu fpiritualibus elementis, & aftra funt in corporibus, aftra funt in Angelis, & Angeli funt in aftris, Angeli funt in Angelis; ficuti feptem inferiores Sephiroth, funt in tribus fuperioribus, ita vt femper fuum fuperius pofsit effe abfque inferiori, non contrà. Nam Mundus vifibilis non effet, nifi effent aftra; nec vlla adeffent aftra, fi Angelorum abeffent effentiæ; Angeli non exifterent, nifi effet increatus Deus, à quo dependerent; & vt D. Dionyf. ait, cùm Deus in omnibus omnia fit, nihil tamen horum quæ fenfu & ratione comprehenduntur, eft.

S Dionyfius
L. de myft.
Theol.

Deus itaque decem veftimentis indutus, fe mundo confpiciendum præbuit; hoc enim cognito cognofcuntur Angeli, abfolutæ & perfectæ Dei imagines; cognitis Angelis nota erunt aftra, notis aftris, omnia in vifibili Mundo producta non latebunt; cognito Mundo fenfibili, mox notus erit homo microcofmus Mundi filius. Omnia ab intra manant ad inferiora & externa. Nam à Deo dependent angelicæ fubftantiæ, ab Angelis aftra, id eft, inuifibiles rerum virtutes, ab aftris inuifibiles corporum formæ. Sicuti igitur in Deo omnia funt diuinè, in Angelis Angelice; ita in Mundo funt omnia mundialiter: Nam vt lux lucet in tenebris, ita fuperius in inferiori fuo. E conuerfo, quicquid in Mundo vifibili eft fenfibiliter, hoc eft in aftris aftraliter, in Angelis Angelicè, in Deo diuinè, per catenam auream cœlitùs fragilitati noftræ dimiffam in terram, aptè per fcalam illam Iacob nobis indicatam, per quam Deus per Angelos defcendit ad nos, nos in eadem per Angelos afcendimus ad Deum. Tota fiquidem Mundi machina per decem Sephiroth indicata in Deo aliud non eft, nifi ipfe Deus, in Angelis Angelus, in aftris aftra. Atque hæc eft arbor illa myftica, in cuius femine ficuti tota arbor cum radice, trunco, ramis, folijs, fructibus latet, fic tota Mundi machina in Angelo latet Angelicè, in Deo diuinè; femen eft arbor complicata, arbor eft femen euolutum & explicatum; vnitas eft numerus complicatus, numerus eft vnitas euolata; tres fuperiores Sephiroth eft Diuinitas complicata, feptem inferiores eft Diuinitas euoluta; Angelus eft aftra complicata, aftra funt Angelus euolutus; Deus eft, in quo ceu archetypo quodam Mundus complicatus eft Diuino modo; Mundus eft Deus, vt ita dicam, è centro veluti infinitudinis fuæ & omnipotentiæ abyffo euolutus. Exuperantiffimus enim Deus, lux omnem lucem in fe continens, per maieftatis fuæ radium, hoc eft, per Filium creat lucem Angelicam, per Angelos fluit in cœlos, per cœlos in elementa, ex elementis fluit in corpora, ex quibus tandem fructus in confpectum noftrum proueniunt. In microcofmo verò feu homine patet fimiliter inferiora effe in fuis fuperioribus, vltima in penultimis, & rurfus priora his in prioribus, aliudque femper in alio, quoufque perueniatur ad fummum. Nam fenfus quinque funt in imaginatione, imaginatio in ratione, ratio in mente, mens in Deo, Deus in feipfo. Ex hifce, ni fallor, clarè patet, quomodo hanc arborem Sephiroticam Cabaliftæ intelligant, de quibus cùm in fequentibus vberiùs dicturi fumus, modò plura dicere fuperfedemus. Hinc Cabaliftæ arborem

In Deo omnia funt diuine, in Angelis Angelice, in Mundo mundialiter feu fenfibiliter.

Nota.

fuam

Arbor Sephi-
rotica pul-
chrè explica-
tur.

suam Sephirothicam eo pacto exprimunt, vt tres superiores Coronæ supremum arboris locum occupent, medium Tiphereth veluti truncus, cum quatuor ramis Clementiæ, Seueritatis, Victoriæ, & Honoris, eum veluti stipantibus; radices verò fundamentum & regnum. Tres superiores Coronæ fructus semine plenos exhibent, in quo tota arbor complicata est, id est, in tribus superioribus Sephiroth omnes seminalium rerum rationes complicatæ, deinde in Mundum Angelicum, cui Mundus Sidereus parallelè respondet, & potissimùm in Tiphereth solam, cor Mundi, siue mundanæ arboris medullam transmittuntur; quæ hinc mediante Iesod seu fundamento tandem à Malcuth sublunari Mundo collectæ, illam, quam miramur, rerum varietatem producunt. Hinc arborem hanc

Canales Ze-
phirotici Rab-
binorum.

in varios canales, quos צנורות *Tsinoroth* vocant, diffundunt, quorum alij rectâ, & normali lineâ, alij obliquâ disponuntur, per quos superiorum influxus communicatur inferioribus. Quandocunque itaque ramus ex hac mystica arbore rescinditur, influxus in proximè inferiorem negari dicitur, plantaque truncari; si septem inferiores truncentur, quod in peccato Adæ factum est, tum tota arbor maledicto subiecta, omni influxu vegetatiuo priuata contabescere dicitur. Tota verò arbor influxibus diuinis perfectè patuit, tùm ante lapsum Adæ, tùm in Aduentu Messiæ, Authoris gratiæ, qui septem canales peccato obstructos per heptadem Sacramentorum perfectè reserauit, viam ad supremæ Sacrosanctæ Triadis agnitionem monstrauit. Verùm iam arboris figuram supponamus.

§ I.

Alia repræsentatio decem Sephiroth sub similitudine figuræ humanæ.

Triplex
homo Caba-
listarum,
Archetypus,
Coelestis,
Terrenus.

Diximus in primo capite huius libri, triplicem hominem à Cabalistis considerari, quorum quilibet ex mare & foemina constet; hominem archetypum, hominem coelestem, & hominem terrenum. Archetypum hominem refert Angelicus Mundus, foeminam militia coeli. Sidereum hominem sensibilis coelorum machina, foeminam elementaris globus refert. Terrenus homo mare & foemina constans microcosmus dicitur. Sicut itaque quilibet horum trium hominum in marem & foeminam diuiditur, ita lex suo modo; ita vt quinque libri Moysis marem, Deuteronomium foeminam exprimant. In Pentateucho Deus, id est, intellectus agens, qui maris vices obit, loquitur; in Deuteronomio Moyses, siue mens humana foeminæ rationem ad Deum comparata obtinet: vnde & Pentateuchus זכור, id est, *memento*; Deuteronomium שמור, *custodi* à Cabalicis dicitur. Quilibet horum hominum iuxta Decalogum decem præcipuis membris constat. hoc pacto in lege est decem diuinorum præceptorum constitutio, in homine decem præcipua membra, in Angelica Hierarchia decem Chori seu ordines. Omnes hæ recensitæ Decades

à de-

à decem fanctiffimis Dei nominibus tanquam exemplaribus ducunt originem, ad eaque refpiciunt & tendunt vniuerfa; quorum omnium typum
in principio huius tractatus contemplare. Sed explicemus fingula.

Nemo miretur, Cabaliftas legem Moyfis humanæ compagini tanto
ftudio adaptaffe. Cum enim ipfe Microcofmus homo, ad magni Mundi
fimilitudinem & exemplar fabricatus fit, lex eius, qua regitur, magni Orbis legem referat neceffe eft. Lex autem illa fuprema eum nobis non
aliunde quàm per effectus & fenfibilia eius opera innotefcat; magis autem & certiùs fenfu deprehendamus ea, quæ affiduè in nobis ipfis experimur; ideo huius microcofmi partes, operationes, & actus clariùs, tu-
tiùfque nos inftruunt docentque legem imitari fupernam, quàm vllæ partes, & quæcunque opera Vniuerfi. In eo igitur infiftere debet, qui Vniuerfi pulchritudinem intueri cupit. Quamobrem Cabaliftæ quoq; hominem, non vt ex principijs vel elementis compofitum, fed vt peculiaribus
principijs, quibus magno Mundo affimilatur, exiftentem confiderare folent; cum omnium quæ in Mundo confpiciuntur, homo fimilitudinem
habeat. Lex itaque omnia per humanam effigiem monftrat, tanquam illuftrem rerum imaginem, cuius cognitione etiam Dei cognitionem, futurorum prædictionem, & miraculorum operationem fe confequi Cabaliftæ arbitrantur. Illa enim tria ex noftro cum fupernis connexu dependent. Nexus autem cum fuperis, intelligitur ex hominis cum Mundo fimilitudine; atque in his omnibus hominis ftructuram lex præcipuè imitatur. Porro cum per operationem & mobilium corporum varietatem,
Intelligentiarum multitudinem & difcrimina conijciamus, ideo prædictis
decem corporibus, decem intellectuales fubftantias præfici neceffum fuit;
quæ omnes fubiectas fibi cœlorum orbitas, & Microcofmi decupartitam
compagem refpiciunt. Nam, vt rectè R. Ifaac notat in Ietfirah, quodlibet ex dictis principalibus humani corporis membris, fingulis Sephiroth
rectè adaptatur. Pari pacto eædem decem Sephiroth fingulis è decem
cœleftibus corporibus correfpondent, vt fufè Commentatores in Ietfirah,
R. Ifrael lib. Kuma, R. Simeon, & Author Pardes demonftrant; ita
vt influxus primò fint per decem Sephiroth, in decem ordine hierarchias
Angelicas (tot enim Cabaliftæ ftatuunt) & hinc in fibi fubiectos decem
cœlorum globos, & hinc in decem elementaris Mundi membra, ac tan-
demin microcofmum hominem vltimam & præftantiffimam creaturam,
omnes dictorum Mundorum partes implicitè complicantem, vnde & naturæ miraculum maximum, fummum Dei technafma, & confumatiffimum
Mundi exemplar, verè omnis creatura, quia eft omnis Mundus, folufque
hoc honore gaudet, quòd cum omnibus fymbolizet, cum omnibus operationem, cum omnibus conuerfationem habeat. Quod vt Cabalæ fecretiores Magiftri luculentiùs declararent, decem Sephiroth fub humanæ
fimilitudine formæ varijs modis referre conati funt. Primò enim humani
corporis membra intra literam אAleph curiofè difponunt. Sed figuram
ex Pardes extractam vide in fequenti fchemate expreffam, figura 2 & 3.

Legem Moy-
fis cur Caba-
liftæ humano
corpori com-
pararint.

R. Ifaac.

R. Ifrael.
R. Simeon.
Pardes.

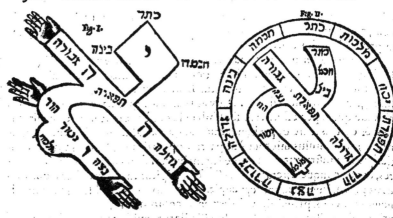

De quibus ita Pardes in porta שער עמיחן id est, fociorum .

הנה רצוננו לכתוב צורת האדם העליון בצורת אלף
לרמוז כי כולו יחוד שלם אעפ שנאת עשר שמות
הדברים מחולקים כולו יחוד וזה הורה בדמות אלף ויש קצת
סמך לדעת זה בדברי הרשב״י עה בספר התיקונים כי
כונת צורת השם שהוא עשר ספירות כנודע בצורת אלף
לרמוז אל עשר מיוחדים אחדות שוה אחרות שלימה בשם
בן ארבע אותיות :

Et ecce intentio est nobis describere figuram hominis supremi sub figura א *Aleph ad indicandum in omnibus unitatem perfectam, etiamsi nomina 10 sint, notat tamen rerum diversarum in omnibus unum perfectum, & hoc sub similitudine figuræ* א *Aleph; quibus astipulatur Rasbi, super eum pax. Intentio autem fuit huius figuræ nominis, quod illud decem Sephiroth scribi notum est sub figura* א *Aleph, ad indicandum decem unita unitate, quæ æquent unitatem perfectam sub nomine Dei tetragrammato* יהוה *contineri .*

Caput itaque tres continet Sephiroth, בינה : חכמה : כתר , vt vides, notatque archetypam Mundi partem, cuius symbolum י est : medius tractus Aleph signatus הה , pectus & duo brachia in homine mystico, Siderei Mundi indicat, cuius symbola sunt הה, duo binarij nominis tetragrammati יהוה, quæ iuncta iterum dant decem digitos, quinque vtrinque in homine mystico ; medium est *Tiphereth* Sol & cor Mundi, *Gedulah* quinq; magnificentiæ suæ asseclis planetis superioribus stipatur, *Geburah* Lunam cum quatuor elementis comprehendit, quinque fortitudinis & iudicij asseclis armatus ; pedes verò huius hominis mystici designat tractus Aleph signatus litera ו ; cuius extrema נצח & הוד pedes dextrum & sinistrum quinque digitorum, id est, decem in sublunari Mundo seu מלכות totius gradus designant, in quos influxus superiorum veluti in inferiora paratur.

Aliter,

Aliter vt in secunda figura, teste Pardes, veteres hominem illum, triplicem adornauerunt sub figura Aleph א ponunt, in quo quidem decem Sephiroth eo ordine, quo vides, disponunt, quas circulus totidem Sephiroth versans ambit. per א Archetypum hominem, cum reliqua mystici hominis, quem influit, sobole indicant; circulus diuinæ infinitudinis, & fontani luminis inaccessam abyssum, in quo omnia vnum sunt, & Deus in omnibus omnia, rectè notat; in quo Kether & Malcuth principium cum fine & medio vnum prorsus sunt. sed de his verbosè differentem authorem Pardes consule citato loco. Magnus ergo Mundus cum paruo per omnia vnus est instar prolis cum parente suo, & hi vnum cum Mundo Intellectuali & Archetypo; Et quemadmodum magnus Mundus bipartitus, visibilis & inuisibilis; ita etiam homo, paruus Mundus, duplex est, visibilis secundùm corpus, inuisibilis secundùm spiritum. Sunt autem in homine duo spiritus, vnus à firmamento, videlicet sidereus, alius è spiraculo vitæ ore Altissimi est anima intellectualis à Deo inspirata. Vt proinde in homine non sit membrum, quod non alicui elemento, alicui planetæ, alicui intelligentiæ, & alicui mensuræ, ac numerationi in archetypo respondeat.* Qui si canales archetypos rectè per adhæsionem Dei ordinare nôrit, ex omnibus vitæ cœlestiumque donorum alimentum trahet sugetque; si verò deflexerit à Dei similitudine per operationum malitiam, canales obstruet, & à fine suo deficiet. Atque hæc est arcanæ decem Sephiroth sub humana figura exhibitæ dispositionis ratio.

*Sententia Cabalistarū.

§. II.

De Canalibus & Influxibus systematis Sephirotici, ex Cabalistarum mente.

INfluxus, quos in Sephirotico systemate considerant Cabalici, fiunt à suprema Corona in singulas ordine consequentes Sephiras siue mensuras, iuxta triplicem aut quadruplicem Mundum, vti dictum est, dispositas; semitæ verò, quas נתיבות Tsinoroth, id est, Canales seu riuos vocant, iuxta numerum literarum in Alphabeto Hebraico contentarum sunt viginti duæ, per quas diuinæ virtutis emanatio influxusque in vniuersam creaturam perficitur. Nam etsi omnes mensuræ seu numerationes in archetypo Mundo vnum prorsus sint; comparatione tamen ad creaturas facta, singulæ differentes virtutum operationumque suarum rationes sortiuntur. quod hâc similitudine sanè aptissima expono. Exponantur alicubi radio Solis decem diuersa vitrea specula diaphana, quorum prius nulla coloris mistura infectum purè cristallinum sit, secundum flauo colore tinctum, tertium aureo, quartum rubro, quintum viridi, sextum purpureo, septimum cæruleo, octauum puniceo, nonum fusco, decimum denique nigro colore infectum sit: hæc specula ita radio Solis exponantur, vt singula radios exceptos in candidam quandam superficiem traijciant.

Similitudo explicans qua ratione Sephiroticus influxus fiat in hæc inferiora.

Quo pofito, certum eft lucem hanc, tametfi vna & eadem fit; in diuerfif-
fimos tamen colores, ratione diuerfitatis mediorum, per quæ tranfit, abi-
turam : primum enim fpeculum puram lucem & immutatam, fecundum
aliquantum alteratam, & fic de cœteris, pro ratione colorum, quibus lux
tingitur, in oppofitam fuperficiem transfundent. Lux itaque archetypa
in omnibus numerationibus & menfuris prorfus eadem eft, & nulli mutationi aut varietati obnoxia; prout autem in Mundum Angelicum influit, ftatim in decem Angelicorum ordinum Choris (Cabaliftæ enim decem ftatuunt) pro ratione effectuum attributorumque, quæ decem Sephiroth exhibent, diuerfas prorfus operationes & munia confert; ita
vt quantò fupremæ menfuræ viciniores fuerint, tantò plùs de luce participent; quantò remotiores, tantò minùs de ea participent. Omnes itaque Sephiræ feu menfuræ vna & eadem vis eft, aliter tamen & aliter pro
diuerfitate mediorum, quæ tranfit, modificata. Explicant hoc pari pacto Cabalæ Magiftri peritiores per decem diuerfa veftimenta, vt fuprà diximus, quibus indutus Deus in vniuerfum, fingulafque eins Claffes procedit. Atque hoc eft fundamentum dogmatis illius, quo Hebræi originem
Cabaliftarum animarum, diuerfitatemque complexionum in hominibus affignant, &
error Plato- fuo modo Platonicorum dogmati congruit. Dicunt enim animas, ante-
nicus. quam corpori alligentur, à fuprema Corona & Binah, per canales decem
Sephiroth procedere, & talem dicunt habitum futurum nati, qualis fuerit natura & proprietas Sephiræ, per quam tranfit.

Sed ad inftitutum reuertamur. Habent fe Sephiroth ad inuicem
eâ ratione, vt femper vis inferioris fit in fuperiori, non contrà; quam
Pardes. fubordinationem ícitè his verbis defcribit Pardes in fine portæ Ami-
dathan.

ונמצא כח המלכות ביסוד מפני שהוא עילמה בערך היסוד שצריך אליה
לקבל מהוד שלמעלה ממנה וכן כח החוד בנצח מפני שהוא צריך אליה לקבל
סח׳ת שהוא למעלה ממנה וכן כח הנצח בת׳ת מפני שהיא צריך אליה כדי לקבל
מהגבורה שהיא למעלה ממנה וכן כח הח׳ח׳ בגבורה מפני שהגבורה צריך אליה
כדי לקבל מהגדולה שהיא למעלה ממנה וכן כח הגדולה בגדולה מפני שהיא צריך
אליה כדי לקבל מהבינה שהיא למעלה ממנה וכן כח הגדולה בבינה מפני שצריך
אליה כדי לקבל מהחכמה שהיא למעלה ממנה וכן כח הבינה בחכמה מפני שהיא
צריך אליה כדי לקבל מהכתר שהיא למעלה ממנה וכן כח החכמה בכתר שהכתר
צריך אליה כדי לקבל מא׳ס׳ שהוא למעלה ממנה ואין אנו יכבלים׳ד׳ לומר שיהיה
כח הכתר באס׳ כי אינו צריך אל זולתו והכל צריכים לו והוא מקור לכל והכל
שואבים ממנו חוא סיבת עצמו ואין קודמת אליו :

Sephitæ infe- Hoc eft : *Inuenimus autem, quòd virtus & potentia Malcuth fit in Iefod,*
riores depen- *eò quòd hoc fit illo fuperius; ita tamen, quòd neceffarium fit Iefod accipere virtu-*
dêt à fuperio- *tem ab Hod tanquam à fe fuperiori; & fic virtus Iefod eft in Hod, eò quòd ipfa*
ribus, iuxta *opus habeat accipere à Nitfah tanquam fuperiori; & fic virtus Hod eft in Ni-*
Cabaliftas. *tfah, eò quòd ipfa indiget accipere à Tiphereth, & fic vis Nitfah eft in Tiphereth, eò*
quòd accipiat à Geburah fuperiori fe: & fic virtus Tiphereth eft in Geburah, eò
quòd ipfa opus habeat virtutem accipere à Gedulah fe fuperiori; et fic virtus Gebu-
ræ eft in Gedulah, eò quòd neceffarium fit ipfi, accipere virtutem à Binah tanquà à,
fupe-

superiori se: & sic, virtus Gedulah est in Binah, eò quòd ipsa indigeat accipere à Binah se superiori; rursus virtus Binah est in Cochmah, eò quòd ipsa opus habeat virtutem suam accipere à Cochmah superiori se; & sic virtus Cochmah est à Kether, quia ipsa opus habet accipere virtutem à Kether tanquam superiori se; & non possumus dicere, quòd virtus Kether sit in Ensoph, quia non opus habet illa, cùm omnes ipsa indigeant, ipsa nullis, est enim fons omnium, & omnia hauriunt ex ipsa tanquam causa causarum, ante quam nihil est.

Hoc pacto omnes Sephiroth superiores virtutem & potentiam exercent in inferiores, & se per modum principij actiui habent respectu inferiorum, & per modum principij passiui respectu superiorum. Pari ratione, Angeli superiores influunt in inferiores, & corpora suprema in inferiora; pari passu & proportione potentiæ animæ sibi ritè subordinantur. Quibus quidem explicatis iam ad canales redeamus, quorum viginti duos, vt diximus, constituunt, iuxta numerum literarum Alphabeti, iuxta illud Ietsirah:

Author Iezirah.

עשר ספירות בלימה אחד רוח אלהים חיים ברוך ומבורך שמו אל חי העולמים
קול ורוח ודבור ורוח רוח הקרש שהאם רוח מרות חקק וחצב בה עשרים ושתים
אותיות :

Id est, *Decem Numerationes præter illud ineffabile; vnus spiritus Deorum viuentium, benedictum sit nomen eius, qui viuit in secula; Vox, Spiritus, & Verbum, & hic est Spiritus sanctitatis. Duo, Spiritus de Spiritu, exarauit & exsculpsit in eo viginti duas literas*, omnes diuino nomine ־ה insignitas, vt postea declarabitur. Atque hi sunt viginti duo canales, per quos diuinarum virtutum abundantia in vniuersam rerum naturam deriuatur; & sic ordinantur.

§ III.

Deriuatio Canalium.

Vide schema tzimum arboris Sephireth hic appositum.

א **P**Rimus canalis à *Kether*, id est, *Corona summa* deriuatur in *Cochmah*, id est, *Sapientiam*; & signatur Dei nomine trium literarum, ex א prima Alphabeti litera & nomine Dei יה composito, vt sequitur . איה *Deus infinitudinis.*

ב Secundus canalis deducitur ex *Kether* siue *Corona summa* in *Binah*, hoc est, *Intelligentiam*; cuius sigillum est trium literarum vt sequitur . . . ביה *Deus Sapientiæ.*

ג Tertius ex *Kether* seu *Corona summa*, in *Tiphereth* siue *pulchritudinem*; cuius sigillum est vt sequitur . גיה *Deus retributionis.*

ד Quartus ex *Cochmah*, id est, *Sapientia*, in *Binah*, id est, *intelligentiam*; cuius sigillum est . . . דיה *Deus portarum lucis.*

Qq 2

ה Quin-

ה Quintus canalis deducitur ex *Cochma* in *Tiphereth*, id est, ex *sapientia* in *pulchritudinem*; cuius sigillum est — חוד Deus de Deo.

ו Sextus ex *Cochmah* in *Gedulah*, id est, ex *sapientia* in *magnificentiam*; cuius sigillum est trium literarum חו Deus Conditor.

ז Septimus ex *Binah* in *Tiphereth*, seu ex *intelligentia* in *pulchritudinem*; cuius sigillum est - - חזו Deus fulgoris.

ח Octauus ex *Binah* in *Geburah*, id est, ex *intelligentia* in *fortitudinem*; cuius sigillum est - - - חוה Deus misericordiæ.

ט Nonus ex *Gedulah* in *Geburah*, seu ex *magnificentia* in *fortitudinem*; cuius sigillum est - - - חטו Deus bonitatis.

י Decimus ex *Gedulah* in *Tiphereth*, seu ex *magnificentia* in *pulchritudinem*; cuius sigillum est - - - חיו Deus principium.

כ Vndecimus ex *Gedulah* in *Netsah*, id est, *magnificentia* in *victoriam*; cuius sigillum est - - - כחזב Deus immutabilitatis.

ל Duodecimus ex *Geburah* in *Tiphereth*, id est, ex *fortitudine* in *pulchritudinem*; cuius sigillum est - - חלז Deus 30. semitarum sapientiæ.

מ Decimus tertius ex *Geburah* in *Hod*, ex *fortitudine* in *gloriam & honorem*; cuius sigillum est - - - מיה Deus arcanus.

נ Decimus quartus ex *Tiphereth* in *Netsah*, ex *pulchritudine* in *victoriam*; cuius sigillum est נחיו Deus 50. portarum lucis.

ס Decimus quintus ex *Tiphereth* in *Iesod*, ex *pulchritudine* in *fundamentum*; cuius sigillum est - - - סחו Deus fulciens.

ע Decimus sextus ex *Tiphereth* in *Hod*, ex *pulchritudine* in *honorem*; cuius sigillum est - - - עחו Deus Auxiliator.

פ Decimus septimus ex *Netsah* in *Hod*, ex *victoria* in *honorem*; cuius sigillum est - - - פזב Deus eloquiorum.

x De-

צ Decimus octauus ex *Netfah* in *Iefod*, ex *victoria* in *funda-*
mentum; cuius figillum eft - - - - צוה Deus iuftitiæ.

ק Decimus nonus ex *Netfah* in *Malcuth*, ex *victoria* in *re-*
gnum; cuius figillum eft - - - - קוה Deus rectitudinis.

ר Vigefimus ex *Hod* in *Iefod*, ex *gloria* in *fundamentum*;
cuius figillum eft - - - - ריה Deus caput.

ש Vigefimus primus ex *Hod* in *Malcuth*, ex *gloria* in *re-*
gnum; cuius figillum eft - - - - שיה Deus Saluator.

ת Vigefimus fecundus ex *Iefod* in *Malcuth*, ex *fundamento*
in *regnum*; cuius figillum eft - - - - תיה Deus finis
omnium.

Vides igitur 22 canales Sephiroticos iuxta numerum viginti duarum literarum difpofitos, quorum vnufquifque nomine Dei יה fignatur,
cui præfixæ ordine literæ viginti duæ conftituunt nomina rerum feu entium naturæ gradus, quibus fignati vim à Deo acquirunt ad operationes fuas rite perficiendas; gradus verò entium literis viginti duabus correfpondentes vide fuprà in Alphabeto myftico Hebræorum. Innuitur
hoc myfterium in fect: 3 libri Ietfiræ, vbi fic dicitur.

Author Ietfi-
ræ.

אלו כ'ב אותיות שבהם יסר חק'בה יה יהוה צבאות
אלהים חיים אלהי ישראל רם ונשא שוכן עד וקדוש שמו
מרום וקדוש הוא:

Hæ funt viginti duæ literæ, quibus Deus (Sanctus benedictus fit ipfe)
fundauit יה *iah tetragrammaton Tfchaoth, Dij viuentes, Deus Ifraël fublimis*
& exaltatus, habitator æternitatis, & fanctum nomen eius, exaltans & fanctus
ipfe.

Sigilla fingula tres literas habent, quarum primæ funt literæ Alphabeti, duæ pofteriores conftituunt nomen יה; quo quidem velint nolint,
duræ ceruicis Hebræi fateri coguntur, nihil aliud indicari, quàm omnes,
quæ in Mundo funt, entium ordines, Sacrofanctæ Triadis fignaculo ex-
preffos effe; quod & locus Ietfiræ paulò antè citatus exactè docet, dum
dicit, viginti duabus literis fundauit Deus יה, Dij viuentes &c.

Difpofitio &
ordo 22 ca-
nalium.

Tres itaque primi canales à *Kether* in *Cochma*, in *Binah*, in *Tiphereth*
deducuntur; quæ tres in Deo emanationes conftituunt, fundanturque
in *Tiphereth*, quod eft centrum vniuerfæ creaturæ. Rurfus tres canales à
Cochma deriuantur in *Binah*, & *Tiphereth*, & *Gedulah*; Canalis à *Cochma*
in *Binah* monftrat triginta duas femitas fapientiæ, de quibus poftea; Canalis à *Cochma* in *Gedulah*, annexos habet feptuaginta duos pontes, de quibus in nomine feptuaginta duarum literarum. Duo Canales à *Binah* deriuantur in *Geburah* & *Tiphereth*; ita vt *Tiphereth* à *Kether*, *Cochma*, *Binah*,
influ-

influxus, tanquam filius à tribus parentibus, vt Rabbini loquuntur, procedat. Rursus tres canales *Gedulah*, quorum primus est à *Gedulah in Gebu-*
rah, qui se habet vt ignis & aqua ; *Geburah* enim ignis seueritatis mitigat
aquas *Chesed*, hoc est, *misericordiæ*, vnde necessarium Mundo temperamentum, vtpote sine quo destrueretur : Secundus canalis *Gedulah* est ad *Ti-*
phereth, trahitque secum triginta quinque Principes dextros, & septuaginta duas potestates, quæ per septuaginta duo nomina Dei indicantur,
tertius est à *Gedulah* ad *Netsah*. Porrò *Geburah* duos canales habet, quorum vnus est ad *Tiphereth*, qui secum trahit triginta quinque Principes
seueritatis sinistros; alter est à *Geburah* ad *Hod*, trahens secum præcepta
negatiua, sicuti canalis *Chesed* & *Netsah* præcepta affirmatiua, de quibus postea. Iterum tres canales à *Tiphereth* in *Hod*, in *Iesod*, & in *Ne-*
tsah deriuantur; tres quoque à *Netsah* in *Hod*, in *Iesod*, in *Malcuth* ; duo
ex *Hod* in *Iesod* & *Malcuth* ; vnus tandem ex *Iesod* in *Malcuth*, quæ est me-
ta & terminus vniuersæ creaturæ. Habemus iam viginti duorum canalium dispositionem, ordinem, & attributa ; iam singula per paragraphos
ordine declaremus.

§ IV.

De triginta duabus semitis Sapientiæ, eorundemque iuxta mentem
Cabalistarum sincera interpretatione.

ADuertunt in Sephirotico systemate Cabalicæ doctrinæ veteres Mystæ triginta duas semitas, quas מחכמה נתיבות ל"ב, *triginta duas se-*
mitas sapientiæ nominant, & egrediuntur à Sephira *Cochma*, id est, *Sapientia,*
iuxta illud: בחכמה עשית שית העולם, *in sapientia Mundum fecisti* ; & nihil aliud
sunt, quàm luminosi quidam tramites, quibus sancti Dei homines per longum diuinarum meditationum vsum & experimenta tandem ad diuinæ
abyssi penetralia pertingunt, de quibus ita liber Ietsirah :

בשלשים ושהים נתיבות פלאות החכמה חקק יה יהוה
צבאות שמו בספר וספר וסיפור:

Cum triginta duabus semitis mirabilibus sapientiæ exsculpsit Deus tetra-
grammaton Zebaoth nomen suum cum tribus numerationibus, numero numerante
& numerato. Quæ vt intelligantur, sciendum est, quòd tametsi causa-
causarum Deus summa corona per potentiæ suæ infinitudinem vniat, &
subsistere faciat omnia existentia; per suam tamen sapientiam coæternam,
& per omnia sibi coæqualem regit omnia, sulcit omnia, condit omnia, &
ideò liber Ietsirah statim exordium suum capit à triginta duabus semitis
sapientiæ, eò quòd illæ emanent & trahantur à mente summa & abscondita in sapientiam, & omnis semita emanando à sapientia trahit secum mar-
garitas & preciosissimas gemmas de corona summa causa causarū, quousq;
pertingat ostendere omnem semitam in intelligentia. Est enim sapientia
omnium

Semita 32
sapientiæ quid
sint.

Sapientia sua
Deus regit
omnia.

omnium exiftentium principium, & finis omnium, ideo in ea efformatæ, exfculptæ, & exaratæ funt omnes res in myfterijs fundamentifque fuis, & in ea expreffa funt omnia, quæ cœli terræque ambitu continentur, funtque femitæ hæ eidem innexæ tanquam flammæ carboni abfque vlla detruncatione & diuifione. Vocant admirabilem, quia ficuti caufa caufarum eft in fumma omnium admiratione, fic & fapientia, quæ de interiori fulgore fplendoris gloriæ fuæ effentiæ emanat, vocatur admirabilis, & femitæ ab ea procedentes, ob incomprehenfas earundem difpofitiones, vocantur admirabiles & abfconditæ; de quibus fufe agentes confule R. Meir in Liphne Liphnim; R. Iacob Cohen in hunc locum. Nam vt R. Meir.
R. Iacob Cohen.
R. Ifaac recte teftatur R. Ifaac, prifci fapientes per viam Cabalæ & fundamenta legis docuerunt nos, quòd maiores noftri ambulauerunt per vias multas, vt tandem ftarent in femitis iftis, quæ dicuntur admiranda fapientiæ tradita per Tfadkiel Abrahæ patri noftro in traditione fœderis. Verùm antequam ad enarrationem earundem procedamus, primò cur illarum triginta duæ, & vnde fuerint extractæ, dicemus.

Diximus in præcedentibus, ipfam trium diuinarum hypoftafeon effentiam ab Hebræis vocitatam fuiffe אין סוף, *Infinitum, fine termino*. Hæc Semitæ cur 32, & vnde extractæ. itaque in abyffo tenebrarum recondita, dum fola fuiipfius contemplatione æternum fine vllo ad creaturas refpectu fruitur, אין, id eft, quafi non ens dicitur: At vbi fe ita oftenderit, vt noftro concipiendi modo fit aliquid, & reuera fubfiftat, tùm א *Aleph* tenebrofum in voce אין, in *Aleph* lucidum, vt more Cabalæorum loquar, conuertitur, iuxta illud, *Sicuti tenebræ eius, ita & lux eius*; & tunc quidem, quando exire cupit, & apparere omnium rerum caufa, per ב *Beth* proximè fequentem literam apparere petit, *Aleph* magnum appellatur. ita Menahem Raccanati:

עלכך תמצא האות הזאת פועלת הדברים כלם: Menahem Raccanati.

Id eft, *Ideò inuenies hanc literam efficientem omnes res*. Nam א *Aleph* literæ ב *Beth* fibi viciniffimæ fœcundiffimæque præfixa producit dictionem אב, quæ generationis & productionis rerum omnium pater dicitur; deinde אין, id eft, abfcondita Dei effentia affumptum ב *Beth* in vniuerfitatem entium, quæ per mediam literam vocis אין, id eft, per י indicatur, per quinquaginta portas, quæ per ן finale in voce אין apte indicantur, ablegat; quare ן fuffixa מ ב producit בן, quæ Filius in diuinis nominatur, eftque fecunda emanatio, dicta רשית, id eft, *principium*, iuxta illud: בראשית ברא אלהים, *In principio*, feu vt Thargum Hierofolymitanum ha- Thargum Hierofolym. bet, בחכמתא, in *Sapientia*, hoc eft, *in Filio, creauit Deus cœlum & terram*; Scriptum eft enim, *Omnia in fapientia fecifti*. Hoc modo primus effluxus fit fecunda emanatio, quia terminus generationis eft Filius. Porrò in voce אין inter א *Aleph* & ן *Nun* intermediat י *Iod* fignum nominis Dei יה iah. Hofce duos characteres fi voci בן inferueris, hâc ratione, vt י inter ן & ב, ה verò poft ב *Nun* inferas; nafcetur בינה, *Intelligentia*, emanatio in diin diuinis tertia, quæ & Spiritus fanctus dicitur.   Quæ omnia in tribus primis dictionibus primi capitis Genesis partim expansè, partim contractè demonstrantur: בראשית ברא אלהים, *In principio creauit Deus*; quasi diceret : Deus Pater in Filio cum Spiritu fancto creauit cœlum & terram; ita vt א *Aleph* respiciat Patrem in diuinis אב, ב *Beth* בן, Filium, ר *Resch* רוח, id est, Spiritum fanctum ; quæ & in vnica voce ברא inueniuntur, vbi per א *Aleph* אב *Pater*, per ב *Beth* בן *Filius*, & per ר *Resch* רוח, id est, *Spirtus fanctus* indicatur . Cùm itaque per Filium, quæ est Sapientia Patris, omnia creata sint, totiusque creationis mysterium sub Pentateucho lateat ; duplici viâ paulatim in triginta duorum sapientiæ tramitum notitiam peruenerunt . Primò viginti duas literas Alphabeti Hebraici, quæ rerum omnium creatarum ordines & gradus, vt suo loco monstratum fuit, sub allegoricis inuolucris continent, decem Sephiroth , id est, diuinis nominibus coniungentes, producunt triginta duas semitas sapientiæ, quas & ex lege Mosaica hoc pacto eruunt.   Prima litera totius legis ב est, in בראשית , vltima ל *Lamed* est, in ישראל , quæ coniunctæ sic, לב , constituunt 32.   Et præterea ipsa dictio cor significat, quo indicare volunt,neminem ad tam arduam rerum sublimium considerationem peringere posse, nisi cordis puri & integri, & ab omnium sensibilium rerum contagione abstractum hominem. Præterea in primo Genesis capite inuenitur nomen אלהים *Elohim* trigesies bis; vnde colligunt, Deum per tres Sephiroth supremas in Mundum processisse per triginta duas semitas,ad humanæ fragilitati insinuandum,quòd legi continuo intentus,per earundem semitarum assiduam contemplationem inuestigationemque pari passu in Deum redire, eique vniri possit.   Itaque triginta duæ semitæ à sapientia egrediuntur in *Binah*, quæ illas ex potentia in actum educit per manum validam nominis Dei quadraginta duarum literarum, quod exhibent primus & vltimus legis versiculus, vti suprà, cùm de nomine hoc quadraginta duarum literarum ageremus, ex *Pardes* declaratum fuit.   Verùm hoc loco non omittenda duxi loca primi capitis Geneseos,quibus trigesies bis ponitur nomen אלהים *Elohim* : hoc enim cùm numerationi *Binah* competat, *Binah* autem semitas à sapientia emanantes ex potentia in actum educat, vnde & Mundus naturæ dicitur; facilè quinam dicti triginta duo sapientiæ tramites sint, ostendit ipsis versibus, quibus inseruntur.

Semitæ 32 ex lege Mosaica quomodo extractæ,

§ V.

§ V.

Loca in quibus Nomen Dei אלהים trigesies bis in primo Genesis capite ponitur.

1 בראשית ברא אלהים :
In principio creauit Elohim.

2 ורוח אלהים מרחפת :
Et spiritus Elohim ferebatur.

3 ויאמר אלהים יהי אור :
Et dixit Elohim, fiat lux.

4 וירא אלהים את האור :
Et vidit Elohim lucem.

5 ויבדל אלהים בין האור :
Et diuisit Elohim, inter lucem.

6 ויקרא אלהים לאור יום :
Et vocauit Elohim lucem, diem.

7 ויאמר אלהים יהי רקיע :
Et dixit Elohim, fiat firmamentum.

8 ויעש אלהים את הרקיע :
Et fecit Elohim firmamentum.

9 ויקרא אלהים לרקיע :
Et vocauit Elohim firmamentum.

10 ויאמר אלהים יקוו המים :
Et dixit Elohim, congregentur aquæ.

11 ויקרא אלהים ליבשה :
Et vocauit Elohim aridam.

12 וירא אלהים כי טוב :
Et vidit Elohim quòd esset bonum.

13 ויאמר אלהים תדשא :
Et dixit Elohim, germinet.

14 וירא אלהים כי טוב :
Et vidit Elohim quòd esset bonum.

15 ויאמר אלהים יהי מארות :
Et dixit Elohim, fiant luminaria.

16 ויעש אלהים את שני המארות :
Et fecit Elohim duo luminaria.

17 ויתן אלהים אותם :
Et dedit Elohim ipsis.

18 וירא אלהים כי טוב :
Et vidit Elohim quòd esset bonum.

19 ויאמר אלהים ישרצו :
Et dixit Elohim, pullulent.

20 ויברא אלהים את התנינים :
Et creauit Elohim Cete.

21 וירא אלהים כי טוב :
Et vidit Elohim quoniam bonum.

22 ויברך אותם אלהים :
Et benedixit Elohim illis.

23 ויאמר אלהים תוצא הארץ :
Et dixit Elohim, producat terra.

24 ויעש אלהים את חית :
Et fecit Elohim animalia.

25 וירא אלהים כי טוב :
Et vidit Elohim quòd esset bonum.

26 ויאמר אלהים נעשה אדם :
Et dixit Elohim, faciamus hominem.

27 ויברא אלהים את האדם :
Et benedixit Elohim homini.

28 בצלם אלהים :
Ad imaginem Elohim.

29 ויברך אותם אלהים :
Et benedixit Elohim illis.

30 ויאמר להם אלהים :
Et dicit illis Elohim.

31 ויאמר אלהים הנה נתתי :
Et dixit Elohim, ecce dedi.

32 וירא אלהים כי טוב :
Et vidit Elohim quia bona.

R. *Rasbi*
R. *Ioseph*
Haaruch.

Atque hæ funt triginta duæ femitæ, quas ex capite primo Genefis eruunt רבי שמעון בן יוחאי Rasbi, R. Iofeph Haaruch; ijfque fingulis fua nomina ab effectibus deducta, imponunt Hageonim. Verùm fubiunga-

Nomina 23 femitarum.

mus nomina fingulorum ex Pardes extracta.

הנתיב חראשון נקרא שכל מופלא רמ״ס׳ והוא.אור מושכל קדמון והוא כבוד　1
ראשון אין כל בריה יכולת לעמוד על מציאותו :

Prima femita vocatur Intelligentia admirabilis, Corona fumma. Eft enim lumen dans intelligere primordium fine principio, & eft gloria prima; nulla creatura valet affequi exiftentiam eius, id eft, intelligentia abfcondita, occulta omnibus, quæ extra eam funt. א *Aleph, principium & caput omnium; eft fiquidem* א *forma omnium literarum, & omnes femitæ in ea funt, fed per modum vniuerfalem; hinc per metathefin dicitur* פלא, *id eft, admirabilis, quod retrograda lectione idem eft ac* אלף *Aleph, iuxta illud, Vocabitur nomen eius admirabilis, Deus fortis, &c.*

הנתיב הב׳ הוא שכל מזהיר והוא כתר חבריאה ונוהר האחדות השוה המתנשא　2
על כל לראש וחוא נקרא כפי בעלי הקבלה כבוד שני :

Secunda femita eft; intelligentia illuminans, & eft corona creationis, & fplendor vnitatis maximè æqualis, quæ fuper omne caput eft exaltata, & vocatur à Cabaliftis gloria fecunda. Vocatur autem illuminans, quia cùm fit origo totius creationis, notior eft confequenter priore, quæ eft אין סוף *Enfuph, intelligentia abfcondita, & ideo hæc femita vocatur etiam modus adæquationis. ita Radak in hunc locum Ietfiræ.*

Radak.

הנתיב השלישי נקרא שכל הקודש והוא יסוד החכמה הקדומה הנקרא אמונה　3
אומן ושרשיה אמן והוא אב האמונה שמכחר האמונה נאצלה :

Tertia femita vocatur intelligentia fanctificans, & eft bafis fpientia primordialis, quæ vocatur artifex fidei, & radices eius אמן, *& eft, parens fidei, quia de virtute eius fides emanat; refpondet autem tertiæ Sephiræ feu menfuræ, quæ* בינה *Binah feu intelligentia dicitur; quia per hanc exitus fapientiæ in omnes numerationes. Verùm de hoc ample difcurrentem vide librum intitulatum Barefchith Rabba.*

Author libri
Barefchith
Rabba.

הנתיב הרביעי נקרא שכל קבוע ונקרא כן שממנו מתאצלים כל הכחות　4
הרוחניות בדקות האצלות שמתאצילות אלה מאלה בכח האציל. קפחלן :

Quarta femita vocatur intelligentia metalis feu receptacularis; eò quòd in eam tanquam in metam ex fuperioribus Intelligentijs delatæ, ab ea emanant omnes virtutes fpirituales per fubtilitatem, quà vna ab altera in virtute coronæ fummæ emanat, vocaturque idealis effluxus.

הנתיב החמישי נקרא שכל נשרש ונקרא כן מפני שהוא עצם האחדות השוה　5
והוא המיוחד בעצם הבינה הנאצלת מגדר החכמה הקדומה :

Quinta femita intelligentia vocatur radicatiua, eò quòd illa eft ipfa vnitas maximè æqualis, qua coadunat fe cum ipfa בינה *intelligentia, quæ emanat è penetralibus fapientiæ primordialis. Virtutes fuperioribus femitis in hanc quintam femitam delatæ, & radicatæ, æqualefque fuerunt, quando ab hac femita in inferiores deducuntur, tranfeunt, & mutantur pro varijs*

homi-

hominum moribus vel in miſericordiam, vel in ſeueritatem & iudicium;
de qua vide Pardes.

הנתיב הששי נקרא שכל שפע נבדל ונקרא כן לפי שבו מתרבה שפע האצילות   6
והוא משפיע השפע על כל הבריכות המתאחדות בעצמו :

Sexta ſemita intelligentiæ dicitur influentiæ mediantis, eò quòd in ea mul-
tiplicentur influxus emanationum; illa enim facit influere affluentiam iſtam in
omnes benedictionũ piſcinas, quæ vniuntur in ipſa. Dicitur hæc ſemita aquarũ.

הנתיב השביעי נקרא שכל נסתר ונקרא כן מפני שהוא זוהר מזהיר לכל   7
הכחות השכליים הנראים בעין השכל וברעיון האמונה :

Septima ſemita vocatur Intelligentia recondita, eò quòd illa ſit ſplendor re-
fulgens in omnes virtutes intellectuales, quæ oculis intellectus, & fidei contem-
platione perſpiciuntur. Dicitur abſcondita, quia illa non comprehenditur
niſi per intelligentias numerationum; & ſic diſtinguitur à prima ſemita,
quòd illa incomprehenſibilis ſit, hæc comprehenſibilis; diciturque ſemita intellectualium ſubſtantiarum.

הנתיב השמיני נקרא שכל שלם ונקרא כן מפני שהוא תכונת הקדמות אשר   8
אין לו שרש להתישב בו כי אם בחדרי הגדולה והנאצלים מעצם :

Octaua ſemita vocatur Intelligentia perfecta & abſoluta, eò quòd illa ſit
apparatus primordialis, quæ non habet radicem, cui inhæreat, niſi in penetralibus
Sephiræ, quæ Magnificentia dicitur, emanat que de propria ipſius ſubſiſtentia. Dicitur ſemita viuentium in aquis.

הנתיב התשיעי נקרא שכל טהור ונקרא כן לפי שהוא מטהר את הספירות   9
ומבחין ומבחיקגזירת הבניהם והוכן אחדותם שהן מיוחדות מבלי קצוץ ופירוד :

Nona ſemita dicitur Intelligentia munda, eò quòd ipſa mundet numerationes,
& probet emendetque exſciſſionem imaginis earum, diſponatá, vnitatem earum,
quæ ipſi vniuntnr abſque detruncatione & diuiſione. Dicitur ſemita emunda-
tionis rerum.

הנתיב העשירי נקרא שכל מתנוצץ ונקרא כן מפני שהוא מתעלה ויושב על   10
כסא הבינה ומאיר בזוהר המאורות כולם ומשפיע שפע ריבוי לשר הפנים :

Decima ſemita vocatur Intelligentia reſplendens, eò quòd illa ſuper omne
caput exaltata ſit, & ſedeat in ſede Binah, illumineté, fulgorem omnium lumina-
rium, & emanare faciat copiam principi facierum. Dicitur ſemita varietatis
rerum.

הנתיב אחד עשר נקרא שכל מצוחצח ונקרא כן מפני שהוא עצם הפרגוד המסודד   11
בסדר המערכה והוא יחס הכתנת לעמוד בפני עילת העילות :

Vndecima ſemita, Intelligentia dicitur fulgida, eò quòd ipſa eſt cortina ordi-
nata iuxta diſpoſitiones & ordinem ſemitarum ſuperiorum & inferiorum, & eſt
dignitas quædam data ipſi, vt ſtet coram facie cauſæ cauſarum.

הנתיב שנים עשר נקרא שכל באיר מפני שהוא עצם האופן הגדולה הנקרא   12
החזית פי' מקום מוצא חזיון חזונים במראה :

Duodecima ſemita dicitur Intelligentia claritatis, eò quòd ipſa ſpecies ſit ma-
gnificentiæ, locuſque dicitur, de quo oritur viſio videntium in apparitione. Vnde
per eam vaticinium acquiritur, & ad quadrigam ſummam peruenitur.

הנתיב שלשה עשר נקרא שכל מנהיג האחדות מפני שהוא עצם הכבוד והוא   13
תשלום אמתת הרוחניים האחדים :

Deci-

Decima tertia semita dicitur Intelligentia inductiua vnitatis, eò quòd i'l1 sit ipsa substantia gloriæ, & perficiat singulorum Spiritualium veri atem. Omnes semitæ, quæ se vnitati supremæ vniunt, vniunt se per hanc decimam tertiam semitam. Nam אחד in numerum resolutum dat 13.

חנתיב ארבעה עשר נקרא שכל מאיר מפני שהוא עצם החשמל וחמורה על   14
רזי יסודות הקדש ותכונתהם :

Decima quarta semita dicitur Intelligentia illuminans, eo quod illa est Chasmal, institutrix arcanorum, & fundamentorum sanctitatis, & apparatus eorum. Dicitur semita arcanorum in rebus creatis inexistentium.

חנתיב החמשה עשר נקרא שכל מעמיד ונקרא כן מפני שהוא מעמיד עצם   15
הבריאה בערפלי סחור ובעלי העיון אמרו כי הוא הערפל וזהר וערפל חתולתו :

Decima quinta semita dicitur Intelligentia constitutiua, eò quòd ipsa constituat creationem in caligine munda, & Philosophi dixerunt quod illa ipsa sit caligo, de qua scriptura loquitur Iob 38. Et caligo inuolucrum eius. Dicitur & semita apertionis luminum.

חנתיב ששה עשר נקרא שכל נצחי ונקרא כן מפני שהוא עדן הכבוד שאין   16
כבוד למטה היומנח כמושהוא שם והוא הנקרא גן עדן חבורך לתעדנים :

Decima sexta semita dicitur Intelligentia triumphans & æterna, eò quod illa est voluptas gloriæ, quæ ipsi similis sit ; & vocatur paradisus voluptatis, qui paratus est iustis. Dicitur & semita victoriæ contra genios malos.

חנתיב שבעה עשר נקרא שכל החרגש והוא מוכן לחסידי האמונה לחתלבשא   17
בה בברות קדושה והוא נקרא יסוד התפארת במעמד העליונים :

Decima septima semita dicitur Intelligentia dispositiua, quæ aptat pios fidelitatem, vt per eam induantur Spiritu sancto, diciturq́; fundamentum pulchritudinis in statu superiorum. Et præest omnibus formis superioribus & inferioribus.

חנתיב שמנה עשר נקרא שכל בית השפע ומתוך חקירותו מושכים רז והירח   18
מחתלונגים בצלו והדבקים בחקירות ממשותי מעילת העילות :

Decima octaua semita dicitur Intelligentia siue domus affluentiæ, eò quod de medio scrutationis eius trahuntur arcana, & abditi sensus, qui latent in vmbra eius, & qui adhærent scrutinio ipseitatis eius de causa causarum.

חנתיב תשעה עשר נקרא שכל סוד הפעולות הרוחניות כולם מפני שהוא   19
השפע המתחפשט בו מחברכה העליונה והכבוד המעולה :

Decima nona semita dicitur intelligentia secreti, vel omnium actiuitatum Spiritualium, eò quòd affluentia sit, quæ diffunditur in eam de benedictione altissima, & gloria sublimi seu excelsa.* Est semita affluentiæ in omnes numerationes.

* vel piscina

חנתיב העשרים נקרא שכל הרצון מפני שהוא תכונת כל היצורים כולם ובזה   20
השכל יודע כל מציאות החכמה הקדומה :

Vigesima semita dicitur Intelligentia voluntatis, eò quòd illa est apparatus omnium & singulorum creatorum, & per hanc innotescit existentia sapientiæ primordialis. Est semita arcanorum sapientiæ.

חנתיב אחד ועשרים נקרא שכל החפץ המבוקש מפני שהוא מקבל שפע האלהות   21
כדי לחשפיע מברכתו לכל הנמצאים כולם :

Vigesima prima semita dicitur Intelligentia complacentia quæsiti, eò quòd illa—

illa accipit influentiam diuinam, vt influat de benedictione eius in omnia שפי fin-   *l, pifcina
gula exiflentia.*

הנתיב שנים ועשרים נקרא שכל נאמן מפני שבו מתרבים כחות הרוחניות   22
כדי לחיותם קרובים לכל הסתוללנכים בצללו:

*Vigesima secunda femita dicitur Intelligentia fidelis, eò quòd in manu eius
commendatæ funt virtutes fpirituales, & fouentur per eam, vt propè adfint habi-
tantibus fub vmbra eius.*

הנתיב שלשה ועשרים נקרא שכל קיים מפני שהוא בתקום לכל הספירות: 23

*Vigefima tertia femita dicitur Intelligentia ftabilita, eò quòd illa fit virtus
confi entiæ omnibus numerationibus.*

הנתיב ארבעה ועשרים נקרא שכל דמיוני מפני שהוא נותן דמות לכל   24
הדמיונים נבראים :

*Vigesima quarta femita dicitur intelligentia imaginatiua, eò quòd illa det fi-
militudinem omnibus fimilitudinibus creatorum.*

הנתיב חמשה ועשרים נקרא שכל נסיוני מפני שהוא חנסיון חקדמון שבו   25
מנסח הבורא לכל החסידים:

*Vigesima quinta femita dicitur Intelligentia tentatiua; eò quòd illa fit
tentatio primaria, quâ Deus tentat omnes pios.*

הנתיב ששה ועשרים נקרא שכל מחודש מפני שה"קב"ה מחדש בו כל החדשים   26
בבריאת העולם :

*Vigesima fexta femita dicitur Intelligentia renouans, eò quòd per illam
omnia, quæ in creatione Mundi renouata fuerunt, renouet.*

הנתיב שבעה ועשרים נקרא שכל מורגש והוא חומד מפני שממנו נבראו כל   27
חנבראים מתחת גלגל העליון והרגשוחם:

*Vigesima feptima femita dicitur intelligentia concitatiua, & eft materia, de
qua creata funt omnia producta fub orbe fupremo, & motus eorum.*

הנתיב שמנה ועשרים נקרא שכל מוטבע מפני שבו נשלם טבע כל חנמצאים   28
מתחת גלגל החמח בשלימות :

*Vigesima octaua femita dicitur Intelligentia naturalis, eò quòd per eam per-
fecta eft natura omnis exiftentis fub orbe Solis in perfectione.*

הנתיב חשעה ועשרים נקרא שכל מוגשם מפני שהוא מתאר כל גשם שיתגשם   29
חחת חכונת הגלגלים בגידולים :

*Vigefima nona femita dicitur intelligentia corporalis, eò quòd illa formet om-
ne corpus, quod corporatur fub apparatu omnium orbium, & incrementum eorum.*

נתיב שלשים נקרא שכל כללי מפני שבו כוללים שמים במשפטיהם   30
הכככים והמזלות עיונם תשלומי ידיעתם באופני גלגלים :

*Trigesima femita dicitur Intelligentia collectiua, eò quòd colligant ex ea
Aftrologi iudicio ftellarum & fignorum cœleftium fpeculationes fuas; & perfe-
Etiones fcientiæ fuæ iuxta rationem volutionum eorum.*

נתיב אחד ושלשים נקרא שכל כללי מפני שהוא כלל כחות כל הגלגלים   31
ומזלות וחצורות ומשפטיחם :

*Trigesima prima femita dicitur Intelligentia collectiua pariter, quâ compre-
hendit omnes virtutes orbium & fignorum cœleftium, & formas feu imagines, &
rationes feu iudicia eorum.*

נתיב

נחיב שנים ושלשים נקרא שכל נעבד מפני שהוא מתוקן לכל המשתמשים
בעבודת שבעה ככבי לכת לחבלם :

*Trigefima fecunda femita dicitur intelligentia adminicularis, eò quòd dirigat
& concurrat ad omnes operationes feptem planetarum, & ad partes eorum.*

Atque hæ funt triginta duæ femitæ fapientiæ, quæ à fapientia fuprema
procedunt, & actuantur à *Binah,* hoc eft, *intelligentia.* Dicuntur autem
Semitæ 32 Intelligentiæ, eò quòd ftudiofum in lege dirigant, illuminent, inflamment,
cur dicantur inftruant, ad Deum in omnibus latentem quærendum; amandum, & in
Intelligentiæ ordine ad vnionem cum Deo, adhæfionemque dilecti, in quo tota felici-
Semitarū 32 tas hominis confiftit, procurandam. Vfus harum femitarum practicus hic
vfus practicus eft. Cabaliftæ cùm Deum per certam aliquam naturalium rerum femitam inueftigare volunt; primò fummo ftudio & præparatione præmiffa,
triginta duo loca primi capitis Genefeos, hoc eft, femitas rerum creatarum confulunt; deinde certis orationibus adhibitis per nomen אלהים
Deum obreftantur, vt lumen propofitæ femitæ inueftigandæ congruum
largiatur, varijfque adhibitis cœrimonijs tandem fibi perfuadent, intelligentiæ fe lumen adeptos, dummodo corde mundo, fide inconcuffa, & cha-
ritate ardenti inquifitioni inftiterint. Atque vt inftans oratio maiorem
efficaciam habeat, vtplurimùm nomine quadraginta duarum literarum,
non fine fuperftitione, quæ nunquam abeft, vtuntur; quòd vt ex primo
& vltimo legis verfu extractum fuit, ita fummam quoque & ineffabilem
efficaciam ad id, quod per illud poftulant, obtinendum, habere arbitrantur. Lector, fi placet, confulat paragraphum tertium de nomine Dei 42
literarum, ex quo meliorem huius loci intelligentiam acquiret. De modo verò illud pronunciandi, vide infrà fufiùs tractatum.

§ VI.

De quinquaginta portis Intelligentiæ.

QVemadmodum triginta duæ femitæ ex Sapientia egreffæ in omnem
rerum creatarum ambitum fe diffundunt, ita à *Binah* fiue *Intelligentia,* quam Spiritum fanctum diximus, ad dictas femitas continuò quinquaginta portæ aperiuntur, quod eft, triginta duas femitas Sapientiæ &
Portæ 50 Potentiæ ducere in actum. Portæ dicuntur, quia nemo ad perfectam di-
quid, & cur ctarum femitarum notitiam peruenire poteft iuxta Cabaliftas, nifi priùs
ita dicuntur. per has portas ingreffus fuerit. Quarum cognitionem primus Moyfes tra-
didiffe pofteris creditur, earumque omnium præter vnius intelligentiam
habuiffe. ita in porta lucis R. Iofeph Caftilienfis.

**R. Iofeph Ca-
ftilienfit.**
אמרו רכותינו חשמים שערי בינה נבראו בעולם וכולם
נמסרו למשה חוץ מאחד שנמאר ותחסרהו מעט מאלהים:

*Dixerunt Rabbini noftri, quinquaginta portæ creatæ funt in mundo, & omnes
præter vnam traditæ funt Moyfi, fecundum quod fcriptum eft, Minuifti eum paulò*
minùs

minus à Dijs, id est, ab Angelis. Et Rambam in Genes. exordio ait, omne quod Moſi per portas intelligentiæ traditum eſt, continetur in lege diuina, *vel ſenſu literali; vel allegorico per di tiones, vel Arithmeticas ſupputationes, vel geometricas literarum figuras, ſiue deſcriptas, ſiue tra ſmutatas, vel harmoniæ conſonantias ex formis characterum, conjunctionibus, ſeparationibus, tortuoſitate, directione, defectu, ſuper abundantia, minoritate, maioritate, coronatione, clauſura, aperturas et ordine reſultantes.* Per hanc quoque legem, aiunt Cabaliſtæ, à diuino ſpiritu adeptus eſt Salomon Rex ſapientiſſimus omne quod nouerat, iuxta illud lib. Reg. *Dedit autem ei Deus ſapientiam et prudentiam multam nimis, quaſi arenam, quæ eſt in littore maris ; et creuit ſapientia Salomonis ſupra ſapientiam omnium Orientalium, et Ægyptiorum, eratá ſapientior cunctis hominibus, et diſputauit ſuper lignis à Cedro quæ eſt in Libano vſque ad hyſſopum quæ egreditur de pariete ; et diſſeruit de volucribus, et reptilibus, et piſcibus.* Aperuit itaque ſpiritus ſiue intelligentia Salomonis quinquaginta totius naturæ portas præter vnam omnes, ad triginta duas ſemitas ſapientiæ, quæ ſunt ſemitæ ad quadrigam diuinitatis, rerumque altiſſimarum, incomprehenſibiliumque myſteria dirigentes. Sed iam videamus, quænam illæ ſint portæ.

Pardes.

Portæ quinque principaliſſimæ quæ

Subdiuiduntur ſingulæ in alias decem minus principales.

Picus Mirandulanus.

Pardes primo totum rerum complexum diuidit in portas quinque principaliſſimas, ſuntque prima & inſima, elementa; ſecunda, miſta ex elementis conſtituta ; tertia, animarum Mundus ; quarta, corporum cœleſtium ſyſtema ; quinta, Mundi archetypi ſiue intellectualis conſtitutio: Quarum ſingulæ in decem alias Claſſes ſiue particulares portas diuiſæ numerum dant quinquaginta portarum, id eſt, decem hi tam eſſentiarum, quàm intelligentiarum Mundi per 5 multiplicati 50 ianuas aperiunt, per quas intramus in illa creaturarum penetralia, quæ eminentibus notis in opere ſex dierum deſignantur. Innuit totum hoc quinquaginta portarum negotium Picus Mirandulanus ænigmaticâ hâc concluſione. *Qui ſciuerit, quid ſit denarius in Arithmetica formali, et cognouerit naturam primi numeri ſphærici, id eſt, 5, ſciet ſecretum 50 portarum intelligentiæ, et magni Iubilei, et milleſimæ generationis, et regnum omnium ſeculorum.* per denarium circularem numerum hoc loco intelligitur tota rerum vniuerſitas ; per

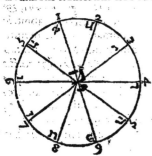

numerum primum ſphœricum intelligitur quinarius, qui numerus pariter circularis & cubicus eſt: ſi enim tam 10, quam 5 quadraueris, aut cubicaueris in infinitum, ſemper in fine remanebit radicalis, id eſt, vel 0, vel 5. vti in præcedentibus demonſtratum eſt. Cabaliſtæ præſenti ſchemate myſterium deſcribunt. Fiat circulus in quo ducantur quinque diametri ſeu lineæ in centro ſe interſecantes, & in terminis earum ponantur numeri ab vno ad nouem, vt ſequitur. Semper numeri vni diametro adſcripti ſimul iuncti, velut 1 ad 9. 2 ad 8. 3 ad 7. 4 ad 6. 5 ad 5. conficient 10. ita quidem, vt

quina-

quinarius medium femper obtineat denariæ reuolutionis. Quinario itaque per 10 multiplicato exfurget numerus 50 portarum intelligentiæ, feu
anni Iubilæi ; fi verò decem cubicaueris, nafcetur millefimus generationis, & fic eodem in infinitum cubicato, nafcetur infinitudo, magnum illud
Sabbathum Sabbathorum, quod eft regnum omnium feculorum, quod &
à Cabaliftis Enfuph dicitur, & eft Deitas ipfa fine indumento ; reliqua
enim Deus produxit amictus lumine ficuti veftimento, vt effet lumen de
lumine, ac inde veftimenti fui lumine creauit Mundum intelligibilem
fpirituum feparatorum & inuifibilium, quod Cabaliftæ cœlum vocant.
Vnde R. Eliezer, cùm interrogaretur, vnde creatum effet cœlum, refpondit : מאור לבושי לקח, id eft, *de lumine veftimenti fui fumpfit.* Atq; hucufque
afcendit Mofes ad Deum, vt cognofceret lumen veftimenti eius, & Sabbathum Sabbathorum, & Iubilæum fuperius, & millefimam generationem,
quod totum nihil aliud eft, quàm Mundus fuperior idearum, Angelorum, felicium animorum. Cùm itaque Mofes Deum fine veftimento, id
eft, reconditam diuinitatis faciem videre nequiuerit, rectè dicitur, iuxta
R. Eliezerum, ad Vltimam 50 portarum pertingere non valuiffe, iuxta illud ; *Faciem meam videre non poteris ;* quod ita exponunt Cabalici

אקרא לפניך השם הגדולש שלא תוכל לראתו:

Id eft, *Vocabo coram te nomen magnum, quod non poteris videre,* ita Rambam,
in 33 Exodi. Quo fanè luculenter apparet, Deum iuxta citatum Authorem, effe fuum tetragrammaton, & à Mofe non fuiffe vifum. Eft enim
hoc omnium portarum principium fuper omnem creaturam ante creationis exordium, iuxta illud Onkelos : בראשית ברא שמיא וית ארעא, *Creauit
Deus tetragrammatus cœlum & terram ;* Nam vt fuprà citatus Eliezer dicit :

עד שלא היה העולם היה הקב׳׳ה ושמו בלבד:

Id eft, *Vfquequo non fuit creatus Mundus, fuit Deus, & nomen eius tantùm.*
Et Rambam 2 libro Moreh :

תחילה שלא היה שום דבר נמצא כלל אלא השם
וחכמתו:

Id eft, *Ab initio cùm non effet vlla res, folus Deus erat nomen tetragrammaton, &
fapientia eius.* Mofes itaque 49 folummodò portarum notitiam habuit, &
per eas legem diuinam inueftigauit, ad quinquagefimam minimè permif-
fus ; Iofue verò 48 tantùm notitiam habuit, vnius minùs Mofe iuxta
R. Akiba. *Et poft mortem Mofis abfcondita fuit Iofue porta vna, & relicta
fuerunt quadraginta octo, & Salomon laborauit fuper illa porta ad reducendam
eam, fed non poterat ;* non itaque Iofue tantùm valuit afcendere, quantum
Mofes, ideò vno gradu eo fuit inferior. Sed iam quales illæ portæ fint,
videamus. Diximus fuprà, portas in quinque principaliffimas Claffes diuidi, earumque vnamquamq; in decem particulares portas diftribui ; has
nunc ordine explicemus.

Pri-

Prima Clafsis.

Elementorum primordia.

עולם היסודות :

Porta 1 & infima. Materia prima, Hyle, Chaos חומר.
2 Vacuum & inane, id eft, formarum priuatio.
3 Appetitus naturalis, abyſſus.
4 Elementorum difcretio & rudimenta.
5 Terrenum elementum nullis adhuc feminibus infectum.
6 Aquæ elementum operiens terram.
7 Aëris ex aquarum abyſſo exhalantis elementum.
8 Ignis elementum fouens & animans.
9 Qualitatum fymbolizatio.
10 Appetitus earundem ad commiftionem.

Clafsis fecunda.

Miſtorum Decas.

Porta 11 Mineralium, terrà difcoopertà, apparitio.
12 Flores & fucci ad metallorum generationem ordinati.
13 Mare, lacus, flumina intra alueos fecreta.
14 Herbarum, arborumque, id eft, vegetatiuæ naturæ productio.
15 Vires & femina fingulis indita.
16 Senfitiuæ naturæ productio, id eft,
17 Infectorum & Reptilium,
18 Aquatilium, } vnà cum proprietatibus eorundem.
19 Volucrium,
20 Quadrupedum procreatio.

Clafsis Tertia.

Humana Natura Decas.

עולם קתון : id eft, *Mundus minor.*

Porta 21 בריאת אדם, Hominis productio.
22 עפר מן האדמה, Limus terræ damafcenæ materia.
23 נשמה וכו, Spiraculum vitæ anima, fiue
24 סוד האדם וחוה, Adami & Euæ myfterium.

Sſ   חאדם 25

25 האדם כלבו, Homo omnia, microcosmus.
26 חמשה כחות חנשם, Quinque potentiæ exteriores.
27 חמשה כחות חנפש, Quinque potentiæ interiores.
28 האדם הוא שמים, Homo Cœlum.
29 האדם הוא מלאך, Homo Angelus.
30 אדם הוא דמות האלהים, Homo Dei imago & similitudo.

Clasis Quarta.

Continet Cœlorum Ordines, & vocantur ab Hebræis

עולם הגלגלים, *id est, Mundus sphœrarum; quæ sunt*

Porta		
31	הלבנה	Cœlum Lunæ.
32	הכוכב	Cœlum Mercurij.
33	הנוגה	Cœlum Veneris.
34	החמה	Cœlum Solis.
35	מאדים	Cœlum Martis.
36	צדק	Cœlum Iouis.
37	שבתאי	Cœlum Saturni.
38	הרקיע	Cœlum firmamenti.
39	גלגל ראשון	Primum mobile.
40	גלגל הגלגלים	Cœlum Empyreum.

Classis Quinta.

Nouem Angelorum Ordines continet, & vocatur

עולם המלאבים, *id est, Mundus Angelicus, ut sequitur*

Porta		
41	חיות הקודש	Animalia sancta, Seraphini.
42	אופנים	Ophanim, id est, Rotæ, Cherubini.
43	אראלים	Angeli magni fortes, Throni.
44	חשמלים	Haschemalim, id est, Dominationes.
45	שרפים	Seraphim, id est, Virtutes.
46	מלאכים	Malachim, id est, Potestates.
47	אלהים	Elohim, id est, Principatus.
48	בני אלהים	Ben Elohim, id est, Archangeli.
49	כרובים	Cherubin, id est, Angeli.

Clas.

Claſsis Sexta.

אֵין סוֹף, *Deus immenſus.*

עוֹלָם עֶלְיוֹן, *Mundus ſupramundanus & Archetypus.*

Porta 50 Deus Optimus Maximus, quem mortalis homo non vidit, nec vllo mentis ſcrutinio penetrauit, eſtque quinquageſima porta, ad quam Moyſes non pertigit.

Hanc ſolus Deus homo Chriſtus IESVS verus Meſſias penetrauit, ſuiſque electis eam viam monſtrauit per lumen fidei, iuxta illud : *Dedi te in fœdus populi, in lucem gentium*; & illud : *Ambulabunt gentes in lumine tuo.* Atque hæ ſunt quinquaginta portæ, per quas ab Intelligentia ſeu Spiritu ſancto aditus paratur ad triginta duas ſemitas ſapientiæ ſedulo & indefeſſo legis ſcrutatori.

§. VII.

De Poteſtatibus triginta dextris menſuram Gedulah ſtipantibus, & de totidem ſiniſtris Geburah ſtipantibus; deque nomine ſeptua-ginta duarum literarum, & triginta duarum ſemitarum Sapientiæ, omnia ex mente Hebræorum.

EXpoſitis in præcedentibus paragraphis quinquaginta portarum Intelligentiæ, quæ à tribus ſupremis Sephiroth procedunt, myſterijs; iam ſeptem inferiores Sephiroth, quæ ſunt מעשה בראשה, *opus fabricæ,* cum ſingulis earum proprietatibus pari paſſu exponamus.

In ſyſtemate Sephirotico tres ponuntur canales, primus à *Gedulah*, ſiue *Cheſed,* id eſt, *magnificentia* ſeu *miſericordia,* ad *Geburah* ſiue *fortitudinem* ſeueritatémque deducitur; alter ad *Thiphereth* ſiue *pulchritudinem*; tertius ad *Netſah*; totidem quoque à *Geburah* ad *Gedulah,* ad *Tiphereth,* & ad *Hod* deducuntur; à *Cheſed* ad *Geburam* reciprocus canalis miſericordiæ & iuſtitiæ ducitur; & vt Rasbi aſſerit, ſe habent vt ignis & aqua.

שלשה צנורת יוצאים מהחסד ואחד מהם אל גבורה
וכן מהגבורה יצא כח אל החסד אש של גבורה ליבש
לחום המים של חסד ומים של חסד לכבות אש הגבורה
ועי הצינור חוה נכללים חסד בגבורה וגבורה בחסר :

Id eſt, *Tres canales ſeu fiſtulæ egrediuntur ex Cheſed, id eſt, menſura miſeri-cordiæ, & primus ex illis deducitur ad Geburah menſuram ſeueritatis; & pariter à Gebura ſeu à ſeueritatis menſura ad menſuram miſericordiæ egreditur virtus, id eſt, ignis, quem ſeueritatis menſura notat, vt exſiccet humidum aquarum, quæ*

appro-

appropriantur menfuræ Chefed, id eft, mifericordiæ ; & aquæ, quæ appropriantur menfuræ Chefed, id eft, mifericordiæ, vt extinguant ignem Geburah fiue feueritatis . Si enim fola mifericordia Dei foret, Mundus peccatorum iniquitatibus fubuerteretur ; & fi fola iuftitia feu feueritas Dei , idem contingeret ; hinc fecundus canalis vtriufque & *Gedulah* & *Geburah* ad *Tiphereth*, id eft, *pulchritudinem & clementiam* deducitur, quæ eft temperies quædam, fiue harmonicum quoddam temperamentum, quo mifericordia iuftitiæ, & hæc mifericordiæ apté, ad Mundi integritatem & fubfiftentiam temperantur ; atque hæ funt duæ columnæ, quæ Moyfen fub forma nubis & ignis præcedebant in exitu . Quæ omnia Simeon Ben Iochai pulchrè his verbis latinè redditis defcribit : *Et qu   m per columnam gratiæ vel*

R. Simeon Ben Iochai

mifericordiæ Mundus non poterat gubernari, ideo nec ffe fuit, vt emanare faceret poft columnam gratiæ vel mifericordiæ columnam fortitudinis feu feueritatis, quæ & iudicium fignificat ; cùm verò neutrâ harum duarum columnarum Mundus gubernari poffet, fed opus effet proprietate feu menfura, quæ exprimeret intermedium, ideo emanare fecit proprietatem feu menfuram Tiphereth, hoc eft, pulchritudinis , quæ eft menfura mediâ inter duas, ita vt faceret reconciliationem inter gratiam feu mifericordiam , & fortitudinem feu feueritatem , eafque ad concordiam reuocaret ; quoniam verò ex parte fortitudinis feu feueritatis datur pœna pro peccatis , quæ quis peccauerit iuxta normam iudicij ; Hinc Canalis tertius , qui ex Chefed ad Netfah , id eft, à mifericordia ad victoriam ducitur , affixa fibi habet præcepta affirmatiua , & canalis à Geburah fiue feueritate ad Hod fecum trahit, præcepta negatiua ; quæ poftea ampliùs explicabuntur . Præterea canales dicti *Gedulæ* & *Geburæ* in *Tiphereth* ducti, ad Mundi temperamentum fecum trahunt vtrinque triginta quinque Principes mifericordiæ dexteros fiue remuneratores, feueritas totidem finiftros caftigatores, quæ coniuncta conftituunt feptuaginta præfides totius Mundi, quæ annumeratæ binis menfuris vnde profluxerunt, conftituunt feptuaginta duos Angelos ex tribus verfibus 14. Exodi extractos, vti fuprà in § de feptuaginta duarum literarum nomine oftendimus. Numerus autem virtutu pertingit fecundùm Cabalicos ad 216 ; quarum 72 finiftræ, 72 mediæ, 72 dexteræ quod quomodo intelligendum, aperiamus.

216 Poteftates in 3 ordines hebdacontradyadicos diuifæ,

Docuimus fuprà ex 3 Exodi verfibus, qui incipiunt : ויסע ויבא ויט, tres feries conftitui, quarum vnaquæque feptuaginta duas literas continet; & ויסע primus verfus refpondet feptuaginta duabus poteftatibus dexteris, fecundus verfus ויבא feptuaginta duabus mediis, & ויט tertius verfus, 72 finiftris competit poteftatibus, quæ fimul iuncta dant 216, numerum poteftatum, quibus tres canales *Gedulæ, Geburæ* in *Tiphereth* ftipati funt quarum finiftræ pœnas infligunt præuaricantibus ; dexteræ præmia largiuntur obferuantibus legem ; mediæ exceffum pœnarum præmiorumque iuxta ratam proportionem temperant . Atque hinc arcanum emanauit, quòd medius verfus ויבא non recto, fed tetrogrado ordine collocetur, adeoque tres quælibet literæ correfpondentes nomen Angeli fiue poteftatis conficiant mediatricis, quæque iuftitiam cum mifericordia quadamtenus concilient . Sed audiamus Authorem Pardes.

עצב

Pardes.

עוד מהציגור חזה נמשכים גם ע״ב כחות המצטרפים אל
ע״ב כנודע שהם רי״ו אותיות ע״ב דימין וע״ב דשמאל וע״ב
אמצעיים התפארת הוא המוצאם מן הכח אל הפועל
ומכריעם לימין ;וכן על ידי הציגור הוא עניו החכרעה
בצירוף אותו של גבורה

Id eft ; Iterum *Canalis* hic trahit fecum feptuaginta duas poteftates comparatas ad 72 nomina, ficuti notum eft, & funt 216 literæ, feptuaginta duæ ex ijs finiftræ, feptuaginta duæ mediæ, & eft *Tiphereth*, quæ eas educit ex potentia in actum quæ ligantur à feptuaginta duabus dexteris, & fic ope canalis huius fit præponderatio ratione *Geburæ*. Sic Pardes. Sed hæc de duarum *Geburæ* & *Gedulæ* menfurarum fatellitio fufficiant.

§ VIII.

De præceptis affirmatiuis & negatiuis, quæ annexa funt canalibus Sephiroth Gedulæ & Geburæ ad Netfah & Hod, ex mente Hebræorum.

Canalis, qui à menfura *Gedula* fiue *Chefed*, fcilicet *mifericordiæ* ad *Netfah*, hoc eft, *victoriam* recte & normaliter tendit, vt & canalis oppofitus a *Geburah* fiue *Pechad*, hoc eft, *feueritate* & timore ad *Hod*, id eft, *gloriam* tendit, annexa habent præcepta legis, ille affirmatiua, hic negatiua. Affirmatiua apud Rabbinos vocantur חשׁין, *facies*; negatiua לא חשׁין *non facies*. Hinc aptè canales à *Geburah* ad *Hod*, & ab *Chefed* ad *Netfah* ducuntur, vt indicaretur, facientibus legem, beneuolas effe dextras poteftates à mifericordia originem habentes; non facientibus, finiftros vindictam minari, & de præuaricantibus pœnas & fupplicia fumere, idque vt ficuti *Hod*, id eft, *gloria* Dei in iuftitia fua demonftratur, ita feruantibus legem victoria & æternitas, quæ per *Netfah*, cuius canalis ab *Chefed* deducitur, fpondentur; & fic mifericordia Dei in victoria, quam zelantibus legem contra finiftras poteftates pollicetur, oftenditur. Verùm vt arcanum præceptorum luculentiùs patefiat;

Præcepta affirmatiua & firmatiua & negatiua quomodo vocentur apud Rabbinos.

Notandum, præcepta vniuerfæ legis numerari 613. Colliguntque hæc eadem ex Decalogo, quæ tot literas habet, quot præcepta in lege numerantur; vnde & totum legum complexum תרי״ג *Tharig* vocant, qui nihil aliud eft, quàm numerus dictorum præceptorum 613, vt in margine patet. Diuiduntur autem omnia præcepta partim in affirmatiua, partim in negatiua; fiue in facies, & non facies, vti dictum eft. Affirmatiua funt 248, tot videlicet, quot in corpore humano offa funt, atque adeo רמ״ח *Ramach* vocantur, vocabulo numerum 248 continente. Negatiua funt 365: à vocabulo שס״ה *Sebafah* hunc eundem numerum continente dicta, funtque tot, quot in vno anno Solari dies funt, videlicet 365; quæ fusè Cabaliftæ defcribunt. Et membra 248 humani corporis, quæ affirmati-

Præcepta omnia Legis funt 613.

ת	400
ר	200
י	10
ג	3
	613

Affirmatiua funt 248, quot offa.

Negatiua 365, quot fc. dies in anno.

Membra_
248 humani
corporis quæ.

matiuis præceptis respondent, hoc pacto diuidunt. Triginta ossa in extremis digitis pedis (nempe sex in vnoquoq; digito pedis;) decem בקורסל
in talo; duo בשוק, in crure; quinque בארכובה, in genu; vnum ביר, in
femore; tria בקוליות, in coxis; triginta ביר, in manu (sex scilicet in vnoquoque digito) duo בקנה, in canna; duo בגמר, in cubito; vnum בזרוע, in
brachio, siue lacerto; quatuor בכתף, in scapula; vndecim בצלעות, costæ.

101 vn.later.
101 alt. later.
18
9
8
6
5
——
248

Ecce centum & vnum ab vno latere, totidem ab altero faciunt 202. præterea octodecim חוליות, vertebræ in spina dorsi; nouem בראש, in capite; octo
בצואר, in collo; sex במפתחי חלב, in apertura cordis, id est, thorace; quinque
בנקבין, in cauitatibus suis. Sic habes 248. Iudicent porrò anatomiæ periti de hac Iudaica anatomia, quam decerpsimus ex libro intitulato
עבקת רכל, id est, puluis pigmentarij, part. 2.

De præceptis negatiuis, quæ sunt 365, tot scilicet, quot dies in anno solari, ita legitur in tractatu מכה Makoth, id est, plagarum c. 3. fol. 145.

תר״יג מצות נתנו למשח בסיני שס״ח מצות לא תעשה
כמנין ימות חחמה ורמ״ח מצות כנגד אבריו של אדם:

Tharig, id est, 613 præcepta data fuerunt Mosi in Sinai; 365 negatiua,
iuxta numerum dierum solarium; 248 affirmatiua iuxta membra hominis. Ad
hanc traditionem R. Salomonis Glossa est: Præcepta 248 facienda sunt,
quia vnicuique membro dicitur, fac & serua præceptum; 365 præcepta non facienda sunt, quia vnoquoque die monentur homines, ne transgrediantur os Domini.
Verùm quid per mysteriosam hanc descriptionē indicare velint, aperiam.

R. Salomon.

Legem Dei æternam & immutabilem, veluti archetypon quoddam
& ideam ex mandatorum lege, tanquam ex vmbrosa quadam imagine,
conijcimus; cùm verò susceptor legis homo, paruus Mundus, ad Vniuersi habitum, atque ad imaginem & similitudinem Dei factus sit, salus &
perfectio eius iure veluti quodam postulare videbantur, vt magnum Mundum & Conditorem suum facto opereque referret atq; imitaretur: imi-
taturus autem eū non erat, nisi lege conformi & simili illi legi, quâ regitur
Orbis, & Microcosmi œconomia, per membrorum diuersorum, diuersa-
rumque operationum in vnum scopum & finem, quæ est conseruatio hominis, tendentium legem, actus suos moderaretur. Quemadmodum igitur ex recta membrorum humani corporis, quæ legis diuinæ symbola sunt,
constitutione totum corpus se habere debet, sic ex legum obseruatione
tota anima rectè se habens, sanitatem, vitam, pacem, & Deo placitam
perfectionem consequitur. Contrà si vel vnicum ex 248 humani corpo-

Præceptorū
numerus in
nomine_
Abraham.

א 1
ב 2
ר 200
ח 5
ם 40
——
רמח248

ris defloretur, deficiat, hiet, malè habeat, totum corpus languet, & in
operationibus suis deficit. Pari passu, si anima vel vnicum in lege præceptum transgrediatur, præuaricationis omnium, vt Apostolus dicit, rea
efficitur. Sunt itaque humani corporis membrorum virtutes & operationes ad 248 præcepta affirmatiua, quibus tota lex veluti totidem articu-
lis nectitur, prorsus analogæ. Hinc diuinâ quâdam dispositione factum
est, vt nomen אברהם Abraham ὁ τ ἰσόψηφος resolutum, numerum præceptorum 248 contineret: cùm enim omnium credentium pater esset futurus,

turus, meritò cùm Deus veluti exemplar & ideam quandam esse voluit obseruantiam, præceptorum. Hinc ad eum vox Dei iubentis eum, hortantisq; ad perfectionem; *Ambula coram me, & esto perfectus;* & alibi; *Custodiuit Abraham præcepta & mandata mea & statuta mea, totamá; legem seruauit.* Meritò itaque in nomine legis tenebat scopum, in quem tanto studio collimabat.

Sed cur ossibus comparantur præcepta? respondeo, quòd sicuti ossa humanæ compaginis consistentia est, sic præcepta affirmatiua animæ; neque enim spiritus Dei corpus intrat nisi ossa ad ossa accesserint, vnumquodque ad iuncturam, vti habetur in Ezechielis visione: quicunque enim perfectè præcepta hæc obseruarit, is canales superiorum influxuum omnes sibi aperiet; contrà qui ab obseruantia eorundem defecerit, quid aliud agit, nisi vt canales & fistulas Sephirothicarum emanationum claudat, obstruat, plantasque diuinæ arboris detruncet? Hinc diuina bonitas 248 præceptis affirmatiuis, tot negatiua adiunxit, quot dies in anno, id est, 365. vt hoc ipso indicaretur, homini iusto, & coram Deo in simplicitate ambulanti nullum diem transire debere sine diuinorū mandatorum contemplatione, iuxta illud: *In corde meo abscondi eloquia tua, vt non peccem tibi;* & illud: *Concupiuit anima mea desiderare iustificationes tuas in omni tempore;* quò & Psalmus 118. toties collimat. Sicuti enim Sol 365. dierum spacio circulum conficiens, mundum omnium bonorum vbertate complet, ita anima mandatorum diuinorum circulum conficiens, omnium bonorum vbertate expletur, qui est finis totius legis. sed ad canales reuertamur.

Tiphereth per duos Canales influit in *Netsah*, in *Iesod*, & in *Hod*: & quemadmodum tres supremæ Sephiroth coniunguntur in *Kether*; ita duæ *Gedulah*, & *Geburah* in *Tiphereth*; sicq; *Netsach* & *Hod* in *Iesod*, id est, *fundamento*, quod est fons aquarum viuentium; Deus viuus אלא; ab omnibus enim reliquis gratiam haurit & vitam, quam in *Adonai*, quæ est *Malcuth*, transfundit. In quantum itaq; gratiæ dimensionem suscipit, אל *El*, vocatur; in quantum autem vitam largitur, הי *He viuus* dicitur; cùm vitæ vigorem hinc in *Malcuth* trasfūdit, *Adonai* dicitur, & cuiusuis rei mobilis animam designat; reptilium scilicet in arida, piscium in mari, iumentorum, belluarum, volucrum, hominum, totiusque Cœli ac Stellarum ad singula eorum genera copias demonstrat; supernamque homini asistentem animam mentemque, vt Platonici loquuntur. Omnes itaque mensuræ per tres supremas, & totidem intermedias, & tandem per tres infimas diuersis canalibus per *Iesod* in *Malcuth*, hoc est, *Regnum* deuoluuntur; cuius nomen *Adonai* specie ignis deuorantis vestitum in sublimi solio Altissimi sedens vt Princeps, & totius terrarum Dominus regijs insignibus ornatus, totiusque quadrigæ superiorum inferiorumque accedente quadraginta duarum literarum nomine, solidissimus præses effulget, iuxta illud, *Adonai, Adoneuu, Domine Dominus noster, quàm admirabile est nomen tuum in vniuersa terra.* Hunc enim, vt aiunt, ad superos euehit, illum ad inferos & æterni supplicij barathrū præcipitat; hunc languentem, illum sanū & valentem reddit, prout iudicij æquitas exigit superiorū numerationum; à quibus seueritatis, aut misericordiæ clementiæué nomen accipit;

ibi

Præcepta cur ossibus humani corporis comparantur

ibi enim nihil iniquè flectitur, nihil obliuioni datur ; nulla ibi personarum acceptio, sed vt à superioribus haurit, ita in inferiora dispensat. Est enim omnium numerationum penuarium & templum, vtpote in quo modi numerationum reponuntur ; potissimùm autem *Tiphereth* siue *pulchritudinis* receptaculum est ; huc enim nomine Dei יהוה tetragrammato manuducente, à 13 summitatibus Coronæ summæ,613 columnæ lucis, quæ sunt 613 legis præcepta,in hoc receptaculum erumpunt , & quasi prodeuntia flumina deriuantur. Deinde de triginta duabus semitis Sapientiæ, & quinquaginta portis Intelligentiæ, de septuaginta duobus pontibus, à summæ misericordiæ aquis proficiscentibus , & de viginti duabus flammei ignis speciebus seueritatis ex supremis mer ibus per mediam lucem incedentibus, septuaginta prosiliunt & scaturiunt benedictionum luces, perque viam æternitatis & gloriæ in numeratione *Iesod elchai* iunguntur ; & inde in ipsum Regnum seu Coronam inferiorem *Adonai Malcuth* dictam confluunt. Habes breuiter, quid per Sephiroticum systema decem diuinorum nominum indigitent Cabalici ; nihil porrò restat, nisi vt typum hucusque dictorum hoc loco exhibeamus ; ex cuius sedula inspectione, dictorum veritas, luculentiùs patebit.

§ IX.

Interpretatio schematis Sephirotici , iuxta sensum ab
Hebræis intentum .

TAmetsi fusè in præcedentibus Capitulis & Paragraphis significata huius systematis explicauerimus, vt tamen Lector curiosus omnia luculentiùs perspiciat, hoc loco κ̈ τὴν ἀκαιφαλάιωσιν singula enodabimus.

Primò itaque totum systema constat decem rotis seu circulis , in quorum centro singuli impositum habent vnum ex diuinis nominibus, quorum cognomina suprascripta, exhibent numerum & nomen decem Sephiroth siue numerationum : in circuitu verò rotarum decem Sephiroth descriptæ sunt, singulæ in singulis rotis ; quas Author Pardes mobiles circa centrum facit : in vertice omnium sphœra ponitur dimidia parte nigra; quâ indicatur abstracta Dei in fontani luminis inaccessa abysso, nullâ mente comprehensibilis essentia , vti in præcedentibus fusè expositum fuit, vocaturque à Cabalistis Horizon æternitatis , causa causarum , vno verbo *Ensuph*, id est, *infinitudo*, quia ex hac infinita Dei essentia, quasi ex inexhausto fonte omnia ineffabili quâdam ratione profluunt super reliquas tùm tres emanationes supremas,tùm numerationes septem inferiores . Singulæ autem rotæ Sephiroticæ, decem diuinis nominibus sunt insignitæ, quo indicatur, Deum omnia in omnibus, & omnia in Deo vnum quiddam & indiuisibile esse, vt explicabimus.

Prima Sephira vocatur כתר *Kether, Corona summa* , estque primùm emanationis principium, quem Patrem dicimus , cuius in centro inscriptum

ptum nomen eſt אהיה *Ehieh*, id eſt, *ſui, ſum, ero*; inſignitur decem in circuitu Sephiroth, quia vti ab ea omnes reliquæ profluunt, ita in idem reſol-
uuntur principium; eſt enim & *Binah*, & *Chochma*, & *Gedulah* & *Geburah*,
& *Tiphereth*, & *Netſah*, & *Hod*, & *Ieſed*, & *Malchut*, id eſt, ipſa *ſapientia*,
intelligentia, *magnitudo*, *fortitudo*, *pulchritudo*, *æternitas* ſeu *victoria*, *gloria*,
fundamentum, *Regnum* omnium ſeculorum, cùm vt ab eo omnia profluunt,
ita in eum redeant; eſtque in reliquis Sephiroth tanquam cauſa in effe- *Chochma.*
ctis diſparatis. Secunda Sephirah dicitur *Chochma* ſeu *ſapientia*, ſecunda in
diuinis emanatio, quam & Filium ſeu Verbum dicimus, cuius nomen eſt
יה *Iah*, reliquis decem Sephiroth circum circa inſignitum; Cùm enim
Filius ſit Patri coëſſentialis, omnia quæ in Patre ſunt, erunt in Filio; &
conſequenter quemadmodum omnia decem attributa in corona vnum
ſunt, ita & in Sapientia, quia hæc cum Patre, quoad naturam, vnum eſt.
Idem dicendum eſt de tertio emanationis principio ſeu Sephirah, quæ
Binah, id eſt, *intelligentia* dicitur; nos Spiritum ſanctum dicimus; qui *Binah.*
cùm à Patre & Filio æterna procedat origine, & vtrique coëſſentialis exi-
ſtat, eadem quoque vtrique communia attributa eſſentialiter, tanquam
vnum eum vtroque, participabit. Atque hæ ſunt tres ſupremæ emanationes, quæ ad mundanæ fabricæ creationem ſe procingentes, ſeptem
nominibus veluti totidem veſtimentis indutæ, ſingula dictis nominibus
inſigniuntur; quæ quidem dicta ſunt ab effectibus, quos in mundana ad- *Septem infe-*
miniſtratione præſtant. Vocantur autem *Magnitudo* ſeu *miſericordia*, *For-* *riores Sephi-*
titudo ſeu *timor*, *Pulchritudo* ſeu *clementia*, *Æternitas* ſeu *victoria*, *Honor* ſi- *ræ.*
ue *gloria*, *Fundamentum*, & *Regnum*. Quæ quidem ſeptem Sephiroth ro-
tas ſuas habent decem alijs Sephiroth inſignitas, vt oſtenderetur, quòd
vbicunque v. g. *Magnitudo* ſeu *miſericordia* Dei, ibi conſequenter omnes
reliquæ Sephiroth coëxiſtant, cùm Magnitudo nec ſine Corona, nec ſine
Sapientia, nec ſine Intelligentia, nec ſine iuſtitia, nec ſine pulchritudine, nec ſine æternitate, nec ſine gloria, nec ſine fundamento, nec ſine
regno conſiſtere poſſit. Idem de reliquis rotis Sephiroticis ſentiendum
eſt. Eſt enim vnus & idem Deus, Pater, & Filius, & Spiritus ſanctus, qui
miſeretur & caſtigat, qui ſine fine & termino pulcher eſt, qui viuit & viuere facit omnia, qui glorificat omnia, qui fundat omnia, qui regit & gubernat omnia. Vides igitur cur vnaquæque Sephirah ſeu numeratio,
alias decem eodem circulo incluſas teneat. Mobiles tamen ſunt, quia
attributa eidem canali quocunque modo applicata, diuerſas operationes
effectuſque in mundo cauſantur, in quantum ea à malitia vel bonitate vitæ hominum dependent. Si enim ſingulis canalibus reſponderint v. g.
Miſericordiæ Sephirah in omnibus rotis; tunc totus Mundus miſericor-
diâ & beneficentia Dei replebitur; vti factum eſt in diebus Meſſiæ: ſi
ſingulis Sephiroticis canalibus reſponderit in rotis Sephirah ſeueritatis,
tunc totus Mundus ob peccatorum enormitatem deputatis à diuina iuſtitia pœnis, malorumque inundationi ſubiacebit, vt factum eſt in diebus
Diluuij, quibus Deus totum Mundum perdidit. Miſtæ verò Sephiroth,
miſtas in Mundo operationes efficient. Sed de hiſce fuſè ſuprà.

Mundiqua-
tuor in fyfte-
mate Sephi-
rotico.

Archetypus.

Angelicus.

Sidereus.

Elementaris

Confiderandi porrò funt in hoc fyftemate quatuor Mundi; Mundus diuinitatis, in quo ab æterno omnes rerum poffibilium impoffibiliumque rationes & exemplaria extiterunt; diciturque Mundus Archetypus, & defignatur per אין סוף Enfuph, & tres fupremas emanationes. Secundus Mundus immediatus & proximus Deo, dicitur Mundus Angelicus, in quo fecundùm quandam analogiam omnia, quæ in primo Mundo funt, exiftunt, in decem claffes, quas in præcedentibus contemplare, decupartita; fingulæ claffes iterum nomen Dei portant, veftitæque funt 19 Sephiroth, quarum ope & Mundum adminiftrant, & mala vel bona hominibus pro iuftitiæ aut mifericordiæ ratione infligunt, legis æternæ executores, cui cùm lex fcripta Moyfis, quæ per 2 tabulas aptè indicatur analoga fit, hinc eam obferuantibus benignos influxus, malignos eandem, ræuaricantibus exhibent. Tertius Mundus eft, Mundus fidereus, nocatus in lege per candelabrum heptalychnum, fiue 7 lichnuchis confpicuum, quibus feptem planetas indicant, & per tabulam panum propofitionis; & per duodecim tigilla quibus panes imponebantur, duodecim figna Zodiaci aptè defignabantur; in quorum medio rota Tiphereth, hoc eft, pulchritudinis, fiue folis, tum feptem planetis, tum duodecim fignis Zodiaci vberrimos influxus præftat; quorum virtutes per decem nominum influxus, Angelorum ijs præfidentium minifterio, eam confiftentiam acquirunt, qualis fuerit dictarum Sephiroth in ea influxus, vt poftea dicetur. Quartus Mundus eft elementaris, & aptè defignatur in lege per Aram vel thuribulum, quod exhalatione fua terræ continuò exhalantis naturam pulchrè exprimit: gubernatur à quatuor Sephiroth, Netfah, Hod, Iefod, & Malcuth, quarum prior igni, fecunda aëri, tertia aquæ, quarta terræ correfpondet: quorum elementorum operationes per Mundi fuperioris miniftros Angelos, mediante Mundo fidereo, difponuntur & adminiftrantur, talesque influxus fortiuntur, qualis fuerit diuinæ legis apud homines, propter quos Mundus creatus fuit, obferuantia: fi Mundus impietate exundauerit, ecce Sephirah quæ vocatur Geburah, id eft, Ieueritas in Tiphereth & Hod triginta quinque principes vindictæ, & feptuaginta duas finiftras poteftates immittet, quibus & fidereus Mundus malignis afpectibus imbutus, in elementari Mundo, terræ motus, inundationes, bellorum tumultus, morborum procellas caufabunt, vt fic iuftè delicta vindicentur; fi verò legis obferuantes fuerint, à mifericordiæ rota in Tiphereth & Netfah benigni influxus immittentur, quibus fublunaris Mundus omni benedictione repleatur. Vidimus quadruplicem Mundorum ordinem, iam canales quoque exponamus.

Ponuntur viginti duo Canales in hoc fyftemate, iuxta numerum viginti duarum literarum Alphabeti Hebraici; nec fine myfterio, vt poftea videbitur. Canales dicuntur, quòd quemadmodum ex fonte ad hortum quendam irrigandum, diuerfæ fiftulæ ponuntur, vt aquæ ex vna in alteram deriuatæ in totius horti irrigationem feruiant; fic Deus decupartito influxu per viginti duos Canales facto, quatuor memoratos Mundos, atque vna totum creatarum rerum ambitum beat. fic Mundus

Arche-

Archetypus per Canales primum, secundum, tertium, quartum. *Cochma* & *Binah* quinquaginta portas intelligentiæ, ad triginta duas semitas sapientiæ aperit, quibus intromissus diuinæ legis studiosus ad diuinorum influxuum participationem pertingere possit. Per Canales verò quintum & sextum in *Tiphereth* & *Gedulah* deductos *Cochma* seu *sapientia* diuinæ misericordiæ aquas influit; sicut per septimum & octauum pariter in *Tiphereth* & *Geburah* deductos, diuinæ seueritatis ignem influit, illis ad præmium, hisce ad pœnam ex præuaricatione mandatorum. A *Kether* verò omnis boni fonte in *Tiphereth* rectà & normaliter, omnium bonorum vbertatem influit. Quia verò Mundus Deo rebellis subinde existit, hinc à *Geburah* in *Hod* Canalis ducitur, annexa 365 legis præcepta negatiua continens, quibus nisi obediant, alium in *Tiphereth* Canalem ducit triginta quinque principalibus, & septuaginta duabus potestatibus sinistris armatum, quibus vindicta sumitur in omnes legem præuaricantes, per influxus malignos in *Tiphereth* siderei Mundi animam, vti loquuntur, illatos; contrà ex *Chesed* siue *Misericordia* alij duo canales ducuntur, quorum vndecimus 248 legis præcepta affirmatiua annexa habet; decimus verò 35 principes, & 72 potestates dextras exhibet, qui legis obseruatores contra sinistras potestates defendant, omniumque bonorum vbertate repleant, quod fit affluxus benignitate in *Tiphereth* siderei Mundi animam, vt Platonici, & Cabalistæ loquuntur. Hinc verò ex *Tiphereth* vtrinque in *Netsah, Hod, & Iesod* alij canales decimus octauus, decimus nonus, vigesimus, vigesimus primus deducitur, qui vim sinistrarum vel dextrarum potestatum deriuant per *Tiphereth* in elementarem mundum; qui si benignus fuerit, & à dextris potestatibus profluens, talem quoque in elementarem mundum inferet, potissimùm in *Malcuth*; contrà, si malignus fuerit, fiet. Rotæ itaque dextræ semper benignum quid & beneficum, contra sinistræ rotæ portendunt; mediæ autem rotæ diuinarum virtutum influxum temperant. Verùm cùm hæc omnia fusissimè explicauerimus in præcedentibus, hæc ad systematis intelligentiam sufficiant.

Porrò cur canales hi ad viginti duas literas accommodati sint, & quid intra se arcanorum clausum contineant, aperiamus.

§ X.

De triade, heptade, & dodecade viginti duarum literarum, quibus
canales Sephirotici constant, eorúmque mysterijs,
ex mente Hebræorum.

INsinuat arcanum horum statim in principio liber Ietsirah his verbis:

עשר ספירות בלימה עשרים ושתים אותיות יסוד שלש   *Liber Ietsirah*
אמות ושבע כפולות ויב פשוטות:

Id eſt, *Decem numerationes præter illud ineffabile, viginti duæ literæ fundamenta ſunt trium matrum, & ſeptem duplicium, & duodecim ſimplicium .* Quæ ſic

R. Simeon Ben Iochai.

explicat in Zohar Iochaides : *Produxit Deus ex ſeipſo decem ordines , qui ſunt decem numerationes, & inſtrumenta diſpoſitionis ſuæ, per quæ Deus operatur in omnibus, quæ creauit in Mundo, ſuntq́ lumina reſplendentia de* אין סוף *, ſeu inſinitate Dei, cui inhærent tanquam flamma carboni vinculo indiſſolubili, vocanturq́ ſecundùm nonnullos* גזיר ספיר *, exciſio Saphyri, eo quòd ad illuminandum Mundos abſconditos ijs vſus ſit ; Mundum ſcilicet creationis, ſiue decem ſoliorum Dei ab omni intellectus apprehenſione abſconditorum ; & Mundum formationis, qui ſunt decem Mundi Angelorum, ab omni corporeo intellectus oculo abſconditi ; & mundanæ fabricæ, id eſt, ſidereum in decem orbes diſtinctum, ſuntq́ decem expanſa ; & hi totum creaturarum ambitum concludunt.* ita Iochaides . Horum itaque Mundorum canales viginti duo iuxta viginti duarum literarum ordinem diſpoſiti ſunt, eorumque canales in viginti duobus libris totius Scripturæ explicantur. Et primò diuiduntur in tres Matres , quæ ſunt tres literæ אמש , tùm Mundi elementaris , tùm omnium quaternionum naturæ indices : deinde in ſeptem duplices, ſuntque בגדכפרת , per quas ſeptem planetas, ſeptem vitas, ſeptem extremitates, ſeptem terras, ſeptem Sabbatha, & omnia ſeptena myſticè & analogicè ſignificant : demum in duodecim ſimplices literas, quæ ſunt הו זח טי לן מס עצ קת , ſuntq; duodecim ſenſitiuæ naturæ operationes, & duodecim plagarum Mundi, brachiorum ſeculi, duodecim ſignorum Zodiaci, 12 menſium, omnium deniq; duodecadum naturæ & gratiæ ſigna ſunt . quæ omnia his verbis de-

Liber Ietſirah

ſcribit liber Ietſirah. *Primò viginti duæ literæ fundamentum ſunt trium Matrum* אמש, *ſeptem duplicium, & duodecim ſimplicium . Tres Matres* אמש *fundamentum earum, lanx meriti, & lanx debiti, & lingua ſlateræ medians ſeu reconcilians inter eas . Secundò, viginti duabus literis exarauit, exſculpſit, ponderauit, & combinauit, formauitq́ cum eis animam omnis formati, & animam omnis quæ futura erat ad formandum . Tertiò, viginti duæ literæ ſixæ in Orbe in 231 portis, & vertitur Orbis ante & retro ; hoc eſt artificium combinationis Ziruph, ex quo diſces creaturas & idiomata omnia emanare ex nomine vno .* Sed explicemus ſingula .

Interpretatio trium ſimplicium Characterum.

Tres literæ אמש quid ſigniſicent apud Cabaliſtas.

PRimò, tres literæ אמש, *Aleph, Mem, Schin,* indicant tria elementa, vt volunt Cabalæi : per א *Aleph* enim *Adamah,* id eſt, *terram ;* per מ *Mem, Maim,* hoc eſt, *aquas ;* per ש *Schin* אש *Eſch,* hoc eſt, *ignem* denotant ; quibus ſi accedat *aër,* quem ✿ circulo notant, quemque gluten terræ, aquæ & ignis vocant, emanant inde totius naturæ tam ſuperioris , quàm inferioris quaterniones, quibus correſpondent quatuor numeri 1, 2, 3, 4 ; qui iuncti in vnum, dant denarium totius Vniuerſitatis ; iterum quatuor ſpecies quantitatis, punctum, linea, ſuperficies, corpus : hiſce decedunt quatuor cardines Mundi, Oriens, Occidens, Septentrio, Meridies ; qua-

tuor

tuor anni partes, tam in superioribus, quàm in inferioribus Mundis, quibus singulis quatuor Angeli præsunt, vt in sequenti figura apparet ; inter
quos intermediat magnum mare intelligibile, vbi vnæ perennesque con-
sistunt scaturigines omnium eorum, quæ per canales Sephiroticos deriuantur in inferiorem Mundum, eoque vnde profluxerunt, demum re-
meant, non secùs ac flumina, fontesque, mare magnum, vnde orti sunt,
repetunt, quemadmodum cœlum influens actiones, proprietates, effectus-
que in Mundum elementarem, cuius Luna veluti penuarium quoddam,
est, ex quo pro rata proportione singulis in elementari Mundo , necessaria ad vitam distribuantur. Sic Mundus intelligibilis influens in cœlum,
quod est veluti instrumentum quoddam mediumque, per quod Deus agit
in nos, vt exequatur quicquid sibi complacet transmittere in terram ;
quam quidem analogicam scalam pulchrè demonstrat sequens Abacus.

Abacus quaternarij sacri, tetracty Pythagorico respondens.

פ ו ה י

Progressio numerorum	1.	2	3	4
Geometrica quantitas	Punctus	Linea	Superficies	Corpus
Tres literæ, Matres dictæ	א Aleph	מ Mem	ש Schin	❀ Circulus
4 Elementa	Terra	Aqua	Ignis Aer	Aer
4 Agathangeli	Ariel	Tharsis	Seraph	Cherub
4 Spiritus	Mahaziel	Azael	Samael	Azazel
4 Anni tempora	Autumnus	Hyems	Æstas	Ver
4 Portæ cœli	Bethel	Hebron	Ierusalem	Mare
4 Partes Mundi	Occidens	Oriens	Meridies	Septentrio
4 Angeli præsides	Raphael	Michael	Vriel	Gabriel
4 Flumina Paradisi	Euphrates	Phison	Geon	Tigris
4 Venti principales	Fauonius	Subsolanus	Auster	Aquilo
4 Spiritus præsides	Paymon	Oriens	Ammonius	Egyn

*Nota. An-
gelorum no-
mina hic po-
nuntur ex
mente He-
bræorum.

Ternarius itaque hic literarum Hebraicarum, quæ Matres dicuntur,
in supremo & intellectuali Mundo tribus correspondet supremis numerationibus ; quarum prima א *Kether, Corona summa,* terra viuentium dicitur, & in quibuslibet mundis terræ, per literam א *Aleph,* respondet ;
secunda מ *Mem,* aquæ sapientiæ, tertia ש *Schin,* igni consumenti spiritui congruit, quibus si וₐₚ אₚ *Ensuph* iunxeris, prodibit quaternarius
mysticus, symbolum diffusionis diuinæ in omnia : si enim ה 2,3,4, ordinem vnam summam collegeris, nascentur 10, quæ decem diuina nomina,

mina, dimensiones omnium in quadruplici mundorum complexu contenta exprimunt: hinc enim, vt aiunt, per nomen Dei tetragrammaton, quo omnes Sephiroth signatæ sunt, per Angelos influit elementis, per totidem spiritus quatuor anni temporibus; hoc quaternario mystico æternæ vitæ portæ aperiuntur, quatuor mundi plagis benedictio conceditur, & quatuor paradisi fluminibus terræ sterili irriguum conceditur, quatuor Ventorum efficacia, Angelorumque ijs præsidentium ministerio, ad felicitatum portum appellitur; quæ omnia liber Ietsirah fusè ostendit his verbis:

Liber Ietsira.

שלשה אמות אמ"ש סוד גדול מופלא ומכוסח ואותם בשש שבעות ומחך יוצאים
אש ומים ומחחלקים זכר ונקבה שלש אמות א'מ'ש' יסודן ומהם כולחו אבות שמחם
כברא חכל שלש אמות אמ"ש בעולם אויר מים אש שחם נבראו תחילה מאש ואיץ
גבראת ממים וחאויר מכריע בין חאש ובין חמים שלש אמות א'מ'ש' בשנה אש ומים
ורוח חום נברא מאש קור ממים זרוח מכריע בינחים שלש אמות א'מ'ש בנפש אש
מים ורוח ראש נברא מאש מאש ובטן ממים וגויח נברא מרוח מכריע בינחים:

Sententia Hebræorum,

Hoc est, *Tres Matres* אמש *mysterium magnum, admirabile & reconditum, sex annulis obsignatum, & ex eis prodeunt ignis & aqua, quæ diuiduntur in marem & fœminam; tres Matres* אמש *fundamentum eorum, & ex ijs generati sunt Patres, ex quibus creata sunt omnia: tres Matres* אמש *in Mundo, aër, aqua, ignis; primò cœli creati sunt ex igne, & terra creata est ex aquis, & aër conciliator est inter ignem & aquas. Tres Matres* אמש *in anno, ignis, aqua, & spiritus; cœlum creatum fuit ex igne, frigidum ex aquis, & temperatum ex spiritu, medium concilians inter eas. Tres Matres* אמש *in anima, ignis, aqua, & spiritus; caput creatum est ex igne, venter ex aqua, corpus intermedium concilians creatum est ex spiritu.* Quid per sex annulos, quibus Matres obsignatæ sunt, aliud hoc loco indigitatur, nisi sex Sephiroth, misericordia, iustitia, pulchritudo, victoria, & gloria (quæ duæ passim pro vna Sephirah accipiuntur) Iesod, & Malcuth? quid ignis & aquæ inde emergentes aliud, nisi aquæ misericordiæ, & ignis iudicij seu feueritatis, quèis in mundum pro ratione æquitatis influunt? Vnde & lances meriti & debiti dicuntur. Et quinam sunt ij Patres, ex quibus omnia prodeuntia sunt, nisi tres superiores Sephiroth, Pater, Sapientia, & Spiritus seu Ignis? quæ aptè per אמש indicantur, dum א Aleph בא Patri, Sapientiæ מים, id est, aquam, Spiritui

Sententia Hebræorum de ternario literarum.

אש, id est, ignem attribuimus. Vides igitur, quomodo hæc secundum analogiam quandam omnibus mundi Classibus applicentur? Ex igne enim hoc supramundano primo creati cœli; ex aquis illis intellectualibus sapientiæ creata est terra, aere conciliante & ignem & aquas; atque hinc in anno proueniunt frigidum, humidum, siccum, calidum, quèis omnia originis suæ principia nanciscuntur; ab his microcosmi mundi filius constituitur, caput igneâ virtute pollens, à supremo illo igne, venter humiditate præditus ab aquis illis sublimibus, corpus à spiritu illo Altissimi. Quomodo autem hæc omnia diuinâ virtute figantur, his verbis indicat Ietsirah inductione factâ iuxta denarium numerum.

Liber Ietsirà.

עשר ספירות בלימה אחת רוח אלחים חיים : חקב"ח קול ורוח ודבור וזה רוח
חקרש : שתים רוח מרוח חקק וחצב בח כ"ב אותיות יסוד שלש אמות ושבעה כפולות
ושנים:

ושנים עשר פשוטות ורוח אחת מהן : שלש מים מרוח חקק ותצב בהן תהו ובהו רפש
וטיט חקקן כמין ערוגה הציבן כמין חומה סבכם כמין מעזיבה : ארבע אש מים
חקק וחצב בה כסא הכבוד ואופנים ושרפים וחיות הקדש ומלאכי השרת ומשלשתן
יסד מעונו שנאמר עשה מלאכיו רוחות משרתיו אש לוהט : חמש שלש אותיות מן
הפשוטות חתם רוח בעד שלש וקבען בשמו גדול יה״ו וחתם בהן שש קצוות פנה
למעלה וחתמו ביה״ו יש חתם חתת פנה למטה וחתמו ביו״ה : שבע חתם מזרח פנה
לפניו וחתמו בה״יו : שמנה חתם מערב פנה לאחריו והתו בח״יו תשע חתם דרום
ופנה לימינו וחתמו בו״הי : עשר חתם צפון ופנה לשמאלו וחתמו בו״הי :

Id est: *Decem Numerationes præter illud ineffabile, vnus spiritus Deorum viuentium, lux, Verbum, & Spiritus, & hic est Spiritus sanctus*. Decem igitur Numerationes sunt vnus Spiritus Deorum viuentium, hoc est, Sacrosanctus. *Duo, Spiritus de Spiritu exarauit, & exsculpsit in eo v ginti duas*; *Tria, aquæ ex spiritu, exarauit, & exsculpsit in ipsis inane & vacuum, & lutum, exarauit eas iuxta speciem areolæ, exsculpsit eas iuxta speciem, ..., obtexit eas iuxta speciem pauimenti*. id est, sub ijs præparauit materiam primam, chaos, lutum paulatim distinxit in partes vnicuique debitas. *Quatuor, ignis ex aqua, exarauit, & exsculpsit in eo solium gloriæ, Ophanim, Seraphim, Animalia sancta, & Angelos ministerij*. id est, ex igne, ex Spiritu illo, qui ferebatur super aquas, suscitato, solium gloriæ suæ, quæ sunt quatuor principales Angelicorum Chororum Classes. *Et ex tribus illis fundauit habitaculum suum, iuxta illud, qui facit Angelos suos Spiritus, & ministros suos ignem flammantem. Quinque; tribus literis ex simplicibus sigillauit Spiritum circa tria, & fixit eas cum nomine suo magno* יהו, *& sigillauit cum eis sex extremitates, vertit se sursum, & sigillauit eum cum* יהו. id est, sex extremitates ædificij, quæ sunt sex inferiores Sephiroth, quas insigniuit nomine suo יהו. *Sex; sigillauit inferius, vertit se deorsum, & sigillauit eum cum* יהו. id est, deinde conuertit sese à Sephiroth ad mundum sensibilem, quem signauit nomine suo מ, quem Mundum aptè ו, id est, senarius, & ה quinarius, vt alibi dictum est, exhibent. *Septem; sigillauit Orientem, vertit se ante eum, & signauit eum cum* היו. *Octo; sigillauit Occidentem, vertit se retro, & signauit eum cum* חיו. *Nouem; signauit Austrum, vertit se ad dexteram suam, & signauit eum* ויה. *Decem; signans Aquilonem, vertit se ad sinistram, signauit eum cum* והי. id est, quatuor Mundi plagis præfecit totidem Angelos, diuersis nominibus suis insignitos; quæ sunt fortia contra malignas potestates signacula. Atque ex his, dici vix potest, quantam farraginem superstitionum deducant, quas præstat silentio supprimere, quam in ijs refutandis tempus terere. Vidimus mysterium trium simplicium literarum אמש; iam septem duplicium arcana rimemur.

Interpretatio septem duplicium characterum.

VIdimus quomodo ex tribus mysticis literis אמש, diuinitatis & intelligibilis mundi symbolo, nascatur quaternarius siue tetractys mundana. Porrò 3 iuncta ad 4 faciunt 7, atque exhibentur per septem duplices

plices literas Alphabeti myftici, funtque בגד כפרת, de quibus ita liber
Ietfirah (verba latinè profero.) *Septem duplices* כפרת בגד, *duabus linguis*
affuetæ, vitarum, pacis, fapientiæ, diuitiarum, gratiæ, feminis, & imperij; &
affuetæ funt duabus linguis 'חת, 'רד, 'פפ, 'כב, 'דד, 'גג, בב, *ad fimilitudinem fortis,*
& leuis, remiffi & duri; duplicatâ funt, quia funt permutationes; permuta-
tio enim vitæ, mors eſt; permutatio pacis, bellum; permutatio fapientiæ, ſtultitia;
diuitiarum paupertas; gratiæ, indignatio; feminis, folitudo; permutatio deniq, im-
perij, feruitus. Alludit hìc ad feptem gradus bonorum, quos Deos ope feptem harum literarum in mundo produxit; quibus femper è regione totidem mala opponuntur. Præterea earum ope in mundo *feptem determi-*
nauit extremitates per totidem Sephiroth indicatas, funtque furfum, deorfum, Oriens, Occidens, Septentrio, & Meridies, & palatium fanctum in
mundo fuftinens omnia: quæ fusè explicat Pardes. Iterum feptem harum literarum ope *exarauit, exfculpfit, combinauit, formauitque ſtellas in*
Mundo, dies in anno, & portas in anima, & exfculpfit ex ijs feptem expanfa,
feptem terras, feptem Sabbatha; ideo dilexit feptimum fub omnibus cœlis. Explicat paulò poft his verbis: *Duæ litera ædificant duas domos; tres ædifi-*
cant fex domos; quatuor ædificant 24 *domos, quinque ædificant* 120 *domos;*
fex ædificant 720 *domos.* Alludit hoc loco ad vim combinationis, quæ fit
ab vnitate ad 10, & in infinitum. Si enim 1 in 2 duxeris, habebis 2; fi
tria in duo, habebis 6; fi quatuor in fex, habebis 24; fi 5 in 24, habebis
120; fi 120 in 6, habebis 720; fi 720 in 7, habebis 5140; & fic in infinitum, vti fusè in libro octauo Mufurgiæ noftræ cap. 1. oftendimus. Hos
igitur combinationis terminos vocarunt domos, duæ enim literæ, duas
faciunt tranfpofitiones, tres literæ 6, quatuor literæ 24, quinque literæ
120, & fic de cœteris, vti dictum eft. Hoc pacto feptem literæ כפרת בגד
tranfponi poffunt 5040 vicibus. Quæ tranfpofitiones fiue combinationes refpondent totidem feptem planetarum diuerfis configurationibus,
influxibufque. Hinc ftatim Ietfirah fubiungit. *Et hi funt feptem ſtellæ in*
Mundo, Sol, Venus, Mercurius, Luna, Saturnus, Iuppiter, Mars; & hi funt
dies in anno, feptem dies creationis; feptem portæ in anima, duo oculi, duæ au-
res, & os, & duo foramina narium. Et in illis funt feptem expanfa exfculpta,
feptem terræ, & feptem horæ, & ideo Deus dilexit feptimum in omni negotio fub
cœlis. Per expanfa intelligit feptem illa fpacia inter cœlos & cœlos, quorum vnumquodque dicunt effe 500. milliarium; quod tamen fecundùm
Aftronomiam falfum eft; per feptem terras intelligit feptem tellures cœ-
leftes, id eft, ipfos planetarum globos, telluri noftræ quoad conftitutionem haud abfimiles; per feptem horas, feptem Sabbatha. Toto itaque
hoc myftico difcurfu de feptem literis duplicibus facto, nihil aliud intelligunt, nifi feptenarij vim in vniuerfum diffufam; fiquidem feptem Sephiroth influunt in feptem intelligentias feptem planetarum; hi in mundi inferioris feptemplicem œconomiam; vnde non fine caufa inter fe-
ptem Sephiroth candelabrum feptem lychnuchis confpicuum dicti feptenarij fymbolum pofuerunt. Septem igitur Angeli fiue Intelligentiæ,
quorum adminiftrationi feptem planetarum orbes commiffi funt, de fe-

ptem

ptem horis in dies, de diebus in feptimanas, de feptimanis in 354 reuolutiones annuas, alternâ & fuccefsiuâ viciffitudine mutant præfidium. Vnde omnia quæ in Mundo, fub feptenarium cadunt, eoque adminiftrantur; hoc ordine ita difpofito, feptem Sabbatha non folùm à Pafchate vfque ad Pentecoften, fed & feptenarij 49 annorum difponuntur, ad quorum finem incidit magnum Iubilæum, & tandem feptenarius millefimus Sabbathi Sabbathorum, rerum omnium fempiterna quies; quæ omnia feptenario illo myftico indicantur. Quicquid enim natura producit in terra, ad fimilitudinem literarum facta funt, ex quibus confcriptus eft liber vitæ; cuius tamen Alphabetum non confiftit nifi in rerum omnium harmonia, confenfu, & proportione vnius ad alteram. Verùm feptenarij Abacum apponamus.

Abacus Cabalicus Septenarij myftici.

7 Literæ duplices	ב Beth 2	ג Ghimel 3	ד Daleth 4	כ Caph 20	פ Phe 80	ר Refch 200	ת Thau 400
Significatio earum	Via	Pax	Sapientia	Diuitiæ	Gratia	Familia	Imperium
7 Planetæ	☉ Sol	♀ Venus	☿ Mercuri⁹	☽ Luna	♄ Saturnus	♃ Iuppiter	♂ Mars
Eorum 7 Angeli	Raphaël	Haniel	Michaël	Gabriel	Zaphkiel	Zadkiel	Camael
Eorum 7 Intelligentiæ	Nagiel	Hagiel	Tiriel	Eliniel	Agiel	Iophiel	Graphiel
Sigilla siue numeri myftici ipfis correfpondentes	6	7	8	9	3	4	5
	36	49	64	81	9	16	25
	111	175	219	369	15	34	65
7 Spiritus ijs annexi	Semeliel	Nogaël	Cochabiel	Lemanaël	Sabathiel	Zedekiel	Madimiel

* Nota hic iterum recenfentur Angelorum nomina ex Rabbinorum mente.

Radix

Quadrat.

Num. collectionis.

Quid porrò numeri feu figilla vnà cum Intelligentijs fubfcriptis fibi velint, dicetur volente Deo in Arithmetica hieroglyphica, vbi ex profeffo omnia hæc ampliffimè explicabuntur.

In-

Interpretatio duodecim literarum simplicium.

POrrò 4 per 3 in se ducta dant 12', quibus dodecas totius naturæ & gratiæ indicatur; duodecim signa Zodiaci, duodecim Menses, duodecim operationes Microcosmi, duodecim portæ Ierusalem supernæ, duodecim tribus Israël, duodecim plagæ mundi, & totidem Angeli earum præsides; quæ quidem omnia mysticè continentur in duodecim li-

Lib. Ietsirab. teris simplicibus, de quibus liber Ietsirah: *Proprietates duodecim simplicium* פ״ק סמ״ך ל״ך ח״ש רי״ת *, fundamentum illarum, Visus, Auditus, Odoratus, Locutio, Comestio, Coitus, Opus, Ambulatio, Ira, Risus, Cogitatio, Somnus. Proprietates earum duodecim Orbis termini, qui dilatantur & progrediuntur vsque in sæculorum sæcula, & sunt brachia seculi. Duodecim simplices exsculpsit, combinauit, & formauit ijs duodecim signa cælestia in Mundo, & bi duodecim Menses in anno; Nisan, Iyar, Sivan, Tamuz, Ab, Elul, Tisri, Marchesuan, Casleu, Tebeth, Sebath, Adar; Et bi sunt duodecim moderatores in animali, duo pedes, duo renes, cor, Stomachus, splen, bepar, fel, intestina, vesica, arteriæ. Fecit ea instar prouinciæ, & ordinauit ea ad modum belli, vnum è regione alterius; fecit Deus tres Matres, septem duplices, duodecim simplices.*

Literis Alphabeti cur Cabalistæ arcana sua explicant. Sed cur hæc arcana literis designarunt? Respondeo, quia literæ Alphabeti se habent, per modum dispositionis rerum materialium: Quemadmodum enim literæ vnius Alphabeti continent in se virtualiter omnia, quæ hucusque ab Authoribus conscripta sunt, nullusque adeo sensus conceptusque abstrusus est, qui dictis literis exprimi non possit, quod non fit nisi per combinationem literarum, dictionibus, periodis, conceptibusque applicatam; ita res in mundo tametsi dispersæ sint, combinatæ tamen mirabiles & prodigiosos effectus præstant. Neque enim quicquam in mundo est, neque quicquam in lege scriptum, quod per literarum combinationem & transpositionem, vti & per formas, figuras, characteres earundem, sedulus huius arcani scrutator, reperire non possit; sunt enim omnia mirâ quâdam analogiâ connexa, vt nihil penè in vno, quod in altero non fit arcanâ quâdam pentamorphæ naturæ similitudine adumbratum. Verùm iam duodecadem naturæ apponamus.

Abacus Cabalicus Dodecadis naturæ.

12 Literæ simplices cum numeris, quæ sunt radices totius analogiæ mysticæ.	Significationes earum in operationib⁹ human.	12 Signa Zodiaci, quæ Hebrei מזלות vocant.	12 Menses Hebræorū prout Latinorum Mensibus respondét.	Nominis Dei יהוה 12 combinationes cum 12 tribubus	12 Cardines Mundi, seu venti principales 12.	12 Eorum Angeli seu Præsides Intellig.
ה 1 He 5	Visus	Y Aries	Nisan Martius	יהוה Iuda	Subsolan⁹ Oriens	Melchidaël

ו 2 Vau 6	Auditus	♉ Taurus	Iiar Aprilis	יהוה Ifachar	Eurus	Aimodel	* Hic fimiliter ex Rabbinorum & Cabaliftarũ mente ponuntur Angelorum nomina,
ז 3 Zain 7	Odoratus	♊ Gemini	Siuan Maius	יהיה Zabulon	Phœnix	Ambriel	
ח 4 Cheth 8	Verbum	♋ Cancer	Tamuz Iunius	ויהה Ruben	Notus Meridies	Muziel	
ט 5 Teth 9	Guftus	♌ Leo	Ab Iulius	יההו Simeon	Libanotus	Varchiel	
י 6 Iod 10	Congreffus	♍ Virgo	Elul Auguftus	ההיו Gad	Africus Lips	Hamaliel	
ל 7 Lamed 30	Operatio	♎ Libra	Tifri September	היהו Ephraim	Zephyrus Occidens	Zuriel	
נ 8 Nun 50	Ambulatio	♏ Scorpius	Marchefuã October	ההוי Manaffe	Corus	Zerachiel	
ס 9 Samech 60	Ira	♐ Sagittarius	Cafleu Nouember	הויה Beniamin	Circius	Aduachiel	
ע 10 Nghain 70	Rifus	♑ Capricornus	Teueth December	ויהה Dan	Aquilo Septétrio	Hamael	
צ 11 Tfade 90	Sufpicio	♒ Aquarius	Scheueth Ianuarius	יההו Afer	Borrapheliotes	Garrubiel	
ק 12 Koph 100	Somnus	♓ Pifces	Adar Februarius	יהיה Nephtali	Cæcias	Borahiel	

Deus influit per duodecim literas fimplices, & nominis fui tetragrammati combinationes, primò per Angelos duodecim in duodecim figna Zodiaci, & hinc in inferiorem œconomiam per duodecim Menfes, quorum ope omnium totius anni fpacio rerum generationes perficiuntur. Quis autem vfus omnium hucufque dictorum, iam exponere aggrediamur.

Tametfi hæ tres quaternarij, feptenarij, & duodenarij myftici tabulæ nihil aliud, quàm fimplicem rerum mundanarum analogiam indicent, Ægyptijs propriam; quia tamen nihil tam rectum effe poteft, quod non fubinde in prauos vfus conuertatur; ideo caueat fibi Lector, ne quicquam ex ijs quæ dictis tabellis continentur, ad fuperftitiofam amuletorum fabricam adhibeat, certòque fibi perfuadeat, fe hoc faciendo, rectâ philofophiæ femitâ relictâ, magicam officinam non fine animi pernicie intraturum.

CAPVT X.

*De Cabala Naturali, quam Berefcith fiue fabricæ appellant; in qua
primò de Enfalmis Cabalicis, cœterifque precatorijs fuperftitionibus
agitur; deinde licitæ ab illicitis, à naturalibus magicæ, Diuinæ
deniq; à Diabolicis operationibus feparantur; in gratiam
eorum, qui exactam horum difcernendorum notitiam
acquirere defiderant, & ea ex officio fcire
tenentur.*

§ I.

In quo confiftat hæc Cabala.

Aucos omninò, imò vix vllos reperio, qui recte Cabalam hanc tradiderint. Nonnulli totam rerum naturam fub facrarum tegumen-
to literarum, elementorumque Hebraicorum cortice latere putant; &
hanc Cabalam naturalem volunt. Quidam in entium naturalium, fingu-
lorumque ordinum difpofitione hanc confiftere arbitrantur; ex qua analogia & proportione fingulorum ad alia per applicationem actiuorum,
cum paffiuis mira fe præftare poffe putant. Non defunt etiam qui in
fpirituum adiuratione, & gratiarum impetratione vim Cabalæ reconditam exiftiment, quorum vfu & ope ad fummas vfque, & intolerabiles fuperftitiones omnia fe poffe infolentiùs iactitant. Alij denique totam
Cabalam ad vitæ æternæ bona, adhæfionémque cum Deo confequendam
conferre credunt; nihil aliud intendentes, nifi vt mentis conceptus &
phantafiæ fimulachra, córporis quoque geftus, veluti terreftrium canalium orificia diuinis paradigmatis, & Angelicis, cœleftibufq; Virtutibus,
tanquam fublimium canalium muicem orificijs coaptent, vnde folers fidei & pietatis cultor minori follicitudine & cura ipfi omnium bonorum
largitori & Patri luminum Deo adhærere queat, & huius futuræque vitæ
commoda cum fumma vitæ felicitate confequi, eifque potiri valeat. Sed
hæc paulo amplius dilucidiufque non ex mea, fed ex mente Theologorum Hebræorum exponamus. Homo cum ad habitum vniuerfi, trinam
in fe machinam complectens, factus fit, fi vti Cabalæi putant, ad votum
fuum pertingere defideret, neceffarium eft, vt mente, fenfu & corpore fe
adaptet; & heluè primus Adam per mulierem coniugem ferpentis calliditate & aftutia deceptus, diftrahatur, omnes, aiunt, compaginis fuæ vires in
vnum vt colligat, conuertat, transferatq; in cœleftia, neceffe eft; vnde &
hanc operandi, coaptandíque rationem, canalium correfpondentiam
vocant, eò quòd ille, qui ad fupercœleftium aquarum fcaturiginem deorfum per varios fiftularum influxionumque meandros ftillantem pertingere, & fempiternæ vitæ liquorem haurire cupit, opus fit, vt ipfe quoque

fiftu-

fiſtulas canaleſque iuxta debitam analogiam erigat, quorum orificia ſublimium Canalium meatibus ad amuſſim reſpondeant, alioquin aquarum
cœleſtium ſcatebræ non aſſequetur, ijs in externas voragines defluen-
tibus ; nec rectè Canales accommodabit, nec particeps fiet cæleſtis ſtil-
licidij, ſed auram hauriet inanem, iuxa illud Deuter: 10. *Dominum*
Deum tuum timebis, & ei ſoli ſeruies, ipſi adhærebis, iurabiſque in nomine ipſius.
vbi iurare in nomine eius, velinnocare nomen eius, mentis adhæſionem,
vt aiunt, ſignificat; mentis autem adhæſio corporis obſequium & ſeruitu-
tem requirit, ſeruitus illa timorem poſtulat. Quiſquis igitur deſideria
ſua ab ipſa bonorú omnium ſcaturigine conſequi exoptat, eum in ſpiritu
& veritate adorare oportet ; adoratio autem ſeu oratio, Hebræis תּהׁפ
Thephila dicta, cùm nihil aliud ſit, quàm eleuatio mentis in Deum, ſtabi-
lem quoque firmamque Dei adhæſionem deſignat, iuxta illud : *Poſtulet*
autem in fide, nihil hæſitans. Quod & ipſi Ethnici cognouerunt : Iamblichus enim in libro de myſterijs Ægyptiorum expreſſe dicit, *Numina Deo-*
rum pediſſequa tum primùm attingi, quando anima depoſuit modum cognitionis
mobilem ; cùm enim, inquit, cognitio per adæquationem fiat, ſequitur vt
Numina ſempiterna & immobilia attingamus notione ſempiterna, immo-
bili, ſimplici ; quam contactum diuinitatis, vel etiam Binſica, ſeu oſcu-
lum mortis vocant Cabaliſtæ ; nos verò fidem, quam adhæſio ſequitur,
nuncupamus.

Tota igitur vis exorandi & vota conſequendi ab illo bonorum largitore, qui propè eſt inuocantibus nomen eius in veritate, ſita eſt in ad-
hæſione & ſtabilitate mentis per fidem in Deo. Nam quemadmodum
humanæ mentis cóceptus nullius linguæ, vel alterius corporei organi motu aut geſtu explicari poteſt, niſi motiuus ſpiritus phantaſtico & cogitatiuo ſpiritui adhæreat; quod ſi verò nonnullos pituita, vel bilis meatus ob-
ſtruat, ſpiritumque motiuum à cogitatiuo ſeiungat, mox lethargus, para-
lyſis, & ſtupor mentis totius corporis occupat artus, adeoque organum
humoris affluentiâ prægrauatum, nullum prorſus mentis, vel cogitatiuæ
virtutis conceptum quouis modo depromere & explicare poteſt ; haud
abſimili ratione mens mortalium, quando ob terrenarum voluptates, car-
niſque illecebras diſtrahitur, & à mente ſuperna, cuius vniuerſa elementa
& Mundi veluti connexa ſibi corpora quæq; ad nutum ei obtemperant ;
auertitur ; tunc quaſi ſtupore & paralyſi affecta, ſupernæ mentis conſor-
tio haudquaquam frui poteſt ; neque effectum aliquem in coniunctum
ſibi, nedum in alienum corpus depromere valet, abeſt enim fidei ſeruor
& vnio : quòd ſi verò dicta vitiorum impedimenta per animi conuerſio-
nem, fideique ardorem ablata fuerint, mox ſequitur adhæſio, adhæſionem verò comitatur facultas exequendi votum ſuum, atque ritè iurandi
inuocandique in nomine Dei tetragrammato. In hunc itaque ſtatum
euectos homines Cabalici putant omnia poſſe, vtpote in Deum tranſmu-
tatos; tunc iuxtà alias atque alias petitiones, alia & alia Dei Angelorumque nomina inuocant, vt tandem votorum ſuorum fiant participes. putant enim ſub alijs & alijs diuinis nominibus occultum quendam diuerſarum

Cabaliſtarum
ſuperſtitio.

farum rerum, quas poſtulant, conſenſum latere ; quem qui nouerit, facilè eius quoque, quod poſtulauerit, compotem futurum. Cùm verò nullum aſtrum ſit, cœlique portio, quam non particulares præſides ſibi Intelligentias habere credant; hinc conſequens eſſe putant, Angelicam
talis & talis cœli portionis virtutem, tali & tali loco accommodari. Cùm
itaque non ſemper eadem ſit cœli ſiderumque poſitio, ideo imparibus
quoque locis & temporibus (quod & Ægyptijs in more poſitum fuiſſe
ſuo loco dicemus) ſupercœleſtia Numina adaptantur; non quòd locis &
temporibus alligentur (ſicuti nec corpori, cuius cuſtodiæ deputata eſt,
Angelica virtus alligatur) ſed quia ſapientiæ ordo id poſtulat. Hinc ſicuti Angelica vis illi homini, cui diuinitùs deputatur, magis fauet, quàm
alteri; ſic & ſingulæ Intelligentiæ ad rerum naturalium conſeruationem,
ſingulis deſtinatæ, illis quibus præſunt, impenſiùs fauent, quàm alijs iu-
riſdictioni eorum non ſubiectis. Pari pacto ſicuti Mundi Opifex ideis rerum creandarum plenus per naturam (artem ſuam) alibi producit
aurum, alibi plantam, alibi animal, quæ tamen ex vna eademque inex-
hauſta diuinæ bonitatis origine manant; ſic vtique & mens mortalium,
cuius vita & animus eſt ipſa quaſi mens ſuperna, iuxta illud Deuter. 30.
Illi adhærens, ipſe eſt enim vita tua; dum ad immortalem ſeculorum Regem
aſcendit, opemque implorat, non abſque ratione ſub alieno nomine, vel
alio eiuſdem nominis pronunciandi modo petit ſapientiam, ſub alio fortitudinem, ſub alio vbertatem annonæ, & reliqua vitæ commoda.

Atq; hucuſque benè quidem philoſophantur Hebræi, ſi inter terminos legitimos conſiſtant. Verùm inter limites contineri neſcij plerumq;
totam hanc philoſophiæ rationem ad enormes ſuperſtitiones adhibent,
dum mentis expiationem ad vnionem cum Deo neceſſariam non rectè perficiunt : putant enim frequenti corporis lotione animam à peccatis natu-
raliter purgari, externiſque ritibus & cœrimonijs, rebus videlicet materialibus, vti varijs geſtibus, & ſitibus corporum (quod & Ægyptijs in
more poſitum fuiſſe alibi oſtendimus) maximè perfici. Sed Eccleſia Catholica conuenientiùs aſſerit, animam nullà re materiali, cùm nullà ad animam proportionem habeant, naturaliter perfici, ſed diſpoſitiuè tantùm.
Et ſi quando, vt in ſacramentis, materialia adhibeantur, ea non naturali
efficientia, ſed per virtutem, vt Theologi loquuntur, obedientialem eleuata, ex inſtituto diuino, gratiam conferunt. In benedictionibus etiam
rerum, quas Eccleſia ſtatutis temporibus adhibet, nulla naturalis actio,
ſed merè moralis, animam afficit, vti fuſè Theologi probant, quod etiam
ex Orationibus differentibus, quas benedictionibus rerum Eccleſia Catholica adhibet, colligitur ; in quibus res rebus, id eſt, nominibus Dei &
attributis, quàm poteſt appropriatiſſimè applicari ſolent; vti in exorciſ-
mis, in benedictione aquæ, ſalis, cereorum, herbarum, ſimiliumque luculenter patet, & fuſè proſequitur S. Dionyſius in lib. de Ecclef. Hierarch.
Hinc diuina prouidentia ex occulto & impenetrabili quodam conſilio ita
Sanctorum merita conſtituit, vt quidam febribus, morbiſque particulari-
bus diſpellendis ; nonnulli peſti & contagioni remouendæ ; alij partu-
rien-

rientium difficultatibus tollendis , alij alijs vitæ humanæ incommodis
amoliendis præsint, vt proinde Ecclesia Dei non solùm permittat, sed &
vel maximè huiusmodi particularem Sanctorum cultum & venerationem (prout ipsorum merita ad tale aut tale malum amouendum , parti-
culare à diuina prouidentia munus adepta sunt)approbet. Huc pertinent
quoque, vti dixi, ad diuersis animæ malis medendum septemplex diuinorum Sacramentorum institutio ; huc tot, ac tam multiplices in Eccle-
fiasticis functionibus cœrimoniæ & ritus respiciunt ; vt homo ex animo
& corpore constitutus, partim externis, partim internis actibus, gesti-
bus, nutibus, Deum, cuius diuinis virtutibus omnia & hominis, & magni
Mundi membra analoga sunt, imploret, sollicitetque ad id, quod neces-
sitatibus eius conuenit, impetrandum ; vt proinde Hæretici nostri temporis vel hinc colligant, quàm magnâ ratione hæc & similia Dei Ecclesia
instituerit, & instituta seruanda per totum terrarum Orbem præceperit.
Sed ad Cabalam reuertamur.

Cùm itaque vniuersa ratio & facultas adhærendi Deo in conformi-
tate nostrarum operationum cum diuinis consistat, atque adeo illa fidei,
scientiæ, meditationis, orationis, omniumque Sacramentorum basis sit &
fundamentum ; hinc Cabalæus dùm orat , & Dei Angelorumque nomina inuocat, primò mentalem operationem exercet, meditando & contemplando figuras, numerum, atque positionem & combinationem literarum
tetragrammati, vel nomina Angelorum, ea referendo atque coaptando
exemplaribus atque ideis, quas menti diuinæ inesse comprehendit ; deinde imaginationis conformem quoque mentali operi actionem perficit ,
effingendo, & stabili conceptu imprimendo sacrorum nominum figuram,
puncta, elementa ; simili lege externa corporis opera vocis moderami-
ne, & organorum gestu varijs quidem modis, iuxta petitorum & inuo-
candorum nominum varietatem, peragit . Sic Helias, dum Deum inuocauit pro restituenda mortuo puero vita, expandit se, & ter mensus est
super puerum ; & pro impetranda pluuia, pronus in terram posuit faciem
inter genua. Sic de Mose, Iosue, Helisæo, alijsque Prophetis diuinum
imprecantibus auxilium sacra recenset historia , qui pro petitorum varietate varios diuersosque corporeos actus exercuêre ; quæ omnia rectè
fiunt, dummodò superstitio absit ; Verùm cùm illa apud modernos Ca-
balistas plerumque interueniat, præmium suum merito perdunt ; & tantam vim habent, quantam ex Ecclesiæ approbatione obtinent : sine cuius authoritate nullo nunquam tempore exercenda sunt, aut vsurpanda,
vtpote innumeris diabolicis illusionibus exposita. Tradunt Hebræi R.
Ismaëlem Pontificem azymam placentulam diuinis quibusdam inuoca-
tis nominibus conficiendam docuisse, qua sincerâ fide, & purâ mente
sumpta, mox manducantis animâ & cor ipsum afflari, supernæq; sapientiæ
lumine irradiari aiunt. Idem narrant de Eleazaro quodam Kalir ideo
nuncupato, quòd cuiusdam placentæ esu repentè cœlesti spiritu afflatus
sublimia & profunda sapientiæ oracula hymnis, quæ ab vniuersa Iudæorum Synagoga solennibus festis diebus passim decantari solent, profuderit ;

quæ quidem imitanda non funt, nec vfurpanda nifi ab Ecclefia priùs approbata, cùm malignus fpiritus in lucis figuram transformatus, non folùm illicitis, fed & fub fpecie facræ actionis licitis, multis modis hominibus illudere foleat . Si tamen hæc anagogicè explicare liceat, dicerem profectò placentulam hanc in lege noua aliud non effe, nifi corpus Dominicum, quo cibati Sancti Dei homines, diuino lumine illuftrari, vnicam ad æternæ fapientiæ penetralia femitam inueniunt.

Modus Cabaliftarum aptandi diuina nomina ad petita obtinenda.

Porrò modum aptandi diuina nomina interioribus affectibus, exteriorumq; membrorum geftibus ad petita obtinenda, Cabaliftæ ponunt in decem diuinorum nominum Sephirotico fchemate, in Canales fuos, diuinos influxus deuehentes, aptè difpofitos, diftincto . Hinc illud primò fub ratione abftracta , & foli archetypo attributa confiderant ; fecundò, fub ratione Mundi Angelici, in quem immediatè Mundus Archetypus influit; tertiò, fub ratione Senfibilis, id eft, Siderei, & Elementaris, in quem Mundus Archetypus Angelicarum operationum influuumque continuâ quâdam concatenatione influit. Quæ omnia cùm in lege inclufa fiant, lex autem Dei omnia opera demonftret, & Angeli inter opera Dei primum locum occupent ; confequi neceffariò aiunt, & legem Angelos, eorumque nomina, officia, loca explicare ; nam inquiunt maximam legis intentionem circa Angelorum Ghoros verfari ; nec abludit ab hoc Euangelica lex, iuxta illud : *Accepiftis legem in difpofitione Angelorum* ; cuius tamen verum fenfum audire dum nolunt, tenebris inuoluti, in vltimum fuperftitionum barathrum meritò labuntur. Nam primò omni ftudio attendunt ad decem diuinorum nominum cum denis mundorum inferiorum membris, analogiam; canales quoque exactâ curâ iuxta intentam analogiam coaptant, nè alicubi offendiculum occurrât, aut indifpofitione mentis obturentur; quòd, fi fuperftitio abfit, benè fit. Hinc fi influxu recto à *Kether* vfque ad *Malcuth* irradiari velint, nomina tùm Dei, tùm Angelorum dictorum nominum canalibus propria, certis ex facra Scriptura locis adaptant ; & fic voti compotes fe futuros arbitrantur . Quòd fi frequentibus peccatorum lapfibus canales diuinæ bonitatis obftruxerint, tunc nomina feu Sephiroth *Chochma, Chefed, & Netfah* certis verfibus ex facra Scriptura deductis applicantes, per canales mifericordiæ influxus in fe, tùm ad veniam peccatorum, tùm ad bonorum temporalium abundantiam confequendam fe deriuare poffe arbitrantur . Si vindictam contra inimicos, atque contra malignos fpiritus præfidium poftulant, id præftant per certas orationes appropriatas nominibus Sephiroth finiftri lateris ; harum enim virtute ab omni pernicie immunes fe futuros credunt. Cùm verò Deus per Angelos omnia adminiftret, hinc putant, eâdem efficaciâ, quâ Deus

Angelorum nomina quomodo adaptent Cabaliftæ ad petita obtinenda.

harum virtute orationum mouetur, ea & Angelos, qui dictis numerationibus applicantur, ad fuccurrendum in neceffitate conftitutis motum iri ; Angeli verò eadem vi moti virtutis fuæ energiam in decem Siderei Mundi fphæras impriment, hæ verò virtute impregnatæ in decem elementaris Mundi entium gradibus, & decem humani corporis principali-

bus

bus membris iuxta dictam analogiam, non secùs ac chorda chordam, ac rota rotas ordine sibi innexas mouent, ita motum, vitam, bonorumque temporalium vbertatem producent. Atque hinc nominum variorum fictio
originem inuenit, quia nomen Dei Nomini Angeli in vnum coniungentes, circulo sideris, quem exhibent nomina, signatum imponunt ; atq;
huiusmodi nomina maximam vim obtinere arbitrantur ad id, quod congruis orationibus dicta sigilla respicientibus postulant, obtinendum.
Nam, vt R. Tedacas Leui lib. de decem numerationibus asserit :

וְעַל אַרְבַּע רוּחוֹת בָּרָא מַלְאָכִים וּמְמוּנִים עֲלֵיהֶן בְּיוֹמָא
וּבְלֵילְיָה:

R. Tedacas
Leui.

*Quod Deus iuxta quatuor ventos, creauit quatuor Angelos, qui præfecti
sunt super eos die & nocte.* Deinde addit idem Author, Michaël, qui est
de parte clementiæ ac miserationum, constituitur præfectus super ventum Orientalem vsque ad dimidium diei, & vsque ad noctem ; regitq;
ventum Occidentalem Raphaël, qui similiter est de parte clementiæ ;
tum Gabriel in virtute iudicij & seueritatis præfectus est cum vento Bo-
reali, super dimidium noctis & duas mensuras Mundi ; *Horiel verò præsidet Austro, ita vt quemadmodum in porta lucis legitur, à terra vsque
ad firmamentum non sit locus vacuus, sed omne plenum Angelis bonis &
malis, quorum bonos præuiâ mentis dispositione, sigillisque dictâ ratione confectis vti attrahere demulcereque, ita malignos sacris diuinisque
nominibus rite institutis propulsare se posse superstitiosiùs credunt; quæ
quidem ex Ægyptiaca superstitione originem suam traxisse, nullus dubitare debet, qui Hebraicæ gentis, in huiusmodi nullo non tempore pronis-
simæ, ingenium penitiùs nouerit. Hanc Cabalæ partem doctissimè in
magno illo de Angelica potestate opere confutat R. P. Thomas de Alassio ex familia S. Dominici Theologus verè omniscius, quem vt consulas
consulo. Exemplo sint hæc duo nomina, אמרכב, & בווויר : prius ex vltimis primorum quinque versuum Genesis literis conficiunt ; fines verò
dictorum versuum sunt verba sequentia.

Figmentum
Rabbinicum.

*Fictum An-
geli nomen.

Thomas de
Alassio.

```
       5      4      3      2      1
אָרֶץ הַחַיִּים וַיְהִי אוֹר הַחֹשֶׁךְ הַלַּיְלָה:
```

Id est, *Terra vitæ, & fuit lux, tenebræ, nox.* Alterum verò compositum
est ex primis dictorum quinque versuum Genesis literis, quorum verba
sunt sequentia.

```
        5        4       3      2      1
בְּרֵאשִׁית הָאָרֶץ וַיֹּאמֶר וַיַּרְא וַיַּבְדֵּל:
```

Id est : *In principio, & terra, & dixit, & vidit, & diuisit.*
Hæc nomina in membrana scribunt mundissima & virginea, & in læuiori
quidem parte nomen אמרכב, in altera asperiori nomen בווויר inscribunt ;
atque huiusmodi amuletum gestantem nullas peruersorum hominum ma-
chinationes formidare existimant ; fierique non putant posse, vt contra
illa verba, quibus Deus creauit cœlum & terram, vllæ hominum subsi-
stant insidiæ, vllæ præualeant malignorum persecutiones. Sed cùm op-

Impia Ca-
balistarum &
Rabbinorum
superstitio.

poni-

ponitur eis, cur potiùs initiales & finales dictorum versuum literæ, quàm integri versus portati id obtineant? Respondent; Deo in verâ fide eas literas tantùm, quæ totum continent, sufficere. Ego verò Christianis men- tibus huiusmodi portare periapta, nisi ab Ecclesia approbata, non consuluerim; cùm sub ijsdem literis varij, contrarij, ijque pessimi, & pleni blasphemiæ sensus, suggerente Diabolo, eâquâ facilitate contineri possint. Sic nomen Dei 22 literarum, de quo suprà egimus, quo benedicere veteres solebant, gestatum, clementiam & misericordiamDei mirâ vi inflectere R. Asse in l. Iehid scribit. Præterea Authore R. Hamai in l. speculationum vsitatissimum prophylacticum proponitur ex 4 communibus Dei nominibus יהוה, אדני, ייאי, אהיה extractum, atque in 4 sigilla diuisum, quæ hoc pacto eruunt. Primum characterem primi nominis, & primum secundi, & primum tertij, & primum quarti accipiunt, atq; inde formant sigillum primum איאא. Deinde pari modo circa secundas quatuor, & tertias quatuor, & quartas quatuor nominum literas operantur, prodeunt autem quatuor sigilla mystica, quæ, vt ipsi putant, gestata, maximam vim obtinent, suntque sequentia: איאא, הריח, ונאי, חייח.

אהיה	ייאי	אדני	יהוה			איאא
אהיה	ייאי	אדני	יהוה	Ex his		הריח
אהיה	ייאי	אדני	יהוה	fit		ונאי
אהיה	ייאי	אדני	יהוה			חייח

Quorum nominum sensus nihil aliud significat, nisi יהוה אלוהינו יהוה אחא *Dominus Deus noster, Deus vnus.* Hæc itaque quatuor verba membranæ inscribunt, & ex postica parte hoc nomen אד׳ראׄ׳ה׳אׄ, quod ex capitalibus horum verborum literis eruunt:

אחד ראש אחרותו ראש יחודו תמורתו אחד:

Id est, *Vnum principium vnitatis suæ, principium singularitatis suæ, permutatio eius vnum.* His itaque sigillis muniti, quicquid postulauerint, infallibiliter se impetraturos confidunt, omnemque vel cœlitùs imminentem sortem frangere, vel diuertere, id est, diuinarum legum ineuitabilem potestatem sacrorum verborum virtute mitigare se posse sibi persuadent. Verùm quomodo hæc omnia solius Dei nominis inuocatione, etsi cum vera fide & amore in Deum prolata, tot tamen literarū transpositionibus vim obtinere possint, non video; nihil igitur prosunt, nihil efficiunt huiusmodi periapta. Ne igitur Christiani (in quorum manibus passim huiusmodi Cabalica figmenta teruntur, & tanquam sacra phylacteria collo suspenduntur) imposterum à Diabolo in Angelum lucis sub diuinorum nominum velamine se transfigurante, decipiantur, dicta amuleta hoc loco ad cautelam adducere visum est. Præterea ne quid vanæ obseruantiæ desit, nomen Dei יהוה variarum vocalium adiectione vigesies quater combinant, quod vbi ad aniles vsque superstitiones recitauerunt, omnipotentes se futuros arbitrantur. Verùm vt vanos huius superstitio-

אדאריתא

ſæ gentis ritus Lector curioſus luculentiùs intelligat, adducemus verba
Authoris Pardes, quibus ritus & cœrimonias in nomine Dei per vocales
rite pronunciando, quas iam in producendo, modò in comprimendo ſpiritu, ad ſuperſtitionem pluſquàm anilem vanâ ſollicitudine & timore, longo diſcurſu proſequitur, tandemq; habitu corporis & ridiculâ geſticula-
tione, ſic deſcribit:

Pardes.

וכשהתחיל בהזכרתו תכוין פניך אל פני המזרח לא למטה ולא למעלה ואתה
יושב נסעוטף בבגדים לבנים מכובסים טהורים על כל בגדיך או סלתך לראשך
מוכתר בתפילין לפני המזרח שטמש האור יוצא לעולם ולך חמש קצוות לחניע בם
ראשך ובכולם תתחיל מאמצע המזרח וזך רעיונך והעלה ראשך עם הנשימה
מעט מעט עד שתשלים וראשך למעלה ואחר שתשלים תשתחוה עד הארץ פעם
אחד ולא תבדיל נשימה האלף לנשימה האות הדבק בו כי אם נשמה אחת קצרה או
ארוכה אך בין האות שלשם בישרים או בחבודים יש לך רשות לחנשים שתי נשימות
בלי חבסא ולא יותר וכשתשלים כל טור וטור תוכל לחאנשים חמשה נשימות לבר
ולא יותר אבל פחות יש רשות בידיך ואם טעית או סגית בסדר חטור חזה שוב אל
ראש חטור החוא עד שתאמרהו כראוי ובדמות החולם ונמשך למעלה נגן בחריק
ונמשך למטה ומסך כה העליין לחרביקו וכן בשרוק למעלה ולא למטה אלא
משיכה אמצעית כנגד הפנים האמצעים ובצורי חמשין ראשך מחשמאל אל חימין
ובקמין מחימין אל השמאל ובחולם ובחולם אחר שתשלים אם חראה צורח חשחחוה לפניך מיד
כנגדה ואם תשמע קול קטון או גדול ותפחר פחד גדול שלא תוכל לסבלו ואפילו
באמצע החוכרה השחחוה מיד וברח אל בני אדם מהרה ולא חמות ואם לא חראה
ולא חשמע עוב חזר בכל אותח חשבוע ושוב עוד פנים א' בשבוע וחדע שעל
דבר זה נכרח ברית :

*Præmiſsâ itaq́ diſpoſitione puritatis corporis & animæ, quantum fieri poteſt
maxima ; conuertes caput tuum verſus Orientem, non ſurſum, nec deorſum, ſed recte ſedens, opertus veſtimentis priùs lotis, candidis, mundiſſimis, præ omnibus veſtimentis exquiſitiſſimis ; caput verò tuum ſit coronatum Thephillim, id eſt, frontali-
bus collectis ante Solis exortum, vel in ipſo tempore quo lux Solis Mundo oritur ;
ſint præterea tibi quinque funiculi linei, in quibus caput tuum requieſcere facies.
Et incipias pronunciationem nominis ab ea dictiuncula, quæ Cholem ſignatur, con-
uerſus ad medium Orientis, & purificatâ intentione ſiue ſpeculatione tuâ exalta caput tuum, aſpiratam literam paulatim pronunciando donec abſolueris nomina, capite interim ſemper erectus ; peractâ verò operatione adorabis pronus in terram ſe-
mel, cauendo ne diuidas ſpiritum* א *Aleph à ſpiritu literæ ſiue à vocali quæ adhæret* וג *Aleph, niſi aſpirata vnabreuior aut longior fuerit, ſed inter literas nominis,
ſiue recte, ſiue inuerſæ fuerint, licet tibi ponere duas aſpiratas ſine pronunciatione,
& non ampliùs ; & cùm compleueris omnes ordines, licentia tibi erit ponere aſpiratam* ה *ſolùm, & non ampliùs ; ſed hæc in arbitrio manus tuæ ; quòd ſi in pronunciatione aut ordine erraueris, reuerteris ad principium, vſq́; dum perfecte pronunciaueris omnia ; nam pronunciatio Cholem trahit ſurſum, pronunciato Chirik deorſum, a-
deoq́; virtutem ſupremam ad adhæſionem tecum perficiendam trahit. Pari ratione
Sciurek non ſurſum & non deorſum, ſed medias facies trahit ; Tſere verò pronunciando deflectes caput tuum à ſiniſtra ad dextram ; & Kamets pronunciando à
dextra ad ſiniſtram ; & poſtquam omnia compleueris, ſi videris ſubitò ſimulachrum*

quod-

quoddam comparere veluti adoraturū ante te, & si vocem audieris paruam & magnã, & incipias summā concuti formidine, ita vt non possis amplius illud sustinere; tunc recoderis subitò adorare, & fugere ad filios hominum, ne moriaris, & si nihil compareat, neq; vox audiatur, reling negotium huiusmodi adiurationis, & reuertere altera vice repetere adiurationem, scias enim quod sit in hoc pacto fœdus.

Confutatio & admonitio. Ex quo luculenter patet, quàm Diabolus sub specie sacrorum rituum misera mortalium pectora vario astu decipere soleat; hisce certè ritibus apertas vanæ obseruantiæ cœrimonias implicari, ex superstitiosa vocalium prolatione patet. Quid enim sonus Cholem, Chirie, Schurek, & Camets ad Deum aliter & aliter obtestandum, efficaciæ habeat, non video. Vnde magna in huiusmodi vsurpandis circumspectione opus est: Nam cùm Cabala circa altissimarum rerum principia versetur, ita vt homo facile de spiritibus afferre iudicium non possit, nec penetrare Altissimi reseruata consilijs incomprehensis Sacramenta; summâ cautelâ & discretione ea vsurpanda est, ne Balaami Prophetæ sortem patiamur, ne Heuam Serpentis antiqui calliditate & astutiâ deceptam imitemur, ne pro luce tenebras sequamur. Metuendum est in omnibus obscurâ caligine inuolutis ab istis fulmine deiectis spiritibus, ferunt enim inter nos mortales vti Angeli, sic Diaboli vexilla sua quique; quibus tam facile est etiam sub sacrorum nominum rituumque larua animas perdere, quàm facile est Agathangelo vera lucis specie easdem seruare; Vnde quod semper monui, nihil ex hisce recensitis Christianis mentibus vsurpandum existimem, quin potius toto mentis ardore Deo Saluatori nostro inhæreamus, ipsiusque sanctissimum nomen loco portentosorum nominum inuocandum statuamus: vnius nominis familiare Numen, dulces cœrimonias, incredibiles potentias, admirandas vires, cui totius naturæ dominium imperiumque secretæ virtutis in cœlo & in terra commissum est, perpetuò & in corde & in ore geramus: Abijciamus feralia carminum secreta, & vanos furores, & execrandas artes, & philtra vim factura Dijs, & colchicos fucos; soli Deo, in quo viuimus, & mouemur, & sumus, nixi. Atque hæc de primæ Cabalæ practica parte sufficiant.

§ II.

Cabala Astrologica.

Authoris protestatio. CVm Astrologiam Cabalicam eandem prorsus cum Ægyptiaca in sequentibus simus demonstraturi, hic tanquam loco proprio & opportuno de ea præludere visum est; nullo alio fine, nisi vt hieroglyphicæ doctrinæ ratio per Cabalicæ doctrinæ dogmata antiquissima rite demonstretur; quæ omnia non ex mea, sed ex Cabalistarum, & Ægyptiorum sententia & opinione, dicta, & exposita volo.

Quemadmodum influxus Sephiroticus immediatè fit in Angelos Mundi sensibilis præsides, sic hi immediatè in Mundum sidereum, & hic in Mundum Elementarem, & in corporis humani microcosmi partes

Mun-

Mundo sidereo correspondentes, vt Cabalistæ volunt, influunt. Nam vt in præcedentibus dictum fuit, vti supremæ Coronæ cœlum empyreum ab oculis hominum remotissimum, sic vltima Sephiroth *Malcuth* Lunæ correspondet, quæ vltima planetarum archetyporum meritò complet omnes dispositiones cæterarum emanationum ordine consequentium; vnde non immeritò potior Sephira dicitur: hæc enim omnia inferiora disponit, suscipit omnium superiorum influxus inferioribus communicandos, regit diuersa in diuersis signis collocata, vt sic semper varia, varios producat effectus, & per frequentes cum cæteris planetis congressus veluti vxor omnium ab eis fœta suscipiat ea, quæ postea tanquam omnium inferiorum mater, mediaq; inter vtraque, superiora videlicet & inferiora, omnibus communicet. Et tametsi vltimus sit planetarum, communicat tamen cum omnibus superioribus, maximè cum Sole, cui correspondet in Systemate Sephirotico *Tiphereth*; cui quoties coniungitur, toties fœtu & viuificâ repletur virtute, quam humectatis dispositisque inferioribus infundat. Ab ea etiam in cœlestibus incipit series rerum, quam Plato catenam vocat, quâ vnaquæque res aut causa alteri connexa ab ipsa dependet, quousque deueniatur ad supremam causarum causam, à qua omnia. Est enim Luna omnium, vt aiunt, cœterorum planetarum cellarium, cœlestiumque influxuum receptaculum, ex qua omnes prægnoses Astrologicæ cum aspectibus suis originem sortiuntur, omnium effectuum elementarium causa, siue ab ipsis procedant hi effectus, siue ab Intelligentijs præsidentibus, siue à Deo iubente, vt illæ exequantur, illa signent, aut tanquam instrumenta inclinent. Disponit enim hæc inferiora omnia, eorum opinione, superiórosq; Sephiroth in eam influunt, & ipsa in creatis multiplices effectus producit; eorum enim mores sequitur, cum quibus conuenit & vnitur; est nempè, vt dicunt, omnium nominum diuinorum vxor vnica, inter Deum & creata, inter cœlos archetypos & Angelos, inter nos & cœlos, inter nos & Angelos mediatrix, influxum à superioribus acceptum inferioribus communicans, à Sole supramundano potissimùm viro & marito suo imprægnata fœtum communicat creaturis suis gratia Dei humectatis; ab ea enim incipit in influxibus archetypis, in ipsa omnes diuini influxus conglomerati, quibus ad supremum Ensuph rerum vltimum finem pertingere possunt. Et ideo prima quoque Sephira dicitur, & Luna archetypa, quam reliquis decem numerationibus veluti subditam volunt. Vnde si à dextris influit, placidos in nos imbres mittit; si à sinistris, contrà. Hanc à *Iesod* Mercurio vim humores commiscentem accipere; ab *Hod*, scilicet Venere, eam quæ conducit ad formas genituræ conuenientes; à *Netsah* victoria, scilicet Marte, robur & impetum; à *Tiphereth*, id est, Sole, omnimodam fœturam & lumen; à *Gedula*, scilicet Ioue, naturalem spiritum, & rerum omnium fomentum; à *Geburah* denique, scilicet Saturno, compaginem & stabilitatem sortiri asserunt; quam pro varia sui complexione, gyro, & aspectibus diuersis variè se explicare, & in Mundi Elementaris septem correspondentes entium

tium

Vltima Sephira Malcuth respondet Lunæ.

Lunæ efficacia in Mundo elementari.

Luna à reliquis Planetis quam virtutem hauriat.

tium gradus, vti & principalia humani corporis membra secundùm Indicatam analogiam transfundere arbitrantur.

Hinc leges Astrologicæ Cabalisticæ de natorum sato; quæ tametsi orthodoxæ doctrinæ repugnant (supponunt enim animarum ante corporis introitum existentiam ;) quia tamen eadem Platonici sentiunt, hîc apponendas duxi, vt consensus Veterum luculentiùs patefiat . Dicunt igitur decem esse fontes diuinos, iuxta decem Sephiroth siue dimensiones dispositos, inter quos vnus datur , qui fons animarum dicitur , & est **Decem fontes Cabalistarum.** fons *Gebura* siue Aquilonis ; quod & Ægyptij tenuerunt. Et tametsi omnes animæ ab illo fonte *Gebura* aquilonari trahant hanc originé, transeunt tamen, vt illi sentiunt, per alias dimensiones seu Sephiroth , ante- **Impius error Cabalistarum.** quam corpori infundantur, & ab eis varias proprietates suscipiunt. Animarum quælibet eam suscipit lucis sortem , cuius naturæ est medium cui objicitur, vel cum quo connectitur : si enim, inquiunt, per Seraphicas Intelligentias anima ab illa luce superna *Kether* emanauerit, Seraphica efficietur, & ad Seraphicas mansiones, fauente & attrahente Deo, deueniendi habebit pronitatem ; si verò à *Chochma* per Cherubicas Intelligentias profluxerit, anima splendorem scientiæ suscipiet, & supernæ particeps lucis ad Cherubica inclinabit subsellia ; si à *Binah*, Intelligentiæ lumine imbuta, originem vnde profluxit, affectabit ; & sic de cœteris. Sicuti enim lux vitra diuersorum colorum pertransiens discolores etiam radios diffundit, rubeum si per rubeum, viridem si per viride medium transierit, & sic de cœteris; pari modo anima, vti ipsi dicunt , eam naturam induit, per cuius diaphanum transit . Ratio itaque diuersæ perfectionis animarum, vt Cabalici loquuntur, nihil aliud est, quàm variatus modus influxuum dimensionum diuinarum , per quas animæ transeunt ; & tametsi omnes animæ à fonte *Gebura* aquilonari originem trahentes à sex reliquis Sephiroth fabricæ executiuè proueniant, à tribus tamen superioribus diuinæ virtutis imperio emanant ; & sic secundùm proprietatem dimensionum per quas transeunt, varios imbibunt influxus . Animas enim in sphæris archetypis collocari volunt, quam Philosophiam, **Alius Cabalistarum error impius ac vesanus, si ad literam intelligatur.** Pythagorici atque Academici ab Hebræis, hi verò ab Ægyptijs hausisse videntur, dum animas nostras sphæris, vti & Intelligentias alligant, quas & ideo Euripedes quoque, & post eum multi alij, atria Deorum, hoc est, mentium cœlestium domicilia nuncuparunt. Quòd si animas, antequam corporibus alligentur, in sphæris diuersis commorari sentiunt, in hæresin incidunt, quæ animas humanas ab initio creatas asserit : si verò intelligant animas simul ac corporibus infunduntur, pro dispositione materiæ ad sphæras analogæ diuersis donis & talentis ditari, quæ post solutionem tandem in intellectualium chororum sphæras, quorum similitudinem in vita expresserint, reuertantur; tunc verè & orthodoxè sentiunt. Hinc SS. PP. dicunt, Mundum non finiendum, nisi tantus fuerit electorum hominum numerus, quantus fuerit prauorum Angelorum ex diuersis Choris, propter superbiæ peccatum, præcipitatorum numerus, vt ruina An-

gelicorum , Sanctorum Dei hominum electione hoc pacto reftauretur.
De hac reuerfione animarum ad loca ipfis proportionata, à quibus difcef-
ferant, differentes Platonici,dum eas ad fuos planetas redire dicunt,altiùs
forfan, quàm quis exiftimare poffit,loquuntur . Verùm de his fufiùs in
Theologia Platonica . Sed apponamus fabulofam opinionem Cabaliftarum circa natorum fatum, prorfus Ægyptiacis placitis confentientem.

Aftronomi itaque Cabalici dùm hunc Saturninum, illum Martium, Cabaliftarum fabulofa opinio de natorum fato.
alios verò Iouios, Solares, Venereos, Mercuriales,& Lunares decernunt,
nihil aliud intelligunt, quàm occultam quandam proportionem , quam
diuerfæ hominum complexiones, inclinationes, morefque, non tantùm
ad materiam variè difpofitam, & ad planetas proportionatam obtinent ,
fed & vlteriorem analogiam, quam ad Intelligentias correfpondentium
fphærarum præfides ; & tandem ad fupramundanas diuinitatis rotas habent, indicant . Verùm vt ridicula placita luculentiùs patefiant , exemplis mentem eorum exponam clariùs . Si materia, aiunt , alicuius nati ad
formam introducendam difpofitionem habuerit analogam fiue conformem planetæ illo tempore dominanti, v. g. fi Saturnus materiæ difpofitæ
in vtero matris dominatus fuerit ; Deus per *Geburah* Saturnum archetypum fupramundanum, Saturno fidereo correfpondentem animam infundet, *Geburæ* proprietatibus imbutam, eique ex eodem Angelico *Geburæ*
Choro Intelligentiam iunget eius directricem : cuius ductu fi natus ob-
fecundauerit,& proprietatibus *Geburæ* vitam conformem duxerit ; dicunt
natum plenum Intelligentia , & rerum reconditarum altiffimarumque
contemplationi deditum futurum . Quòd fi à ductu Intelligentiæ eidem
à Deo diuinitùs deputatæ recefferit ; eum finiftris eiufdem *Geburæ* Genijs traditum iri volunt, vnde magna eum mala Saturni propria, veluti
in externis bonis peffima in officio Saturno appropriato fortuna, in corporis bonis morbi Saturni proprij, vt eft, Mania, ftupor mentis , hy-
pochondriaca, & fimilia mala cum inuenient. Pari ratione fi nati materia
cum Ioue fymbolizauerit,Deus per *Gedulam* Sephiram,hoc eft,per Iouem
archetypum vltramundanum fidereo Ioui analogum animam infundet ,
Gedulæ proprietatibus & materiæ difpofitæ congruam, cui & ex eodem
Choro *Gedulæ* Angelico cuftodem affignabit,qui & ipfe occultâ quâdam
fympathiâ ad nati inclinationem condefcendens in omnibus eius naturæ
proprijs diriget : quem fi audierit ; regio quidem animo , & magnificentia fumma iuncta fapientiæ, cuiufmodi Salomon fuit, præditus erit :
quòd fi plantam truncauerit, & à directione boni Angeli recefferit ; in
manus tradetur finiftrarum eiufdem *Gedulæ* poteftatum ; vnde in omnibus operibus infauftam habebit fortem, regnum eius extirpabitur, fubdi-
tis in rebellionem procliuibus iugum excutientibus; quemadmodum
Sauli, Balthafari, Nabuchodonoforo contigiffe facra narrat hiftoria ; in
corporis bonis infirmitates patietur Ioui appropriatas. Iterum fi nati
difpofita materia dominatorem habuerit Martem,Deus per *Netfah*,id eft,
victoriæ Sephiram, vel quod idem eft, per *Netfah* Martem archetypum
feu fupramundanum animam infundet,proprietatibus *Netfah* in omnibus,

vti

vti & fidereo Marti fymbolizantem, eique ex eiufdem *Netfab* Choro Angelico ductricem affociabit Intelligentiam, cuius doctrinam fi natus fecutus fuerit, iuxta inclinationem fuam Martiam potens erit opere, & egre-
gijs perpetrandis facinoribus aptiffimus, cuiufmodi Alexander Magnus
fuit, & ex facris Heroibus Iudas Machabæus, alijque fimiles: quòd fi ductum Intelligentiæ fuæ neglexerit, fubijcietur inimicis fuis, debellatus,
cum iactura omnium quæ acquifiuerat, in finiftrorum eiufdem *Gedulæ*
Geniorum poteftatem traditus; in corpore verò fuo febres ardentes, &
bilofos morbos experietur, ac tandem phtifi confumetur. Rurfus fi Em-
brionis materiæ Sol dominatus fuerit, Deus per *Tiphereth*, id eft, per Solem
archetypum feu vltramundanum animam ei infundet, *τ̃* *Tiphereth* attributis in omnibus correfpondentem; eique Intelligentia Solaris attri-
buetur, cuius ductum fi fecutus fuerit, iuxta inclinationem fuam, animam
habebit illuftrem, pulcherrimis donis præditam, ad alta quælibet afpiran-
tem, diuinarum rerum contemplationem perpetuò cum fummo dignitatis Ecclefiafticæ gradu coniunctam adipifcetur. Sicuti enim *Tiphereth*
Thronus diuinæ pulchritudinis eft, in medio fyftematis Sephirotici collocata, ab omnibus cœteris dimenfionibus ex æquo, omnibus in eam canalibus diuinorum influxuum deriuatis, participans; præterea cùm nomine Dei tetragrammato, & duodecim eiufdem Nominis reuolutionibus,
quas *Hauioth* vocant, duodecim fignis Zodiaci *αναλόγως* correfpondentibus, infigniatur; omnia confequenter, vt aiunt, bona in eam deriuabun-
tur. Sic pari paffu nati anima per *Tiphereth* traducta omnibus bonis do-
nifque, vti Cabalici afferunt, tùm gratiæ, tùm naturæ replebitur, fi fe
Intelligentiæ fuæ, hoc eft, Solaris Genij ductui permiferit; fi verò ab eo
recefferit, plantamq; truncauerit, canalis pulchritudinis obturabitur, da-
biturq; contrariæ virtutis poteftatibus, Agathangelis oppofitis; vnde malis, quæ folaribus appropriata funt, fubdetur. Pari pacto fi Embrioni Venus
dominata fuerit, Deus per *Hod*, id eft, decorem, fiue quod idem eft, per
Venerem archetypam feu vltramundanam, animam traductam corpori
infundet Venereo, cui & Angelum ex Choro eiufdem Sephiræ attribuet;
cuius ductionem fi fecutus fuerit, bonis Veneri proprijs replebitur, decore & pulchritudine corporis, gratia & fauore Magnatum potietur; fi ab
ea deflexerit, brutis concupifcentijs, & carnalium appetituum cœno im-
merfus miferam & laboriofam vitam trahet; ac morbis Veneri proprijs
à finiftris *Hod* poteftatibus tandem conficietur. Rurfus fi Embrio dominatorem nactus fuerit Mercurium, Deus per *Iefod*, id eft, Mercurium
archetypum traductam animam infundet corpori, eique ex *Iefod* Angelico Choro Intelligentiam attribuet; Mercurio vndequaque correfpondentem; cuius ductum fi fecutus fuerit homo Mercurialis, fapientiâ, cœterifque intellectualibus donis homini fapienti proprijs ditabitur; cùm
enim *Iefod* in media fyftematis Sephirotici linea recta pofita fit, rectum-
quoque à fumma Corona & *Tiphereth* influxum nancifcetur, à cœteris
obliquû; cuius figillum cùm *Elchai*, id eft, Deus viuus fit, aquis fapientiæ
veluti flumine quodam replebitur, & ad quæcunque voluerit inuenienda
huma-

humano generi neceſſaria aptabitur, ſi verò à bono ductore receſſerit, malignis *Ieſod* virtutibus dabitur, vnde magicis artibus, & dæmoniacis præſtigijs deditus, omnia Dei opera deſtruet, canales diuinorum influxuum obturabit, atque ob maleficia opera dæmonum peracta, tandem igni traditus, cum iiſdem in æterni ſupplicij barathrum præcipitatus commorabitur. Demum ſi Embrioni dominata fuerit Luna, Deus per *Mākutb*, id eſt, Lunam archetypam animam traductam corpori infundet, eique Lunarem Genium aſſignabit; cuius ductum ſi ſequatur, voluti in ſpeculo quodam omnia tum in reliquis Sephiroth, tum potiſſimùm in Sole elucescentia dona exhibebit, eritque totius naturæ inferioris conſultus, ſubterranei Mundi diuitias, metallorum venas ſcrutabitur, & de potentia in actum per Chimicam artem educet, herbarum, lapidum, animalium vires cognoſcet, vnde in ſummum Phyſicum, Medicum, Chimicum Spagyricum, Architectum euadet; ſi à ductu Intelligentiæ deflexerit, contrariam in omnibus ſortem experietur, à ſubterraneis elementaribuſque dæmonibus multipliciter illuſus, & infatuatus.

Atque hæc ſunt ſecretioris Aſtrologiæ fundamenta Cabalicis vſurpata, in quibus à noſtris Aſtrologis in hoc differunt, quod fata hominum, non tam naturalibus Aſtrorum influxibus, quàm ſupernarum Intelligentiarum directionibus, fieri putent; quod dogma & Ægyptij, vt in Aſtrologia eorum ſuo loco videbitur, tenuerunt. Habes itaque Cabaliſticum ſyſtematis Sephirotici myſterium Aſtrologiæ, iuxta opinionem Cabalæorum, applicatum; ex quibus tanquam conſectarijs deducere ſolent, vnde tùm bona, tùm mala ſors hominibus proueniat; & cur homines ſubinde tantis talentis inſtructi, miſerijs tamen ſubditi, vix emergere poſſint; hinc quoque deducunt, varias Mundi reuolutiones, cataſtrophas, & regnorum imperiorumque metamorphoſes. Quorum mentem antequam interpreter, Notandum, legem ſcriptam à Moyſe Mundo iuſſu Dei promulgatam, legi diuinæ perfectiſſimè analogam eſſe, vt quantò quis eam perfectiùs ſeruauerit, tantò is legi diuinæ, adeoque ipſi Deo ſimilior euaſurus ſit; atque adeo omnes Sephiroticos canales decem diuinis nominibus inſignitos habebit apertos, Intelligentiaſque ſingulis aſſignatas propitias; vnde totius felicitatis humanæ ſumma dependet. Quòd ſi diuinam legem neglexerit, tunc canales præceptorum quæ præuaricatus fuerit, obturabuntur, plantæ Sephiroticæ truncabuntur, ac conſequenter homo omnibus diuinis influxibus, Angelicâque aſſiſtentiâ vacuus ſpoliatuſque remanebit. Cùm itaque peccata hominum, & potiſſimùm Regum, Principum, Magnatumque enormia delicta abundauerint, tunc claudentur canales *Gedula* ſiue *Cheſed*, ita vt Intelligentiæ eorum Præſides influere non poſſint: atque adeo recedentibus Imperiorum, Regnorum, Principatuum, Rerumpubl. Vrbium Præſidibus Angelis, eædem dabuntur in ſiniſtrarum *Gebura* Principum poteſtatem; vnde omnia mala Mundo inundabunt, Imperiorum mutationes, Regnorum extirpationes, Ciuitatum euerſiones, bellorum tumultibus omnia in vaſtitatem redigentur; Saturnus enim archetypus per Angelicum, & hic per ſidereum

Lex Moſaica legi diuinæ analoga.

reum Mundum pestiferam hiem immittet; Iuppiter vigorem Regum
stolidis immissis consilijs obtundet; Mars inimicus omnia flammâ & ferro consumet; Sol hostilibus influxibus annonæ caritatem, rerumque necessariarum penuriam efficiet; Venus omnem pulchritudinis ordinem
confundet; Mercurius susque deque omnia vertet; Luna maligni aëris
impressi influxibus morbos epidemicos immittet, quibus magna pars hominum internecioni dabitur, atque adeo totus Orbis terrarum pugnabit
contra insensatos; donec diuina pietas per pœnitentiam & legis obser-
uationem mitigata, canales misericordiæ suæ cum Angelorum reconci-
liatione denique aperiat. Hinc Cabalici, vt natus quispiam non sinistram,
sed felicem sortem obtineat, eum sibi Angelum potissimùm summo studio colendum propitiandumque eligunt, cuius naturæ se esse arbitrantur,
& per cuius Sephiram se traductos conijciunt. Sic Saturninæ naturæ homines Schabataël *Geburæ* Saturni archetypi Intelligentiam assistentem potissimùm placant, cui & septimam feriam dedicarunt, vtpote eius cultui
dedicatam. Iouiæ naturæ homines Tsadkiel potissimùm colunt, tanquam
naturæ eorum *σύμβολον*, cui & sextam feriam dedicant; Martij Chamaël;
Solares Schenischiel; Venerei Hanaël; Mercuriales Cocabiel; Lunares
Leuanaël potissimùm venerantur, vnusquisque eam intelligentiam, quæ
naturæ eorum congruit, & Sephiræ illius, per quam animæ eorum tra-
ductæ putantur, custos est. Deinde ad maiores superstitiones lapsi, summo studio septuaginta duo Angelorum nomina, quæ in præcedentibus
exposuimus, expendunt; vt si quod nomen Angelicum naturæ eorum
congruum & proportionatum inueniant, illud seorsim membranæ inscriptum amuleti loco dicti Angeli propitiandi causa portent; quibus addunt appropriatum nomini Psalmum, quem quotidie in eum finem recitant, vti in eo libello, quem מזמור תהלים, *vsum Psalmorum* vocant, videre
est, & nos suo loco & tempore fusiùs ostendemus. Hinc septem sigilla
planetarum hoc ordine ponunt, vt in ijs primò ponant vnum ex septem
nominibus, quibus quadraginta literarum nomen constat; de quo vide
suprà §. de 42 literarum nomine fusè citatum. Hoc pacto sigillo Saturni
imponunt primum nomen ex quadraginta duabus literis, & est אבגיתץ,
vna cum oculo dextro, cui supponunt Raphaël. Secundum sigillum
Iouis secundo nomini de 42 literis apponunt, id est, קרעשטן, cui attribuunt oculum sinistrum, & pacem hominibus id gestantibus promittunt,
per Gabriëlem Angelum; & sic de cœteris ordine sigillis iudica, vt figura docet:

Habent autem singula sigilla suam Sephiram, cuius ope vim acquirant.
Promittunt autem per primum sigillum vitam longam; per secundum
pacem; per tertium sapientiam; per quartum gratiam & pulchritudinem; per quintum diuitias; per sextum seminis fœcundam propagationem; per septimum dominij potestatem, idq; per Angelos ijsdem sub-
iectos. Sed & hæ res ita malè sibi cohærent, vt nihil ferè ibi lateat, nisi
superstitionum seminarium; vnde Christiani ab his tanquam Diabolicis
illusionibus expositis caueant velim. Porrò hisce addunt sigilla duodecim

Cabalici quos Angelos colant vt bona vtantur fortuna.

Portentosa Angelorum nomina à Cabalicis considerata.

Cabalistarum superstitio in colendis Angelis.

Confutatio.

cim fignorum Zódiaci, in quibus vaniffimâ obferuantiâ ponunt Nomina Dei יהוה אדני, שדי, צבאות iuxta combinationis & tranfpofitionis varias leges, variè tranfmutata ; in quibus quot literæ, tot fuperftitiones; quot nomina, tot vanitates. Nato fiquidem fub figno v. g. Capricorni portanti figillum primum, eam gratiam promittunt, quam Angelus figni præfes fuo nomine exprimit ; & fic de cœteris; quæ vti indigna funt, quæ vfurpentur, fic operæ pretium non duxi, ijs diutiùs inhærerere. Nè tamen quicquam arcanorum omififfe videamur, hîc figuram figillorum ad cautelam Lectoris apponendam duxi, vt fi quando in manus eius huiufmodi inciderint (paffim enim à fuperftitiofis hominibus portantur) è cuius officina prodiêrint, difcernere poffit . vide Iconifm. f. 287.1 & 2 fig.

Sed antequam Aftrologiam Cabalicam claudamus, hoc loco teftem adducam, omnia quæ huc vfque dicta funt confirmantem, antiquifsimum Godicem manufcriptum, Chaldaico ftylo exaratum, cuius Authorem ante deftructionem templi 300 annis vixiffe putant, quem & Iochaides vetuftifsimus Author in fuo Zohar fæpiùs allegat, & in Bibliotheca Vaticana in hunc vfque diem conferuatur ; cuius verba funt : *Iochaides Author libri Chaldaici antiquifsimi.*

כל מלאכא כפום שמיה אית ליה קרא באוריתא כתביאל" על שם חסכתב אלהים :

וגו" שמות ל"ב זכריאל על שם זוכר ברית אבות ונקרא זכרנו לחיים ואחכפיא בזכור שמריאל בשמור חסריאל * גבריאל בגבורה צורקיאל בצרק רפאל כתפארת מלכיאל במלכות ליה מלאכא דלית ליה עקרא ויסודא וכל ספירין וכל ספירה אית לה שם ידיע וחהיה ידיע וכל שמהן חמן אית לחון עקרא ויסודא והאי כללא נקום בידך דכל ממן דלעילשמהן ודלהון חליין בספירן ושמהחהון כל חר אית ליהזקרא על שם שמא דיליה וכל מלאכיא דסוסיהון סוסי אשא ומרכבותיהון אשא וקשתוחיחון אשא ורומהיחון אשא וכל מאני קרבא דלהון אשא יסודיהון בגבורה ומלאכי חבלה דאינון אשא יסודא דלחון בגיחנם ואית מלאכיא דאחמר בהון עושה מלאכיו רוחוה : תחילי" קמ'ח'יסודא דלחון בעמודא דאמצעיחא : ואית מלאכיא דאינ' מטיא דרקיעא מלאכא ולית דלא אשתכח בחון שמא דיחוה דאשתכח בכל אבר ואבר ובגין דא אית לבד נשל אמלכא יחוה בכל ספירן ובכל כרסון ובכל מלאכין ובכל אבר ואבר דבר נש דלית אחר פנוי מנ יה לא בעלאין ולא בחתאין : חסיאל אחקריא בעלמא סחוריאל בזמנא דעביד חסר עם עולמא : גבריאל בזמנא דעביד גבורה בעלמא סחוריאל בזמנא דסתיר בני עולמא בגדפין מלאכין מלאכי חבלה ה'ה'ד' וחחח כנפי' תהסה צנחן החילי' צא' ואחקרי מחחיאל בזמנא דחתים זכוון וחובין כתביאל בזמנא דכחב חובין וזכוון : כל מלאכיא כפום שלחוחיה אשחני שמיה :

Id eft, *Vnicuiq̄ Angelo eft verfus in lege, qui correfpondet nomini eius ; Ketabiel, iuxta illud Exodi* 32, *& fcriptura, fcriptura ipfa Dei ; Zachariel, iuxta illud : Recordaris fœderis parentum* (legitur quoque, *Recordare noftrorum in vitas*) *& veftit fe in nomine Zachur, id eft, recordare ; Schamriel, & veftit fe nomine Schemor, id eft, cuftodi ; Chafdiel, & veftit fe nomine Chefed, id eft, mifericordia ; & Gabriel, qui fe veftit nomine Tfedek, id eft, iuftitiæ : Raphaël verò fe veftit nomine Tiphereth ; & Malkiel nomine Malcuth, id eft, regno. Nullus deniq̄ eft Angelus, cui non fit radix & fundamentum in numerationibus, & numeratio quælibet habet proprium nomen, & propriam effentiam, & omnia illorum nomina habent ibi in illis,* (fcilicet numerationibus) *fuas radices ac fundamentum. Et hic fit immobilis Canon in manu tua, quòd omnia Præfecto-* *Portentofa Angelorum nomina.*

rum superiorum nomina pendeant à numerationibus ; & quodlibet eorum no-
men habet versum nomini correspondentem ; & omnes Angeli,quorum equi,equi
ignei, & quorum currus ignei, & quorum arcus ignei , & quorum lanceæ igneæ,
quorumue omnia instrumenta bellica ignea, fundamenta eorum in fortitudine,se-
ueritatis numeratione. Angeli verò perditionis,qui itidem ex igne, fundamentum
eorum in gehenna. Sunt & Angeli, de quibus dicitur Psalmo 104. Faciens An-
gelos suos Spiritus, fundamenta illorum in columna media, id est,in Sephira forti-
tudinis. Sunt & Angeli,qui ex aquis expansi, de quibus dicitur Psal.148. Et
aquæ,quæ super cœlos sunt ; & hi sunt ex proprietate dextræ , id est, misericor-
diæ, horum omnium radices in superis sunt. Et nullus Angelorum est,in quo non
inueniatur nomen יהוה *, quod vbique inuenitur in omnibus & singulis membris.*
Est etiam præterea homini regnum seu imperium Dei in omnibus numerationibus,
& in omnibus Thronis, & in omnibus Angelis ; & ita in singulis membris filius
hominis, qui regnum & imperium diuinum omnium superiorum in membris suis
(quæ 248 præceptis affirmatiuis, & 365 negatiuis ideo respondent,) cir-
cumfert, & quasi imaginem Altissimi, hoc est,proprietates eius repræsentat ;ita
vt non sit locus vacuus ab eo,nec in superioribus, nec in inferioribus. Porro Chas-
diel tunc temporis nomen sortitur, quando Chesed, id est , misericordiam cum
Mundo exercet ; Gabriel tunc,quando Geburah, id est, fortitudinem seu seueri-
tatem exercet ; Seturiel tunc, quando filios huius Mundi sub alis suis ab Angelis
perditionis abscondit ; & hoc est quod scriptura dicit Psal 91. Et sub alis eius
tutus eris, clypeus &c. Chetamiel tunc vocatur,quando obsignat merita & pec-
cata ; Ketabiel tunc, quando scribit peccata & merita. Demo vniuscuiusque
Angeli nomen iuxta legationem suam immutatur. Atq; hæc de Cabala Astro-
logica sufficiant.

§ III.

De Cabala Bereschit, siue Naturæ, vel de rerum naturalium chara-
cterismis per veram & legitimam Cabalam
cognoscendis.

COnsiderantes primi Hebræorum Mystæ admirabilem rerum in hoc
mundano complexu ordinem,& continuam quandam inferiorum
cum medijs & supremis concatenationem, fieri non posse sibi persuase-
runt, vt totus ille rerum ordo tot Classibus distinctus , tot virtutibus &
qualitatibus ornatus, suam non haberet eamque maximam in hac mundana œconomia vtilitatem,& finem. Cùm itaque ex sacra lege discerent,
omnia propter hominem Mundi filium & microcosmum condita esse, ad
eumq; conseruandum Deum non Angelos solùm in custodiam attribuis-
se, sed & per Angelos siderum præsides influxus supernorum in inferiora
ita mirâ ratione disposuisse, vt inde Mundus inferior, cuius incola homo
futurus esset, mirâ rerum varietate, & occultis virtutum seminarijs, hominis membris analogis instrueretur, quibus homo tot infirmitatibus ob-
noxius

noxius in sui conseruationem vteretur ; hinc dicunt Cabalici:

אֵין לְךָ עֵשֶׂב וָעֵשֶׂב לְמַטָּה שֶׁאֵין לֹא מוּל בָּרָקִיעַ שִׂמְכָה
אוֹתוֹ וְאוֹמֵר לוֹ גְּדַל׃

Non est tibi vlla herba inferius, quæ non habet planetam in expanso illo sidereo qui fulciat eam, dicatq; ei, cresce. Quænam verò herba, quinam lapis, quodnam animal, ad quod sidus, ad quem Angelum præsidem, analogiam dicat, quam virtutem eis supernæ plantæ attribuerint, hic Rhodus, hic saltus. Hinc multi putauerunt, in prima nominum ab Adamo facta impositione, singularum rerum in Mundo existentium nomina ita diuino consilio constituta fuisse, vt vniuscuiusque rei, quam significarent, essentiam, virtutes, ac proprietates exprimerent. Verùm cùm non nisi pauca nomina Hebræa, vti in secunda Classe ostendimus, supersint, quæ huiusmodi virtutes demonstrent, meritò ex hoc capite scientia rerum naturalium hucusque manca permansit & mutila. Fuerunt postea qui assererent, primos Patriarchas tùm perpetuâ Angelorum assistentiâ, tùm diuturnæ vitæ experientiâ, hanc rerum naturalium Cabalam plenè accepisse ; quam tamen non scriptis, sed successiuâ traditione posteris commendatam reliquerint ; de quâ ita R. Hamai :

קִבַּלְנוּ מֵרַבּוֹתֵינוּ זִכְרוֹנָם לִבְרָכָה שֶׁה קַבָּלָה מַעֲשֶׂה
בְּרֵאשִׁית הִיא הַחָכְמַת הַטֶּבַע בְּמַן שֶׁמַּעֲשֵׂה מֶרְכָּבָה הִיא
חָכְמַת אֱלֹהִים וְהַחָכְמַת הַטֶּבַע קִבְּלוּהָ אֲבוֹתֵינוּ הַקַּדְמוֹנִים
מֵהַמַּלְאָבִים שֶׁהֵם לְמָרוֹם מְנִי הַחָכְמוֹת טִבְעִיּוֹת׃

Accepimus à Rabbinis bonæ memoriæ, quòd Kabala opus fabricæ ipsa est scientia naturæ, sicut opus quadrigæ est scientia diuinitatis ; scientiam naturæ acceperunt Patres nostri antiqui ab Angelis, qui eos docuerunt signa sigillorum naturæ. Quæ omnia Iochaides in Zohar, & letsiræ commentatores ferè omnes suis calculis comprobant. In signis itaque seu characteribus singulis Dei operibus diuinâ virtute impressis consistit, quos qui legere & intelligere nôrit, eum nihil amplius reconditarum rerum latere posse arbitrantur. Hosce verò characteres aiunt addisci non posse nisi per omnimodam Sephiroticorum arcanorum notitiam. Hinc decem diuina nomina seu Sephiroth nihil aliud esse dicunt, quàm sigilla quædam, quibus primò Angelicum Mundû insigniuit Deus, deinde hisce ijsdem per Angelos Mundum sidereû & astra, & deinde elementarium rerum virtutes, & tandem singula hominis membra diuinis nominibus appropriata. ita Botrillus in letsirah, quem suprà citauimus. Cùm itaq; in hóminem tanquà in finem omnia dirigantur, certè ad eius conseruationem omnia conspirare necesse erat ; cùm homo quoq;, cœteraq; propter eum facta supernis lationibus substent, certè superna córpora in inferiora similitudine quadam sibi correspondentia simili ratione agent. Angeli quoq; singulis supernis corporibus assistentes, inclinationem naturalem habebunt, ad Classes analogas suæ fidei & tutelæ commissas summâ curâ dirigendas conseruandasque, & illi virtutes rerum in eum finem, in quem conditi sunt, potissimùm promouebunt.

Hinc

Cabalistarum dictum de analogia superiorum cū inferioribus.

Cabala naturalis creditur ab Angelis tradita primis Mundi Patriarchis ; & ab his, posteris.

R. Hamai.

Iochaides. Commentatores Ietsira.

Cabala naturalis consistit in characteribus rebus singulis à Deo impressis.

Botrillus.

Triplicem
hominem
Cabalici fin-
gunt decem
præcipuis
membris
conſtantem.

Hinc triplicem ſibi hominem Cabalici, vnumquemque denis membris ſecundùm requiſitionem naturæ ſuæ conſtitutum confinxerunt. Et
tametſi in archetypo & intellectuali Mundo nullum membrum ſit ſenſi-
bile aut corporeum, eſt tamen ijs fundamentum quoddam, quod decem
tùm megacoſmi, tùm microcoſmi membris ſecundùm analogiam quandam
reſpondeat. Hinc caput ſeu cerebrum occultâ quâdam analogiâ in Mundo ſidereo empyreum Intelligentijs refertum, & in Mundo archetypo
numerationum *Kether*; Os verò deſignat in eodem ſapientiam, iuxta
illud : *Verbo Domini cæli firmati ſunt, & ſpiritu oris eius omnis virtus eorum*;
In Mundo verò Sidereo primum mobile, quia Sapientia ſiue Verbum
Dei cauſa omnis motus & vitæ ; Lingua denotat in ſupremo Mundo *Binah*, & in Mundo ſenſibili firmamentum, quia quemadmodum lingua interiora omnia explicat, ſic Deus per firmamentum ideis refertum ornatum mundanum ; Splen reſpondet *Gedulæ*, & in Mundo ſidereo Saturno;
Hepar *Geburæ* & Ioui ; Stomachus culina microcoſmi תּוֹ *Netſah*, & Marti ; Cor *Tiphereth*, & Soli ; Renes *Hod*, & Veneri ; Pulmo *Ieſod*, & Mercurio ; Spermatica denique *Malcuth*, & Lunæ aptiſſimè reſpondent.

*Analogia decem membrorum hominis ad Archetypum
& Sidereum Mundum* ·

כתר	Caput, Cerebrum	Cœlum empyreum
חכמה	Os	Primum mobile
בינה	Lingua	Firmamentum
גדולה	Splen	Saturnus
גבורה	Hepar	Iuppiter
תפארת	Cor	Sol
נצח	Stomachus	Mars
הוד	Renes	Venus
יסוד	Pulmo	Mercurius
מלכות	Genitalia	Luna

Hoc pacto Mundani Opificis ratio ex centro, in quo omnia vnum
ſunt, in Orbem euoluit vniuerſas Mundanæ machinæ ſpecies in diſpara-
tiſsima membra, quorum ſingula ad alia & alia ſuos habent occultos conſenſus cum elementis & globis cœleſtibus, Angeliſque eorum præſidibus;
quæ omnia cùm in hominis conſeruationem colliment, neceſſariò ſingula
occultas quaſdam virtutes in microcoſmi membrorum conſeruationem
aptas deuehent; quas vt cognoſcere poſſes, characterem ſingula porta-
bunt, omnipotentis Dei nomine eiſdem impreſſum, quo, quid intrinſecè
ſignificent, externo phytoptico ſigillo demonſtrent; quæ quidem virtutes nihil aliud ſunt, quàm Stellæ quædam ſeu formæ Stellis cœleſtibus
vnde

vndequaque correfpondentia, quarum occultam connexionem quicun
que nôrit, eum in feeretiori medicina mira patraturum nihil dubitant.
Omnia aftra cœleftia quæ in cœlo patent, etiã in terra fpiritibus fuis occul
tè claufa latent ; & ficuti Sol cœleftis calore fuo inuifibili generat omnia
in terreftri Mundo, ita Sol terreftris fuo calore inuifibili creat & regene-
rat omnia inuifibiliter ; per Solem cœleftem *Tiphereth* Spiritus Domini
operatur omnia, fed ratione inuifibili . Et quemadmodum Sol fupernus
inuifibili virtute fuâ omnibus ineft quàm intimè, vtpote calor naturalis
rerum omnium ; ita & Sol terrenus virtute fuâ inuifibili omnibus ineft,
vtpote rerum omnium calor natiuus, rerum balfamum, lychnus & oleum ;
ille fpiritus vitæ in omnibus rebus abditus vocatur, hic fulphur naturæ
fuo proprio & genuino nomine in omnibus rebus inexiftens appellatur :
funt enim fuperiora in inferioribus, & hæc in illis, iuxta illud :

כל התחתונים הם מנגדים לעליונים וכפי עשית למטה
בן נעשה למעלה :

Superiora funt in infe- rioribus.

Omnes res inferiores funt repræfentantiuæ fuperiorum , & vti inferius , fic &
agitur fuperius . Infima ergo monftrant fuperna, corporalia intellectualia,
per terreftrium & inferiorum naturas , & proprietatis in naturas & proprietatis fupernorum afcendimus, iuxta illud : *Inuifibilia Dei per ea, quæ*
facta funt, intellecta confpiciuntur ; funt enim externa corporea & fenfibilia , fupernorum notæ, ac inuifibilium internorum fymbola, quibus ad fupernorum cognitionem manuducamur . Tota creatura Dei nihil aliud
eft quàm vmbra Dei, & figura interni paradifi, ille videlicet intuitus, quo
creationis pofteriora & effectus cognofcimus . Hinc tradunt Cabalici ,
quòd in tabulis Mofaicis fuit digito Dei infcripta lex igne nigro fupra
dorfum ignis candidi.

הלוחות היו אש שחורה על גבי אש לבנה :

Libro אבקת רוכל *puluis pigmen- tarij.*

Per ignem candidum denotatur vis interna rerum creatrix , per ignem
nigrum creata fignantur, quæ quidem legi minimè poffent , nifi corporeis, quæ per nigrum ignem indicantur, notis confpicerentur . Cùm itaq;
tres decades membrorum Mundi, microcofmi, megacofmi, & angelocofmi,
vti fuprà dictum fuit, decem diuinis nominibus feu Sephiroth , quibus fi-
gnata funt, exactè refpondeant ; hinc Cabaliftæ argumentantur , quòd
omnia illa, quæ exteriori figura vnum ex dictis membris referunt, Deus
Optimus Maximus, ad iftiufmodi membri curam & confervationem,
quòd referunt, per applicationem corporearum ad res corporeas, creaffe
videatur. Quoniam verò corporea internarum inuifibiliumque facultatum figna funt; dicunt quòd mens humana, quæ in cerebro thronum
fuum pofuit, per analogam applicationem diuinorum nominum angeli-
corumque, hoc eft, per certos & appropriatos in facris literis fundatos
textus ad confortium Dei Angelorumque , dummodo animi indifpofitio
non obftet, pertingere pofsit ; cùm enim occultus quidam inuifibilium
membrorum ad inuifibilia connexus fit, legis diuinæ, æternæ, & immutabilis ratio poftulare videtur, vt ad dicta ratione peractam fpiritualem ap-
plica-

Analogia in- ter res fupe- riores & in- feriores.

plicationem, Diuinus Angelicusque influxus ad id , quod petitur, obtinendum, necessariò adsit. Cùm verò res externæ & corporeæ membrum aliquod hominis externum v. g. caput aut cerebrum referentes, occultam cum spiritualibus proportionem & harmoniam habeant, membrum aliquod per applicationem rerum ei conuenientium pari ratione medicum effectum vt obtineat, necesse est. Hoc pacto per oris analogas rationes חכמה, Verbum Dei seu Sapientia; per linguæ analoga symbola בינה, Spiritus ; per lienis analogas notas Saturnus supramundanus *Gebura* ; per hepatis occultam proportionem Iuppiter *Gedula* ; per cordis abditas proportiones Sol archetypus *Tiphereth* ; per cordis signa Mars *Netsah* ; per renum correlationes *Hod* Venus supramundana ; per pulmonis latentes consensus *Iesod* Mercurius ; per genitalium denique analogiam, Luna illa archetypa *Malcuth*, attrahentur. Non secus ac corporeæ plantæ ad id membrum, quod figura sua exprimunt, sanandum, abditâ quâdam harmoniâ concurrunt. Atque hæc est vera illa Cabala naturalis, quam antiqui successiuâ quâdam traditione posteris colendam reliquerunt; quam à primis Patriarchis Ægyptij, ab Ægyptijs Græci, & ab his tota reliqua posteritas, summâ tamen symbolorum obscuritate inuolutam acceperunt; quam cùm in tractatu de occultis naturæ characterismis ex professo & quàm fusissimè secundùm omnes regulas & præceptiones exponamus; eò Lectorem remittimus. Ex hisce siquidem paucis, quisquis acumine ingenij pollet, facilè in quo naturalis Hebræorum Cabala consistat, perspiciet.

§ IV.

De *Magia Cabalistica*, *Aegyptiaca*, *Pythagorica*, vniusque ad alteram comparatione.

Cabala Magica quid sit.

Cabala Magica, seu Magia Cabalistica, nihil aliud est, quàm ars à posterioribus Rabbinis introducta, varijs superstitionibus implicata, quâ per certa malignorum spirituum nomina, veriùs dæmonum inuocationes & adiurationes, ensalmosque, mira sibi, & prodigiosos in omni genere rerum effectus falsò promittunt. Est autem Cabala Pythagorica (tametsi à modernis maleferiatorum hominum Magicis Scholis, Pythagoræ perperam adscripta) quæ ex numeris in nomine alicuius contentis totius vitæ cursum, prosperam, iniquamque fortunam se deprehendere, stolidè sibi imaginantur. Vtramque Cabalam in Classe Magiæ exponentes, vanitates inauditas, quibus se cœca hominum pectora immergant, timoratis in cautelam & circumspectionem, temerarijs verò in resipilcentiam recensebimus. Porrò quæcunque hucusque de Cabala dicta sunt, ita Ægyptiacæ Cabalæ quadrant, vt num hi ab ipsis, aut ipsi ab his acceperint, dispici vix possit. Quicquid enim Hebræi per nomina numerosque in sua Cabala demonstrant & significant, hoc idem parallellâ quâdam ra-

tione

tione Ægyptij per figuras fymbolicas exprimunt; atque adeo per diuerfa media in vnum & eundem finem collimant; quæ eft cognitio Dei &
naturæ, quâ imbuti Θεωπνδωςίαν καὶ Θεομόρφωσιν diuini Numinis afpirantis ductu adepti, atque in Deum transformati admirandorum operum patra-
tores fe euafuros certò certiùs fibi perfuadent. Verùm hæc omnia fuis
locis fufiùs profequemur.

Conclufio contra Cabalam.

ATque hæc eft Gabala illa ab Hebræis tanta verborum iactantia commendata, à plebæis hominibus tantopere expetita; quæ tamen, fi
pauca excipias, meritò totius iniquitatis officina cenferi debet ab omnibus ijs, qui fimilia rectæ rationis trutina ponderare folent. Et tametfi nihil in ea occurrat, quod demonftratiuis rationibus innitatur, ac propriè
dictæ fcientiæ rationem tueatur; Hebræi tamen vniuerfam philofophiam
diuinam & humanam, nec non naturalem, omniumque doctrinam fub
myfticis ac fymbolicis verborum numerorumq; inuolucris abfconditam
continere volunt, non rationibus difputationibufque, aut ratiocinijs humanis, fed συμβολικῶς pertractatam. Itaque in ea fingulas literas, figuras,
nomina, elementa, apices, lineas, puncta, accentus, fpiritus, & quidquid
eft minutiùs, profundiffimam quandam & abditiffimam ingentium rerum
fignificatricem doctrinam continere falfò fibi perfuadent; quam qui pro-
be calluerit, eum nihil latere aiunt, omnia fcire & præfcire, naturæ impe-
perare, cunctafque res ei obedire; quòd in ipfis tamen minimè verifica-
ri videmus, cùm ignariùs ignauiùfque hominum genus Hebræis non nô-
rim. Hac inquiunt Mofen prodigia illa in Ægypto & in deferto feciffe;
hac Iofue, Eliam, Helifæum, Ifaiam, Ieremiam, Danielem, Samuelem,
tot tantaq; exhibuiffe miracula; hac potiffimùm ratione perfuafi, quòd
nomina, quæ Deus per Adamum cunctis rebus iuxta fuas cuiufque rei
proprietates impofuit, fuerint Hebraica, quibus rerum omnium fubftantiæ, qualitates, ac proprietates exprimantur; quocirca hifce nominibus
naturales res compellanti, confeftim res omnes ex primæuæ impofitio-
nis vigore, illi fefe fubijcere, eiufque obfequio fe totas addicere fuper-
ftitiofiùs iactitant. Miror ego fane, qui & quâ ratione tandem fieri poffit, vt fanæ mentis homines, tam infana & fanatica deliramenta aut ac-
ceptare, aut approbare vnquam potuerint. Quis enim vllus eorum, qui
iudicio pollent, in animum fuum inducat, vt credat, Solem, Lunam, aftra,
elementa, ftirpes, cùm ratione careant, diuinam illam vim in verbis fe
prodentem, aut fentire, aut affici, permouerique vnquam ad hominum
arbitrium potuiffe? Sed efto nouerint illam vim vel omnes res naturales,
vel certè animantes, aut homines; num ideo eiufmodi nominum appellatione eos continuò moueri neceffe eft? Si quis mihi huiufmodi nominum portenta obmurmurârit, num ijs compellatus, ideo omni depofito
arbitrio, mox eius imperio obfequi, & quæcunque voluerit, peragere
cogar? Simplex, ne dicam ftolidus, & brutæ mentis homo fit, qui id fibi

Z z

persuadeat. Si reconditissimam illam vim & efficaciam vocum Hebraïcarum, quam Cabalici iactitant, paucissimi hominum intelligunt, nec nisi, qui illa eadem multò iam antè probè fuerint imbuti ; quomodo eam agnoscent & sentient bruta, cœteraque non ratione modò, sed & sensu carentia ? Legimus quidem Mosen mare diuisisse, rupes aperuisse ; Iosue Solem stitisse, obediente Deo voci hominis ; Eliam & Helisæum mortuos excitasse, ignem cœlo deduxisse ; Danielem somnia exposuisse ; sed de Cabalico artificio, quo Rabbini eos vsos asserunt, nulla in sacris literis fit mentio. Si ergo tanta Cabalicæ Magiæ vis est & potestas, vt cœlis imperet, maria diuidat, rupes aperiat, mortuos excitet, flumina siccet, verbo totam naturam commutet, & sibi ad placitum nutumque obedire faciat; cur Cabalæi eius artis, vt iactant, peritissimi, talia nunquam patrarunt, aut etiam nunc patrare possunt ? Certè si quid moderni Rabbinastri talium callerent, Christianus Orbis nuspiam securus foret. quin ad iugum diuturnæ seruitutis excutiendum, quo miseri iam 1652 annis oppressi tenentur, vti debuissent. Vana itaque & impia sunt omnia Cabalistarum, quæ ex diuinis Angelorumque nominibus confingunt, deliramenta; vana varia illa amuletorum ex ijs composita portenta ; vtpote vnicus innumerarum superstitionum fons & origo ; vnde non immeritò ab Ecclesia, veluti execranda proscribitur, à sapientibus exploditur, & cum sortilegis artibus connumeratur, eumque inter illas meritò locum habet, quam Magicæ superstitiones, reliquarumque damnatarum artium monumenta. Imò quicunque huiusmodi artibus Reip. Christianæ nimium perniciosis vtuntur, eos Sacræ Inquisitionis pœnis subiacere tanquam Hæreticos & Magos doctè probant, Peresius, Delrio, de Moura libro de Ensalmis, & tandem fusè monstrat doctissimus Thomas Gastaldus in suis passim de Angelica potestate operibus. Quæ & nos in sequentibus acerrimè confutamus.

CLASSIS V.
DE CABALA SARACENICA
ET AGARENA:
SIVE QVOD IDEM EST,

De superstitiosa Arabum, Turcarumque Philosophia hieroglyphica.

ILLVSTRISSIMO ATQVE REVERENDISSIMO DOMINO

FRANCISCO ALBICIO
S. R. Inquisitionis Assessori.
ITEM

Reuerendis atque Doctissimis Patribus S. Theologiæ Magistris, Orientalium Linguarum Professoribus, ac S. D. N. Innocentij X. Interpretibus .

P. PHILIPPO QVADAGNOLO, Ord. Cler. Min. Arabicæ linguæ in Athenæo Romano Professori.
P. F. BARTHOLOMÆO à PETTORANO, ┐ Ord. S. Franc. Theologis, & linguæ
P. F. ANTONIO AQVILANO, ┘ Arabicæ Professoribus.
P. LVDOVICO MARACCIO Cong. Cl. Reg. Matris Dei , Orient. linguar. Censori.
P. IOANNI BAPTISTÆ GIATTINO S. I. Theol. Scholast. in Coll. Rom. Profess.
D. ABRAHAMO ECCHELLENSI Chald. linguæ in Rom. Athenæo Professori, Librorumque Orientalium Censori.

Viris virtute & doctrina illustribus S. P. D. Author.

XPOSITVRVS *arcanam Saracenorum philosophandi rationem, quam Cabalam appellant , certè materiam hanc vti abstrusam & in penitissimis Arabum adytis reconditam, ita paucis hucusq́ peruiam, & vix ab vllo, quod sciam, tentatam, nemini meliori iure, quàm* Tibi primo, Albici Illustrissime, *sapientissimo Congregationis nostræ Arabicæ moderatori;* Vobis deinde *peritissimis Arabicæ linguæ Magistris, dedicandam duxi : ænigmata siquidem, teste* Clemente Alexandr. *non nisi eorum peritis, ac Viris sapientiâ conspicuis consecrari debere, ex illustri illo Arabum dictatore* Locman *didicistis :* العالم عرى لجاهل لانه كان جاهلا والجاهل لا يعرف العالم لانه لا كان عالما
Vos enim *in Tabularum Granatensium expositione iam ab octennio ferè haud sine improbo labore ita spartam vestram exornastis, vt veri & genuini Oedipi, omnium opinione, & dici & æstimari mereamini . Hunc itaque Cointerpretis vestri partium, vnicum, & perenne meæ in vos voluntatis testimonium, æqui bonique consulite. Quòd si iudicio vestro quicquam in eo laude dignum occurrerit, id primùm Deo Opt. Max. deinde Magno Cæsari, qui id vt fieret, iussit, & vt fieri posset, munificentiâ Regiâ maiori laboranti subuenit, acceptum feratis; sin verò nonnihil mancum & mutilum exciderit inopinanti, id ingenij mei imbecillitati adscribatis velim.*

CABALA SARACENICA.

PRAEFATIO.

V M nullus è Latinis, quod sciam, Scriptoribus hoc præsens doctrinæ argumentum attigerit, mearum partium, hoc est, Oedipi esse ratus sum, & hoc, quantum ingenij vires permiserint, exponendum assumere. Sed proh Deum immortalem! quanta hic in obscurissimis rebus enodandis industria, quanto in semesis manuscriptorum voluminum lacinijs labore, quantò in lectione diuersorū Authorum non nisi per abbreuiaturas compilatorum iudicio opus fuit, vt tandem ad latentis, Deo dante, veritatis scaturiginem pertingerem: vt vel ex hoc ipso mihi innotuerit, quàm difficile sit, incognitas adire regiones, inexpertas tentare vias, iter ingredi sine duce, sine comite, scopulis præcipitijsq; innumeris obseptum. Sed hoc y qui similia adyta tentârunt, facilius animo concipere poterunt, quàm ego multis ambagibus describere.

CAPVT I.

De Cabalæ Saracenicæ origine.

SED relictis hisce opus ipsum aggrediamur. Vt olim Hebræos inter & Samaritanos, ita magna Saracenos inter & Agarenos de primatu originis lis fuit & controuersia. Saraceni à Sara vxore Abraham originem dum ambitiose deducunt, summo odio Agarenos, quòd ab Agar ancilla Abrahæ infamem & seruilem originis suæ stirpem propagant, insectantur; quos & spurios Ismaëlitas, & idololatras pessimos nominant. Agareni contra Saracenos non à Sara dictos, sed à verbo سارق *Saracq*, quòd furem & latronem significat, vagabundos tenebriones, prædis, cædibus, & latrocinijs omnia infestantes, denominant. Durauit hoc dissidium vsque ad annum Christi 660. quo sub Imperatore Heraclio nequissimus Impostor Mahumed Mecanus legis suæ venenum Mundo propinauit. Qui à Dæmone agitatus, Selam Iudæi, & Sergij Monachi Apostatæ subsidio vsus, Alcoranum illum totius iniquitatis penuarium primò quidem Canticis quibusdam sine capitibus, solis schedulis sine ordine & distinctione contentis, at postmodum ab Otman Calipha successore eius in quatuor libros, quorum singuli in alia capitula seu suratas, quæ in vniuersum sunt 211. diuisum condidit, asseclis Abubecher, Omar, & Hali. ita Azar & Azipha. libri magnæ apud eos authoritatis referunt. Verùm tanta fuit posteris temporibus de Alcorano Mahumetis controuersià, vt in quatuor mox hæreses abierit. Primæ hæresis Author fuit Melich, quem Africa ferè vniuersa secuta est; alteri Assafihi, quem secuti sunt Mecani, & vtriusque Arabiæ incolæ; tertius Alambeli, quem secuti sunt Persæ & Babylonij; quartus denique Mulhanifa, quem secuti sunt Ægyptij, Syri, Damasceni. Atque ex hisce veluti

Contentio inter Saracenos &Agarenos de primatu originis.

Mahumedus quando scripserit Alcoranum.

Azar &Azipha libri Saraceni. Hæreses 4 ex Alcorano prodiere.

veluti

veluti ex equo quodam Troiano Alcoranus prodijt, qui tametsi miris modis contaminatus, diuersisque opinionibus refertus, omnes tamen & singuli suum Alcoranum summo honore tanquam à Gabriele Archangelo Mahumeti cœlitùs traditum venerantur; & vti ingentia sub illo religionis sacramenta latere existimant, ita quoque eum veluti aptam superstitionibus suis materiam vnicè, vt in sequentibus patebit, arripiunt. Sed hæc ex multis pauca adducere voluimus, ad indicandam huius tam peruersæ doctrinæ originem. Vt itaque ad institutum regrediamur.

Arabes Saracenos nullo non tempore Hebræorum Simias egisse, mirum non est, cùm immundus ille partus non nisi ab obstetricante manu Hebræi Selami, Mahumedis instructoris prodierit, idque doctrinâ eorundem Cabalisticâ sat superq; demonstrat. Tametsi nitorem & puritatem Hebraicæ Cabalæ innumeris, inauditisque superstitionibus ita paulatim contaminauerint, vt Cabalam eorum totius Magiæ, damnatarumque artium, vt paulò post videbitur, sentinam inexhaustam non immeritò dicere possimus; dum vix vllum amuletum Magicum etiam hoc tempore vsitatum prodeat, quod non huius damnatæ doctrinæ, siue literas, siue portentoforum nominum rationem spectes, oleat. Quæcunque igitur hîc in parte de superstitione siue in literis, siue nominibus vanâ obseruantia cultis, sese exerente scripturus sum; ea ad cautelam incircumspectorum hominum scribam, doctis verò ianuam ad originem, compositionem, artificiosamque literarum Arabicarum connexionem, quibus periapta sua conficiunt, peregrinæ doctrinæ à nemine hucusque tentatæ specimen exhibiturus, aperiam; vt quàm mille modis fallacisque humanum genus circumuenire soleat tenebrarum Angelus, ex hoc ipso discant, atque de amuletorum, quæ passim circumferuntur, ratione exactum iudicium formare possint. Dixi Arabes nullo non tempore Hebræorum in Cabalica sua doctrina Simias egisse; quod vt ostendam, paucis ea, quæ fusè in præcedentibus exposuimus, hoc loco repetam, vt parallelâ quâdam digressione, vtriusque sectæ instituta luculentiùs patefiant.

Asserunt Hebræi Kabalam ab Adamo in filios suos successiuâ traditione propagatam; asserunt hoc & Arabes. Kabala Hebræorum fundamenta sua habet in lege Mosaica, cœterisque Sacræ historiæ monumentis; Kabala Saracenica fundamentum suum habet in Alcorano, quem & Alphurcan vocant. Iterum Kabala Hebræorum à literis siue Alphabeto mystico, nominibusque diuinis quæ inde eruuntur, prima suæ institutionis sumpsit exordia, sumpsit & ex ijsdem sua, Kabala Saracenorum. Kabala Hebræorum ex sacris textibus per numeros, & figuras in amuleta contractas, varia Dei, Angelorumque nomina, quibus in inuocationibus suis ad aliquod à Deo beneficium impetrandum vtuntur, inuestigat; faciunt hoc idem multo copiosiùs & superstitiosiùs Arabes. Verbo, vtraq; huius & alterius vitæ felicitatem, siue licitis, siue illicitis medijs, procuratam, pro scopo & vltimo fine habet.

Monumenta manuscripta Arabica, ex quibus omnia extraximus, primò sunt, Historia sacra & profana Saracenorum, Authore Amamo Abulhessan,

Saraceni Hebræorum Simiæ.

Horrendæ Arabum superstitiones.

Protestatio Authoris.

Cabalæ Hebræorum & Saracenorum parallelismus:

Libri ex quibus extracta quæ de Saracenorum Cabala hîc scribuntur.

Amonius A-
bulheffan.
Aben Abdalla
Keffadi.
Aben Iofeph
Altokphi.
Abrahim E-
ftath Babylo-
nicus.
Aben Rahmō.
Halymorchus
Aben Amer
Ofman.
Author libri
Chesban &
Elrammel.
Author libri
figillorum.
Hafmon Aben
Buri.

heffan, Aben Abdalla, & Keffadi. Narrationes vifionum, Authore Aben Iofeph Altokphi. Liber arcanorum, Authore Abrahim Eftath Babylonio. Liber computationis Authore Aben Rahmon. Liber diuinæ innocationis Authore Halymorchum. Liber de vita Eremitarum Saracenorum Authore Aben Amer Ofman. Liber intitulatus Hesban elrammel, id eft, computus arenæ, Authore incerto ex Fezza vrbe, Nubiano charactere fcriptus. Liber Sigillorum, Authore Anonymo. Magia Turcarum, Authore Hafmon Aben Buri, cum innumeris alijs fragmentis paffim fine nomine.

CAPVT II.

De myftico Alphabeto Arabum Saracenorum.

Arabes Ma-
humetani
quantam vim
attribuant li-
teris feu cha-
racteribus.

PVtant Arabes Mahumedis fectatores, fundamentum omnium bonorum latere fub literis, primo à Deo humani generis protoplafto reuelatis; & omnia fub ijs diuinitatis attributa contineri; Deumque mirificè ad ijs qui fincero corde & fide purâ illa proferunt, in qualibet neceffitate conftituti fint, fubueniendum inclinari; Angelos attrahi, Dæmones & omnia infaufta propulfari. Hifce Deum primò influere in Angelos, & per hos in 12 figna Zodiaci & planetas, & hinc denique in 4 elementorum virtutes; quibus fingulis ex recenfitis Claffibus à Deo certæ ex Alphabeto myftico literæ confignatæ fint, quas qui nouerit, eafque in numeros refoluendi methodum fciuerit, eum quæcunque voluerit in hoc Mundo, & impetraturum, & perpetraturum putant; in quibus quidem Hebræos vbique imitantur. Præterea hifce literis certas herbas, lapides, metalla, animalia, & partes animalium, vti pilos, cornua, extremaque corporis, vfque ad excrementa viliffima applicant, quibus fimul analogicè coniunctis in Magia prodigiofos effectus fe producturos fibi ftolidè perfuadent. Vifis itaque miraculis literarum phantafticis, iam ex ipfis fontibus fingula authoritate congruâ ftabiliamus.

Abulheffan in opere de diuinis nominibus, his verbis myftici Alphabeti originem defcribit:

ثم امرة القران يكتبى كلما يعلمهم فاخنى جلود الضان قد بغها حتي صارت

بيضا فكتبت فيها الاحروف تسعة وعشرين حرفا فالتوراه والفحيل والزبور ولفرقان

احزفها قيهم اولها الا ـــــــ ف ـــــــ

Id eft, *Tum præcepit Deus, vt fcriberent omne, quod ipfe docuerat, & accepit pelles ouium, & elaborauit eas vfque dum fierent albæ, & fcripfit Deus gloriofus in eas literas 29; videlicet literas quibus confcriptæ funt & Thorah lex Iudæorum, & Euangelium, & Zabur lex Perfarum, & Alphurcan lex Mahumedis; & prima litera ex ijs eft Aleph.* Deinde recenfet fingulas literas cum fignificatione earundem, quas hic Latino-Arabicas apponemus.

Significationes	Literæ	
إنا الله الواحد القهار جواد بالمال جليل المقال 🟎	🟎 الف	١
Hoc est, *Ego Deus, vnus, victor, beneficus in bonis, gloriosus in sermone.*	Aleph litera	1
بسم الله الرحمن الرحيم 🟎	ب	٢
Hoc est, *In nomine Dei misericordis, miseratoris.*	Be	2
🟎 توحد في ملكه وقواضع كل شي لعظمه	ت	٣
Id est, *Vnicus est in regno suo, & omnia sunt subiecta magnitudini eius.*	Te	3
ثابت لم ينزل ولا ينزال 🟎	ث	٤
Id est, *Firmus, solidus, subsistens, non defluet, & non demittetur.*	Tse	4
جميل الفعل جواد بالمال والمقال 🟎	ج	٥
Id est, *Munificus opere, beneficus in bonis & sermone.*	Gim	5
حليم على من عصاه حميد يحب من حمده 🟎	ح	٦
Id est, *Mitis erga inobedientes, laudabilis, amat qui laudauerit eum.*	Hha	6
خبير ببواطن الاشيا وظواهرها خالق كل شي 🟎	خ	٧
Id est, *Sciens recondita & aperta, rerum Creator omnium.*	Chha	7
🟎 ديان يوم الدين	د	٨
Id est, *Iudex in die iudicij, vel vltimi iudicij vindex.*	Dal	8
نو الفضل العظيم نور العرش المجيد والبنس الشديد 🟎	ذ	٩
Id est, *Excellens, magnus, tenens solium gloriæ, virtute suâ vehemens.*	Dhsal	9
رزاق غير مرزوق 🟎	ر	١٠
Id est, *Retribuens sine retributione.*	Re	10
زارع من غير بذر زائد من غير نقص زين كلشي بر حمته 🟎	ز	١١
Id est, *Seminans sine semine, augens sine defectu, ornans omnia in misericordia sua.*	Ze	11
سريع للحساب سميع الدعا الاجاجه 🟎	س	١٢
Id est, *Festinus in rationibus exigendis, audiens inuocationem indigentium.*	Sin	12
شديد العقاب والبدش شاهن كل فجوي 🟎	ش	١٣
Id est, *Vehemens & strenuus in puniendo, testis in consilio.*	Schin	13
صمن لم يزل صادق الوعن صابر على من عصاه 🟎	ص	١٤
Id est, *Permanens & non defluet; verax in promissis; sustinens rebelles sibi.*	Sfad	14

Id

Significationes	Literæ
ضيا السموات والارضيين ضمن لاوليايه المغفره ولاعدايه العقوبه Id eſt, *Lumen cæleſtium, & terreſtrium, promiſit ſanctis ſuis remiſſionem, & inimicis ſuis tormenta.*	ﻅ Dzh 15
طاب من اخلص الله اخلصه له الطيعون طوبى لمن طاعه طال شقفا من عصاه ❁ Id eſt, *Beatus quem ſaluauerit Deus, ſaluati ſunt obedientes; beatus qui ei obedierit; diuturna miſeria rebellium.*	ط Tta 16
ظهر امره وظهر اهل محبته باجنه ❁ Id eſt, *Apparuit præceptum eius, & apparuerunt amore ſuo imbuti in paradiſo.*	ظ Dha 17
عالم وغالى بالر بوبه ❁ Id eſt, *Sciens, & ſapiens, & excelſus in dominatione.*	ع Ain 18
غياث المستفشين عيث على خلقه غنى لا يفتقر ❁ Id eſt, *Salus ſanantium ſe, ſeruator creaturarum, diues ſine vlla indigentia & paupertate.*	غ Ghain 19
فعال لما يريد ليس لى لى شريك ❁ Id eſt, *Operans quod vult; non eſt ipſi conſors & ſocius.*	ف Pe 20
قيوم لا ينام قايم على كل نفس بما كسبت قدير قادر ❁ Id eſt, *Perſiſtens eſt & non dormit, ſtans ſuper omnem animam, prout effecit eam potens valde.*	ق Caph 21
كريم كان قبل كل شي كاين بعد كل شي كافي كل بليه ❁ Id eſt, *Honorabilis fuit ante omnia, exiſtens poſt omnia, remouens omnia mala.*	ك Koph 22
له ملكة السموات والارض له الخلق والامر من قبل ومن بعد ❁ Id eſt, *Ipſius Regnum cælorum & terræ, ipſius creatio & imperium ante & poſt.*	ل Lam 23
ملكى يوم الدين ملى حليم حميد مجيد من قبل ومن بعد Id eſt, *Rex diei iudicij, plenus manſuetudine, glorioſus ante & poſt.*	م Mim 24
نور السموات والارض ناره معده لمن عصاه ❁ Id eſt, *Lux cæli & terræ, ignis eius paratus eſt rebellibus.*	ن Nun 25

Id eſt,

Significationes	Literæ	
وفى المومنين وويل لمن عصاه روبل الذكذين 🙰	Vau	26
Id eſt, *Præſes fidelium ; væ ſuperbis & pertinacibus ; væ meſdicibus.*		
هوالله الرب لاله الا هو الواحد القهار اعداوه فى جهنم واولياه فى النعيم المقيم 🙰	He	27
Id eſt, *Ipſe Deus ; non eſt alius, niſi ipſe ſolus, victor, inimici eius in inferno, ſancti eius in voluptatibus perpetuis.*		
لااله الا هو العزيز الحكيم 🙰	Lamaliph	28
Id eſt, *Non eſt Deus niſi ipſe, fortis & ſapiens.*		
يعلم ما فى السموات وما فى الارض وما فى نفسها وما فى نفسى السنى 🙰	Ie	29
Id eſt, *Cognoſcens omnia, quæ ſunt in cœlo & in terra, & intermedijs eorum, & quæ abſcondita ſunt in pectoribus.*		

Hæ ſunt 29 literæ, quas Deus Adamo filijſque, myſterijs, yt ipſi falſo ſibi perſuadent, pleniſſimas tradidiſſe fertur; quarum quidem ſingulæ incipiunt cum ſententia quadam ex Alcorano extracta, quæ incipit ab eadem litera, quam exponunt. Haſce verò ſententias dictis literis æquipollere volunt, quas diuinam prouidentiam ab origine Mundi propter merita ſerui ſui Mahumedis iuxta dictarum ſententiarum principia ſic ordinaſſe & diſpoſuiſſe impie ſibi imaginantur. Quomodo verò hæc Cabala paulatim propagata ſit, refert citatus Abulheſſan libro locoque allegato his verbis:

Falſum eſt literas Alphabeti Arabici eſſe myſteriolas.

فلما ذلت هذه الحروف علمها لابنه شيت عم وقال يابنى قوارثوا هذا الحروف وتوارثوها حتى صارت الى انوش ثم الى قيدار ثم الى هابيل ثم الى نزار ثم اندريست حتى بعث الله تعلى ادريس عم وهو اول من خط بالقلم بعد انوش بن شيت ثم علمها اولاده وقال يابنى اعلموا انكم صابون وتعلموا القزاه فى صغركم والصابون هم كنتيت ذلك الزمان وذلك قوله تعلى والصابون والنصارى ثم يزالوا جعوارثون صحف شيت بن ادم عم الخان كان زمان نوح عم وهو الى الزمان ابراهيم فلماهلك الله عزوجل النمرون خرج ابراهيم مهران يريد ارض الشام فلما وصل حران من ارض الجزيرة ووجده 🙰

Abulheſſan.

Id eſt, *Cùm deſcendiſſent cœlitus hæ literæ, docuit eas Adam filium ſuum Seth (pax ſuper eum) & dixit; O filij mei, hæreditate has literas ; & hæreditarunt eas, transferentes eas ad Enos, deinde ad Keitar, deinde ad Habil, & poſtea ad Nazar, vſque dum mitteret Deus excelſus Adris. (ſuper eum pax) & is primus fuit, qui exarauit eas calamo poſt Enos filium Seth; tunc docuit eas filios ſuos dicens : O filij mei, ſcitote quoniam vos Sabæi, qui debetis docere lectionem earum paruulos veſtros & adoleſcentes; ſcripſi tempus, quo hæc locutus eſt Excelſus Sabeis & Nazaræis, & cùm diſcederent, hæreditarunt libros Seth filij Adam (ſuper eum pax) vſque ad tempus Noë (ſuper eum pax) & hic vſque ad tempus Abraham, & poſtquam Deus fortis & glorioſus occidiſſet Nembrod , exiuit.*

Figmentum Arabum de literis Alphabeti Arabici cœlitùs acceptis.

Abra-

Abraham de Haran, hinc conceſſit in terram Scham Syriæ, & cùm perueniſſet Haran vnam ex terris Meſopotamiæ, ibi inuenit primùm has literas. Addit deinde Author, Abrahamum multa ijs miracula præſtitiſſe, & iuxta eas inſtituiſſe varias cerimonias, id eſt, purificationes, ieiunia, Menſe Ramathan facienda; & ſic literæ tandem ad Mahumedis tempora propagatæ fuerunt; quas ipſe nouis reuelationibus auctas, vt aiunt, filijs doctrinæ ſuæ obſeruandas tradidit.

Alphabetum Arabicum originem habet ab Hebræo.

Verùm hæc omnia non ab Adamo primùm accepta, ſed ex alio Alphabeto, quod diuinum vocant, mutuata, luculenter patet, in quo & ordinem literarum 22 Hebraïcarum, & quinque finalium ךםןףץ, quas ad 27 vſque viginti duabus adiungere ſolent, obſeruant, vt ſequitur.

Alphabetum Arabicum accommodatum Alphabeto Hebraïco, à quo originem primam duxit.

Tta	Hha	Ze	Vau	He	Dal	Gim	Be	Aliph	Literæ Arabicæ
ט	ח	ז	ו	ה	ד	ג	ב	א	Literæ Hebrææ
Teth	Cheth	Zain	Vau	He	Daleth	Ghimel	Beth	Aleph	
9	8	7	6	5	4	3	2	1	Numerus

Sfad	Phe	Ain	Sin	Nun	Mim	Lam	Caph	Ie	Literæ Arabicæ
צ	פ	ע	ס	נ	מ	ל	כ	י	Literæ Hebrææ
Tfade	Pe	Nghain	Samech	Nun	Mem	Lamed	Caph	Iod	
90	80	70	60	50	40	30	20	10	Numerus

Te	Schin	Re	Koph	Literæ Arabicæ
ת	ש	ר	ק	Literæ Hebrææ
Thau	Schin	Reſch	Koph	
400	300	200	100	Numerus

Ghain	Dha	Dzh	Dhfal	Chha	Tfe	Literæ fortes ſeu abundantes dictæ
ץ	ף	ן	ם	ך		Literæ finales dictæ
1000	900	800	700	600	500	

Atque ex hoc duplici Alphabeto apertè patet, Arabes omnem Alphabeti ſui myſtici rationem ab Hebræis, ſiue ordinem ſpectes literarum, ſiue numerorum quam ſingulæ oſtendunt, ſignificationem, acceptam, furtiuè ſibi attribuiſſe.

CA-

CAPVT III.

De Nominibus diuinis, Mahumedanis vsitatis, eorumque proprietate & efficacia, ex eorum sententia, quæ ex tractatu de dictis nominibus Abulhessan, summa fide extracta sunt.

QVemadmodum Hebræi ex combinatione literarum & permutatione textus Sacræ scripturæ varia Dei, Angelorumque nomina educunt, quæ magnam in certis à Deo petendis beneficijs vim habere putantur; Pari ratione Mahumedani ex Alcorano plurima Dei nomina fingunt, quorum aliqua ex initialibus diuersorum Alcorani versuum literis constituuntur, nonnulla permutatione literarum efficiuntur, quædam ex ijs quæ Magicam Indorum doctrinam concernunt, fiunt. Ea nomina in numeros resoluunt, quibus suprà quàm dici potest mirabilé efficaciá inesse, incredibili stoliditate credunt. Primi generis sunt ea, quibus paulò ante mysticum Alphabetum exposuimus; secundi, & tertij generis paulò post adducemus. Sunt autem nomina partim expansa, partim contracta: illa seipsa explicant; hæc ex initialibus literis multorum Dei attributorum in vnum nomen contrahuntur, & proinde minimè nisi à peritissimis tantùm intelliguntur. Tale est مترحم *Mitrahhem, miserens*, quod ex attributorum Dei ملك *Mellech, Rex,* توحيد *tubbid, vnicus,* رحمان *rahheman, misericors,* حنان *hhanan, gratiosus,* محمود فعاله *mahhmud paale, gloriosus in operibus,* emergit; omnes enim horum nominum initiales literæ constituunt vnum nomen hoc مترحم *mitrahhem,* quod miseratorem significat. Tale est etiam استحبتيا *eshabbtia,* quô ad gratiam Optimatum promerendam vtuntur. talia sunt omnia quæ sequuntur nomina, ex initialibus literis variorum diuinorum nominum, extracta; quæ quidem hic adducere non importunum duximus. Et primò quidem explicabimus hoc loco nonnulla nomina; & quem in petendis à Deo beneficijs vsum obtineant, ex mente Arabum & Mahumedanorum recitabimus; vt quàm portentosis superstitionibus humani generis hostis mortalium pectora etiam sub specie pietatis & sanctimoniæ premat, quamque ad vanos & illicitos vsus ea adigat, Lectori ad cautelam patefiat.

Nomina Dei expansa, siue explicata. | Nomina Dei contracta.

لا الله الا انت يا رب كل شي وارثه ٭
Non est Deus nisi tu, ô Domine omnium, & hæres eorum.

سبحانك
Sababhnak
Laudamus te.

Proprietas huius nominis est, gratiam obtinere ad ingressum ad Principes, si, vt sibi vanè persuadent, omni die vigesies quinquies dicatur.

Margin notes:
Arabes ex Alcorano varia Dei & Angelorum nomina extrahunt, eaque ad miras superstitiones adhibent.

Hæc duplicis generis sunt, expansa & contracta.

Nonnulla ex 50 Dei nominibus Arabicis.

Aaa 2 Esmu-

يا الله الاله الرفيع جلاله

يا اسموطوطيما

O Deus, Deus sublimans & extollens gloriam suam.

Esmuttutsia

Quicunque hoc nomen indutus vestimentis mundis die Veneris post preces eiusdem diei dixerit centies, obtinebit à Deo, si credere fas est, certitudinem salutis, & inimicorum impetus confringet. commentum supra quàm dici potest ridiculum.

يا الله المحمود في كل فاعله

يامعروشن

O Deus gloriosus in omnibus operibus suis.

Maarujchen.

Si quis scripserit hoc nomen (vide superstitionem oppidò ridiculam) supra testam oui cum muscho & croco, vnà cum nomine eius, quem te vehementissimo amore prosequi desideras, & matris eius, & sepeliuerit in loco mundo, isque fuerit miris & humilis, ieiunaueritque tribus diebus, & legerit id singulis diebus quingenties, & post diem tertium abierit ad balneum, cuius porta fuerit versus Septentrionem, & benè lotus egressus scripserit hoc nomen pariter supra volam dextram pedis, & & sic iuerit ad amatam, & legerit super eam dictum nomen cum intentione obtinendi illud quod vult, & stando cum ipsa deleuerit nomen scriptum; quisque ille vel illa fuerit, statim infatuabitur amore tanto, vt non possit quiescere, nec cogitare aliud prætet te. Hisce nugis & insanijs Turcæ occupantur in diuinis suis inuocationibus; at quis tantarum superstitionum insaniam vel animo concipiat; aut tam blasphemas & sacrilegas operationes, in tam turpes & abominandos fines assumptos, dum Deo præcisè ad malum vtuntur, non abhorreat? Sed prosequamur coetera nomina horrenda.

Hoc nomen his verbis expansis interpretamur

وارخيس كلشي وراحمه

ياطهغشون

O clemens miserator omnium. & Misericors miseretur eorum.

Ttahapasun.

Si quis difficili infirmitate detentus fuerit, neque vlla spes remedij supersit, & scripserit hoc nomen cum muscho & croco, & iniecerit in potionem; subitò ac sumpserit eam, sanabitur ab infirmitate sua, neque vnquam infirmabitur, & Deus habitationem eius benedicet. sic stultissimè sibi persuadent.

ياحي حين لا حي اخر منه في ذفسه ملكوته

ياخشطنون

O qui viuis semper, non viuit alius præter eum, in se-
metipso regnum eius.

Chheschinun

Huius proprietatem nominis dicunt esse, in coërcenda Principum

yio-

violentia, præsertim si quis singulis diebus illud recitauerit vigesies septies, & (nè quid superstitioni desit) Luna existente in signo Arietis.

| يا قيوم فلا يفوت شي من حفظه ولا جوده يا متترفي | يا متترفي |
| *O existens, qui nullum à custodia sua elabi patitur.* | *Metraphi.* |

Vtuntur hoc nomine contra omnia maleficia, incantationes, præsti-
gias, morsus venenatorum animalium, postquam illud quinquagies inu-
tili & insano conatu recitauerint.

| يا واحد الباقي اول كل شي واخره | يا احبطر كوا |
| *O vnicus & stabilis, omni re prior & posterior.* | *Hhahhatraku.* |

Hoc nomen post triduanum ieiunium trecenties dictum, quicquid
postulauerit, obtinebit; si credere fas est.

Tempus me deficeret, si omnes vanitates, quas in inuocationibus
suis, huiusmodi nominum ope exercent, recensere vellem. Quare hîc
tantùm nomina reliqua ponam, vt si quando amuletis inserta reperiantur, vnde extracta sint, constare possit.

فيجان Heigian. idem est, quod, *Deus perennis, cuius regnum fuit, est, erit ;*
abutuntur ad auersæ coniugis conciliationem.

كاسلف Kaslaf. idem est, quod, *Deus aeternus, cui nihil comparari potest ;*
conferre id aiunt ad apparitionem spirituum prouocandam.

مشطع Mescheita. idem est, quod, *Nulla res illi similis est, & ipse semper*
persistens & immobilis ; illo ad plurima abutuntur.

للخشفف Lilchheschhaph. idem quod, *Magnus, gemitus exaudiens, & intellectus*
illustrans : annulo septem metallorum incidunt, & ad varia adhibent superstitionum deliramenta.

عيطرزج Aittrazag, idem quod, *Creator animarum sine similitudine corporea ;*
superstitiones horrendæ reticentur.

حجره Hhagire, idem est, quod, *Gloriosus operator, qui dominatur super omnes*
creaturas suas in mansuetudine ; ad varia id applicant, indigna quæ
referantur.

عدموي Admui, *Propinquus omnibus, exaltans ea, summitas eius supra omnia*
exaltata ; mirabilia per hoc se facere imaginantur.

طاطن Tattun. expositio eius est, *Sanctus, purus ab omni inquinamento, &*
non praeterit eum creatura ; contra morbos seruit vt insulse putant.

اصنهوا Essnahhu, expositio eius est, *Venerabilis & iustus super omnia ;* vsus
eius est ad tentationes comprimendas, vt ridicule nugantur.

سوراجي Suragi. expositio eius, *Magnus, fortis, gloriosus ;* per huius inuocationem sibi sapientiam pollicentur.

سره Sare. expositio eius, *Mirabilis, mirabilis, opifex rerum, non deficiat glo-*
ria regni sui ; nominis huius vî in carcere detentus liberabitur ; si
tamen id crumena nummis benè priùs farta, à Iudice obtineatur.

Exhi-

Exhibui nonnulla ex quinquaginta Dei nominibus, vt ex ijs, eorumque vſu, quid de cœteris ſtatuendum ſit, perſpiceres.

Porrò alij hiſce addunt 99 alia nomina, de quibus ita Hali Ben Aruth
in peculiari tractatu:

قال الله تعالى ولله الاسما حسنى فادعوه بها وله تسعه وتسعين اسما ماىه

غير واحد من قراها واحصاها نخل للجنة

*Dicit Deus excelſus; Deo nomina ſunt bonitatem eius reſpicientia, quibus in-
uocetis eum, eaque ſunt* 99, *nomina videlicet centum præter vnum; qui legerit
& recitauerit ea, ingredietur paradiſum, iumentorum, ni fallor. Verùm horum ſignificationem, vſum, efficaciam, aliaque innumera deliramenta
vide in dicto tractatu.*

CAPVT IV.

De Nominibus Dei numerorum figuris exhibitis.

Arabum nu-
meri Indici,
à Latinis nu-
meris deriua-
ti. Mahumedani Arabes, Saraceni, inter cœtera ſua myſteria numeros
quoſdam adhibent, quos هندي *Hendi*, id eſt, Indicos vocant, ab
Indiæ ſapientibus profectos, quamuis veriùs à noſtris Latinis numeris
proceſſerint, vt vnum cum altero comparanti patebit; ſunt enim nihil
aliud quàm numeri Latinorum inuerſi, & ex ſcriptionis eius vſitatæ de-
prauatione nati, vti ſequitur; reſpondent autem 27 literis Arabicis, iuxta Hebraici Alphabeti ordinem & numeros diſpoſitis, vt ſequitur.

ط	ح	ز	و	ه	د	ج	ب	ا	Literæ Arabicæ
ט	ח	ז	ו	ה	ד	ג	ב	א	Literæ Hebrææ
									Numeri Indici
9	8	7	6	5	4	3	2	1	Numeri Latini

ص	ف	ع	س	ن	م	ل	ك	ي	Literæ Arabicæ
צ	פ	ע	ס	נ	מ	ל	כ	י	Literæ Hebrææ
									Numeri Indici
90	80	70	60	50	40	30	20	10	Numeri Latini

ت	ش	ر	ق	Literæ Arabicæ
ת	ש	ר	ק	Literæ Hebrææ
				Numeri Indici
400	300	200	100	Numeri Latini

غ	ظ	ض	ذ	خ	ث	Numeri reliquarum litera-
1000	900	800	700	600	500	rum in Alphabeto Hebrai-
ץ	ף	ן	ם	ך		co ſuperſtitum.

Hiſce

His numeris tantam vim tribuunt, vt nihil sine illis recte geri posse asserant; hosce in nomina Dei transformatos, omnibus amuletis inserunt; vix vlle sit, qui non huiusmodi fanatica deliramenta libris, collo, brachijs, pedibusque inserta circumferat. Et quoniam nullus est, qui eos hucusque, quod sciam, intellexerit, aut huius superstitiosae machinationis originem ostenderit, Oedipi esse ratus sum, eorum hic rationem, quoad licuerit, ostendere. Primo itaque praeclariores Alcorani sententias de Deo sub his numeris latentes referunt; deinde amuleta fabricantur, quibus eos artificiose inserunt: de priori ratione primo dicam, deinde de posteriori.

His numeris Indicis suis vim tribuunt Arabes.

Vsus numerorum Indicorum.

Analysis quorundam numerorum Indicorum.

Inuenies passim hosce numeros schedis, & sub certis figuris Geometricis exhibitos: qui quidem nihil resoluti, aliud significant, quam decantatissimu illud بسم الله الرحمن الرحيم In nomine Dei misericordis miseratoris. Verùm analysin singulorum vocabulorum hic apponamus.

جسم الله الرحمان الرحيم

258 299 66 102

Prima vox est Bismi, quae resoluta in numeros, dat 102. الله Alla resoluta in numeros, dat 66. الرحمان Elrahhman omisso articulo, & resoluta in numeros dat 299. الرحيم Elrahhim, omisso articulo, & resoluta vox dat 258. vt vides in sequenti Tabella. Notandum verò, saepe Arabes pro 5 vti ciphra o, & pro o hac notâ, ne in numeris confusio nascatur, vti hic numerus 10, hic verò 15 significat; differunt in hoc, quòd 5 per circulum magnum, Zyphram verò per circulum paruum exhibeant.

Resolutio dictae sententiae in suos numeros.

4 الرحيم		3 الرحمان		2 الله		1 جسم	
ر	200	ر	200	ا	1	ب	2
ح	8	ح	8	ل	30	س	60
ي	10	م	40	ل	30	م	40
م	40	ن	50	ه	5		
	258		298		66		102

Pari pacto sub his numeris, quos adducit Abulhassan in libro suprà memorato, inueni contineri primum Alcorani versum, vt sequitur.

لامر

Abulhassan.

8	7	6		5		4	3	2	1	

للّٰه الحمد رب العالمين الرحمن الرحيم ملكي يوم ۞   Textus Alcorani

										Numeri Arabici
56	90	289		329		232 202 65		83		Numeri Latini

8	7	6		5		4	3	2	1	

diei. *Rex miserator misericors, seculorum Domino Deo Laus* Interpretatio

Si voces, vti factum est, in numeros resolueris, inuenies numeros singulis vocibus correspondentes, vt apparet. Vidimus artificium nomina Dei resoluendi in numeros ; iam arcana, quæ sub ijs latere putant, aperiamus.

CAPVT V.

De Nominum diuinorum, numerorumque quibus exhibentur, ad 7 planetas, & 12 signa Zodiaci appropriatione.

Mahumetani adhibent diuina nomina ad superstitiones.

QVemadmodum Hebræi nomina diuina mundanæ machinæ partibus veluti signacula quædam rerum creatarum attribuunt ; ita & Mahumetani Arabes ; hac tamen differentia, quod hi Philosophiam suam non ad supernaturales fines, sed ad enormes prorsus & prodigiosas superstitiones, ad id quod intendunt, obtinendum, id est, ad carnis voluptuosas illecebras, diuitias, honores, similesque Satanicæ incitationis

Stolida Mahumetanorum persuasio.

fines & scopos, vtplurimum dirigere solent. Putant autem stolidi homines, vti habetur in Alcorano, Deum ob merita & sanctitatem nequissimi Impostoris Mahumedis, Mundum, adeoque omnia quæ in Mundo sunt, produxisse, Angelos ordinasse, nominibus singula suis sigillasse ; ita vt quicunque nomina diuina rite ordinare nouerit, & numeros nominibus applicare, eum per operationem horum nominum occultam, omnia nullo negotio ob merita Mahumetis impetraturum. O cœcitatem intolerabilem ! Hinc passim toti in hoc sunt, quemadmodum & supra ostendimus, vt immensam diuinorum nominum farraginem ex Alcorano suo coaceruent, ex quibus iterum per capitales eorundem literas aliam portentosam nominum fœturam deducunt, quos duodecim signis Zodiaci, septem erronibus, & 28 mansionibus Lunæ addicunt ; verbo, nullum lapidis, nullum herbæ, nullum animalis genus assignatur, quod non portentosis huius farinæ nominibus, vt postea dicetur, insigniant ; quibus singulis eas vires inesse, quas paulò antè descripsimus, asserunt. Et nomina quædam diuina fingere illis condonandum foret ; sed stoliditatis suæ vel ex hoc capite conuincuntur, quod hæc tot portentosis operationibus, tot abominandis cœrimonijs conspurcare soleant, vt multo consul-

Nomina Dei 19 Arabes applicant 7 planetis, & 12 signis Zodiaci.

tius iudicarem, in Augiæ stabulum, quam in hanc inexhaustam sentinam purgandam manus mittere. Sed nomina præcipua explicemus. Nomina itaque 19 tanquam arcaniora seligunt, quæ septem planetis, & duodecim

cim ſignis Zodiaci apponuntur formam circuli, vt poſteà oſtendemus, ſuntque ſequentia.

6	5	4	3	2	1
القهار	المهيمن	الجبار المتكبر		الملك العظيم	

victor, omnia ſumma faciens, magnificatus, electus bonus, magnus, Rex,

12	11	10	9	8	7
العلى الكبير المتعال القادر المقتدر الحكيم					

omnia ſapienter diſponês, potentè faciens, potens, exaltans, magnus, altus,

19	18	17	16	15	14	13
العدل المستقيم المذل العزيز الكبير الحكيم الحسيب						

rectus. humilians, robuſtus, fortis, ſapiens, honorabilis, iuſtus,

Explicatio nominum ex Arabico in Latinum translatorum.

الملك 1 *Almalek, Rex,* nomen Dei pentagrammaton, numerum continet ۱۲۱, id eſt 121. & influit in Saturnum ſecundùm Arabes.

العظيم 2 *Alaadim, magnus,* nomen ſex literarum eſt, numerumque habet ۱۰۵۱, id eſt 1051. influit in Iouem.

الجبار 3 *Elchiar, electus,* nomen Dei ſex literarum, numerum habet ۸۴۲, id eſt 842. influit in Martem.

المتكبر 4 *Elmetkabar, elatus,* nomen Dei ſeptem literarum, numerum habet ۶۹۳, id eſt 693. influit in Solem.

المهيمن 5 *Elmahimen, ſummitas, omnia ſumma faciens,* nomen eſt ſeptem literarum, numerum habet ۱۷۶, id eſt 176. influit in Venerem.

القهار 6 *Elkabar, victor,* nomen ſex literarum, numerum continet ۳۳۷, id eſt 337. influit in Mercurium.

العلى 7 *Alaali, excelſus,* nomen eſt quinque literarum, numerum continet ۱۴۱, id eſt 141. influit in Lunam.

الكبير 8 *Elkabir, magnus,* nomen eſt ſex literarum, numerum continet ۲۳۳, id eſt 233. influit in Arietem.

المتعال 9 *Elmetaal, exaltatus,* nomen eſt ſeptem literarum, numerum continet ۵۷۱, id eſt 571. influit in Taurum.

القادر 10 *Ellcadar, potens,* nomen eſt ſex literarum, numerum habet ۳۳۶, id eſt 336. influit in Geminos.

المقتدر 11 *Elmoctadar, potentificans,* nomen eſt ſeptem literarum, numerum continet ۷۷۵, id eſt 775. influit in Cancrum.

الحكيم 12 *Elhakim, ſapiens,* nomen ſex literarum, numerumque continet ۱۰۹, id eſt 109. influit in Leonem.

العدل 13 *Elaadal, iuſtus,* nomen quinque literarum, numerum continet ۱۳۵, id eſt 135. influit in Virginem.

الحسيب 14 *Elheſſib, illuſtris,* nomen eſt ſex literarum, numerum continet ۱۱۱, id eſt 111. influit in Libram.

الحكم 15 *Elhokom, ſapiens diſpoſitor,* nomen ſex literarum, numerum continet ۹۹, id eſt 99. influit Scorpionem.

الكبير

الكبير 16 *Elkabir, magnus,* nomen est sex literarum, numerum continet ٢٦٣, id est 263. influit in Sagittarium.

العزيز 17 *Elaaziz, fortis,* nomen est sex literarum, numerum habet ١٢٥, id est 125. influit in Capricornum.

المدل 18 *Elmedal, significatus,* nomen est quinque literarum, numerum habet ١٠٥, id est 105. influit in Aquarium.

المنتقم 19 *Elmentakem, vindex,* nomen est sex literarum, numerum habet ٦٦١, id est 661. influit in pisces.

Atque hæc sunt 19 nomina Dei, in sideream œconomiam influentia; quæ vt maiorem efficaciam acquirerent, in circulo in 19 areas partito, sub mysticis characteribus superstitiosissime disponunt, sub singulis vero characteribus, tres ordines literarum ponunt, quarum sensus est, vt sequitur.

بسم الله الرحمن الرحيم 1

In nomine Dei misericordis miseratoris.

قرد ذى قيوم حكم عدل قدوس 2

sanctus, sapiens, iustus, existens, simplex, viuus,

او من كان ميت لا يحيى الا 3

& qui fuerit mortuus? quid ni amantes? (hoc nomen)

Horum versuum vnusquisque nouendecim literas habet, quæ correspondent nouendecim nominibus: quibus quidem nouendecim tum nominibus, tum characteribus Deum, vna cum Angelis appropriatis, & Mahumede, in septem planetas, & 12 signa Zodiaci influere asserunt; vnde maxima ijs mysteria inesse sibi persuadent, per appropriatas inuocationes, quicquid voluerint, à Deo impetrandi. Sed audiamus hæc verba Aben pharagi in peculiari tractatu de hac re conscripto:

Aben pharagi

وهذه الاسما العظيمة للوهجة والنور والعطوة الذى له والانتقام لاعى الله
اهل النار فيخلصنا الله تعالى منها وكل اسم من هذه الاسما العظيمة للشريفة
خلى منها املك من خزنة جهنم ولاسم مكتوب على جهته بقلم القدرة وقد تقدم فى
Loco
ابيات* فى العى فى المطومان التى قلتها بالكوف حيث قلت كل حرف خلق الله
ابيات
به ملكا من الكرام البررة خطاك المرق فى جهتته جل صنع الله فيها سطره فهموا
lege
الاشك اى على جهة الخزان لطى ذقف ذنوف واعلم ان الله تعالى قد خلق نبيه من
ابواب
خيمة اسما من اسما قدسمى وفى غير هادى مومن حليم رشيد فى تسعة عشر
id est portæ, capitula.
حرفا بعد ذى خروف كم اعلم ان الله تعالى كلما قد كمل به دايرة الوجود لكمل هذه
الدايرة بانسما الكريم خمود لان اسمه فى السما احمد وفى الارض محمد وبين الخميدين
خمود وهواكمل اسمانة وكل حرف من هذه الاسما قد قابل اسما من اسما لخمسة
المذكور ٤

Impia & blasphema figmenta.

Id est, *Hæc sunt nomina magna quæ terrent, vincunt, opprimunt humiliant, vindicant inimicos Dei incolas ignis, liberet nos Deus ab illo; & per vnumquodque nomen ex hisce nominibus magnis & inclytis Deus creauit Angelum ex reconditorio inferni, & nomen scriptum supra frontem eius per pennam fortem & robu-*

robuſtam, ſed de his in alijs portis de hac ſignificatione, & de coagitationibus, de qui- * Meſopota-
mia.
bus dixi in Kophe *, vbi dixi quòd ex omni litera creauit Deus Angelum honora-
bilem & iuſtum, incidit q̃ hanc literam in fronte eius, fecit q̃ hoc Deus, vt intelligeret Nota hic Ma-
nuſcriptum
Arabicũ defe-
& explicaret fiduciam in ſermone, ſcias autem quòd Deus excelſus creauit Prophe- ctuoſum fuiſſe.
tam ſuum ex quinq; nominibus nominum ſuorum, & hic eſt ignis dirigens creden-
tem ad manſuetudinem & inſtructionem, ſunt autem 19 literæ iuxta numerum
literarum; deinde ſcias, quòd Deus excelſus cum compleſſet in ipſis Orbem vnita-
tis, compleuit hunc Orbem in nomine venerabilis Mahumed, quoniam nomen eius

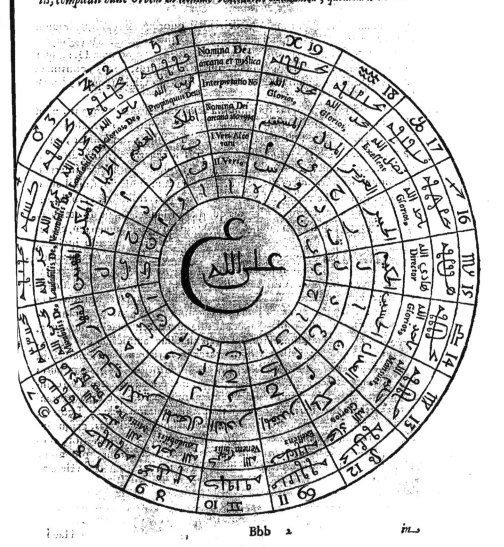

*in cælo laudatur, & in terra gloriofum inter eos qui tremunt. Mahumed, & hoc eft
nomen omnium perfectiffimum, & vnaquæque litera huius nominis accepit nomen
ex quinque memoratis*. Hæc Aben pharagi. Pergit deinde Author comparare fingulas literas indigni nominis, cum nominibus Dei, transforman-
do illa in certos quofdam characteres, quas قلم literas arcanas vocant;
difponendo intra Orbem, vt in antecedenti figura videre eft.

Interpretatio Schematis.

S Chema diuiditur primo in fex circulos, quorum vnufquifque diuifus
eft in nouendecim fpacia; primus circulus continet figuras myfti-
cas; alter explicat ipfa nomina; tertius continet 19 nomina Dei, quæ
myfticis nominibus correfpondent; quartus, quintus, fextus, continent
tres verficulos, vt paulo ante dictum fuit, quorum vnufquifque 19 literas
habet.

Literæ my-
fticæ Arabum

Literæ myfticæ, quas ipfi nomina & figuras naturales vocant, nihil
aliud funt, quam diuinorum nominum in dictas figuras, ad myfteria ce-
landa, transformatio. Hoc pacto prima figura nihil aliud indicat, quàm
hæc nomina قريب الله, *vicinus Deus* per tres nouenarios, qui indicantur
per numeros, quos ipfi *Hendi*, id eft, Indicos vocant, normaliter infertos,
quamque Saturno confecrant. Secunda figura Ioui confecrata, nihil aliud
indicat, quàm hæc verba, مجيد الله, *gloriofus Deus*; tranfuerfi vero ductus
numeri funt 919 ifopfiphi nominis quod exprimunt. & fic de cæteris,
vti fecundi circuli nomina declarant. Atque hi quoad numerum, corre-
fponfum habent cum 19 magnis Dei nominibus tertio circulo inclufis,
& hi cum tribus verfibus, reliquis circulis inclufis, quorum vnaquæque
litera vni fuprapofito nomini refpondet, vna cum planeta vel figno in
eadem area contento. Vfus huius fchematis potiffimus eft in telefmatis

Vfus Sche-
matis.

conficiendis hoc pacto. Vbi deprehenderint planetam vel fignum, fub
quo natus quifpiam fuerit, telefma componunt ex ijs figuris, nominibus,
numeris, quos in fua areola planeta aut fignum inuentum continet; v. g.
ad amorem conciliandum, efformant telefma fiue amuletum ex figuris,
nominibus, numeris, & literis, quos in area Veneris inueniunt; peractifq;
inuocationibus ipfa hora Veneris, aliifque fuperftitionibus, quas ne aures
caftas vulnerem, confulto omitto; putant hoc telefma geftatum vires incredibiles obtinere ad amorem Principum, fœminarumque erga portan-
tem excitandum. Pari pacto natus quifpiam fuerit fub Sole & Leone:
tunc fumunt ex areola Solis figuras, nomina, numeros, literas, eafque in
anteriori fannei circuli parte incidunt hora Iouis; & in pofteriori eiufdem parte figuras omnes, quæ in Leonis areola continentur; putantque
hoc pacto ad fummos honores & dignitates cum euectum iri. telefma
fequitur.

Haud

Haud secus de cœteris planetis & signis, telesmata appropriata conficiunt, quæ omnia fusè apud citatos Authores pertractata reperies. Placuit hoc Arabum inuentum ita quoque Europæis, vt vix vllum sit Magicum sigillum, quod non ex fanaticis huiusmodi machinamentis aliquid in suam compositionem deriuasse comperiatur. Et quoniam huiusmodi signa, Ritus superstitiosissimi in conficiendis sigillis & amuletis Arabum. quæ mundanarum potestatum connexionem exponunt, suum valorem sine circumstantiis quibusdam pernitiosis obtinere non posse existimant, dici vix potest, quot ac quanta requirant ad valorem illum characteribus inducendum. Hinc loti priùs, vestibusque appropriatis ridiculè amicti, ieiunijs intendunt ab hora ad horam certam; succedunt hisce adiurationes portentosis nominibus refertæ, cum corporis gesticulatione prorsus ridenda; obseruant quoque, ne capilli, piliue corporis, fragmenta calceorum, aromata, ossa & cornua animalium, innumeraq; huiusmodi amilia deliramenta, quæ iuxta signum aut planetam, cui natus subest, quandam obtinent analogiam, desint: si enim quicquam eorum, quæ præscripserint, omiseris, nihil te effecisse opinantur. Has itaque & similes vanæ obseruantiæ rationes, meritò ab Confutatio. Ecclesia, tanquam manifesta Diabolicæ cooperationis signa prohibentur. Vnde cum huiusmodi signa sæpe sæpius occurrant; & vti curiosum est rerum nouarum humanum ingenium, ita multi similia non in admiratione tantum, sed & veneratione habuerunt, & habent; mearum partium esse ratus sum, earum structuram & compositionem hoc loco ostendere, vt ex qua officina prodierint, Lector iudiciosus ad cautelam cognosceret.

CAPVT VI.

De structura mysticorum nominum, eorumque significatione.

VT interpretationem amuletorum Arabicorum facilius capiat Lector, hic primo characterum mysticorum structuram, ductuumque singulorum in sua principia resolutionem ostendemus, vt quid de ijs sentiendum sit, curiosi peritius iudicium formare possint. Et tametsi ipsi Mahumedani summo studio illa celent, plerique etiam secretum ignorent, tantum tamen ex ipsorum libris, & proprio studio profeci, vt tandem omnia sine difficultate, Deo dante, penetrarim.

Sciendum itaque primo, Mahumedanos Hebræorum Simias, quod & omnibus Orientalibus in vsu fuit, in arcanis suis artibus, occultam Arabes Mahumedani, Hebræos imitati, tres, numerorum series habent. quandam rerum, vel in ductibus literarum, vel numerorum responsu, cum nominibus latentem analogiam attendisse. Quemadmodum Hebræi tres series numerorum habent, vnitatum, decadum, hecatontadum, quibus

bus

bus fingulas mundanarum rerum Claffes indigitant; ita eos fecuti Mahumedani myfticam quandam numerorum catenam ex Hebræo defumptam formant, ab vnitate vfque ad decem inclufiue; & fingulas poftea literas triplicant, ita vt prima Monades, altera Decades, tertia Hecatontades referat; quibus fingulis nomina diuina affignant, dictis tribus literis quoad numerum ifopfiphis, id eft, æqualibus, vt fequitur.

	5	4	3	2	1	
	ꓶꓶꓶ	ϜΤΓ	ЈЈЈ	LLL	ΙΙΙ	Literæ myfticæ
	၀၀၀	ՐϾՐ	ႮႮႮ	ႮႮႮ	ιιι	Numeri Arabici
	555	444	333	222	1111	Numeri Latini
	خنث	دمت	حلش	بكر	ابتح	Nomina correfpondentia

	9	8	7	6	
	ꓶꓶꓶ	ΤΤΤ	Ϝꓩꓩ	ꓵꓵꓵ	Literæ myfticæ
	ᛁᛁᛁ	ᛀᛀᛀ	ꛠꛠꛠ	ᚒᚒᚒ	Numeri Arabici
	999	888	777	666	Numeri Latini
	ظظط	حفض	زعن	وضع	Nomina correfpondentia

Literæ myfticæ Arabum ex circulo defumptæ.

Hæ literæ myfticæ aliunde non proueniunt, nifi ab Ægyptiis, ex circulo in duas diametros diuifo tranfcriptæ; vt fuo loco dicetur, & hic è latere patet; ad denotandum, Deum per omnia Mundi membra, furfum, deorfum, antrorfum, retrorfum, dextrorfum, finiftrorfum, inferius, fuperius, & per media omnium diffufum. Primas tres literas III exhibet diameter fimplex; fecundas tres literas refert a b c; tertias tres literas a b e; quartas tres literas d b e; quintas tres literas d b e; fextas tres literas a d e; feptimas tres literas a d e; octauas tres literas e c d; nonas a e c. Habemus itaque nouem literarum triades, quæ tribus Mundis, Angelico, Sidereo, & Elementari exacte refpondent; omnes autem literæ funt viginti feptem, refpondentq; tribus Mundis, Angelico, Sidereo, Elementari. Cubumq; ternarij myfticum, omnes rerum mundanarum Claffes exhibentem indicant, ita vt finguli dicti Mundi in nouem Claffes diuifi intelligantur. Mundi Angelici Claffes nouem funt, quos Arabes المللك Reges vocant; Siderei Mundi nouem pariter Claffes funt, quas الفلك Orbes feu fphæras vocant; Elementaris Mundi denique totidem Claffes funt. primæ trium Mundorum Claffi refpondent tres literæ III. tanquam fimpliciori, & diuinitati propriori: fecundæ trium Mundorum Claffi refpondent LLL, & fic de cœteris, vt in fubiuncto Schemate patet; in quo Angelorum nomina funt ab Arabibus conficta.

Nota Lector dum tres literas dicimus contineri in circuli diametris interceptas, non effe effe intelligendum omnes tres efformari fimul; fed vnam ex ijs tantùm.

Harmonia Characterum, Nominum , Numerorum, vnà cum 27
trium Mundorum Classibus in tres Enneades diuisa.

Mundus Angelicus cu- ius Reges sunt	Mundus Sidereus	Mundus Elementaris
1 I أصرافييل	1 I فلك أولد	1 I طبع النار
2 L ميكاييل	2 L فلك نجوم	2 L طبع الهوا
3 J أصراييل	3 J فلك زحل	3 J طبع الما
4 Γ حطياييل	4 Γ فلك مشتري	4 Γ طبع الأرض
5 T حباييل	5 T فلك مريخ	5 T ملك المعدان
6 ⊣ رفياييل	6 ⊣ فلك الشمس	6 ⊣ ملك النبات
7 ⊢ قبياييل	7 ⊢ فلك الزهرة	7 ⊢ ملك الطيور
8 T رزياييل	8 T فلك عطارد	8 T ملك الحيوانات
9 工 طاطاييل	9 工 فلك القمر	9 工 ملك الحيتان

Interpretatio.

1 I *Esraphiel*	1 I *Orbis primus*	1 I *Elementum ignis*
2 L *Michaël*	2 L *Orbis stellarum*	2 L *Elementum aëris*
3 J *Esraël*	3 J *Orbis Saturni*	3 J *Elementum aquæ*
4 Γ *Hhathiael*	4 Γ *Orbis Iouis*	4 Γ *Elementum terræ*
5 T *Hhiaiel*	5 T *Orbis Martis*	5 T *Classs. Mineralium*
6 ⊣ *Raphiaël*	6 ⊣ *Orbis Solis*	6 ⊣ *Classs. plantarum*
7 ⊢ *Kabiael*	7 ⊢ *Orbis Veneris*	7 ⊢ *Classs. volucrium*
8 T *Raziel*	8 T *Orbis Mercurij*	8 T *Classs. quadrupedu*
9 工 *Ttattaiel*	9 工 *Orbis Lunæ*	9 工 *Classs. aquatilium*

Vt verò maior sit rerum, characterumque cum nominibus Dei, nu-
merisque sub ipsis latentibus consensus ; ex Alcorano suo extraxerunt
27 nomina seu attributa, quorum terna singula initialibus suis literis numerum dictarum Mundi Classium exhibent, hoc pacto: احد يعين قدير عال
id est, *vnus, verus, potens, victor* ; capitalibus literis monstrant numerum
IIII, & sic de cœt. Singulæ autem tres literæ trium nominum capitales,
alia nomina mystica magnarum , vt ipsi putant, virtutum præbent: vt
ostenderent, Deum virtute attributorum suorum, omnia Mundi membra penetrare, singula conseruare, virtutumque attributis conuenientiam conferre. Sed hæc omnia in subiecta tabella luculentius patescunt.

Nomina seu
attributa Dei
27 ex Alco-
ranoextracta

ايفع
hoc est IIII.

Nomen Dei perambulans vniuersum Mundum, constans
ex 27 Attributis, vt sequitur:

ايتفيكر خلشن متهنثوسحز عر مقفطططـ

Attributa, contracta, & explicita.				Nomina Latina cum numeris.	Numeri mystici
1000	100	10	I		
			ا	Aika ııı	III
غالن	قادير	يفعن	احد	ııı	
victor, potens, fidelis, vnus,					
200	20	2			
		ب	ك	Bakar ııı	LLL
رحوم	كرم	شريف		222	
misericors, venerabilis, fulgidus,					
300	30	3			
ش	ل	خ		Chhalasch ııı	ııı
خلق	لامع	شريف		333	
illustris, splendidus, Creator,					
400	40	4			
ت	م	د		Damt ııı	ııı
كنان	محمد	داتي		444	
perfectus, laudabilis, subtilis,					
500	50	5			
ن	خ	هو		Honrs ººº	ııı
توكل	ناصر			555	
spes & fiducia, adiutor ipse,					
600	60	6			
	ع	و		Vasachh ııı	666
خطىب	شرف	واعد		666	
Sponsus, celsitudo, promissor,					
700	70	7			
ن	ف	ز		Zaad ııı	⊢⊢⊢
نيجور	عليم	زلفي		777	
caligo, sapiens, excellens,					
800	80	8			
	ف	ح		Hhaphats ııı	TTT
ضارب	فاجق	حاضر		888	
percussor, excellens in omnibus, præsens vbíq̃					

Tha-

900   90   9

طـــــــــا ســــــع طـب   Traffats 111   LLL

طافر مناع طبب   999
triúmphator, factor, bonus,

Vfus dictorum, cum refutatione.

EX hifce paulò antè propofitis Schematis Mahumedani fibi amuleta feu periapta, appropriata ad res quas defiderant, conficiunt, tantoque ftudio incumbunt, vt diu noctuque eorum computui infiftentes, non defiftant, donec iuxta intentam analogiam tandem aptum aliquod & rei impetrandæ oportunum telefma deprehendant, quo deinde innumeris fuperftitionibus inuoluto, oportuno tempore vtantur. v. g. contra ignis damna, febres ardentes, & alia mala vtuntur hoc figno, cum inuocatione trium nominum diuinorum احمد بفين قدير عالي, id eft, vnus Deus fidelis, potens, victor, quorum capitales literæ exhibent nomen اٖفٖع Aika; tres verò mediæ lineæ III indicant numerum, quem vox اٖفٖع in fe continet, videlicet centum vndecim; quæ ficuti numerum exhibent 3 vnitatum, ita primas primarum Claffium Angelici, Siderei, & Elementaris Mundi virtutes indicant, quæ funt, Angelus primus, Efraphiel, cui in fecunda Enneade refpondet prima fphœra, & in Mundo Elementari ignis, primum elementum. Dicunt enim, quòd ficuti Efraphiel igneo Choro in Angelico Mundo præeft, ita prima fphœra motione fuâ ignem in omnibus reliquis excitat, & ignis elementaris omnia in inferioribus fouet & conferuat; cui fi nomen horum trium enneadum اٖفٖع per legitimam inuocationem accedat, ob concatenatam quandam ignearum poteftatum virtutem neceffariò hominem ab ignium, in quocunque genere is fuerit, damnis immunem futurum, falfò fibi perfuadent. Myftici verò characteres a b, nihil aliud indicant, quàm III قدير في الله على, potens Deus in tribus Mundis. Contra aëris iniurias, & contagiofas impreffiones, & pulmonis vitia, vtuntur hoc fequenti amuleto; in quo primò ponitur nomen Dei myfticum ex tribus attributis, vt tabella præcedens monftrat, compofitum, quæ funt رحم كريم بريف, fulgidus, venerabilis, mifericors; quorum capitales literæ conftituunt numerum LLL myfticum, fiue quod idem 222. quorum primus ad fecundam Claffem Angelici Mundi, alter ad fecundam Claffem Siderei, tertius ad Elementaris Mundi Claffem refpicit; quibus fupponunt alium myfticum characterem c d, qui nihil aliud fignificat, quàm حليم الله, mitis Deus, in fecundis trium Mundorum Claffibus. atque huius ope dicta fe infallibiliter euafuros putant.

Hoc fequenti amuleto ex tertia. trium Mundorum Claffe extracto. vtun-

Ccc

Arabum Telefmata fuperftitiofa.

Telefma contra ignis iniurias.

Nota in nomine اٖفٖع femper omittit ع vt numerus fibi conftat.

Telefma contra aëris iniurias.

vtuntur contra aquæ inundationes, hydropifin, fimiliaque aquam refpicientia detrimenta; cuius ratio & refolutio dependet ex præcedentibus tabulis. ita Aben pharagi in citato libro.

ضد عذاب الما تكتب في ورقة صورة الاعداد بالتقليم الثلثه ااا
الطبيعى وا كتبت في ورقة اخرى صورة الما مع الاعداد ٣٣٣ ومع الاسم حليم الله وفوق
كلهم الاسم جلش وتبلغ كل ما تريد ۞

Contra tormenta aquæ, fcribe in charta fignum trium numerorum ااا; *fcri-*
bes quoque in charta illa aliam figuram, cum numeris ٣٣٣, *cum nomine* ,
Mitis Deus, *fuper omnia illa* جلش *Gialafch,* *confequeris omnia quæ vis.*
Hoc pacto ex fequentibus ordine Clafsibus præcedentium tabularum, fimilia periapta contra varios malorum occurfus apparant, quæ cum innumeris fuperftitionibus referta fint, malui illa hoc loco filentio fupprime-
re, quàm publici iuris facere; fufficiat ex dictis modum in ijs procedendi demonftraffe.

Habent porrò Mahumedani præter hanc vniuerfalis philofophiæ diuifionem, alias particulares, quibus fuis in arcanis, verius fuperftitionibus, vtuntur; cuiufmodi funt 28 manfiones Lunæ, & elementorum Abacus, quibus in telefmatis fuis conftruendis vtuntur. Cùm enim Luna per
12 figna Zodiaci permeans duodecies cum Sole congrediatur; putant ij,
quòd fi quis cognouerit, manfionem Lunæ, & elementum cui dominatur,
vnà cum Angelo, literis, characteribus, nominibus appropriatis; eum vti
Angelum bonum per figilla appropriata attrahere poteft, ita malum re-
pellere infallibiliter poffe; quod haud dubiè, vti fuo loco demonftrabi-
mus, ex Ægyptiorum Schola prodijt. Elementorum characteres ita difponunt.

Tabella I. continens quatuor elementa, cum qualitatibus, literis, nu-
meris, Angelis ipfis attributis, iuxta Arabes.

1	2	3	4	
Ignis النار	*Aer* الهوا	*Aqua* الما	*Terra* الارض	Elementa
حار يابس *calidum fic-cum*	حار رطب *calidum hu-midum*	بارد رطب *frigidum hu-midum*	بارد يابس *frigidum ficcum*	Qualitates
ا ه ط م ن ش ف	ج ن كس ق ظ خ غ	د ح ل غ ع ر ض	ا ب و ي من ت ض	Literæ
٧۰۰۰۳۰۰،۸۰۰۰٥٠١	٤٠٠۰۰۰١٠٠٩٠٥٠١۰	١٠٠۰٧٠۰٣٠٧٠۰٨٠٤٠	٨٠۰٤٠۰٩٠۰۲۰١۰٩٧١	Numeri
فلمامم *Phelmamim*	فاقمم *Phakmim*	ليالى *Liali*	دنيف *Beniac*	Angeli præ-fides

Tabella II. continens septem Planetas cum literis, numeris, Angelis ipsis attributis, iuxta Arabum mentem.

	I ♄	II. ♃	III. ♂	IV. ☉	V. ♀	VI. ☿	VII. ☽
Nomina	الزحل Zahel Saturnus.	المشتري Elmeschteri Iuppiter	المريخ Elmarich Mars	الشمس Elschems Sol	الزهره Alzahara Venus	عطارد Atared Mercur.	القمر Elkamra Luna
Literæ	ب	س	م	ا	ل	ك	غ
Num.	٢	٤	٤٠	١	٣٠	٣٠	٥
Angeli præsid.	افمايجل Aphiel	جرار Giarar	فهاسل Nahasal	كلمنما kolmaia	اسمون Esmun	اسكي Aschi	يتقويل Iakuiel

Tabella III. continens 12 signa Zodiaci, vna cum numeris, literis Angelis, ex mente Arabum.

	I. ♈	II. ♉	III. ♊	IV. ♋
Nomina	الحمل Aries	الثور Taurus	جوزه Gemini	سرطان Cancer
Literæ	ا	ب	ج	
Numeri	١	٢	٣	٣
Angeli	سراحجيل Sarabiel	عرزيل Araziel	سراجيل Saraiel	فهقابيل Phahkaiel

Si quis numeros Arabicos non intellexerit is consulat tabulam fol. 368. huius Cabalæ, vbi Latinos adiunctos reperiet.

	V. ♌	VI. ♍	VII. ♎	VIII. ♏
Nomina	أسد Leo	سنبله Virgo	ميزان Libra	عقراب Scorpius
Literæ	ها	ط	بج	سز
Numeri	٥	٩	١٣	٥٧
Angeli	سراطيل Serattiel	سهلبابيل Sehaliel	هداكبيل Hadakiel	صرصابيل Sfarssaiel

	IX. ♐	X. ♑	XI. ♒	XII. ♓
Nomina	القوس Sagittarius	الجدي Capricornus	الو لو Aquarius	الحوت Pisces
Literæ	عي	ها	با	قا
Numeri	١٠	٦١	١١	١.١
Angeli	سربطيل Saritbaiel	سمكيبل Semakiel	حمكمكيبل Sfakmakiel	وقبيل Vacabiel

Tabula I V. viginti octo Mansionum Lunæ, una cum consensu ad duodecim signa Zodiaci, elementa, literas, numeros, Angelos, planetarias revolutiones, & nomina Dei; diciturque ab Arabibus Harmonia Universi.

Nota hic, ordinem signorum comparatum ad Mansiones Lunæ diversum esse à Latinis.

	Nomina Mansionum Lunæ in Zodiaco	Signa Zodiaci, quibus respondent.	Elementares qualit. quib⁹ prædominantur.	Angeli præsides.	Literæ appropriatæ.	Numeri appropriati	Revolutiones planetarum	Nomina Dei quibus oīa gubernantur.
1	شرطین Schartin	خمل Y	نار Ignis, calidū, siccum	قیابیل Kiaiel	قیا	111	☀ Fer. 1	الملک Rex
2	بطین Batin	جوزا II	هوا Aër, calid. humidum	جمابیل Giaiel	ج	۳	☽ Fer. 2	العظیم Magnus
3	ثوریا Tsareia	سرطان ♋	ما Aqua, frigid.humid.	جنجابیل Gingiaiel	ذج	۵	♂ Fer. 3	الاخیار Optimus
4	الدبران Eldebaran	ثور ♉	تراب Terra, frigid.siccum	لهابیل Lehaiel	د	۳۰	☿ Fer. 4	المهمن omnia per ambulas
5	هاقعه Hakagne	اسد ♌	نار Ignis, calid. siccum	هواسل Huasel	و	۹	♃ Fer. 5	القهر Victor
6	هنعه Henagne	میزان ♎	هوا Aër, calidū, humid.	یجابیل Igiaiel	ح	۱۳	♀ Fer. 6	العالی Excelsus
7	دراع Daraa	عقرب ♏	ما Aqua, frigid.humid.	زسابیل Zifaiel	سز	۹۷	♄ Sabb.	الكبیر Potens
8	ثثره Natfre	سنبله ♍	تراب Terra, frigid.siccum	حطابیل Hittaiel	ط	۹	☀ 1	المتعال Exaltas
9	طرف Ttarph	قوس ♐	نار Ignis, calidū siccum	طیابیل Ttiaiel	ی	۱۰	☽ 2	القادر Robustus
10	جبهه Giebhe	دالی ♒	هوا Aër, calidū humidum	یجابیل Iaiel	یا	11	♂ 3	المقتدر potentem faciens

Char-

حرفان 11 Charkan	حوت ♓	ما Aqua, fri-gid. hum.	كفاييل Kacaiel	قا	1.1	☿	4	الحكم sapientē faciens
حمرقه 12 Sarphe	جري ♑	تراب Terra, fri-gid. siccum	لعاييل Leaiel	ها	VI	♅	5	العدل Iustus
عوا 13 Ghue	حمل ♈	نار Ignis, cali-dum siccū.	مصاييل Massaiel	ط	١	♀	6	الحبيب Honora-bilis
سماك 14 Semak	جوزا ♊	هوا Aër, calid. humidum.	تغواييل Nacuiel	قو	1.9	♄	7	الحكيم Sapiens
غفر 15 Ghapher	صرطان ♋	ما Aqua, frigid. hum.	تكاييل Cakaiel	قك	١٢.	☼	1	الكبير Celebris
زنابا 16 Zanaba	ثور ♉	تراب Terra, fri-gid siccum	عقلاجيل Aaclaiel	قل	١٣.	☽	2	العزيز Fortissi-mus
اكليل 17 Akleil	اسد ♌	نار Ignis, cali-dum siccū.	فقياييل Papiaiel	فا	٨١	♂	3	المذل Iustificās
قلب 18 Kolb,	ميزان ♎	هوا Aër, calid. humidum.	مصهاييل Messaiel	سما	٩٥	☿	4	المستقيم Rectifi-cans
شوله 19 Schuleb	عقرب ♏	ما Aqua, fri-gid. hum.	قفعاييل Caphaiel	قفا	١٨١	♃	5	الرحيم Miseri-cors
نعايم 20 Nghaim	سنبله ♍	تراب Terra fri-gid. siccum	رزاييل Razaiel	را	٢٠١	♀	6	الشريف Illustris
جلده 21 Belde	قوس ♐	نار Ignis, cali-dum sicc.	سوساييل Susaiel	شو	٣٠٩	♄	7	الخالف Creator
نابح 22 Debah	جدي ♒	هوا Aër, calid. humidum.	تماييل Temaiel	ما	٤١	☼	1	الرازف Retribu-tor
بلع 23 Balaa	حوت ♓	ما Aqua, frigid. hum.	ثثاييل Tfetsaiel	تا	٥.١	☽	2	الرحمن Misera-tor

Saaud

24	Saaud سعود	جدي	Terra, frigid. siccum تراب	Chachaiel خخاجيل	خا	٩.١	♂ 3 Venerabilis الكريم
25	Chhaphie خفیه	حمل	Ignis, calidum, siccu نار	Dadaliel ددلاجيل	لد	٢٥	☿ 4 Non est Deus nisi ipse لا إله إلا هو
26	Mecodem مقدم	جوزا II	Aër, calid. humidum هوا	Safabaiel صبهاجيل	ـد	١٥	♃ 5 Sanctus قدوس
27	Muchhar موخر	سرطان ♋	Aqua, frigid. bum. ما	Tathaiel ظطهاجيل	لط	٩.١	♀ 6 Primus اول
28	Beten elhaut بطن الحوت	دور	Terra, frigid. siccum تراب	Sarghnariel سرغاجيل	سر	٣٤٠	♄ 7 Vltimus اخر

Interpretatio & vfus Tabulæ Harmonicæ cum refutatione.

Q Vatuor tabulas hoc loco pofuimus ex Cabala Mahumedanorum extractas, Cabalicis Hebræorum in præcedenti tractatu traditis tabellis prorfus parallelas. Prior continet elementorum myfticam fecundùm literas, numeros, Angelos, conftitutionem; feruitque telefmatis contra quatuor elementorum detrimenta, vel emolumenta,

Abuhali Ben Schahath.
conftituendis. Quæ omnia in peculiari tractatu fufè recitat Abuhali Ben Schabath. Verùm cùm eorum vfus fit innumeris fuperftitionibus & adiurationibus inuolutus, confultò ea omittenda exiftimaui. Quæ de telefmatis quoque fecundæ tabulæ planetarum, & tertiæ duodecim fignorum Zodiaci, intelligenda funt. Modus ex fequenti, quam paulò fufiùs explicabimus, tabula patebit. Quarta tabella continet Harmoniam
Harmonicæ tabulæ Arabum explicatio.
Mundi, 28 Manfionibus Lunæ comprehenfam; cuius prima columna continet nomina ftationum Lunarium, quæ in Aftronomia hieroglyphica copiofe explicabuntur. Secunda columna continet 12 figna Zodiaci, per quæ 28 dierum fpacio Luna permeat. Tertia columna demonftrat manfionum lunarium qualitates elementares. Quarta Angelos, qui fingulis ftationibus Lunæ præfunt. Quinta continet literas Arabicas, quibus ftationes lunares fubduntur, & quibus Angeli præfunt. Vnde nomina Angelorum denominationem fuam ex dictis literis fortiuntur: v. gr. literæ 1 manfionis funt ق ي ط, & numerum 111 exhibent, contractè قيط, ex quibus in fine voce אל el, more Hebræorum addità, conftituitur nomen Angeli قيطاجيل Kiaiel; quafi diceres, Angelus qui præeft literis ftationis primæ Lunaris. Pari pacto in fingulis reliquis nominibus Angelorum femper reperies primam vocum partem ex literis in quinta columna

mna

mna conſtitutis, componi, quibus ſi addideris, אל *el* in fine, conficietur nomen Angeli; vides enim primam vel ſecundam literam in nominibus Angelorum ſemper coincidere cum literis in quarta columna conten- tis. Sexta columna continet numeros literarum in columna quinta con- tentarum, numeros videlicet ſingulis manſionibus appropriatos. Septi- ma columna reuolutiones planetarias per ſingulas horas, diurnas noctur- naſque 28 dierum ab ortu Solis computatas; quæ in Aſtronomia hiero- glyphica ex profeſſo diſcutientur. Octaua columna continet 28 Dei no- mina ex Alcorano extracta; quorum vi Manſiones, eorumque præſides Angeli omnem virtutem ad operandum acquirunt.

Atque hæc eſt ſumma totius ſecretioris philoſophiæ Mahumedicæ, oraculorum diuinorum, vt ipſi ſibi ſtolidè imaginantur, inueſtigatrix, te- leſmatum, aliorumque ſuperſtitionum inexhauſtum penuarium. Verùm vt Lector curioſus intelligat, quomodo illa omnia applicent, vſum dictæ tabulæ apponemus.

CAPVT VII.

Fabrica & vſus teleſmatum, vnà cum refutatione.

Diximus in principio, Alphabetum Arabicum iuxta ordinem litera- rum Hebraicarum poteſtate pronunciationis, & valore numero- rum æquipollentium diſpoſitum, totius ſuperſtitionis Mahumeticæ funda- mentum eſſe. Ex hoc enim nomina Dei formant ſimplicia, vel acroſty- cha; quæ deinde ſingula in ſuos numeros reſoluunt: omnia autem no- mina & adiurationes ex Alcorano ſuo depromunt, quem, quia numeris & nominibus conſonat, tantam vim habere volunt, vt omnia eius ope per- ficere ſe poſſe iactitent. Habent autem ſingulæ literæ & numeri ſinguli præſides ſibi Angelos, quos in elementa, planetas, ſigna Zodiaci, totius denique Mundi membra, virtute literarum & numerorum ijs appropria- torum, vt ſuprà dictum fuit, influere exiſtimant. Hinc totus labor illis incumbit, vt ſecundùm præcedentium tabularum Claſſes, res analogas in ſtructuram الطلسمات, id eſt, teleſmatum & ſigillorum coaceruent. Et quia Mundum ſecundùm Platonicos ex ternario, quaternario, ſeptenario, nouenario conditum putant, hinc literas vel ſeorſim, vel cum alijs con- iunctos, in certa ſigilla, quæ formâ vel circulum, vel triangulum, vel qua- dratum, aut parallelogrammum, vel hexagonum, ſimiliaue Schemata, re- ferant, diſponunt, vt ſic Geometricæ figuræ Arithmeticis exactè reſpon- deant. Quod quidem inuentum ab Ægyptijs, vti fuſè probat Abulheſ- ſan in tractatu de numerorum myſticorum ſignificatione, hauſerunt. Sed vt exemplum huius videas, paradigmata ſingulorum apponamus.

Arabicum Alphabetum totius Arabi- cæ ſuperſtitio nis funda- mentum.

Abulheſſan.

Telesmata per numeros simplices, ex Abrahamo Aben
Schadad deprompta.

Abraham
Aven Schadad

كتاب وفيه شرح للحروف العربية والهندية ومنافعها وهو راس كلي واما
العلم وهي الذي انزلت على ادم عم ومن فهم شرجها ومنافعها فقد وقف على علم
كبير وهو علم عجيب واعلم ان لكل حرف من هذه للحروف خواص منافع بعضها
ببعض فقال للحكيم ان المصريون كلهم قبلوا من بنا ادم ❀

Liber, in quo exponuntur literæ Arabicæ, & Indicæ, & vtilitas earum ;
suntq́; principium omnis rei, & mater omnium scientiarum. deducta fuit hæc
notitia cælitus supra Adam, pax super eum, per viam illustrationis intellectualis,
& est scientia magna & mirabilis. Scias etiam, quòd omnes literæ ex hisce literis proprietates & vtilitates habeant alias & alias, & dicit Hakim, quòd Ægyptij primùm has acceperant à filijs Adam. Vsum hic apponam ad longum, vt
ex vnico exemplo cœtera patefiant.

الالف انه وهو معنا كل لفظ ومعنى كل علم منقسم الى اقسم معنوك نحكمة
علوية وسفلي ❀ ═══════════════════

Al ph principium omnis pronunciationis, significat omnem scientiam diui-
sam in partes, significatio earum est notitia superiorum & inferiorum. Pergit
deinde dicens: Scribe literam I septies in quadrangulo sic, | ⅠⅠⅤⅠⅠⅠⅠ | vel

Ridicula
superstitio
Arabum.

sic ═══ die & hora Veneris, ieiunus & purus, sitque in manu tua

acerra noua cum carbonibus & superaffuso thure, misto omni aromatum
genere; scribes quoque nomen eius, quem vis, & nomen matris eius in
lamina, & nomen matris tuæ, & nomen Angeli literæ Aleph dominantis
Iarusch, & nomen Vicarij eius Karusch, & nomen asseclæ eius Lahusch,
Harusch, Marusch, & pones formatam scripturam inter manus tuas, &
sic adiurabis, septies repetendo literas. adiurationem consultò omitto.

Ecce hi sunt superstitiosi ritus, quibus Mahumetis nequissimi sectatores vtuntur in consecratione telesmatis: hæc est formula, quam in
Angelis, veriùs dixeris, Dæmonibus aduocandis adhibent, multis alijs
immundis, execrandis, abominandisque omissis. quæ ideo adiungo, vt si
quandoque in manus huiusmodi inciderint sigilla, ex cuius officina prodierint, dignoscere possint prudentes Lectores. Scribunt itaque septem
Aleph, quæ est litera primæ omnium causæ dicata; quia Deus septem
vocibus Mundum, & omnia quæ in eo sunt, creauit; quæ ab Hebræis
haud dubiè didicere, vti in Cabala Hebræorum ostensum fuit. Scribunt
quoque seorsim Aleph quater, & ex opposito ter, vt per quaternarium,
Mundum inferiorem; per ternarium, superiorem indicarent.

Pari pacto, ad planetæ correspondentis influxum obtinendum, scribunt literam ح in quadrangulo, vel triangulo, vel circulo septies, vel nouies, ad superiores potentias attrahendas. In ijsdem figuris haud absimi-
li ratione cum cœteris ordine literis faciunt, vt ex præcedente tabula
patet. Sunt nonnulli, qui omnia in vno hæc quadrato exhibent hoc pacto :

&o: quadratum diuidunt in tot alia quadrata, quot literæ reperiuntur
in Alphabeto; ita vt Ι Aleph prima litera centrum quadrati obtineat ;
poſtea in quadratulis centrale quadratum ambientibus circumcirca ſcri-
bunt literam ب Be, & in quadratulis hæc am-
bientibus literam ج Gim, & ſic de cœteris,
vſque dum Alphabetum compleuerint, vt
in appoſita figura patet.

Hoc amuletum vniuerſale vocant;
cùm enim omnes numeros ſuperficiales,
quadratos, & cubicos contineat, magna ſub
eo latere myſteria,& incredibiles ſecum vtilitates trahere ſibi perſuadent. Non deſunt
qui numeros ſeu literas triangulares in triangulo, circulares in circulo, quadrangulos in
quadrangulis, deſcribant. Quibus autem
modis hæc conſecrent, non attinet adducere, cùm indigna ſint, ob horrendas ſuperſtitiones, quæ audiantur.

Amuletum vniuerſale Arabum.

CAPVT VIII.

De Numeris Pronicis.

Orrò habent Arabes alium modum arcanum in Sigillis conficiendis;
qui ſanè peringenioſus & maximè admirandus eſt. Effigiant ſeptem quadrata Sigilla, ſeptem planetis dicata, in quibus numeri artifi-
cioſa quâdam diſpoſitione ita collocantur, vt ſinguli numerorum ordines quaqua verſus ſumpti ſemper eundem numerum reddant. His itaque
tanquam ſingulari naturæ arcano vtuntur, hiſce nomina Dei applicant,
mira ſibi, vt paulò poſt patebit, ex eorum geſtatione ſpondentes.

Arabum alius modus ſigilla conficiendi.

Primum conficitur ex ternario in ſe ducto; quarum omnium
diſpoſitionem rationemque in Arithmetica hieroglyphica aſſignabimus. In hoc ſi quiſpiam numeros in ſingulis ordinibus rectè,
normaliter, tranſuerſè, diametraliter addiderit, ſemper eundem
numerum reperiet, videlicet 15. Summa verò omnium conficit
45. Et hoc Sigillum dedicant Saturno, quem زحل Zahel vocant,
continetque eundem numerum in ſe, quem omnium numerorum
ſumma, videlicet 45, vt in margine patet. De quo myſterio ita
Abenpharagi in libro de Sigillis:

Sigillum Saturni varijs modis ab Arabibus conficiendi.

Abenpharagi.

وهو الذي في كل ضلعة ٮعداد وٮزن ٮكون ثلاثة جمسة عشر وكل حروف زحل
كانت ٩ لان الزاي سبعة ولٯا ٮمانيه واللام ٯلاٮون ونلك خمس واربعون ﴿

Hoc itaque Sigillum in ſingulis lateribus habet tres numeros, qui additi

Ddd

conſti-

conſtituunt 15, quoniam *Zabel*, id eſt, *Saturni nomen eoſdem in ſe continet*: nam ز Ze dat 7, ه He 8, & ل Lam 30, *qui additi dant* 45, *quæ eſt ſumma omnium ordinum inter ſe additorum*. Hinc in varias quoque alias formas id contorquent, quarum vnam hic apponemus vt vides. In hac figura ſi numeros

in apicibus triangularibus quadratorum contentos normaliter, lateraliter, aut diametraliter addideris, ſemper idem emerget numerus, videlicet 15. Præterea vt dictum Sigillum oppidò myſterioſum reddant, ſingulos tres ordines circumquaque ſignant nomine אל, quod ab Hebreis mutuatũ idem ſignificat, ac nomen Dei יה *Iah*, totidemque continet, quot ipſi numerorum ordines, videlicet 15: deinde ſingulis lateribus apponunt nomen vnius Angeli; diſcrimina verò ductibus literarum, quæ nomina Dei conſtituunt, ne quid myſterij deſit, determinant, vt ſequitur.

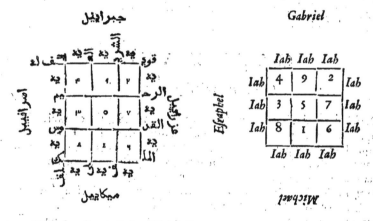

Et tale olim inſignis ille Nicolaus Pereſcius enucleandum tranſmiſit ex Muſæo ſuo depromptum, quòd hic apponere volui.

Nicolaus Pereſcius.

Hoc Sigillum itaque portantes, vt aliquid obtineant, hâc ſequente precatoriâ formâ vtuntur, ex qua totius figuræ arcanum vna eluc, eſcet.

اللهم اني اسالك بسمك العظيم يه يه يه من يه عظيمتك وجلالتك وجمالك
وتبركتك وتبهتك اسمائك المعز وند المكنونذ الي لم يطلع عليها احد سوال الا من
قربته واسلك اللهم جالاسم الذي وضعته على الليل وعلى النهار واستنار على السموات
وعلى الارض اسالك اللهم بحق هذه الاسما المكنونه في جبهته اسرافيل بالاسما
المكنونه في جبهته جبرايبل واسالك اللهم بالاسما المكنونه في جبهته ميكابيل اسالك
اللهم بالاسما المكنونه في جبهته عزرايبل واسالك اللهم بالاسما المكنوبه جول العرش
واسالك

واسلك بالاسما المكتوبة حول الكرسي واسالك بالاسما المكتوبة على ورق الزيتون
واسالك اللهم بالاسما الذي دعاك ادريس فرفعته مكانا عليا وبالاسما الذي دعاك
بها نوح ونجيته من الطوفان واهلكت قومه اسالك اللهم بالاسما دعاك بها يوسف
فاخرجته من الجب وبالاسما الذي دعاك بها يعقوب وبالاسما الذي دعاك بها موسى
بن عمران نجيته من فرعون وبالاسما الذي دعاك بها هارون فالقيت عليه محبة بعينه
الى فرعون وبالاسما الذي دعاك بها ابراهيم فنجيته من النار وبالاسما دعاك بها
سليمان ورددت عليه ملكه فبالاسما الذي دعاك بها يونس فنجيته من بطن الحوت
فبالاسما الذي دعاك بها عيسى بن مريم عند احيا الموتي وابرا الاكما والابرص ٭

Arabum adjuratio & invocatio Nominis Dei

Deus, ego obſecro te per nomen tuum magnum הי הי הי *Iah, Iah, Iah, propter magnitudinem, bonitatem, & potentiam tuam, in veritate nominis tui ineffabilis & abſconditi, vt non expleas voluntatem tuam, niſi in illo, qui legerit illud; & oro te, Deus, per nomen, quod poſuiſti ſupra noctem, & ſupra diem, ad illuminandum eam, & ſupra Cœlos, & ſupra Terram. Oro te, Deus, per nomen tuum, quod ſcriptum eſt in fronte Eſraphel, per nomen ſcriptum in fronte Gabriel; Oro te, Deus, per nomen tuum ſcriptum in fronte Michael, & per nomen ſcriptum in fronte Ezrael, & per nomen tuum ſcriptum circa ſolium tuum, & per nomen ſcriptum in folijs oliuæ. Oro te, Deus, per nomen, quo inuocauit te Adris, id eſt, Henoch, & tuliſti eum in locum ſublimem; & per nomen quo inuocauit te Noë, & per illud eum liberaſti à diluuio, interemptis inſurgentibus in eum; & per nomen, quo te inuocauit Iacob; & per nomen, quo te inuocauit Ioſeph, & eductus fuit à ciſterna; & per nomen, quo te inuocauit Moſes filius Amram, cum liberaſti eum à Pharaone; & per nomen quo Haran te inuocauit, cùm gratiam inueniret in oculis Pharaonis; & per nomen, quo inuocauit te Abraham, & liberatus fuit ab igne; & per nomen tuum, quod inuocauit Salomon, & reſtitutum ei fuit regnum; & per nomen, quo inuocauit te Ionas, & liberatus fuit à ventre Ceti; & per nomen, quo te inuocauit IESVS Filius Mariæ cum viuificaret mortuos, & curaret lepram, paralyſin, & omnem languorem.* Vides in hac peroratione nomen הי ſiue arabizatum خ *Ieh* poni ob myſterium ſuprà indicatum, continet enim numerum æqualem numeris in tribus ordinibus contentis. Per hoc itaque nomen Angelos quatuor, qui illud in fronte ſua gerunt, & ſunt Eſraphel, Gabriel, Michaël, Ezrahel, quorum nomina à quatuor lateribus ſigilli ponuntur, ſe attrahere poſſe confidunt, ope aliorum Dei nominum figuræ inſertorum. Hâc itaque peroratione factâ, accipiunt plumbi laminã, & ſacram Saturno figuram die Sabbati, horâ Saturni, in ea incidunt, quam & omni aromatum genere perfumigant, pedetentim, innumeris alijs ſuperſtitionibus nefandis indulgentes. Quo peracto, nihil adeo in rerum natura arcani latere, cuius notitiam non acquirant, ſibi perſuadent. Et dolendum ſanè eſt, tam ingenioſam in Arithmeticis myſterijs oppidò refertam figuræ diſpoſitionem, tot nugamentis, tot quiſquilijs, impijs abſurdilque machinationibus obſcuratam eſſe. Sed ita Mahumeticæ ignorantiæ comparatum eſt, vt vel minimam myſterioſæ indaginis vmbram, veluti aptam ſuis nugamentis materiam apprehendant; quantò magis horum Pronicorum numerorum tàm ab antiquis Sapientibus celebratam, tam à paucis penetratam diſpoſitionem,

Ddd 2 tan-

tanquam omnium ſigillorum maximam ad ſuos illicitos vſus, tot Magicis
cœrimonijs contaminatos trahant ? Sed videamus reliquorum ſigillorum
diſpoſitionem.

Miſſa ſunt ad me non ita pridem ſequentia Sigilla à varijs amicis, explicanda ; quæ & inueni in libro ſigillorum, quem Arabes خرجطي, id eſt,
Margaritam vocant; ſuntque hæc.

Literas & numeros Arabum expoſitos vide in tabula fol. 372.

Primum ſigillum continet nomen Dei الل *Alla*, ita intra areolas diſpoſitum, vt ſinguli ordines conficiant 66 : quomodocunque enim pro-
grediaris, numerando, ſiue dextrorſum, ſiue ſiniſtrorſum, ſiue ſurſum,
ſiue deorſum, ſiue diametraliter ; ſemper habebis hunc numerum 66 ,
qui eſt numerus nominis Dei الل *Alla* ; atque eam ob cauſam portatum
magnas ad varia obtinenda vires habere arbitrantur. tale & quintum
eſt, ex nomine Dei عزيز *Oziz*, quod *fortem* ſeu potentem ſignificat, confe-
ctum ; ſi enim ſingulas quatuor literas intra ordines rectos, tranſuerſos,
obliquos in vnam ſummam collegeris, ſemper habebis 94. Secundum
Sigillum in fronte ſcriptum habet nomen Dei بديع *Badia*, id eſt, *largus,
benignus* ; quod in numeros reſolutum dat 86 ; & eundem numerum ſinguli tres ſubſcripti numeri in ſingulis ordinibus vnà cum numeris literarum in fronte poſitarum, additi conficiunt. Haud ſecus in tertio ſigillo
nomen Dei واسع *Vaſaa*, quod *amplum* ſignificat, in fronte poſitum per literas expanſas, numerum continet 137, quot nimir. Zurata lunas in Alcorano continet verſus ; & hunc eundem numerum tres infraſcripti ordines numerorum vnà cum literarum اسع numeris additi, continent.
Idem dicendum eſt de quarto Sigillo, nomine Dei حكيم *Hbakim*, quod *ſa-
pientem* indicat, inſignito ; hoc enim in numeros reſolutum dat 78, quem
& reliquorum ordinum numeri vnà cum literis ijs ſuprapoſitis continent.

Hoc pacto omnia nomina Dei transformant in Sigilla, ſummoque
ſtudio attendunt, vt numerus alicuius nominis diuini ſemper numerum
verſuum alicuius Zuratæ in Alcorano adæquet, putantque Mahume-
tem totum Alcoranum, & ſingulas eius partes iuxta hoc ratiocinium nu-
mericum ordinaſſe. Antiqui verò Arabes hoc Sigillum Ioui dedicarunt.
Multa de cœteris Sigillis vſque ad quadratum nouenarij hoc loco dicenda eſt.

da eſſent, verùm cùm hæc omnia ex profeſſo in Arithmetica hieroglyphica tractaturi ſimus, eò Lectorem remittimus, vbi multa à nemine,
quod ſciam, adhuc penetrata curioſiſſimè tradita reperiet.

CAPVT IX.

De varia transformatione nominum, & literarum
in figuras varias.

Aben pharagi
Maroccanus.

Humana fi-
gura myſte-
rioſa ab Ara-
bibus com-
poſita.

Teleſmata
varia Arabum

Teleſma pri-
mum referés
figuram hu-
manam.

ABen pharagi Maroccanus Scriptor Nubianus in lib. de adiurationib.
ex ipſa impietate confarcinato, ad omnia mala corporis & animæ
euitanda, format humanam figuram myſterioſiſſimam, quam ope nominum, literarumque Arabicarum delineat; putat enim magni intereſſe,
vt literæ referant eius figuram animalis, cuius nocumenta vitare, vel
emolumenta acquirere cupimus. Hinc contra morſus Scorpionum, Scor-
piones ex literis ſuis formant; contra voracitatem bruchorum, bruchi
figuram, & ſic de cœteris; quam ab Ægyptijs ſe hauſiſſe apertè fatetur,
& verum eſſe ſuo loco & tempore oſtendemus.

Primum Teleſma tale ex nominibus
& literis formatum potentiſſimum, ad
omnia Mundi bona conſequenda, ſi Dijs
placet, arbitrantur. Verùm indicatam
huius teleſmatis Satanicam compoſitionem ex ipſo Aben pharagi adducemus.
Verba eius ſunt.

تأخذ رطل الرمل قد جاء للملون وطين الأرض
كل ذلك باسم من تريد وجزا من مليح السمك
ومثله من عنكبوت ويعمل الجميع من صورة
باسم من تريد واسم اما فيكون عمل الصورة
من شمع خام الابيض أو اصفر وتكتب عليها
خاتم العزائم يكماله (طين زحهو حما) وتجعل
الفا على راسه والبا على ذراع اليمين والدال
على الذراع اليسرى والزاي على الكتف الايمن واليم على الكتف الاسري والها على
القلب والواو على الفخذ الايمن ولا على الفخذ الاسري الانف على المعزم وتقرأ
عليها دميعه شديدا وتستدري الملوك ثم تجعل على الراس طقال وعلى
الذراع الايمن بقطربال وعلى الذراع الاسري دصمال وعلى الكف الايمن زلفط وعلى
جانت الاسري حلمش وعلى البض بعطميش وعلى الرجل الايمن واقيم وعلى الرجل
الاسري جنايد وتقرا عجايب عظيمه

Hoc eſt, *Accipe arenam minutam, & pelles arte præparatas, & lutum*
terræ omnia in nomine eius cui bene vis, & partem ex ſale piſcium, & ſimili-
ter ex aranea; & fiat ex omnibus iſtis figura humana in nomine eius,
quem vis, & in nomine matris eius; & fiat figura memorata ex cera cruda al-
ba, vel flaua, & ſcribes ſuper ipſam Sigillum amuleti, iuxta verba quæ ſunt

طبد

لها زججود, *& primam nominis huius literam Tha, pones supra caput eius,* *& ب Be supra brachium dextrum, & د Dal supra brachium sinistrum, & ز Ze supra humerum dextrum, & ج Gim supra humerum sinistrum, & ه He supra cor, & و Vau supra coxam dextram, & م Hha supra coxam sinistram, & ا Aleph supra verenda; deinde leges super eam adiurationem solitam, & voce vehementi inuocando Reges, sc. dæmones; deinde ponas supra caput nomen Taikal, & supra brachiū dextrum Becadrial, & supra brachium sinistrum Daflal, & supra latus dextrum Zalphat, & supra latus Tatikal & sinistrum Halisch, & supra ventrem Batatmisch, & supra pedem dextrum Vakim, & supra sinistrum Hadait; & videbis mirabilia magna.*

Telesmatis explicatio. Atque hoc est telesma superstitioso ritu adornatum; in quo singulæ literæ singulis membris appropriatæ sunt, & vt ipsi putant, à Deo ordinatæ, atque in Alcorano fundatæ; nomina verò barbara singulis membris apposita indicant Genios, veriùs Cacodæmones, qui dictis membris præsident. Caput, manus, & brachia rotunda sunt, & indicant tres Mundos, Superiorem, Sidereum, Elementarem, ex quibus influxus fit in omnia, & potissimùm in hominem Mundum minorem. Hinc oculos, os, nares exprimunt nominibus Dei اِل, اِه, هو, quæ nomina Hebraica sunt, & idem sonant, quod יה Iah & אל El, hoc est, Deus; dextra manus nomen impositum habet رحیم Rahhim, id est, misericors; sinistra nomen عدل Adal, id est, iustus; quo indicant, omnia in Mundo misericordiâ & iustitiâ Dei administrari. Reliqua vide apud citatum Abenpharagi, ex quo omnia desumpsimus; quàm enim hæc vltima recta sunt, tam iniqua & abominanda sunt ea, quibus formas huiusmodi conficiunt. quæ omnia respondent ijs, quæ Classi præcedente de mystico Cabalicorum homine dicta sunt.

Telesma secundum referens figurā Scorpij.

Secundum telesma figuram Scorpij habet, ex nominib⁹ diuinis البدیع العلیم القدوس الرحیم القدیر quæ idem sonant ac misericors, sanctus, mitis, misericors, potens; nomen verò supra positum الحکم Blbhokem, Dei nomen est in Scorpium influens, vti supra ex tabula secunda videre poteris, cui & figuræ respondeit. Hoc itaque telesma superstitioso ritu, vt prius consecratum, ponunt in angulis domus vel locis vbi Scorpij dominantur; putantque nullum ibidem ampliùs hoc posito Scorpium iri; aut si fuerint, nullum vnquam nocumentum allaturum, quamdiu incorruptum manserit.

Telesma tertium referens formam Bruchi. Tertium telesma ridiculâ superstitione figuram Bruchi obtinet, contra bruchorum, erucarum, & locustarum nocumenta; quæ cùm in Africa ingentes clades arboribus & hominibus inferant, hoc instigante dæmone excogitarunt contra ipsas telesma diuinis, veriùs barbaris & superstitiosis nominibus, insgui-

gnitum, quo durante, nullum periculum ab illis imminere, ftolidè credunt. Innumera alia hoc loco adducere poſſem huius farinæ telefmata,
fed hæc ad concipiendam huius gentis Philofophiam ridiculam, curiofis
fufficiant.

C A P V T X.

De Teleſmatis magnis.

Habent & Mahumedani duo alia teleſmata, magni apud ipſos nominis & famæ: quorum prius in formam ſtellæ fexangulæ خاتم سليمان
Sigillum Salomonis; alterum ſub forma literæ ع *Ain* effigiatum, ممهورش
Schamhaurafch vocant. Vtrumque inſignes vires (verius nugas) obtinere
aſſerunt; aiuntque Salomonem illud ab Angelis accepiſſe, & in ſigillo
ſuo geſtaſſe. Et cùm Deus eius ope, vt illi aſſerunt, Vniuerſum ſex dierum
ſpacio condiderit, hinc ſingulis ſex angulis totidem Dei nomina inſerunt;
hoc ipſo oſtendentes, Deum pro alia atque alia creaturarum productio-
ne, alijs & alijs nominibus vſum eſſe. Quorum vim qui nouerit, eum in
ijſdem rerum ſeriebus, ijſdem nominibus inſignitis, magna & prodigioſa
perpatraturum exiſtimant.

*Teleſma in
formam ſtel-
læ fexangulæ
compoſitum,
dictum ſigil-
lum Salomo-
nis.*

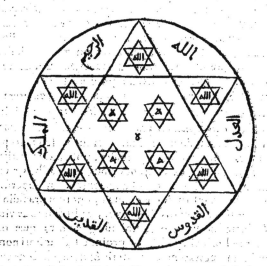

Verùm quia huiuſmodi ſymbolum nullo non tempore à ſapientibus veteribus Arabibus in pretio fuit, apponam hic verba Abenpharagi in libro
de ſigillis, capite, quod incipit.

Abenpharagi.

باب فضائل خاتم الطاخع وهو اسم الله الاعظم الذي كان مكتوب على خاتم سليمان
جن داوود عم قال جن عبط جن على فى عره حاتم اذا اشوس الله وملايكته حملة عرشه
وسكان

وسكان سماواته وارضه وانسه وجنده واشهد محمد صلى الله عليه وسلم على من وقف
على كتابي هذا اوعنى الاسماي هذا ان لا يغلبها احد من السغها ولا يطلع عليها احد
ممن لا يخاف الله تعالى وعليه عهد الله شاقد ان لا يعلمها الا الجليل او عند ضرورة
غطيمة والله على من الشاهدين انه اسم الله عظم عظيم الذي تزول به الجبال وتسير
به الرمال وتخضع به الجبابرة ويتكسر به الافكسار ويقف به البحار وتجري به
الانهار فهو اسم الله المكنون والمخزون الذي من الكاف والنون وهو جسما خاتم الطاعه
امر عظيم وفيه منافع كثير وجمع هذه الالف منفعه سكتنا عنها خوف ان تقع في يد
من لا يخاف الله تعالـــــــى

✿

Hoc eſt, *Caput excellentiæ Sigilli obedientiæ,* & *illud eſt nomen Dei ma-*
gnum, quod fuit ſcriptum in Sigillo Salomonis filij Dauid, pax ſuper eum; di-
cit filius Abath filius Aali, de hoc Sigillo : ego teſtor Deum & *Angelos eius,* &
portantes ſedem eius, & *habitantes cœlum eius,* & *terram eius,* & *domeſticos eius,*
& *paradiſum eius,* & *teſtificor Mahumed, reſpiciat Deus ſuper ipſum,* & *pax ſu-*
per eum ; qui ſteterit ſupra hunc librum meum, & *nomina mea, quia*
non vincet eum quiſquam ex malignis, nec aſcendet ad eum quiſquam, niſi timore
Dei excelſi imbutus, & *cuius pactum fuerit ſuper eum . non diſcat hæc niſi ex-*
cellens, & *in magna neceſſitate,* & *Deus ſuper teſtificantes ſe, quoniam hoc eſt no-*
men Dei magnum, magnum, quia hoc fluunt montes, & *abeunt in arenam, ſubigun-*
tur Gigantes, & *franguntur minutim, hoc conſiſtunt maria,* & *curſum ſuum te-*
nent flumina, hoc nomen Dei magnum, abſconditum, & *glorioſum, quod conſti-*
tuitur ex literis Caph & *Nun,* & *vocatur Sigillum obedientiæ, quia imperio eius*
omnia ſubſtant, & *multas ac mille alias vtilitates habet, quas conſultò reticuimus,*
nè inciderent in manus hominis non timentis Deum excelſum . Poſt hæc, varia
narrat de reuelatione huius nominis, & quàm miranda huius ope Salomon perfecerit; quæ cùm non ſint huius loci, ijs quoque tempus teren-
dum non duximus ; quare ad alterum progrediamur .

Teleſma com
poſitum ex
literis ain,

Liber orati-
onum Turci-
carum,

Alterum Sigillum pariter frequentiſſimum eſt; ex litera ع Ain compoſitum . Eſt autem ع Ain index nominis ſeu attributi Diuini, quod vocatur على *Aali, excelſus, ſublimis ;* hâc verò ratione illud formant (ex libro
Orationum Turcicarum depromptum *)* prout in ſequenti pagina apparet . Putant autem nihil huic præualere poſſe, hinc varijs ſuperſtitionibus, hoc eſt ſuffumigijs, ex varijs odoribus, aromatibus, cœteriſque ſpeciebus, conſecrant; addunt huic ad augmentandam ſuperſtitionum materiam, varia Dei Angelorumque nomina , quorum præſidio huius Sigilli
intuitu, ab omnibus aduerſis, immunes, & in omnibus vitæ actionibus
proſperos & ſecundos ſe futuros ſibi imaginantur; quæ omnia Lector
videre poterit in locis allegatis . Vt proinde ſatis mirari non poſſim, impiorum hominum cæcitatem, dum literis & figuris nullius energiæ, & efficaciæ; tantum tamen poteſtatis ineſſe ſibi perſuadent, vt eorum ſubſidio nihil illis denegatum videatur. Sigillum ſequitur.

Hoc

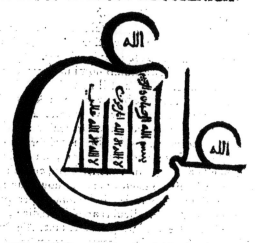

Hoc Sigillum ſolitâ ſuperſtitione multûm venerantur, multumque geſtantibus conferre aſſerunt ad amoris allectamenta. Sed audiamus verba Zain abadaal:

Zain abadaal.

مَن نَظَرَ اِلَى شَكل العَين فِي كُل يَوم سَبعِين مَرَّة وهو يَقرَا ايَة الكُرسِي عَظَمَ
اللّٰه فِي البَصَائِر وشَرَح بِالتَّوحِيد سِرَّه ورَفَع بِذِكرِه وصَان وجهه مِن غَيرة الكُرسِيه
وأحَبَّه كُلُّ مَن رَآه ☙ فَاِن كُلَّ مَمَن قَبِدَته الاهوَال عَافَاه اللّٰه واَجرَا اَنهُر الحِكمَة
بَين صَدرِه وعَلَّمَه تَوامِص العِلم ولَطائِف المَعَانِي ومَن وضَع شَكلَه فِي لَوح اَضرَب خَدَمَه
اَحدًا وثَمَانِين وكَلَّتَمايه فَاِنَّا مِن العَوَالِم الزَّمليه وذَلِك فِي السَّاعَة الاولَى مِن جَزم
ابرَاهِيم عَلَيه الشَّلَام وكَلَا هَذَا الاجَة الشَّرِيفَه وفِي قَولِه جَعَلَ ⸙

Hoc eſt, Qui conſiderauerit, & ſpeculatus fuerit ſuper figuram ع Ain ſingulis diebus ſeptuagies, & legerit notam Maieſtatis Dei in rebus manifeſtis; & explicauerit vnitatem ſecreti eius, & eleuauerit memoriam ſuam, & cuſtodierit faciem ſuam ab inuidia proximi ſui; amabitur is ab omnibus qui viderint eum. Et ſi quis tempeſtatibus & procellis ligatus fuerit, ſaluabit eum Deus, & currere faciet flumina ſapientiæ in pectus eius, & docebit eum myſteria abſcondita ſcientiæ, & ſubtilem ſignificationem eorum. Iterum, ſi quis poſuerit figuram eius in tabula plumbea, & vſus fuerit miniſterio 381. Sapientum qui ſcientijs virilibus inſtructi ſint, idᵩ horâ diei Abraham, pax ſuper cum, & cogitet hunc verſum الشَّرِيف Alſchariphet, eſt enim verbum Dei excelſi, &c. Sed ſuperſtitioſum effectum conſultò reticemus.

ومَن كَتَب حَرفَ العَين عَلَى هَذَ الصّورَه فِي السّاعَة الاولَى مِن يَوم السَّبت
ولِتَقَمَر خَازِل فِي اَحرَافَه مَنزِلَته ودَفَنَهَا فِي اَيِّ مَكَان شَا فَاِنَّه يَخرِب جَعَلَ اَربَعِين يَومًا
ولَادِيعَمَر اَبدًا بَانَن الا ⸙

Porrò qui ſcripſerit hanc literam ع Ain ſupra hanc figuram in horâ prima diei Sabbati, Luna percurrente extremitatem Manſionis ſuæ, & ſepeliuerit figuram in quocunque loco voluerit, vaſtabitur locus ille, & nemo eum vnquam inhabitabit.

Tempus me, chartaque deficeret, si singula nugamenta hoc loco adferre vellem; qui plura desiderat, consulat suprà citatos Authores.

Atque hæc est Philosophia illa secretior Arabum, cuius fundamenta partim ab Ægyptijs, partim ab Hebræis hauserunt. Quod ita ostendo. Hebræi, quæcunque in Cabalâ de diuinis nominibus tradunt, ea & Saraceni; hâc solummodò differentiâ, quòd illi omnia se ex sacris literis demonstrare posse putant, hi ex textibus, versibusq; Alcorani. Tradunt Hebræi 4 Mundos, quorum influxibus ex vno in alterum factis, vniuersa Mundi machina consistat; tradunt & hoc Saraceni, vti ex ijs quæ dicta sunt, colligi potest. Fingunt, vel potius affingunt Hebræi singulis Mundis suos præsides Angelos; affingunt & hos Saraceni; ita quidem, vt non sit vllum cœlum, neq; vlla stella, aut firmamenti statio, cui non suos Genios deputent: hinc in 12 signis Zodiaci, 28 mansionibus Lunæ, 7 Planetis, 4 Elementis, in singulis suam Potentiam influxuum supernorum administratricem, vnà cum litera diuini alicuius nominis radice, considerant; quibus magna & mirabilia se præstare posse iactitant. Ægyptij verò, quæcunque aut Hebræi, aut Saraceni, per literas; per occultas & abditas symbolorum hieroglyphicorum significationes præstiterunt, vti in sequentibus fusè ostendemus. Ex quibus apertè patet, omnem hanc superstitiosam philosophandi rationem non aliam originem habuisse, quàm ab Ægyptijs: cùm enim Hebræi Ægyptiorum consuetudine multà, vti in primo Tomo ostendimus, delectarentur, eorumq; sapientiam tot occultis imaginum symbolis expressam vnicè suspicerent; neq; tamen, legis prohibitione, per imaginum humanum aut brutale quid repræsentantium similitudines, eam tradere auderent; impunius hanc literis exhibuerunt; quos secuti deinde Saraceni, hanc execrandissimis superstitionibus ita commacularunt, vt ea publica totius Magicæ superstitionis officina facta sit, vti ex ijs quæ hucusque demonstrata sunt, luce meridianâ clarius patet. Quæ quidem omnia vberiùs hoc loco tradere poteram, ramosque Saracenicæ doctrinæ seu Cabalæ vlterius protendere; quia tamen id totum in Arithmetica & Astronomia hieroglyphica ex professo præstamus, superuacaneum esse ratus sum hisce diutius cum tædio laboris immorari: sufficiat proinde, hic originem, & superstitiosæ doctrinæ radices, quantum fieri potuit, & licuit, exposuisse.

CLASSIS VI,
SYSTEMATICA MVNDORVM
SIVE
De Mundo, Mundorumque varietate, ex mente Aegyptiorum hieroglyphicè exhibita.

ILLVSTRISSIMO ET REVERENDISSIMO
DOMINO, DOMINO
STANISLAO PSTROKONSKI,
Episcopo Chelmensi, &c. Administratori Abbatiæ Tynecen. &c.

DOMINO MEO COLENDISSIMO.

INGVLARIS virtutis Tuæ, & summæ eruditionis splendor, quò Orbi præluces, me potissimùm, vt honori nominis Tui hoc Oedipi mei argumentum inscriberem, quod de mundanorum corporum dispositione & loco ad Ægyptiorum mentem agit. Te enim semper præ alijs pontificiâ dignitate fulgentibus, vti Mathematum, ita Astronomicæ præcipuè facultatis adeò profundè peritum comperi, vt aliorum in ea facultate optimo iure Magister dici merearis. Accipe itaque hoc tenue meæ in Te æstimationis testimonium, meáq; gratiæ tuæ fauore protegere, vti cæpisti, ne desistas.

SY-

SYSTEMATICA MVNDORVM.

PRAEFATIO.

Origo ſcientiæ Aegyptiacæ ex Mundi ſenſibilis contemplatione.

ACCEDIMVS tandem ad veterum Ægyptiorum, quæ in Encyclopædia eorundem ſeſe exerunt, placita, vt quid de cœlorum, Geniorumque ipſis præſidum conſtitutione ſenſerint, hac diatribâ pateſiat. Quemadmodum itaq; omnis ſcientiæ & ſapientiæ origo, ex Mundi huius ſenſibilis contemplatione proceſſit, ita Ægypti quoque, quàm ſub innoxio, & malignis impreſſionibus immuni gauderent, animum primùm ad mundanarum reuolutionum, effectuumq́; cauſas explorandas conuerterunt. Nam ex ignotis effectuum mundanorum rationibus naſcebatur in ipſis admiratio, ex admiratione inueſtigandarum cauſarum deſiderium, ex inueſtigatione denique omnium artium ſcientiarumque conſtitutio. Quæ quales fuerint, in ſequentibus declarare nobis propoſitum eſt. Quoniam verò, quæ huiuſmodi arcanarum rerum ſcrutinio inuenerant, digniſſimis tantùm, & ſapientiæ ſtudio deditis communicanda ducebant; hinc myſticis nominum, verborumq́; inuolucris, id eſt hieroglyphicis ſymbolis ad totius naturæ exemplar fabricatis, contra profanorum idiotarumque abuſus, munitis vſi, totam meritò poſteritatem ſui in admirationem traxerunt. Sed hæc tandem explicemus.

Cur Aegyptij arcana ſapientiæ Hieroglyphicis obumbrarunt.

CAPVT. I.

De Mundo, eiuſque prouidentia.

Quâ ratiocinatione Aegyptij prouidentiam diuinâ intellexerint.

ÆGYPTII, teſte Plutarcho, mundanum ordinem, rerumque omnium conexionem altiùs expendentes, fieri non poſſe credebant, tàm eximiam machinam non prouidentia quadam ſupremi Numinis gubernari : ſic enim, vt Arnobius ait, ratiocinabantur. Principi adeo propria eſt prouidentia, vt ſine ea nec Princeps dici, nec vllo pacto eſſe valeat ; & quò Princeps fuerit eminentior, eò & prouidentia eidem conuenit excellentior : certè cùm Deus Princeps omnium ſit eminentiſſimus, ei prouidentia quoque conuenit ſuprema & eminentiſſima. Rurſus, Principi ob populorum ab eo dependentiam, nexumque mirificum, maximè proprius eſt amor erga populos ; ex amore conſurgit de re amata, cura & ſolicitudo : à Deo maximè pendet Mundus, & in eo nihil eſt, quod ab eo non pendeat ; maximè itaq; diligitur : & ſi maximè diligitur, etiam ſummopere curatur. Quem amorem ſat ſuperq; declarant, adeo mirus Mundi ordo, tàm accurata in Mundo ordinis conſeruatio, dum oīa per naturam ſui bonū, ſuiq; conſeruatiōe & perfectionem tam ſollicitè quærunt, vt ſi quis emotæ mentis homo de prouidentia dubitaret, eum pari pacto de motu cœli, & de lumine Solis temerè ambigere poſſe crederem. Si præterea Deus Mundo non prouideret,

aut

aut humana non curáret ; certè aut id facere non posset, aut nollet : sed
prius absurdum est, cùm principium, à quo cuncta cum eminenti cognitione manant, maximè ea curare possit : alterum non tantùm absurdum,
sed & impium est, cùm ipsum bonum id solùm velit, quod bonum est,
omni exclusa inuidia. Si itaque Deus vult, & potest, etiam necessariò
prouidet ; & vt Simplicius ait, *Deus autem hîc non contemnit, quæ produce-*
re non est dedignatus : Neque Deo difficilis est gubernatio, cui est facilis procura-
tio. Vnde rectè & sapienter Orpheus.

 Tu habes Mundi terminos Vniuersi,
 Tibi curæ est, principium & finis,
 Per te viuificantur omnia,
 Tu sphæram totam cythara resonante contemperas

Est itaque prouidentia nihil aliud, quàm diuina ratio eminenter in summo, omnium Principe Deo constituta, in mente per idæas formata, & di-
stributa, dum conuenienter propter finem media disponit. Nam sicut
prouidentia à Deo descendit, ita in mente idæarum munere explicatur,
per Angelos, animas, & naturam tanquam diuinæ voluntatis administros
perficitur & absoluitur. Cui quidem varia nomina sunt : vt enim à Deo
in mentem descendit, dicitur prouidentia ; vt transit ad animam, fatum,
Platone teste, dicitur, cui natura substernitur. Res æternæ ad Mundi
constitutionem pertinentes, per se & primò eidem subijciuntur ; res morales, ex euentu, vel saltem secundariò, vt conducunt ad specierum conseruationem. Insuper eorum, quæ in Vniuerso sunt, quædam à prouidentia, vt cœli motus ; quædam secundùm prouidentiam, vt quæ fiunt à viro prudenti & probo, proficiscuntur ; quædam neque à prouidentia, neque secundùm prouidentiam, vt errores naturæ, & quæ fiunt à viro improbo ; quæ tamen prouidentiam non penitùs subterfugiunt. Verbo, si
ad vniuersum prouidentiæ ordinem respicimus, nihil est in Vniuerso ex
casu, vel à fortuna, sed omnia sunt prouisa atque præuisa.

 Ægyptij itaque continuæ cuidam analogiæ rerum mundialium intenti, cùm nihil in Mundo reperirent, quod in singulis mundialis machinæ Systematis non contineretur, adeòque omnia in omnibus esse intelli-
gerent ; plures finxerunt Mundos, imprimísque quatuor maiores, deinde
innumeros minores, qui tamen omnes nonnisi maioris Mundi particulæ
quædam essent ; vt proinde nemo, dum Ægyptios audit Mundos plures
esse sensisse, existimet hanc pluralitatem Mundorum de Mundis totali-
bus, & extra Mundi ambitum in infinito illo imaginario spacio conditis
intelligendam esse ; sed de partialibus Mundis, vt posteà dicetur. Sed
singula totidem Capitibus explicemus.

Quid sit pro-
uidentia.

Pluralitas
Aegyptiorum
Mundorum
quomodo in-
telligenda.

CAPVT II.

Mundus Archetypus.

Vndus Archetypus siue idealis ab Ægyptijs, vti in Scala magna videre est, dicitur ϕκιτοcαϫι *π intellectualis,* eò quòd omnia exhibeat; & ibidem ϧλιιι ϫκιιτελιιι ϫιιιϧειιϫ *Mundus causæ causarum;* est enim idearum omnium plenitudo. Idea, ad mentem Xenocratis & Alcinoi, est exemplar æternum eorum, quæ secundùm naturam fiunt.

Mundus archetypus exemplar Mundi sensibilis. Dicitur igitur Mundus Archetypus exemplar, vt refertur ad Mundum hunc sensibilem; dicitur intellectualis, in quantum refertur ad mentem diuinam. Hinc rectè Timæus Platonicus asserit, Mundi Opificem sempiternum Opificis exemplar imitatum esse, Mundumque hunc sensibilem ad sui similitudinem formasse. Est itaque Mundus Archetypus in prima imparticipata mente refulgens, atque, Platone teste, Idea boni in Mundo regnans intelligibili; quæ Ideæ tametsi innumerabiles sint, non differunt tamen in mente diuina re & substantia ab ipsa, & ad inuicem, sed in

Ideæ in mente diuina realiter identificantur, formaliter distinguuntur. eodem identificantur subiecto, inter se autem ratione & formaliter distinguuntur subiecto, ita vt vna verè negetur de altera, vt idea hominis de ipso equo; neque in Deo sunt vt accidentia in subiecto, neque vt formæ in alijs formis, sed sunt ipsa simplicissima diuinæ mentis essentia, in quantum cunctorum, quæ animo concipi possunt, repræsentatiua est, & cuncta tanquam causa diuina & exemplaris, quin imò efficiens, & finalis, includit. Dicitur Mundus intelligibilis, ad differentiam Mundi huius sensibilis & corporei: nam sicuti hic sensu, ita ille intellectu tantummodò comprehenditur. Dicitur iterum intelligibilis, quòd omnes intellectus in se contineat, non Angelorum tantùm, sed & animarum, quæ hanc ob causam à Plotino dicuntur habitatores Mundi intelligibilis οἰκῇ τῷ κόσμῳ ᾗπμισρχιχῇ.

In quo differant entia intelligibilis & sensibilis Mundi. Mundus quoque dicitur, quoniam in se omnes essentias, omnia entia, omnes formas, omnes vitas, omnes intellectus comprehendit; non aliter quàm hic corporeus Mundus omnia in se corpora, omnes corporum formas, & omnia corporea accidentia, præter quæ nihil in hoc Mundo percipitur, continet. Maxima tamen differentia censeri debet inter corporei & intelligibilis Mundi entia. Hæc enim sunt omnis materiei expertia, illa materiæ contagione imbuta; hæc incorporea, illa corporea; hæc simplicia, ista ex materia & forma composita; hæc in statu, illa in motu; hæc in perpetua essentia, illa in continua generatione; hæc inalterabilia, illa continuâ alteratione mutantur; hæc incorruptibilia, illa corruptibilia; hæc immortalia, illa mortalia; hæc sincera, illa sordibus materiæ inquinata; hæc semper entia, illa ferè non entia, nam modò sunt, modò non sunt; hæc in vita, illa in morte; hæc denique exemplaria, illa imagines. Atque hæc est intelligibilis, idealis, seu archetypi Mundi conditio.

Hæc Ægyptij Sapientes dum in Deo considerarent, Numenque illud

lud immensum sine perpetuo intelligendi munere esse minime posse cognoscerent; nullum verò intelligendi munus sine intelligibili, quod proprium Dei obiectum est, consistere posse viderent; concluserunt, apud
Deum semper & ab æterno intelligentem, oportere esse sempiterna quædam intelligibilia, quæ prima sint, sicut ipse primum est intelligens, eademque æterna & immobilia, nè si hæc mutarentur, & Deus secundùm
ea aliquam subire dici posset mutationem, vtpote qui simul cum tempore
nouam perfectionem acquireret; quorum vtrumque in Deo parem ab-
surditatem continet. Cùm præterea hæc prima in Deo exemplaria non
ipsi per modum accidentium, aut vti fabrica in mente artificis, insint, sed
eadem, vt dixi, in simplici Dei essentia complicentur; hinc concluserunt
prisci sapientes, omnia mundana Systemata, omnes rerum species & formas, omnia rerum indiuidua suas in Deo formas ab æterno habuisse,
adeoque hominis, equi, leonis in Deo ideas, eundem Deum esse; verbo,
omnia in Deo diuino modo se habere, adeoque non incongruum esse putauerunt, equum v. g. in Deo idealiter consideratum, Deum ipsum asse-
uerare. Hanc tamen sublimem considerationem Ægyptij posteri non
percipientes, rerum externas formas cum internis idealium rationum formis confundentes, paulatim idololatriam inuexerunt, dum singulas rerum
naturalium substantias, siue animatas, siue inanimatas, nihil aliud, quàm
quasdam diuinæ substantiæ particulas existimantes, diuino cultu prose-
cuti sunt. Hinc animalia sacra diuinitatis latibula crediderunt; de quibus cùm fusè in sequentibus dicturi sumus, hîc longiores esse nolumus;
sufficiat originem totius superstitionis & idololatriæ ex malè intellectis
exemplarium in diuina mente ab æterno inexistentium intelligibilibus
formis processisse, hoc loco indigitasse. De ideis verò ampliùs tractatum
vide in Theologia Ægyptiorum.

Aegyptij Sapientes quo-modo Ideas in Deo esse statuerint.

Idololatriæ Aegyptiacæ origo.

CAPVT III.

De Mundo Intellectuali siue Angelico.

DEus æternus rerum creandarum ideis fœtus, quando tandem in-
scrutabili voluntatis suæ decreto placuit æternas bonitatis suæ diuitias ostendere, temporis initium condidit; cuius primo instanti Mundum produxit Angelicum, incorporeis & ab omni materiæ contagione
remotissimis plenum; quem Ægyptij ⲚⲓⲔⲞⲤⲘⲞⲤ ⲈⲦⲤⲀⲚⲰϢⲒ id est,
Mundum superexcelsum vocant; Hebræi עולם יצירה, Mundum formationis,
siue עולם מלאכים, Mundum Angelorum, aut Mundum intellectualem. quæ
vt ritè intelligantur

Sciendum est, duo hoc loco æua considerari posse; primum ab
æterno vsque ad initium temporis; alterum ab initio creationis in æternum duraturum. In primo æternitatis æuo Deus substitit, fuitque solus,
& cum Deo nihilum; sunt enim æternitas, & primum eius æuum diuinæ
quædam proprietates soli diuinitati congruæ, in quibus Deus conside-
randus

Mundus Angelicus.

randus eft vt Deus, vt folus ab æterno fine' creaturis , fine principio &
origine. Itaq; in primo æuo Deus folus fuit,& cum Deo nihilum ; præ-
ceffit enim æuum primum creationem omnium,& ipfum index eft vnitatis & folitudinis diuinæ, quâ ab æterno, & à nullo principio fibi foli affi-
ftebat Deus, in feipfum ferebatur, voluebaturque, in fe fibi præfens, feipfum collibrans, perfpiciens, & agnofcens; fibiipfi, & nulli alteri, ab
æterno generans, fpirans, procedens, communicabatur ; extra feipfum
nondum erat profectus, nihil adhuc protulerat, eratque extra fe infœcun-
dus, imperuius, ignotus, vtpote in incomprehenfibili caliginis fuæ abyffo reconditus. Erat tamen in feipfo fœcundus, & numerofus , quippe
trinus ; fibiipfi quoque communis, fibi cognitus, fibi petuius. In hoc
itaque æuo Deus nihil creauit. Nihil creare aliquando defijt , quando
creare omnia cœpit, vniuerforum rationem adorfus. Nulli adftitit, nihilque fouit ab æterno, quia extra fe nihil erant omnia. Defijt autem folus effe in fecundi æui exordio, in quo creare cœpit, atque adeo mox plu-
rimus, vt ita dicam, euafit æuo fecundo, qui in primo æuo, & ab æterno
creare omnia decreuit, potuit,& voluit ; quique in primo æuo in feipfo
trinus, numerofus, & fœcundus fuit, in fecundo æuo pariter numerofus,
& fœcundus fuit. Interioris Trinitatis facratiffimæ perfonæ, Pater, & Filius, & Spiritus fanctus funt. Exterioris Trinitatis Deus, Angelus , Homo; qui licet quoad fubftantiam ab inuicem diftinguantur, nexu tamen
in vnum confpirant, fibique inuicem adglutinantur. Nam ex cunctis
creaturis Angelus duntaxat, & homo, vt diuinæ lucis participes, in Deum
euadunt, & participatione, vt ita dicam, Dij funt. In primo itaque æuo
Deus de fua fubftantia creauit nihil ; at in fecundo æuo de nihilo vniuerfa, quæ poftquam facta funt, defijt effe nihilum. Medium duorum æuo-
rum pofuit Deus tempus, quod eft prior fecundi æui pars,& eft metrum,
fiue menfura fingulariū & indiuiduorū; tempus verò creationis, abfolu-
tionis, & confumationis omnium, tota eft Mundi huius duratio ; Numerus enim fpecierum omnium perfectus eft, & creatus à Deo in hexade
dierum, at vniufcuiufque fpeciei quantitas, & partium, fiue fingularium
numerus, vniuerfa vifibilis huius Mundi duratione & permanentia abfol-
uendus & complendus eft. Statuit autem Deus corporeum' hunc vifibi-
lemque Mundum in tempore, definiuitque illi principium & finem; li-
brauit illum inter duplex æuum; complet denique in præfenti Mundo,
perficit, abfoluit, gignitque, quod in futuro toto æuo continebit, falua-
bitque in effe fuo. In primo æuo vti nihil creauit Deus, ita in futuro
nihil creaturus eft, nulli nouæ fubftantiæ effe largiturus ; cùm nihil in
æuo fecundo futurum fit, quod ortum non habuerit in præfentis temporis duratione. Angelos in temporis initio creauit in inftanti; materiem
deinde pariter in inftanti, ex qua fenfibilium creaturarum fpecies in tempore & numero fex dierum perfecit , & compleuit; rationalem item
animam protulit in temporis momento, ex qua & ex materia humanam
fubftantiam fexta fupremaque die compegit, conflauit, perfecit. In futuro æuo Deus conferuabit & Angelos, & materiem, & animas rationales

les, propter quas & materiam in idem æuum introduxerat. Nam ex materia instaurabitur corpus humanum, vel in fœlicitatem, vel pœnam æternam; reliqua verò in finem hominis creata sunt, vti animalia, vegetabilia, similiaque, & temporis tantùm gaudebunt priuilegio. Patet itaque, etiam iuxta orthodoxam doctrinam, ex hisce Dei ab æterno per tempus in æternitatem processus; quibus quidem ita præsuppositis, iam videamus, quomodo Deus Angelicum Mundum produxerit.

Ægyptij putârunt Angelicum Mundum ab æterno Deo coëxtitisse, vt alibi fusè demonstratum fuit; quo quidem à nostra Theologia plurimùm differunt, dum supremi Mundi Genios vel Intelligentias nihil aliud quàm quasdam diuinitatis particulas asserunt, particulares inquam Deos & Numina. Mundum dicunt intellectualem, quia ad Archetypi Mundi exemplar conditi sunt, & maioris Mundi vti œconomiam administrant, ita totam quoque continent in seipsis, non sub materiali, sed eminentiori quodam modo, scilicet Angelico, vt rectè docet Iamblichus; qui & totum Mundum intellectualem in nouem Classes distribuit. Primum locum assignat Dijs supramundanis, alterum Archangelis, tertium Angelis, quartum Dijs cœlestibus pedissequis supramundanorum, quintum Dæmonibus, sextum Heroibus, septimum Principatibus, octauum Principibus, nonum denique Animabus; imitans in hoc quodammodo nouem Angelorum ordines ab Orthodoxis constitutos.

Nouem itaque diuinorum gradus assignat Iamblichus in Mundo Angelico, ex quibus duo primi, Dij & Archangeli, sunt supra Dæmonum latitudinem; postremus verò Animarum gradus infra Dæmonis potentiam; atque adeo sex intermedij, Dij cœlestes, Angeli, Dæmones, Heroës, Principatus, Principes, ad Dæmones rectè reuocari possunt.

Syri siue Chaldæi haud absimilia recitant, teste Mor Isaac in sua philosophia, vbi ita incipit c. 4.

(Syriac text)

&c.

Verùm quia discursus longissimus est, omisso Syriaco textu subiungam Latinam interpretationem, quæ ita se habet:

Cœlestes itaque ordines dispositi sunt in tres cœtus; primus ordo dispositus iterum est in tres phalanges, quarum prima est Angelorum, secunda Archangelorum, tertia Principatuum. Secundus Ordo cœtuum intermedius dispositus est antiquitùs in Potestates, Virtutes, Dominationes, qui iterum diuisi sunt in varias Classes. Tertius Ordo continet Thronos, Seraphim, Cherubim, multioculos, & portant thronum gloriæ Dei. Sed Classes & varia munera alibi eloquenter describit his verbis: *Et quemadmodum Deus natura sua bonus, diues, & sapiens, ita creauit ex nihilo Mundum magnum naturarum intellectualium, subti-*

F f f *lium,*

Aegyptij putabant Angelos fuisse ab ætgrno.

Iamblichus diuidendo Mundum intellectualem in nouem classes, adumbrat nouem choros Angelorum.

Interpretatio
Mor. Isaac de
ordinibus An-
gelorum.
c. 4. de crea-
tione mundi.

lium, *& spiritualium, fulgentem in natura intellectuali, omnis mutationis &
corruptionis experte, scilicet Angelos bonos & fælices in natura sua, omnia cogno-
scentes. Abscondita sunt operationes eorum, solis ipsis manifesta, nos verò quales sint non possumus cognoscere. Et disposuit eos in tres ordines; & in singulis,
tribus ordinibus tres aliæ sunt phalanges; & singulæ phalanges divisæ sunt in
series suas, & exercitus in exercitus; & in singulis seriebus est ordo legionum;
& in singulis legionibus Chiliarchi & Hecatontarchi; & ipse qui fecit eos, solus novit numerum eorum, & qualitates eorum. Et supra tripartitos ordines
constituit alium ordinem supremum, qui stat in porta regni essentiæ suæ; & po-
suit caput singulis ordinibus, & seriebus singulis ||▱▭▬, id est, Virtutes, & sta-
tuit cum eis legiones, & phalanges, & exercitus copiosos, quos ipse solus novit;
& distinxit eos in decades certas, & inde deduxit principium computando numerum eorum, & ascendere fecit usq; ad decem; & deinde incipiendo à capite,
disposuit in alias decem decades, & has iterum in alias decem decades, quæ ascen-
dunt ad multa millena millia, quæ à denario numero ultrà citròque non recedunt.
Est enim numerus denarius summa summans omnem summam. Hinc primò decem sunt ordines Virtutum cœlestium, quas Altissimus caput & principium omnium disposuit; & hoc est arcanum perfectionis numeri denarij, & trium Chororum aliorum, & per hoc nobis innotescit mysterium Trinitatis, & mysterium
unitatis Dei, & essentiæ ipsius, & substantiæ, & naturæ, & voluntatis unius
Domini unientis omnia, & hos tres ordines; qui pari pacto singulas series divi-
sit in tres Choros, & singulos Choros in tres exercitus; ter verò tria adfert secretum magnum trinitatis personarum, singulæ substantia æterna; & singulos exercitus ordinavit iterum in alias & alias Classes; & in singulis Classibus legiones,
quarum non est numerus, unde mysterium resultat incomprehensibilis divinitatis.

Continet autem Legio 36000, quæ faciunt tres myriades, singulæ myriades conficiunt 12000, & singulis legionibus præsunt tria capita, singulis verò myriadibus 1
caput, & sub ipso 12 Chiliarchæ, 10 Centuriones, suntq; Principes super centum
sibi subditos, & sub unoquoque Centurione decem Archontes seu Præfecti, unus-
quisq; caput suæ decadis. Atque hi sunt tres ordines divisi in novem choros, seu
series, seu 27 acies, seu castra, seu exercitus. Habet autem unaquæque acies
tres ||▬, ordines, & unusquisque ordo tres legiones, & iterum triniter divi-
duntur. Verùm omnis legio continet tres myriades, singulæ myriades duodecim
millia, quamuis alij dicant 10000. Nonnulli quoque dicunt, quòd legio facit
32000. Nos verò accuratè sategimus scribere desuper, sicut credimus, & audiuimus, & examinauimus, & numerauimus, id quod notum nobis, & quod
audiuimus, & non siluimus, & laudauimus operationes eorum, & quòd is solus
nouit ordines eorum, & numerum eorum, & qualitates eorum; quantum tamen nobis licuit, numerus eorum ad denarium ascendit, & indicat secretum magnum.* Hæc Mor. Isaac in Philosophia sua Syriaca, vbi & fusè omnium

operationes, virtutes, qualitates, præsidia describit. S. Dionysius Areopagita Mundum Angelicum in tres primùm Hierarchias diuidit, singu-
lasque iterum in tres Choros, vt sequitur:

Πᾶσα ἡ Θεολογία τᾶς ἱεραίας ἐσίας ἐννέα κίκλησι ἐκφανῶς ἐικᾶς ἐπωνυμίαις. Ταύτας ὁ
Θεῖος ἡμῶν ἱερὸς γῆτης εἰς γεῖς ἀφιερζι τριάδας. καὶ δ/ακοσμήσεις. Τοὺς δὲ γὸ ἁγιωτάτας Θεόνες,
καὶ Οἱ πολυόμμαζα, καὶ πολι π[ερα τάσμαζα. Χερεβὶμ Εβραίων φωνῆ, καὶ Σεραφὶμ ὠνόμασος εἰδία,

&c.

*ſd τέρας ἐν τῇ ῳσι τλώ͂ ϰϑ̀ τῷ ὀξ͂εσιῶν, ϰϑ̀ κῦωσήτον, ϰϑ̀ διωόμμων συμπληρυμέφυ. ϰϑ̀ ξί-
τλω ἐν ἐ̓χ́άτων τῇ ἐρμ͂ωερ ἐρεχώ͂ν τλώ͂ τῇ Α᾽ γ᾽ ἱλὼν τί ϰϑ̀ Α᾽ ρχϑ γ᾽ ἱλὼν, ϰϑ̀ Α᾽ ρχϑῶ͂ν ὀρ͂κω-*
μησιν. Id est, *Substantias cœlestes omnis Theologia nouem explanatorys nominibus appellauit ;* has diuinus noster initiator (intellige S. Paulum) *in tres ter-
narias distinxit distributiones ; ac primam quidem ait esse illam, quæ circa Deum
assidue versatur, illiq́; iugiter adhærere creditur ; sanctissimos enim Thronos, & pluribus oculis alisq́; præditos ordines Cherubim vocabulo , & Seraphim appellatos ,
immediatè iuxta Deum ante alios eminenti propinquitate locatos esse, sacrorum_
asserit eloquiorum explanatione comprobari . Secundam verò designat illam , quæ
Potestatibus, Dominationibus, Virtutibusq́; completur . Tertiam denique , eamque
cœlestium Hierarchiaruvi vltimam esse dicit, Angelorum, Archangelorum , atque
Principatuum distributionem .* Alio tamen ordine huiusmodi Hierarchias
recenset S. Gregorius : *In prima* collocat *Seraphim, Cherubim, & Thronos;
quorum primi considerant bonitatem, secundi veritatem, tertÿ æquitatem ; in primis quoque Deus amat vt charitas, in secundis cognoscit vt veritas, in tertÿs sedet
vt æquitas . In media ponit Dominationes, Principatus , Potestates; quorum_
primi officia regunt Angelorum, sequentes capitibus præsunt populorum, alÿ Dæmonum coërcent potestatem; item in primis Deus dominatur vt maiestas , in sequentibus regit vt Princeps, in vltimis tuetur vt salus . In posteriore Hierarchia
collocat Virtutes, Archangelos, Angelos ; ad quorum priores miraculorum pertinet operatio, ad secundos ingentium negotiorum denunciatio , ad tertios denique
humanæ custodiæ sollicitudo ; in primis operatur Deus vt virtus , in secundis re-
uelat vt lux, in tertÿs nunciat vt inspirans .* Et quoniam totus Angelicus
Mundus in hunc finem à Deo dispositus est, vt sit diuinitatis vndiquaque
perfectissimum simulachrum, id est, archetypi Mundi immediata & proxima similitudo , per quos Deus vniuersum Mundum gubernat ; intellectualibus & rationalibus creaturis potissimùm competit, vt sicuti Hierarchici Chori Deum, iuxta ordinem ipsis à Deo præscriptum, imitantur,
inferiores superioribus se submittendo ; sic homines & Deum, & Hierarchicos ordines exprimant, vita ijs congrua ; quod fiet, si Seraphinis assi-
milemur per ardentem charitatem, Cherubinis per assiduam rerum diuinarum contemplationem , Thronis per æquitatem & iustitiam, Dominationibus per dominium quo affectibus terrenis passionibusque domina-
mur, Principatibus per humilem subiectionem factam superioribus, Potestatibus per resistentiam tentationum à Diabolo immissarum, Virtutibus
per continuũ virtutum exercitium, Archangelis per instructionem, quæ sit,
proximos ad iustitiam erudiendo ; Angelis denique per obsequia mutua
proximis præstita .

Hebræi alium in Angelico Mundo ordinem seruant, quem suprà in_
Cabala eorum susè explicauimus, vbi & numerum Angelorum, iuxta eorum opinionem, definitum reperies . Arabes tametsi solitis superstitionibus intenti, Angelicum Mundum symbolicis inuolucris describunt, dum
singulis ordinibus varias formas attribuunt, brutorum, & hominum, eum
tamen non nisi ad mentem Ægyptiorum recitant . Diuidunt autem eum_
in tres ordines : primo præficiunt Gabrielem, secundo Seraphielem, ter-

marginalia: l.2. moral. Diuisio Angelicarum Hierarchiarũ. Angelicus Mundus simillimus Mundo Archetypo. Homines possunt exprimere Ordines Hierarchicos. Hebræorum traditio de Angelicis Choris.

tio Michaelem . ita autem ratiocinatur in historia Saracenorum Kaab .

في جبرائيل ايه قد دل على انه افضل من الملايكه وهو روح الامين له ستة اخنحه
في كل جناح مايه جنح وله من ورا ذلك جناحان اخضران لاينشرهما الا الليلة القدر
وله جناحان اخران لاينشرهما الا الغنل هلال القدر وجميع اجنحته من انواع الجوهر
ومع ذلك غرابلع للجبين براق الثنايا ابيض الجسد اسود الشعر اونه كالثلج بياض
قدماه معروستان بالنور صورته ثملا ما بين البسما وما بين الارض عن المعمود ملايكه
الذي سلطهم جبرابيل لايعدوا ولا يعلم عددهم الا الله تعلى ۞

In Gabriele, inquit, *signum est, quod denotat eum Angelorum excellentissi-*
mum esse, & est spiritus fidelis . Sunt ei sex alæ, in singulis alis aliæ centum alæ,
& sunt ei retrò duæ alæ, virides ; non extendit eas nisi nocte summâ ; & sunt
ei aliæ binæ alæ, non extendit eas nisi ad Lunam siue Nouilunium ; & omnes
alæ eius constant omni genere gemmarum . Præterea ipse crocea habet supercilia,
instar fulgoris corusca ; dentes duos candidos, corpus nigrum, capillas instar ni-
uis albos, vestigia pedum eius plantata in luce ; figura eius implet quantum in-
ter cælum & terram vsque ad stationem Angelorum . quorum Rex est Gabriel ;
non nouit numerum eorum, nisi Deus excelsus . Vidimus primum ordinem,
iam videamus secundum ordinem sub dominio Seraphielis .

Descriptio Ga-
brielis ex Kaab
in historia Sa-
racenorum,

وقل كعب ومن ورا الجبت المعمور ملايكه لا يعدوا ولا يعلم عددهم الا الله
تعلى وقل وكل بهم ملاك سرافياييل ملاك عظيم وله سبعون وجه في كل وجه
سبعون فم في كل فم سبعون لسانا في كل لسان سبعون يسبح الله تعالى بها وفوق
هاولا ملايكه اخرون اعظم منهم ومنهم ومن دونهم حجاب حتى لا يحرقون من
دونهم ومن فوقهم ملايكه يسقط للحر من افواههم بعدد تشبيههم خلق الله تعالى
من تلك للجر ملايكه يطيرون في الهوى والتسبيح ومن فوق ذلك ملك عظيم على
صورة الانسان ومن فوق ذلك ملايكه اخرون اعظم خلقا لا يعلم عددهم الا الله تعلى
وفي السما السابعه البحر غبر مساحة وفيه ملايكه وفي ابدهم حراب من جوهر طول
كل حربه مسيرة ماية عام وقد وكل الله بهذا البحر ملاك يقال له ميكاييل لا
يعلم احد صفه ولا صفه راسه ولا عدد اجنحته الا الله تعلى ولو ان هذا الملاك يفتح
فاه لاحترق اهل السموات والارض من فوره وهو القايم على البحر المذكور ۞

Et dixit Kaab, retrò domus est habitata ab Angelis innumeris ; non scit nu-
merum eorum, nisi Deus excelsus . Præest autem eis Seraphiel Angelus magnus ,
cui septuaginta facies, in vnaquæque facie septuaginta ora, & in vnoquoque ore
septuaginta linguæ, in vnaquaque lingua septuaginta idiomata, quibus Deus ex-
celsus laudatur : & super hosce sunt alij Angeli maiores præcedentibus ; & inter
illos, & illos qui infra eos sunt, velum siue septum est, vt non comburantur ab ijs,
qui infra sunt, & qui supra sunt Angelis ; decidità carbo ex ore ipsorum, iuxta
numerum horum ; creauit Deus excelsus ex hoc carbone Angelos, qui volant in aë-
re, & supra hos Angelus magnus forma hominis ; & super ipsum Angeli alij ma-
iores dictis ; non scit numerum eorum nisi Deus excelsus ; & in cælo septimo
mare immensum, & in eo Angeli, in quorum manibus gladij ex gemmis pretiosis,
longitudo vniuscuiusq́ gladij continet spacium, quantum quis centum annis iter
conficiat . Præfecit autem Deus huic mari Angelum qui dicitur Michaël ; non
scit quisquam naturam eius, & qualitatem capitis eius, nec numerauit quisquam
alas eius, nisi Deus excelsus ; & quandocunque hic Angelus os suum aperit, ignis
effi-

efficaciá vruntur habitatores cœli & terra, & confiftit fupra dictum mare.

Hanc narrationem nonnulli ex Mahumetanis ad verbum feu literam intelligunt ; fapientiores tamen, quas fabularum huiufmodi pudet,
ad fymbolicos & myfticos fenfus confugiunt, quemadmodum in proprio
libello de natura Angelorum oftendit Amed filius Hali, qui per feptuaginta facies, feptuaginta nationes, quibus præeft ; per ora feptuaginta,
totidem benedictiones ; per feptuaginta linguas & idiomata, totidem hymnos, quibus Deum continuò laudant ; per alas, omnipræfentiam ; per
mare, ingens habitaculum cœleftium fpirituum ; per gladium centum
annorum itineris, poteftatem iurifdictionalem per centum annos, quibus
euolutis alij fuccedunt alijs poteftatibus prædicti. Pergit porrò Kaab ad
tertium Angelum Azaëlem, quem hifce verbis defcribit :

وامّا ملاك الموت فاسمه عزرائيل ومسكنه في سما الدنيا وقد خلف الله تعالى
له اعوان بعدد كل من يدوق الموت رجلاه في تخوم الأرضين السابعة السفلى وراسه
في السما العليا عند اخر الحجاب وارجهه ثلثمايه وستون عين في كل عين ثلثمايه
عين وله ثلثمايه وستون لسانا في كل لسان ثلاثة السن ولد ثلثمايه ومِئتون يد
في كل يد ثلثة ايد وله ثلثمايه وستون رجلا في كل رجل ثلثة ارجل وله اربعة
اجنحه جناح بالشرق وجناح بالمغرب وجناح اخر للعجاب وجناح في الأرض وعدد
الملائكة تحته لا يعلم الا الله ۞

*Rex verò mortis, cuius nomen Azaël, habitat in Cælo Mundi, & creauit
ipfum Deus in auxilium omnibus, qui guftant mortem: pedes eius in extremita-
tibus terrarum feptem inferioribus, & caput eius in Cælo fupremo, iuxta quoddam feptum ; & facies eius habet 360 oculos, in fingulis oculis tres oculi ; &
funt ei 360 linguæ, fingulis linguis tres aliæ linguæ ; & funt ei 360 manus, &
in fingulis manibus tres manus ; & funt ei 360 pedes, & in fingulis pedibus
tres pedes ; & funt ei 4 alæ, ala in Orientem, ala in Occidentem, ala in feptum
fupremum, ala denique in terram extenfa, & numerum Angelorum fub eo non
fcit, nifi Deus.*

Ecce hæc eft Philofophia Mahumetanorum de Mundo Angelico,
eiufque varijs Claffibus ; quæ tametfi rudiores ad literam intelligant,
non indecenter tamen ad poteftatem & virtutes mirificas dicti Angeli
transferri poffunt, quemadmodum paulò ante ex Amed Ben Hali oftendimus. Quis enim tam infipiens, ne dicam ftolidus foret, qui puriffimis
fpiritibus, & ab omni corruptionis materialis conditione remotiffimis, tot
corporea inftrumenta, tam monftrofas & inconceptibiles formas attri-
bueret? Atque hæc ex Orientalium monumentis deprompta adducere
libuit, vt Angelici Mundi compages omnium nationum calculis comprobata luculentiùs pateret, de quibus & in fequentibus plura adducemus.

CAPVT IV.

Mundus Sidereus.

MVndus Sidereus nihil aliud est, quàm totius machinæ è cœlis constitutæ compages. Cœlos autem quidam decem, nonnulli octo, alij è septem Planetarum orbitis sideream hanc compagem constituerunt; de quibus quid Græci, Hebræi, Arabes, Chaldæi, & Ægyptij primùm senserint, à quibus omnes alij acceperunt, videamus.

§ I.

De Græcorum, & Hebræorum Systemate.

GRæci non secus ac omnes reliqui Orientales, Mundi Systema hieroglyphicè constituebant, hoc pacto: Elementari Mundo, Planetis, & Aplani, nouem Musas, veluti dictorum Orbium animas præponebant. Thalia Elementis; Clio cœlo Lunæ; Calliope cœlo Mercurij; Terpsichore cœlo Veneris; Melpomene cœlo Solis; Erato cœlo Martis; Euterpe cœlo Iouis; Polyhymnia cœlo Saturni; Vrania denique Aplani siue stellarum fixarum Orbi assidere credebantur. Supra Aplanem verò throno insidentem ponebant Apollinem cum tribus Charitibus, cythara, & heliotropio; cuius pedibus subdebatur Draconis cauda, qui per omnes sphærarum ordines diffusus, tandem in tricipitium terminabatur. Per Apollinem animam Sensibilis Mundi indicabant; cytharam in manu tenet, quâ concentus & harmonia, quam Mundo inducit, notabatur. Per Heliotropium rerum inferiorum cum superioribus nexus harmonicis rationibus introductus signabatur. Tres gratiæ Apollinis in hoc Mundo splendorem, liberalitatem, & charismata Mundo concessa, exhibebant. Serpens Apollinis referebat vim genitalem per vniuersum Mundi corpus diffusam; tricipitium Draconis terræ innixum, triplicem notam quâ terram fœcundat, virtutem, humectatiuam, calefactiuam, & seminalem, quas ad omnem generationem cucurrere constat. Hebræi quoque, vti in Cabala docuimus, singulis sphæris suos Angelos attribuebant; decimam autem respondere volebant virtuti diuinitatis in abscondita essentiæ suæ abysso latenti, id est, Menti primæ archetypæ, quam & *Ensuph*, id est, *infinitum* dicebant. Verùm cùm hæc omnia vberrimè exposuerimus in Obelisco Pamphilio fol. 242 & sequentibus, nihil aliud hìc nisi figuram apponendam duxi, ex qua mentem Veterum Græcorum luculentiùs percipies.

§ II.

Systema Mundi Siderei, & Elementaris, ab Aegyptijs hieroglyphicè expressum.

AEgyptij vti in omnibus naturæ mysterijs exprimendis, ita & in mundani Systematis repræsentatione vel maxime singularis ingenij specimen dederunt; quemadmodum ex sequenti hieroglyphico Schemate patet, quod ex tabula Bembina desumptum, & in Prodromo explicatum hìc denuo adducere visum est.

Figura κατα ευμορφῶ est, siue ex humana & Scarabæi forma composita; inter quas quinque circuli, Orbitarum Planetariarum indices, interseruntur; capite Lunam tenet; quæ intra Lunæ concauum continetur Crux ansata, illa elementaris Mundi nota est; tabulam chelis continet, voce Φὼς, quod amorem denotat, insignitam; globus alatus serpentibus hinc inde emergentibus, Numen triforme, siue animam Mundi triformem, vniuersum virtute suâ animantem, indicat. Et singulæ quidem partes, ex quibus hierogrammatismus constituitur, cùm fusè in Prodromo Copto expositæ sint, hìc longiores esse noluimus; vnde relictâ earundem nouâ interpretatione, hoc loco solùm Mundani Systematis per eas indicati constitutionem ex eodem Prodromo repetemus.

Primò igitur Aegyptij hoc Schemate ideali summo ingenio totius Mundi Systema, corporum seriem, omnemque mundanarum partium nexum designabant; quod verum esse ex sequentibus patebit. Tradit Albumazar, alijque Arabum Astrologi, Aegyptios Solem inter duos Mundi quinarios posuisse, nempe super hunc Planetas quinque; sub hoc Lunam & quatuor Elementa, vt sequitur.

(margin: Systema Mundi iuxta Aegyptios. Albumazar. Sol medius inter quinq; planetas, & Lunam, & quatuor Elementa.)

	Coptic	Arabic	Latin
1	ⲡⲧⲉϥⲁⲛ	زحل	Saturnus
2	ⲧⲓⲍⲏⲥ	المشتري	Iupiter
3	ⲙⲟⲗⲟⲝ	المريخ	Mars
4	ⲥⲟⲩⲣⲟⲩ	الزهرة	Venus
5	ⲡⲓⲉⲣⲙⲏⲥ	عطارد	Mercurius
	ⲡⲓⲣⲏ	الشمس	Sol
1	ⲛⲓⲟⲩⲋ	القمر	Luna
2	ⲡⲓⲭⲣⲱⲙ	النار	Ignis
3	ⲡⲓⲁⲏⲟⲩ	الهوا	Aër
			Aqua

| 4 | נושאים | ل ال | Aqua |
| 5 | ניאָרֶץ | الأرض | Terra |

Quod fanè tunc verum effe cognoui, cùm primùm in abdita huius facræ fculpturæ perueni. Vides quàm aptè in eo Horus feu Sol, veluti Cœli Rex ac Dominus vnicus, duos inter quinarios medios, fuperiorem quinque Planetarum, & inferiorem Lunæ Elementorumque conftituatur? Sed audiamus de his Marfilium Ficinum l. de Sole c. 6. *Solem, inquit, quaſi Dominum omnes in Mundo medium, quamuis diuersâ ratione, conftituêre; Chaldæi quidem medium Planetarum ; Ægyptij verò inter duos Mundi quinarios, nempe fuper hunc Planetas quinque, fub hoc Lunam, & quatuor Elementa; propinquiorem verò terræ, quàm firmamento pofitum à prouidentia putant, vt eius feruente ſpiritu & igne Lunæ, aëris, aquæ humor, & craſſa terrenorum materia fouerētur.* Quàm hæc vera fint, figura hieroglyphica clarè oftendit ; eifque eruditiſſimus Rambam Ægyptius l. 2. מורה נבוכים More nebuchim c. 9. fubfcribit, vbi ita clarè hoc Mundi Syftema Ægyptiacum depingit, vt ex hac facra fculptura veluti ex αρωτοτύπω quodam id adumbraſſe videatur ; verba eius funt :

דע כי גלגל נוגה וכוכבים מחלקת בהם בין חראשונעים מאנשי חלמדים אם הם
למעלה בין חשמש או חתה חשמש מפני שאין שם מופת יונגני על סדור שני הכדורים
האלה והיה דעה חראשונים כולם שכדורי נוגה וכוכב למעלה מן חשמש וחיה זה
וחכינחתו מאר ואחר כן בא פטלמיוס וחכריע חיתם מתחת ואמר שחוא חנאות כעגין
חטבעי שחוא חשמש באמצע ושלש כוכבים למעלה ושלש למטה סוף דבר יחיח
חעגין כן אולא יחיח חנח חנה חראשונים כולם חיו מסדרים נוגח וכוכב למעלה מן חשמש
זה חיו סונים חכידורים חכידורי זרים למטה וכידר חשמש אשר חיו למעלה מסנו בחכרת
וכידור חחמשה חכידורים ולכים וכידוה חכוכבים עומדים וחגלגל מקיף בכל אשר
אין כוכב בו :

Scito ergo, quòd in ſphæris Veneris & Mercurij controuerſia fuit inter antiquos, qui ſtudebant in Mathematicis, vtrum ſupra Solem ſint, an infra. Non enim vlla eſt demonſtratio ordinis harum Sphærarum. Omnium tamen Antiquorum opinio fuit, quod iſtæ duæ ſphæræ, ſcilicet Veneris & Mercurij, ſint ſupra Solem. Intende ergo in hoc; & ſcito. Verum alter opinatus Ptolomæus, ſub Sole eos conſtituit, aſſerens conuenientiùs eſſe naturæ, Solem in medio Planetarum, ita vt tres ſupra, tres infra ponantur ordinare. Quicquid ſit, omnes primi Sapientes Venerem & Mercurium ſupra Solem ordinauerunt; & idcircò duas ſphæræs numerauerunt, Sphæram Lunæ, quæ ſine dubio propinqua eſt nobis, & Sphæram Solis, quæ ſupra Lunam eſt neceſſariò ; Sphæras autem quinque Planetarum pro vna reputabant, Sphæram ſtellarum fixarum pro alia, & Cælum circum omnia, in quo non ſunt ſtella. Quod ſi ita eſt, dicemus, quod numerus ſphærarum, in quibus ſunt formæ ſtellarum (ſic enim ſtellas Antiqui vocabant, vt ſcitur ex libris eorum) qnaternarius eſt; ſphæra ſcilicet ſtellarum fixarum, ſphæra quinque Planetarum, Sphæra Solis, & ſphæra Lunæ ; ſupra omnes verò ſphæra quædam, in qua nulla eſt ſtella. Hæc Rambam: An non hîc quaternarius ſphærarum clarè in noſtro hieroglyphico Schemate expreſſus videtur ? certè expreſſiùs nihil. Quid enim aliud fulgida illa ac radioſa

Sca-

Scarabæi pterygia, nisi rutilam stellarum fixarum sphœram significant, in qua 12 signa Zodiaci per duodecim Scarabæi digitos maiores indicat, reponuntur ? quid aliud globus ille quinque circulorum, nisi sphœram quinque Planetarum notat ? vides sphœram Solis in Hori capite, & Lunæ sphœram in propria figura repræsentatam, elementarem Mundum includentem, quæ omnia ambit globus alatus, sphœra vidilicet inuisibilis, de qua paulò antè Rambam locutus est.

Nè verò hunc quaternarium gratis ab Ægyptijs confictum quispiam existimet, eius mysterium hic indicandum duxi. Ægyptij itaque cùm ex admirabili illo rerum omnium nexu & concatenatione deprehendissent, superiora corpora inferiora valde potenter mouere, & quatuor Elementa quatuor sphœris veluti principijs actiuis substerni; præterea sphœræ Lunari vim quandam efficacem inesse ad Elementum aquæ commouendum, Solari ad ignem, ad aërem (ob varias radiorum commistiones) quinque Planetarum sphœris, ad terram denique alterandam ipsi firmamento ; quis non videt, eos magno ingenio hanc quadruplicem catenam, quadruplicia inferioris & superioris Mundi similia corpora similibus connectentem sub quaternario numero seu cubo mystico indigitasse ?

Singulæ sphœ
ræ singulis
respondent
Elementis,

Atque ex his patet, quàm concinnè Ægyptij rerum omnium nexum sub hoc Symbolico Schemate repræsentârint. Verùm cùm à nemine adhuc, quod sciam, Systema cœlorum iuxta mentem veterum Ægyptiorum productum sit ; ego in gratiam Philosophorum, & Mathematicorum id ab immemorabili temporum vetustate vindicatum, hoc loco proponere volui.

Systema Mundi iuxta mentem veterum Ægyptiorum, cuius figuram in sequenti pagina contemplare.

Demum cùm in hoc Mundo maiore vna circumferentia ita alteri adnexa sit, vt ad conuersionem Orbis superioris inferna conuersio quælibet gubernetur, totiusque circuitus ratio per amorem in quadam attractione & pulsione reciproca collocetur : præterea cùm in circumfusa Mundi machina connexis corporibus cunctæ naturæ mutuent inuicem, & mutuentur, ex communi autem hac cognatione concomitanter nascatur amor, ex amore similium attractus & propulsio contrariorum; verè Amorem vel eo nomine Magum rectissimè Veteres appellârunt; vnde quicunque in arte quauis & facultatum genere eò vsque peruenerat, vt ex analogia agentium rerum ad res passibiles, similium ad similes, contrariorum ad contrarias, naturalium operum rationem proximè visus esset imitari; hunc Veteres magum, & verè sapientem, incantamento & fascino potentem, in Diuorum pene numerum relatum nuncupabant. Nam vt rectè Mor Isaac in Philosophia sua Syra c. 6. philosophatur.

Amorem
Magum ap-
pellarunt An-
tiqui.

Mor Isaac.

ܐ݈ܢ݈ܫܐ ܗܠܝܢ ܕܡܢ ܫܠܡ ܗܘܐ ܕܚܕܕ ܟܢ ܣ̈ܝ݈ܡܐ ܩܢ̈ܝ݈ܢܐ ܐ

Scien-

Ggg

4	ⲧⲓⲉⲩⲱⲟⲩ	الماء	Aqua
5	ⲧⲓⲕⲁϩⲓ	الأرض	Terra

Ficinus l. de Sole.

Quod fanè tunc verum esse cognoui, cùm primùm in abdita huius sacræ sculpturæ perueni. Vides quàm aptè in eo Horus seu Sol, veluti Cœli Rex ac Dominus vnicus, duos inter quinarios medios, superiorem quinque Planetarum, & inferiorem Lunæ Elementorumque constituatur? Sed audiamus de his Marsilium Ficinum l. de Sole c. 6. *Solem*, inquit, *quasi Dominum omnes in Mundo medium, quamuis diuersâ ratione, constituere ; Chaldæi quidem medium Planetarum ; Ægypty verò inter duos Mundi quinarios, nempe super hunc Planetas quinque, sub hoc Lunam, & quatuor Elementa ; propinquiorem verò terræ, quàm firmamento positum à prouidentia putant, vt eius feruente spiritu & igne Lunæ, aëris, aquæ humor, & crassa terrenorum materia foueretur.* Quàm hæc vera sint, figura hieroglyphica clarè ostendit ; eisque eruditissimus Rambam Ægyptius l. 2. מורה נבוכים More nebuchim c. 9. subscribit, vbi ita clarè hoc Mundi Systema Ægyptiacum depingit, vt ex hac sacra sculptura veluti ex ἀρχετύπῳ quodam id adumbrasse videatur ; verba eius sunt :

Rambam.

דע כי גלגל נוגה וכוכבים מחלקת בהם בין הראשונים אנשי חלמידים אם הם למעלה בין חשמש או תחת חשמש מפני שאין שם מופת יורנו על סדור שני הכדורים האלה והיה דעת הראשונים כולם שכדורי נוגה וכוכב למעלה מן חשמש וזדע זה והכינתו מאר ואחר כן בא פתלמיוס וחכדיע חיהם מתחת ואמר שהוא חנאות בענין חטבעי שהוא חשמש באמצע ושלש כוכבים למעלח ושלש למטה סוף דבר יהיח העדיין כן אולא יהיח חנח הראשונים כולם חיו מסדרים נוגה וכוכב למעלה מן חשמש זה היו סונים הכדורים הכידורי יריח לסמח וכדר חשמש אשר היו למעלח מסנו בהכרת וכידור חחמשה הכדורים ולכים וכידור הכוכבים עומדים והגלגל מקף בכל אשר אין כוכב בו :

Scito ergo, quòd in sphæris Veneris & Mercury controuersia fuit inter antiquos, qui studebant in Mathematicis, vtrum supra Solem sint, an infra. Non enim vlla est demonstratio ordinis harum sphærarum. Omnium tamen Antiquorum opinio fuit, quòd istæ duæ sphæræ, scilicet Veneris & Mercury, sint supra Solem. Intende ergo in hoc, & scito. Verum alter opinatus Ptolomæus, sub Sole eos constituit, asserens conuenientiùs esse naturæ, Solem in medio Planetarum, ita vt tres supra, tres infra ponantur ordinare. Quicquid sit, omnes primi Sapientes Venerem & Mercurium supra Solem ordinauerunt; & idcircò duas sphæras numerauerunt, sphæram Lunæ, quæ sine dubio propinqua est nobis, & sphæram Solis, quæ supra Lunam est necessario; sphæras autem quinque Planetarum pro vna reputabant, sphæram stellarum fixarum pro alia, & Cœlum circum omnia, in quo non sunt stellæ. Quod si ita est, dicemus, quòd numerus sphærarum, in quibus sunt formæ stellarum (sic enim stellas Antiqui vocabant, vt scitur ex libris eorum) quaternarius est; sphæra scilicet stellarum fixarum,

Explicatio hieroglyphici Schematis.

sphæra quinque Planetarum, Sphæra Solis, & sphæra Lunæ ; supra omnes verò sphæra quædam, in qua nulla est stella. Hæc Rambam: An non hîc quaternarius sphærarum clarè in nostro hieroglyphico Schemate expressus videtur ? certè expressiùs nihil. Quid enim aliud fulgida illa ac radiosa

Sca-

Scarabæi pterygia, nisi rutilam stellarum fixarum sphœram significant, in qua 12. signa Zodiaci per duodecim Scarabæi digitos maiores indicata, reponuntur ? quid aliud globus ille quinque circulorum, nisi sphœram quinque Planetarum nota? ? vides sphœram Solis in Hori capite, & Lunæ sphœram in propria figura repræsentatam, elementarem Mundum includentem, quæ omnia ambit globus alatus, sphœra vidilicet inuisibilis, de qua pauló antè Rambam locutus est.

Nè verò hunc quaternarium gratis ab Ægyptijs confictum quispiam existimet, eius mysterium hic indicandum duxi. Ægyptij itaque cùm ex admirabili illo rerum omnium nexu & concatenatione deprehendissent, superiora corpora inferiora valde potenter mouere, & quatuor Elementa quatuor sphœris veluti principijs actiuis substerni; præterea sphœræ Lunari vim quandam efficacem inesse ad Elementum aquæ commouendum, Solari ad ignem, ad aërem (ob varias radiorum commistiones) quinque Planetarum sphœris, ad terram denique alterandam ipsi firmamento; quis non videt, eos magno ingenio hanc quadruplicem catenam, quadruplicia inferioris & superioris Mundi similia corpora similibus connectentem sub quaternario numero seu cubo mystico indigitasse ? Singulæ sphœræ singulis respondent Elementis.

Atque ex his patet, quàm concinnè Ægyptij rerum omnium nexum sub hoc Symbolico Schemate repræsentârint. Verùm cùm à nemine adhuc, quod sciam, Systema cœlorum iuxta mentem veterum Ægyptiorum productum sit; ego in gratiam Philosophorum, & Mathematicorum id ab immemorabili temporum vetustate vindicatum hoc loco proponere volui.

Systema Mundi iuxta mentem veterum Ægyptiorum, cuius figuram in sequenti pagina contemplare.

Demum cùm in hoc Mundo maiore vna circumferentia ita alteri adnexa sit, vt ad conuersionem Orbis superioris inferna conuersio quælibet gubernetur, totiusque circuitus ratio per amorem in quadam attractione & pulsione reciproca collocetur: præterea cùm in circumfusa Mundi machina connexis corporibus cunctæ naturæ mutuent inuicem, & mutuentur, ex communi autem hac cognatione concomitanter nascatur amor, ex amore similium attractus & propulsio contrariorum; verè Amorem vel eo nomine Magum rectissimè Veteres appellârunt, vnde quicunque in arte quauis & facultatum genere eò vsque peruenerat, vt ex analogia agentium rerum ad res passibiles, similium ad similes, contrariorum ad contrarias, naturalium operum rationem proximè visus esset imitati, hunc Veteres magum, & verè sapientem, incantamento & fascino potentem, in Diuorum penè numerum relatum nuncupabant. Nam vt rectè Mor Isaac in Philosophia sua Syra c. 6. philosophatur. Amorem Magum appellarunt Antiqui. Mor Isaac.

ܡܠܐ ܣܝܡܐ ܗܝ ܣܠܡ ܡܕܚܕܐ ܡܕܝ ܕܡܚܕܐ ܠܠܐ ܢܘܢ ܐܝܪܝܕܐܠ
ܘ ܠܐܝܢܐ ܚܪ ܕܕܠܟܠܐ ܡܕ ܚܕܐ ܠܡܡܥܢ ܠܐܡܥܡܘܕܘ ܡܓܗܣܡܘ

Scientiæ enim Magicæ ratio à supremis perficitur potentijs, vnà cum materijs terrenis, familiaritatem item ac conuenientiam supernis cum inferioribus, quæ sub Luna sunt, habentibus. Quibus cognitis, mira patrari posse, quis

non videt ? Est enim hoc præcipuum doctrinæ magicæ caput præceptumque, vt vnum ab alio naturæ affinitate alliciatur, vel eiusdem dissimilitudine repellatur. Atque in hac scientia præ cœteris Ægyptij excelluisse feruntur. Hos enim, cùm inferiorum effigies cœlestibus vultibus subiectas cognoscerent, scilicet صورات الارض لصورات السما è certis Mundi materijs imagines certas, quas ab effectu diuinas illices Zoroaster appellat, eò quòd ijs magna prodigia operarentur, facere sub certo siderum positu consueuisse, Hali Arabs tradit l. de imaginibus cœlestibus.

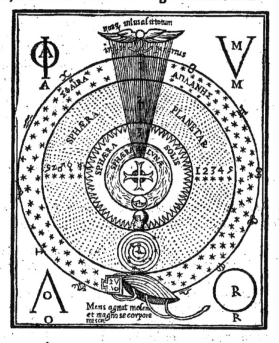

Habes igitur hieroglyphicum Systema pulcherrimum sanè & prorsus musicum, quod interuallis iunctum imparibus, sed tamen pro rata proportione distinctis, acuta cum grauibus temperans, varios æqualiter concentus efficit, etsi illum aures non capiant nostræ, quippe ad sublunares turbines, affectuumque procellas varias veluti ad catadupa Nili obsurdescentes; habes omnia Philosophiæ recondita in hoc vnico symbolico Schemate, in totius Mundi veluti compendio quodam & αἰανεφαλαίωσι arcanâ rerum similitudine adumbrata. Cuius quidem vniuersam gloriam ab ipso vestibulo spectandam protinus exhibere nolui; tùm quòd illius ambitum, ac latè exporrectam ditionem nemo perlustret facilè nisi ingressus

greſſus altiùs vel ad víque penetralia mentem direxerit ſuam ; tùm quòd
eiuſdem fulgor, atque infanda acies ſic omnes perſtringat animi neruos,
omnemque exſuperet dicendi facultatem, robur, & copiam, vt nullum ſit
adeo fœcundum ingenij flumen, nulla tam ſtudioſe affectata oratio, quæ
veræ laudis huiuſmodi, aut ſpeciem, aut magnitudinem comprehendat .
Præſtat igitur hanc ſcribendi rationem non tam longè quæſitis encomijs
perſequi, quàm (quod fieri in huiuſmodi Ægyptior um myſterijs ſolebat)
ſolo ſilentio Numinis inſtar venerari, contentoſque eſſe ipſius imagine
quâdam rudiuſcula, dum ſeſe Silenus hic prorſùs aperiat , radioque diuinitatis repentino cuncta perfundat . Hoc vnicum addo , qui mentem
Ægyptiorum ſub hac ſculpturâ latentem penetrauerit, facilè , quid myſticum illud מקבלים Hammekkabalim pronunciatum velit, intelliget .

Hammek-
kabalim.

שידע הכוד מחבור תפארת עם המלכות ביסוד אין
סוף ומצאות חבמת מאין יצליח במאמרי וידע סוד החרים
הרמים :

Qui nòrit, quomodo in arbore Sephirotico coniungantur Tiphereth & Mal-
euth mediante Enſuph, & exitus fiat ſapientiæ de Meain; proſperabitur in ver-
bis biſce, & altiſſimorum montium ſecreta ſciet . Cognoſcet quoque, quo ver-
gant ænigmatica verba Algazielis Arabis Philoſophi lib. de influentijs.

Algaziel
Arabs.

كل من يعرف السلسله الّتي يلتق بها العالم العلى مع السَّفلي و
يعرف الاسرار الطبيعه فيفعل المعجزات ۞

Quicunque nòrit vinculum ſeu catenam illam magnam ſuperiorem Mundum
inferiori connectentem, ſciet omnia naturæ myſteria, & mirabilium patratorem
aget . Eſt enim ille fons omnis felicitatis cœlitùs in terram deriuatus,
quem Nilum cœleſtem Æthiopes dicunt. Vnde & illud prouerbium myſticum Æthiopibus vſitatum.

Aenigmati-
cum pronun-
ciatum Alga-
zielis.

ማይ፡ ደለገ፡ ሰበይ ።

ዘደፈሰኸ፡ ውኁተ፡ በየ ።

ውጹር፡ ተየሰኸ፡ ያበ፡ ሰበ ።

ወተየሰኸ፡ ሰእለደ ።

Nilus cœleſtis eſt, qui deriuatus ſuper terram tuam replebit eam , & paſce-
ris diuitijs eius, & deſiderium tuum adimplebitur . Sub hoc clarè recondítum
illud Ægyptiacum ſuprà allegatum myſterium reperies.

ⲟⲩⲡⲁⲛⲟ ⲁⲛⲱ ⲟⲩⲡⲁⲛⲟ ⲕⲁⲑⲱ ⲍⲥⲧⲣⲁ ⲁⲛⲱ ⲍⲥⲧⲣⲉ ⲕⲁⲑⲱ
ⲛⲁⲛⲧⲉ ⲁⲛⲱ ⲛⲁⲛⲧⲉ ⲕⲁⲑⲱ ⲧⲁⲧⲱⲧⲁ ⲕⲁⲧⲉⲗⲁⲃⲉ ⲕⲉ ⲉⲱ
ⲧⲱⲭⲏⲥ

Sub hoc admirabilem illum fontem operies, de quo ita in veterum Chaldæorum oraculis legit Pſellus : Φασὶ δὲ κỳ ἀρχικὸν ἥλιον ἀπὸ τ ὑλικῆς πηγῆς, κỳ ἀρχαγγελικὸν, κỳ πηγαῖον ἀσώματ⟨ον⟩ κỳ πηγαίας κρίσιν, ỳ κεραύνιον πηγαῖον, ỳ πηγαῖον διωπτεον, κỳ χαρακτῆρον πηγαῖον, ἐπικρατῶια τοῖς αἰνώσεις συνθήμασι, κỳ πηγαίας ἀκρότητας, Ἀπόλλων⟨ος⟩, Ὀσίειδ⟨ος⟩, Ἑρμῦ. _Ponunt ÿ Solem Imperatorem, ſpeculorum fontem, &c. characterum fontem, incognitis ſignis & ſymbolis incumbentem, & ſummitates fontanas Apollinis, Oſiridis, Mercurÿ._ Quorum myſteria diſquiruntur apud Balgum, Eximidium, Ariaſtem, alioſque è turba Philoſophorum. Ex

Amor omni-ſcius. hoc luculenter denique patebit ſagaci animo, quomodo Amor Mundi ſit excellentiſsimus Metaphyſicus, Phyſicus, Aſtrologus, Muſicus, Geometra, Arithmeticus, Dialecticus, Rhetor, Poëta, Hiſtoriographus, Iurisconſultus, Ethicus, Medicus, Nauta, Agricola, Architectus, Pictor, Venator, Hortulanus, Augur, & Παμφαήτης, verbo abſolutiſsimus Magus. _Nemo igitur naturam adeat, qui hunc Pana non attraxerit._

Ordo Cœleſtium corpo-rum. Ex dictis hactenus patet elementorum, corporúmque cœleſtium in Syſtemate Mundano ordo & ſeries, ita vt Luna primam poſt Elementa, quæ concauo ſuo includit, ſphœram referat in Sidereo Mundo, Sol ſecundam, Mercurius tertiam, Venus quartam, Mars quintam, ſextam Iuppiter, Saturnus ſeptimam, ſtellæ fixæ ſphœram octauam exhibeant, globus verò alatus cœlum vltimum, quod omnia immenſitate ſuâ complectatur, complexa animet, animata fœcundet, fœcundata innato amore conſeruet. Quibus quidem ſingulis ſuos Genios, ſeu Intelligentias animatrices

Genij Cœleſtiū corporū. aſſociant; Lunæ apponunt Iſin, Ibimorpham; Mercurio Hermanubin Cynocephalum; Veneri Nepthæ Ægocephalum, quam & σοσπυσϛ vocant; Soli Oſirin ἱερακόμορφον, id eſt, accipitriformem; Marti Typhonem Crocodilo incumbentem; Ioui σιζευς hominem alatum regio throno inſidentem; Saturno Rephan ſenem macrum, alis & falce conſpicuum; Firmamento denique Scarabæoformium imaginum varia ſpectacula, quorum vnuſquiſque dictorum principalium Geniorum alias ſecum conſimilis figuræ Geniorum concatenatas cateruas trahit; quibus deinde ſphœram illam, cuius centrum vbique, circumferentia nuſquam, per globum alatum omnia complectentem iungunt, veluti totius Mundanæ machinæ animam, & omnium complementum.

§ III.

Syſtema Mundi ex mente Arabum.

Abenephius Abenuaſchia ATque hæc eſt Ægyptiorum de Mundo Sidereo Philoſophia, quæ omnia fuſiùs, vt ſuo loco oſtendetur, Abenephius & Abenuaſchia proſequuntur. Ab Ægyptijs verò Arabes ſuas de Sidereo Mundo fabulas accepiſſe videntur, qui in totidem Orbes Sidereum Mundum diuidunt, quos ſingulos Mundos appellant, ex diuerſis lapidibus pretioſis conſtructos, quibus & dicta Geniorum in varias formas tranſmutatorum

cateruas afsignant. Verùm quia noua funt, & Latinis, Græcifq, incognita, hic apponam verba Abulheſſan Ben Abaſch, quibus omnia apprimè
deſcribit.

قال ابن عباس امر الله تعالى البحر الذي على الما ان يعلوا الى الهوى فخلق
منه السما في يوم وكانت ارض واحدة يومين وخلقت سما واحدة في ارض واحدة وما
بينهما في ستة ايام ثم تصنفت السما من الارض من خوف ربها وصارت سبح ارضين
وذلك قوله تعالى والسما الاولى من زمرده خضرا واسمها ترفيعا وسكانها ملائكة على
صورة الطير وقد وكل الله بهم ملاك اسمها سمعيل وهو حارسهم والسما الثانية من
ياقوتة حمرا واسمها قدوم وسكانها ملائكة على صورة العقاب والملك الموكل بهم اسمه
صخابيل وهو حارسهم واثالثة من ياقوتة صفرا واسمها ماعون وسكانها ملائكة على
صورة النسور والملك الموكل بهم اسما صفرائيل وهو حرسهم والسما الرابعة من
الفضة البيضا واسمها رملون وسكانها ملائكة على صورة الخيل والملك الموكل بهم اسما
سلطانيل وهو حارسهم والخامسة من الذهب واسمها وتقا وسكانها ملائكة على صور
للنور العين والملك الموكل بهم اسما كاكبيل وهو حارسهم والتادنسة من درة بيضا
واسمها دما وسكانها ملائكة على صور الولدان والملك الموكل بهم اسما سمعابيل وهو
حارسهم والسابعة من نور تيلالا واسمها عليما وسكانها ملائكة على صور بني ادم
والموكل بهم اسما زراقييل فهو قال كعب وهولا ملائكة لا يفترون عن التسبيح
والتقديس والتهليل والعباده والقيام والقعود والركوع والسجود وذلك قوله تعالى
يسبحون الليل والنهار ولا يفترون قال عبد الله بن سلام وهو كروبيين وروحانيين
وصافون وخافون وراكعون وسا جدون فهم فوق جبن جبال النيران جمنزلة رفيعة
يحمل ونه ويقدسونه قال وفوق السموات حجب في للحجب ملائكة لا يعرى بعضهم
بعض لكثرة عددهم يسبحون الله تعالى في لغات مختلفة كلوعن القيامت

Dicit Eben Abaſch: Præcepit Deus excelſus Mari, quod erat ſupra aquas, vt
aſcenderet in aëre, & *creauit ex eo cœlum in vno die,* & *fuit terra vna in bi-*
duo, & *creauit cœlum vnum in terra vna,* & *quod eſt inter ea, ſpacio ſex dierum.*
Deinde diuiſum fuit cœlum à terra pauore Domini ſui, & *in verbo eius excelſo*
facti ſunt ſeptem cœli*. Primum cœlum factum fuit ex Smaragdo viridi, & *no-*
men eius Tarphia; & *habitauerunt illud Angeli ſub forma auium;* & *præſes*
eorum Angelus, cui nomen Samaël, & *eſt gubernator eorum. Secundum cœlum*
ex margaritis rubicundis, nomen eius Kadum; & *habitauerunt illud Angeli ſub*
forma Aquilarum, & *Angelus præſes eorum nomen habet Sachabiel,* & *eſt cuſtos*
& *gubernator eorum. Tertium cœlum ex hyacinthis fuluis, cui nomen Maun;*
& *habitauerunt illud Angeli ſub forma vulturum; præfectus verò eorum Ange-*
lus eſt, cui nomen Saphraphiel, & *eſt gubernator eorum. Quartum cœlum ex ar-*
gento candido, cui nomen Ramalun; & *habitauerunt illud Angeli ſub forma*
equorum; Angelus verò eorum vocatur Sabtabiel, & *eſt cuſtos* & *gubernator eo-*
rum. Quintum cœlum ex auro, cui nomen Vataka; habitauerunt illud Angeli
ſub forma puellarum, (quas in ſuo paradiſo ſingulis ſectatoribus ſuis pro-
mittit Mahumethes) & *Angelus præſes eorum vocatur Kakabiel,* & *eſt cu-*
ſtos & *gubernator eorum. Sextum cœlum ex perlis ſeu vnionibus, cui nomen*
Dama; & *habitauerunt illud Angeli ſub forma puerorum;* & *Angelus præſes eo-*
rum dicitur Samgabiel, & *eſt cuſtos eorum. Septimum cœlum ex luce coruſcante,*

Deſcriptio
creationis
ex mente
Eben A-
baſch.
*Originale
habet
ارضين
id eſt, terræ.
Cœlos ex
Margaritis
compactos
Arabes ſom-
niarunt.

cui nomen Aleina; habitant illud Angeli sub forma filiorum hominum, & Angelus præses eorum dicitur Zarakiel. Porrò Kaab dicit, isti sunt Angeli, qui non intermittunt vnquam à laude, sanctificatione, iubilatione Dei siue seruitio diuino, statione, sessione, genuflexione, adoratione, & iuxta verbum Altissimi eum

Abdalla Ben ysalam. laudare noctu diuq; non cessant. Dicuntur, teste Abdalla Ben Salam, Cherubim, Spiritus, Ordines, trementes, genuflectentes, & adorantes, interq; montes igneos in habitatione excelsa laudant & sanctificant eum. Et supra cœlos septa siue vela sunt, & in septis Angeli; non scit vnus de altero, qui præ multitudine numerari nequeunt; laudantes Deum excelsum diuersis idiomatis, veluti tonitruis; & supra septum Angeli, quibus prætenduntur cœli septem, & terræ septem, tantæ latitudinis spacio, quantum quis 700 annorum spacio non conficiat. Hæc Kaab. Hæc cœlorum descriptio tametsi fabulosa, suas tamen symbolicas expositiones sustinere potest. Quid enim aliud per varias illas pretiosorum lapidum structuras intelligitur, nisi mira diuersorum pulchritudinis graduum, quâ vnum cœlum alterum superat, varietas, virium potestas &

Explicatio iuxta sensum anagogicum. commutatio? Quid per Angelorum varijs animalium formis transformatorum cateruas, nisi diuersa officia, vires, proprietates, quibus vnusquisque in proximè sibi inferiorem influit? quid per septum aliud nisi firmamentum, supremum Mundum Angelorum, à septem inferioribus cœlis discernens? Quemadmodum igitur hæc pleraque ex Hebræis & Ægyptijs acceperunt, ita symbolicè quoque intelligenda sunt; cùm vel ipse Apostolus & Euangelista Ioannes in Apocalypsi cœlestem ciuitatem, eiusque habitatores sub pretiosorum lapidum varijs structuris, animaliumque alis, oculis, alijsque speciebus mirè transformatorum similitudine expresserit. Sed typum Schematis Saracenici hìc appositum vide.

Syſtema Mundanum, vnâ cum Angelis ſingulorum præſidibus, ex mente Arabum.

X   Mare magnum ſine fine.
IX   Aliud Septum plenum Angelis.
VIII   Cœlum Septum Angelorum plenum, quod Firmamento reſpondet.
VII   Cœlum lucidum dicitur Aleina, Angeli ſub forma humana, præſes eorum Zarakiel.
VI   Cœlum ex perlis ſeu vnionibus dicitur Dama, Angeli ſub forma puerorum, præſes eorum Samgabiel.
V   Cœlum aureum dicitur Nataka, Angeli ſub forma puellarum, præſes eorum Kakabiel.
IV   Cœlum argenteum dicitur Ramalun, Angeli ſub forma equorum, præſes eorum Sabtabiel.
III   Cœlum hyacinthinum dicitur Maun, Angeli ſub forma vulturum, præſes eorum Sapheaphiel.
II   Cœlum gemmeum, nomen Kadum, Angeli præſides aquilina forma, præſes Sachabiel.
I   Cœlum Smaragdinum dicitur Tarphia, Angeli Ornithomorphi, præſes Samaël.
Ignis.
Aër.
Aqua.
Terra.

§ IV.

Systema Mundi ex mente Syrorum.

Mor Isaac. **M**Or Isaac in Philosophia sua Syriaca singulis decem cœlis suos Angelicos adiungit Choros, veluti gubernatores eorum ; quæ omnia, si monstra Angelorum excipias, præcedentibus congruunt. Sic itaque discurrit :

Omitto cœtera, quia nimis longa sunt, & subiungo interpretationem latinam, quæ hæc est.

Quemadmodum Deus in cælis constituit decem ordines & status, & multiplicauit potestates, sic diuisit & terminauit sidereum Mundum, qui est supra nos, in decem orbitas, quarum vnaquæque vocatur cælum; quod verò supra omnes est, cælum vocauit cælorum, & aquæ quæ super cælos sunt, ipsa aqua illæ supercælestes, id est, aquæ, quæ sunt supra expansum firmamentum; & disposuit eas in tria expansa, & in singulis orbitis in hisce expansis stellas in numero denario, tametsi eas non numeremus, nec præ summa altitudine earum videre queamus. Super omnia hæc expansa mare magnum est, infinitum, & sine vllo termino immensum, typus diuinitatis altissimæ, infinitæ, & immensæ. & primò quidem extra aerem, qui circumdat nos, est æther, & ipse ignis, qui sparsus est inter nos & dicta expansa, quæ sunt supra nos. Expansum primum Lunæ diuisum est in tres orbes; primus est, in quo Luna circumit, & assimilatur Angelis in primo Choro dispositis; Secundus est circulus Hermis, id est, Mercurii, qui & Nebo, & Autrod dicitur, & assimiliatur Choro Archangelorum; Tertius orbis est, in quo vagatur stella Veneris, quæ & Belis, id est, Domina, & Aphroditis, vel Zohare dicitur, & assimilatur Principibus. Expansum verò secundum seu medium est Solis orbis, inter orbes quartus; assimilatur Choro Potestatum. Quintus verò siue secundus à Sole Orbis est, in quo ambulat Marig, id est, Mars, qui & Aris dicitur, & assimilatur Choro Virtutum. Sextus verò Orbis à Luna, & tertius à Sole est Orbis medius, in quo ambulat stella Iouis, qui etiam Bel, & Zæus, & Mestari dicitur, & respicit Chorum Dominationum. Expansum verò tertium dicitur Chroni siue Saturni, & assimilatur Choro Thronorum. In octaua denique sphæra sunt stellæ lucidæ omnes numero 1122, & assimilatur Choro Cherubim, qui sunt multioculi & splendidi. In nona sphæra tametsi stellæ ambulant, illæ tamen ob altitudinem sub numerum non cadunt, & assimilatur Choro Seraphim. Et supra hoc expansum decimum est, quod dicitur Corona signorum; quæ in eo stellæ sunt, vt ob excessiuam altitudinem eorum latent, sic nec videri possunt, sunt enim tanquàm nubes minuta, sicut spatium illud, quod apparet in via straminis (id est, lactea) & simile est hoc expansum supremum & decimum coronæ signorum, Choro illi excelso Stellarum Luciferi, qui vna cum suis cecidit; & quemadmodum horum numerum nescimus, ita & numerum, & qualitatem Angelorum, qui ibi fuerunt; & quemadmodum illi diuini luminis splendore obcæcati, caligine inuoluti sunt, ita & stellæ, quæ sunt in via lactea. Quicquid verò vltra has decem sphæras est, nescitur, nisi quòd ibi sit Oceanus ille magnus, incomprehensibilis, infinitus, & immensus, quæ est essentia Dei, omnis finis & termini expers.

Atque hæc est opinio Syrorum de Mundi siderei Systemate, cuius figuram hic apponimus.

Systema Mundanum, cum Choris Angelorum, ex mente Syrorum.

Expansum 10. Vnde Lucifer cum suis cecidit; post hæc Oceanus magnus immensus sine vllo termino & fine.

Expansum 9. Invisibilibus stellis plenum, respondet Seraphim.

Expansum 8. Aplanes, & respondet Choro Cherubim.

Expansum 7. ♄, & respondet Choro Thronorum.

Expansum 6. ♃, & respondet Choro Dominationum.

Expansum 5. ♂, & respondet Choro Virtutum.

Expansum 4. ☉, respondet Potestatibus.

Expansum 3. ♀, respondet Principatibus.

Expansum 2. ☿, respondet Archangelis.

Expansum 1. ☽, respondet Angelis.

Ignis

Aer

Aqua

Terra

Laudate eum omnes Angeli eius, laudate eum omnes virtutes eius. Psal. 148.

§. V.

Syſtema Mundi ex mente Græcorum.

ANtiqua itaque veterum ſapientum conſuetudo fuit, Syſtema Mundi ad Ægyptiorum imitationem varijs ſymbolis, vires, potentias, & proprietates, vt & Intelligentiarum ſingulis orbibus aſſiſtentium attributa exprimentibus depingere ; quod & Græci non omiſerunt , vt ex ſequenti Schemate patet .

Nam Orpheus, dum Iouis omnia plena eſſe dicit, dum in eo terram, aquam, aërem, ignem, diem, noctem, refert ; quid aliud deſcribit, niſi imaginem totius Vniuerſi, cuius caput coronâ fuluâ coruſcum, lucidum Cœlum fulgidis aſtris ornatum repræſentat? cuius præterea oculi radiantes Solem & Lunam, latitudo pectoris aërem, humeri ſpacioſi magno alarum remigio eminentes, ventorum velocitatem, promptitudinemque Dei in operando deſignant? Quæ quidem imago ab Orpheo ita expreſſa, eadem pene eſt cum imagine , quâ Pana Græci olim exprimebant ; nec abſque ratione : Iuppiter enim non aliunde niſi ab vniuerſi Domino nas dictus eſt ; quod & ſymbola ſat oſtendunt. Cornua (teſte Bocacio) ei apponebantur, ad ſignificandos radios Solis, Lunæ, cœterarumque Stellarum; facies verò rubicunda & inflammata ignem æthereum ; Barba longa, elementa maſculina ; maculoſa pellis, Stellarum fixarum Sphœram ; Baculus recuruus rerum , quo potitur , & potiſſimùm anni in ſeſe recurrentis Dominium ; Heptaulum denique in manu, harmoniam Cœleſtem in Planetarum motibus potiſſimùm elucescentem denotabant. Præterea vti partes inferiores piloſæ & aſperæ cum pedibus caprinis, nil aliud, niſi terram duram, aſperâ, inæqualem, arboribus ac omnigena herbarum plantarumque varietate coopertam ; ita pudendum, & pes caprinus nihil aliud, niſi fœcunditatem, quam Mundo largitur, myſticè innuebant. eſt enim Satyrus animal laſciuum, ſalax, & generationis mirum in modum appetens ; hinc & Iouem Lycium, ſeu Pana, ob ſalacitatem videlicet, & generationis appetitum, quem rebus conferre credebatur, non ſine ratione Ægyptij, & Græci ſub caprina forma referebant . Sed de his Hieroglyphicis vide, que tradidimus in Obeliſco Pamphilio in hierogrammatiſmo Hirci. Verùm vt myſteria Iouis Panis meliùs intelligas, viſum fuit ſimulachrum eius penitùs hieroglyphicum, prout ab Orpheo, alijſque expreſſum eſt, hic proponere .

Iouis siue Panos Hieroglyphica repræsentatio.

A Facies rubicunda, caloris vis in Mundo.
B Radiorum cœlestium in sublunaria vir-
C Elementa masculina.   (tus.
D Potestas in annū omnesq; reuolutiones.
E Virtute eius omnia sulciuntur.
F Dominium in firmamentum, seu sixa-
            rum stellarum sphœram.
G Terra (elementum fœmin.) hispida,
            plantis, satis, arboribusque.
H Aquæ & liquoris fons (elem. fœm.) ri-
            gatione fœcundans terram.
I Agri, segetes, aliaque vegetabilia.
K Harmonia 7. Planetarum.
L Aspera & inæqualia montes indicant.
M Vis fœcundatiua.
N Stabile fundamentum.
O Vis ventorum, & celeritas in agendo.

Talem itaque Antiqui finxerunt Pana, inferiore parte hifpidum, & hircum referentem, defignantemque afperitatem terræ; fuperiore verò hominem. Nam æther, propterea quòd in ipfo ratio fita fit, tenet totius Mundi imperium. Lafciuum & libidinofum eum fingunt, ob multas feminum caufas & commixtiones, quæ ex ipfis fiunt. In locis defertis eum motari tradunt, vt eius indicent vnitatem, Mundus enim vnus eft & vnigenitus. Nymphas profequitur, fiquidem gaudet exhalationibus, quæ ex humido prodeunt, fine quibus impoffibile eft, vt Mundus appareat. Indutus effe dicitur nebride, aut pelle Pardi, tum propter pulchram rerum omnium varietatem, tùm etiam propter colores, qui in Mundo cernuntur. Hifce eum fymbolis defcribit Cornutus.

CAPVT V.

De Mundo Elementari, ex mente Aegyptiorum.

MVndus elementaris nihil aliud eft, ex veterum fententia, quàm compages è quatuor elementis, & diuerfis quinque miftorum claffibus coagmenta. Singulas claffes, totidem particulares dicebant Mundos; ita vt alius effet Mundus igneus, alius aëreus, alius aqueus, alius terreftris; alius Mundus mineralium, Mundus vegetabilium, Mundus fenfitiuorum, Mundus animalium, alius microcofmus. Nouem itaque omninò Mundi particulares funt ex ipforum fententia, iuxta nouem Cœlorum orbitas ita difpofiti, vt & his nouem fuperioribus Mundis ad amuffim refpondeant. Singuli verò innumeris Genijs ftipati funt, quibus femper Princeps quidam totius illius naturæ moderator præeft. Igneus Mundus eft receptaculum Geniorum ignis & caloris præfidum, quorum officium eft, inferiori Mundo calorem ab Ofiri acceptum communicare, omnia natiuo calore fouere, impreffionum ignearum effectibus, id eft, igneis meteoris præeffe; Princeps eorum dicebatur χρωμφθ Chromphta. Aëreus Mundus receptaculum eft Geniorum aëreorum, quorum officium eft, aërem pro requifitione inferioris Mundi attemperare, fingulis congruas naturæ eorum attribuere aëris portiones; præfunt ventis, pluuijs, ferenitati, cæterifque aëris circumftantijs; Princeps horum Genius dicitur Ægyptiace θεοφθ Theophta. Aqueus Mundus receptaculum eft Geniorum aqueorum, quorum officium eft, humorem elementarem fingulis congruum difpenfare; præfunt maribus, fluminibus, fontibus; eorum Princeps Mophta. Terreftris Mundus receptaculum eft Geniorum terreftrium, quorum officium eft, inferiori Mundo congrua, iuxta fpecies & naturas rerum, corpora & formas proprias affignare; Princeps eorum Hecate dicitur. Horum omnium hieroglyphicas defcriptiones vide in explicatione Obelifci Barberini.

Atque hi funt quatuor elementares Mundi, à quibus quinque miftorum Mundi originem fuam inuenerunt. Quorum primus Mundus minera-

Diuifio nouem Mundorum ad imitationem nouem orbium Cœleftium.

Munia fingulorum Mundorum elementarium.

Igneus Mundus.

Ignei fuperni Genij nomen. Aëreus Mundus.

Aqueus Mundus.

Terreftris Mundus.

neralium, eft receptaculum fubterraneum generandis mineralibus aptùm,
in quo quot fpecies lapidum, & metallorum, tot Genij diuerfi fingulorum præfides reperiri perhibentur, quorum officium eft fixandis, coagu-
landis, fermentandis, calcinandis rebus ad metallorum productionem,
fingulis fuam menfuram & proportionem à natura requifitam affignare;
vnde & Princeps horum Ægyptijs ꜳꞶꜱ; Latinis *Vulcanus* dicitur.

Verùm de hifce fufiùs in tractatu de Alchimia Ægyptiorum. Mundus
fecundus eft vegetabilis naturæ. Geniorum huic Mundo deputatorum,
officium eft, fpecies arborum, herbarum, fruticum, contra malignas poteftates (nam finguli Genij boni malignam poteftatem fibi habent ad-
uerfariam ex mente Ægyptiorum) defendere, fingulis quæ naturæ eorum neceffitas poftulat, conuenientia tribuere fubfidia. Tertius & quartus Mundus eft animalis, fiue fenfitiuæ naturæ; quorum prior animalium
terreftrium, pofterior aquaticorum fpecies continet; & ficut horum
Mundorum Genij diuerfi funt, ita omnium officio quoque incumbit, mul-
tiplicationi fpecierum, ad eiufdem conferuationem, intendere; fingulis
neceffaria per directionem inftinctus conceffa, tribuere. Quintus Mundus μικροκιςμϕ., id eft, *homo*, in quo veluti in epitome omnium Mundorum feries & claffes continentur. Verùm cùm de hoc plurimis paffim
locis in hoc opere differuerimus, Lectorem eò remittimus. Ecce hi funt
nouem Mundi particulares elementares, qui miro confenfu & harmoniâ
nouem fphæris cœleftibus, totidemque Angelici Mundi Choris, fiue Poëtarum nouem Mufis, ad amuffim refpondent. Et quemadmodum Apollo
nouem Mufarum ad denarium numerum complementum eft, ita ad nouem cœleftium fphærarum complementum eft illud, quod primum mobile ab Aftronomis, ab Hebræis Mitatron, à Syris mare magnum diuinæ effentiæ omnium gubernatricis, ab Ægyptijs Hemphta vocatur, principium,
caufa, origo, omnium finis & complementum vltimum. Vide quæ in
Obelifco Pamphilio copiofe de hifce tradidimus fol. 243. & 245. Ægyptij itaque cùm has Mundorum, Genialis, Siderei, & Elementaris cum
Mundo Ideali decades paulatim expendiffent, fummamque Geniorum,
fingulis attributorum miram fubordinationem inueniffent; varias Deorum Σάρς feu catenas fabricati funt, quarum vnâ tractâ & reliquæ confe-
quenti neceffitate traherentur; trahebantur autem catenæ ordinum per
res fingulis appropriatas, dominioque eorum fubditas, in facrificijs &
adytis folenni rituum analogorum celebratione affumptas, vt infrà fuo
loco amplè demonftrabitur. Verùm Syftema Mundi Cœleftis, &
Elementaris ex hieroglyphicis infcriptionibus extractum hic
apponamus, vt ordo fingulorum luculentiùs
pateat.

Syſtema Mundanum cum Genijs appropriatis, ex mente Aegyptiorum.

Hemphta triforme Numen, omnium moderator.

Mundus Idealis		Genij primi ordinis.
Mundus Stellarum		Πολύμορφ. ſiue anima mũdi.

Quinarius Superior.

5 Mundus ♄		Rephan
4 Mundus ♃		Horus
3 Mundus ♂		Typhon
2 Mundus ♀		Nephta
1 Mundus ☿		Hermanubis

Πάντα γὸ ἀξετέλεσε πατὴρ καὶ νῷ παρέδωκε δ᾽ἱτέρῳ. Zoroaſter in Oracul.

Mundus ☉ medius duos qui		Oſiris inter narios.

Quinarius inferior.

5 Mundus ☽		Iſis
4 Ignis		Chorumphta
3 Aër		Theophta
2 Aqua		Mophta
1 Terra		Veſta

Descriptum
systema ex
mente Aegy-
ptiorum ap-
probat Psel-
lus in oraculis
Chaldaicis

Quæ omnia ferè calculo suo approbat Psellus in oraculis Chaldaicis;

Ἐπ̀ά φασὶ σωματικὰς κόσμες, ἐμπύριον ἕνα κ̀ πρῶτον, κ̀ ζεῖς μετ᾽ αὐτὸν αἰθεείυς, ἔπειτα ζεῖς ὑλαῖες. ὧν ὁ ἔχατ@-, χθόνι@- εἴρη], κ̀ μισοφαὴς, ὃς ἐςὶν ὁ ὑπὸ σζήνίω τσα@-, ἔχων ἐν ἑαυτῶ, κ̀ τὰω ὑλίω ὃν καλῦσι βυθὸν. μίαν Ἀρχίω τῶν πάντων δοξάζυσι, κ̀ ἐν αὐτῶ, κ̀ ἀγαθὸν ὑπολιμπάνεσιν. εἶτα παδρικὸν τῖνα βυθὸν σέβον], ἐκ ζιῶν ζριάδων συγκείμθμον. ἑκάςη δὲ ζριὰς ἔχ̀ πατέρα, δύναμιν, κ̀ νοῦ. εἶτα ἐςὶν ἡ νοητὴ ἴυγξ. μὰ δὲ ταύτίω, οἱ συνοχῆς, ὁ ἐμπυρε@-, ὁ αἰθερι@-, κ̀ ὁ ὑλαῖ@-. μὰ δὲ ζὰς συνοχῆς οἱ τῆς ἀρχαὶ. μὰ δὲ τέτοις, οἱ πηγαῖοι πατέρες, οἱ καλύ μθμοι κ̀ κοσμαγωγοὶ. ὧν ὁ πρῶτ@- ὁ ἅπαξ ἐπέκεινα λεγό μθμ@-; μᾶ ὃν ἡ ἑκάτη, εἶτα ὁ δὶς ἐπέκεινα. μᾶ ὃν ζεῖς ἀμείλικτα. κ̀ τῆ ἰδίτῆ@- ὁ ὑπερζωχὸς. σέβον] δὲ κ̀ πηγαῖαν ζριάδα πίςεως, κ̀ ἀληθείας, κ̀ ἔρωτ@-. φασὶ δὲ κ̀ Ἀρχικὸν ἥλιον. ὑπὸ τ᾽ ὑλικῆς πηγῆς, κ̀ Ἀρχαγγικὸν, κ̀ πηγίω αἰσθήσεως, κ̀ πηγαῖον κρίσίν, κ̀ κεραύνιον πηγίω, κ̀ πηγίω διωπτ̀ων, κ̀ χαρακτήρων πηγίω ἐπιβατεύα ζὰς ἀγνώςοις συμθήμασι, κ̀ πηγαῖας ἀκρότη-τας Ἀπόλλων, Ὀσίειδ@-, Ἑρμᾶ. ὑλικὰς δὲ πηγὰς φασιν κίνζον, κ̀ ζοιχείων, κ̀ ὀνεί-ρων ζωνίω, κ̀ πηγαῖαν ψυχίω. μὰ δὲ ζὰς πηγὰς λέγυσιν εἶ ἀρχὰς. ἀ γὰρ πηγαὶ ἀρχικώτεραι τῶ ἀρχῶν. τῶ δὲ ζωογόνων ἀρχῶν, ἡ μὰν ἀκρότης, ἑκάτη καλεῖ], ἡ δὲ μεσότης, ψυχὴ ἀρχι-κὴ. ἡ δὲ ὑπόςρωσις, ἀρετὴ ἀρχικὴ. εἰσὶ δὲ παρ᾽ αὐτοῖς, κ̀ ἄζωνοι ἑκά], ὡς ἡ εἰκὼ δότις ἐν Χαλδαϊκῆ, κ̀ ἡ κομὰς, κ̀ ἡ σκλυσικὴ, ἀζώνικοι δὲ παρ᾽ αὐτοῖς Θεοὶ, ὁ Σάραπις κ̀ Διόνυσ@-, κ̀ ἡ τῶ Ὀσίειδ@- σειρὰ, κ̀ ἡ τῶ Ἀπόλλων@- ἄζωνοι δὲ καλοῦν], οἱ ἐν αὐταῖς ἐπιζευγλύζοντες τὰ ζώνας, κ̀ ὑπεράνω τῶ ἐμφανῶν Θεῶν. Chaldæi statuunt septem Mundos corporeos; igneum Vnum, eumq́; primum; post hunc tres æthereos, deinde tres materiales, è quibus vltimus, terreſtris dicitur, & lucis osor, qui locus est subter Lunam, in se etiam materiam complectens, quem fundum nominant. Vnicum arbitrantur esse rerum omnium principium, idq́; proficentur vnum esse, & bonum. Deinde colunt paternum quoddam profundum ex tribus trinitatibus compositū; quælibet autem trinitas habet Patrem, Potentiam, & Mentem. Postea sequitur Iynx mente comprehensibilis.

Huic proximi sunt Mundorum Rectores, igneus, æthe-reus, & materialis; post Rectores, cæremoniarum Principes; his succedunt peren-nium fontium patres, qui & Mundi ductores nominantur, quorum primus semel suprà dictus est: post quem Hecate, deinde is, quem bis suprà nominauimus; ab hoc sunt tres implicabiles, & omnium vltimus succinctor. Venerantur etiam fontanam trinitatem fidei, veritatis, & amoris. Ponunt item Solem Imperato-rem, & à fonte materiali Archangelicum, sensionis fontem, fontanam iudicium, fulmineum fontem, speculorum fontem, characterum fontem, incognitis signis & symbolis incumbentem, & summitates fontanas Apollinis, Osiridis, Mercurij. Materiales verò dicunt esse centrorum, elementorum, & somniorum Zonam. Item animam fontanam. Fontibus subiungunt principia, quòd principijs supe-riores & excellentiores sint fontes. Principiorum autem animalia procreantium, summitas vocatur Hecate; medietas, anima inchoatiua, extremitas virtus inchoa-tiua. Sunt apud illos quoque Hecatæ ἄζωνοι, quæ Zonas non habent, vt Chaldaica ζισκόδτις, κομὰς, & σκλυσικὴ. Dij autem ἄζωνοι illis dicuntur Serapis, & Diony-sius siue Bacchus: Osiridis item σειρὰ (q. d. Geniorum series catenæ more connexa) & Apollinis. appellantur autem ἄζων Dij, qui expeditè poteſtate suâ in zonis vtuntur, & supra Deos conspicuos collocati sunt.

Explicatio Philosophiæ Zoroastræ.

C Haldæi itaque Zoroastre Authore septem Mundos ponunt corporeos, quorum primus Empyreus est, ob lucium cœlestium multitudinem, cui Iynx Intelligentiarum suprema præest, & respondet cœlo stellato. Post hunc sequuntur tres ætherei Mundi, respondentque tribus Planetis, Saturno, Ioui, Marti: Saturninum expansum Mundi Rectores occupant, ijque motuum in mundanis orbitis dispensatores, temporumque directores: Iouium, perennium fontium patres, Mundi directores; ex his enim, veluti ex perenni fonte manant omnes bonorum mundanorum thesauri: Tertium Martium, Hecatæ Zoneæ, & asseclis eius dedicatum est. Asseclæ Hecates sunt tres implacabiles potentiæ, quas Αμηλικτϋς vocant: hi enim veluti diuinæ institiæ administratores, Mundum, si quando deflexerit, bellis, cœdibus, calamitatibus castigant, & ad harmonicam temperiem reducunt, vnde aptè Martij globi incolæ dicuntur. Globum verò Solarem medium inter æthereos & tres materiales Mundos collocant, veluti Imperatorem omnium, vnde & Archangelicum, id est, principalibus Genijs refertum dicunt. Dicunt & fontem sensionis, quòd omnibus, tàm in superioribus, quàm inferioribus Mundis sensum, vitam, & motum tribuant. Fulminans quoque fons dicitur, ob vim & efficaciam Geniorum solarium, quàm in aduersarum potestatum violentam machinationem exercent. Speculorum præterea fons dicitur, eò quòd omnes Mundi, tàm superiores, quàm inferiores, eorumque stellæ (quæ sunt veluti specula quædam Solis) per lucem haustam, suam ad nos imaginem reflectant. Dicitur tandem fons characterum, qui incognitis signis & symbolis incumbat, quibus nihil aliud indicatur, quàm characteres trium fontanarum summitatum Apollinis, Osiridis, & Mercurij, quorum characteres per symbola & incognita signa ijs appropriata, quicunque rite applicare nôrit, eum catenam inuenisse putabant, quâ principales huius Mundi Genios, & animam fontanam in centro Solis latentem per attractum Magicum sibi conciliare posset. Atque hi sunt fontes, ex quibus omnium bonorum influxus in inferiores materiales siue hylæos Mundos, quæ & principia dicuntur, eò quòd ex ijs omnia constent & componantur, propagantur. Quid Hecate Azonia aliud, nisi Dæmon sublunaris Polymorphus, qui secum Serapidis, Dionysij, & reliquam Osiridis & Apollineorum Geniorum catenam ad quatuor elementorum bonum trahit? Quid aliud paternum fundum, nisi trimorphum Numen, fontana trias, fidei, veritatis, & amoris, ex tribus triadibus composita, omnibus hucusque enumeratis cœlorum Genijs motum, sensum, vitam præbens, in omnia influxuum dominium exercens? Verùm de hisce plenius in Theologia hieroglyphica tractatum vide: vbi tamen sub archetypicis rationibus omnia considerantur; quod proprium fuit Ægyptijs, qui huiusmodi nunc Mundo Sidereo & Elementari, modò Intellectuali Intelligentiarum, modò Archetypo seu vltimo & infimo Mundorum

dorum

Marginal notes (right column):

De Numero, natura, & effectibus Mundorum Chaldæorum secundùm explicationem Zoroastræam.

Amilicti qui?

Solaris globi varia nomina iuxta Chaldæos.

Hecate Azonia quid.

Paternum fundum quid.

dorum, omnes reliquas Mundorum feries fupremo Numini in effentia fub vnitatis infinitæ ratione comprehendenti attribuebant.

Habemus itaque Syftema Mundi Chaldaicum ex mente Zoroaftris expreffum, in quo paterni fundi fontana trias, ex tribus triadibus, Mundi Angelici, Siderei, & Elementaris compofita elucefcit, vt fequitur.

Syftema Mundanum fecundùm mentem veterum Chaldæorum.

10 Paternum fundum ex tribus triadibus compofitum, quælibet trias habet patrem, potentiam, & mentem.

9 Mundus Igneus, Iynx polymorpha.

8 Mundus, in quo Rectores cœrimoniarum Principes Τηιτάρχαι.

7 Mundus συναγωγός, in quo perennium fontium patres Mundi ductores.

6 Mundus fontanæ Trinitatis.

5 Mundus Amilictorum, fiue trium Poteftarum implacabilium.

4 Mundus συναγωγός Archangelicus Ofiridis.

3 Mundus fummitatum fontanarum Veneris.

2 Mundus fontanarum fummitatum Mercurij.

1 Mundus animæ fontanæ Lunæ.

4 Mundus principiorum Azonius, Ofiridis elementaris.

3 Mundus Zonæus Serapidis.

2 Mundus Zonæus Dionyfij.

1 Mundus infimus Zonæus Plutonius.

Atque

Atque hæc funt, quæ de Mundorum conftitutione Ægyptijs &
Chaldæis vfitata, paucis dicenda duximus, quæ quidem omnia in Arithmetica, Geometria, Theologia ampliffimè deducentur, vbi & habebis
plurima de Vniuerfo, & quomodo quodlibet in quolibet, fimulque fingula fuis locis opportunè conferuata.

CAPVT VI.

De quatuor Mundorum ordine & connexione, influxuque vnius
in alterum, hieroglyphicè exhibita.

IN præcedentibus quadruplicis Mundi rationem expofuimus, videlicet Archetypum, Angelicum, Sidereum, & Elementarem, quorum &
vnumquemque iuxta toridem Syftemata in decem decades entium ex
mente Ægyptiorum, Chaldæorum, Syrorum, Arabum, Græcorum, Hebræorum partiti fumus; modò reftat, vt de ordine, connexione, influ-
xuq; vnius in alterum, & quomodo hofce quatuor Mundos enumeratos
Ægyptij Hieroglyphicæ exprefferint, dicamus. Quadruplices Mundos
Ægyptios afferuiffe, Trifmegiftus in Pimandro & Afclepio, Iamblichus
de myfterijs teftantur. Primum vocabant ⲧⲣⲥⲛⲟⲩ ⲫⲛⲉⲧⲥⲁ̅ fupremum, omnia intellectu exprimentem, Idealem, Archetypum; Alterum
Genialem; Tertium Sidereum; Quartum Hylæum fiue Elementarem.
Primum fignabant per globum alatum ferpentiferum, quem Hemphta appellabant, nihilque aliud eo nifi Numen triforme, principium & finem omnium reliquorum Mundorum indicabant; per globum quidem Mentem
primam, quam & circulum dicebant, cuius centrum vbique, circumferentia nufquam, in impenetrabili caliginis fuæ abyffo & centro condita;
per ferpentes Mentem Secundam, fiue fecundam, vt cum Aegyptijs loquar, diuinitatis formam; per alas Spiritum ⲧⲁⲛⲧⲟⲙⲉ̅ tertiam Mentem
fiue diuinitatis formam notabant. Quæ cùm omnia fufè in Obelifco Pamphilio demonftrauerimus, eò Lectorem remittimus. Atque hic eft Mundus Archetypus æternis rerum faciendarum exemplaribus refertus, qui
omnes reliquos Mundos immenfitate fua circumdat, incomprehenfibili
agilitatis virtute penetrat, fœcunditate ineffabili animat. Et quemad-
modũ ab eo tanquam ab æterna fontis fcaturigine omnia profluxerunt, ita
fine eo nihil effe, nihil viuere, nihil fentire, nihil intelligere poteft. Appofitè igitur Mundus dicitur Archetypus, quia in ipfo rerum omnium
Ideæ ab æterno funt; quæ mox ac in actum proruperunt, primò natus eft
Mundus Angelicus feu Genialis, quem & Intellectualem vocant, exhibe-
turque hic Mundus per figuras humanas partim ftantes, partim fedentes,
vario inftrumentorum habituumque apparatu inftructas; ponuntur immediatè fub globo alato, ad Archetypi Mundi immediatum, in Angelicum Mundum, influxum fignificandum. Mundum Sidereum per Accipitrem tutulatum, varijs ftrijs infignitum, globo ferpentifero è latere ei

(margin notes:)
Mundi Idea-
lis figura hie-
roglyphica ex
mente Ægy-
ptiorum.

Cur Mundus
Idealis dici-
tur Archety-
pus.

Figura hiero-
glyphica
Mundi Ge-
nialis.

Figura hiero-
glyphica
Mundi Side-
rei.

appofito, fignabant ; immediatéque fub Angelico Mundo ponunt, quòd
ficuti Archetypus immediatè in Angelicum, ita hic in Sidereum immediatè influit ; ponitur in quadrangulo, materialis fiue corporei Mundi
fymbolo ; feptem ftriæ colli, feptem planetas ; venter maculatus, cœteras ftellas; globus, motum circularem ; ferpens, quam motu caufat, vitam indicat. Elementarem Mun-

Figura hiero-
glyphica Mun-
di Elementa-
ris.

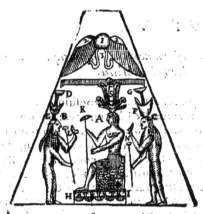

R. Botrillus

dum exhibent per triangula, quadrata, cœterafque figuras rectili-
neas, Elementaris Mundi varijs
mutationibus - obnoxij indices.
De quibus fingulis fusè tractatum
vide in Obelifco Pamph. fol. 399
& fequentibus. Verùm vt tota
difpofitio luculentiùs patefiat, hìc
Syftema hieroglyphicum apponere vifum fuit.

Atque hoc quidem hiero-
glyphico Schemate, nihil aliud
quàm quod diximus, id eft, quá-
druplicis Mundi enumerati ordinem, connexionem, influxufque
vnius in alterum rationem fignificari, Ariftoteles in Philofophia
fua fecretiori ad mentem Ægyptiorum teftatur; vbi totum hoc
Syftema ita defcribit, vt id expli-
caffe, atq; ex hieroglyphicis euol-
uiffe videatur ; verba eius adduxi
in Obelifco Pamphilio, & in fine
huius capitis iterum afferentur.

Aliter enumerat quatuor Mundos, R. Botrillus in tract. myfterij
אבן Abia, fiue quatuor Mundorum, commentans locum Iochaides, in fuo Zohar. Verba Iochai-
dæ latinè reddita, hæc funt : *Domine Mundorum, tu es excelfus fupra
omnes excelfos, abfconditus omnium
abfconditorum ; nulla mens omninò
te apprehendere poteft. Tu es qui pro-
duxifti decem ordines, & vocamus eos
numerationes, ad illuminandum in eis
Mundos abfconditos, qui non funt reuelati, & Mundos qui reuelati funt,
& in ijs te abfcondis à filijs hominum;*
& tu

ey tu es, qui annexus es eis, ey vnis te ijs. Et quoniam tu es in intrinseco, qui-
cunque separat vnum ab alio ex illis decem, reputatur ipsi, quasi separasset teipsum.
Quæ verba Zohar sic explicat R. Botrillus loco cit. *Exponitur hoc loco*
mysterium quatuor Mundorum, qui sunt אצילה, בריאה, יצירה, עשיה, *Azila,*
Beriah, Ietsirah, Asiia, id est, Mundus emanationis seu diuinus, Mundus creatio-
nis, Mundus formationis, Mundus fabricæ. Quos sub nomine quatuor literarum mysteriose, vt in Cabala diximus, per nomen עביא *Abia* comprehendit. Pergit porro dictos Mundos suse describere sic : *Dicit itaque,*
Domine Mundorum in plurali, non singulari, quia Dominus Mundi est nomen
formale Principis huius Mundi ; in quantum verò Dominus Mundorum dicitur,
ostenditur hác loquendi ratione, quòd is sit Princeps ey Imperator, qui in virtute
ey potentia sua Mundis dominatur superioribus hoc Mundo ; sic enim virtus in-
finitudinis eius extenderet se tantummodo supra Mundum fabricæ, qui est Mun-
dus seu Orbium cœlestium, ey omnia quæ in eo sunt vsq ad centrum terræ; intel-
ligendus itaque est hic locus de infinitudine Dei, quæ est Ens entium, ey causa
causarum, hæc siquidem emanare fecit Mundum emanationis, ey creauit Mundum
creationis, qui est solium gloriæ Magni Dei ; ey formauit Mundum formationis,
qui est Mundus Angelorum; ey fabricauit Mundum fabricæ, qui comprehendit
in se Orbes cœlestes, ey quæcunque in eis sunt, ey omnia opera creationis vsque
ad centrum terræ: Omnes isti quatuor Mundi testimonium perhibent ey annun-
ciant vno ore, Deus vnus creauit nos, Deus vnus formauit nos, Deus vnus fabri-
cauit nos, ey influxus eius omnia iugiter opera sua innouat omni tempore ey
momentis. Per decem igitur Numerationes illuminauit ey creauit Mundos ab-
sconditos, qui sunt Mundi creationis, qui ey nominantur solium gloriæ suæ, ey
hæc decem solia sunt decem Mundi creationis ab omni apprehensione intellectus
absconditi, vti in tractatu mysterij עבא explicamus. ey Mundos formationis,
qui sunt decem Mundi Angelorum, qui etiam sunt absconditi ab omni intellectu ey
oculo corporeo ; ey hi Mundi, creationis nempe ey formationis Mundi, ob recon-
ditam eorum essentiam, non sunt reuelati. Hi porro illuminant, gubernantque de-
cem Mundos reuelatos, nempe Mundos fabricæ, ey sunt decem Orbes seu decem
expansa. Et Sapientes dixerunt, inter quemlibet Orbem viam esse 500. millia-
rium, ita vt quilibet Orbis per se sit Mundus. Et iste Mundus includit in se
omnia opera creationis, Orbes nimirum, ey omnia quæ in eis sunt vsque ad cen-
trum terræ, stellas ey signa cœlestia, cortices, virtutes immundas, Geniorum cœ-
tus concatenatos, quos Ensuph infinitudo illa prouidentiæ suæ vbertate alligat cœ-
lis, vnitque eos vinculo ey vnitate summa ey perfecta. Hactenus Botrillus.

Omnia hucusque dicta de quatuor Mundis, eorumque Decadibus
ita inter se quadrant, vt facilè inde, ex quo fonte singula profluxerint,
curioso Lectori patesiat, videlicet ex hieroglyphica Ægyptiorum Officina. Quæ vel ita clara sunt, vt Aristoteles in sua Philosophia ad mentem Ægyptiorum conscripta, ea veluti calculo comprobet. Sed vt hæc
omnia luculentius pateant, verba Aristotelis hic adducere visum fuit.
Ita autem loquitur l. 1. c. 1. linea 11. editionis primæ Romanæ. *Et nos*
quidem in Metaphysica iam persecimus sermonem explicantem causas huiusmodi, ey

pro-

Explicatio
Iochaidis de-
claratur à Bo-
trillo.

Quatuor Mun-
di ex Iochai-
de & Botrillo,

אצילה
בריה
יצירה
עשיאה

probauimus eas in sermonibus de anima, & natura, operationibusq́; vtriusque, vbi per rationem perfectam & necessariam declaramus, quòd impossibile est, sub-stantias esse absque fine: sic etiam si finis à sapiente non præfigatur, cessabit eius in-quisitio, siquidem huius præsuppositio in scientia, adiuuat multùn consi̇derantem. Cui tamen sollicitudo, & industria sunt necessariæ ad progrediendum. Igitur nobis quoque in hoc Opere, quod est compendium philosophiæ, intentio constitui debet ; quæ est contemplari vniuersum secundùm mentem eorum, qui docuerunt per no-tas figurarum adeo occultas, quòd non alius potest ad secreta huiusmodi scientiæ peruenire citra difficultatem, quamuis sit ingenij subtilis & recti, nec vtatur negli-gentia. Proponemus autem cuncta theoremata Operis, deinde singula tractabimus. Primaria igitur intentio nostra in hoc Opere est contemplari Deum, quomodo differt

Aristoteles 4
Mundos ex-
plicat velut
suæ philoso-
phiæ argu-
mentum.

ab alijs, quòdque Mundus & tempus existunt sub eo ; amplius quòd Deus est Au-thor causarum, quòdque creauit singula pro ratione singulorum. Et quòd is illu-minat intelligentias, per eas autem medias intellectum, per intellectum verò medium animam vniuersalem cœlestemque ; & per animam mediam illustrat naturam ge-nerabilium corruptibiliumque. Et quòd opus sit ab eo sine motu, & quòd motus rerum omnium est ab eo, & ad eum ; Siquidem omnia mouentur motu essentiali & naturali ab eo, in eo, & ad eum. Postea verò considerabimus Mundum intel-lectiuum referentem bonitatem eius, formasque diuinas inexistentes, & quòd ab eo profluit bonitas in singula. Siquidem quatenus sunt bona, assimilantur ei, sed pro-pter cortices expressionem veram eorum non attingimus. Præterea enarrabimus naturam vniuersalem cœli, qualiter inest potentia illi ab intellectu ; enarrabimus etiam siderum dignitatem & lucem. Item considerabimus naturam sublunarem, quomodo virtus immittitur illi, quæ manifestatur in rebus sensibilibus materiali-bus, alterabilibus, & corruptibilibus. Deinde describemus & reddemus dispositi-onem animarum rationalium in descensu & ascensu, & reddemus causam vnio-nis earum ad corpora ; dicemus etiam de anima honorabili, quæ habet mores intel-lectiuos, nec submergitur desiderijs mundanis & sordibus corporis. Similiter narrabimus animam turpem coinquinatamque, & deinde speculabimur dispositio-nem animæ sensualis & vegetatiuæ, nec non qualitatem animæ terræ, & ignis, & aquæ, aliorumque elementorum atque hæc latentia sicuti præfati sumus, de-clarabimus per figuras proposito sufficientes. hactenus Aristoteles. Quid por-rò aliud hæc descriptio est, nisi viua quædam & expressa præcedentis Schematismi ex Obeliscis extracti interpretatio, & epitome quædam re-rum hucusq; à nobis adductarum ? atque in primo quidem quando Deum causarum Authorem dicit creantem singula pro ratione singulorum, quid aliud innuit, nisi Archetypum Mundum, in quo præexistunt rerum omnium creandarũ exemplaria ? Dicens quòd differat ab alijs, & sine motu moueat, innuit eum in vnitatis suæ solitariæ centro consideratum, æternum, im-mensum, & omnia animantem. An non trinum dixit, quando dixit, in eo, ab eo, per eum omnia moueri desiderio essentiali & naturali ? an non sub parti-cula, in eo, indicatur esse causa causarum, primum rerum principium, pri-ma diuinitatis forma, vt Ægyptij loquuntur ? In ab eo, secunda diuini-tatis forma, mens secunda rerum in primo intellectu conceptarum dispo-

sitrix

sitrix & adaptatrix; *per seipsum* verò, seu *ad ipsum*, vt aliquot exemplaria habent, spiritus pantamorphus, tertia diuinitatis forma, rerum conceptarum dispositarumque executrix, ceu dextræ Dei digitus apposite denotatur; adeoque hæc tria, triformi Dei naturæ, id est, Mundo Archetypo, quem per globum serpentiferum alatum apte indicabant, perfectè
congruunt. Secundò, quid aliud per Mundum Intellectualem, nisi Angelicum? qui cùm sit figura & exemplar bonitatis eius proximum, apte
Ægyptij post figuras humanas proximè, post Mundum Archetypum posi-
tas, vt ex primis Schemat. patet, eum locauerunt? Quid per symbolorum,
quibus instruuntur, varietatem aliud indicant, nisi formarum diuinarum
ijs inexistentium varietatem, qua in inferiora continuò influunt? quæ &
consentiunt verbis Aristotelis: *Postea mentem veterum secuti, considerabimus*
Mundum Intellectiuum, referentem bonitatem eius, formasque diuinas inexisten-
tes, & quòd ab eo (Mundo intellectiuo) profluit bonitas in singula &c. Tertiò
cùm dicit: *Præterea enarrabimus naturam Vniuersalem cæli, qualiter inest ipsi*
vis ab intellectu, Siderum quoque dignitatem & lucem. Quid aliud indicat,
nisi Mundum Sidereum, cui præsunt Intelligentiæ, cuius velut anima,
moderatrix omnium, est Osiris sub forma Accipitris, qui lucis, & vitæ
symbolum est, aliisque eius proprietatibus indicata; vt & globo serpenti-
fero, quo vita & fœcunditas, quam Mundo Sidereo continuò influit, signabatur. Iterum cùm dicit: *Enarrabimus etiam naturam sublunarem,*
quomodo virtus Cæli immittitur illi, quæ manifestatur in rebus sensibilibus, mate-
rialibus, alterabilibus & corruptibilibus. Quid aliud indigitat, nisi quartum
hierogrammatismum Schematismi primi, hoc est, Mundum hylæum seu
Elementarem per angulosas figuras, triangula, quadrata, pyramides apte
indicatum, vti suse suo loco ostendimus. Denique quid per *animas hono-*
rabiles, mores habentes intellectiuos, mundanis materijs non immersas, & per *ani-*
mas turpes coinquinatasq, nisi Geniorum tùm bonorum, tùm malorum, (nam
hi passim ab Ægyptijs cum anima confunduntur) operationes innuit?
qui elementis, aëri, aquæ, igni, terræ, cœterisque mixtis, sensuali, & ve-
getabili naturæ vti præsunt, ita omnia administrant, ordinant, disponunt
in bonum vel malum finem; in bonum, vt Agathodæmones; in malum,
vt eorum ἀντίτεχνοι; quo quidem Aristoteles ad particularia reliqua Obelisci Schemata, & indiuidua, vti & nos, respexisse videtur. Hæc autem
Aristotelem non ex se dixisse, sed ex mente veterum Ægyptiorum, & iuxta eorundem hieroglyphicam doctrinam reconditam, & quasi inaccessam, expressè dicit his verbis: *Intentio nostra est contemplari Vniuersum,*
secundùm mentem eorum, qui docuerunt per notas figurarum adeo occultas, quòd
non alius potest ad secreta huiusmodi scientiæ peruenire citrà difficultatem, quam-
uis sit ingeny subtilis, & recti, nec vtatur negligentia; & in fine Præfationis:
Atque hæc omnia latentia, sicuti præfati sumus, declarabimus per figuras (non
alias nisi hieroglyphicas) *proposito nostro sufficientes.* Quæ Iamblichus
quoque de mysterijs fol. 352. his verbis attestatur: *Atque ita Ægyptio-*
rum tractatus de principijs desuper ad postrema progrediens, ab vno descendit in
mul-

multitudinem, ab vno videlicet gubernatam Deo, vbique indefinita natura sub quodam termino definito imperiosè comprehensa, præcipuè verò ab excelsa omnium causa vnitate.

Vides igitur quam admirabili connexione noſtra hæc interpretatio cum verbis Ariſtotelis paulò antè citatis concordet.

FINIS PRIMÆ PARTIS SECVNDI TOMI.

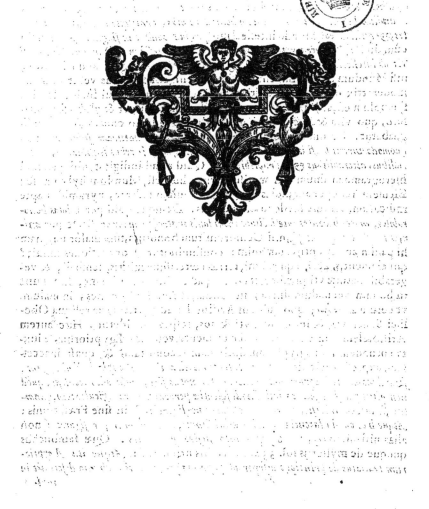

CATALOGVS
AVTHORVM.
Quorum Lectione profecimus.

A

Barbanel
Abdalla Ben Salam
Aben Abdalla
Aben Amer Ofman
Abenephius
Abenezra R.
Aben Iofeph Altokphi
Aben Pharagi
Aben Rhamon
Aben Schuck
Aben Vafchia
Ab iuda R.
Abraham R.
Abraham Aben Schadad
Abram Balmis
Abraham Eftath
Abram Picol R.
Abulhaly Ben Schabath
Abulhaffan
Africanus
Agathon
Akiba R.
Albertus Magnus
Albumazar
Algaziel Arabs
Amam Abulheffan
Amed Ben Haly
Amorai R.
Anacreon
Annius
Archangelus Burgus
Ariftophanes
Ariftoteles
Affe R.
S. Athanafius
Athenæus

D. Auguftinus
Author Pardes
Author Berefchith Rabba
Azarias R.
Azar Liber

B

Aal Haruch Liber
Barachia Nickdan
Bechai R.
Benzius
Berofus
Bibliander

C

Abitol R.
Cafterio
Cedrenus
D. Chryfoftomus
Claudius Duretus
Clearchus
Clemens Alexandrinus
Cleobulina
Cornelius Agrippa
Crinitus
D. Cyprianus

D

Amafcius
Daniel Propheta
Diodorus
Diomedes
Dionyfius Areopagita
Dionyfius Halicarnaffæus
Donatus

Ec-

Li.

Liuius
Locman Arabs
Lucanus

M

M Ahumed impoſtor
   Manahem Racanati R.
Manilius
Marſilius Ficinus
Martialis
Martianus Capella
S. Matthæus
Meghilla Thalmud Hieroſol.
Meir R.
Mela Pomponius.
Mirandulanus
Montaldus
More R;
More Nebuchim Liber
Mor Iſaac
Moſes Alaſcar R.
Moſes Barcepha Syrus
Moſes Botril R.

N

N Achmanides R.
   Nehemia R.
Nehunia R.
Neoptolemus Darianus

O

O Badias Bartenora R.
   Onkelus Paraphr. Chald.
Origenes
Orpheus

P

P Alæphatus
   Paracelſus
Paraphraſtes Samaritanus
Pardes Author
Pauſanias
Philo

Phornutus
Picus Mirandulanus
Pindarus
Plato
Plautus
Plethon
Plinius
Plotinus
Plutarchus
Polybius
Porphyrius
Proclus
Pſellus
Pythagoras

R

R Azarias
   R. Barachia Niekdan
R. Bechai
R. Cabitol
R. Dauid Kimchi ſiue Radak
R. Eliezer
R. Gamalielides
R. Hakana
R. Hakkadoſch
R. Hamai
R. Hobka
R. Iacob
R. Iacob Cohen
R. Iapho
R. Iehuda Muſcato
R. Iom Tob Abramides
R. Iochai
R. Ionathas
R. Ioſe
R. Ioſeph
R. Ioſeph Caſtilienſis
R. Ioſeph Haaruch
R. Iſaac
R. Iſachar Beer
R. Iſraël
R. Iuda
R. Leuita Elias Aſcenazi
R. Manahem Racanati
R. Meier

R. Mo-

INDEX

Clafsium, Capitum, & Paragraphorum Partis
Primæ Tomi Secundi.

INDEX.

Ca-

INDEX.

CLAS-

INDEX.

CLASSIS V. CABALA SARACENICA.

CLASSIS VI. SYSTEMATICA MVNDORVM.

FINIS

INDEX

Rerum notabilium locupletissimus

ORDINE ALPHABETICO.

LII   *Æni-*

INDEX,

INDEX.

Mon-

INDEX.

Im-

INDEX.

M m m   Fra-

INDEX.

Lo-

INDEX.

INDEX

INDEX.

He-

INDEX.

                  Ex

INDEX.

N n n   Su-

INDEX.

INDEX.

FINIS.

AVTHORIS
IN RE LITERARIA SOCIVS
Lectori beneuolo.

MIRABERIS fortaffe, Lector beneuole, tam paucos hîc, tamque exigui momenti notatos typographicos errores, in Opere tam vafto, tam vario, tot linguis, tabulis, abacis contexto, & quod caput eft, hoc locorum impreffo. Verùm id poft incredibilem diligentiam, ac planè talem, qualem & Operis præclarifsimi, & Authoris toto Orbe notifsimi dignitas requirebat, in mendis præcauendis tollendifque à me adhibitam, adfcribas velim eximiæ induftriæ Typothetæ noftri Dominici Zachariæ Acfamiteki à Kronenfeld Germano Bohemi Pragenfis, viri optimi, qui præter infignem Typographiæ peritiam, omnium etiam Characterum, qui in hoc Opere vifuntur, infignem notitiam habet. Alios porrò errores, qui in literarum commutatione confiftunt, aut qui diligentiam noftram effugerunt, tute corrige, & vale.

Pag.	Lin.	Errata.	Correcta.	Pag.	Lin.	Errata.	Correcta.
8.	7.	qui cum lapillis	qui lapillis	197.	8.	Numerij	Numerij
11.	30.	opera pretium	operæpretium	209.	penult.	limatiffimo	limatiffimo
17.	2.	eâ	ear	212.	16.	hoc	hac
20.	11.	quarduplex	quadruplex	226.	7.	אן	אן
50.	17.	abfoleta	obfoleta				
51.	9.	cofnenfu	confenfu	240.	1.	הקורש	הקורש
53.	1.	Lufitanicæ	Lufitanica				
58.	3.	Adamo	Adam ei	Ibid.	13.	הקורש	הקורש
63.	antepenult.	diluuim	dilunium				
80.	ultima.	nullis	multifque	365.	5.	جم	جسم
83.	22.	intellectum	intellectam	Ibid.	7.	وقواضع	وقواصع
115.	23.	τιζαγεαμματον	τιζαγεαμματον				
117.	31.	autera	autem	399.	7.	وصخ	وصح
124.	27.	adeo quæ	adeoque	421.	10.	والثالث	والثالثة
125.	40.	infuare	infinuare				
167.	42.	culcauerit	calcauerit	Ibid.	21.	وقوق	وفوق
173.	16.	virtutem	vnitatem				
Ibid.	18.	virtus	vnitas	373.	21.	da,	dat. (nem
175.	5.	denotant	denotat	375.	ultima.	influit Scorpionem	influit in Scorpio-
184.	19.	Mundum	Mundo	380.	27.	fideero	fidereo
196.	13.	Domafcius	Damafcius	389.	33.	coniunctor	coiunctas

Imprimé en France
FRHW011058160222
29954FR00006B/188